孩子读得懂的古文观止

杨士兰 — 编著　　青鸟童书 — 绘

北京理工大学出版社
BEIJING INSTITUTE OF TECHNOLOGY PRESS

版权专有　侵权必究

图书在版编目（CIP）数据

孩子读得懂的古文观止 : 全 4 册 / 杨士兰编著 ; 青鸟童书绘 . -- 北京 : 北京理工大学出版社, 2025.5.
ISBN 978-7-5763-4935-1

Ⅰ . H194.1

中国国家版本馆 CIP 数据核字第 2025Y9T976 号

责任编辑：李慧智　　　　**文案编辑**：李慧智
责任校对：王雅静　　　　**责任印制**：施胜娟

出版发行 /	北京理工大学出版社有限责任公司
社　　址 /	北京市丰台区四合庄路 6 号
邮　　编 /	100070
电　　话 /	（010）68944451（大众售后服务热线）
	（010）68912824（大众售后服务热线）
网　　址 /	http://www.bitpress.com.cn

版 印 次 /	2025 年 5 月第 1 版第 1 次印刷
印　　刷 /	武汉林瑞升包装科技有限公司
开　　本 /	880 mm×1230 mm　1/16
印　　张 /	75.5
字　　数 /	1250 千字
定　　价 /	269.00 元（全 4 册）

图书出现印装质量问题，请拨打售后服务热线，负责调换

《古文观止》是清代吴楚材、吴调侯叔侄二人选定的古代散文读本。此书起初是为私塾学生编的教材，康熙三十四年（1695年）正式镌版印刷。2020年4月，列入《教育部基础教育课程教材发展中心中小学生阅读指导目录》。

它选录了自东周至明代的222篇文章。入选之文皆为语言精练、短小精悍、便于传诵的佳作。现代语言学大师王力曾说："学习古代汉语，建议大家多读《古文观止》。"巴金等文学名家更是把他们取得的文学成就，归功于小时候反复读过的《古文观止》。

《古文观止》篇篇闪耀着真知灼见，包含着大量立身处世的人生哲理。但是要把这本书学好，谈何容易！书中随便一读都是生僻字，而字里行间，更是充满繁多的典故、丰富的文化常识、浩瀚的历史故事、错综的人物关系。对孩子们来说，实在难以下手。

为此，我们编写了这套《孩子读得懂的古文观止》。我们采取先读故事再学古文的方法，每个故事都把文章的前因后果，包括历史背景、写作初衷、前后事件等交代清楚，让孩子先有兴趣再学知识。三百余幅精美插图让历史鲜活起来，相信孩子一定会过目难忘。

为了让孩子了解到《古文观止》的全貌，我们把原书的222篇文章全收录进来（仅对于少数篇幅较长文字做了节选），原文全配有拼音，且译文与原文逐段对照，方便孩子学习古文。另外每篇文后还辅以文化常识、常用字和语法常识的讲解，让孩子在一个个具体情境中掌握文言文知识，做到触类旁通、事半功倍。希望读完这套书，孩子能读透古文，读懂古人，爱上优秀的中华传统文化。

目录

001 郑伯克段于鄢 《左传》
—— 郑庄公可不好惹 ………… 001

002 周郑交质 《左传》
—— 换人质不如讲忠信 ………… 007

003 石碏谏宠州吁 《左传》
—— 惯子如杀子 ………… 011

004 臧僖伯谏观鱼 《左传》
—— 干啥都得讲个"礼" ………… 016

005 郑庄公戒饬守臣 《左传》
—— 替天子教训许国 ………… 021

006 臧哀伯谏纳郜鼎 《左传》
—— 大鼎为啥不能要 ………… 026

007 季梁谏追楚师 《左传》
—— 小国抗拒大国之道 ………… 031

008 曹刿论战 《左传》
—— 对付强国有办法 ………… 036

009 齐桓公伐楚盟屈完 《左传》
—— 打着天子的旗号兴师问罪 … 041

010 宫之奇谏假道 《左传》
—— 唇亡必定齿寒 ………… 046

011 齐桓下拜受胙 《左传》
—— 盟主也要尊重天子 ………… 052

012 阴饴甥对秦伯 《左传》
—— 好人不妨做到底 ………… 056

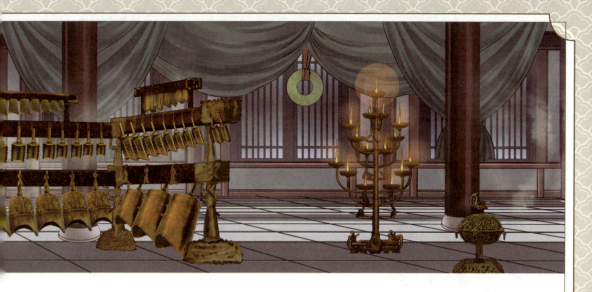

013 子鱼论战 《左传》
—— 愚蠢的仁义 ………… 061

014 寺人披见文公 《左传》
—— 杀人、救人都有道理 …… 066

015 介之推不言禄 《左传》
—— 不敢贪天之功 ………… 071

016 展喜犒师 《左传》
—— 要听爸爸的话 ………… 076

017 烛之武退秦师 《左传》
—— 别被晋国忽悠了 ………… 081

018 蹇叔哭师 《左传》
—— 偷鸡不成蚀把米 ………… 086

019 郑子家告赵宣子 《左传》
—— 谁也得罪不起 ………… 091

020 王孙满对楚子 《左传》
—— 问鼎,靠的是实力 ………… 097

021 齐国佐不辱命 《左传》
—— 还是德行更让人畏服 … 101

022 楚归晋知罃 《左传》
—— 这个战俘好厉害 ………… 106

023 吕相绝秦 《左传》
—— 秦晋之好不再 ………… 111

024 驹支不屈于晋 《左传》
—— 团结少数民族 ………… 116

目录

025 祁奚请免叔向 《左传》
—— 国家柱石不能轻弃 ……… 121

026 子产告范宣子轻币 《左传》
—— 勿让金钱招来祸端 ……… 126

027 晏子不死君难 《左传》
—— 个头小，胆子却很大 ……… 131

028 季札观周乐 《左传》
—— 音乐真的会说话 ………… 135

029 子产坏晋馆垣 《左传》
—— 理直气壮地拆墙 ………… 141

030 子产论尹何为邑 《左传》
—— 不会拿刀的人不能割肉 … 147

031 子产却楚逆女以兵 《左传》
—— 依赖大国是小国的罪过 … 152

032 子革对灵王 《左传》
—— 让楚灵王寝食难安的谏言… 156

033 子产论政宽猛 《左传》
—— 为政之道，刚柔相济 …… 162

034 吴许越成 《左传》
—— 仇敌帮不得 ……………… 166

035 祭公谏征犬戎 《国语》
—— 犬戎是无辜的 …………… 171

036 召公谏厉王止谤 《国语》
—— 不能堵住百姓的嘴 ……… 177

037 襄王不许请隧 《国语》
　　——先王礼制不可改 ………… 182

038 单子知陈必亡 《国语》
　　——他的预言准得可怕 ……… 187

039 展禽论祀爰居 《国语》
　　——什么样的人应享受祭祀？… 193

040 里革断罟匡君 《国语》
　　——一张有纪念意义的渔网 … 199

041 敬姜论劳逸 《国语》
　　——过度安逸会忘记美好品行… 204

042 叔向贺贫 《国语》
　　——目光敏锐的政治家 ……… 210

043 王孙圉论楚宝 《国语》
　　——人才就是国宝 …………… 215

044 诸稽郢行成于吴 《国语》
　　——留得青山在，不怕没柴烧… 220

045 申胥谏许越成 《国语》
　　——不要让小蛇长成大蛇 …… 225

046 春王正月 《公羊传》
　　——鲁隐公的用心 …………… 230

047 宋人及楚人平 《公羊传》
　　——君子不欺人 ……………… 235

048 吴子使札来聘 《公羊传》
　　——季札的仁义 ……………… 240

目录

049 郑伯克段于鄢 《谷梁传》
　　——都是偏心惹的祸 ………… 245

050 虞师晋师灭夏阳 《谷梁传》
　　——都是贪心惹的祸 ………… 249

051 晋献公杀世子申生 《礼记》
　　——可怜的孝顺孩子 ………… 254

052 曾子易箦 《礼记》
　　——死也不能违背礼法 ………… 258

053 有子之言似夫子 《礼记》
　　——说话语境很重要 ………… 262

054 公子重耳对秦客 《礼记》
　　——听舅舅的话 ………… 267

055 杜蒉扬觯 《礼记》
　　——师旷被罚酒了 ………… 272

056 晋献文子成室 《礼记》
　　——关于新居的绝妙颂祷 …… 276

郑伯克段于鄢

《左传》

——郑庄公可不好惹

《古文观止》有故事

周宣王二十二年（前806年），周宣王将郑地（今陕西省渭南市华州区）封给弟弟姬友。姬友就是郑国第一任国君郑桓公。他把自己的封地治理得井井有条，深得百姓爱戴。

前782年，周宣王去世，他的儿子周幽王继位。和叔叔相反，周幽王却是个糊涂虫。他重用奸臣，贪图享乐。郑桓公多次劝说都不管用，他感觉待在这个昏君侄子身边太危险，要给自己找条退路。

前773年,他派儿子掘突带上丰厚的礼物到东虢(guó)国和郐(kuài)国去,找两国国君借土地。郑桓公是当朝的司徒,天子的叔叔,大权在握,那两个小国国君哪敢得罪他?何况,两个人看到一大堆礼品摆在眼前,就痛痛快快答应了,各自献出了五座城池。

郑桓公把家属和重要财产安置在虢、郐两国之间的京城(今河南荥(xíng)阳京襄城),郑地的百姓也都搬了过来。

两年后,周幽王废掉了王后,王后的父亲申侯联合西部少数民族犬戎起兵,攻进镐(hào)京,杀死了周幽王。郑桓公也死在了战乱中。他的儿子掘突即位,就是郑武公。郑国成功躲过战乱,慢慢发展壮大了起来。

郑武公去世后,郑庄公即位,郑国出乱子啦!

郑庄公的母亲溺爱小儿子叔段,想让他做国君。郑庄公早就知道母亲和弟弟的心思,却一直什么都不说,什么都不做,只是看着弟弟在京修建城墙,招兵买马，直到母亲要和弟弟里应外合攻打都城的时候，才果断出兵，赶跑了叔段。

内乱平定后，郑庄公把目光转向了国外，想要争夺更多的话语权……

逐字逐句学古文

原文

初，郑武公娶于申，曰武姜。生庄公及共叔段。庄公寤生，惊姜氏，故名曰"寤生"，遂恶之。爱共叔段，欲立之。亟请于武公，公弗许。

及庄公即位，为之请制。公曰："制，岩邑也，虢叔死焉。他邑唯命。"请京，使居之，谓之京城大叔。

祭仲曰："都城过百雉，国之害也。先王之制：大都不过参国之一；中，五之一；小，九之一。今京不度，非制也，君将不堪。"公曰："姜氏欲之，焉辟

译文

从前，郑武公从申国娶了妻子，叫武姜。她生下了庄公和共叔段。庄公出生时脚先出来，武姜受到惊吓，因此给他取名叫"寤生"，于是很厌恶他。武姜偏爱共叔段，想立他为太子，多次向武公请求，武公都不答应。

到庄公即位的时候，武姜就替共叔段请求分封到制邑去。庄公说："制邑是个险要的地方，从前虢叔就死在那里。若是要其他城邑，我都可以照吩咐办。"武姜便请求把京邑封给共叔段，庄公让他住在那里，人们称他为京城太叔。

大夫祭仲说："城邑的城墙超过了一百雉，就会成为国家的祸害。按先王的规定，大城市的城墙不能超过国都的三分之一，中等的不能超过五分之一，小的不超过九分之一。现在的京邑城墙的高度不合法度，违反了先王的制度，这会使您无法控制的。"庄公回答说："姜氏要这么做，我怎能避开这祸害呢？"祭仲说道："姜氏有什么可满足呢？不如趁早给太叔另外安

害？"对曰："姜氏何厌之有？不如早为之所，无使滋蔓，蔓，难图也。蔓草犹不可除，况君之宠弟乎？"公曰："多行不义必自毙，子姑待之。"

既而大叔命西鄙、北鄙贰于己。公子吕曰："国不堪贰，君将若之何？欲与大叔，臣请事之；若弗与，则请除之，无生民心。"公曰："无庸，将自及。"

大叔又收贰以为己邑，至于廪延。子封曰："可矣。厚将得众。"公曰："不义不昵，厚将崩。"

大叔完聚，缮甲兵，具卒乘，将袭郑。夫人将启之。公闻其期，曰："可矣！"命子封帅车二百乘以伐京。京叛大叔段。段入于鄢，公伐诸鄢。五月辛丑，大叔出奔共。

书曰："郑伯克段于鄢。"段

排个容易控制的地方，不让他的势力进一步蔓延。如果蔓延开来，就难以对付了。蔓延滋长的野草都很难除掉，更何况是君主您被宠爱的弟弟呢？"庄公说："多做不义的事情，必定会自己垮台，您姑且等着瞧吧。"

没过多久，太叔又命令原属郑国西部、北部的边邑既属于自己又属于庄公。公子吕说："国家不能有两个国君，现在您打算怎么办？您如果打算把郑国交给太叔，那么我就去服侍他；如果不给，那么就请除掉他，不要使百姓产生其他想法。"庄公说："不用除掉他，他自己将要遭到灾祸。"

太叔又把两属的边邑改为自己统辖的地方，一直扩展到廪延。公子吕说："可以行动了！土地扩大了，他将得到民心。"庄公说："没有正义，人民就不会拥戴他。势力再雄厚，也将会崩溃。"

太叔修治城郭，积聚粮食，修整盔甲武器，准备好兵马战车，将要偷袭郑国国都。武姜打算开城门做内应。庄公探听到这件事的时候，说："可以出击了！"命令公子吕率领二百辆战车，去讨伐京邑。京邑的人民背叛了共叔段，共叔段于是逃到鄢城。庄公又追到鄢城讨伐他。五月二十三日，太叔段逃到共邑。

《春秋》记载道："郑伯克段于鄢。"意思是说共叔段不遵守做弟弟的本分，所以不说他是庄公的弟弟；兄弟俩如同两个国

不弟，故不言弟。如二君，故曰"克"。称"郑伯"，讥失教也，谓之郑志。不言出奔，难之也。

君一样争斗，所以用"克"字；称庄公为"郑伯"，是讥讽他对弟弟缺少教诲，也表明赶走共叔段是出于郑庄公的本意。不写共叔段自动出奔，是史官下笔有为难之处。

文化常识第001讲

《左传》是一部比较完备的编年体史书，相传是春秋时期左丘明写的。全书按照鲁国十二位国君在位的年代，记载了鲁隐公元年（前722）到鲁哀公二十七年（前468）共255年间周王朝及诸侯各国的重大历史事件。《左传》记录战争，精炼又有文采，刻画人物栩栩如生，历代学者都把这本书推到很高的地位，称它为"历史散文之祖"。

常用字第001讲

❶ <动>谋划。《屈原列传》："入则与王图议国事，以出号令。"

❷ <动>图谋；谋取。《论积贮疏》："乃骇而图之，岂将有及乎。"

❸ <动>贪图。《群英会蒋干中计》："某等降曹非图仕禄，迫于势耳。"

❹ <动>考虑。《烛之武退秦师》："阙秦以利晋，唯君图之。"

❺ <动>料想。《孔雀东南飞》："阿母大拊掌，不图子自归。"

❻ <名>图画。《游黄山记》："下瞰峭壁阴森，枫松相间，五色纷披，灿若图绣。"

❼ <名>地图。《荆轲刺秦王》："图穷匕首见。"

语法常识第001讲

倒装句：数量词定语后置 文言文中，有些时候做定语的数量词会放在名词后面，比如本文中"命子封帅车二百乘以伐京"，正确的顺序是："命子封帅二百乘车以伐京。"翻译时要把数量词提前，解释为：命令子封率领二百乘战车去征伐京城。

这样的例子还有很多：

①《陈涉世家》："比至陈，车六七百乘。"翻译为：等到了陈地，已经有了六七百乘战车。

②《马说》："马之千里者，一食或尽粟一石。"翻译为：能日行千里的马，吃一顿能吃一石粮食。

③《送石处士序》："食，朝夕饭一盂，蔬一盘。"翻译为：食物，每天就是早晚一钵粗饭，一盘蔬菜。

周郑交质

——换人质不如讲忠信

《古文观止》有故事

周幽王死后,西周灭亡。郑武公护送周幽王的儿子周平王迁都到洛邑,历史上称之后的这个时期为"东周"。因为护驾有功,郑武公被封为卿士(执政大臣)。他去世后,郑庄公即位。他继承了父亲的职务,掌握着周王朝的实权。

郑庄公权力很大,周平王感觉到了威胁,就分了一部分权力给西虢公。为此,郑庄公差点儿和周平王闹崩了。为了重建信任,和谐相处,他们交换了人质。平王的儿子狐去了郑国,郑庄公的儿子忽则去了周王室。

周平王去世后,在郑国的太子狐悲痛过度,还没回到国都就死了。他的儿子即位为周桓王。周桓王把父亲早死的原因归罪于郑国,恨透了郑庄公,总想找机会报仇。

机会来了!郑庄公打着"奉王命"的旗号,出兵讨伐宋国。

周桓王抓住了把柄:"我什么时候派你打宋国啦?撒谎的人配做我大周的卿士吗?撤了你,把大权都交给虢公!"撤职还不解气,他又召集蔡、卫、陈三国,一起讨伐不听话的郑庄公。

郑庄公根本就没把周王室的军队放在眼里。他派大夫曼伯率领一支军队,迎战周联军的右军;祭(zhài)足迎战左军;自己则亲自率领几员大将迎战中军。郑军一个冲锋,就把周军杀了个人仰马翻。大将祝聃(dān)一眼看见了华盖下的周桓王,弯弓搭箭,"嗖"的一声正中周王左肩。幸好虢公林父赶来,拼死救回了桓王。

收兵回营后,郑庄公不想背上"弑君"的恶名,于是派祭足连夜赶到周王营中赔罪。周桓王虽然恼羞成怒,却也没有办法,只好装模作样地赦免了郑庄公的不敬之罪。

祝聃这一箭射落了周王室的尊严,天子从此威信扫地,再也没办法号令天下了。

原文

郑武公、庄公为平王卿士。王贰于虢,郑伯怨王。王曰:"无之。"故周、郑交质:王子狐为质于郑,郑公子忽为质于周。

王崩,周人将畀虢公政。四月,郑祭足帅师取温之麦。秋,又取成周之禾。周、郑交恶。

君子曰:"信不由中,质无益也。明恕而行,要之以礼,虽无有质,谁能间之?苟有明信,涧、溪、沼、沚之毛,蘋、蘩、蕰、藻之菜,筐、筥、锜、釜之器,潢、污、行、潦之水,可荐于鬼神,可羞于王公,而况君子结二国之信,行之以礼,又焉用质?《风》有《采蘩》《采蘋》,《雅》有《行苇》《泂酌》,昭忠信也。"

译文

郑武公、郑庄公是周平王的卿士。周平王打算分一部分权给虢公,原本专权的郑庄公因此怨恨周平王。周平王说:"没有这回事。"于是周、郑交换人质:周平王的儿子狐在郑国做人质,郑庄公的儿子忽在周王室做人质。

周平王死后,周王室准备让虢公掌政。四月,郑国的祭足率军队收割了温邑的麦子;秋季,又收割了成周的稻谷。周和郑互相仇恨。

君子说:"信任不发自心中,即使交换人质也没有益处。开诚布公、互相谅解地做事,用礼教约束,即使没有人质,谁能离间他们呢?假如有真诚的信用,即使是山涧溪流中的浮萍、蕨类水藻这样的菜,竹筐、铁锅一类的器物,低洼处、沟渠中的水,都可以供奉鬼神,献给王公。何况君子缔结两国的盟约,按礼去做,又哪里用得着人质啊?《国风》中有《采蘩》《采蘋》,《大雅》中有《行苇》《泂酌》,都是昭示忠信的诗篇啊。"

文化常识第002讲

祭足 他是春秋时期郑国的大臣,郑国朝廷中举足轻重的人物,辅佐过五位国君。公元前694年,齐襄公在首止召开诸侯盟会,郑子亹想让祭仲、高渠弥跟着去。郑子亹小时候曾经和齐襄公发生过争斗,双方有仇,祭仲劝他别去,可郑子亹不听。于是,祭足假装有病没去。果然,郑子亹和高渠弥在盟会中被杀,祭足又迎立公子婴回国即位。因为有先见之明,他幸免于难,也保全了郑国。

常用字第002讲 要

读yāo时:

① <名>人体的腰部,这个意义后来写作"腰"。《荀子·礼论》:"量要而带之。"
② <动>通"邀",邀请。《桃花源记》:"便要还家,设酒杀鸡作食。"
③ <动>中途拦截。《书博鸡者事》:"豪民子闻难,鸠宗族僮奴百许人,欲要篡以归。"
④ <动>相约。《孔雀东南飞》:"虽与府吏要,渠会永无缘。"
⑤ <动>威胁。《狱中杂记》:"惟大辟无可要,然犹质其首。"

读yào时:

① <形>重要。《冯婉贞》:"筑石寨土堡于要隘。"
② <动>想要。《石灰吟》:"要留清白在人间。"

语法常识第002讲

词类活用:名词作动词【贰】 "王贰于虢"中"贰"字本义为名词"二心",在这里活用作动词,意思是"怀有二心",指周平王有了二心,不再只信任郑伯一个人。翻译为:周平王对郑伯有些不信任,把一部分权力分给西虢公。

石碏谏宠州吁
——惯子如杀子

《左传》

《古文观止》有故事

卫庄公的小儿子州吁性格粗野，动不动就大打出手。他和大臣石碏的儿子石厚臭味相投，整天吃喝玩乐，招惹是非。可是，卫庄公对这个熊孩子很宠爱，娇惯得很。石碏劝庄公要用规矩法度去教育州吁，以免日后造成祸害，可庄公根本听不进去。

管不了人家的儿子，石碏就只能教训自家孩子。他把石厚打了五十皮鞭，关进了小黑屋。可是，石厚撬锁翻墙跑了出去，干脆住到了州吁府里，连家都不回了。

卫庄公去世后，公子完即位，就是卫桓公。石碏预料到桓公的位子坐不久，干着急没办法，干脆辞了职！果然，州吁趁桓公出行的机会杀了他，自立为君，封好朋友石厚为上大夫。

州吁弑君篡位，这是犯上作乱，他怕被诸侯瞧不起，于是纠集了宋、陈、蔡等国，出兵讨伐郑庄公。耍够了威风回国后，发现老百姓还是不服他。这时候，他想起了石碏。

石碏很清楚：州吁残暴，他做了国君，不仅老百姓遭殃，国家也会陷入动乱。他不能袖手旁观，必须得想个办法除掉他。这时候石厚回来了，向父亲请教收服人心的方法。石碏有了主意，他建议他们去找陈桓公，请他做介绍人，去朝见周天子。如果能得到天子的认可，州吁为君自然就名正言顺了。

打发走石厚后，石碏马上派人偷偷地给陈桓公送去了一封信，让他帮忙把这两个熊孩子抓起来。州吁和石厚还蒙在鼓里。他们兴高采烈地离开卫国，一到陈国就被陈桓公抓住，关了起来。石碏收到消息后，派右宰丑去处死了州吁(nòu)，派獳羊肩去杀死了石厚。接着，他又把逃亡在外的公子晋接回国即位，是为卫宣公。

逐字逐句学古文

原文

卫庄公娶于齐东宫得臣之妹，曰庄姜。美而无子，卫人所为赋《硕人》也。又娶于陈，曰厉妫，生孝伯，蚤死。其娣戴妫生桓公，庄姜以为己子。

公子州吁，嬖人之子也。有宠而好兵，公弗禁，庄姜恶之。

石碏谏曰："臣闻爱子，教之以义方，弗纳于邪。骄奢淫佚，所自邪也，四者之来，宠禄过也。将立州吁，乃定之矣；若犹未也，阶之为祸。夫宠而不骄，骄而能降，降而不憾，憾而

译文

卫庄公娶了齐国太子得臣的妹妹，叫庄姜。她容貌很漂亮，却一直没生儿子。卫国人创作了《硕人》这首诗描写她的美貌。庄公又从陈国娶了一个妻子，叫厉妫，生了儿子孝伯，却早死。跟她陪嫁来的妹妹戴妫，生了桓公，庄姜就把他作为自己的儿子。

公子州吁，是庄公爱妾生的儿子，受到卫庄公的宠爱。他喜好武事，庄公不禁止，庄姜很厌恶他。

石碏规劝庄公道："我听说一个人爱自己的儿子，一定要以正确的礼法来教导约束他，这样才能使他不走上邪路。骄傲、奢侈、淫荡、逸乐，就是走向邪路的开端。这四个方面的产生，都是宠爱和赏赐太过的缘故。如果要立州吁做太子，就应该定下来；要是还没有，那这就会渐渐酿成祸乱了。受宠爱而不骄傲，骄傲了而能受压制，受了压制而不怨恨，有怨恨而不为非作歹的人，是很少有的呀。而且，卑贱的压制高贵的，年少的欺负年长的，疏远的

能眕者，鲜矣。且夫贱妨贵，少陵长，远间亲，新间旧，小加大，淫破义，所谓六逆也；君义，臣行，父慈，子孝，兄爱，弟敬，所谓六顺也；去顺效逆，所以速祸也。君人者，将祸是务去，而速之，无乃不可乎？"弗听。

其子厚与州吁游，禁之，不可。桓公立，乃老。

离间亲近的，新的挑拨旧的，地位低的欺凌地位高的，淫乱的破坏有礼义的，这是人们常说的六种逆理的事。君主行事公正适宜，臣子服从命令，父亲慈爱子女，子女孝顺父亲，哥哥爱护弟弟，弟弟敬重哥哥，这是人们常说的六种顺礼的事。不做顺应礼义的事而去做违背礼的事，就会招致祸害。做君主的应尽力除掉祸害，现在却反而加速祸害的到来，这恐怕不行吧？"庄公不听。

石碏的儿子石厚与州吁交往，石碏禁止，但禁止不住。到卫桓公当国君时，石碏就告老退休了。

文化常识第 003 讲

《硕人》《诗经·卫风》中的一篇。当年，庄姜嫁到卫国，卫国人看到这么美的王后，特意做了这首《硕人》来称颂她：

"硕人其颀，衣锦褧衣。齐侯之子，卫侯之妻，东宫之妹，邢侯之姨，谭公维私。

手如柔荑，肤如凝脂，领如蝤蛴，齿如瓠犀，螓首蛾眉。巧笑倩兮，美目盼兮。

……"

几千年过去了，这些描写庄姜美貌的经典诗句，还常常被人们引用。

❶ <名>两船相并，也指并排竹木做成的筏。《诗经·谷风》："就其深矣，方之

舟之。"

❷ <名>方形，与"圆"相对。《促织》："形若土狗，梅花翅，方首，长颈。"

❸ <形>正直。《屈原列传》："方正之不容也。"

❹ <名>方向；方位。《赤壁赋》："不知东方之既白。"

❺ <名>区域；地方。《〈论语〉六则》："有朋自远方来，不亦乐乎？"

❻ <名>四面；周围。《归园田居》："方宅十余亩，草屋八九间。"

❼ <动>比拟；相比。《天演论·察变》："则三古以还年代方之，犹瀼渴之水。"

❽ <名>方法；计策。《赤壁之战》："以鲁肃为赞军校尉，助画方略。"

❾ <道理；礼义>。《子路、曾晳、冉有、公西华侍坐》："比及三年，可使有勇，且知方也。"

❿ <名>药方；单方。《林黛玉进贾府》："请了多少名医修方配药，皆不见效。"

⓫ <介>当；在。《伶官传序》："故方其盛也，举天下之豪杰，莫能与之争。"

⓬ <副>才；刚刚。《雁荡山》："伐山取材，方有人见之。"

⓭ <副>正；正在。《荆轲刺秦王》："秦王方还柱走，卒惶急不知所为。"

⓮ <副>将要；就要。《涉江》："吾方高驰而不顾。"

⓯ <动>纵横；方圆。《邹忌讽齐王纳谏》："今齐之地方千里。"

语法常识第003讲

词类活用：名词作状语【义】"君义，臣行，父慈，子孝，兄爱，弟敬"一句中"义"字本义为"仁义，公义"，是名词，在这里活用作状语，意为"按照公义，讲究仁义"。翻译为：君主行事公正适宜，臣子服从命令，父亲慈爱子女，子女孝顺父亲，哥哥爱护弟弟，弟弟敬重哥哥。

臧僖伯谏观鱼
——干啥都得讲个"礼"

《古文观止》有故事

西周初期,周成王把鲁国(今曲阜一带)封给叔叔周公旦。由于周成王年龄还小,周公旦派儿子伯禽去治理鲁国,自己则留下来辅佐成王。他制定了一系列典章制度,以礼治国,巩固周王朝的统治。

鲁国和周王室关系密切,后来的国君都是周公旦的后人,一言一行都合乎礼制。可是,偏偏有一个鲁隐公,偶尔会做出点出格的事儿。

《左传》中记载：鲁隐公要去棠地观鱼，大臣臧僖伯劝阻他："国君的责任是要引导百姓走上正轨，所以做事要合乎法度。一旦乱了，国家就要衰败。"他却不听，还狡辩："我是去巡视边境的。"后来，史书上也批评他的行为不合礼法。

还有一次，隐公主持了弟弟生母（也就是他的后妈）陵寝的落成典礼。在典礼上，他命令舞者们跳了个六佾之舞。

在那时候，跳舞也是分等级、有规矩的。周朝礼法规定：天子八佾，三公六佾，诸侯四佾，士大夫二佾。八个舞者手拿羽毛站成一列，就叫"一佾"。八佾就是八列六十四人，六佾是六列四十八人，等级越低人数越少，以此类推。

鲁隐公是诸侯，他的后妈也不过是诸侯夫人，享用六佾之舞，简直太过分了。

更过分的是，后来的鲁国大夫季孙氏竟然在自己家里演奏八佾之舞。这惹得孔子大怒，在《论语》里记下了一笔。不过，孔子也很无奈。周天子有名无权，礼崩乐坏，社会动荡，周朝越来越混乱了。

逐字逐句学古文

原文

春，公将如棠观鱼者。
臧僖伯谏曰："凡物不足以讲大事，其材不足以备器用，则君不举焉。君将纳民于轨、物者也，故讲事以度轨量谓之'轨'。

译文

春天，隐公准备到棠地观看渔民捕鱼。

臧僖伯进谏说："凡是物品不能用到讲习祭祀、军事等大事上，或者所用材料不能制作礼器和兵器，那么，国君就不要亲自去接触它。国君是把民众引向社会规范和行为准则的人。所以，讲习祭祀和军事来衡量器物是否合乎法度，叫'正轨'；选

取材以章物采谓之'物'。不轨不物，谓之乱政。乱政亟行，所以败也。故春蒐、夏苗、秋狝、冬狩，皆于农隙以讲事也。三年而治兵，入而振旅，归而饮至，以数军实。昭文章，明贵贱，辨等列，顺少长，习威仪也。鸟兽之肉不登于俎，皮革、齿牙、骨角、毛羽不登于器，则君不射，古之制也。若夫山林川泽之实，器用之资，皂隶之事，官司之守，非君所及也。"

公曰："吾将略地焉。"遂往，陈鱼而观之。僖伯称疾不从。

书曰："公矢鱼于棠。"非礼也，且言远地也。

取材料制作器物以显示它的等级文采，叫'遵礼'。事情不合乎法度、不关乎礼制，叫乱政。屡次实行乱政，那就会败亡。所以，春、夏、秋、冬四季的狩猎活动，都是在农闲时节进行，并（借这个机会）讲习军事。每三年演练一次，回到国都都要对军队进行休整，并要到宗庙进行祭告，宴饮庆贺，清点军用器物和猎获物。在进行这些活动的时候，要使车马、服饰、旌旗等文采鲜艳，贵贱分明，等级井然，少长有序：这都是讲习大事的威仪啊！鸟兽的肉不能用于祭祀，皮革、牙齿、骨角和毛羽不能用来制作祭器的装饰，这样的鸟兽，君主就不要去射它，这是自古以来的规矩啊！至于山林川泽的物产，一般器物的材料，这都是仆役们去忙活，有关官吏按职分去管理的事，而不是君主所应涉足的事。"

隐公说："我准备到那里去巡视。"于是就去了棠地，让渔民把各种渔具都摆出来捕鱼，他在那里观赏。僖伯推说有病没有随同前往。

《春秋》上说："隐公在棠地陈设渔具。"这是说他在棠地观鱼这一行为不合礼法啊，并且说他去的地方远离国都。

文化常识第 004 讲

周公制礼作乐 远古社会,人们祭祀神灵时,都会恭恭敬敬的,举行一些仪式,比如唱歌舞蹈等等。后来,周公整理了从远古到殷商时的礼乐,加以改进,创建了一整套具体可操作的礼乐制度,包括饮食、起居、祭祀、丧葬等社会生活的方方面面,规范人们的行为。周公制礼作乐,奠定了中国传统文化的基础。

常用字第 004 讲 —— 度

读 dù 时:

❶ <名>量长短的标准。也指按一定计量标准划分的单位。《汉书·律历志》:"度者,分、寸、尺、丈、引也。"(引:十丈。)

❷ <名>限度。《论积贮疏》:"生之有时,而用之无度,则物力必屈。"

❸ <名>制度;法度。《答司马谏议书》:"议法度而修之于朝廷,以授之于有司。"
❹ <名>气度;度量。《荆轲刺秦王》:"群臣惊愕,卒起不意,尽失其度。"
❺ <名>计划;打算。《答司马谏议书》:"盘庚不为怨者故改其度。"
❻ <动>渡过;越过。《木兰辞》:"万里赴戎机,关山度若飞。"
❼ <量>次;回。《江南逢李龟年》:"岐王宅里寻常见,崔九堂前几度闻。"

读duó时

❶ <动>量(长短)。《齐桓晋文之事》:"度,然后知长短。"
❷ <动>计算;估计。《垓下之战》:"项王自度不得脱。"
❸ <动>砍伐。《左传·隐公十一年》:"山有木,工则度之。"

语法常识第 004 讲

词类活用:名词作动词【轨、物】 "不轨不物,谓之乱政"一句中"轨"和"物"本义是"法度""典章文物",为名词,在这里活用作动词,意为"合乎法度""关乎礼制"。翻译为:事情不合乎法度,不关乎礼制,就叫乱政。

郑庄公戒饬(chì)守臣
——替天子教训许国

《古文观止》有故事

公元前712年,郑庄公约了鲁隐公和齐侯一起攻打许国,理由是许国不听天子的话。郑庄公俨然成了周朝秩序的维护者,很是威风。

郑庄公率领军队杀到许国都城。许庄公率领军民死守城池,绝不认输。接连两天激战,郑军伤亡惨重,许国城墙坚不可摧。郑庄公火冒三丈,第三天,下达命令:"务必攻下城池!"

郑军又展开了激烈的进攻。在兵将的掩护下,郑大夫颍考叔冒着箭雨,手拿大旗冲向敌城。他好勇猛,竟然登上了许国城墙。可是,没等站稳,一支暗箭从背后呼啸而至,正中颍考叔后心。他惨叫一声,从城墙上摔下来。

他到死都想不到,是自己人不想他夺头功,射出了致命的一箭。真是"明枪易躲,暗箭难防"呀。

大将瑕叔盈一看颍考叔摔了下来,立即冲上去,接过大旗跳上城头大喊:"郑国国君登城喽!"郑国将士见城头旌旗招展,认为胜利在望,个个奋勇争先,纷纷登上城墙。许国士兵再也招架不住,纷纷后退。

许庄公见大势已去,便打开城门率军民突围,杀出一条血路逃到了卫国。

许国土地唾手可得,可郑庄公却没要。他让许国大夫百里辅佐许庄公的弟弟许叔,住在都城东面,暂时管理许国事务;又派公孙获驻扎在许国西部的边境。他这是在表明自己并不想要吞并许国,只是替天子教训教训他。两年后,许庄公死在卫国。

他的弟弟许叔一直隐忍着。直到郑庄公去世后,他的四个儿子你争我夺,

郑国乱成了一锅粥,许叔才开始行动。他赶跑了郑国军队,夺回都城,复建许国。他就是许穆公。

许国在大国的夹缝中又存活了三百多年,几经战乱,起起伏伏,直到公元前375年,才彻底被楚国所灭。

逐字逐句学古文

原文	译文
qiū qī yuè gōng huì qí hóu zhèng bó fá xǔ 秋七月,公会齐侯、郑伯伐许。 gēng chén fù yú xǔ yǐng kǎo shū qǔ zhèng bó zhī qí 庚辰,傅于许。颍考叔取郑伯之旗 máo hú yǐ xiān dēng zǐ dū zì xià shè zhī diān xiá 蝥弧以先登,子都自下射之,颠。瑕	秋天七月,鲁隐公会合齐侯、郑伯讨伐许国。初一这一天,三国的军队逼近许国城下。颍考叔举着郑国的蝥弧旗,首先登上了城墙,子都从下

叔盈又以蝥弧登，周麾而呼曰："君登矣！"郑师毕登。壬午，遂入许。许庄公奔卫。

齐侯以许让公。公曰："君谓许不共，故从君讨之。许既伏其罪矣，虽君有命，寡人弗敢与闻。"乃与郑人。

郑伯使许大夫百里奉许叔以居许东偏，曰："天祸许国，鬼神实不逞于许君，而假手于我寡人。寡人唯是一二父兄不能共亿，其敢以许自为功乎？寡人有弟，不能和协，而使糊其口于四方，其况能久有许乎？吾子其奉许叔以抚柔此民也，吾将使获也佐吾子。若寡人得没于地，天其以礼悔祸于许，无宁兹许公复奉其社稷，唯我郑国之有请谒焉，如旧昏媾，其能降以相从也。无滋他族实逼处此，以与我郑国争此土也。吾子孙其覆亡之不暇，而况能

面射他，颍考叔跌了下来。瑕叔盈又举起蝥弧爬上城墙，向四周挥舞着旗子大声喊道："我们国君登上城头啦！"郑国的军队全部登上了城墙。初三这天，便攻入许国。许庄公逃到卫国去了。

齐侯要把许国让给鲁隐公。鲁隐公说："您说许国不恭顺天子，所以跟随您讨伐它。现在许国已经受到应有的惩罚了，虽然您有命令，我也不敢参与这事的。"于是就把许国给了郑庄公。

郑庄公让许国大夫百里在许国的东部边邑侍奉许庄公的弟弟许叔，对他说："上天降祸给许国，鬼神也不满意许君，所以借我的手来惩罚他。我连一两个父老兄弟都不能相安，哪里还敢拿打败许国作为自己的功劳呢？我有个弟弟，还不能和睦相处，致使他到处流浪，在四方奔走求食，又怎么能长久占有许国呢？你侍奉许叔安抚这里的百姓，我将派公孙获来帮助你。如果我能得到善终而长眠于地下，上天按照礼撤回前日对许的降祸，难道许公就不能再来掌管他的国家了吗？要是我们郑国有所请求时，希望他们像对待亲戚一样，能屈尊答应我们。千万不要助长他族，使他族逼近、居住在这里，来和我们郑国争夺这地方。如果那样，我的子孙连挽救郑国自己的危亡都来不及，又怎能祭祀许

禋祀许乎？寡人之使吾子处此，不惟许国之为，亦聊以固吾圉也。"

乃使公孙获处许西偏，曰："凡而器用财贿，无置于许。我死，乃亟去之！吾先君新邑于此，王室而既卑矣，周之子孙日失其序。夫许，大岳之胤也。天而既厌周德矣，吾其能与许争乎？"

君子谓："郑庄公于是乎有礼。"礼，经国家，定社稷，序人民，利后嗣者也。许无刑而伐之，服而舍之，度德而处之，量力而行之，相时而动，无累后人，可谓知礼矣。

国的山川呢？我之所以让你住在这里，不单是为许国着想，也借以巩固我们郑国的边防啊。"

于是又派公孙获驻扎在许国西部边境，对他说："凡是你的器物钱财，不要放在许国。我死了，你就马上离开许国！我的先父在这里新建了都邑，可周王室已经衰微，周的子孙不断失掉所继承的祖先功业。许国是太岳的后代。上天既然厌弃周朝的气运了，我们是周的子孙，怎么能和许国相争呢？"

君子认为："郑庄公在这件事上是符合礼制的。"礼制，是可以治理国家，稳定政权，安抚百姓，并有利于后世子孙的。许国不守法度就去讨伐它，服罪了就宽恕它，度量自己的德行去处理问题，估量自己的实力去行事，看清形势后行动，不连累后人，可以说是知礼了。

文化常识第005讲

寡人 是古代君主、诸侯王对自己的谦称，就是寡德之人，意思是"在道德方面做得不足的人"。中国古代讲究"以德治国""以德配天"。他们认为君主、诸侯的权位是上天赋予的，但上天只会把天下给有德的人，君主、诸侯王如果失德就会失去尊贵的权位，所以君主、诸侯王就谦称自己是"寡人"。

常用字第 005 讲 —— 是

❶ <形> 对;正确。《归去来辞》:"实迷途其未远,觉今是而昨非。"
❷ <代> 这;这个;这样。《石钟山记》:"是说也,人常疑之。"
❸ <形> 凡是;所有的。《游园》:"是花都放了,那牡丹还早。"
❹ <动> 表判断。《琵琶行》:"同是天涯沦落人。"

语法常识第 005 讲

词类活用:名词作状语【周】 "周麾而呼曰:'君登矣'!"一句中"周"本为名词,表示四周,这里活用作状语,意为"向四周"。翻译为:向四周挥舞着旗子大喊道:"我们的国君登上城头了!"

臧哀伯谏纳郜(gào)鼎

——大鼎为啥不能要

《古文观止》有故事

宋殇(shāng)公在位十年,打了十一次仗。百姓死伤无数,很多村庄城邑都成了荒墟。

和宋国相反,郑国的力量却越来越强大。华父督是宋国的太宰(总管全国事务的官),他想改善和郑国的关系。国家和平了,才能发展农业和经济呀。可是,宋殇公却不这么想。大司马孔父嘉和宋殇公是一伙的,也不同意华父

督的提议。

华父督便对士兵们说:"孔司马主张用兵,偏偏国君又特别信任他,根本不听我的。三天之内,国君又要大规模讨伐郑国。我们宋国的百姓犯了什么罪?要遭受各种痛苦。"饱受战乱之苦的士兵们咬牙切齿,深感华父督言之有理,同时又恨透了孔父嘉。

于是在华父督有计划的鼓动下,军队发生了哗变。华父督率领军队围攻毫无准备的孔父嘉,把他杀掉了。

因为宋穆公临死时把宋殇公托付给了孔父嘉,所以孔父嘉算是宋殇公的保护人。华父督擅杀孔父嘉,自然引起了宋殇公的震怒。在劝说不成的情况下,华父督一不做二不休,把宋殇公也给杀了。他从郑国接回了公子冯即位,是为宋庄公。

宋庄公感激华父督,让他继续做太宰。华父督也尽心尽力地帮着新国君出谋划策。他首先游说周边国家,让大家来承认宋庄公地位的合理合法。为获得鲁国的支持,华父督把宋国传世的宝鼎"郜大鼎"送给了鲁桓公。

这时候,劝阻过鲁隐公去棠地观鱼的臧哀伯又站了出来,劝说国君不要接受这个作为贿赂的大鼎。可是,鲁桓公不听,把郜鼎放到了太庙里。

华父督也向郑庄公请求和解,和郑国缓和了关系。在他的谋划下,宋国得到了一段时间的安宁。

逐字逐句学古文

原文	译文
xià sì yuè qǔ gào dà dǐng yú sòng nà yú 夏四月,取郜大鼎于宋。纳于 tài miào fēi lǐ yě 大庙,非礼也。 zāng āi bó jiàn yuē jūn rén zhě jiāng zhāo dé 臧哀伯谏曰:"君人者,将昭德	夏季四月,(鲁桓公)从宋国取得郜国的大鼎,安放在太庙里,这样做不合礼制。 臧哀伯劝谏(桓公)说:"做国君的,

塞违，以临照百官，犹惧或失之，故昭令德以示子孙。是以清庙茅屋，大路越席，大羹不致，粢食不凿，昭其俭也。衮、冕、黻、珽、带、裳、幅、舄、衡、紞、纮、綖，昭其度也。藻、率、鞞、鞛、鞶、厉、游、缨，昭其数也。火、龙、黼、黻，昭其文也。五色比象，昭其物也。钖、鸾、和、铃，昭其声也。三辰旂旗，昭其明也。夫德，俭而有度，登降有数。文、物以纪之，声、明以发之，以临照百官，百官于是乎戒惧，而不敢易纪律。今灭德立违，而置其赂器于大庙，以明示百官。百官象之，其又何诛焉？国家之败，由官邪也。官之失德，宠赂章也。郜鼎在庙，章孰甚焉？武王克商，迁九鼎于雒邑，义士犹或非之，而况将昭违乱之赂器于大庙，其若之

应当发扬道德，阻塞邪恶，以（更好地）管理和监察百官；还怕有缺失的地方，所以发扬美德给子孙后代做示范。因此，太庙用茅草盖顶，大车上用蒲席做垫子，肉汁不加调料，饼食不用精粮，是为了昭示节俭；礼服、礼帽、蔽膝、玉笏、腰带、裙衣、绑腿、鞋子以及冠冕上用的衡、紞、纮、綖等，是为了昭示等级制度；玉器垫儿、佩巾、刀剑套、佩刀刀鞘上的饰物、束衣革带、飘带、旌旗饰品、马鞍，是为了昭示（尊、卑）礼数；火、龙、黼、黻等花纹，是为了昭示文采；用青、赤、黄、白、黑五种颜色，按天地万物的形貌绘出各种不同的形象，是为了昭示物各有其用，而并非虚设；钖、鸾、和、铃，是为了昭示动辄有声；在旗帜上绘上三辰，是为了昭示光明。德，是俭约并有制度规定的，或增或减都要有节制，都要形成典章制度记录下来，并公开地发布出去，以此来管理监察百官，百官才有所警惕和畏惧，而不敢违规犯纪。现在泯灭道德而树立邪恶，把人家用作贿赂的器物安放在太庙，公开地展示给百官。如果百官也以此为榜样，还能惩罚谁呢？国家的衰败，来自官员的邪恶；而官员丧失道德，是由于受宠而贿赂公行。郜鼎放在太庙，还有什么比这更明显的受贿呢？周武王攻灭殷商，把九鼎迁到雒邑，仁人义士中还有人非议他，更何况把表明

何?"公不听。

周内史闻之,曰:"臧孙达其有后于鲁乎!君违,不忘谏之以德。"

违德乱礼的受贿器物放在太庙,这可该对它怎么办呢?"桓公不听。

周朝的内史听到这件事,说:"臧孙达在鲁国会后继有人吧!国君违礼,他不忘用德行加以规劝。"

文化常识第006讲

清庙 庙,是古代供奉祖宗神位的地方,也叫宗庙。帝王或者诸侯的宗庙叫太庙。鲁桓公接受了郜鼎,就放进了自己的太庙。因为太庙肃穆清净,所以本文中也称为"清庙"。《诗经》里《周颂》中第一篇就是一首《清庙》,是赞美周文王功德的颂歌,也是周王室举行盛大祭祀以及其他重大活动时演奏的乐曲。

常用字第006讲 — 孰

❶ <形>通"熟",烹食到可以食用的程度。《左传·宣公二年》:"宰夫胹熊蹯不孰。"

❷ <形>通"熟",成熟。《荀子·富国》:"寒暑和节,而五谷以时孰。"

❸ <形>通"熟",深透,仔细。《廉颇蔺相如列传》:"唯大王与群臣孰计议之。"

❹ <代>谁;哪个。《师说》:"人非生而知之者,孰能无惑?"

语法常识第006讲

否定判断句:"非……也" 判断句中有表示肯定的,也有表示否定的。表示否定判断,一般会用一个表示否定的固定句式。本文中"取郜大鼎于宋,纳于太庙,非礼也",就是用"非……也"这一固定句式来表示否定判断。翻译为:鲁桓公从宋国取得郜国的大鼎,安放在太庙里,这样做不合礼制。

这样的例子还有:

①《唐雎不辱使命》:"此庸夫之怒也,非士之怒也。"翻译为:这是平庸无能的人发怒,不是有才能、有胆识的人发怒啊。

②《封建论》:"封建,非圣人意也。"翻译为:实行封建制,并不是古代圣人的本义。

③《有子之言似孔子》:"是非君子之言也。"翻译为:这不是君子所说的话。

季梁谏追楚师
——小国抗拒大国之道

《古文观止》有故事

　　公元前706年，楚国国君熊通想进攻随国，他先派薳(wěi)章去讲和。随侯也派了少师来商谈。楚国军队假装成老弱病残的样子，接待随国少师，想引诱随国出击。少师信以为真，回去禀告随侯，建议追杀楚军。大臣季梁讲了一番治国的道理，说服随侯不追击，巩固国家。楚国因此不敢攻打随国。

　　熊通不甘心，又要求随侯到周天子那里给自己升级封号。随侯不想打仗，只得给周天子上书，为熊通请封。但是，周天子没有答应。

消息传来,熊通恼羞成怒:"我的祖先曾经做过文王的老师,最后才给了一个男爵的封号。我大楚在南方发展这么多年,周围的少数民族都臣服了我大楚。哼!你不给我封号,我就自封为王!"于是,他自称楚武王。

楚武王是诸侯中第一个称王的。周王室没有实权,干生气没有办法。

楚武王第二次攻打随国,是因为随侯没有参加他召集的沈鹿会盟。季梁建议假装投降来迷惑楚军;少师却认为没有必要,主张直接开战。这次,随侯没有听季梁的,而是采纳了少师的建议。

既然打算开战,季梁又建议躲开楚军的锋芒,先攻打他们薄弱的右翼。可是,少师偏偏就要跟季梁唱对台戏,劝说随侯正面对决。随侯又听从了少师的意见,和楚军正面交锋。

随军大败,少师被楚军俘虏。随侯求和,表示不敢再背叛楚国。

随侯夹着尾巴做人,安安稳稳过了十几年。公元前690年,周天子召见随侯,责备他不该奉楚国为王。随侯对楚武王的态度就不那么恭敬了。楚武王大怒,第三次出兵教训随侯。可是,走到半路,楚武王突然去世了。楚国

莫敖（最高军事长官）屈重秘不发丧，继续杀向随国，逼得随侯乖乖投降。

落后就要挨打，在当时那个混乱时代，就是这么残酷！

逐字逐句学古文

原文

楚武王侵随，使薳章求成焉，军于瑕以待之。随人使少师董成。

斗伯比言于楚子曰："吾不得志于汉东也，我则使然。我张吾三军而被吾甲兵，以武临之，彼则惧而协以谋我，故难间也。汉东之国，随为大。随张，必弃小国。小国离，楚之利也。少师侈，请羸师以张之。"熊率且比曰："季梁在，何益？"斗伯比曰："以为后图，少师得其君。"

王毁军而纳少师。少师归，请追楚师。随侯将许之。季梁止之曰："天方授楚，楚之羸，其诱我

译文

楚武王侵犯随国，派薳章去议和，自己在瑕地驻军等待他。随国派少师来主持议和。

斗伯比对楚王说："我们不能在汉水以东得志，全是我们自己造成的啊！我们扩大军队，增加装备，以武力威胁邻国。它们怕了，就协同起来对付我国，所以就很难离间它们。汉水以东，要算随国最大。如果随国骄傲起来，必定抛弃那些小国。小国离散，咱们楚国就可从中得利了。少师这人，一向狂妄自大，请把我们的军队摆出个疲弱的样子，使他更加傲慢起来。"熊率且比说："随国有季梁在，这样做能有什么作用？"斗伯比说："以后可能会有用处！少师很得国君的宠信啊。"

于是楚武王故意把军队搞得不成样子，然后接待少师。少师回去，果然请求追击楚军。随侯正准备答应他，季梁急忙阻止，说："上天正在帮楚国，楚军的疲弱恐怕是骗我们上当，国君何必急于出师呢？臣听说，小国所以能抗拒大国，是因为小国得道而大国淫暴。什么

也，君何急焉？臣闻小之能敌大也，小道大淫。所谓道，忠于民而信于神也。上思利民，忠也；祝史正辞，信也。今民馁而君逞欲，祝史矫举以祭，臣不知其可也。"公曰："吾牲牷肥腯，粢盛丰备，何则不信？"对曰："夫民，神之主也。是以圣王先成民，而后致力于神。故奉牲以告曰'博硕肥腯'，谓民力之普存也，谓其畜之硕大蕃滋也，谓其不疾瘯蠡也，谓其备腯咸有也。奉盛以告曰'洁粢丰盛'，谓其三时不害而民和年丰也。奉酒醴以告曰'嘉栗旨酒'，谓其上下皆有嘉德而无违心也。所谓馨香，无谗慝也。故务其三时，修其五教，亲其九族，以致其禋祀。于是乎民和而神降之福，故动则有成。今民各有心，而鬼神乏主，君虽独丰，其何福之有？君姑修政

是道呢？就是忠于人民，取信于鬼神。国君经常考虑如何利民，就是忠。祝官史官老老实实向神灵祭告，就是信。现在人民在挨饿而国君纵情享乐，祝官史官却在祭神时虚报功德，臣不知道这样如何能抗拒大国！"随侯说："我上供的牲畜毛色纯正，膘肥肉壮，祭器里的黍稷也很丰盛，怎么不能取信于鬼神呢？"季梁说："人民才是鬼神的主人啊。圣明的君主总是先把人民的事情办好，再致力于祭祀鬼神。所以在进献牲畜时就祷告说：'请看献上的牲畜多么硕大肥壮啊！'意思就是说：我国人民普遍都有生产的能力，请看他们的牲畜肥大，繁殖又快，没有生病，备用的牲畜应有尽有！在奉上黍稷时就祷告说：'请看献上的黍稷多么洁净而丰盛啊！'意思就是说：今年春夏秋三季都没有灾害，请看我国人民多么和睦、收成多么丰盛。在进献美酒甜酒时又祷告说：'请尝尝我们用好米酿成的美酒吧！'意思是说：请看我全国上下都有美德，不干没天良的事！由此可见，所谓馨香，就是上上下下有德性而没有谗言和邪行。所以能够忠心从事三时的农作，讲习五教，亲和九族，虔敬地祭祀鬼神。于是人民都很和睦，鬼神也就赐福，所以一切行动都能成功。如今，百姓各有自己的心事，鬼神也就缺了主人，光靠您的祭礼丰盛，怎么会求得鬼神降福呢？您还是先整顿内政，和周围兄弟之国亲密友好，也许可以避免灾祸吧。"

<small>ér qīn xiōng dì zhī guó　　shù miǎn yú nàn</small>
而亲兄弟之国，庶免于难。"
<small>suí hóu jù ér xiū zhèng chǔ bù gǎn fá</small>
随侯惧而修政，楚不敢伐。

随侯感到恐惧，于是整顿内政。楚国因此不敢侵犯随国了。

文化常识第007讲

季梁　春秋时期随国人。随国是周天子分封镇守南方的一个邦国，封地在今湖北随州一带。后来，随着楚国的兴起，随国就逐渐衰弱了。这里是炎帝神农故里。生长在这块土地上的政治家、思想家季梁提出了"夫民，神之主也"的先进思想，被李白称赞为"神农之后，随之大贤"。

常用字第007讲 —— 被

读bèi时：

❶ <名>被子。

❷ <动>覆盖。《促织》："成归，闻妻言，如被冰雪。"

❸ <动>加在……之上，加于，给予。《哀郢》："众谗人之嫉妒兮，被以不慈之伪名。"

❹ <动>遭受；蒙受。《荆轲刺秦王》："秦王复击轲，被八创。"

❺ <介>表被动。《屈原列传》："信而见疑，忠而被谤。"

读pī时：

❶ 通"披"，穿在身上或披在身上。《陈涉世家》："将军身被坚执锐，伐无道。"

❷ <动>分散；散开。《屈原列传》："屈原至于江滨，被发行吟泽畔。"

语法常识第007讲

词类活用：名词作动词【军】　"军于瑕以待之"中的"军"本来是名词，表示军队，在这里活用作动词，意为"驻扎"。翻译为：把军队驻扎在瑕等待他。

曹刿(guì)论战

——对付强国有办法

《左传》

《古文观止》有故事

公元前697年，齐襄(xiāng)公即位。他是个昏君，搞得国家乌烟瘴气的。公子纠和公子小白都逃离了齐国。管仲、召(shào)忽保护纠逃到了鲁国；鲍叔牙保护小白逃到了莒(jǔ)国。

后来，齐襄公被公孙无知杀死了。公孙无知和齐襄公是堂兄弟，从小就有矛盾。齐襄公继位后，降低了公孙无知的俸禄和服饰等级。公孙无知记恨在心，找机会杀害了齐襄公，自立为君。

公孙无知也有仇人。第二年，他被仇人杀死。齐国没有了国君，逃亡在外的两位公子得到消息，快马加鞭往回赶。

公子小白先回到国内，坐上了国君的宝座。鲁庄公也亲自领兵护送公子纠赶了回来，可惜晚了一步。鲁军和齐军为此还打了一仗。鲁国大败，被逼无奈，杀死了公子纠。

这还不算完，齐桓公（公子小白）借口鲁国曾帮助过公子纠，再次起兵攻打鲁国。两军在长勺相遇，一场大战一触即发。当时齐国是强国，鲁国是弱国。鲁庄公心里忐(tǎn)忑(tè)不安。

这时，曹刿挺身而出，求见鲁庄公。他为庄公分析了决定战争胜利的要素——取信于民。鲁庄公听了曹刿的分析，觉得有道理，就让他跟在自己身边出谋划策。

事实证明，他做对了！曹刿很清楚，对付大国，不能硬碰硬，一定要避其锋芒，挫其锐气。所以，任凭齐军把战鼓敲得震天响，鲁军摩拳擦掌跃跃欲试，但就是不发令进攻。直到齐军击了三次鼓，士兵们已经懈怠了，曹刿看准时机，才命令鲁军击鼓，出击！

士气旺盛的鲁军像下山的猛虎一样，杀向齐军。齐军大败。

对付强国，拼的就是士气！把握战机，就能获胜！

逐字逐句学古文

原文

十年春(shí nián chūn)，齐师伐我(qí shī fá wǒ)。公将(gōng jiāng)战，曹刿请见(cáo guì qǐng jiàn)。其乡人曰(qí xiāng rén yuē)："肉食者谋之(ròu shí zhě móu zhī)，又何间焉(yòu hé jiàn yān)？"刿曰(guì yuē)："肉食者鄙(ròu shí zhě bǐ)，未能远谋(wèi néng yuǎn móu)。"乃入见(nǎi rù jiàn)。

译文

鲁庄公十年的春天，齐国的军队攻打鲁国。鲁庄公将要迎战。曹刿求见鲁庄公。他的同乡说："打仗的事位高者自会谋划，你又何必参与呢？"曹刿说："当权者目光短浅，不能深谋远虑。"于是去见鲁庄公。

曹刿问："您凭借什么作战？"鲁庄公说："衣食这类安身的东西，不敢独自享有，

问:"何以战?"公曰:"衣食所安,弗敢专也,必以分人。"对曰:"小惠未遍,民弗从也。"公曰:"牺牲玉帛,弗敢加也,必以信。"对曰:"小信未孚,神弗福也。"公曰:"小大之狱,虽不能察,必以情。"对曰:"忠之属也。可以一战。战则请从。"

公与之乘,战于长勺。公将鼓之。刿曰:"未可。"齐人三鼓。刿曰:"可矣!"齐师败绩。公将驰之。刿曰:"未可。"下,视其辙,登,轼而望之,曰:"可矣!"遂逐齐师。

既克,公问其故。对曰:"夫战,勇气也。一鼓作气,再而衰,三而竭。彼竭我盈,故克之。夫大国,难测也,惧有伏焉。吾视其辙乱,望其旗靡,故逐之。"

一定把它分给别人。"曹刿回答说:"这些小恩惠不能遍及百姓,百姓是不会听从您的。"鲁庄公说:"祭祀神灵的牛、羊、玉帛之类的用品,我不敢虚报数目,一定按照承诺的去做。"曹刿说:"这只是小信用,不能让神灵信服,神是不会保佑您的。"鲁庄公说:"大大小小的诉讼案件,虽然不能件件都了解得清楚,但一定要处理得合情合理。"曹刿回答说:"这才是尽了本职一类的事,可以凭借这个条件打一仗。如果作战,请允许我跟随您一同去。"

鲁庄公和曹刿共坐一辆战车,在长勺与齐军作战。鲁庄公将要下令击鼓进军。曹刿说:"现在不行。"等到齐军三次击鼓之后。曹刿说:"可以击鼓进军了。"齐国军队溃败。鲁庄公准备下令驾车马追逐齐军。曹刿说:"还不行。"说完就向下看,查看齐军车轮碾出的痕迹,又登上战车,扶着车前的横木远望齐军的队形,这才说:"可以追击了。"于是追击齐军。

战胜齐军后,鲁庄公问他这样做的原因。曹刿回答说:"作战,靠的是勇气。第一次击鼓能够振作士气,第二次击鼓士气就开始低落了,第三次击鼓士气就穷尽了。他们的士气已经消失而我军的士气正盛,所以才战胜了他们。像齐国这样的大国,他们的情况是难以推测的,怕他们设下埋伏。我看他们车轮碾过的痕迹散乱,望见他们的旗子倒下了,所以决定追击他们。"

文化常识第008讲

鲁庄公释放管仲 齐国公子纠和公子小白争位时,鲁庄公帮助公子纠回国,被鲍叔牙打败了。鲁庄公仓皇逃窜,鲍叔牙追了上来,逼着鲁庄公杀死了公子纠。不过鲍叔牙的真正目标是管仲,他要鲁庄公交出管仲。鲁人施伯认为齐国这是想重用管仲,劝庄公杀了他。庄公不听,把管仲交给了齐国。果然,管仲辅佐齐桓公成为霸主。

常用字第008讲

❶ <名>鼓,一种打击乐器。《庄暴见孟子》:"百姓闻王钟鼓之音,管籥(yuè)之音。"
❷ <名>鼓乐声。《石钟山记》:"噌(chēng)吰(hóng)如钟鼓不绝。"
❸ <名>战鼓。《赤壁之战》:"瑜等率轻锐继其后,雷鼓大震。"

❹<动>击鼓进军。《曹刿论战》:"战于长勺。公将鼓之。"
❺<动>弹奏、敲击(乐器)。《庄暴见孟子》:"何以能鼓乐也?"
❻<动>挥动;振动。《信陵君窃符救赵》:"臣乃市井鼓刀之屠。"
❼<动>隆起;凸出。《中山狼传》:"遂鼓吻奋爪以向先生。"
❾<量>古代夜间计时单位"更"的代称,一鼓即一更。《李愬雪夜入蔡州》:"四鼓,愬至城下,无一人知者。"

语法常识第008讲

词类活用:名词作动词【福】"小信未孚,神弗福也"一句中"福"字本义为"福气、福报",是名词,在这里活用作动词,意为"赐福、降福"。翻译为:这只是小信用,不能让神灵信服,神是不会保佑您的。

齐桓公伐楚盟屈完

——打着天子的旗号兴师问罪

《左传》

《古文观止》有故事

齐桓公任命管仲为相，君臣一心，对内整顿朝政，发展渔业和盐业；对外打着天子的旗号，谁不听话就打谁。很快，齐国强大起来。

公元前680年，齐桓公派人带着礼物去拜见周天子，说宋国随便废立国君，这是对天子的大不敬，应该兴师问罪。周天子一听这话高兴了，他也想

借助齐国的力量重新树立起天子的威望，于是就授权齐桓公去教训宋国。宋国不愿意背上和天子作对的罪名，于是表示臣服。

齐桓公和周天子的代表单(shàn)伯，约了诸侯们在鄄(juàn)地会盟。因为有周天子的支持，各国诸侯都推举齐桓公做盟主。

就在齐国飞速发展的时候，南方的楚国也日益壮大起来。它灭掉了附近的一些小国之后，开始攻打郑国。郑国抵挡不了，打算背叛齐国归顺楚国。

为了解救郑国，齐桓公率领八国军队先进攻楚的盟友蔡国。蔡军一看齐军的声势，连打都没打，就给吓跑了。八国军队前进，驻扎在楚国边境上。

楚国虽然强大，可面对八国军队也不敢贸然开战，于是就派使臣去质问齐桓公为何来攻打楚国。管仲又打出了天子的旗号："楚国为什么不按时给周王室进贡？还有，周昭王南巡到了楚国没有回去，楚国是要负责任的！"

齐楚两国国君都看到了对手的强大，都知道开战将会两败俱伤。这才有了屈完求和，以及后面的召(shào)陵会盟。

齐桓公打着天子的旗号，又一次成功了。他的霸主地位更加稳固了。

逐字逐句学古文

原文

春(chūn)，齐(qí)侯(hóu)以(yǐ)诸(zhū)侯(hóu)之(zhī)师(shī)侵(qīn)蔡(cài)，蔡(cài)溃(kuì)，遂(suì)伐(fá)楚(chǔ)。楚(chǔ)子(zǐ)使(shǐ)与(yǔ)师(shī)言(yán)曰(yuē)："君(jūn)处(chǔ)北(běi)海(hǎi)，寡(guǎ)人(rén)处(chǔ)南(nán)海(hǎi)，唯(wéi)是(shì)风(fēng)马(mǎ)牛(niú)不(bù)相(xiāng)及(jí)也(yě)。不(bù)虞(yú)君(jūn)之(zhī)涉(shè)吾(wú)地(dì)也(yě)，何(hé)故(gù)？"管(guǎn)仲(zhòng)对(duì)曰(yuē)："昔(xī)召(shào)康(kāng)公(gōng)命(mìng)我(wǒ)先(xiān)君(jūn)大(tài)公(gōng)曰(yuē)：'五(wǔ)侯(hóu)九(jiǔ)伯(bó)，女(rǔ)

译文

鲁僖公四年的春天，齐桓公率领诸侯国的军队攻打蔡国。蔡国溃败，接着又去攻打楚国。楚成王派使节到诸侯国军中说："您住在北方，我住在南方，双方相距遥远，即使马、牛奔驰，也不会跑到对方的境内。没想到您进入了我们的国土，这是什么缘故？"管仲回答说："从前召康公命令我们先君姜太公说：'五等诸侯和九州长官，你都有权征讨他们，从而

实征之，以夹辅周室。'赐我先君履：东至于海，西至于河，南至于穆陵，北至于无棣。尔贡包茅不入，王祭不共，无以缩酒，寡人是征。昭王南征而不复，寡人是问。"对曰："贡之不入，寡君之罪也，敢不共给？昭王之不复，君其问诸水滨！"师进，次于陉。

夏，楚子使屈完如师。师退，次于召陵。齐侯陈诸侯之师，与屈完乘而观之。齐侯曰："岂不榖是为？先君之好是继。与不榖同好，何如？"对曰："君惠徼福于敝邑之社稷，辱收寡君，寡君之愿也。"齐侯曰："以此众战，谁能御之？以此攻城，何城不克？"对曰："君若以德绥诸侯，谁敢不服？君若以力，楚国方城以为城，汉水以为池，虽众，无所用之。"屈完及诸侯盟。

共同辅佐周王室。'召康公允许我们先君征讨的疆土的范围是：东到海边，西到黄河，南到穆陵，北到无棣。你们应当进贡的包茅没有交纳，周王室的祭祀供不上，没有用来缩酒的东西，我是来问责这件事情的；周昭王南巡没有返回，我特来查问这件事。"楚国使臣回答说："贡品没有交纳，是我们国君的过错，我们怎么敢不供给呢？周昭王南巡没有返回，还是请您到汉水边去问一问吧！"于是诸侯军继续前进，临时驻扎在陉地。

这年夏天，楚成王派使臣屈完跟诸侯军队交涉。诸侯军后撤，临时驻扎在召陵。齐桓公让诸侯国的军队摆开阵势，与屈完同乘一辆战车观看军容。齐桓公说："诸侯们难道是为我而来吗？他们不过是为了继承我们先君的友好传统罢了。你们也同我们建立友好关系，怎么样？"屈完回答说："承蒙您惠临敝国并为我们的国家求福，忍辱接纳我们国君，这正是我们国君的心愿。"齐桓公说："我率领这些诸侯军队作战，谁能够抵挡他们？我让这些军队攻打城池，什么样的城攻不下？"屈完回答说："如果您用仁德来安抚诸侯，哪个敢不顺服？如果您用武力的话，那么楚国就把方城山当作城墙，把汉水当作护城河，您的兵马虽然众多，恐怕也没有用处。"后来，屈完代表楚国与诸侯国订立了盟约。

文化常识第 009 讲

昭王南征 周昭王为了加强对江汉平原的控制,亲自率领王师和曾国、邓国、鄂国等诸侯大军先后进行了三次南征。第三次南征,昭王收获了大量的青铜,高高兴兴班师回国。可是,乐极生悲,在渡过汉水时,可能是因携带的青铜太沉了,压垮了浮桥,堂堂大周天子掉到水里淹死了。

常用字第 009 讲 — 之

❶ <动>到……去。《为学》:"吾欲之南海。"
❷ <代>指示代词,相当于"这个""这""这种"等。《廉颇蔺相如列传》:"均之二策,宁许以负秦曲。"
❸ <代>第三人称代词,相当于"他""它""它们""他们"等。《论积贮疏》:"生之有时而用之无度。"
❹ <代>指代说话者本人或听话者的对方。《捕蛇者说》:"君将哀而生之乎?"
❺ <代>第二人称代词,相当于"你""您"。《汉书·蒯通传》:"窃闵公之将死,故吊之。"

❻ <助>用在定语和中心词之间,表示修饰、领属的关系,相当于"的"。《邵公谏厉王弭谤》:"防民之口,甚于防川。"

❼ <助>用在主谓之间,取消句子独立性,一般不必译出。《师说》:"师道之不传也久矣。"

❽ <助>定语后置的标志。《劝学》:"蚓无爪牙之利。"

❾ <助>补语的标志。用在中心词(动词、形容词)和补语之间,可译作"得"。《捕蛇者说》:"未若复吾赋不幸之甚也。"

❿ <助>用宾语前置的标志。《师说》:"句读之不知。"

⓫ <助>用在表示时间的副词后,补足音节,没有实义。《赤壁之战》:"顷之,烟炎张天。"

⓬ <助>用在"前""后""内""外"等词语和它们的修饰语之间,表示对方位、时间、范围等的限制。《教战守策》:"数十年之后,甲兵顿弊。"

语法常识第 009 讲

倒装句:宾语前置【"是"作代词】 文言文中,有时候整个句子的宾语也会放到谓语前面。本文中"寡人是征"的"是"字是代词作宾语,指代"此"这件事。正确语序应该是"寡人征是"。翻译为:我是来问责这件事的。

这样的例子还有:

《左传·襄公十四年》:"晋国之命,未是有也。"翻译为:晋国的命令,没有过这样的。

宫之奇谏假道

——唇亡必定齿寒

《左传》

● 《古文观止》有故事

公元前658年,晋献公要进攻虢国。可是,在晋国和虢国之间,还有一个虞国。于是,他就派人给虞公送去了玉璧和宝马,要求借道,让晋国大军从虞国穿过,去打虢国。虞公见钱眼开,同意了。晋国一举攻下了虢国的城池下阳,并没有侵犯虞国。

三年后,晋国再次发兵,还是要向虞国借道。这次,虞国大夫宫之奇感觉到了威胁,他苦口婆心摆事实讲道理:"晋国这次出兵肯定是想要灭掉虢国的。灭了虢国之后,虞国还能独存吗?虢国和虞国就是嘴唇和牙齿的关系。没了嘴唇,牙齿就要受冻了。千万不能再借道给他们了!"

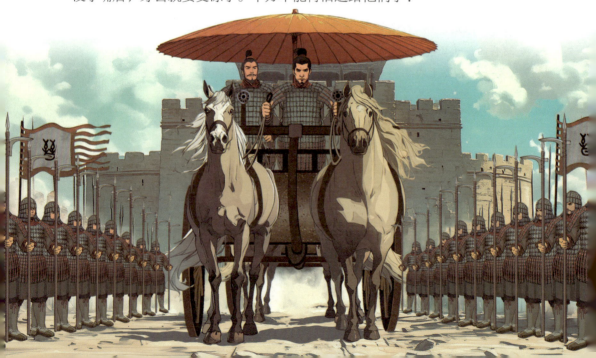

可惜，虞公根本听不进去，还是同意了。

不出宫之奇所料，晋军包围了虢国都城上阳，两个月后攻下上阳，灭掉了虢国。晋军撤兵回国，经过虞国的时候，突然发动袭击，把虞国也给灭了。宫之奇早在晋军回兵之前，就带着家人离开了虞国，这才躲过这场劫难。

晋军俘虏了虞公和大夫百里奚。这个百里奚可不简单！他作为陪嫁的奴隶跟随晋献公的女儿前往秦国，中途逃走，跑到了楚国宛邑。秦穆公了解到他有才能，用五张黑羊皮把他换了回来，让他做官，辅佐自己治理国家。

百里奚没有辜负秦穆公的赏识。他倡导文明教化，在国内修明政事，对外开疆拓土，统一西北地区，为秦国称霸奠定了牢固的基础。

虞公贪图小便宜，吃了大亏。这场争斗中，真正受益的应该是旁观者秦国。秦穆公得到了一位贤臣百里奚，真的要感谢虞公吧？如果不是虞公目光短浅，他怎么能捡这么一个大便宜呢？

逐字逐句学古文

原文

晋侯复假道于虞以伐虢。宫之奇谏曰："虢，虞之表也；虢亡，虞必从之。晋不可启，寇不可玩。一之谓甚，其可再乎？谚所谓'辅车相依，唇亡齿寒'者，其虞、虢之谓也。"

公曰："晋，吾宗也，岂害我

译文

晋侯又向虞国借路去攻打虢国。宫之奇劝阻虞公说："虢国，是虞国的外围。虢国灭亡了，虞国也一定跟着灭亡。晋国的这种贪心不能让它开个头，不可轻视这支侵略别人的军队。一次借路已经过分了，怎么可以有第二次呢？俗话说'辅车相依，唇亡齿寒'，大概说的就是虞国和虢国。"

虞公说："晋国，是我国的同宗，难道会加害我吗？"宫之奇回答说："太伯、虞仲都是周太王的儿子，太伯没有跟随

哉？"对曰："大伯、虞仲，大王之昭也。大伯不从，是以不嗣。虢仲、虢叔，王季之穆也；为文王卿士，勋在王室，藏于盟府。将虢是灭，何爱于虞？且虞能亲于桓、庄乎？其爱之也，桓、庄之族何罪？而以为戮，不唯逼乎？亲以宠逼，犹尚害之，况以国乎？"

公曰："吾享祀丰洁，神必据我。"对曰："臣闻之，鬼神非人实亲，惟德是依。故《周书》曰：'皇天无亲，惟德是辅。'又曰：'黍稷非馨，明德惟馨。'又曰：'民不易物，惟德繄物。'如是，则非德，民不和，神不享矣。神所冯依，将在德矣。若晋取虞，而明德以荐馨香，神其吐之乎？"

弗听，许晋使。宫之奇以其族行，曰："虞不腊矣。在此行也，晋不更举矣。"

在太王身边，因此没有继承王位。虢仲、虢叔都是王季的第二代，是文王的大臣，在王室中有功劳，因功受封的典策还在主持盟会之官的手中。现在虢国都要灭掉，对虞国还怜惜什么呢？再说晋献公爱虞国，能比桓叔、庄伯更亲近吗？桓、庄这两个家族有什么罪过？可晋献公把他们杀害了。还不是因为近亲对自己有威胁，才这样做的吗？近亲的势力威胁到自己，尚且要加害于他，更何况对一个国家呢？"

虞公说："我的祭品丰盛清洁，神必然保佑我。"宫之奇回答说："我听说，鬼神不是随便亲近某人的，而是依从有德行的人。所以《周书》里说：'上天对于人没有亲疏不同，只是有德的人上天才保佑他。'又说：'黍稷不算芳香，只有美德才芳香。'又说：'人们拿来祭祀的东西都是相同的，但是只有有德行的人的祭品，才是真正的祭品。'如此看来，没有德行，百姓就不和，神灵也就不享用了。神灵所凭依的，就在于德行。如果晋国消灭虞国，崇尚德行，以芳香的祭品奉献给神灵，难道神明会不享用吗？"

虞公不听从宫之奇的劝阻，答应了晋国使者借路的要求。宫之奇带着全族的人离开了虞国。他说："虞国不等到岁终祭祀的时候就要灭亡了。晋国只需这一次行动，不必再出兵了。"

……
冬，晋灭虢。师还，馆于虞，遂袭虞，灭之，执虞公。

……
这年冬天，晋灭掉了虢国。晋军回师途中安营驻扎在虞国，乘机发动突然进攻，灭掉了虞国，捉住了虞公。

文化常识第 010 讲

腊祭 每年到了年末十二月，天气寒冷干燥，北风嗖嗖，最适合风干腊肉。这种干肉最早就叫"腊"，所以十二月就叫腊月。腊月正是新旧交接的时候，从先秦开始，就有很多地方在腊月举行"岁终之祭"。腊月举行的祭祀活动就被称为"腊祭"，是很隆重的。

常用字第010讲 以

❶ <动>用；使用。《涉江》："忠不必用兮，贤不必以。"

❷ <动>做。《子路、曾皙、冉有、公西华侍坐》："如或知尔，则何以哉？"

❸ <动>认为。《邹忌讽齐王纳谏》："皆以美于徐公。"

❹ <介>表示动作行为所用或所凭借的工具、方法，可视情况译为"拿""用""凭""把"等。《廉颇蔺相如列传》："愿以十五城请易璧。"

❺ <介>起提宾作用，可译为"把"。《廉颇蔺相如列传》："秦亦不以城予赵，赵亦终不予秦璧。"

❻ <介>表示动作行为产生的原因，可译为"因为""由于"等。《捕蛇者说》："而吾以捕蛇独存。"

❼ <介>表示动作行为发生的时间、地点，可译为"在""从"。《苏武传》："武以始元六年春至京师。"

❽ <介>表示动作、行为的对象，用法同"与"，可译为"和""跟"；有时可译为"率领、带领"。《战国策·周策》："天下有变，王割汉中以楚和。"

❾ <连>表示并列或递进关系，可译为"而""又""并且"等，也可省去。《游褒禅山记》："夫夷以近，则游者众；险以远，则至者少。"

❿ <连>表示承接关系，"以"前的动作行为，往往是后一动作行为的手段和方式，可译为"而"，也可省去。《游褒禅山记》："予与四人拥火以入。"

⓫ <连>表示因果关系，常用在表原因的分句前，可译为"因为""由于"。《廉颇蔺相如列传》："吾所以为此者，以先国家之急而后私仇也。"

⓬ <连>表修饰和被修饰关系。《归去来辞》："木欣欣以向荣，泉涓涓而始流。"

⓭ <连>表目的关系，可译为"而""来""用来"等。《师说》："作《师说》以贻之。"

⓮ <连>表示时间、方位、数量的界限或范围，用法同现代汉语。《张衡传》："自王侯以下，莫不逾侈。"

⓯ <连>表示在叙述某件事时又转到另一件事上，可译为"至于"。《柳毅传》："然自约其心者，达君之冤，余无及也。以言慎勿相避者，偶然耳，岂有意哉！"

⓰ <副>通"已"。已经。《陈涉世家》：

"卒买鱼烹食,得鱼腹中书,固以怪之矣。"

❶⁷ <动> 通"已"。停止。《齐桓晋文之事》:"无以,则王乎?"

❶⁸ <副> 只是。《冯谖客孟尝君》:"君家所寡有者,以义耳。"

语法常识第010讲

反问句:"岂……哉?" 有一种问句,答案就在问句中,这就是反问句。目的是为了加强语气,感情色彩更加鲜明。本文中"晋,吾宗也,岂害我哉?"就是一个反问句,翻译为"晋国,是我国的同宗,难道会加害我吗?"这里用"岂……哉"固定句式,表达反问语气,强调晋国是不会害自己的。

齐桓下拜受胙
zuò

——盟主也要尊重天子

《左传》

《古文观止》有故事

春秋时期，周惠王想废掉太子郑，立自己喜欢的儿子王子带为太子。太子郑听到了风声，很害怕，就向当时的中原霸主齐桓公求救。

齐桓公和管仲商量之后，决定帮助太子郑保住王位。于是，他一边召集各国诸侯开会，一边派使者去见周惠王："我们各国诸侯要在首止会盟，请您派太子参加，以此来表示您对我们的重视。"

周惠王不敢得罪齐桓公，改立太子的事儿只能算了。

不久，周惠王去世，太子郑即位，就是周襄王。周襄王非常感激齐桓公，更加看重他。齐桓公召集葵丘会盟的时候，周襄王派使臣宰孔参加，并给他送去了祭祀祖先用的肉，表示对他的特殊优待。周襄王还告诉宰孔，齐桓公对王室有功，不要让他下跪接受祭肉了。

虽然如此，齐桓公还是恭恭敬敬地下拜，接受了祭肉。他这样做不但凸显了周天子的威严，也抬高了自己的地位。

葵丘会盟制定了具体的可操作的盟约：不准把水祸引向别国；不准因别国灾荒而不卖给粮食；不准更换太子……条约还规定："凡我同盟之人，结盟之后，言归于好。"既然有了盟约，就要遵守，不能再你打我，我打你，要按照约定好好过日子。

这是一次和平的大会。和平法治取代了军事对抗。不打仗了，各国就有时间、有精力来发展农业。一段时间内，中原各诸侯国人民安居乐业，经济、文化等都得到了较快发展。

逐字逐句学古文

原文

会于葵丘，寻盟，且修好，礼也。

王使宰孔赐齐侯胙，曰："天子有事于文、武，使孔赐伯舅胙。"齐侯将下拜。孔曰："且有后命。天子使孔曰：'以伯舅耋老，加劳，赐一

译文

（齐桓公与众诸侯）在葵丘相会，重温旧盟誓约，并发展友好关系，是合乎礼的。

周襄王派宰孔赐给齐桓公祭肉，说："天子祭祀文王和武王，派我来赐给伯舅胙肉。"齐桓公将要下阶跪拜，宰孔忙说："还有后面的命令。天子派我来时说：'因为伯舅年事已高，加上有功劳，赐给一等，不用下阶跪拜！'"

级，无下拜。"对曰："天威不违颜咫尺，小白余敢贪天子之命'无下拜'？恐陨越于下，以遗天子羞。敢不下拜？"下，拜；登，受。

齐桓公回答说："天子的威严离颜面不过咫尺之远，小白我岂敢受天子的命令而'不用下阶跪拜'？我怕因失礼而从诸侯的位子上坠落下来，给天子带来羞辱，岂敢不下阶拜谢？"齐桓公下台阶，面向北方弯腰拱手而拜；登堂，向北面稽首再拜，恭敬地接受了胙肉。

文化常识第 011 讲

胙肉 胙肉是古代帝王祭祀用的肉。古代帝王分封诸侯时，用五种颜色的土筑坛，一个方向一种颜色。分封某方的诸侯，就用白茅包一包那个方向的土，连同胙肉授给他，这就叫"胙土分茅"。本文中说的，周天子把胙肉赐给异姓诸侯，是一种礼遇，一种荣耀。难怪齐桓公要下拜接受，以此来表示对周王室的尊重呢！

常用字第011讲 — 王

读wáng时：

❶ <名>帝王；君主。《察今》："先王之所以为法者，何也？"
❷ <名>秦汉以后帝王称皇帝，"王"成为封爵最高一级。《陈涉世家》："王侯将相，宁有种乎？"
❸ <动>朝见王。《诗经·商颂·殷武》："莫敢不来王。"

读wàng时：

❶ <动>称王；统治天下。《鸿门宴》："沛公欲王关中。"
❷ <名使动>封……为王；拥戴……为王。《鸿门宴》："先破秦入咸阳者王之。"

语法常识第011讲

省略句：省略动词宾语"之" 文言文中，有些句子会省略宾语，读者需要根据前文，推断具体省略的内容。本文中"下，拜；登，受"应该为"下，拜，登，受之"。这里省略了"受"的宾语，"之"代指前文所言周襄王派宰孔赐给齐桓公的胙肉。翻译为：齐桓公下台阶，面向北方弯腰拱手而拜；登堂，向北面稽首再拜，恭敬地接受了胙肉。

这样的例子还有很多：

①《陈涉世家》："上使（之）外将兵。"翻译为：皇帝派他（公子扶苏）到外面去带兵。
②《寺人披见文公》："寺人披请见（之）。"翻译为：寺人披请求拜见文公。
③《廉颇蔺相如列传》："以相如功大，拜（之）为上卿。"翻译为：因为蔺相如功劳很大，所以拜他做了上卿。

阴饴甥对秦伯

——好人不妨做到底

《左传》

《古文观止》有故事

晋献公本来已经立了申生为太子，可后来，申生的母亲去世，另一位妃子郦姬陷害申生，挑拨父子关系，最后申生被迫自杀，郦姬的儿子奚齐被立为太子。另外两个公子夷吾和重耳因为害怕，都跑到国外避难去了。

晋献公去世后，奚齐即位。但是，他根本没有能力控制国家局势，这个位子注定是坐不稳的。大臣里克趁机作乱，杀死了奚齐，接着又杀死了新立的另一位公子卓子。

里克想迎接重耳回国立为国君，被重耳拒绝了。他又去请夷吾。夷吾心里没底，就去求助秦穆公，并且许诺如果能帮助他回国登上国君宝座，愿意把晋国河西地区割让给秦国。秦穆公于是派兵送夷吾回去即位。夷吾就是晋惠公。

晋惠公做了国君，一想到割地，简直像割肉一样，心疼呀。于是，找各种借口，不给秦国河西之地。

过了几年，晋国闹饥荒，没办法，只好向秦国买粮。秦穆公本来不想卖给他，但是想想晋惠公虽然不讲信用，但是晋国老百姓没犯错呀，还是卖给了他们。晋国这才度过了饥荒。

第二年，秦国也发生了饥荒，来找晋国买粮。晋惠公阴险狡诈，不仅不卖粮食，还趁火打劫，出兵攻打秦国。秦穆公气炸了，度过饥荒后，便发兵攻打晋国。他要好好教训教训这个忘恩负义的晋惠公！

两军开战，晋国大败，晋惠公被俘虏了。秦穆公本来想杀掉他，可是看在自己的夫人是晋惠公姐姐的分上，才饶了他。

晋国派使臣阴饴甥和秦国会盟。在晋惠公背信弃义被俘的情况下，阴饴甥理屈但词不穷，一番说辞打动了秦穆公，双方缔结了合约。

《左传》中这篇文章，写出了阴饴甥的不卑不亢，是一篇出色的外交辞令。

逐字逐句学古文

原文

十月，晋阴饴甥会秦伯，盟于王城。

秦伯曰："晋国和乎？"对

译文

鲁僖公十五年十月，晋国的阴饴甥会见秦伯，两国在王城结盟。

秦穆公问他："你们晋国内部意见和谐吗？"阴饴甥说："不和。小人以失去国君为耻，又因丧失亲人而悲伤，不怕多征赋

曰:"不和。小人耻失其君而悼丧其亲,不惮征缮以立圉也。曰:'必报仇,宁事戎狄。'君子爱其君而知其罪,不惮征缮以待秦命,曰:'必报德,有死无二。'以此不和。"秦伯曰:"国谓君何?"对曰:"小人戚,谓之不免;君子恕,以为必归。小人曰:'我毒秦,秦岂归君?'君子曰:'我知罪矣,秦必归君。贰而执之,服而舍之,德莫厚焉,刑莫威焉。服者怀德,贰者畏刑,此一役也,秦可以霸。纳而不定,废而不立,以德为怨,秦不其然。'"秦伯曰:"是吾心也。"

改馆晋侯,馈七牢焉。

税,舍得花钱添置武器盔甲,并且拥立太子姬圉继任国君。他们说:'宁肯侍奉少数民族,也得报这个仇。'君子则爱护自己的国君,但也知道他的罪过。他们也不怕多征赋税,舍得花钱添置武器盔甲,却是为了等待秦国的命令。他们说:'宁可牺牲,一定得报答秦国的恩德。'这样,意见就不一致。"秦穆公又问:"你们对国君的命运有什么看法?"阴饴甥说:"小人发愁,认为国君免不了灾祸;君子宽心,认为国君必定回来。小人说:'我们对秦国太无情了,秦国岂肯还我们国君?'君子说:'我们已认罪了,秦国必定还我们国君。他背叛了,就抓起来;他认罪了,就放回来。恩德再没有比这更厚的了,刑罚也没有比这更威严的了。内心臣服的自然感恩怀德,那怀有二心的也会畏惧刑罚。这一仗如此了结,秦国真可成就霸业了。不然的话,当初帮他回国登位,又不让他安于其位;后来废了他的君位,又不让他复位,以致原来施的恩德,反变成仇恨,秦国不会这样做的!'"秦穆公说:"你讲的正合我心啊!"

(秦穆公)马上就让晋侯改住宾馆,赠送七牢,以诸侯之礼相待。

文化常识第012讲

七牢之礼 是指古代天子馈赐诸侯的礼品,具体包括牛、羊、猪各七头。春秋时期,这是极高的荣誉,通常是只有诸侯才能享受的待遇。因为"牢"是圈养各

种牲畜的地方，古代供祭祀时最常见的就是用牛羊猪，所以把它们叫作"牢"。牛、羊、猪分别称为一牢；羊和猪一起作为祭品，叫作"少牢"；牛羊猪同时使用做祭品，称为"太牢"。这些都显示了古代社会严格的等级制度。

读zhī时：

❶ <动>知道；了解。《察今》："故察己则可以知人。"

❷ <动>认识；识别。《马说》："其真无马邪？其真不知马也。"

❸ <名>知觉；感觉。《庖丁解牛》："官知止而神欲行。"

❹ <动>感到；觉得。《惠崇〈春江晚景〉》："春江水暖鸭先知。"

❺ <动>交好；相亲。《左传·昭公四年》："公孙明知叔孙于齐。"

❻ <名>交情。《报任安书》："绝宾客之知。"

❼ <名>朋友。《鲍参军集·咏双燕》："悲歌辞旧爱，衔泪觅新知。"

❽ <动>主持。《国语·赵语》："吾与之共知赵国之政。"

读zhì时：

❶ 通"智"。智慧；聪明。《劝学》："君子博学而日参省乎己，则知明而行无过矣。"

词类活用：形容词的意动用法【耻】 文言文中，有时候形容词会活用作动词。本文"小人耻失其君而悼丧其亲"一句中，"耻"本来是形容词，这里活用作做动词"以……为耻"。翻译为：小人以失去国君为耻，又因丧失亲人而悲伤。

子鱼论战
——愚蠢的仁义

《古文观止》有故事

在葵丘之会上,齐桓公委托宋襄公照顾自己的太子昭,宋襄公答应了。

后来,齐桓公重病,五个儿子争夺国君之位,齐国一片混乱。齐桓公活活饿死了,公子无亏即位。太子昭逃到宋国,向宋襄公求救。其实,宋国很弱小,但是宋襄公讲仁义、重承诺,既然答应了就要做到。所以,他号召各国诸侯共同帮助太子昭复位。

大多数诸侯国根本没搭理他,只有卫、曹、邾(zhū)三个小国响应。宋襄公率

四国联军送昭回国。齐国贵族同情太子昭的遭遇，杀了无亏，迎接他回国即位，就是齐孝公。

宋襄公办成了这件大事，觉得自己挺厉害，竟然想要接替齐桓公，做诸侯的盟主。他以盟主身份约楚成王和陈、蔡、郑、许、曹国的国君在盂（今河南省睢县西北）会盟。宋襄公不顾公子目夷的劝说，不带一兵一卒来到盂地。谁料到，楚成王在会场上突然出手，抓住了宋襄公。

后来，鲁僖公出面调停，楚成王这才释放了宋襄公。宋襄公咽不下这口窝囊气，在公元前638年，攻打楚国的附属国郑国。楚国出兵解救郑国，和宋军在泓水遭遇。

宋军虽然实力稍弱，但是早已经在泓水摆开了阵势，以逸待劳，本来形势对宋军是有利的。楚军刚开始渡河时，子鱼建议趁楚军渡到一半的时候，发动进攻，宋襄公不同意。楚军渡过了泓水，子鱼又建议趁他们还没摆好阵势时发动进攻，宋襄公还是不同意，非要等楚军排好阵势才下令出击。

楚军都准备好了，宋军还能取胜吗？宋军大败，宋襄公也受了伤，不久就去世了。

这篇文章写得很形象，子鱼驳斥宋襄公的话有理有据，他的睿智更凸显出了宋襄公的迂腐。

逐字逐句学古文

原文

chǔ rén fá sòng yǐ jiù zhèng sòng gōng jiāng
楚人伐宋以救郑。宋公将
zhàn dà sī mǎ gù jiàn yuē tiān zhī qì shāng jiǔ
战。大司马固谏曰："天之弃商久
yǐ jūn jiāng xīng zhī fú kě shè yě yǐ fú
矣，君将兴之，弗可赦也已。"弗
tīng jí chǔ rén zhàn yú hóng sòng rén jì chéng
听。及楚人战于泓。宋人既成

译文

楚军攻打宋国来援救郑国。宋襄公将要迎战。大司马公孙固（子鱼）劝阻说："上天遗弃我们商朝的子民已经很久了，君王要振兴它，这样做是得不到天的宽恕的。"襄公不听。宋襄公与楚军在泓水边

列，楚人未既济。司马曰:"彼众我寡，及其未既济也，请击之。"公曰:"不可。"既济而未成列，又以告。公曰:"未可。"既陈而后击之，宋师败绩。公伤股，门官歼焉。

国人皆咎公。公曰:"君子不重伤，不禽二毛。古之为军也，不以阻隘也。寡人虽亡国之余，不鼓不成列。"子鱼曰:"君未知战。勍敌之人，隘而不列，天赞我也；阻而鼓之，不亦可乎？犹有惧焉。且今之勍者，皆我敌也。虽及胡耇，获则取之，何有于二毛？明耻教战，求杀敌也。伤未及死，如何勿重？若爱重伤，则如勿伤；爱其二毛，则如服焉。三军以利用也，金鼓以声气也。利而用之，阻隘可也；声盛致志，鼓儳可也。"

上作战。宋军已经排成战斗的行列，楚军还没有全部渡过泓水。子鱼说:"对方人多，我方人少，趁着他们没有全部渡过泓水，请攻击他们。"宋襄公说:"不行。"楚军全部渡河，但尚未排好阵势，子鱼再次报告宋襄公。宋襄公说:"还不行。"楚军摆好阵势，宋军才攻击楚军。宋军大败，宋襄公大腿受伤，亲军卫队被杀绝了。

国人都责备宋襄公。襄公说:"君子不再伤害已经受伤的人，不俘虏头发斑白的老人。古代用兵的道理，不凭借险隘的地形阻击敌人。我虽然是亡国者的后代，也不攻击没有排成阵势的敌人。"子鱼说:"主公不懂得作战。面对强大的敌人，敌人因地势险阻而未摆成阵势，这是上天帮助我们；阻碍并攻击他们，不也可以吗？还有什么害怕的呢？而且现在强大的国家，都是我们的敌人。即使是年纪很大的人，能俘虏就抓回来，还管什么头发斑白的敌人？教导士兵作战，使他们知道退缩就是耻辱，就是为了杀死敌人。敌人受伤却还没有死，为什么不能再杀伤他们？如果怜惜他们，不愿再去伤害受伤的敌人，不如一开始就不伤害他们；怜惜头发斑白的敌人，不如对敌人屈服。军队应凭借有利的时机而行动，用锣鼓来鼓舞士兵的勇气。利用有利的时机，当敌人遇到险阻，我们可以进攻；声气充沛可以鼓舞斗志，鸣鼓而攻击未成列的敌人是可以的。"

文化常识第 013 讲

宋国 宋国人是商朝人的后代,所以宋襄公说自己是"亡国之余"。西周打败商朝后,并没有赶尽杀绝,而是把商纣王的哥哥微子启分封到商朝的旧都商丘,让他建立了宋国。为了表示对前代王朝的敬重,还特批他们可以用天子的礼乐来祭祀商朝祖先。宋国是华夏圣贤文化的源头,墨子、庄子和惠子都是宋国人,孔子的祖籍也是宋国。所以,宋国是儒家、墨家、道家和名家思想的发源地,被誉为"礼仪之邦"。

常用字第 013 讲

❶ <动>尽;完;终了。《进学解》:"言未既,有笑于列者曰。"

❷ <副>后来;不久。《左传·成公二年》:"既,卫人赏之以邑。"
❸ <副>已经,……以后。《廉颇蔺相如列传》:"既罢,归国,以相如功大,拜为上卿。"
❹ <副>全;都;皆。《屈原列传》:"楚人既咎子兰以劝怀王入秦而不反也。"
❺ <连>既然;既然是。《归去来辞》:"既自以心为形役,奚惆怅而独悲?"
❻ <连>与"且""又""亦"相呼应,表并列关系。《芙蕖》:"有风既作飘摇之态,无风亦呈袅娜之姿。"
❼ <副>通"即",就;便。《荆轲刺秦王》:"轲既取图奉之。"

语法常识第013讲

反问句:"不亦……乎?" 文言文中,还有一种比较委婉的反问句。本文中"阻而鼓之,不亦可乎?"一句,就是用了"不亦……乎"的固定句式,表示反问语气。翻译为:"敌人遇到了险阻而向他们进攻,不是很好的战机吗?"

这样的例子还很多:

①《刻舟求剑》:"求剑若此,不亦惑乎?"翻译为:用这样的方法来寻找剑,不是很糊涂吗?

②《论语》:"学而时习之,不亦乐乎?"翻译为:学习并且温习所学的知识,不是很高兴的事儿吗?

寺人披见文公
——杀人、救人都有道理

《左传》

《古文观止》有故事

晋惠公生病了。在秦国做人质的太子圉得到消息后,偷偷离开秦国,回到晋国。秦穆公气坏了,就向流亡到楚国的重耳发出了邀请。重耳应约来到了秦国。

公元637年,晋惠公去世,太子圉继位,就是晋怀公。晋怀公害怕秦国报复,更害怕他们帮助重耳回国威胁自己的王位,就下令:凡是跟随重耳逃亡

的晋国大臣限期回国。重耳的舅舅狐偃与狐毛一直跟随在重耳身边没有回国，晋怀公就杀死了重耳的外公狐突。

晋国的一些大臣不满晋怀公的所作所为，偷偷给重耳送信，希望他回国即位。晋国的百姓也都希望重耳回来。于是秦穆公派军队护送重耳回国即位。百官都来朝拜重耳，就是晋文公。

这时候，手下人来报，寺人披求见。晋文公一听这个名字，就气不打一处来：就是他，曾经两次追杀自己。第一次奉父亲晋献公的命令追到蒲城，幸亏自己翻墙逃走跑得快，只被砍下了一只衣袖；第二次是奉晋惠公的命令，当然也没有得逞。

晋文公派人质问他，寺人披为自己辩白："杀你是忠诚于王命，不怪我呀。现在您既然做了王，就该宽容大度才对呀！"晋文公被说服了，接见了他。这才知道他是来救自己的。原来，晋惠公的旧臣吕甥、郤芮怕晋文公容不下他们，准备一把火烧死他。

重耳得到了消息，预先有了准备。吕甥、郤芮毫不知情，按照预先的谋划，点了一把大火烧毁了重耳的宫殿，却没有找到重耳的尸体。两人这才知道事情已经败露，赶紧逃跑。逃到黄河边上时，被早有准备的秦穆公捉住杀死了。

晋文公暗自庆幸，幸亏放下了对寺人披的仇恨，接见了他，才躲过了一场劫难。晋文公从此带领晋国走上了强盛之路。

逐字逐句学古文

原文	译文
吕、郤畏逼，将焚公宫而弑晋侯。寺人披请见。公使让之，	吕甥、郤芮害怕受到威逼，要焚烧宫室而杀死晋文公。寺人披（得知此事，）请求（晋文公）接见他。文公令人训斥他，

且辞焉，曰："蒲城之役，君命一宿，女即至。其后余从狄君以田渭滨，女为惠公来求杀余，命女三宿，女中宿至。虽有君命何其速也？夫袪犹在，女其行乎！"对曰："臣谓君之入也，其知之矣。若犹未也，又将及难。君命无二，古之制也。除君之恶，唯力是视。蒲人、狄人、余何有焉？今君即位，其无蒲、狄乎！齐桓公置射钩，而使管仲相。君若易之，何辱命焉？行者甚众，岂唯刑臣！"

公见之，以难告。晋侯潜会秦伯于王城。己丑晦，公宫火。瑕甥、郤芮不获公，乃如河上，秦伯诱而杀之。

并且拒绝接见，说："蒲城的战役，君王命你第二天赶到，你当天就来了。后来我逃到狄国同狄国国君到渭河边打猎，你替惠公前来谋杀我，惠公命你三天后赶到，你过了第二天就到了。虽然有君王的命令，怎么那样快呢？在蒲城被你斩断的那只袖口还在，你还是走吧！"披回答说："小臣以为君王这次返国，大概已懂得了为君之道。如果还没有懂，恐怕您又要遇到灾难。对国君的命令不能有二心，这是自古以来的制度。除掉国君所憎恶的人，自己有多大的力量就尽多大的力量。您当时在蒲人或狄人那里，跟我又有什么关系呢？现在您即位为君，难道就不会再发生在蒲、狄时那样的祸难了吗？从前齐桓公不追究射钩之仇，而让管仲辅佐自己。您如果要和齐桓公的做法反着来，又何必麻烦您对我下驱逐令呢？要逃走的人很多，岂止受过刑的小臣我一人？"

于是晋文公接见了他，他把即将发生的叛乱报告了文公。晋文公暗地里和秦穆公在秦国的王城会晤商量应付的办法。三月的最后一天，晋文公的宫室果然着火了。吕甥、郤芮没有捉到文公，于是追到了黄河边上，秦穆公把他们骗过去杀了。

文化常识第014讲

管仲射钩的故事 齐襄公去世后,在国外的公子纠和公子小白急忙赶回去争夺王位。辅佐公子纠的管仲带领一支队伍,去截杀小白。管仲一箭射中了小白衣服上的带钩,小白随机应变,倒地装死。管仲和公子纠以为小白真死了,就放慢了行程。而小白则在鲍叔牙的保护下加速赶路,抢先回到国内坐上了国君的宝座,即为齐桓公。

常用字第014讲

❶ <动>命令;派遣。《陈涉世家》:"扶苏以数谏故,上使外将兵。"
❷ <动>让;叫。《梦游天姥吟留别》:"安能摧眉折腰事权贵,使我不得开心颜。"

❸<动>使唤;驱使;使用。《五人墓碑记》:"人皆得以隶使之。"
❹<动>主;指使。《五人墓碑记》:"是进以大中丞抚吴者为魏之私人,周公之被逮所由使也。"
❺<动>出使。《屈原列传》:"是时屈原既疏,不复在位,使于齐。"
❻<名>出使的人;使者。《卖炭翁》:"一车炭,千余斤,宫使驱将惜不得。"
❼<名>使命。《赤壁之战》:"时周瑜受使至鄱阳。"
❽<连>假使;如果。《阿房宫赋》:"使六国爱其人,则足以拒秦。"

语法常识第 014 讲

词类活用:名词作动词【火】 本文"己丑,晦,公宫火"一句中,"火"本来是名词,在这里活用作动词,表示"着火"。翻译为:三月的最后一天,晋文公的宫室果然着火了。

介之推不言禄
——不敢贪天之功

《左传》

● 《古文观止》有故事

　　重耳逃亡的时候，先是被父亲晋献公追杀，后来又被弟弟晋惠公追杀。一行人颠沛流离，常常连饭都吃不上。

　　有一次，他们没有了粮食，重耳几乎要饿晕过去了。介之推默默地躲到山沟里，从自己的腿上割下一块肉，和野菜一起煮成肉汤，喂给重耳。重耳这才保住了性命。后来，他知道吃的是介之推的肉，感动地说："有朝一日我

做了国君,一定要好好报答你!"

其实,介之推这么做,只是尽臣子的本分,并没有想要重耳报答。

公元前636年,秦国护送重耳回国即位。到了黄河岸边,舅舅狐偃说:"我跟随您周游天下,犯过太多的错误,我请求现在离去。"重耳听得出来,舅舅是在邀功,于是赌咒发誓说:"我如果能当上国君,一定不会辜负你。请河伯为我作证!"说着,重耳把玉璧扔到黄河中。

介之推听了,笑着说:"狐偃太无耻了!公子之所以能回国继承国君之位,都是上天在支持他。可笑狐偃却认为是自己的功劳,还向君主索取酬劳!我不愿意和这样的人为伍!"说完,他就离开了。

晋文公即位后,赏赐了跟随他一起逃亡的人,唯独忘记了赏赐介之推。介之推带着老母亲隐居到了绵山。后来,晋文公想起了他,赶紧派人召他受

封,这才知道他已经到绵山隐居了。

晋文公赶紧带着军队到绵山寻访,却怎么也找不到。无奈,他想出了一个馊主意:放火烧山,逼介之推出来。可是,介之推始终没有出来。大火熄灭后,晋文公又派人进山寻找,发现了介之推和他的老母亲的尸体。他宁肯被烧死也不愿意出来做官。

从此,介之推的故事流传下来,他的气节影响着一代代读书人。

逐字逐句学古文

原文

晋侯赏从亡者,介之推不言禄,禄亦弗及。

推曰:"献公之子九人,唯君在矣。惠、怀无亲,外内弃之。天未绝晋,必将有主。主晋祀者,非君而谁?天实置之,而二三子以为己力,不亦诬乎?窃人之财,犹谓之盗,况贪天之功以为己力乎?下义其罪,上赏其奸。上下相蒙,难与处矣。"

其母曰:"盍亦求之?以死谁怼?"

译文

晋文公赏赐跟着他逃亡的人们,介之推不去要求禄赏,而晋文公赐禄赏时也没有考虑到他。

介之推说:"献公的儿子有九个,现在唯独国君还在世。惠公、怀公没有亲信,国内外都抛弃他们。天没有打算灭绝晋,所以必定会有君主。主持晋国祭祀的人,不是君王又是谁呢?上天实际已经安排好了的,而跟随文公逃亡的人却认为是自己的贡献,这不是欺骗吗?偷窃别人的钱财,尚且叫他盗贼,更何况贪取上天的功劳,将其作为自己的贡献呢?下面的臣子将罪当成道义,上面的国君对这奸诈的人给予赏赐。上下互相欺瞒,难以和他们相处啊。"

他的母亲说:"你为什么不也去要求赏赐呢?这样贫穷地死去又能去埋怨谁呢?"

对曰："尤而效之，罪又甚焉！且出怨言，不食其食。"其母曰："亦使知之，若何？"对曰："言，身之文也。身将隐，焉用文之？是求显也。"其母曰："能如是乎？与汝偕隐。"遂隐而死。晋侯求之，不获，以绵上为之田。曰："以志吾过，且旌善人。"

回答说："既然斥责这种行为是罪过而又效仿它，罪更重啊！况且说出埋怨的话了，以后不应吃他的俸禄了。"

他的母亲说："也让国君知道这事，好吗？"

回答说："言语是身体的装饰。身体将要隐居了，还要装饰它吗？这样是乞求显贵啊。"

他的母亲说："你能够这样做吗？我和你一起隐居。"便一直隐居到死去。

晋文公没有找到他，便用绵上作为他的祭田，说："用它来记下我的过失，并且表彰善良的人。"

文化常识第015讲

寒食节 介之推被烧死后，晋文公很内疚，把他葬在了绵山，为他修祠堂，还祭祀他。晋文公感念介之推的忠心和清高，下令在他去世的这天禁止生火，天下百姓都吃冷食，这就是"寒食节"的由来。清朝历法改革之前，寒食节在清明节前两天。后来，寒食节定在了清明节的前一天。

常用字第015讲

❶ <动>往；到……去。《涉江》："入溆浦余儃佪兮，迷不知吾所如。"

❷ <动>依照；遵从。《中山狼传》："先生如其指，内狼于囊。"

❸ <动>顺；符合。《赤壁之战》："邂逅不如意，便还就孤。"

❹ <动>像；如同。《两小儿辩日》："日初出大如车盖。"

❺ <动>及；比得上。《得道多助，失道寡助》："天时不如地利。"

❻ <动>用于短语"如……何"中,表示"对待……怎么办""把……怎么办"。《愚公移山》:"如太行、王屋何?"

❼ <副>不如;应该。《子鱼论战》:"若爱重伤,则如勿伤。"

❽ <连>如果;假如。《芙蓉楼送辛渐》:"洛阳亲友如相问。"

❾ <连>或者。《子路、曾皙、冉有、公西华侍坐》:"安见方六七十,如五六十,而非邦也者?"

❿ <连>至于。《子路、曾皙、冉有、公西华侍坐》:"如其礼乐,以俟君子。"

⓫ 词缀。用于形容词后,表示"……的样子",也可不译。《答李翊书》:"仁义之人,其言蔼如也。"

语法常识第 015 讲

反问句:"况……乎?" 本文"窃人之财,犹谓之盗,况贪天之功,以为己力乎?"一句,用"况……乎?"这个固定句式来表示反问,加强语气。翻译为:"偷窃别人的钱财,尚且叫他盗贼,更何况是贪取上天的功劳,将其作为自己的贡献呢?"

这样的例子还有很多:

①《廉颇蔺相如列传》:"且庸人尚羞之,况于将相乎?"翻译为:平庸的人尚且对这种情况感到羞耻,何况是将相呢?

②《郑伯克段于鄢》:"蔓草犹不可除,况君之宠弟乎?"翻译为:蔓延滋长的野草都很难除掉,更何况是君主您被宠爱的弟弟呢?

③《石钟山记》:"今以钟磬置水中,虽大风浪不能鸣也,而况石乎!"翻译为:现在如果把钟磬放在水中,即使大风大浪也不能使它们发出声响,何况是石头呢!

展喜犒师

——要听爸爸的话

《左传》

🕮《古文观止》有故事

齐孝公继位后，因为五位公子争夺王位，搞乱了国家，齐国的实力大减，霸主地位保不住了。

公元前635年，鲁僖公和卫成公，还有莒国大夫莒庆在鲁国的洮(táo)地会盟。第二年春天，鲁僖公又和莒国国君，还有卫国大夫宁庄子在莒国的向地会盟。三国的这两次会盟都把齐国晾在了一边。

齐孝公不高兴了：老父亲齐桓公曾经做过霸主呀！瘦死的骆驼比马大，好

歹也得给点应有的尊重吧？于是，齐孝公出兵进攻鲁国的西部边境。

鲁僖公亲自带兵迎战，把齐军赶跑了。

齐孝公不甘心，卷土重来，又攻打鲁国的北部边境。这一次，鲁僖公有点发愁：齐国虽然没有了当年的威风，但不能硬碰硬，要想想办法。于是，他走了两步棋。

他派展喜前去犒劳齐军，说是犒劳，其实是想说服齐孝公退兵。同时又派人出使楚国，打算和楚国结盟，并向他们借兵攻打齐国。

展喜站在"德政"的高度，指责齐孝公不听父亲的话。他刻意美化了齐桓公的霸主行为，说他当年攻打其他国家，是为了帮助他们改正过错，最终实现诸侯间的和谐共荣。作为儿子，不应该听爸爸的话，发扬他的美好德行吗？

另一方面，楚国和鲁国联合出兵攻占了齐国的谷邑。更绝的是，他们把齐桓公的儿子，曾经和齐孝公争夺王位的公子雍派去镇守谷邑，虎视眈眈地随时准备夺权。

鲁国从外交和军事两方面入手，终于令齐孝公退兵了。

战争结束后的第二年，齐国再次发生内乱，齐孝公被弟弟公子潘杀死，公子潘自立为王，就是齐昭公。

齐桓公的儿子们都不听话，为了王位自相残杀，可悲可叹呀！

逐字逐句学古文

原文

齐孝公伐我北鄙，公使展喜犒师，使受命于展禽。

齐侯未入竟，展喜从之，曰："寡

译文

齐孝公攻打鲁国北部边境。鲁僖公派展喜去慰劳齐军，并叫他到展禽那里接受犒劳齐军的外交辞令。

齐孝公还没有进入鲁国国境，展

君闻君亲举玉趾，将辱于敝邑，使下臣犒执事。"齐侯曰："鲁人恐乎？"对曰："小人恐矣，君子则否。"齐侯曰："室如县罄，野无青草，何恃而不恐？"对曰："恃先王之命。昔周公、大公股肱周室，夹辅成王，成王劳之而赐之盟，曰：'世世子孙无相害也！'载在盟府，太师职之。桓公是以纠合诸侯，而谋其不协，弥缝其阙而匡救其灾，昭旧职也。及君即位，诸侯之望曰：'其率桓之功！'我敝邑用不敢保聚，曰：'岂其嗣世九年，而弃命废职，其若先君何？君必不然。'恃此以不恐。"齐侯乃还。

喜出境迎上去，说："寡君听说您亲自出动大驾，将要光临敝邑，派遣下臣来犒劳您的左右侍从。"齐孝公说："鲁国害怕了吗？"展喜回答说："小人害怕了，君子就不怕。"齐孝公说："你们的府库空虚得就像悬挂起来的磬，四野里连青草都没有，仗着什么而不害怕？"展喜回答说："依仗先王的命令。从前周公、太公辅佐周室，两个人共同扶助周成王。成王慰问他们，赐给他们盟约，说：'世世代代的子孙，不要互相侵害。'这个盟约藏在盟府里，由太史掌管。桓公因此联合诸侯，而解决他们之间的不和谐，弥补他们的缺失，而救援他们的灾难，这都是发扬光大过去的职责啊。等到君侯登上君位，诸侯都给予厚望，说：'他会继承桓公的功业吧。'我们国家因此不敢保城聚众，说：'难道他即位九年，就丢弃王命，废掉职责，他怎么向先君交代？他一定不会这样的。'依仗这个才不害怕。"齐孝公于是收兵回国。

文化常识第016讲

股肱之臣 指辅佐帝王的重臣，也指十分亲近且办事得力的人。这个成语出自《史记》："二十八宿环北辰，三十辐共一毂，运行无穷，辅拂股肱之臣配焉，忠信行道，以奉主上，作三十世家。"意思就是说："天上的二十八星宿环绕着北斗

星，地上的三十根车辐条围着一个车轮毂，可以无限地运行，作为辅佐帝王的重臣与此相当，他们侍奉君主，忠心耿耿。《史记》中三十世家就是记载了他们的事迹。"

常用字第016讲 — 即

❶ <动>走近；靠近；走向。《诗经·卫风·氓》："匪来贸丝，来即我谋。"
❷ <动>到。《报刘一丈书》："即明日，又不敢不来。"
❸ <动>根据；以……为根据。《原毁》："取其一不责二，即其新不究其旧。"
❹ <介>就在，当。《鸿门宴》："项王即日因留沛公与饮。"
❺ <副>就；便。《狱中杂记》："情稍重，京兆、五城即不敢专决。"
❻ <副>就是。《林黛玉进贾府》："此即冷子兴所云之史氏太君。"
❼ <副>立即；马上。《左忠毅公逸事》："公阅毕，即解貂覆生，为掩户。"
❽ <连>如果；倘若。《论积贮疏》："即不幸有方二三千里之旱，国胡以相恤？"
❾ <连>即使；纵使。《报刘一丈书》："即饥寒毒热不可忍，不去也。"
❿ <连>则；就。《廉颇蔺相如列传》："欲勿予，即患秦兵之来。"

语法常识第016讲

词类活用：名词作动词【股肱】 "昔周公、大公，股肱周室，夹辅成王"一句中"股肱"本为名词，股是大腿，肱是胳膊由肘到肩的部分。"股肱"由本义引申为得力的助手，在这里活用作动词，解释为"辅佐"。翻译为：从前，周公和太公辅佐周王室，两个人共同扶助周成王。

烛之武退秦师

——别被晋国忽悠了

《古文观止》有故事

晋文公重耳流亡各国的时候,曾经来到郑国。郑文公觉得重耳在外面逃亡十来年了,六十多岁一个老头子,回国做国君肯定没希望了,就对重耳爱搭不爱理的。

大臣叔瞻劝说他:"晋国这位公子很贤明,深得晋国百姓的拥戴。跟随他的也都是晋国的贤臣,他又与我们同为姬姓,应该对他热情接待。"

郑文公不以为然:"从诸侯国中逃出的公子多得数都数不清,怎么可能都按礼仪去接待呢?"

叔瞻又说:"您要是做不到以礼相待,还不如杀了他。他要是以后做了国君,肯定会报复我们的。"郑文公根本听不进去。

后来,重耳回国即位,晋国越来越强盛,郑文公这才后悔了。为了自保,他只得投靠晋国的对手——强大的楚国。偏偏他运气不好,晋楚城濮(pú)之战中,楚国吃了败仗。郑文公再次得罪了晋文公。

于是,晋国联络秦国一起攻打郑国。郑国大臣佚(yì)之狐建议郑文公派烛之武去见秦穆公,劝他退兵。

烛之武巧妙地利用了秦晋之间的矛盾,处处为秦国打算,让秦穆公意识到灭了郑国,晋国的土地就扩充了;晋国的实力雄厚了,就相当于削弱了秦国的力量;留下郑国,对秦国是有好处的。

他这一番说辞其实是为了保全郑国,但是却从秦国的利益出发,提醒秦穆公千万别被晋国忽悠了。秦穆公就这样被打动了,撤兵回国。

晋文公是在秦穆公的支持下才坐上国君宝座的,他不想和秦国对立。听说秦军撤了,自己也只好撤军回国。一场战争就这样化解了。

逐字逐句学古文

原文

jìn hóu、qín bó wéi zhèng,yǐ qí wú lǐ
晋侯、秦伯围郑,以其无礼
yú jìn,qiě èr yú chǔ yě。jìn jūn hán líng
于晋,且贰于楚也。晋军函陵,
qín jūn fán nán
秦军氾南。
yì zhī hú yán yú zhèng bó yuē:guó wēi
佚之狐言于郑伯曰:"国危
yǐ,ruò shǐ zhú zhī wǔ jiàn qín jūn,shī bì
矣。若使烛之武见秦君,师必
tuì。gōng cóng zhī。cí yuē:chén zhī zhuàng
退。"公从之。辞曰:"臣之壮

译文

晋文公和秦穆公联手围攻郑国,因为晋文公即位前流亡国外经过郑国时,没有受到应有的礼遇,并且郑国从属于晋的同时又从属于楚。晋军驻扎在函陵,秦军驻扎在氾水的南面。

佚之狐对郑文公说:"国家危险了!假如派烛之武去拜见秦穆公,秦国的军队一定会撤退。"郑文公听从了建议。烛之武推也，犹不如人；今老矣，无能为也已。"公曰："吾不能早用子，今急而求子，是寡人之过也。然郑亡，子亦有不利焉！"许之。

夜缒而出。见秦伯，曰："秦、晋围郑，郑既知亡矣。若亡郑而有益于君，敢以烦执事。越国以鄙远，君知其难也，焉用亡郑以陪邻？邻之厚，君之薄也。若舍郑以为东道主，行李之往来，共其乏困，君亦无所害。且君尝为晋君赐矣，许君焦、瑕，朝济而夕设版焉，君之所知也。夫晋，何厌之有？既东封郑，又欲肆其西封；若不阙秦，将焉取之？阙秦以利晋，唯君图之。"

秦伯说，与郑人盟。使杞子、逢孙、杨孙戍之，乃还。

子犯请击之。公曰："不可。

辞说："我壮年的时候，尚且不如别人；现在老了，也不能有什么作为了。"郑文公说："我没有及早任用您，现在由于情况危急才来求您，这是我的过错。然而郑国灭亡了，对您也不利啊！"烛之武就答应了这件事。

在夜晚，有人用绳子将烛之武从城楼放下去。见到秦穆公后，烛之武说："秦、晋两国围攻郑国，郑国已经知道要灭亡了。假如灭掉郑国对您有好处，怎敢冒昧地拿'亡郑'这件事麻烦您？然而越过别国把远方的郑国作为秦国的东部边邑，您知道这是困难的；那为什么要灭掉郑国，而给晋国增加土地呢？晋国的实力雄厚了，您秦国的实力也就相对削弱了。如果您放弃围攻郑国，而把它当作东方道路上招待过客的主人，秦国出使的人来来往往，郑国可以随时供给他们缺乏的东西，对您也没有什么害处。而且您曾经给予晋惠公恩惠，惠公曾经答应给您焦、瑕两座城池。然而惠公早上渡过黄河回国，晚上就在那里筑城防御，这是您所知道的。晋国怎么会有满足的时候呢？它既然已经把郑国作为自己东边的疆界，又想极力扩张它西边的疆界。如果不使秦国土地亏损，它到哪里去夺取土地？削弱秦国而使晋国获得好处，希望您考虑一下！"

秦伯非常高兴，就与郑国签订了盟约。派遣杞子、逢孙、杨孙守卫郑国后，秦伯就回国了。

晋国大夫子犯请求出兵攻击秦军。晋文公说："不行！如果不是秦国国君的力量，

微夫人之力不及此。因人之力而敝之，不仁；失其所与，不知；以乱易整，不武。吾其还也。"亦去之。

就没有我的今天。依靠别人的力量而又反过来损害他，这是不仁义的；失掉自己的同盟者，这是不明智的；用混乱相攻取代联合一致，是不符合武德的。我们还是回去吧！"晋军也离开了郑国。

文化常识第017讲

东道主 烛之武劝说秦穆公留下郑国作为东方道路上的主人，招待秦国来来往往的使臣，为他们提供食宿等。因为郑国在秦国东边，所以自称为"东道主"。后来这个词语，用来泛指接待或宴请宾客的主人。在体育比赛中，主办方也会被称作"东道主"，体现热情好客的意思。

常用字第017讲 —— 退

❶ <动>后退；退却。《冯婉贞》:"攻一时,敌退。"
❷ <动>退回；返回。《捕蛇者说》:"退而甘食其土之有。"
❸ <动>离开朝廷；不再任职。《陈情表》:"臣之进退,实为狼狈。"
❹ <动>退下；离去。《葫芦僧判断葫芦案》:"令从人退去,只留这门子一人伏侍。"
❺ <动>衰退；减退。《芙蕖》:"避暑而暑为之退。"
❻ <动>谦让。《柳毅传》:"毅撝(huī)退辞谢,俯仰唯唯。"

语法常识第017讲

词类活用：形容词作动词【肆】 "既东封郑,又欲肆其西封"一句中"肆"本义为"放肆,恣肆",是形容词,在这里活用作动词,意为"扩张"。翻译为：它既然已经把郑国作为自己东边的疆界,又想极力扩张它西边的疆界。

蹇叔哭师

jiǎn

——偷鸡不成蚀把米

《左传》

《古文观止》有故事

秦穆公从郑国撤军时，留下杞子、逢孙、杨孙三位大夫帮助郑国防守晋军，其实就是在郑国安插了内奸。

后来，郑文公和晋文公相继去世。留在郑国的杞子送信给秦穆公，说他掌握了郑国都城北门的钥匙，如果派兵前来里应外合，一定能灭掉郑国。

秦穆公去征求大臣蹇叔的意见，蹇叔不同意发兵："大老远地去攻打郑国，劳师动众，消耗钱粮，而且郑国肯定会提前防备的，几乎没有胜算。"

秦穆公根本不相信：小小一个郑国，怎么会攻不下？他命令孟明视、西乞术、白乙丙三位将军带兵出征。

蹇叔的儿子也在军中。大军出发那天，蹇叔哭着为儿子送行，也为其他再也回不来的秦军将士送行。

半路上，秦军遇到了郑国商人弦高。弦高马上就明白了，一面以郑国国君的名义送上四张牛皮、十二头牛犒劳秦军，一面派人给国君送信。

郑穆公得到消息，赶紧去抓秦国奸细。杞子等人逃跑了。没了内应，郑国又有了防备，孟明视等只得撤兵。

晋襄公正在给父亲晋文公办丧事，听说了这个消息，采纳了中军帅先轸(zhěn)的建议，亲自带兵，又联合了姜戎，在崤(xiáo)山设下埋伏。

秦军根本没有防备，一头钻进了包围圈。晋军和姜戎前后夹击，瓮中捉鳖(biē)。秦军全军覆没，孟明视、西乞术和白乙丙被俘。

晋文公的夫人是秦穆公的女儿，她请求晋襄公放孟明视等三名大将回国，让秦穆公治他们的罪。晋襄公一时心软，听了后妈的话，把他们放回了国。

秦穆公清楚，战争失败不是三位将军的责任，所以没有惩罚，反而继续重用他们。

崤之战后，秦国转而和楚国结盟，对付晋国。晋国为了保持霸主之位，西面对付秦国，南面又要时刻提防楚国，处境很艰难。

楚国虽然没有参加崤之战，却成了这场战争的最大受益者。

逐字逐句学古文

原文	译文
杞子自郑使告于秦曰："郑人使我掌其北门之管，若潜师以来， (qǐ zǐ zì zhèng shǐ gào yú qín yuē zhèng rén shǐ wǒ zhǎng qí běi mén zhī guǎn ruò qián shī yǐ lái)	秦国大夫杞子从郑国派人向秦国报告说："郑国人让我掌管他们国都北门的

国可得也。"穆公访诸蹇叔。蹇叔曰:"劳师以袭远,非所闻也。师劳力竭,远主备之,无乃不可乎?师之所为,郑必知之。勤而无所,必有悖心。且行千里,其谁不知?"公辞焉。召孟明、西乞、白乙,使出师于东门之外。

蹇叔哭之,曰:"孟子!吾见师之出而不见其入也!"公使谓之曰:"尔何知?中寿,尔墓之木拱矣!"

蹇叔之子与师,哭而送之,曰:"晋人御师必于殽,殽有二陵焉:其南陵,夏后皋之墓也;其北陵,文王之所辟风雨也。必死是间,余收尔骨焉!"秦师遂东。

钥匙。如果悄悄派兵前来,就可以占领他们的国都。"秦穆公向秦国老臣蹇叔征求意见,蹇叔说:"使军队辛勤劳苦地偷袭远方的国家,我从没听说过。军队辛劳精疲力竭,远方国家的君主又有防备,这样做恐怕不行吧?军队的一举一动,郑国必定会知道。军队辛勤劳苦而一无所得,一定会产生叛逆念头。再说行军千里,有谁不知道呢?"秦穆公没有听从蹇叔的意见。他召见了孟明视、西乞术和白乙丙三位将领,让他们从东门外面出兵。

蹇叔哭着为他们送行说:"孟明啊,我看着大军出发,却看不见他们回来了!"秦穆公派人对蹇叔说:"你知道什么?要是你蹇叔只活个中寿就去世的话,你坟上的树都有两手合抱一般粗了。"

蹇叔的儿子跟随军队一起出征,他哭着送儿子说:"晋国人必定在殽山抗击我军。殽有两座山头:南面的山头是夏王皋的坟墓,北面的山头是周文王躲避风雨的地方。你一定会战死在这两座山之间,我到那里收拾你的尸骨吧。"于是秦国军队向东进发。

文化常识第018讲

秦国 是周王朝在西北地区分封的诸侯国。西周时期,秦人首领秦非子是给周王室养马的,因为养马有功,被周孝王封在秦地,历史上称"嬴秦"。周幽王时期犬戎攻入镐京,秦襄公保卫周王室有功;周平王东迁时,他又护驾周平王,立下功劳,被封为诸侯,秦国正式成为周王朝的诸侯国。秦始皇统一六国后,仍然以"秦"为国号,建立了第一个封建集权制国家秦朝。

❶ <动>获得;得到;取得。与"失"相对。《鱼我所欲也》:"一箪食,一豆羹,得之则生,弗得则死。"

❷ <动>贪求;贪得。《论语·季氏》:"戒之在得。"

❸ <名>心得;收获。《游褒禅山记》:"古人之观于天地,……往往有得。"

❹ <形>得意;满足。《兰亭集序》:"当其欣于所遇,暂得于己,快然自足。"

❺ <动>领会;理解。《朝三暮四》:"宋有狙公者,爱狙,养之成群,能解狙之意,狙亦得公之心。"

❻ <形>合适;恰当。《六国论》:"此言得之。"

❼ <动>实现;达到。《信陵君窃符救赵》:"自王以下,欲求报其父仇,莫能得。"
❽ <动>能;能够。《垓下之战》:"项王自度不得脱。"
❾ <副>应该;应当。《鸿门宴》:"君为我呼入,吾得兄事之。"
❿ <助>表示完成或补充说明结果。《琵琶行》:"十三学得琵琶成,名属教坊第一部。"《永遇乐·京口北固亭怀古》:"元嘉草草,封狼居胥,赢得仓皇北顾。"
⓫ <副>必须。《红楼梦》:"这件事还得你去才弄的明白。"

语法常识第018讲

词类活用:形容词作名词【远】 "劳师以袭远,非所闻也"一句的"远"本是形容词,表示遥远,在这里活用作了名词,表示"远方的国家"。翻译为:使军队辛勤劳苦地偷袭远方的国家,我从没听说过。

郑子家告赵宣子

——谁也得罪不起

《左传》

《古文观止》有故事

晋襄公去世后，晋灵公即位。他即位的时候年纪还小，大臣赵盾辅佐他治理国家。

公元前611年，宋襄公的夫人刺杀了宋昭公，立公子鲍为国君，就是宋文公。

晋国想抖抖盟主的威风，以平定宋国内乱为借口，派大将荀林父联合卫、陈、郑国一同出兵攻打宋国，想为宋昭公讨回公道。但是，到了宋国才发现，

宋文公深得百姓爱戴,并且宋文公又给诸侯们送来了丰厚的礼物,出兵的理由不成立了。晋国收了礼物,顺势退了兵。

跟着出兵的郑穆公气坏了:晋灵公不像话,太贪婪,不跟着他混了!他一转身就去跟楚国结盟,不搭理郑国了。

晋灵公这边正张罗着召集诸侯们在扈(hù)地会盟呢,一听郑穆公又站到楚国那边去了,直接就把郑国踢出会盟了。

郑国确实太难了,就是一棵墙头草,风往哪儿吹就往哪儿倒。郑穆公一时冲动,惹恼了晋国,他又害了怕。

郑国的执政大臣子家赶紧给晋国的实际掌权者赵盾写了一封信,表明郑国对晋国的忠心,也坦然承认自己夹在晋楚两个大国之间的艰难处境,希望赵盾理解。

不过,子家在信中不只是战战兢(jīng)兢装可怜,他也申明:小国被逼急了,也会拼死反抗的。

赵盾看了信，和郑国互派人质，重修旧好。不过，郑国受夹板气的处境并没有改善，两年后，他又投靠了楚国。这就是小国的可悲之处。

逐字逐句学古文

原文

晋侯合诸侯于扈，平宋也。于是晋侯不见郑伯，以为贰于楚也。

郑子家使执讯而与之书，以告赵宣子曰："寡君即位三年，召蔡侯而与之事君。九月，蔡侯入于敝邑以行，敝邑以侯宣多之难，寡君是以不得与蔡侯偕。十一月，克减侯宣多，而随蔡侯以朝于执事。十二年六月，归生佐寡君之嫡夷，以请陈侯于楚，而朝诸君。十四年七月寡君又朝，以蒇陈事。十五年五月，陈侯自敝邑往朝于君。往年正月，烛之武往朝夷也。八月，寡君又往朝。以陈蔡之密迩于楚，而不敢贰焉，则敝邑

译文

晋灵公召集各国诸侯在郑国的扈地会合，目的是要与宋国谈和。当时晋灵公拒绝与郑穆公见面，认为郑国既服从晋国又投靠楚国。

郑国大夫子家就派一位送信的官员到晋国送了一封写给大夫赵盾的信，信中说："我们君主即位的第三年，就邀请蔡庄公一起服从你们君主。这年九月，蔡庄公来到我国准备同我们国君一起去贵国，但因为我国发生了侯宣多恃宠专权的祸难，我们君主因此而不能与蔡庄公一起去。这年十一月，消灭了侯宣多，我们君主就与蔡庄公一起朝见你们的君主。十二年六月，归生辅佐我们君主的太子夷，为了向楚国请求他们与陈灵公讲和，特地去朝见了你们君主。十四年七月，我们君主再次朝见以解决陈国的事情。十五年五月，陈灵公从我国去朝见你们君主。去年正月，烛之武又陪同太子夷前往贵国去朝见国君。八月，我们君主又去。陈、蔡与楚国相邻，却不敢投靠楚国，那是有我国的缘故。虽然我们如此对待贵国君主，却为何不免得

之故也。虽敝邑之事君，何以不免？在位之中，一朝于襄，而再见于君，夷与孤之二三臣，相及于绛。虽我小国，则蔑以过之矣。今大国曰：'尔未逞吾志。'敝邑有亡，无以加焉。古人有言曰：'畏首畏尾，身其余几？'又曰：'鹿死不择音。'小国之事大国也，德，则其人也；不德，则其鹿也。铤而走险，急何能择？命之罔极，亦知亡矣。将悉敝赋以待于鯈，唯执事命之。文公二年，朝于齐；四年，为齐侵蔡，亦获成于楚。居大国之间而从于强令，岂有罪也？大国若弗图，无所逃命。"

晋巩朔行成于郑，赵穿、公婿池为质焉。

到你们的责罚呢？你们在位的君主当中，我们朝见过贵国先君襄公一次，而朝见过贵国在位君主两次。太子夷与我们这些臣子一个接一个地去到贵国都城绛。尽管我们是小国，也没有哪个国家能超过了。现在你们作为大国说：'你们还没能让我高兴。'这样我国就只有等待灭亡，再没有什么可做的了。古人有句话说：'头也害怕尾也害怕，留下身子还能剩余多少不害怕呢？'又说：'鹿到了快要死的时候，也顾不上发出好听的鸣叫。'小国侍奉大国，大国对小国有恩德，那小国还是懂得报答恩德的人；如果大国对小国不讲恩德，那小国就只得做被逼冒险的鹿了。着急了就会走入险境，着急了还能选择吗？大国的要求无度，我们也知道要灭亡了，只能把我国的全部军资集中起来在鯈地等待，任凭您来处置。我们文公即位的第二年，到齐国朝见。四年，因为齐国侵伐蔡国，我们也只得与楚国谈和。处在大国之间，我们不得不服从强者的命令，难道成了我们的罪过？你们大国如果不考虑这些，那我们就无处逃避了。"

赵盾看到信后派巩朔到郑国和谈，赵穿、公婿池也到郑国作为人质。

文化常识第019讲

"染指" 子家是郑国的大臣，他和子公一起做郑卿。有一次两个人去拜见郑灵公，子公食指大动，就对子家说："今天有美食啦！"果然，郑灵公正在喝楚国送来的甲鱼汤。他听完两个人关于食指的讲述，牛脾气上来了，偏偏就不给子公喝汤。子公偷偷伸出手指蘸了一下肉汤，尝了尝就走了。他为此记恨郑灵公，后来，联合子家杀死了灵公。后人用"染指"指插手某件事情，分取利益。

常用字第019讲

读 jiàn 时：

❶ <动>看；看到。《齐桓晋文之事》："见牛未见羊也。"
❷ <动>遇见；碰见。《回乡偶书》："儿童相见不相识。"

❸ <动>见面;会面。《琵琶行》:"移船相近邀相见。"
❹ <动>拜见;谒见。《邹忌讽齐王纳谏》:"于是入朝见威王。"
❺ <动>召见;接见。《廉颇蔺相如列传》:"秦王坐章台见相如。"
❻ <动>知道;懂得。《示儿》:"乃翁见事可怜迟。"
❼ <动>听见;听到。《林黛玉进贾府》:"总不许见哭声。"
❽ <名>见解;见识。《晋书·王浑传》:"敢陈愚见。"
❾ <副>用在动词前,表被动,译为"被"。《屈原列传》:"信而见疑,忠而被谤。"
❿ <副>在动词前,表示对自己怎么样。《孔雀东南飞》:"君既若见录,不久望君来。"

读xiàn时:

❶ <动>同"现",出现;显现。《毛遂自荐》:"锥之处囊中,其末立见。"
❷ <动使动>使……拜见。《荷蓧丈人》:"止子路宿,杀鸡为黍而食之,见其二子焉。"

语法常识第019讲

词类活用:名词用作动词【德】 "小国之事大国也,德,则其人也;不德,则其鹿也"一句中的"德"字本义为"恩德",是名词,在这里活用作动词,意为"有恩德、用恩德来对待"。翻译为:小国侍奉大国,大国对小国有恩德,那小国还是懂得报答恩德的人;如果大国对小国不讲恩德,那小国就只得做被逼冒险的鹿了。

王孙满对楚子

——问鼎,靠的是实力

《左传》

《古文观止》有故事

春秋时期,楚国出了几位特别能干的国君,实力越来越强。

楚庄王即位以后,什么都不管,什么也不干,只是吃喝玩乐。楚国的大臣们着急呀,纷纷劝说他。可他就是不听,还放出狠话:"再有敢劝谏的,杀无赦!"

大臣伍举忍无可忍,去找楚庄王猜谜语:"有一只大鸟,三年来不飞也不鸣,这是什么鸟?"楚庄王明白他的意思,笑着说:"这可不是普通的鸟。三年不飞,一飞冲天;三年不鸣,一鸣惊人。你等着瞧吧!"

楚庄王要起飞了。他一出手便灭掉了叛乱的庸国,随后开启了北上争霸

之路。

楚庄王八年（前606年），他率军北上，攻打陆浑之戎，一直打到了洛水。楚庄王就在周天子的都城洛邑附近，摆好军阵，让周天子检阅军队。其实，他是在向周天子示威。

周天子吓坏了，赶紧派大臣王孙满带着好吃好喝的去犒劳楚军。

楚庄王志得意满，看到王孙满就问："周天子那九个大鼎，都有多大、多重呀？"

王孙满一愣：九鼎是大禹铸成的，象征九州，那是传国之宝，是天子威权的象征。楚王这一问，分明是想要吞并天下呀！

王孙满很生气，但是楚国实力强大，他也不敢硬顶回去，只得委婉地告诉庄王："治理天下在于德，不在于鼎。商朝无道，九鼎才落到了周天子手里。现在天命还没有抛弃周王室，所以，九鼎的轻重是不可以问的。"

楚庄王虽然有野心，但也意识到还有秦、晋、齐、吴等几个大国的存在，自己的实力还远远不够统一天下，于是，便不再问鼎，撤军回国了。

原文

楚子伐陆浑之戎,遂至于雒,观兵于周疆。定王使王孙满劳楚子。楚子问鼎之大小轻重焉。

对曰:"在德不在鼎。昔夏之方有德也,远方图物,贡金九牧,铸鼎象物,百物而为之备,使民知神、奸。故民入川泽山林,不逢不若。螭魅罔两,莫能逢之。用能协于上下,以承天休。桀有昏德,鼎迁于商,载祀六百。商纣暴虐,鼎迁于周。德之休明,虽小,重也;其奸回昏乱,虽大,轻也。天祚明德,有所厎止。成王定鼎于郏鄏,卜世三十,卜年七百,天所命也。周德虽衰,天命未改。鼎之轻重,未可问也。"

译文

楚庄王攻打陆浑戎人,于是到了雒水,在周朝国都附近炫耀武力。周定王派王孙满慰劳楚庄王。楚庄王问到周王室的九鼎的大小轻重。

王孙满回答说:"统治天下在于道德,不在于鼎。从前夏朝正当有德的时候,远方的人进献了描绘各种奇异事物的图画,九州的长官贡献出铜,铸成九鼎,把画下来的各种东西的图像铸在鼎上,鼎上面各种东西都具备,教人民知道神物和怪异。所以人民进入川泽山林,就不会碰到对自己不利的东西,不会遇到魑魅魍魉这些妖怪。因此能够上上下下和睦相处,受到上天的保佑。夏桀昏乱,鼎迁到商朝,前后六百年。商纣暴虐,鼎又迁到周朝。天子的德行如果美善光明,鼎即使小,也是重的;如果奸邪昏乱,鼎即使大,也是轻的。上天赐福给有美德的人,是有固定期限的。成王把九鼎放在郏鄏,曾经占卜过,可以传世三十代,享国七百年,这是上天所命令的。今天周朝的德行虽然衰减了,可天命还没有改变。九鼎的轻重,是不能问的。"

文化常识第020讲

问鼎中原 鼎是古代的一种煮食物的器具,也是放在宗庙里祭祀用的一种礼器。禹把天下划分为九个州,命令九州进献青铜,铸造九鼎。全国九州的名山大川、奇异之物都刻在九鼎上面,象征九州。九鼎从夏朝传到商朝,再传到周朝,成为象征国家政权的传国之宝。从这篇文章提炼出了一个成语"问鼎中原",比喻有夺取政权的野心。

常用字第020讲

读mò时:
① <代>没有什么;没有谁。《齐桓晋文之事》:"保民而王,莫之能御也。"
② <副>不要;别。《孔雀东南飞》:"初七及下九,嬉戏莫相忘。"
③ <副>没有;不。《赤壁赋》:"盈虚者如彼,而卒莫消长也。"

读mù时:
① <名>通"暮"。日暮;黄昏。《石钟山记》:"至莫夜月明,独与迈乘小舟至绝壁之下。"

语法常识第020讲

词类活用:名词作动词【图物】 "昔夏之方有德也,远方图物"一句中"图物"一词本为名词,在这里活用作动词,意为"进献图物"。翻译为:从前夏朝正当有德的时候,远方的人进献了描绘各种奇异事物的图画。

齐国佐不辱命

——还是德行更让人畏服

《左传》

《古文观止》有故事

公元前597年，晋国在邲(bì)之战中被楚国打败。不过，晋国并不气馁，开始整顿内政，发展经济。几年后，晋国国力恢复，又开始了行动。

晋景公派中军佐（中军主将的副手）郤克出使齐国，还邀请盟友鲁国、卫国各派遣使者同行，一起商谈会盟的事儿。

齐顷公接见郤克的时候，他的母亲萧同叔子躲在旁边的帷幕中偷偷地看。当她看到驼背的郤克一歪一扭地走进来的时候，忍不住笑出声来。郤克涨红

了脸,怒火中烧,让副使栾京庐留下来处理其他事宜,自己拂袖而去,回国了。

郤克回国后请求发兵攻打齐国,晋景公不答应。当时的执政者士会觉察到了情况不妙:如果郤克的愤怒得不到发泄,很有可能会在国内制造动乱。还是应该让他去找齐国报仇,把愤怒发泄出来。于是,他主动辞职,把执政者的位置让给了郤克。

第二年,齐国攻打鲁国,鲁国向晋求救。郤克报仇雪耻的机会来了,于是带兵讨伐齐国。两国军队在鞌(ān)遭遇,齐顷公叫嚷着"把晋军消灭了再回来吃早饭",冲进了战阵。郤克亲自带兵迎战,冲在前面,被乱箭射中也不后退。晋军士兵受到鼓舞,个个奋勇杀敌。

齐顷公见大事不妙,赶紧逃跑。晋军紧追不舍。齐顷公和他的车右(位于驾车人右边的武士)逢丑父换了衣服,才侥幸逃脱。无奈之下,齐顷公只好派上卿国佐去晋国军营求和。

郤克提出了两个条件:要萧同叔子到晋国做人质;要齐国把境内的垄亩洼

埂全改为东西走向，让晋国的战车更方便开进齐国。

国佐作为败军的使者，并没有摇尾乞怜，而是有理有据地拒绝了郤克的要求，表达了如果郤克不同意求和，齐国将与晋国决一死战的决心。

郤克的大仇已报，火气也消了，就答应了齐国的请和，退兵回国了。

逐字逐句学古文

原文

晋师从齐师，入自丘舆，击马陉。齐侯使宾媚人赂以纪甗、玉磬与地，"不可，则听客之所为。"

宾媚人致赂，晋人不可，曰："必以萧同叔子为质，而使齐之封内尽东其亩。"对曰："萧同叔子非他，寡君之母也；若以匹敌，则亦晋君之母也。吾子布大命于诸侯，而曰必质其母以为信，其若王命何？且是以不孝令也。《诗》曰：'孝子不匮，永锡尔类。'若以不孝令于诸侯，其无乃非德类也乎？先王疆理天下，物土之宜，而布其利。故《诗》曰：'我

译文

晋军追赶齐军，从丘舆进入齐国境内，攻打马陉。齐顷公派宾媚人将纪国的祭器、玉磬赠送给晋国，并答应割让土地以求和，说："不行的话，就任凭他们所为。"

宾媚人送上礼物，晋国人不答应，说："必须以萧同叔的女儿作为人质，同时使齐国境内的田亩全部改为东西向。"宾媚人回答说："萧同叔的女儿不是别人，是敝国国君的母亲。如果以对等相待，也就是晋国国君的母亲。您向诸侯颁布天子的命令，却说一定要人家的母亲做人质才能当作凭信，您是怎样对待周天子命令的呢？而且这是以不孝来命令诸侯。《诗经》说：'孝子的心从不衰竭，永远赐福于你的同类。'如果以不孝命令诸侯，恐怕不是施恩德于同类吧？先王划定天下的疆界，治理天下，考察土性所宜而分派它们的利益。所以《诗经》说：

疆我理,南东其亩。'今吾子疆理诸侯,而曰'尽东其亩'而已,唯吾子戎车是利,无顾土宜,其无乃非先王之命也乎?反先王则不义,何以为盟主?其晋实有阙。四王之王也,树德而济同欲焉;五伯之霸也,勤而抚之,以役王命。今吾子求合诸侯,以逞无疆之欲。《诗》曰:'敷政优优,百禄是遒。'子实不优,而弃百禄,诸侯何害焉?不然,寡君之命使臣,则有辞矣,曰:'子以君师辱于敝邑,不腆敝赋,以犒从者;畏君之震,师徒桡败。吾子惠徼齐国之福,不泯其社稷,使继旧好,唯是先君之敝器、土地不敢爱。子又不许,请收合余烬,背城借一。敝邑之幸,亦云从也;况其不幸,敢不唯命是听?'"

'我划定疆界,治理沟垄,朝南朝东修起田埂。'现在您划分和治理诸侯的土地,却说'全部田垄都要向东',只顾有利于您的战车出入,不顾土性适不适合,恐怕不是先王的遗命吧?违反先王就是不义,怎么做诸侯的领袖?晋国的确有过错。四王能统一天下,是因为能树立德行,帮助实现大家的共同愿望。五伯能称霸诸侯,是因为不辞辛劳地安抚诸侯,奉行天子的命令。现在您会合诸侯,却是用来满足无止境的贪欲。《诗经》说:'施政宽松,百福聚集。'您实在不肯宽大,从而抛弃各种福禄,这对诸侯有什么害处呢?如果您不同意,敝国国君命令使臣,还有话要说:'您率领贵国国君的军队光临敝国,敝国以微薄的兵赋来犒劳您的随从。由于畏惧贵国国君的威严,军队遭到了挫败。承蒙您为求取齐国的福佑,不灭绝它的社稷,使它继续同贵国保持旧日的友好关系,敝国绝不敢吝惜先君这些破旧的器物和土地。您要是还不答应,那就请允许我们收集残余,在敝国城下决一死战。即使敝国侥幸取胜,也要服从贵国;况且不幸战败,敢不完全听从贵国的命令?'"

文化常识第021讲

春秋五霸 齐国佐所说的"五伯之霸"中的"五伯"就是春秋五霸。在孔子删定的《春秋》中，五霸指的是齐桓公、宋襄公、晋文公、秦穆公和楚庄王。春秋时期，周王室势力衰微，诸侯的力量却越来越大，一些强大的诸侯国为了争夺天下，打着"尊王攘夷"的旗号，开启了激烈的争霸战争。势力最大的那一个，就会成为霸主，号令各国诸侯，连周王室都不敢轻视他们。

常用字第021讲 —— 乃

❶ <代>你(的)；你们(的)。《示儿》："家祭无忘告乃翁。"
❷ <代>这；这样。《齐桓晋文之事》："夫我乃行之，反而求之，不得吾心。"
❸ <动>表判断，是。《赤壁之战》："若事之不济，此乃天也。"
❹ <副>竟然；却。《桃花源记》："乃不知有汉，无论魏晋。"
❺ <副>才。《祭十二郎文》："闻汝丧之七日，乃能衔哀致诚。"
❻ <副>仅仅；只。《垓下之战》："至东城，乃有二十八骑。"
❼ <副>又。《庖丁解牛》："合于《桑林》之舞，乃中《经首》之会。"
❽ <副>甚至。《赤壁之战》："蒙冲斗舰乃以千数。"
❾ <连>于是；就。《岳阳楼记》："乃重修岳阳楼，增其旧制。"

语法常识第021讲

词类活用：名词的意动用法【质】 "而日必质其母以为信，其若王命何？"一句中"质"本来是名词，是"人质"的意思，在这里是"以……为人质"。翻译为：却说一定要人家的母亲做人质才能当作凭信，您是怎样对待周天子命令的呢？

楚归晋知罃(yīng)
——这个战俘好厉害

《左传》

《古文观止》有故事

春秋时期，郑国就是一棵墙头草。晋国讨伐他，他就投靠晋国；楚国攻打他，他就又倒向楚国。为了争夺对郑国的控制权，更为了争夺中原霸权，晋楚两国屡次开战。有时候晋国胜，有时候楚国胜。郑国也会故意挑起两国争斗，趁两个大国打得不亦乐乎时，过几天安稳日子。

公元前597年，邲之战爆发。晋军一败涂地，仓皇败退。溃散中，大夫知罃被楚军俘虏。他的父亲荀首听说儿子被俘，带上自己的军队，冲入楚军。儿子没有救回来，却射杀了楚国大夫襄老，俘虏了楚庄王的儿子榖臣。

知罃在楚国待了九年。这九年间，楚庄王去世，楚共王即位，而他的父亲荀首已经升任为中军副统帅。荀首向楚共王提出用公子榖臣换回知罃。楚共王也想缓和两国关系，就同意了。

临别之前，楚共王和知罃有一番对话。知罃虽然是战俘，却不卑不亢。他既不怨恨楚王，也不感激他，当然更谈不上报答了。而且，他还表明，如果回国后能得到重用，一定会尽职尽责，和楚国血战到底的。

做了九年的俘虏，还能有这样的凛然傲骨，就连楚共王也很佩服。于是，楚国举行了隆重的仪式，送知罃回国。

公元前566年，知罃继任正卿，掌管晋国的军政大事。他为晋悼公制定了"三驾疲楚"的战略：用晋国的上、中、下三军，轮流攻打郑国。等到楚国赶来救援，就马上撤军。这样做的目的，主要是为了使楚国军队疲于奔命，拖垮他们。

从此，楚国元气大伤，没有能力和晋国争夺霸权了。

逐字逐句学古文

原文	译文
晋人归楚公子榖臣与连尹襄老之尸于楚，以求知罃。于是荀首佐中军矣，故楚人许之。王送知罃，曰："子其怨我乎？"	晋人把楚国公子榖臣和连尹襄老的尸首归还给楚国，以此要求交换知罃。当时荀首（知罃的父亲）已经是中军副帅，所以楚人答应了。楚王送别知罃，说："你怨恨我吗？"知罃回答说："两国打仗，我

对曰:"二国治戎,臣不才,不胜其任,以为俘馘。执事不以衅鼓,使归即戮,君之惠也。臣实不才,又谁敢怨?"

王曰:"然则德我乎?"对曰:"二国图其社稷,而求纾其民,各惩其忿,以相宥也。两释累囚,以成其好。二国有好,臣不与及,其谁敢德?"

王曰:"子归,何以报我?"对曰:"臣不任受怨,君亦不任受德。无怨无德,不知所报。"

王曰:"虽然,必告不穀。"对曰:"以君之灵,累臣得归骨于晋,寡君以为戮,死且不朽。若从君惠而免之,以赐君之外臣首,首其请于寡君,而以戮于宗,亦死且不朽。若不获命,而使嗣宗职,次及于事,而帅偏师以修封疆,虽遇执事,其弗敢违。其竭力致死,无有二心,以尽臣礼。所以报也。"

没有才能,不能胜任所担当的职务,所以做了俘虏。君王的左右没有用我的血来祭鼓,而让我回国去接受诛戮,这是您的恩惠啊。我实在没有才能,又敢怨恨谁?"

楚王说:"那么你感激我吗?"知䓨回答说:"两国为自己的国家打算,希望让百姓得到平安,各自克制自己的愤怒来互相原谅,两边都释放被俘的囚犯以结成友好。两国友好,并不是为了我,我感激谁?"

楚王说:"您回去后,用什么报答我?"知䓨回答说:"我无所怨恨,君王也没有恩德。没有怨恨没有恩德,就不知道该报答什么。"

楚王说:"尽管这样,还是一定要把您的想法告诉我。"知䓨回答说:"托您的福,我这个被囚的臣子能够带着这把骨头回到晋国,寡君如果杀了我,那我将死得光荣。如果由于君王的恩惠而赦免我,把我赐给您的外臣荀首,荀首向寡君请求,而把我杀死在自家宗庙里,我也死得不朽。如果得不到寡君诛戮的命令而让我继承宗族的世职,按次序承担晋国的政事,率领部分军队来保卫边疆,即使碰到君王的文武官员,我也不会躲避,只有竭尽全力直至贡献自己的生命,没有别的念头,以尽到为臣的职责。这就

> wáng yuē jìn wèi kě yǔ zhēng zhòng wéi zhī lǐ ér guī zhī
> 王曰:"晋未可与争。"重为之礼而归之。
>
> 是我用来报答您的。"
> 楚王说:"不能同晋国斗争。"于是就对他倍加礼遇而放他回去。

文化常识第022讲

社稷 社是土神,稷是谷神,它们是中华民族最重要的原始崇拜对象。中华民族是农耕社会,以农为本,土载育万物,谷养育民众,土、谷是人们最基本的生活条件,因而也是古代中国的立国之本。后来,"社稷"也用来代指国家或朝廷。

常用字第022讲

❶ <动>寻找;找寻。《察今》:"舟止,从其所契者入水求之。"
❷ <动>探求;探索。《岳阳楼记》:"予尝求古仁人之心,或异二者之为。"

❸<动>要求；责求。《子鱼论战》："明耻教战，求杀敌也。"
❹<动>请求；乞求。《口技》："又夹百千求救声。"
❺<动>谋求；索求。《廉颇蔺相如列传》："秦以城求璧而赵不许。"
❻<动>访求；访问。《苏武》："陵降，不敢求武。"
❼<动>追求；求偶。《诗经·周南·关雎》："窈窕淑女，寤寐求之。"

语法常识第022讲

省略句：省略主语【对话省】 文言文句子在一定的语言环境中，常常会省略某些成分。比如，在对话环境，对话的主语可以省略，甚至连对话内容里的主语也可以省略。本文"王送知罃，曰：'子其怨我乎？'对曰：'二国治戎，臣不才，不胜其任……'"就是这样。前文已经交代了楚共王送别知罃，读者已经知道是两个人在对话，所以后面的主语"知罃"就省略了，完整句子应该是"王送知罃，曰：'子其怨我乎？'（知罃）对曰：'二国治戎，臣不才，不胜其任……'"翻译为：楚共王送别知罃，说："你怨恨我吗？"知罃回答说："两国打仗，我没有才能，不能胜任所担当的职务……"

这样的例子还有：

对曰："小信未孚，神弗福也。"（《曹刿论战》）根据前句文义，可以推断这里省略了"曹刿"。翻译为：曹刿回答说："这只是小信用，不能让神灵信服，神灵是不会保佑您的。"

吕相绝秦

——秦晋之好不再

《左传》

《古文观止》有故事

春秋时期,秦晋两国关系非常微妙。

两国疆土相邻,并且世代通婚。晋献公的女儿穆姬嫁给了秦穆公,而晋国内乱时,秦穆公先后帮助晋惠公和晋文公回国即位。同时,两国都想争夺霸权,有时候也会刀兵相见打一仗。秦晋殽之战秦国战败,两国关系破裂。

公元前581年,晋景公去世,晋厉公即位。第二年,晋厉公和秦桓公商量着在令狐会盟。晋厉公先到了令狐,而秦桓公却不肯过河,只派了一个大夫

过河和晋厉公盟誓。晋国很清楚秦桓公根本就没有诚意，于是也派了一位大臣到河西和秦国结盟。

果然，秦国早已经联合白狄，一起攻打晋国。可是，晋国已经有了准备。公元前579年，晋军大败白狄。第二年，晋国联合齐、宋、卫、鲁、郑、曹、邾、滕等八国军队，一起攻打秦国。晋侯事先派吕相出使，和秦国绝交。

吕相回忆了晋献公、秦穆公时期两国的友好交往，深切感念秦穆公对晋国的恩德。接着又说到晋文公去世，秦国乘人之危攻打晋国，同时还勾结楚国，一起对付晋国。吕相义正词严，步步紧逼，一桩桩地陈述秦国的罪状，以此正告世人：晋军师出有名，是正义之师。

晋厉公亲自统率上、中、下、新四军，会同诸侯兵马，来到秦国边境。秦国出兵迎战。双方在麻隧展开激战，秦军大败。晋厉公率诸侯联军渡过泾河紧追不舍，一直追到侯丽（今陕西省礼泉县），这才班师回国。

麻隧之战失败后，秦国元气大伤，接下来的好多年，再也没有力量和晋国抗衡。而晋国又在后来的鄢陵之战中战胜了楚国，重续了晋国称霸中原的辉煌。

逐字逐句学古文

原文

晋侯使吕相绝秦，曰："昔逮我献公及穆公相好，戮力同心，申之以盟誓，重之以昏姻。天祸晋国，文公如齐，惠公如秦。无禄，献公即世，穆公不忘旧德，俾我

译文

晋厉公派吕相去秦国宣布与之断交，说："从前我们先君献公与你们穆公相互友好，同心合力，用盟誓来明确两国关系，用婚姻来加深两国关系。上天降祸给晋国，文公逃亡到齐国，惠公逃亡到秦国。不幸，献公去世。穆公不忘从前的交情，使我们惠公因

惠公用能奉祀于晋。又不能成大勋，而为韩之师。亦悔于厥心，用集我文公。是穆之成也。

"文公躬擐甲胄，跋履山川，逾越险阻，征东之诸侯，虞、夏、商、周之胤而朝诸秦，则亦既报旧德矣。郑人怒君之疆场，我文公帅诸侯及秦围郑。秦大夫不询于我寡君，擅及郑盟。诸侯疾之，将致命于秦。文公恐惧，绥靖诸侯，秦师克还无害，则是我有大造于西也。

"无禄，文公即世，穆为不吊，蔑死我君，寡我襄公，迭我殽地，奸绝我好，伐我保城。殄灭我费滑，散离我兄弟，扰乱我同盟，倾覆我国家。我襄公未忘君之旧勋，而惧社稷之陨，是以有殽之师。犹愿赦罪于穆公，穆公弗听，而即楚谋我。天诱其衷，成王陨命，穆公是以不克逞志于我。"

此能回晋国执政。但是秦国又不能将这一大功贯彻始终，同我们发生了韩原之战。事后穆公心里后悔，因而成全了我们文公回国为君。这都是穆公的功劳。

"文公亲自戴盔披甲，跋山涉水，经历艰难险阻，征讨东方诸侯国，虞、夏、商、周的后代都来朝见秦国君王，这就已经报答了秦国过去的恩德了。郑国人侵扰贵国的边疆，我们文公率诸侯和秦国一起去包围郑国。秦国大夫不和我们国君商量，擅自同郑国订立盟约。诸侯都痛恨这种做法，要同秦国拼命。文公担心秦国受损，说服了诸侯，才使秦国军队安然无恙地回国，这就是我们对秦国有大恩大德之处。

"不幸，文公逝世，穆公不来吊唁，蔑视我们故去的国君，轻视我们襄公，侵扰我们的殽地，断绝我们的友好关系，攻打我们的城堡，灭绝我们的滑国，离间我们兄弟国家的关系，扰乱我们的盟邦，颠覆我们的国家。我们襄公没有忘记秦君以往的功劳，却又害怕国家灭亡，因此才有殽地的战争。我们希望穆公宽恕我们的罪过，穆公不同意，反而亲近楚国来算计我们。老天有眼，楚成王丧了命，因此穆公侵犯晋国的图谋没有得逞。"

文化常识第023讲

秦晋之好 春秋时期，晋献公为了和秦国搞好关系，把自己的女儿嫁给秦穆公。晋献公去世后，晋国内乱，秦穆公把一个宗室女儿怀嬴嫁给晋献公的儿子重耳，并支持他回国即位，就是晋文公。晋文公又让太子娶了秦国的一位公主。两国世代联姻，后来把两家结为婚姻关系称为"秦晋之好"。当然，两国的婚姻关系也很不牢固，仍然会发生战争。

常用字第023讲

❶ <动>赶上；追上。《殽之战》："及诸河，则在舟中矣。"
❷ <动>至；到；到达。《归去来辞》："农人告余以春及，将有事于西畴(chóu)。"
❸ <动>遭遇；遇到。《叔向贺贫》："略则行志，假货居贿，宜及于难。"
❹ <动>推及；涉及。《齐桓晋文之事》："老吾老，以及人之老。"
❺ <动>来得及。《荆轲刺秦王》："方急时，不及召下兵。"
❻ <动>赶得上；比得上。《邹忌讽齐王纳谏》："君美甚，徐公何能及君也？"
❼ <介>等到；到了。《兰亭集序》："及其所之既倦，情随事迁，感慨系之矣。"
❽ <介>趁着。《子鱼论战》："彼众我寡，及其未既济也，请击之。"
❾ <介>跟；与。《左传·僖公四年》："屈完及诸侯盟。"
❿ <连>和；与。《陈情表》："臣之辛苦，非独蜀之人士及二州牧伯所见明知。"

语法常识第023讲

倒装句：宾语前置【是以】 文言文中，"是"常常做代词，指代前文提到的原因或理由，和"以"构成介宾短语。大多数宾语前置，把"是"放在介词"以"前面。本文中的"是以有殽之师"就是这样，宾语前置，正常语序是"以是有殽之师"，翻译为：因此才有了殽地的战争。

这样的例子还有：

①《吕相绝秦》："我是以有令狐之役。"翻译为：我们因此才有令狐之战。

②《庖丁解牛》:"是以十九年而刀刃若新发于硎。"翻译为:因此,十九年了,我的刀刃还好像是刚在磨刀石上磨过一样。

③《陈情表》:"母孙二人,更相为命,是以区区不能废远。"翻译为:我们祖孙二人,互相依靠,因此我不能停止奉养而远离她。

驹支不屈于晋

——团结少数民族

《左传》

《古文观止》有故事

公元前575年,"墙头草"郑国背叛晋国,投靠了楚国。晋国坐不住了,发兵攻打郑国。楚国赶紧派兵解救郑国。双方在鄢陵展开激战,楚共王被射瞎一只眼睛,大败而归。

后来,晋厉公被杀,他的侄子晋悼公即位。年仅14岁的晋悼公改革弊政,知人善任。很快,晋国的经济和军事实力大增,又有了和楚国争夺霸权的资本。

晋悼公多次召集诸侯会盟,对郑国开战,和楚国对抗。他采用知罃的"三驾疲楚"战略,削弱了楚国的国力,但是因为连年征战,晋国的国力也有所削弱。

公元前560年,楚共王去世。南方的吴国趁楚国举办丧事,发兵攻打楚国,但是没讨到便宜,失败了。吴国不甘心,就向晋国求助,希望晋国出兵,两国联合打击楚国。

第二年，晋国又召集了各国国君在向地会盟，商量要不要帮助吴国出兵攻打楚国。范宣子主持会盟。他很清楚晋国现在已经不像从前那样国富民强，这时候攻打楚国，没有必胜的把握。所以，他借口吴国在楚国举行丧事的时候出兵，不合乎礼法，拒绝出兵。

晋国身为霸主，生怕各国国君看出自己的心虚和胆怯，所以，就拿姜戎的首领驹支开刀，指责他不尊重盟主，把他赶出了会盟，甚至还说要把他抓起来。这分明就是杀鸡给猴看，震慑各国诸侯。

谁料到驹支也不是那么好欺负的！他言辞委婉，却理直气壮地逐条反驳了范宣子的指控，表白了自己的忠诚，字里行间指责范宣子不讲仁义，无中生有，凭空加罪于姜戎。

范宣子听了，赶紧道歉，邀请驹支参加会盟。

他这样做是很明智的。面子固然要有，团结友爱的好名声也很重要。

逐字逐句学古文

原文

会于向，将执戎子驹支。范宣子亲数诸朝，曰："来，姜戎氏。昔秦人迫逐乃祖吾离于瓜州，乃祖吾离被苫盖，蒙荆棘，以来归我先君。我先君惠公有不腆之田，与女剖分而食之。今诸侯之事我寡君不如昔者，盖言语漏泄，则职女之由。诘朝之

译文

晋国同诸侯各国在向地会晤，准备拘捕姜戎首领驹支。晋国大夫范宣子亲自在殿上指责他，说："过来，姜戎氏！从前秦国人把你的祖父吾离从瓜州赶走，你祖父吾离身披白茅，头戴荆条，前来归附我们先君。我们先君惠公仅有不多的田地，还与你们平分来养活你们。现在诸侯侍奉我们国君不如从前了，大概是言语泄漏了出去，主要是由于你的缘故。明早的会议，你不要参加了。你要参加，就拘

对曰:"昔秦人负恃其众,贪于土地,逐我诸戎。惠公蠲其大德,谓我诸戎是四岳之裔胄也,毋是翦弃。赐我南鄙之田,狐狸所居,豺狼所嗥。我诸戎除翦其荆棘,驱其狐狸豺狼,以为先君不侵不叛之臣,至于今不贰。昔文公与秦伐郑,秦人窃与郑盟而舍戍焉,于是乎有崤之师。晋御其上,戎亢其下,秦师不复,我诸戎实然。譬如捕鹿,晋人角之,诸戎掎之,与晋踣之。戎何以不免?自是以来,晋之百役,与我诸戎相继于时,以从执政,犹崤志也,岂敢离逷?今官之师旅无乃实有所阙,以携诸侯,而罪我诸戎。我诸戎饮食衣服不与华同,贽币不通,言语不达,何恶之能为?不与于会,亦无瞢焉。"赋《青蝇》而退。宣子辞焉,使即事于会,成恺悌也。

捕你。"

驹支回答说:"从前秦国人倚仗他们人多,对土地贪得无厌,驱逐我们戎人。惠公显示他的大恩大德,说我们戎人是四岳的后代,不该抛弃。他赐给我们南部边境的田地,那里是狐狸居住、豺狼吼叫的地方。我们戎人铲除了那里的荆棘,驱逐了那里的狐狸豺狼,成为贵国先君不侵扰不背叛的臣属,直到现在没有二心。从前文公与秦国讨伐郑国,秦国人偷偷与郑国订盟,并在郑国安置了戍守的人,于是就发生了崤山之战。晋军在前面迎击,戎人在后面抵抗,秦军有来无回,实在是我们戎人使他陷入这个境地的。譬如捕鹿,晋国人抓住它的角,戎人拖住它的腿,与晋国人一起将它摔倒。戎人为什么不能免于罪责呢?从这次战役以来,晋国的所有战役,我们戎人都是紧随其后,同崤山之战时的心意一样,岂敢背离疏远?现在贵国的长官里恐怕的确有做得不足的地方,而使诸侯离心,你们却怪罪我们戎人!我们戎人的饮食衣服与华夏之族不同,货币不通,言语也不通,我们还能做什么坏事呢?不参加盟会,也没有什么可惭愧的。"于是朗诵了《青蝇》诗,然后退了下去。宣子连忙道歉,并让他到会参与事务,以便成全自己平易近人、不听信谗言的君子的名声。

文化常识第024讲

币 本文中提到的"币",不是现在我们所说的用来买东西的货币,而是人们见面时赠送的礼物。币最早是指丝织品,《说文解字》中解释得很清楚:"币,帛也。"古人拜访时除了丝织品,还会送车、马、美玉等,所以就把车、马、玉帛统称为"币"。宋朝时期,少数民族政权辽和西夏常常骚扰北宋边境,朝廷会给一定数量的"岁币"。宋朝的岁币除了银子,也包括丝绢。

常用字第024讲

从

读cóng时:

❶ <动>跟随;跟从。《垓下之战》:"有美人名虞,常幸从。"

❷ <动>顺从;听从。《论语·述而》:"多闻,择其善者而从之。"

❸<动>参与。王安石《上皇帝万言书》:"及使之从政,则茫然不知其方……。"
❹<动>依傍;紧靠着。《鸿门宴》:"樊哙从良坐。"
❺<形>副,与"正"相对。《魏书·官氏志》:"前世职次皆无从品,魏氏始置之。"
❻<动>行;做;处理。《教战守策》:"而行之既久,则又以军法从事。"
❼<动>任;任凭。《论语·为政》:"七十而从心所欲,不逾矩。"
❽<介>由;自。《鸿门宴》:"从此道至吾军,不过二十里耳。"
❾<介>跟;向。《送东阳马生序》:"尝趋百里外从乡之先达执经叩问。"

读zòng时:通"纵"。

❶(1)<名>特指合纵。战国时六国联合反对秦国的联盟。王充《论衡·答佞》:"六国约从,则秦畏而六国强;三秦称横,则秦强而天下弱。"(2)南北方向。《诗经·齐风·南山》:"衡从其亩。"(衡:东西方向。)
❷<动>放纵。《汉书·王吉传》:"其后复放从自若。"

语法常识第024讲

反问句:"何……为?" 本文"言语不达,何恶之能为?"一句,用"何……为?"表示反问,加强语气。翻译为:言语也不通,我们还能做什么坏事呢?

这样的例子还有:

①"如今人方为刀俎,我为鱼肉,何辞为?"(《鸿门宴》)翻译为:现在人家正像刀子和砧板,我们就像砧板上待宰割的鱼和肉,还告辞做什么呢?

②"为人君,仁义而已矣,何以利为!"(《史记·魏世家》)翻译为:做国君的,只要提倡仁义的基本精神就够了,还想要什么利益呢?

③"夫颛臾,昔者先王以为东蒙主,且在邦域之中矣,是社稷之臣也。何以伐为?"(《季氏将伐颛臾》)翻译为:那颛臾,先王曾把他当作主管东蒙山祭祀的人,而且它地处鲁国境内,是鲁国的藩属国,还讨伐它做什么呢?

祁奚请免叔向

——国家柱石不能轻弃

《左传》

《古文观止》有故事

公元前558年,晋悼公去世,晋平公继位。晋平公四年(前554年),范宣子做了中军统帅,执掌国政。范氏和栾氏早就有矛盾。栾氏倚仗功劳,瞧不起诸位大臣,大臣们都和范氏交好。范宣子做了执政大臣后,两家的矛盾就更激化了。栾盈养了很多敢死之士,打算把范宣子赶下台。

范宣子先下手为强,派兵捉拿栾盈。栾盈事先得到消息,匆忙逃到了楚

国。范宣子把栾盈的同党抓起来杀掉，其中有一个人叫羊舌虎。

羊舌虎有个哥哥叫羊舌肸（xī），就是叔向。他受到弟弟的牵连，也被范宣子抓了起来。

已经退了休的祁奚听说了这事，赶紧去见范宣子为叔向求情。范宣子被说服了，和他一起去见晋平公，然后释放了叔向。

栾盈在楚国待不下去，又跑到了齐国。当时，晋国已经召集各国诸侯会盟，达成了"谁也不能收留栾盈"的共识。可是，齐庄公无视承诺，收留了栾盈。

后来，晋平公要把女儿嫁给吴国。作为盟友，齐国要给晋国送一些陪嫁礼品。就这样，齐庄公安排栾盈跟随送礼的队伍回到了晋国。

栾盈回到了自己的领地曲沃，争取到了各级官员的拥戴，共同起兵反叛。晋国的其他家族，如范氏、智氏、赵氏等都和栾氏不合，只有魏氏的魏献子和栾氏交好，帮助他进入了都城。

得知栾盈的叛军出现在都城，范宣子刚开始有些慌乱，冷静下来后，派士鞅劫持了魏献子，平定了栾盈的叛乱。栾氏被灭族。

这篇文章只写了范宣子平定栾氏之乱的一个小片段，塑造了临危不惧的叔向和爱惜人才的祁奚，同时也从侧面指出范宣子株连太多，殃及无辜，是不可取的。

原文

栾盈出奔楚。宣子杀羊舌虎,囚叔向。人谓叔向曰:"子离于罪,其为不知乎?"叔向曰:"与其死亡若何?《诗》曰:'优哉游哉,聊以卒岁。'知也。"

乐王鲋见叔向曰:"吾为子请。"叔向弗应。出,不拜。其人皆咎叔向。叔向曰:"必祁大夫。"室老闻之,曰:"乐王鲋言于君,无不行,求赦吾子,吾子不许。祁大夫所不能也,而曰必由之。何也?"叔向曰:"乐王鲋,从君者也,何能行?祁大夫外举不弃仇,内举不失亲,其独遗我乎?《诗》曰:'有觉德行,四国顺之。'夫子,觉者也。"

晋侯问叔向之罪于乐王鲋。对曰:"不弃其亲,其有焉。"于是祁奚

译文

栾盈逃奔楚国。范宣子杀了羊舌虎,软禁了叔向。有人对叔向说:"你受这样的罪,未免不够明智吧?"叔向说:"比起那些死了的和逃跑的,又怎么样呢?《诗经》说:'难得清闲地活着啊,就这样了此一生吧!'这才是明智。"

乐王鲋见到叔向说:"我去为您求情。"叔向没有理会。乐王鲋离开时,叔向也不拜谢。旁人都埋怨叔向,叔向说:"只有祁大夫才能救我。"管家听到这话就说:"乐王鲋在君主面前说的话,没有不被采纳的。请求赦免您,您不理会。我认为祁大夫无法办到,您却说必须由他办。为什么呢?"叔向说:"乐王鲋是顺从君主的人,怎么能行?祁大夫举荐外人不遗弃有仇的人,举荐熟人不遗漏亲人,他难道会遗漏我吗?《诗经》说:'有正直的德行,天下人都会顺从。'祁大夫正是这样正直的人啊!"

晋侯向乐王鲋问起叔向的罪责,乐王鲋说:"叔向不会背弃他的亲人,怕是有同谋吧!"当时祁奚已经告老还乡了,听到这事后,赶紧坐上驿站的马车来见范宣子,说:"《诗经》说:

老矣，闻之，乘驲而见宣子，曰："《诗》曰：'惠我无疆，子孙保之。'《书》曰：'圣有谟勋，明征定保。'夫谋而鲜过，惠训不倦者，叔向有焉。社稷之固也，犹将十世宥之，以劝能者。今壹不免其身，以弃社稷，不亦惑乎？鲧殛而禹兴；伊尹放大甲而相之，卒无怨色，管、蔡为戮，周公右王。若之何其以虎也弃社稷？子为善，谁敢不勉！多杀何为？"

宣子说，与之乘，以言诸公而免之。不见叔向而归，叔向亦不告免焉而朝。

'给予我们无穷无尽恩惠的人，子孙后代永远记得。'《尚书》说：'圣贤有谋略和功勋，应当明证他的功劳而加以保护。'谋划而少有过失，给人许多教益而不知疲倦，叔向就有这样的能力。叔向是国家的柱石，即使他的十代子孙犯了罪也应该宽宥，以此勉励那些有能力的人。如今才犯了一次罪就使他不得免罪，这样丢弃国家的栋梁，这不是糊涂吗？鲧被诛杀，他的儿子禹却兴起；伊尹曾放逐太甲，太甲却又立他为相，而且始终没有怨恨的表示；管叔、蔡叔（因为造反）被杀，周公却辅佐（他们的侄子）成王。您为什么因为羊舌虎犯罪而抛弃国家的柱石呢？您与人为善，谁还敢不竭力为国！何必多杀人呢？"

范宣子听了很高兴，便同他一起坐车去见晋平公，赦免了叔向。祁奚不见叔向就回家。叔向也未向祁奚致谢，径直上朝。

文化常识第025讲

外举不弃仇，内举不失亲 祁奚曾经做过中军尉，他告老辞职的时候，晋悼公问他："谁能接任你的职位？"他推荐了仇人解狐。不过刚要任命，解狐死了。晋悼公又来征求祁奚的意见，这次他推荐了儿子祁午。祁奚荐贤，一片公心，不会抛开仇人，也不会漏掉自己的儿子。后来人们常用"外举不弃仇，内举不失亲"形容做事公正无私。

常用字第025讲 请

❶ <动> 求；请求。《曹刿论战》："公将战，曹刿请见。"
❷ <副> 表示请求对方允许说话人（即"我"）做某事。《寡人之于国也》："王好战，请以战喻。"
❸ <动> 召；邀请。《信陵君窃符救赵》："乃请宾客，……欲以客往赴秦军。"
❹ <动> 谒见；拜访。《信陵君窃符救赵》："公子往，数请之，朱亥故不复谢。"
❺ <动> 请示；请问。《五人墓碑记》："郡之大夫请于当道，即除魏阉废祠之址以葬之。"
❻ <动> 恭敬地取。《伶官传序》："则遣从事以一少牢告庙，请其矢。"

语法常识第025讲

词类活用：形容词作动词【老】 "于是祁奚老矣"一句中"老"本义是形容词，表示年老，在这里活用作动词，是"告老还乡"的意思。翻译为：当时祁奚已经告老还乡了。

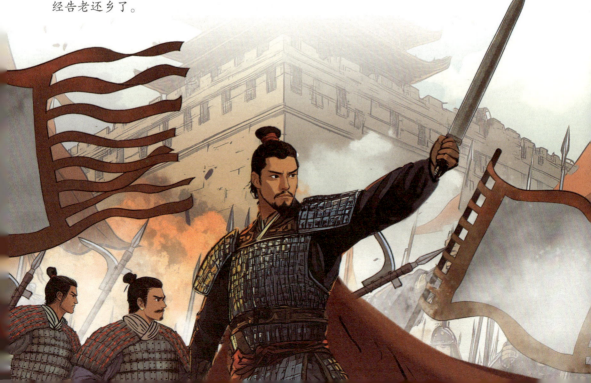

子产告范宣子轻币

——勿让金钱招来祸端

《左传》

《古文观止》有故事

范宣子出身名门,凭借家族势力,很早就登上了政治舞台,成长为出色的政治家、军事家。

晋悼公十三年(前560年),中军将(中军主帅)知䓨去世。当时,范宣子是中军佐(中军副帅)。按惯例,应该是他接替中军将的职位。但是范宣子认为上军将荀偃比自己岁数大,作战和治国经验都比自己丰富,更适合做中军主将。于是,他主动提出让荀偃做了中军将。

公元前554年，荀偃去世了。范宣子这才接任了中军将，做了一把手。他执掌国政，处事非常果断，平定了栾氏之乱，稳定了政局。他还能够听取不同意见，改正自己的错误。

当时，晋国强大，很多小国都要向晋国进贡，其中郑国深受其害。公元前549年，郑简公要到晋国去，郑国的执政大臣子产写了封信，托随从的大臣子西带给范宣子。

在信中，他利用了晋国想保住盟主地位和美好名声的心理，分析了"令名""令德"才是国家强盛的根本，提醒范宣子，对诸侯各国剥削太重，会损害好名声，导致诸侯叛离。

范宣子觉得他说得有道理，便接受了他的劝告，减轻了各国的负担。

范宣子更大的贡献是在晋国过去法典的基础上，制定了一部刑书。这是从国家总法中分离出来的刑事法规，是晋国法制史上的第一部。这部刑书出炉后，并没有直接公之于众，而是被收藏了起来。直到公元前513年，晋国陷入混乱，危机重重，当时的执政者才把《范宣子刑书》铸在鼎上，公布于众。

范宣子作为一个奴隶主贵族，能做到这些，真是好样的！

逐字逐句学古文

原文

fàn xuān zǐ wéi zhèng zhū hóu zhī bì zhòng zhèng
范宣子为政，诸侯之币重，郑
rén bìng zhī
人病之。
　　èr yuè zhèng bó rú jìn　　zǐ chǎn yù shū yú zǐ
二月，郑伯如晋。子产寓书于子
xī　yǐ gào xuān zǐ yuē　zǐ wéi jìn guó　sì
西，以告宣子，曰："子为晋国，四

译文

晋国范宣子执政，诸侯向晋国缴纳的贡品很重，郑国人对此感到苦恼。

二月，郑简公到晋国去，子产托随行的子西带去一封信，将这事告诉范宣子，信上说："您治理晋国，四邻诸侯没听说您的美德，却听说您收很重的贡

邻诸侯不闻令德，而闻重币。侨也惑之。侨闻君子长国家者，非无赂之患，而无令名之难。夫诸侯之赂聚于公室，则诸侯贰，若吾子赖之，则晋国贰。诸侯贰，则晋国坏，晋国贰，则子之家坏。何没没也！将焉用赂？夫令名，德之舆也。德，国家之基也。有基无坏，无亦是务乎？有德则乐，乐则能久。《诗》云：'乐只君子，邦家之基。'有令德也夫！'上帝临女，无贰尔心。'有令名也夫！恕思以明德，则令名载而行之，是以远至迩安。毋宁使人谓子'子实生我'，而谓子'浚我以生'乎？象有齿以焚其身，赂也。"

宣子说，乃轻币。

品，我公孙侨对此感到困惑。我听说掌管国家政事的君子，不是为没有财货担忧，而是为没有美名担忧。如果诸侯的财货都聚集在晋国国君的宗室，诸侯就会离心。如果您占有这些财货，晋国人就会离心。诸侯离心，晋国就会垮台；晋国人离心，您的家室就会垮台。您为什么沉迷不悟呢？那时哪里还需要财货？说到美名，它是传播德行的工具；德行，是国家和家室的基础。有基础就不致垮台，您不也应当致力于这件事吗？有了德行就快乐，快乐就能长久。《诗经》说'快乐的君子，国家的基石'，说的是君子要有美德啊！《诗经》说'上天监视着你，不要使你的心背离'，说的是君子要有美名啊！用宽恕的心来显示德行，美名就会载着德行走向四方，因此远方的人就会来归附，近处的人也安下心来。您是宁可让人说'您的确养活了我们'，还是让人说'您榨取了我们来养活自己'呢？大象有牙齿而招来杀身之祸，就是由于象牙很值钱啊。"

范宣子很高兴，于是削减了诸侯们所纳的贡品量。

文化常识第026讲

《诗经》 本文中提到的《诗》就是《诗经》。相传每年春天，周王室就会派出一些采诗官摇着铃铛到各地深入民间，收集民间歌谣。他们回来整理后，交给负责音乐的官员，再配上音乐，演奏给天子听。这样，天子不出门也能了解民间疾苦。《诗经》是我国最早的一部诗歌总集，除了由民间歌谣组成的《风》，还有《雅》《颂》，总共311篇，后来被儒家奉为经典。

常用字第026讲 —— 病

❶ <动>病加重。《论语·述而》："子疾病，子路请祷。"
❷ <名>泛指疾病。《吕氏春秋·察今》："病万变，药亦万变。"
❸ <名>重病。《扁鹊见蔡桓公》："君之病在肌肤。"

❹<动>生病。《廉颇蔺相如列传》:"相如每朝时,常称病。"
❺<名>弊病;毛病;缺点。《原毁》:"不如舜,不如周公,吾之病也。"
❻<动>羞辱;伤害。《答韦中立论师道书》:"非独见病,亦以病吾子。"
❼<动>担忧;忧虑。《论语·卫灵公》:"君子病无能焉,不病人之不己知也。"

语法常识第026讲

词类活用:名词作动词【病】"范宣子为政,诸侯之币重。郑人病之"一句中"病"本义为名词"疾病",在这里活用作动词"忧虑"。翻译为:晋国范宣子执政,诸侯向晋国缴纳的贡品很重,郑国人对此感到苦恼。

晏子不死君难

——个头小，胆子却很大

● 《古文观止》有故事

　　晏子是春秋时期齐国著名的政治家、思想家、外交家。齐灵公二十六年（前556年），他的父亲上大夫晏弱病死。晏子接替了父亲的职位，开始参与国家事务的管理。

　　当时齐国的大臣崔杼（zhù）（崔武子）掌握大权，在灵公病危的时候，迎立了齐庄公，继续独断专行。齐庄公六年（前548年），崔杼杀了齐庄公。晏子听说了，既不为国君殉死，也不逃命，而是跑到崔杼家，抱着齐庄公的尸体大哭一通，然后站起来，一再顿足后离去。

崔杼一伙的人都看呆了：这个小个子胆子真大，就不怕掉脑袋？人们都为他捏着一把汗，认为崔杼肯定饶不了他。谁知道，崔杼摆摆手说："晏子是百姓敬仰的贤臣，我才不杀他呢。放了他，才能收拢民心呀。"

崔杼杀了齐庄公后，立庄公同父异母的弟弟杵臼(jiù)做国君，就是齐景公。齐景公即位后，任命崔杼当右相，庆封当左相。崔杼和庆封怕官员们不服，就想剪除异己。他俩召集大臣们盟誓——谁敢不参与盟誓，就杀了谁！

又是晏子，不肯参加盟誓。庆封气坏了，要干掉他。崔杼却摆摆手说："算了吧！他是忠臣，不怕死。你杀了他，倒成全了他的美名；放过他，反倒可以借此彰显咱们的仁义！"

晏子辅佐齐灵公、齐庄公、齐景公三位君主长达五十多年。他对内修明政治，常常劝谏国君要爱护百姓，实行仁政；对外出使诸侯国时，机智善辩，既不会破坏两国的关系，又能捍卫自己的人格和齐国的国威。

晏子真是一位难得的贤臣啊！

原文

崔武子见棠姜而美之,遂取之。庄公通焉。崔子弑之。

晏子立于崔氏之门外。其人曰:"死乎?"曰:"独吾君也乎哉,吾死也?"曰:"行乎?"曰:"吾罪也乎哉,吾亡也?"曰:"归乎?"曰:"君死,安归?君民者,岂以陵民?社稷是主。臣君者,岂为其口实?社稷是养。故君为社稷死,则死之;为社稷亡,则亡之。若为己死,而为己亡,非其私昵,谁敢任之?且人有君而弑之,吾焉得死之?而焉得亡之?将庸何归?"

门启而入,枕尸股而哭。兴,三踊而出。人谓崔子:"必杀之!"崔子曰:"民之望也,舍之,得民。"

译文

崔武子看见棠公的遗孀就喜欢上了她,便娶了她。齐庄公与她私通。崔武子杀了他。

晏子站在崔家的门外。晏子左右的家臣说:"您打算死吗?"晏子说:"只是我一人的君主吗?我干吗死啊?"随从又问:"要离开齐国吗?"晏子说:"我有什么罪吗?我为什么要逃亡?"随从说:"回家吗?"晏子说:"君主死了回哪儿呢?君主是民众的君主,难道是凌驾于民众之上的吗?君主的职责是要主掌国家。君主的臣子难道是为了俸禄?臣子的职责是要保护国家。因此要是国君为国家社稷死,臣子就该随他死;要是国君为国家社稷逃亡,臣子就该随他逃亡。如果他是为他自己死为他自己逃亡,若不是他的私密亲友,谁去担这份责啊?况且是深得国君信任的人却把国君杀害了,我怎么能为国君而死?又怎么能为国君而逃走呢?我将回什么地方啊?"

崔大夫家的门打开,晏子进去,枕在尸体的腿上哭,哭完后站起来,一再顿足离去。别人对崔武子说:"你一定要杀了他。"崔武子说:"他是民众敬仰的人啊!放了他,得民心。"

文化常识第027讲

机智的晏子 晏子去觐见楚王,楚王戏弄他说,是不是齐国没人了才派他来做使臣的。晏子机智地向他解释了齐国派使节出访的原则:精明强干的就出使品德高尚的国家;愚蠢无能的大臣呢,就出使那些不成器的国家。晏子自己承认是最愚蠢、最无能的使臣,所以被派到楚国来了。言下之意是说楚国就是最不成器的国家。

常用字第027讲

读wáng时:

❶ <动>逃跑。《陈涉世家》:"今亡亦死,举大计亦死。"
❷ <动>丢失;失掉。《智子疑邻》:"暮而果大亡其财。"
❸ <动>灭亡。《子鱼论战》:"寡人虽亡国之余,不鼓不成列。"
❹ <动>死亡。《赤壁之战》:"今刘表新亡,二子不协。"
❺ <动>通"忘"。忘记。《韩非子·说林》:"人不能自止于足,而亡其富之涯乎!"

读wú时:

❶ 通"无"。一指"没有",一指"不"。《愚公移山》:"河曲智叟亡以应。"

语法常识第027讲

反问句:"焉……?" 本文"且人有君而弑之,吾焉得死之?焉得亡之?"一句,用"焉……?"表示反问语气。翻译为:况且是深得国君信任的人却把国君杀害了,我怎么能为国君而死?又怎么能为国君而逃走呢?

季札观周乐
——音乐真的会说话

《左传》

《古文观止》有故事

季札是春秋时期吴王寿梦的小儿子。季札很贤能,所以父亲去世时,想把王位传给他。可是季札说什么也不接受,寿梦只好把王位传给了大儿子诸樊。

公元前548年,诸樊在伐楚战争中中箭去世。临终前,他把王位传给了二弟余祭。他想的是,按照兄弟次序来传位,最后就会传给小弟弟季札,这样

也算完成父亲的遗愿了。

公元前544年，季札出访鲁国。到了鲁国，季札要求欣赏周王室的音乐和舞蹈。鲁国是周公的封国。当初周成王把天子的音乐、舞蹈赐给了周公。鲁国国君是周公的子孙，一直保存着这套乐舞。

季札堪称文艺评论家，他对音乐、舞蹈有着自己独到的见解。他听到《周南》《召(shào)南》，品味出周的教化虽然不算完备，但也足以让百姓心中没有怨恨了；听到《郑风》，他便感觉到郑国恐怕要先灭亡了；听到《齐风》，他称赞有大国之风，不愧是姜太公的封国……最后看到舜的舞蹈，发出了"尽善尽美"的惊叹。

他从音乐中就能做出对国家政事的推断，真是神奇。

季札有治国之才，却执意不做国君。余祭去世后，三哥夷昧继承了王位。夷昧去世时，想要把王位传给季札，季札仍然坚决不肯接受。没办法，夷昧的儿子僚做了吴王。

吴王僚十三年（前514年），公子光刺杀了僚，做了吴王。季札出使晋国回来时，新君已经即位。他到僚的墓地，汇报了自己出使的经过，大哭了一场。为了避免骨肉相残，他承认了公子光的地位，希望他能做一位好国君。

季札超脱了世俗，不爱王位爱音乐，无愧于"贤者"的美名。

逐字逐句学古文

原文

吴公子札来聘。请观于周乐。使工为之歌《周南》《召南》，曰："美哉！始基之矣，犹未也，然勤而不怨矣。"为之歌《邶》《鄘》《卫》，曰："美哉，渊乎！忧而不困者也。吾闻卫康叔、武公之德如是，是其《卫风》乎？"为之歌《王》曰："美哉！思而不惧，其周之东乎？"为之歌《郑》，曰："美哉！其细已甚，民弗堪也。是其先亡乎？"为之歌《齐》，曰："美哉，泱泱乎，大风也哉！表东海者，其大公乎？国未可量也。"为之歌《豳》，曰："美哉，荡乎！乐而不淫，其周公之东乎？"为之歌《秦》，曰："此之谓夏声。夫能夏则大，大之至也，其周之旧乎？"为之歌《魏》，曰："美哉，沨沨

译文

吴国公子季札前来鲁国访问，请求欣赏周朝的音乐舞蹈。鲁君让乐工为他演唱《周南》《召南》，他说："美好啊！教化开始奠定基础了，虽然还不算完善，然而百姓已经勤劳而不怨恨了。"乐工为他演唱《邶风》《鄘风》和《卫风》，他说："美好啊！深厚啊！虽然有忧思，却不至于困窘。我听说卫国的康叔、武公的德行就像这样，这恐怕就是卫国的歌谣吧？"乐工为他演唱《王风》，他说："美好啊！虽有忧思却没有恐惧的情绪，这恐怕是周室东迁之后的音乐吧？"乐工为他演唱《郑风》，他说："美好啊！但它烦琐得太过分了，百姓已经不堪忍受了。这恐怕是要最先亡国的吧？"乐工为他演唱《齐风》，他说："美好啊！宏大而深远，这是大国的音乐啊！可以成为东海诸国表率的，恐怕就是太公的国家吧？国运真是不可限量啊！"乐工为他演唱《豳风》，他说："美好啊！博大坦荡！欢乐却不放纵，这恐怕是周公东征时的音乐吧？"乐工为他演唱《秦风》，他说："这就叫'夏声'。产生夏声就说明气势宏大，宏大到了极点。这大概是周朝故地的乐曲吧？"乐工为

乎！大而婉，险而易行，以德辅此，则明主也。"为之歌《唐》，曰："思深哉，其有陶唐氏之遗民乎！不然，何忧之远也？非令德之后，谁能若是？"为之歌《陈》，曰："国无主，其能久乎？"自《郐》以下无讥焉！

为之歌《小雅》，曰："美哉！思而不贰，怨而不言，其周德之衰乎？犹有先王之遗民焉！"为之歌《大雅》，曰："广哉！熙熙乎！曲而有直体，其文王之德乎？"

为之歌《颂》，曰："至矣哉！直而不倨，曲而不屈；迩而不逼，远而不携；迁而不淫，复而不厌；哀而不愁，乐而不荒；用而不匮，广而不宣；施而不费，取而不贪；处而不底，行而不流。五声和，八风平，节有度，守有序。盛德之所同也！"

见舞《象箾》《南籥》者，曰："美哉，犹有憾！"见舞《大武》者，曰：

他演唱《魏风》，他说："美好啊，轻远悠扬！粗犷而婉转，急促而流畅。用仁德来加以辅助，就可以成为贤明的君主了。"乐工为他演唱《唐风》，他说："思虑深远啊！恐怕是陶唐氏的遗民吧？如果不是这样，为什么忧思如此深远呢？如果不是有美德者的后代，谁能像这样呢？"乐工为他演唱《陈风》，他说："国家没有贤明的君主，还能长久吗？"再歌唱《郐风》以下的乐曲，季札就不做评论了。

乐工为季札歌唱《小雅》，他说："美好啊！有忧思但却没有二心，有怨恨但却不说出来，这大概是周朝的德政教化开始衰败时的音乐吧？那时还是有先王的遗民在啊！"乐工为他歌唱《大雅》，他说："宽广啊！和美啊！抑扬曲折而本体刚劲，恐怕是文王的德行吧？"

乐工为他演唱《颂》，季札说："达到顶点了！正直而不傲慢，曲折而不卑下；亲近而不因此产生威胁，疏远而不因此背离；变化而不过分，反复而不令人厌倦；悲伤而不愁苦，欢乐而不放纵堕落；用取而不会匮乏，宽广而不张扬；施予而不耗损，求取而不贪婪；安守而不停滞，行进而不泛滥。五声和谐，八音协调；节拍合于章法，演奏先后有序。这都是拥有大德行的人共有的品质啊！"

季札看到跳《象箾》和《南籥》两

"美哉,周之盛也,其若此乎?"见舞《韶濩》者,曰:"圣人之弘也,而犹有惭德,圣人之难也!"见舞《大夏》者,曰:"美哉!勤而不德。非禹,其谁能修之?"见舞《韶箾》者,曰:"德至矣哉!大矣,如天之无不帱也,如地之无不载也!虽甚盛德,其蔑以加于此矣。观止矣!若有他乐,吾不敢请已!"

种乐舞后,说:"美好啊!但美中不足。"看到跳《大武》时说:"美好啊!周朝兴盛的时候,恐怕就是这样子吧?"看到跳《韶濩》时说:"圣人如此伟大,仍然有不足之处而自觉惭愧,做圣人不容易啊!"看到跳《大夏》时说:"美好啊!为民众受尽辛劳而不夸耀功德,除了禹,谁还能做到呢?"看到跳《韶箾》时说:"功德达到顶点了!伟大啊,就像苍天无所不覆盖一样,像大地无所不承载一样!再盛大的德行,恐怕也不能比这再有所增加了。观赏就到这里吧!如果还有其他乐舞,我也不敢再请求观赏了!"

文化常识第028讲

《雅》《颂》 《诗经》中除了《国风》之外，还有《雅》《颂》两部分。《雅》是周王朝宫廷宴会或者朝会时弹唱的乐歌，就是所谓的正声雅乐。《雅》分为《大雅》《小雅》。《颂》是宗庙祭祀时候表演的舞曲歌辞，大多数是歌颂祖先功业的。《颂》又分为《周颂》《鲁颂》《商颂》。现在常说的"风雅"一词就是出自《诗经》，指代高贵典雅。

常用字第028讲

❶ <动>经受得起；能够承受。《郑伯克段于鄢》："今京不度，非制也，君将不堪。"
❷ <动>可以；能够。《房兵曹胡马》："所向无空阔，真堪托死生。"

语法常识第028讲

判断句："此之谓……" 本文"此之谓夏声"一句，用"此之谓……"表示判断。翻译为：这就叫作华夏的音调。

这样的例子还有很多：

①"富贵不能淫，贫贱不能移，威武不能屈，此之谓大丈夫。"（《孟子》）翻译为：富贵不能使他的思想迷惑，贫贱不能使他的操守动摇，威武不能使他的意志屈服，这才叫作大丈夫。

②"上为天子而不骄，下为匹夫而不惛(mèn)，此之谓全德之人。"（《吕氏春秋》）翻译为：地位高至皇帝也不骄傲，低至百姓也不烦闷，这才是道德完美之人。

子产坏晋馆垣
——理直气壮地拆墙

《左传》

● 《古文观止》有故事

子产是春秋时期郑国著名的政治家、思想家。他是郑国公子发的儿子，从小就很聪明。

郑简公元年（前565年），公子发和公孙辄攻进蔡国，俘虏了蔡国的公子燮。郑国人都很高兴，只有子产面带忧虑。他说："我们是小国，没有文治却想靠武力对外征伐，没有比这更大的祸患了。我们打赢了蔡国，其实是惹下

了祸事。楚国人要来讨伐我们，我们能不归顺他们吗？可是，归顺了楚国，晋国的军队就一定会来讨伐我们。从今往后，郑国夹在晋、楚两个大国之间，至少四五年不得安宁了。"

他年纪轻轻就对形势分析得如此透彻，很了不起。可是，父亲却训斥道："一个小孩子，你懂些什么？国家有执政的大臣来管理，你说这些话，会掉脑袋的。"

看来，这位父亲远远不如儿子想得深远。

公元前554年，郑简公任命子产为卿，执掌国政。

公元前548年，子产与子展率军攻入陈国国都，陈哀公投降。子产接受了投降，却把俘虏的百姓放了回去，把攻占的土地还了回去，就班师回国了。

接着，子产又去晋国送战利品，晋平公却找借口不见他。

子产看看馆舍大门：太窄了，马车根本进不去，总不能停在外面等吧？他沉吟片刻，命令随从："把围墙拆了，把马车赶进去！"

围墙被拆了，晋国的大臣士文伯赶来质问子产。子产理直气壮地说："你家馆舍的门不够大，我装礼物的车子不能总放在外面，淋坏了又是我们的罪过！"一番话说得士文伯哑口无言。

于是，晋平公很亲切地接见了他们，同时派人改建了给各国诸侯们住的馆舍。

这次拆墙，子产维护了一个小国的尊严，让人叹服！

逐字逐句学古文

原文

公薨之月，子产相郑伯以如晋。晋侯以我丧故，未之见也。子产使尽坏其馆之垣，而纳车马焉。

士文伯让之，曰："敝邑以政刑之不修，寇盗充斥，无若诸侯之属辱在寡君者何，是以令吏人完客所馆，高其闳闳，厚其墙垣，以无忧客使。今吾子坏之，虽从者能戒，其若异客何？以敝邑为盟主，缮完葺墙，以待宾客。若皆毁之，其何以共命？寡君使匄请命。"

对曰："以敝邑褊小，介于大国，

译文

鲁襄公死去的那个月，子产辅佐郑简公到晋国去。晋平公因为鲁国有丧事的缘故，没有接见他们。子产派人把宾馆的围墙全部拆毁，让自己的车马进去。

晋国大夫士文伯责备子产说："我国由于政事和刑罚没有搞好，到处是盗贼，不知道对屈尊访问我国的诸侯属官怎么办，因此派了官员修缮来宾住的馆舍，馆门造得很高，围墙修得很厚，使宾客使者不会感到担心。现在您拆毁了围墙，虽然您的随从能够戒备，那么别国的宾客怎么办呢？由于我国是诸侯的盟主，修建馆舍围墙是用来接待宾客的。如果把围墙都拆了，怎么能满足宾客的要求呢？我们国君派我来请问你们拆墙的理由。"

子产回答说："我国国土狭小，又处在大国的中间，大国责求我们进献贡

诛求无时，是以不敢宁居，悉索敝赋，以来会时事。逢执事之不闲，而未得见；又不获闻命，未知见时。不敢输币，亦不敢暴露。其输之，则君之府实也，非荐陈之，不敢输也。其暴露之，则恐燥湿之不时而朽蠹，以重敝邑之罪。侨闻文公之为盟主也，宫室卑庳，无观台榭，以崇大诸侯之馆。馆如公寝，库厩缮修，司空以时平易道路，圬人以时塓馆宫室。诸侯宾至，甸设庭燎，仆人巡宫，车马有所，宾从有代，巾车脂辖，隶人、牧、圉，各瞻其事；百官之属，各展其物。公不留宾，而亦无废事；忧乐同之，事则巡之；教其不知，而恤其不足。宾至如归，无宁菑患？不畏寇盗，而亦不患燥湿。今铜鞮之宫数里，而诸侯舍于隶人，门不容车而不可逾越。盗贼公行而天疠不戒。宾见

物没有固定的时候，所以我们不敢安居度日，只有搜寻我国的全部财物，以便随时前来朝见贵国。碰上你们国君没有空，没能见到；又没有得到命令，不知道朝见的时间。我们不敢进献财物，又不敢把它们存放在露天的地方。要是进献了，那就成了贵国君王府库中的财物，但不经过正式的交接仪式，那是不敢献上的。如果把礼物放在露天地里，又怕日晒雨淋而腐烂生虫，加重我国的罪过。我听说文公从前当盟主时，宫室低小，没有门阙和台榭，却把接待宾客的馆舍修得十分高大。宾馆像国君的寝宫一样，仓库和马棚也修得很好，司空按时平整道路，泥水工匠按时粉刷馆舍房间。诸侯宾客来了以后，甸人点起庭院中的火把，仆人巡视客舍，有地方存放车马，宾客的随从有代劳的人员，管理车辆的官员给车轴加油，打扫房间的、饲养牲口的，各自照看自己分内的事；各部门的属官各自陈列出招待宾客的物品。文公从不让宾客们多等，也没有被延误了的事；与宾客同忧共乐，出了事就马上巡查；有不懂的地方就指教，有缺少的物品就加以接济。宾客到来就好像回到家里一样，哪里会有灾患？不怕有人抢劫偷盗，也不用担心干燥潮湿。现在晋侯铜鞮山上的别宫方圆数里，却让诸侯宾客住在像奴仆住的房子里，车辆进不了大门，又不能翻墙而

无时，命不可知。若又勿坏，是无所藏币以重罪也。敢请执事，将何所命之？虽君之有鲁丧，亦敝邑之忧也。若获荐币，修垣而行，君之惠也，敢惮勤劳？"

文伯复命。赵文子曰："信。我实不德，而以隶人之垣以嬴诸侯，是吾罪也。"使士文伯谢不敏焉。晋侯见郑伯，有加礼，厚其宴好而归之。乃筑诸侯之馆。

叔向曰："辞之不可以已也如是夫！子产有辞，诸侯赖之，若之何其释辞也？《诗》曰：'辞之辑矣，民之协矣；辞之怿矣，民之莫矣。'其知之矣。"

入。盗贼公然横行，天灾难防。接见宾客没有准确的时间，召见命令也不知何时发布。如果还不拆毁围墙，就没有地方存放礼品，我们的罪过就要加重。斗胆请教您，您对我们有什么指示？虽然贵国遇上鲁国的丧事，可这也是我国忧伤的事啊。如果能让我们早献上礼物，我们会把围墙修好了再走，这是贵君的恩惠，我们哪敢害怕辛劳？"

士文伯回去报告了。赵文子说："的确是这样。我们实在不注重培养德行，用像奴仆住的房舍来招待诸侯，这是我们的过错啊！"于是，他派士文伯前去道歉，承认自己不明事理。晋平公以隆重的礼节接见了郑简公，宴会更加隆重，礼品也格外丰厚，然后送他们回国。晋国接着建造了接待诸侯的宾馆。

叔向说："辞令不可废弃就是这样的啊！子产善于辞令，诸侯靠他的辞令得到了好处，为什么要放弃辞令呢？《诗经》中说：'言辞和顺，百姓融洽；言辞败坏，百姓遭殃。'子产大概懂得这个道理吧。"

文化常识第029讲

司空 司空是中国古代官名。《尚书·舜典》记载舜在部落联盟议事会中设了九个官职，其中有一个就是司空，由禹担任这个官职，主管水利。后来，在《周礼》中司空是六官中的"冬官"，掌管土木建设和水利工程。春秋时候，又添加了管理土地的职责，包括测量土地的远近，辨别土地的好坏，以此确定征收赋税的数额。

常用字第029讲 故

❶ <名>事故；变故。《孟子·滕文公》："今也不幸至于大故。"
❷ <名>缘故；原因。《廉颇蔺相如列传》："赵王岂以一璧之故欺秦邪？"
❸ <形>旧；旧的；原来的。《墨池记》："此为其故迹，岂信然邪？"
❹ <副>旧时；从前。《项脊轩志》："轩东故尝为厨，人往，从轩前过。"
❺ <名>老朋友；旧交情。《鸿门宴》："君安与项伯有故？"
❻ <形>衰退；衰老。《琵琶行》："暮去春来颜色故。"
❼ <动>死亡；去世。《红楼梦》："目今其祖早故，只有个儿子。"
❽ <副>故意；特意。《陈涉世家》："将尉醉，广故数言欲亡，忿恚尉。"
❾ <副>还是；仍然。《孔雀东南飞》："大人故嫌迟。"
❿ <副>通"固"，本来。《促织》："此物故非西产。"
⓫ <连>所以；因此。《屈原列传》："其志洁，故其称物芳。"

语法常识第029讲

倒装句：宾语前置【否定词＋之＋谓语】 文言文中，有些句子中的代词"之"做宾语，放在谓语前面。本文"晋侯以我丧故，未之见也"一句中，"之"就是宾语前置了，构成"否定词＋之＋谓语"的固定句式。正确语序是："晋侯以我丧故，未见之也。"翻译为：晋平公因为鲁国有丧事的缘故，没有接见他们。

这样的例子还有：

"每自比于管仲、乐毅，时人莫之许也。"（《三国志·诸葛亮传》）翻译为：诸葛亮常把自己比喻成管仲乐毅，当时的人都不承认他这个说法。

子产论尹何为邑

——不会拿刀的人不能割肉

《古文观止》有故事

公元前543年,郑国爆发良驷之争。良氏和驷氏家族都想争取子产的支持,但是子产小心翼翼地保持了中立:"兄弟手足相残,我又能帮谁呢?只能听老天的啦。"

后来良氏族人被杀,子产站出来,安葬了他们。驷带因此要杀掉子产。执政大臣子皮怒气冲冲地站出来,制止了驷氏家族的胡作非为。

子产在这次内乱中的表现,让子皮刮目相看。他想把执政大臣的职位让

给子产。子产推辞说:"咱们郑国弱小,又靠近晋楚两个大国,国内各家族庞大,受宠信的人又多,不好治理。我恐怕胜任不了。"子皮说:"我支持你,放手干吧!"

子产正式开始执掌国政。他改革了田制、兵制、赋税等,触动了一些人的利益,引起了民众的咒骂。但他不以为意:对国家有益的事儿必须坚持下去,别人骂几句怕什么?

坚持改革三年后,不满的声音没有了,朝野一片称赞声。

改革能够顺利施行,和子皮的支持是分不开的。他非常信任子产。

子产不赞成没有经验的尹何担任子皮封地的长官,子皮就收回了成命。

大臣伯石的儿子丰卷因为子产制止了他的非法行为,想要诛杀子产。子产想逃到晋国去。危急关头,还是子皮出马,挽留了子产,把丰卷赶跑了。子产不计前嫌,一直保管着属于丰卷的田产和收入,等他回国就还给了他。

郑国因子产改革而中兴,子皮也是功不可没的。

逐字逐句学古文

原文

子皮欲使尹何为邑。子产曰:"少,未知可否。"子皮曰:"愿,吾爱之,不吾叛也。使夫往而学焉,夫亦愈知治矣。"子产曰:"不可。人之爱人,求利之也。今吾子爱人则以政,犹未能操刀而使割也,其伤实多。子之爱人,伤之而已,其谁敢求爱于子?子于郑国,栋也。栋折榱崩,侨将厌焉,敢不尽言?子有美锦,不使人学制焉。大官、大邑,身之所庇也,而使学者制焉。其为美锦,不亦多乎?侨闻学而后入政,未闻以政学者也。若果行此,必有所害。譬如田猎,射御贯,则能获禽;若未尝登车射御,则败绩厌覆是惧,何暇思获?"

译文

子皮想让尹何治理一个采邑。子产说:"尹何年轻,不知能否胜任。"子皮说:"这个人忠厚谨慎,我很喜欢他,他是不会背叛我的。让他到那里学习一下,就会更加懂得治理政事的方法。"子产说:"不行。一个人如果喜爱另一个人,总是希望做对他有利的事情。现在您喜爱别人,就想让他来管理政事,这就如同让一个还不会拿刀的人去割肉一样,多半会割伤自己。您的所谓爱人,只不过是伤害人家罢了,那么以后谁还敢求得您的喜爱呢?您对郑国如同房屋的栋梁,栋梁折断了,屋椽自然要崩塌,我也会被压在屋子底下,因此怎敢不把自己的全部想法说出来呢?譬如您有一块美丽的锦缎,您一定不肯让人用它来练习剪裁衣服。担任大官、治理大邑,这些都是您身家性命的依靠,却让一个正在学习的人来担当。大官、大邑与美丽的锦缎相比,不是更加贵重吗?我只听说过学好了然后才去管理政事,没听说过用治理政事的方式来让他学习的。如果真这么做,一定会受到危害。比方打猎吧,射箭、驾车这一套练熟了,才能猎获禽兽;假若从来就没有登过车、射过箭和驾过车,总是为翻车发生事故而

子皮曰:"善哉!虎不敏。吾闻君子务知大者、远者,小人务知小者、近者。我,小人也。衣服附在吾身,我知而慎之;大官、大邑,所以庇身也,我远而慢之。微子之言,吾不知也。他日我曰:'子为郑国,我为吾家,以庇焉,其可也。'今而后知不足。自今请虽吾家,听子而行。"

子产曰:"人心之不同,如其面焉。吾岂敢谓子面如吾面乎?抑心所谓危,亦以告也。"子皮以为忠,故委政焉。子产是以能为郑国。

子皮说:"你说得太好了!我这个人很笨。我听说过,君子总是努力使自己懂得那些重大深远的事情,小人总是使自己懂得那些微小的眼前的事情。我是个小人啊!衣服穿在我身上,我是知道加以爱惜的;大官、大邑这些身家性命所寄托的,我反而疏远轻视。假如没有您这番话,我是不会懂得这个道理的。从前我说过:'您治理郑国,我治理我的封地,在您的庇荫之下,还是可以把封地治理好的。'从现在起才知道,这样做还是不够的。从今以后我请您允许,就是治理我的封地,也要听您的意见行事。"

子产说:"人的想法不同,就像人的面貌各有不同一样。我怎敢说您的面貌同我的一样呢?不过我心里认为危险的事情,还是要奉告的。"子皮认为子产非常忠实,所以就把郑国的政事委托给他。子产因此把郑国治理得很好。

文化常识第 030 讲

采邑 周朝实行分封制,天子把土地分封给诸侯,诸侯又可以把土地分封给卿大夫。这些封地叫作邑,也叫采邑。君主赏赐土地,也包括土地上农民的管理权和收取租税的权力。同时,他们要效忠天子,履行义务:按时进贡,战时提供兵员,跟随君主出征。分封制形成了以周天子为首的等级制度。秦统一天下后,废除分封制,建立了郡县制。

常用字第030讲 爱

❶ <动>喜爱。《师说》:"爱其子,择师而教之。"
❷ <形>亲爱的;心爱的。《柳毅传》:"见大王爱女牧羊于野。"
❸ <动>爱护。《陈涉世家》:"吴广素爱人,士卒多为用者。"
❹ <动>怜惜;同情。《左传·僖公二十二年》:"若爱重伤,则如勿伤。"
❺ <动>爱惜。《指南录后序》:"国事至此,予不得爱身。"
❻ <动>吝啬。《齐桓晋文之事》:"吾何爱一牛?"
❼ <动>爱好。《阿房宫赋》:"秦爱纷奢,人亦念其家。"

语法常识第030讲

倒装句:宾语前置【否定词+吾/余+谓语】 文言文中,有一些人称代词,如"吾""余"等,常常前置到谓语前面,组成倒装句。本文"吾爱之,不吾叛也。"一句,把"吾"前置了,正常语序为:"吾爱之,不叛吾也。"翻译为:"我很喜欢他,他是不会背叛我的。"

这样的句子还有很多:

①"彼知吾将用之,必不吾予也。"(《管子》)翻译为:他如果知道我们要重用他(管仲),一定不会给我们的。

②"居则曰:'不吾知也。如或知尔,则何以哉?'"(《论语》)翻译为:平时常说:"人们不了解我的才能呀!如果有人了解你,你打算怎么做呢?"

子产却楚逆女以兵

——依赖大国是小国的罪过

《左传》

《古文观止》有故事

子产执政,知人善任,能够根据每个人的才干任命最适合他们的职位。

子羽擅长搜集消息,他了解各国大臣们的种族姓氏、官职高低、尊贵卑贱,才能高低,对于四周邻国诸侯的行动了如指掌,还很机智善辩,擅长外交辞令。所以,子产任命他做行人(负责接待外国使臣朝见、聘问等外交事务的官)。

子产执政后,奉行"从晋和楚"的外交政策,不卑不亢地周旋在两国之间,捍卫着国家的利益。

为了和楚国结好,公孙段的女儿嫁给了楚康王的弟弟公子围。公子围前

来拜访，顺便迎娶公孙段的女儿。陪同他来的，还有伍举。他们要带着众多随从进城迎亲。

子产觉察到他们居心不良，想要暗算郑国，于是派子羽去揭穿了他们的阴谋。伍举知道郑国人早有防备，便放弃了原来的计划，请求倒挂着弓袋进城，意思就是不带兵器进城。子产这才同意了。

归附大国，并不代表要无底线地服从。对楚国这样，对晋国也是如此。

晋国权臣韩宣子到郑国访问，听说一个郑国商人手里有一只非常精美的玉环，就让郑定公帮他索要。子产替国君一口回绝："这不是我们国库中的宝物，我们国君不知道。"

韩宣子不死心，找到那个商人，要购买玉环。商人说："我需要先请示我们的执政大臣。"韩宣子又找到子产，征求他的意见。子产还是不同意："郑国和百姓有过盟誓，绝不会强买强卖他们的东西，所以郑国才能上下一心。您现在要我们同意您抢夺商人的东西，让我们违背盟誓，这会损害您的好名声的！"韩宣子想了想，只好放弃了那只玉环。

子产真是一位合格的执政者！

逐字逐句学古文

原文

chǔ gōng zǐ wéi pìn yú zhèng　qiě qǔ yú gōng sūn
楚公子围聘于郑，且娶于公孙
duàn shì　wǔ jǔ wéi jiè　jiāng rù guǎn zhèng rén wù
段氏。伍举为介。将入馆，郑人恶
zhī　shǐ xíng rén zǐ yǔ yǔ zhī yán　nǎi guǎn yú wài
之。使行人子羽与之言，乃馆于外。
jì pìn　jiāng yǐ zhòng nì　zǐ chǎn huàn zhī
既聘，将以众逆。子产患之，
shǐ zǐ yǔ cí　yuē　yǐ bì yì biān xiǎo　bù zú
使子羽辞，曰："以敝邑褊小，不足

译文

楚国公子围到郑国聘问，同时迎娶公孙段的女儿。伍举担任副使。他们正准备住进城内宾馆，郑国人不欢迎他们，派行人子羽去和他们交涉，于是公子围一行人在城外的馆舍住了下来。

访问仪式结束以后，公子围准备带领军队进城迎亲。子产担心这件事，派以容从者，请墠听命！"令尹使太宰伯州犁对曰："君辱贶寡大夫围，谓围：'将使丰氏抚有而室。'围布几筵，告于庄、共之庙而来。若野赐之，是委君贶于草莽也，是寡大夫不得列于诸卿也。不宁唯是，又使围蒙其先君，将不得为寡君老，其蔑以复矣。唯大夫图之！"

子羽曰："小国无罪，恃实其罪。将恃大国之安靖己，而无乃包藏祸心以图之。小国失恃，而惩诸侯，使莫不憾者，距违君命，而有所壅塞不行是惧。不然，敝邑，馆人之属也，其敢爱丰氏之祧？"

伍举知其有备也，请垂櫜而入。许之。

子羽推辞，说："由于我国地方狭小，容纳不下随从的人，请允许我们在城外祭祀的地面听候命令。"公子围派太宰伯州犁回答说："辱蒙贵国国君赏赐我国大夫围，告诉围说：'将让丰氏作你的妻室。'围摆设了祭筵，在庄王、共王的宗庙祭告后才来郑国。如果在野外恩赐给围，这是将君王的赏赐抛在了草丛里，这就使我国大夫围无法在卿大夫们的行列了。不仅是这样，更使围欺骗自己的先君，将不能再做我国国君的大臣，恐怕也没有脸面向我国国君复命了。希望大夫考虑这件事。"

子羽说："小国没有罪，依赖大国才真正是它的罪过。本来打算依赖大国使自己安定，又恐怕他们包藏祸心来图谋自己。我国唯恐小国失去依赖，致使诸侯心怀戒备，使他们全都怨恨大国，抗拒君王的命令，从而使大国的命令无法施行。要不是这个原因，我国是替贵国看守馆舍的，岂敢爱惜丰氏的宗庙而不让入内？"

伍举知道郑国有了防备，就请求让军队倒挂弓袋入城。郑国同意了。

文化常识第031讲

行人 是古代掌管接待宾客礼仪的一种官职。《周礼》中记载有大行人，负责接待诸侯之礼；还有职位稍低一点的小行人，负责接待使者之礼，并奉命出使各个

诸侯国。汉景帝时期，改名为"大行令"；武帝太初元年（前104年），又改名为"大鸿胪"，而"行人"已经成为大鸿胪下属的一名官员了。

常用字第031讲

❶ <动>忧虑；担心。《季氏将伐颛臾》："不患寡而患不均。"
❷ <名>忧患；灾祸。《殽之战》："一日纵敌，数世之患也。"
❸ <名>疾病。《魏书·裴骏传》："患笃，世宗遣太医令驰驿就视，并赐御药。"
❹ <动>危害；妨害。《谋攻》："故君之所以患于军者三。"
❺ <名>禁忌；忌讳。《赤壁之战》："此数者用兵之患也。"

语法常识第031讲

词类活用：名词作动词【馆】"使行人子羽与之言，乃馆于外"一句中"馆"本是名词，表示驿馆、馆舍，在这里活用作动词，表示"住宿"的意思。翻译为：派行人子羽去和他们交涉，于是公子围一行人在城外的馆舍住了下来。

子革对灵王

——让楚灵王寝食难安的谏言

《古文观止》有故事

楚灵王是楚共王的儿子。楚共王有公子昭、公子围、公子比、公子黑肱(gōng)、公子弃疾五个儿子。他去世后,公子昭即位,就是楚康王。楚康王去世,其子郏(jiá)敖即位。后来,公子围把侄子杀了,自己做了国君,就是楚灵王。

做了国君后,他还想做诸侯盟主,于是召集各国诸侯在申邑会盟。之后他开始东征西讨,干预别国政事。

他的野心不断膨胀,想要周王室的九鼎,想要郑国的土地,想要诸侯都

臣服自己。为此，他征求大臣子革的意见。

子革先顺着楚灵王的意思说，后来才顺势劝诫他："如果不顾民力这样做，会很危险的。"当然，楚灵王听不进去。

楚灵王不光爱打仗，还爱享受。他在乾溪修建了章华台，吃喝玩乐。他还向伍举夸耀："看我这章华台多么华美！"伍举也劝他："君王应当以修德行、安定百姓为美，不应该以宫殿的华丽为美。"

他才不听这些呢，一头钻进章华台流连忘返。他不知道，他的弟弟们和他曾经得罪过的一些人，正在联合起来想要推翻他。

楚灵王十二年（前529年），他的三个弟弟伙同别人反叛，杀死了楚灵王的两个儿子，拥立公子比即位，就是楚初王。他们派人到乾溪给楚灵王的军队下了最后通牒：先回去的可以保住爵位和财产；回去晚了的，就要被流放了。于是，楚灵王的军队都跑散了。

没有了军队，楚灵王就成了孤家寡人，一个人在野外流浪，连口饭都吃不上。幸亏有一个叫申亥的人，受过他的恩惠，把楚灵王接到家中。可是，楚灵王忍受不了这样的失败，在申亥家里上吊自杀了。

公子弃疾谎称楚灵王杀回来了，公子比害怕，也自杀了。于是公子弃疾登上王位，就是楚平王。

楚共王的儿子们为了王位互相残杀，真是可悲。

逐字逐句学古文

原文

chǔ zǐ shòu yú zhōu lái　　cì yú yǐng wěi　　shǐ dàng
楚子狩于州来，次于颍尾，使荡
hóu　pān zǐ　　sī mǎ dū　　xiāo yǐn wǔ　　líng yǐn xǐ
侯、潘子、司马督、嚻尹午、陵尹喜
shuài shī wéi xú yǐ jù wú　　chǔ zǐ cì yú qián xī　　yǐ
帅师围徐以惧吴。楚子次于乾溪，以

译文

楚灵王到州来冬猎，驻扎在颍尾，派荡侯、潘子、司马督、嚻尹午、陵尹喜率领军队包围徐国以威胁吴国。楚王驻扎在乾溪，作为他们的为之援。雨雪，王皮冠、秦复陶、翠被、豹舄，执鞭以出，仆析父从。

右尹子革夕，王见之。去冠、被，舍鞭，与之语，曰："昔我先王熊绎与吕伋、王孙牟、燮父、禽父并事康王，四国皆有分，我独无有。今吾使人于周，求鼎以为分，王其与我乎？"对曰："与君王哉！昔我先王熊绎辟在荆山，筚路蓝缕以处草莽，跋涉山林以事天子，唯是桃弧、棘矢以共御王事。齐，王舅也；晋及鲁、卫，王母弟也。楚是以无分，而彼皆有。今周与四国服事君王，将唯命是从，岂其爱鼎？"王曰："昔我皇祖伯父昆吾，旧许是宅。今郑人贪赖其田，而不我与。我若求之，其与我乎？"对曰："与君王哉！周不爱鼎，郑敢爱田？"王曰："昔诸侯远我而畏晋，今我大城陈、蔡、不羹，赋皆千乘，子与有劳焉。诸侯其畏我乎？"对曰："畏君王

后援。天下起雪，楚王戴着皮帽，穿着秦国生产的羽绒衣，披着翠鸟羽毛的披肩，穿着豹皮鞋，手持皮鞭出门来。仆析父跟随着。

子革晚上求见，楚王会见了他。楚王摘下帽子，脱去披风，放下鞭子，对他说："从前我们先王熊绎与齐国的吕伋、卫国的王孙牟、晋国的燮父、鲁国的伯禽共同侍奉周康王，四国都有分赐的宝器，唯独我国没有。假如现在我派人到周室，要求将九鼎作为分赐的宝器，周王会给我吗？"子革回答说："会给君王啊！从前我们先王熊绎在偏僻的荆山，驾柴车穿破衣艰苦创业，在山林间跋涉侍奉周天子，把桃木做的弓、棘木做的箭供奉给王室用。齐君，是周王的舅父；晋、鲁和卫国的祖先，是周王的同母兄弟。楚国因此没有被分赐到宝器，而他们都有。现在周室与上述四国都服侍君王，将会唯命是从，岂会吝惜九鼎？"楚王说："从前我的远祖伯父昆吾，住在许国旧地。现在郑国人贪婪地夺取了许国的土地，而不交给我。如果我向他们要求，他们会给我吗？"子革回答说："会给君王啊！周室不吝惜九鼎，郑国岂敢吝惜田地？"楚王说："从前诸侯避开我国而畏惧晋国，现在我们大力修筑陈、蔡和不羹等城邑，兵车达到一千辆，这

哉！是四国者，专足畏也，又加之以楚，敢不畏君王哉？"

工尹路请曰："君王命剥圭以为鏚柲，敢请命。"王入视之。

析父谓子革："吾子，楚国之望也！今与王言如响，国其若之何？"子革曰："摩厉以须，王出，吾刃将斩矣。"

王出，复语。左史倚相趋过。王曰："是良史也，子善视之。是能读《三坟》《五典》《八索》《九丘》。"对曰："臣尝问焉，昔穆王欲肆其心，周行天下，将皆必有车辙马迹焉。祭公谋父作《祈招》之诗以止王心，王是以获没于祗宫。臣问其诗而不知也；若问远焉，其焉能知之？"王曰："子能乎？"对曰："能。其诗曰：'祈招之愔愔，式昭德音。思我王度，式如玉，式如金。形民之力，而无醉饱之心。'"

里也有你的功劳，诸侯会畏惧我们吗？"子革回答说："会畏惧君王啊！单这四国，已足以使人畏惧了，再加上楚国，谁敢不畏惧君王？"

这时工尹路请示说："您命令破开圭玉装饰斧柄，请问做成什么式样的？"楚王进去察看。

析父对子革说："您是楚国有声望的人，现在和君王说话好像回声一样应和，国家会怎么样呢？"子革说："我磨快刀刃以待时机，君王出来，我的刀刃就将斩断他的邪念。"

楚王出来，又接着和子革谈话。左史倚相从面前快速走过，楚王说："这个人是好史官，你要好好待他。这个人能读《三坟》《五典》《八索》《九丘》这样的古书。"子革回答说："下臣曾经问过他，从前周穆王想要随心所欲，走遍天下，要使天下都留有他的车辙马迹。祭公谋父作了叫《祈招》的诗篇来制止穆王的贪心，穆王因此能在祗宫寿终正寝。下臣问他诗句却不知道。如果问年代久远的事，他怎能知道？"楚王说："你能吗？"子革回答说："能。那首诗说：'《祈招》的音乐和谐，表现了圣王的美德。想起我们君王的气度，似玉，似金。度量百姓的力量，而没有像醉饱一样的贪心。'"

楚王作了一揖就进去了。一连

王揖而入，馈不食，寝不寐，数日。不能自克，以及于难。

仲尼曰："古也有志：'克己复礼，仁也。'信善哉！楚灵王若能如是，岂其辱于乾溪？"

好几天，送上饭不吃，躺下睡不着。终究还是不能克制自己，以致遭到祸难。

孔子说："古时有记载说：'克制自己的欲望，回到古礼上来，这就是仁。'说得真好啊！楚灵王如果能这样，岂会在乾溪受辱？"

文化常识第032讲

尹 是古代的一种官职。作为官名，尹在甲骨文中就已经出现了。甲骨文里的"尹"字左边的"丨"像一个人手拿着一根象征权力的权杖；右边是一个"又"，"又"就是手。所以，尹是指握有权杖、管理民众的官职。春秋战国时期，宋国的"大尹"就相当于宰相，楚国的最高行政长官称为"令尹"。后来，又分为"左尹"和"右尹"，本文中子革就是右尹。

常用字第032讲

❶ <动>离去；离开。《岳阳楼记》："便有去国怀乡，忧谗畏讥……"

❷ <动>距；距离。《五人墓碑记》："夫五人之死，去今之墓而葬焉……"

❸ <形>过去的。《琵琶行》："我从去年辞帝京。"

❹ <动>除去；去掉。《捕蛇者说》："去死肌，杀三虫。"

❺ <动>舍去；舍弃。《五蠹》："去偃王之仁。"

❻ <动>用其他动词后，表示行为动作的趋向。《永遇乐·京口北固亭怀古》："风流总被雨打风吹去。"

❼ <动>前往；到……去。《孔雀东南飞》："阿母谓阿女：'汝可去应之。'"

倒装句：宾语前置【否定词＋我＋谓语】 文言文中，人称代词"我"有时候也会放到谓语前面，构成"否定词＋我＋谓语"的固定句式。本文"今郑人贪赖其田，而不我与"一句中的"我"就是宾语前置，正确语序应该是："今郑人贪赖其田，而不与我。"翻译为："现在郑人贪婪地夺取了许国的土地，而不交给我。"

这样的例子还有：

①"三岁贯汝，莫我肯顾。"（《诗经·硕鼠》）翻译为：这么多年辛辛苦苦养育你，你却不照顾我。

②"我无尔诈，尔无我虞。"（《左传·宣公十五年》）翻译为：我不欺骗你，你不欺骗我。

033 子产论政宽猛

——为政之道，刚柔相济

《古文观止》有故事

子产在去世之前，就选定了自己的继承人——子大叔。他嘱咐大叔要实行猛政。他用比喻解说了宽政和猛政的区别：宽政就像水，人民不害怕，胆大的就会去玩水，很可能会被水淹死，也就是可能胆大妄为犯错误，甚至丢了性命；猛政如同烈火，人们害怕，就会远离，很少有人会被火烧死，也就是说人们不敢犯错误，也就不会因此丢了性命。

子大叔听懂了，但是他天性仁慈，不忍心实行猛政。于是郑国出现了很多盗贼，到处抢夺行人财物，还伤人性命。大叔这才知道后悔了，这才开始实行严厉的法令。

子产当时是这样说的，也是这样做的。

早在公元前536年，子产就开始组织刑狱部门，把夏、商、周三代的刑法全部研究了一遍，把其中有价值的东西都加到郑国的刑法中，形成了一部比较全面的郑国刑法。并且他还让人把这些法律铸在象征诸侯权位的金属鼎上，向全社会公布，史称"铸刑书"。要知道，以前的刑法都是不公开的，统治者一直信奉"刑不可知，则威不可测"，就是为了突出君主的威权深不可测，不让老百姓了解法律。其实，老百姓知法懂法，法律才能得到更好的执行。

子产铸刑书，是中国历史上第一次公布成文法，比范宣子刑书公之于众早了23年。可见，子产是很有远见的。

子产把国政交给大叔之后几个月，就去世了。郑国的百姓听说了都痛哭失声："子产走了，我们老百姓还能依靠谁呢？"孔子听说后也落泪了，他高度评价子产说："古之遗爱也。"子产的仁爱，是古代遗留下来的呀！随着他的去世，恐怕再也见不到了。

逐字逐句学古文

原文

zhèng zǐ chǎn yǒu jí   wèi zǐ tài shū yuē   wǒ
郑 子 产 有 疾，谓 子 大 叔 曰："我
sǐ   zǐ bì wéi zhèng   wéi yǒu dé zhě néng yǐ kuān fú
死，子 必 为 政。唯 有 德 者 能 以 宽 服
mín   qí cì mò rú měng   fú huǒ liè   mín wàng ér
民，其 次 莫 如 猛。夫 火 烈，民 望 而
wèi zhī   gù xiǎn sǐ yān   shuǐ nuò ruò   mín xiá ér
畏 之，故 鲜 死 焉；水 懦 弱，民 狎 而
wán zhī   zé duō sǐ yān   gù kuān nán   jí shù yuè
玩 之，则 多 死 焉。故 宽 难。"疾 数 月
ér zú
而 卒。

tài shū wéi zhèng   bù rěn měng ér kuān   zhèng guó
大 叔 为 政，不 忍 猛 而 宽。郑 国

译文

郑国的子产得了重病，他对子太叔说："我死以后，您必定主政。只有道德高尚的人能够用宽厚的政策使民众服从，其次就没有比刚猛更有效的了。比如烈火，民众望见就害怕它，所以很少死在其中。水柔弱，民众亲近并和它嬉戏，很多死在其中。所以，宽厚的政策难以实施。"子产病了几个月后死去。

太叔执政，不忍心严厉，而施行宽柔政策。因此郑国盗贼很多，他们在崔

多盗，取人于萑苻之泽。大叔悔之，曰："吾早从夫子，不及此。"兴徒兵以攻萑苻之盗，尽杀之，盗少止。

仲尼曰："善哉！政宽则民慢，慢则纠之以猛。猛则民残，残则施之以宽。宽以济猛，猛以济宽，政是以和。《诗》曰：'民亦劳止，汔可小康；惠此中国，以绥四方。'施之以宽也。'毋从诡随，以谨无良；式遏寇虐，惨不畏明。'纠之以猛也。'柔远能迩，以定我王。'平之以和也。又曰：'不竞不絿，不刚不柔，布政优优，百禄是遒。'和之至也。"

及子产卒，仲尼闻之，出涕曰："古之遗爱也。"

苻大泽聚集。太叔后悔了，说："我早听从子产的话，就不会到此地步了。"于是出动步兵去攻击萑苻泽中的盗贼，将他们全部杀光，盗贼活动才稍微被遏制。

孔子说："好啊！政策宽厚民众就怠慢，民众怠慢就用刚猛的政策来纠正。政策严厉民众就受伤害，民众受伤害了就再施行宽厚的政策。用宽大来调和严厉，用严厉来补充宽大，政治因此而和谐。《诗经》中说：'民众也劳累了，差不多可以小小休息啦；赐予城中的民众恩惠，用来安抚四方。'这是对民众施行宽厚的政策啊。'不要放纵奸诈，用来防范邪恶；制止盗贼肆虐，恶毒是不害怕法度的。'这是用严厉来纠正啊。'宽柔对待远方的民众能够使大家亲近，这样来稳定我们的王朝。'这是用和缓的政策来使国家安定啊。又说：'不争斗不急躁，不刚猛不柔弱，实施政策平和，所有的福祉都会来到。'这是和平的极致啊。"

等到子产逝世，孔子听说后，哭泣道："他具有古人仁爱的遗风啊！"

文化常识第033讲

正卿 子大叔就是游吉，是春秋时期郑国的正卿，在子产去世后接替他做了执政官。正卿是春秋时期部分诸侯国的执政大臣兼军事最高指挥官。大权在手，一些正卿就会架空国君，代替国君发号施令，他们结党营私，甚至会弑君、叛国。

常用字第033讲

① <名>国家。《吕氏春秋·察今》："故治国无法则乱。"
② <名>周代诸侯国以及汉以后侯王的封地。《寡人之于国也》："察邻国之政，无如寡人用心者。"
③ <名>国都；京都。《殽之战》："武夫力而拘诸原，妇人暂而免诸国。"
④ <名>地方；地域。《诗经·魏风·硕鼠》："逝将去女，适彼乐国。"

语法常识第033讲

词类活用：形容词作动词【宽】 "水懦弱，民狎而玩之，则多死焉，故宽难"一句中，"宽"本为形容词，表示"宽松"，在这里活用作动词"实行宽政"。翻译为：水柔弱，民众亲近并和它嬉戏，很多死在其中。所以，宽厚的政策难以实施。

吴许越成

——仇敌帮不得

《古文观止》有故事

周简王元年（前585年），吴国在晋国的支持下崛起，越来越强大，给楚国带来了巨大的威胁。为了牵制吴国，楚国开始扶持越国，越国的实力也越来越强大。公元前544年，吴军攻打越国。不料，吴王余祭被一名越国战俘刺死，两国结了仇。

吴国想要称霸中原，就要先征服越国，稳定自己的大后方；而越国要想北上争霸，也必须先征服吴国。就这样，吴、越两国开始了长达几十年的战争。

公元前496年，吴王阖闾(hé lǘ)又一次率兵攻打越国。双方在槜(zuì)李交战，吴军大败，阖闾负伤身死。夫差继位为王，发誓要为父亲报仇雪恨。

公元前494年，越国派遣水军攻打吴国，越军战败。吴军乘胜追击，攻下越国都城。越王勾践被围困在会(kuài)稽山上。为了保存实力，勾践选择投降。

吴国大夫伍子胥劝吴王不要讲和，他结合勾践的为人，剖析两国不共戴天的世仇，认为现在不灭掉越国，以后一定会后悔的。可是，夫差因为急于北上争霸，同意了越王的请求。

于是，勾践到吴国做了奴隶，为吴王养马驾车三年，才被放回国。回国后，勾践卧薪尝胆，发愤图强，发展农业和经济，同时招兵买马，加强军备，悄悄积蓄力量。

公元前478年，吴国发生灾荒。越国入侵，大败吴军。这时，越国已经占据了绝对优势。公元前475年，越国再次发兵攻打吴国。夫差没有力量迎战，只能困守都城。吴国多次派出使臣请求投降，都遭到勾践的拒绝。三年后，都城被攻破，夫差自杀，吴国灭亡。

事实验证了伍子胥的预言。

逐字逐句学古文

原文

wú wáng fū chāi bài yuè yú fū jiāo　　bào zuì
吴王夫差败越于夫椒，报槜
lǐ yě　　suì rù yuè　　yuè zǐ yǐ jiǎ dùn wǔ qiān bǎo
李也，遂入越。越子以甲楯五千保
yú kuài jī　　shǐ dà fū zhǒng yīn wú tài zǎi pǐ yǐ
于会稽，使大夫种因吴太宰嚭以

译文

吴王夫差在夫椒打败越军，报了槜李之仇，乘胜攻进越国。越王勾践带领披甲持盾的五千人守住会稽山，并派大夫文种通过吴国的太宰嚭向吴王求和。

行成。吴子将许之。伍员曰:"不可。臣闻之:'树德莫如滋,去疾莫如尽。'昔有过浇杀斟灌以伐斟鄩,灭夏后相。后缗方娠,逃出自窦,归于有仍,生少康焉。为仍牧正,惎浇能戒之。浇使椒求之,逃奔有虞,为之庖正,以除其害。虞思于是妻之以二姚,而邑诸纶。有田一成,有众一旅,能布其德,而兆其谋,以收夏众,抚其官职。使女艾谍浇,使季杼诱豷,遂灭过、戈,复禹之绩,祀夏配天,不失旧物。今吴不如过,而越大于少康,或将丰之,不亦难乎?勾践能亲而务施,施不失人,亲不弃劳,与我同壤而世为仇雠。于是乎克而弗取,将又存之,违天而长寇雠,后虽悔之,不可食已。姬之衰也,日可俟也。介在蛮夷,而长寇雠,以是

吴王打算答应他。伍员说:"万万不可!臣听说:'树立品德,必须不断培植;扫除祸害,必须连根拔尽。'从前过国的浇杀了斟灌又攻打斟鄩,灭了夏王相。相的妻子缗正怀孕,从城墙的小洞里逃走,回到有仍,生了少康。少康后来做了有仍主管畜牧的官。他对浇恨极了,又能警惕戒备。浇派椒四处搜寻少康,少康逃到有虞,在那里做了管膳食的官,躲避祸害。有虞国的国君虞思把两个女儿嫁给了他,并把纶这个地方作为他的封地。于是他有了十里见方的土地和五百人的部下。他布施德政,开始谋划复国,招集夏朝的余部,给他们封官定爵。他派女艾去浇那里刺探消息,派季杼去引诱封于戈地的浇的弟弟豷,终于消灭了过国和戈国,复兴了夏禹的功业,把祭祀夏的祖先和祭祀天统一了起来,维护了夏朝的制度。现在吴国不如过国,越国却比少康强大,如果让越国强盛起来,吴国岂不就难办了吗?勾践这个人能够亲近臣民,注重施舍恩惠。肯施恩惠,就不失民心;亲近臣民,就不会忽略有功之人。越国与我国土地相连,世代有仇。现在我们战胜了它,不但不乘机消灭它,反而打算保全它,这真是违背天命而助长仇敌,将来即使后悔,也吃不消了!姬姓的衰亡,指日可待呀。我国处在蛮夷之间,而又帮助仇敌,这样谋求霸业是行不通的啊!"

qiú bà　　bì bù xíng yǐ
求伯，必不行矣。"
fú tīng　　tuì ér gào rén yuē　　yuè shí nián shēng
弗听。退而告人曰："越十年 生
jù　　ér shí nián jiào xùn　　èr shí nián zhī wài　　wú
聚，而十年教训，二十年之外，吴
qí wéi zhǎo hū
其为沼乎！"

吴王不听。伍员退下来，对人说："越国用十年时间生养人口，聚集财富；再用十年时间教育青年和训练军队；二十年后，吴国的宫殿怕要变成池沼了！"

文化常识第 034 讲

少康中兴　少康是夏朝第六代君主。他还没有出生时，东夷有穷氏首领后羿叛乱，少康的父亲相被寒浞杀害。父亲去世后，少康才出生。长大后，他到有仍氏任牧正，一有机会就学习带兵作战的事儿。后来，他又逃至虞国任庖正，掌管饮食。后来，他凭借个人魅力，得到有仍氏、有虞氏的帮助，广施德政，而得到夏后氏遗民的拥护，最终战胜寒浞父子，中兴夏朝。

常用字第034讲 —— 许

❶ <动>答应；允许。《出师表》："由是感激，遂许先帝以驱驰。"
❷ <动>赞同。《愚公移山》："杂然相许。"
❸ <动>期望。《书愤》："塞上长城空自许，镜中衰鬓已先斑。"
❹ <名>处所。《五柳先生传》："先生不知何许人也。"
❺ <数>表示大约的数量。《核舟记》："船首尾长约八分有奇，高可二黍许。"
❻ <代>这样；这么。刘克庄《沁园春》："天造梅花。有许孤高，有许芬芳。"
❼ <助>表示感叹语气。韩愈《感春》："三盃(bēi)取醉不复论，一生长恨奈何许。"

语法常识第034讲

词类活用：名词的意动用法【邑】 "虞思于是妻之以二姚，而邑诸纶"中的"邑"字，本义为城邑，在这里做动词的意动用法，表示"以……为邑"，翻译为：有虞国的国君虞思把两个女儿嫁给了他，并把纶这个地方作为他的封地。

祭(zhài)公谏征犬戎

——犬戎是无辜的

《国语》

《古文观止》有故事

周穆王是周朝第五位天子，周昭王的儿子。周昭王在位时多次打仗，导致国库空虚。周穆王刚即位的时候，致力于休养生息，恢复国力。他命令吕侯制定了《吕刑》，包括墨、劓(yì)、膑(bìn)、宫、大辟五刑，共计三千条。

等国力逐渐恢复，周穆王就在王宫里待不住了，开始对外征伐。

周穆王要带兵征讨西北方少数民族犬戎。谋父回忆了先王的做法，建议要以德服人，不要轻易动兵。接着，他又列举了周王朝的法令制度和先王的遗训，提醒周穆王在遇到诸侯不朝时，应先从自身查找原因，绝不要轻易

兴兵。

但是，周穆王一颗东征西讨的心蠢蠢欲动，根本听不进去这些。他执意去打犬戎，最后只捉到了四匹白狼和四只白鹿，灰溜溜地回来了。后来，他再一次西征，这次打败了犬戎。

周穆王在外打仗的时候，东方徐国乘虚而入，差一点就攻进了周朝都城。这惹怒了周穆王，他立刻带兵攻打徐国。徐偃王是位明君，他施行仁政，深得百姓爱戴。虽然徐国国力逐渐增强，但是和周朝还是差很多，所以吃了败仗。

周穆王大败徐国后，连家都不回，继续进军，又开始了南征。周穆王这次出征，收服了东南方很多部落。

周穆王是西周在位时间最长的君主。他在位55年，不是在打仗就是在去

打仗的路上。虽然有人批评，但客观来说，他的东征西讨、南征北战，巩固了周朝在西北和东南部的统治，对周王朝的发展还是有积极意义的。

逐字逐句学古文

原文

穆王将征犬戎，祭公谋父谏曰："不可。先王耀德不观兵。夫兵，戢而时动，动则威；观则玩，玩则无震。是故周文公之《颂》曰：'载戢干戈，载櫜弓矢。我求懿德，肆于时夏。允王保之。'先王之于民也，茂正其德而厚其性；阜其财求而利其器用，明利害之乡，以文修之；使务利而避害，怀德而畏威。故能保世以滋大。

"昔我先世后稷，以服事虞、夏。及夏之衰也，弃稷弗务，我先王不窋用失其官，而自窜于戎、翟之间。不敢怠业，时序其

译文

周穆王将征伐犬戎，祭公谋父劝阻说："不行。先王显示德行而不炫耀武力。兵力是储存起来到一定时候才动用的，一动用就使人畏惧；炫耀武力就会滥用，滥用就不能使人畏惧。所以赞美周文公的《诗经·周颂·时迈》说：'将兵器好好收藏，将弓箭藏在皮囊。我们君王寻求美德，施予这华夏之邦。君王定能保持天命久长。'先王对于百姓，努力端正他们的德行，使他们的性情更加宽厚；扩大他们的财源，改进他们的工具；指明利害的方向，用礼法整顿他们，使他们追求利益而避免祸害，怀念恩德而畏惧威力，所以能保证周王室世代相承，日益壮大。

"从前我们的先王世代做农官之长，服事虞、夏两朝。到夏朝衰落的时候，废除了农官，不再致力于农业，我们的先王不窋因而失去了官职，隐藏到戎狄中间。他仍然不敢怠慢祖业，时常称道祖先的功德，继续完成祖先留下的事业，编修祖先的训令和典章；早晚谨慎勤恳，忠实地遵守，诚恳地奉行，世代继承祖先的功德，

德，纂修其绪，修其训典；朝夕恪勤，守以惇笃，奉以忠信；奕世载德，不忝前人。至于武王，昭前之光明，而加之以慈和，事神保民，莫不欣喜。商王帝辛，大恶于民，庶民弗忍，欣戴武王，以致戎于商牧。是先王非务武也，勤恤民隐而除其害也。

"夫先王之制：邦内甸服，邦外侯服，侯、卫宾服，蛮、夷要服，戎、翟荒服。甸服者祭，侯服者祀，宾服者享，要服者贡，荒服者王。日祭、月祀、时享、岁贡、终王，先王之训也。有不祭，则修意；有不祀，则修言；有不享，则修文；有不贡，则修名；有不王，则修德；序成而有不至，则修刑。于是乎有刑不祭，伐不祀，征不享，让不贡，告不王；于是乎有刑罚之辟，有攻伐之

不辱前人。到了武王，发扬前代光明的德行，再加上仁慈与温和，事奉神灵，养育百姓，百姓没有不欢欣喜悦的。商王帝辛被百姓憎恶。百姓不能忍受，欣然拥戴武王，这样才在商朝国都郊外的牧野作战。这不是先王致力于武力，而是为了尽力体恤百姓的痛苦，除掉他们的祸害。

"先王的制度：王畿以内五百里的地方称甸服，王畿以外五百里的地方称侯服，侯服以外至卫服以内的地方称宾服，宾服以外的蛮、夷地方称要服，要服以外的戎、狄地方称荒服。甸服地方的诸侯供给天子祭祀祖父、父亲的祭品，侯服地方的诸侯供给天子祭祀高、曾祖的祭品，宾服地方的诸侯供给天子祭祀远祖的祭品，要服地方的诸侯供给天子祭神的祭品，荒服地方的诸侯则一生朝见天子一次。祭祖父、父亲的祭品一日一次，祭高、曾祖的祭品一月一次，祭远祖的祭品一季一次，祭神的祭品一年一次，朝见天子一生一次。这是先王的遗训。如有不逐日进贡的，天子就修省内心；有不按月进贡的，天子就修明法令；有不按季进贡的，天子就修明礼仪；有不进岁贡的，天子就修明尊卑名分；有不朝见的，天子就修明德行；这几个方面依次做到而仍有不来的，天子就修明刑法。这时就有惩罚不逐日进贡的，讨伐不按月进贡的，征讨不按季进贡的，责备不进岁贡的，晓谕不来朝见的。这时也就有了惩治的法律，有了攻伐

兵，有征讨之备，有威让之令，有文告之辞。布令陈辞而又不至，则又增修于德，无勤民于远。是以近无不听，远无不服。

"今自大毕、伯士之终也，犬戎氏以其职来王。天子曰：'予必以不享征之，且观之兵。'其无乃废先王之训，而王几顿乎？吾闻夫犬戎树惇，能帅旧德，而守终纯固，其有以御我矣！"

王不听，遂征之，得四白狼、四白鹿以归。自是荒服者不至。

的军队，有了征讨的装备，有了严厉谴责的命令，有了用文字晓喻的文告。发布命令，公布文告，而再有不来的，天子就在德行上增强修养，而不是让百姓去远征。所以近处的诸侯无不听命，远方的诸侯无不归顺。

"现在大毕、伯士一去世，新即位的犬戎国君就带着贡品前来朝见，天子却说：'我一定要以不享的罪名征讨他，并且向他炫耀武力。'这样做恐怕会废弃先王的遗训，而使朝见天子之礼濒于破坏吧？我听说那犬戎国君秉性敦厚，能遵循祖先的遗德，遵守终生朝见一次之礼，专一不二，（您这样做）他们就有理由抵御我们了。"

穆王不听，去征战犬戎，只得到四只白狼、四只白鹿带回来了。从此以后，荒服地方的诸侯就不来朝见了。

文化常识第035讲

后稷 黄帝玄孙、帝喾(kù)的嫡长子,姬姓,名弃,相传是周王朝的始祖。《史记·周本纪》中记载,有一天,弃的母亲出游,踩踏了一个大得离谱的巨人脚印,后来就生下了他。弃很小的时候,就喜欢种树、栽麻菽等;长大后,懂得观察土地,选择适合种植的谷物。尧听说了,就让他做农师,教百姓耕种、收获。他被后世尊为"稷神""农耕之祖"。

常用字第035讲 — 兵

❶ <名>兵器;武器。《过秦论》:"斩木为兵,揭竿为旗。"
❷ <名>军队;士兵。《谋攻》:"不战而屈人之兵。"
❸ <名>战争;军事。《论积贮疏》:"兵旱相乘,天下大屈。"
❹ <名>战略。《谋攻》:"上兵伐谋。"

语法常识第035讲

词类活用:形容词的使动用法【厚、阜】 "先王之于民也,茂正其德,而厚其性;阜其财求而利用其器"一句中的"厚"和"阜"字都是形容词,在这里做了动词。"厚"的本义为纯厚,是形容词,在这里用作动词,表示"使……纯厚";"阜"的本义是大、多,为形容词,在这里用作动词,表示"使……增多"。翻译为:先王对于百姓,努力端正他们的德行,使他们的性情更加宽厚;扩大他们的财源,改进他们的工具。

召公谏厉王止谤
——不能堵住百姓的嘴

《国语》

《古文观止》有故事

周厉王即位的时候，周朝的国力已经开始下滑了。为了解决经济危机，他下令把国家的山林湖泽都收归国有，由天子直接控制，不允许平民百姓进去捕猎打鱼。

这些本来是百姓赖以生存的自然资源，周厉王一道命令，击碎了无数人的饭碗。一时间，百姓怨声载道。周厉王不知反省，反而大肆捕杀议论国事说他坏话的人。大臣召公劝谏他：防民之口甚于防川——堵住百姓的嘴，怨恨就会越积越多，会酿成大祸的！

周厉王听不进去,依然如故。这样,百姓都不敢说话了,路上遇到了,也只是用眼神打个招呼,生怕说错话惹来杀身之祸。

公元前841年,居住在首都镐京的百姓忍无可忍,大家集结起来,拿起棍棒农具等做武器,围攻王宫。周厉王慌了,派兵镇压。可是,周朝的士兵都是从都城的百姓中招来的,兵民是一体的。百姓都暴动了,哪里还能有士兵呀?

无奈,周厉王逃出王宫,一直逃到了彘(zhì)(今山西省霍州市)。百姓攻进王宫,没有找到周厉王,就去寻找太子姬静。召公将姬静藏了起来。百姓又包围了他家,要他交出太子。召公实在没办法了,只得献出了自己的儿子。百姓以为是太子,杀了他。发泄了怨恨的百姓,在召公苦口婆心的劝解下,散去了。这就是历史上的"国人暴动"。

周厉王跑了,太子不敢露面,天下无主,贵族们就推举周定公和召穆公暂时代理国政,改年号为"共和",历史上称这段时期为"周召共和"。

"国人暴动"动摇了西周王朝的统治。后来,周厉王死在彘,再也没能回到都城。姬静继位为周宣王,开始励精图治,任用贤臣,国家一度中兴。可是晚年,他变得独断专行,把西周王朝又弄乱了,为后来西周的灭亡埋下了隐患。

逐字逐句学古文

原文

厉王虐,国人谤王。召公告曰:"民不堪命矣!"王怒,得卫巫,使监谤者,以告,则杀之。国人莫敢言,道路以目。

王喜,告召公曰:"吾能弭谤矣,乃不敢言。"召公曰:"是障之也。防民之口,甚于防川。川壅而溃,伤人必多,民亦如之。是故为川者决之使导,为民者宣之使言。故天子听政,使公卿至于列士

译文

周厉王残暴无道,老百姓纷纷责骂他。召公对厉王说:"老百姓已不堪忍受暴虐的政令啦!"厉王听了勃然大怒,找到一个卫国的巫者,派他暗中监视敢于指责自己的人,一经巫者告密,就横加杀戮。于是人们都不敢随便说话,在路上相遇,也只能以眼神表达内心的愤恨。

周厉王颇为得意,告诉召公说:"我能制止毁谤啦,老百姓再也不敢吭声了。"召公回答说:"你这样做只能堵住人们的嘴。可是防范老百姓的嘴,比防备河水泛滥更不易。河道因堵塞而造成决口,就会伤害很多人。若是堵住老百姓的口,后果也将如此。因而治水者只能排除堵塞而加以疏通,治民者只能善于开导而让人说话。所以君王在处理政事时,让执政大臣和有地位的士人进献讽谏的诗篇,乐官进献反映民意的歌曲,史官进献可供借鉴的史书,少师进献具有劝诫意义的

献诗，瞽献曲，史献书，师箴，瞍赋，矇诵，百工谏，庶人传语，近臣尽规，亲戚补察，瞽、史教诲，耆、艾修之，而后王斟酌焉，是以事行而不悖。民之有口，犹土之有山川也，财用于是乎出；犹其有原隰衍沃也，衣食于是乎生。口之宣言也，善败于是乎兴；行善而备败，其所以阜财用衣食者也。夫民虑之于心而宣之于口，成而行之，胡可壅也？若壅其口，其与能几何？"

王弗听，于是国人莫敢出言。三年，乃流王于彘。

文辞，无眸子的盲人朗诵大臣们进献的诗歌，有眸子的盲人诵读讽谏之言，掌管营建事务的百工能纷纷进谏，平民把自己的意见转达给君王，近侍之臣尽规劝之责，君王的内亲外戚都能补其过失，察其是非，乐师和史官以歌曲、史籍加以谆谆教导，年长的师傅再进一步修饰整理，然后由君王斟酌取舍，付诸实施。这样，国家的政事得以实行而不悖理。老百姓有口，就像大地有高山河流，社会的物质财富才从这里出产；又像高原和低地都有平坦肥沃的良田，人类的衣食物品才从这里产生。人们用嘴巴发表议论，政事的成败得失便能表露出来。人们以为好的就尽力去实行，以为失误的就设法去预防，这样社会的衣食财富就会日益丰富，不断增加。人们心中所想通过嘴巴表达出来，朝廷以为行得通的就照着实行，怎么可以堵呢？如果硬是堵住老百姓的嘴，那老百姓亲附你的能有多少呢？"

周厉王不听，于是老百姓再也不敢公开发表言论指斥他。过了三年，人们终于把这个暴君放逐到彘地去了。

文化常识第036讲

公卿 公卿就是三公九卿。据《礼记》记载，夏朝的官制里，就已经有了三公九卿。三公是古代最尊贵的三个官职，九卿是负责不同职能部门的九个官职。到春秋战国时期，诸侯国各自为政，官制又杂又乱。秦建立中央集权制国家后，重新规定了三公九卿制度,明确了职责分工。这些官员都要皇帝亲自任命,不能世袭。

常用字第036讲

❶ <形>数量大。《登泰山记》:"石苍黑色,多平方,少圜。"
❷ <副>多多地;大量地。《岳阳楼记》:"迁客骚人,多会于此。"
❸ <动>称赞;赞美。《五蠹》:"故传天下而不足多也。"
❹ <副>只是;仅仅。《论语·子张》:"多见其不知量也。"

语法常识第036讲

词类活用:名词作动词【箴】 "使公卿至于列士献诗,瞽献曲,史献书,师箴,瞍赋"一句中"箴"字本来是名词,表示"具有劝诫意义的文辞,格言或箴言",在这里活用作动词,表示"进献具有劝诫意义的文辞"。翻译为:让大臣和有地位的士人进献讽谏的诗篇,乐官进献反映民意的歌曲,史官进献可供借鉴的史书,少师进献具有劝诫意义的文辞,无眸子的盲人朗诵大臣们进献的诗歌。

襄王不许请隧

——先王礼制不可改

《国语》

● 《古文观止》有故事

周襄王是东周的一位君主,他继承王位时,秦、晋两国已经擅自把戎族的一支迁居到周王朝境内的伊川(今洛阳市南伊河)一带。这样,周王朝能够控制的地盘只剩下了方圆100多里的弹丸之地。

就是这么一块弹丸之地,也有人和他争抢。

公元前636年,周襄王的弟弟王子带攻进了都城。周襄王逃到郑国,向各

国诸侯求救。晋文公正等着这样的机会呢，他打起"勤王"的旗号，出兵平定了王子带的叛乱。

周襄王感激晋文公，赏赐给他田地，但是，晋文公却要求死后能享用天子的葬礼。

周襄王耐心地给他讲解等级思想，拐弯抹角地告诫晋文公："如果您名义上还是周王室的臣子，那我就不能因为您对我有恩而做对不起先王的事。"天子说得有理有据，晋文公只能接受田地回国。

周襄王虽然拒绝了晋文公的无理要求，却阻止不了他争霸的脚步。

公元前632年，晋文公在城濮（pú）（今河南省濮阳县内）之战中大败楚军，接着，召集各国诸侯在践土（今河南省原阳县西南）会盟，同时派人去邀请周襄王参加会盟。

堂堂周天子竟然要听命诸侯？太窝火啦！按理说，诸侯间的会盟，周天子派使臣去参加也就可以了。但是，他敢不去吗？

在会盟时，周襄王得到了久违的尊重。晋文公向他进献了战俘和战车。作为回报，周襄王给了晋文公征讨诸侯的特权，确定了他的霸主地位。

孔子在写《春秋》的时候，为了维护周天子的面子，把这件事写成了"天王狩于河阳"，意思是周天子不是被晋文公招来的，而是自己到那里去巡狩的。

唉，这位蜗居弹丸之地的天子，真可怜呀！

逐字逐句学古文

原文	译文
晋文公既定襄王于郏，王劳之以地。辞，请隧焉。（jìn wén gōng jì dìng xiāng wáng yú jiá，wáng láo zhī yǐ dì。cí，qǐng suì yān。）	晋文公帮周襄王在郏邑恢复王位，襄王拿块土地酬谢他。晋文公辞谢，要

王弗许，曰："昔我先王之有天下也，规方千里，以为甸服，以供上帝山川百神之祀，以备百姓兆民之用，以待不庭、不虞之患。其余以均分公、侯、伯、子、男，使各有宁宇，以顺及天地，无逢其灾害。先王岂有赖焉？内官不过九御，外官不过九品，足以供给神祇而已，岂敢厌纵其耳目心腹，以乱百度？亦唯是死生之服物采章，以临长百姓而轻重布之，王何异之有？

"今天降祸灾于周室，余一人仅亦守府，又不佞以勤叔父，而班先王之大物以赏私德，其叔父实应且憎，以非余一人。余一人岂敢有爱也？先民有言曰：'改玉改行。'叔父若能光裕大德，更姓改物，以创制天下，自显庸也，而缩取备物，以镇抚百姓。余一人其流辟于裔土，何辞之有与？若犹是姬姓也，尚将列为

求襄王允许他死后用天子的隧礼埋葬。

襄王不许，说："从前我先王掌管天下，划出方圆千里之地作为甸服，以供奉天帝和山川百神，以供应百姓兆民的用度，以防备诸侯不服朝廷或意外的祸患。其余的土地就平均分配给公、侯、伯、子、男，使人们各有地方安居，以顺应天地尊卑的法则，而不受灾害。先王还有什么私利呢？他宫内女官只有九嫔，宫外官员只有九卿，足够供奉天地神灵而已，岂敢尽情满足他耳目心腹的嗜好而破坏各种法度？只有死后和生前衣服、用具的色彩花纹有所区别，以便统治天下、区别尊卑罢了。此外，大王和诸侯又有什么不同呢？

"现在上天降祸周朝，我也只是谨守先王故府的遗规，更因自己无能，不得不麻烦叔父；如果再用先王的大礼来报答对我个人的大德，那么叔父也会厌恶我，责备我。我岂敢有所吝惜？前人说过：'身上的佩玉改了样，走路的气派就不一样。'如果叔父能发扬伟大的美德，改姓换代，开创一统天下的大业，显示自己的丰功伟绩，自然可用天子的服饰文采以安抚百姓。我也许会被流放边疆，还有什么话可说？如果还是周朝姬姓天下，叔父还是位列公侯，来履行先王规定的职分；那么，天子所用的大礼

公侯，以复先王之职，大物其未可改也。叔父其茂昭明德，物将自至，余何敢以私劳变前之大章，以忝天下，其若先王与百姓何？何政令之为也？若不然，叔父有地而隧焉，余安能知之？"

文公遂不敢请，受地而还。

就不可更改了。叔父还是努力发扬德行吧！您所要求的隧葬礼仪自然会来的，我哪敢因酬私德而改变先王的制度，从而玷辱了天下，这样如何对得起先王和百姓？又如何推行政令？如果我的话不对，叔父有的是土地，就是开通墓道举行隧礼，我又怎会知道呢？"

晋文公于是不敢请求隧礼，接受赏赐的土地，回国去了。

文化常识第037讲

公侯伯子男 这是中国古代的一种政治等级制度——爵位制度。爵位是古代皇帝对贵戚功臣的封赐。先秦的爵制，跟宗法制、分封制都有关系，往往就是政治权力的标志。秦朝以后有了变化，爵位没有什么具体职责了，主要是用来确定皇亲和功臣的政治地位和经济权利，可以世世代代传下去。

常用字第037讲 —— 何

读 hé 时：

❶ <代>（1）什么。《触龙说赵太后》："一旦山陵崩，长安君何以自托于赵。"（2）哪里。《赤壁之战》："豫州今欲何至？"（3）为什么。《过秦论》："为天下笑者，何也？"（4）怎么。《邹忌讽齐王纳谏》："徐公何能及君也？"（5）哪；哪个。《商君书·更法》："前世不同教，何古之法？"

❷ <副>多么。《汉书·东方朔传》："朔来朔来，受赐不待诏，何无礼也。"

读 hē 时：

动词，通"呵"，呵问。《过秦论》："信臣精卒，陈利兵而谁何。"

读 hè 时：

动词，通"荷"，扛，背。《诗经·曹风·候人》："彼候人兮，何戈何祋。"

语法常识第037讲

倒装句：宾语前置【"何……之……？"】 在某些情况下，文言文中会使用"之"来将宾语提前，以强调或突出宾语。本文"王何异之有？"一句中的"之"字，做了宾语前置的标志。正确语序应为："王有何异？"翻译为：大王和诸侯又有什么不同呢？

单子知陈必亡
——他的预言准得可怕

● 《古文观止》有故事

单襄公是周王室的一位大臣，很有远见，他的预言准得可怕。

有一次，他要到宋国去访问，路过陈国时，看到道路被杂草堵塞，庄稼也没有收割，天子的使臣来到，也没有官吏来迎接……他预言：陈灵公即使没有杀身之祸，陈国也会灭亡。果然，两年后，陈灵公被大臣夏征舒射死了。第二年，楚国攻入陈国。

鄢陵之战中，晋国大败楚国，晋厉公派郤至去周王室献俘。他在宴席上多次夸耀自己的功劳，生怕别人不知道似的。单襄公又开始预言了："唉，刀

已经架到他的脖子上了。做人太高调,就会压制别人,如今郤至的位置在晋国其他七卿之下,却一直想超过他们,那就会招致这七个人的怨恨,他将怎么应对呢?刀架到脖子上了,他自己还没察觉呢。"

第二年,单襄公去参加诸侯在柯陵的会盟。他看到晋厉公趾高气扬,晋国大臣们说话都很冲,郤至还是那样自吹自擂。他由此预言:晋国很快要发生内乱,国君和郤至家族三个掌权者都要大难临头了。

预言再次得到了应验。不久,晋厉公诛杀了三郤;第二年,晋厉公又被大臣诛杀。

晋厉公死了,晋国无主,大臣们就想到了晋襄公的曾孙周。巧得很,这个孩子是单襄公的学生,一直生活在洛邑,为人谨慎,博学多才。单襄公曾经说过,他将来会成为晋国的国君。

果然,周被接回晋国即位,就是后来重续晋国霸业辉煌的那位晋悼公。这个预言也应验了。

逐字逐句学古文

原文

定王使单襄公聘于宋，遂假道于陈，以聘于楚。火朝觌矣，道茀不可行也。侯不在疆，司空不视涂，泽不陂，川不梁，野有庾积，场功未毕，道无列树，垦田若艺，膳宰不致饩，司里不授馆，国无寄寓，县无旅舍。民将筑台于夏氏。及陈，陈灵公与孔宁、仪行父南冠以如夏氏，留宾弗见。

单子归，告王曰："陈侯不有大咎，国必亡。"王曰："何故？"对曰："夫辰角见而雨毕，天根见而水涸，本见而草木节解，驷见而陨霜，火见而清风戒寒。故先王之教曰：'雨毕而除道，水涸而成梁，草木节解而备藏，陨霜而冬裘具，清风至而修城郭宫室。'故《夏令》曰：

译文

周定王派单襄公出使宋国，此后又借道陈国去访问楚国。这时候心宿三星已在早晨升起，时令已是立冬前后了。道路上杂草丛生无法通行，负责接待宾客的官员不在边境迎候，司空不去巡视道路，水泽边没有修筑堤岸，河流上也没架设桥梁，野外堆放着谷物，谷场还没有修整，路旁没有种植树木，田里的庄稼稀稀拉拉，膳夫不供应食物，里宰不安排住处，都邑内没有客房，郊县里没有旅舍。百姓将去为夏家修筑台观。到了陈国都城，陈灵公与大臣孔宁、仪行父穿戴着楚地流行的服饰到夏家玩乐，丢下客人不接见。

单襄公回朝后告诉周定王说："陈侯即使不遭凶灾，国家也一定要灭亡。"周定王问："为什么呢？"单襄公答道："角星在早晨出现时，表示雨水结束；天根在早晨出现时，表示河流将干枯；氐星在早晨出现时，表示草木将凋落；房星在早晨出现时，便要降霜了；大火星在早晨出现时，表示天气已冷，该准备过冬了。所以先王的教诲说：'雨季结束便修整道路，河流干枯便修造桥梁，草木凋谢便储藏谷物，霜降来临便备好冬衣，寒风吹

'九月除道，十月成梁。'其时儆曰：'收而场功，偫而畚挶，营室之中，土功其始。火之初见，期于司里。'此先王所以不用财贿，而广施德于天下者也。今陈国火朝觌矣，而道路若塞，野场若弃，泽不陂障，川无舟梁，是废先王之教也。

"周之《秩官》有之曰：'敌国宾至，关尹以告，行理以节逆之，候人为导，卿出郊劳，门尹除门，宗祝执祀，司里授馆，司徒具徒，司空视途，司寇诘奸，虞人入材，甸人积薪，火师监燎，水师监濯，膳宰致飧，廪人献饩，司马陈刍，工人展车，百官以物至，宾入如归。是故小大莫不怀爱。其贵国之宾至，则以班加一等，益虔。至于王使，则皆官正莅事，上卿监之。若王巡守，则君亲监之。'今虽朝也不才，有分族于周，承王命以为过宾于陈，而司

起就修整城郭宫室。'所以《夏令》说：'九月修路，十月架桥。'届时又提醒人们说：'结束你们场院的农活，备好你们的土箕和扁担，当在中天见到定星时，营造工作就要开始。在大火星刚出现时，到司里那儿去集合。'这正是先王能够不费钱财而向民众广施恩惠的原因啊。现在陈国早晨已能见到大火星了，但是道路已被杂草堵塞，农村的谷场已被废弃，湖泊不筑堤坝，河流不备舟桥，这是荒废了先王的遗教呀。

"周朝的《秩官》上说：'同等地位国家的宾客来访，关尹便向上报告，理应手持符节去迎接，候人引路，卿士到郊外表示慰问，门尹清扫门庭，宗祝陪同客人行祭礼，司里安排住处，司徒调派仆役，司空视察道路，司寇查禁奸盗，虞人供应木材，甸人运送燃料，火师照看火烛，水师料理盥洗，膳宰进送熟食，廪人献奉粮米，司马备齐草料，工人检修车辆，百官各按职责照应，客人来访如同回到了家里。因此大小宾客无不感到满意。如果大国的客人到了，接待的规格就提高一个等级，更加恭敬。至于天子派官员到来，则由各部门的长官接待，上卿加以督察。如果天子下来巡视，就由国君亲临督察。'如今我单朝虽然没有什么才能，但还是天子的亲族，是奉了天子的使命作为宾客而途经陈国，然而主管的官员却不

事莫至，是蔑先王之官也。

"先王之令有之曰：'天道赏善而罚淫。故凡我造国，无从匪彝，无即慆淫，各守尔典，以承天休。'今陈侯不念胤续之常，弃其伉俪妃嫔，而帅其卿佐以淫于夏氏，不亦渎姓矣乎？陈，我大姬之后也。弃衮冕而南冠以出，不亦简彝乎？是又犯先王之令也。

"昔先王之教，茂帅其德也，犹恐殒越。若废其教而弃其制，蔑其官而犯其令，将何以守国？居大国之间，而无此四者，其能久乎？"

六年，单子如楚。八年，陈侯杀于夏氏。九年，楚子入陈。

来照应，这是蔑视先王所制定的官职。

"先王的法令中说：'天道是奖善惩恶的，所以凡由我们周室治国，不允许违背法令，不迁就恣情放纵，各自遵守你们的职责，以接受上天的赐福。'如今陈侯不顾念历代相承的法度，抛弃自己的夫人妃嫔，带领下属到夏氏那里去恣意淫乐，这不是亵渎了姬姓吗？陈侯是我们王家的后裔，却丢弃正式的礼服而穿戴楚地的服饰外出，这不是简慢了礼制吗？这又违背了先王的政令。

"过去先王的教诲，即使认真遵行还恐怕有所差池。像这样荒废先王的遗教、抛弃先王的法度、蔑视先王的官制、违背先王的政令，那凭什么来保住国家呢？地处大国的中间而不仰仗先王的遗教、法度、官职、政令，陈国还能够长久吗？"

周定王六年，单襄公到楚国。定王八年，陈灵公被夏征舒杀害。定王九年，楚庄王攻入陈国。

文化常识第038讲

司徒 是中国古代的一个重要官职名。尧时任命舜做过司徒。舜即位后，任命契做了司徒，负责教化百姓。据记载，到了周朝，司徒负责管理土地和土地上的农民，也包括和土地、种植有关的事儿，比如根据每家每户的土地数量，确定征发徒役等。

常用字第038讲

读jiǎ时：

❶ <动>借；贷。《送东阳马生序》："以是人多以书假余，余因得遍观群书。"
❷ <动>凭借；借助。《劝学》："君子生非异也，善假于物也。"
❸ <动>用；须。《与陈伯之书》："将军之所知，不假仆一二谈也。"
❹ <动>给予。《谭嗣同》："汉人未可假大兵权。"
❺ <形>非正式的；代理的。《史记·项羽本纪》："乃相与共立项羽为假上将军。"
❻ <形>虚假的；假的。《朝天子·咏喇叭》："那里去辨甚么真共假？"
❼ <动>假装；装作。《狼》："乃悟前狼假寐，盖以诱敌。"
❽ <连>假使；假如。《答韦中立论师道书》："仆自卜固无取，假令有取，亦不敢为人师。"

读jià时：

<名>假期。《孔雀东南飞》："府吏闻此变，因求假暂归。"

读xiá时：

❶ <名>通"暇"，空闲时间。《越妇言》："岂急于富贵未假度者耶？"
❷ <形>通"遐"，高；远。《列子·周穆王》："世以为登假焉。"

语法常识第038讲

词类活用：名词作动词【陂、梁】"司空不视涂，泽不陂，川不梁"一句中"陂"和"梁"都是名词作动词。"陂"本义是水泽边堵水的堤岸，这里表示"修筑堤岸"；"梁"本义是桥梁，这里表示"架设桥梁"。翻译为：司空不去巡视道路，水泽边没有修筑堤岸，河流上也没架设桥梁。

展禽论祀爰居

——什么样的人应享受祭祀？

《国语》

● 《古文观止》有故事

展禽是春秋时期鲁国人,他为人正直不徇私情。鲁桓公任命他做了士师,管理刑法诉讼等事务。不过,时间不长,他就被罢了官。后来,他两次被召去做官,又两次被罢官。

官虽然做不成,但是好名声却越来越响。诸侯各国都知道了,都想请他去做官,许给他高官厚禄,展禽都拒绝了。朋友们很纳闷,问他原因,他说:"我在鲁国多次被罢官,就是因为坚持原则。这样的我,到哪个国家去做官,最后也是要被罢官的;如果我放弃做人的原则,在鲁国照样能得到高官厚禄,

何必离开故乡呢？"

鲁僖公当政期间，齐国军队攻打鲁国，想要鲁国的镇国之宝岑鼎。鲁国打不过人家，就想用一个假鼎糊弄齐国。齐桓公也怕有假，提出要让展禽出面证明鼎的真假。展禽是最讲诚信的，只要他说是真的，齐国就同意讲和。

鲁僖公只好找到展禽，不想却被展禽拒绝了："诚信是我的做人原则，我不能为了您的私心，放弃我的原则。"鲁僖公没办法，只好把真鼎送给了齐国。

展禽不仅重诚信讲原则，对国家礼制也很熟悉。

当时，鲁国的朝政把持在臧文仲手里。有一次，有一只叫爱居的海鸟，停在了鲁国东门外，臧文仲叫百姓去祭祀它。展禽对他的做法很不满，认为祭祀是国家大事，只有对国家和百姓有功的人或事物，才值得大家虔诚地祭祀。海鸟飞来，是不是预示着什么灾难？这才是执政者应该考虑的。

臧文仲心服口服，他让人把展禽的话记在了竹简上。

展禽有治国的才能，但是生在乱世，没有施展的机会。孔子都为他感到遗憾，称他是"被遗落的贤人"呢！

逐字逐句学古文

原文

海鸟曰"爰居"，止于鲁东门之外二日，臧文仲使国人祭之。展禽曰："越哉，臧孙之为政也！夫祀，国之大节也；而节，政之所成也。故慎制祀以为国典。今无故而加典，非政之宜也。夫圣王之制祀也，法施于民则祀之，以死勤事则祀之，以劳定国则祀之，能御大灾则祀之，能捍大患则祀之。非是族也，不在祀典。昔烈山氏之有天下也，其子曰柱，能植百谷百蔬，夏之兴也，周弃继之，故祀以为稷。共工氏之伯九有也，其子曰后土，能平九土，故祀以为社。黄帝能成命百物，以明民共财。颛顼能修之，帝喾能

译文

名叫"爰居"的海鸟，停在鲁国国都东门外已经三天了。臧文仲命令国都里的人都去祭祀它，展禽说："臧孙治理政事太越礼了！祭祀是国家的大法，而法度则是政治成功的基础。所以要慎重地制定祀典作为国家的常法。现在无故增加祀典，不是治理政事的正确方法。圣明的先王制定祀典的准则是，使百姓执行法度就祭祀他，勤勉办事以身殉职就祭祀他，安定国家有功就祭祀他，能防止重大灾害就祭祀他，能抵御重大祸患就祭祀他。不属于以上情况的，不在祀典之内。从前神农氏掌管天下，他的后代名叫柱，能种植各种谷物和菜蔬；夏朝建立以后，周的始祖弃继承了柱的事业，所以把他当作谷神祭祀。共工氏称霸九州，他的后代担任土官之长，称为后土，因能治理九州的土地，所以把他当作土神祭祀。黄帝能给各种事物命名，使百姓开化，贡献赋税；颛顼又能进一步加以修订；帝喾能按日、月、

序三辰以固民,尧能单均刑法以仪民,舜勤民事而野死,鲧障洪水而殛死,禹能以德修鲧之功,契为司徒而民辑,冥勤其官而水死,汤以宽治民而除其邪,稷勤百谷而山死,文王以文昭,武王去民之秽。故有虞氏禘黄帝而祖颛顼,郊尧而宗舜;夏后氏禘黄帝而祖颛顼,郊鲧而宗禹;商人禘舜而祖契,郊冥而宗汤;周人禘喾而郊稷,祖文王而宗武王。幕,能帅颛顼者也,有虞氏报焉;杼,能帅禹者也,夏后氏报焉;上甲微,能帅契者也,商人报焉;高圉、太王,能帅稷者也,周人报焉。凡禘、郊、祖、宗、报,此五者国之典祀也。加之以社稷山川之神,皆有功烈于民者也;及前哲令德之人,所以为民质也;及天之三辰,民所以瞻仰也;及地之五行,所以生殖也;及九州名山川泽,

星辰的运行规律制定历法,使百姓安居乐业;尧能使刑法公平施行,百姓有法可依;舜勤于政事,而死于野外;鲧堵洪水而被杀;禹能以德行修正鲧的事业;契任司徒,而使百姓和睦;冥尽水官的职责,而死于水中;汤以宽政治理百姓,并替他们除掉邪恶的人;后稷致力于谷物种植,而死在山间;文王以文德昭著;武王除掉百姓所唾弃的坏人。所以有虞氏禘祭黄帝,祖祭颛顼,郊祭尧,而宗祭舜;夏后氏禘祭黄帝,祖祭颛顼,郊祭鲧,而宗祭禹;商朝人禘祭帝喾,祖祭契,郊祭冥,而宗祭汤;周朝人禘祭帝喾,郊祭后稷,祖祭文王,而宗祭武王。幕能继承颛顼的功业,有虞氏为他举行报恩祭;季杼能继承夏禹的功业,夏后氏为他举行报恩祭;上甲微能继承契的功业,商朝人为他举行报恩祭;高圉、太王能继承后稷的功业,周朝人为他们举行报恩祭。上面提到的禘、郊、祖、宗、报这五种祭祀,才是国家应有的大典。加上土神、谷神、山川之神,都是对百姓有功绩的;还有,前代有智慧和美德的人,是百姓所信赖的;天上的日、月、星辰,是百姓所仰望的;地上的金、木、水、火、土,是万物赖以生长繁殖的;九州的大山川泽,是人们赖以获取财富的。不是上述这些,不在祀典之内。现在

所以出财用也。非是，不在祀典。今海鸟至，己不知而祀之，以为国典，难以为仁且知矣。夫仁者讲功，而知者处物。无功而祀之，非仁也；不知而不问，非知也。今兹海其有灾乎？夫广川之鸟兽，恒知而避其灾也。"

是岁也，海多大风，冬暖。文仲闻柳下季之言，曰："信吾过也。季子之言不可不法也。"使书以为三策。

海鸟飞来，自己不明白海鸟不走的原因而去祭祀它，还把这当作国家的大典，这就难以被认为是仁爱和智慧了。仁者善于评价功劳，智者善于处理事物。海鸟无功而祭祀它，不是仁；自己不懂又不问，不是智。现在这一带海上恐怕将有灾害吧？大江大海的鸟兽，总是预先知道并躲避即将到来的灾害的。"

这年，海上多大风，冬季温暖。文仲听了展禽的话说："确实是我的错啊！不可不听从柳下季的话啊！"他让属下把展禽的话记下来，写成三份简策。

文化常识第039讲

鲧(gǔn)禹治水　鲧是中国上古时代的神话人物，是禹的父亲，相传是颛顼(zhuān xū)的儿子。他负责治理洪水，一直用在岸边设置河堤的障水法，堵塞洪水，一度缓解了肆虐的洪水，拯救了无数百姓。但洪水越来越大，河堤越修越高，终于再也堵不住了，洪水再次泛滥成灾。折腾了九年时间，鲧也没能彻底平息水患，最终因为治水失败被尧杀死了。禹这才接过父亲的接力棒，变堵为疏，终于治好了水患。

常用字第039讲

❶ <形>适宜；合适。《察今》："世易时移，变法宜矣。"
❷ <动>应当；应该。《出师表》："不宜妄自菲薄，引喻失义，以塞忠谏之路也。"
❸ <副>大概；也许。《赤壁之战》："将军擒操，宜在今日。"
❹ <副>当然。《齐桓晋文之事》："宜乎百姓之谓我爱也。"
❺ <名>事宜；事情。嵇康《述志诗》："悠悠非吾匹，畴肯应俗宜？"

语法常识第039讲

词类活用：形容词的使动用法【明】"黄帝能成命万物，以明民共财"一句中"明"字，本为形容词，意思是"明白"，在这里用作动词，表示"使……明白"。翻译为：黄帝能给各种事物命名，使百姓开化，贡献赋税。

里革断罟(gǔ)匡君
——一张有纪念意义的渔网

《国语》

《古文观止》有故事

有一年夏天,鲁宣公带人在泗水下网捕鱼。大臣里革听说了,赶紧跑去割断了捕鱼的网,劝说鲁宣公不要在鱼鳖繁殖的时候捕鱼。他向鲁宣公一一解说古时候捕猎的规定:捕猎要有节制,让自然界万物繁殖生长,才能生生不息。

鲁宣公还不错,接受了里革的意见,并且收藏了被割破的那张网,提醒

自己不要再犯错。

鲁宣公想好好治理国家,但他已经被东门襄仲和三桓架空了,没有实权。

鲁宣公是鲁文公的儿子。当年,东门襄仲借助齐惠公的支持,杀了鲁文公的嫡子,扶持他做了国君,因此掌握了大权。

三桓是鲁桓公的三个儿子逐渐发展成的三个大家族:季孙氏、叔孙氏、孟孙氏。东门襄仲势力越来越大,季孙氏选择依附他,而另外两家起兵攻打他,结果失败了。

公元前601年,东门襄仲去世,他的儿子东门归父继承了父亲的职位。但是他没有父亲那么厉害,三桓的势力越来越大。

鲁宣公也不想三桓做大做强,就刻意扶持东门归父。但是,东门归父实在是没本事。眼看着三桓已经把持了朝政,鲁宣公害怕了,思来想去,只好派东门归父去向晋国求助,想让晋国出兵灭掉三桓。

东门归父去了晋国,还没回来,鲁宣公就去世了。季孙氏就站出来揭露

东门氏曾杀害先王嫡子，叔孙氏和孟孙氏也随声附和。东门氏没有国君做靠山，很快就被三桓消灭了。东门归父得到消息，吓得不敢回国，逃到齐国去了。

季孙氏拥立鲁宣公的儿子黑肱即位，就是鲁成公。

从此，鲁国成了三桓的天下。

逐字逐句学古文

原文

宣公夏滥于泗渊，里革断其罟而弃之，曰："古者大寒降，土蛰发，水虞于是乎讲罛罶，取名鱼，登川禽，而尝之寝庙，行诸国人，助宣气也。鸟兽孕，水虫成，兽虞于是乎禁罝罗，矠鱼鳖，以为夏槁，助生阜也。鸟兽成，水虫孕，水虞于是乎禁罜䍡，设阱鄂，以实庙庖，畜功用也。且夫山不槎蘖，泽不伐夭，鱼禁鲲鲕，兽长麑䴠，鸟翼鷇卵，虫舍蚳蝝，蕃庶物也。古之训也。

译文

鲁宣公在夏天到泗水的深潭中下网捕鱼，里革割破他的渔网，丢在一旁，说："古时候，大寒以后，冬眠的动物便开始活动，负责捕鱼的官员这时才计划用渔网、鱼筍捕大鱼，捉龟鳖等，拿这些到寝庙里祭祀祖宗，同时这种办法也在百姓中间施行，这是为了帮助散发地下的阳气。当鸟兽开始孕育，鱼鳖已经长大的时候，负责打猎的官员这时便禁止用网捕捉鸟兽，只准刺取鱼鳖，并把它们制成夏天吃的鱼干，这是为了帮助鸟兽生长。当鸟兽已经长大，鱼鳖开始孕育的时候，负责捕鱼的官员便禁止用小渔网捕捉鱼鳖，只准设下陷阱捕兽，这是用来供应宗庙和庖厨的需要，这是保护水产资源可供日后享用。而且，到山上不能砍伐新生的树枝，在水边也不能割取幼嫩的草木，捕鱼时禁止捕小鱼，捕兽时要留下小鹿和走兽幼子，捕鸟时要保护雏鸟和鸟卵，捕虫时要避免伤害蚂蚁和蝗虫的幼虫，这是为了使万物今鱼方别孕，不教鱼长，又行网罟，贪无艺也。"

公闻之曰："吾过而里革匡我，不亦善乎！是良罟也，为我得法。使有司藏之，使吾无忘谂。"师存侍，曰："藏罟，不如置里革于侧之不忘也。"

繁殖生长。这些是古人的教导。现在正当鱼类孕育的时候，却不让它们长大，还下网捕捉，真是贪心不足啊！"

宣公听了这些话以后说："我有过错，里革便纠正我，这不是很好吗？这是一张很有意义的渔网，它使我认识到古代治理天下的方法。让主管官吏把它藏好，使我永远不忘里革的规谏。"有个名叫存的乐师在旁伺候宣公，说道："保存这张网，还不如将里革安置在身边，这样就更不会忘记他的规谏了。"

文化常识第040讲

大寒 大寒，是二十四节气中的最后一个节气，时间大约在公历1月20日左右。大寒和小寒一样，都是表示天气寒冷程度的节气。大寒是天气寒冷到极致的意思，是一个生机潜伏、万物蛰藏的时令。过了大寒就是立春，也就要过春节了，所以大寒时节的民俗就有了除旧迎新的意思。比如，蒸供品，做腊味，大扫除，都有迎接新春的美好寓意。

常用字第040讲

❶ <动>走过；经过。《殽之战》："三十三年春，秦师过周北门。"

❷ <动>时间过去。《采草药》："花过而采，则根色黯恶。"

❸ <名>经历；过程。《汉书·苏武传》："常惠请其守者与俱，得夜见汉使，具自陈过。"

❹ <动>超过；胜过。《齐桓晋文之事》："古之人所以大过人者无他焉，善推其所为而已矣。"

❺ <副>过分；过于。《陈情表》："过蒙拔擢，宠命优渥，岂敢盘桓，有所希冀。"

❻ <名>**过失**。《殽之战》:"孤之过也,大夫何罪?"
❼ <动>**责备**。《鸿门宴》:"闻大王有意督过之。"
❽ <动>**访问;探望**。《信陵君窃符救赵》:"臣有客在市屠中,愿枉车骑过之。"

语法常识第040讲

判断句:"是……也。" 有一类判断句,句首的"是"字是代词"这",在这里做主语,和句尾的"也"构成判断句式。本文"是良罟也,为我得法"一句就是这样,翻译为:这是一张很有意义的渔网,它使我认识到古代治理天下的方法。

这样的例子还有:

"是废先王之教也。"(《单子知陈必亡》)翻译为:这是废弃了先王的遗教呀。

敬姜论劳逸
——过度安逸会忘记美好品行

《古文观止》有故事

敬姜是鲁国大臣公父文伯的母亲,是有名的贤母。她通情达理,教育孩子非常严格。

有一次,公父文伯退朝回到家,看到母亲正在绩麻。公父文伯赶紧上前拦阻母亲,他认为主母不应该干这些粗活,要是让季孙氏知道了,肯定会指责他不孝敬老人。

敬姜听了,给儿子讲了一番道理。她用前朝的道理和现在的礼法来教育儿子,强调劳动的重要。

敬姜知书达礼，凡是违背礼法的事儿，她是不会去做的。

有一次，敬姜去季氏家里拜访。敬姜是季康子的叔祖母。那天，季康子正在召见下属和家臣，看到老太太走进来，恭恭敬敬地跟她打了个招呼。谁知道，老太太没有答话，径直往里走。季康子跟着走到寝门，敬姜还是没有说话地走了进去。

季康子办完公事后，到内堂见敬姜，问："我是不是犯什么错误啦？你没有搭理我！"

敬姜回答说："你难道不知道男女有别吗？诸侯或大夫在外面处理政事，夫人们在寝门之内履行自己的职责。你刚才在寝门之外处理政事和季氏家事，那不是我该说话的地方呀！"

季康子点点头，由衷地佩服敬姜。

后来，公父文伯去世了，敬姜在儿子的丧事上没有掉一滴眼泪，因为她觉得儿子品行不够好：让他追随孔子学习，孔子离开鲁国时，他没有跟着去；给孔子送行，也只是送到了郊外，赠送的礼物也不够贵重；他生病后，没有几个人来探望的；他去世后，也没有几个人为他流泪。她认为不值得为他哭。

敬姜是历史上有名的贤母，连孔子都对她大加赞赏呢。

逐字逐句学古文

原文

公父文伯退朝，朝其母，其母方绩。文伯曰："以歜之家而主犹绩，惧干季孙之怒也。其以歜为不能事主乎？"

译文

公父文伯退朝之后，去看望他的母亲，他的母亲正在绩麻。文伯说："像我这样的人家还要主母亲自绩麻，这恐怕会让季孙恼怒。他会觉得我不愿意孝敬母亲吧？"

他的母亲叹了一口气说："鲁国要灭

其母叹曰："鲁其亡乎？使僮子备官而未之闻耶？居，吾语女。

"昔圣王之处民也，择瘠土而处之，劳其民而用之，故长王天下。夫民劳则思，思则善心生；逸则淫，淫则忘善；忘善则恶心生。沃土之民不材，淫也；瘠土之民莫不向义，劳也。

"是故天子大采朝日，与三公、九卿祖识地德；日中考政，与百官之政事。师尹惟旅牧相，宣序民事。少采夕月，与太史、司载纠虔天刑。日入监九御，使洁奉禘郊之粢盛，而后即安。诸侯朝修天子之业命，昼考其国职，夕省其典刑，夜儆百工，使无慆淫，而后即安。卿大夫朝考其职，昼讲其庶政，夕序其业，夜庀其家事，而后即安。士朝受业，昼而讲贯，夕而习复，夜而计过无憾，而后

亡了吧？让你这样的顽童充数做官，却不把做官之道讲给你听？坐下来，我讲给你听。

"过去圣贤的国王为老百姓安置居所，选择贫瘠之地让百姓定居下来，使百姓劳作，发挥他们的才能，因此君主就能够长久地统治天下。老百姓要劳作才会思考，要思考才能产生善心；闲散安逸会导致人们过度享乐，人们过度享乐就会忘记美好的品行；忘记美好的品行就会产生邪念。居住在沃土之地的百姓不成材，是因为过度享乐啊。居住在贫瘠土地上的百姓，没有不讲道义的，是因为他们勤劳啊。

"因此，每年春分的早晨，天子要穿上五彩礼服隆重地祭祀太阳，和三公、九卿一起熟悉了解农业生产；中午考察政务，谋划政府各部门的政事。京都县邑各级官员在牧、相的领导下，安排事务使百姓得到治理。每年秋分，天子要穿上三彩礼服祭祀月亮，和太史、司载详细记录天象；日落便督促嫔妃们，让她们把禘祭、郊祭用的各种谷物及器皿清洁好，然后才休息。诸侯们早晨听取天子颁布的政令，日间完成他们所负责的日常政务，傍晚反复检查有关典章和法规的执行情况，夜晚告诫属下百官不要过度享乐，然后才休息。卿大夫早晨统筹安排政务，白天与属僚商量处理政务，傍晚梳理一遍当天的事务，夜晚处理他

即安。自庶人以下，明而动，晦而休，无日以怠。王后亲织玄紞，公侯之夫人加之纮、綖。卿之内子为大带，命妇成祭服。列士之妻加之以朝服。自庶士以下，皆衣其夫。社而赋事，烝而献功，男女效绩，愆则有辟。古之制也！君子劳心，小人劳力，先王之训也！自上以下，谁敢淫心舍力？

"今我，寡也，尔又在下位，朝

的家事，然后才休息。贵族青年早晨接受早课，日间讲习所学知识，傍晚复习，夜晚反省自己有无过错直到没有什么不满意的地方，然后才休息。从平民以下，日出而作，日落而息，没有一天懈怠的。王后亲自编织冠冕上用来系瑱的黑色丝带，公侯的夫人还要编织系于颔下的帽带以及覆盖帽子的装饰品。卿的妻子做腰带，所有贵妇人都要亲自做祭祀服装，各种士人的妻子还要做朝服，普通百姓都要给丈夫做衣服穿。春分祭祀时开始耕种土地，冬季祭祀时献上谷物和牲畜，男女都尽力做出成绩，有过失就要受到惩罚不能参加祭祀。这是上古传下来的制度！君王操心，小人出力，这是先王

夕处事，犹恐忘先人之业。况有怠惰，其何以避辟？吾冀而朝夕修我，曰：'必无废先人。'尔今曰：'胡不自安？'以是承君之官，余惧穆伯之绝祀也。"

仲尼闻之曰："弟子志之，季氏之妇不淫矣！"

的遗训啊。自上而下，谁敢挖空心思偷懒呢？

"如今我守了寡，你又做官，早晚做事，尚且担心丢弃了祖宗的基业。倘若懈怠懒惰，那怎么躲避得了罪责呢？我希望你早晚提醒我说：'一定不要废弃先人的传统。'你今天却说：'为什么不自图安逸啊？'以你这样的态度承担君王的官职，我恐怕你父亲穆伯要绝后了啊。"

孔子听说这件事后说："弟子们记住，季家的老夫人不图安逸啊！"

文化常识第041讲

牧 牧，最早是指放养牲口，后来也指放牧的场地等。后来，又有了统治、管理的意思。古代所说的牧民就是指统治民众。相传舜统治天下时，把天下分为十二州，每州都设立州牧。这时候，牧就成为一种官职了，是一州的行政长官。《三国演义》中，刘表为荆州牧，刘璋为益州牧。后来，刘备在诸葛亮的帮助下，攻下益州，做了益州牧。并在此基础上，建立了蜀汉政权。

常用字第041讲

❶ <名>君主；帝王。《殽之战》："其南陵，夏后皋之墓也。"
❷ <名>君王的正妻。《战国策·触龙说赵太后》："太后盛气而揖之。"
❸ <名>后面；后边。《孔雀东南飞》："新妇车在后。"
❹ <形>次序或时间在后的。《指南录后序》："舟与哨相后先。"
❺ <名>后代子孙。《训俭示康》："孟僖子知其后必有达人。"

词类活用：形容词作动词【采】 "是故天子大采朝日，与三公九卿祖识地德"一句中的"大采"，以及"少采夕月"一句中的"少采"，都是形容词。"大采"本义为"五彩"，在这里做"穿上五彩衣服"的意思。"少采"本义为"三彩"，这里是"穿上三彩衣服"。翻译为：因此，每年春分的早晨，天子要穿上五彩礼服隆重地祭祀太阳，和三公、九卿一起熟悉了解农业生产。

叔向贺贫
——目光敏锐的政治家

《国语》

● 《古文观止》有故事

　　叔向也叫羊舌肸(xī)，是晋国的大臣，和当时郑国的子产、齐国的晏子齐名。他对政治局势有着非常敏锐的洞察力。

　　公元前531年，楚灵王诱杀了蔡灵侯，又命公子弃疾包围蔡国。韩宣子问叔向结果会怎么样，叔向认为楚国会攻下蔡国，但是楚灵王太残暴了，会遭到报应的。

　　公元前529年，楚国发生内乱，楚灵王被杀，子比即位。韩宣子觉得子比跟齐桓公、晋文公一样都是庶子，很有可能坐稳王位。但是叔向认为子比自

身不够贤能，又没有贤臣辅佐，没有大家族支持，将会失败。事实验证了他的预言：子比被迫自杀，公子弃疾即位，就是楚平王。

当时晋国的国政掌握在韩宣子手里，国君已经没有实权了。韩宣子很贪婪，常常为自己没钱花发愁，叔向却为此向他道贺。他举出晋国大家族栾氏毁灭的例子：栾武子清廉，晋国安定，因此得到了善终；他的儿子桓子贪财，但是因为父亲的功德还在，也没遭到祸患；桓子的儿子栾怀子向祖父学习，但是却被父亲的恶行连累，被迫逃亡到了楚国。叔向表面上在道贺，实际上是劝诫韩宣子要清廉，要发扬美德。

韩宣子执政多年，架空国君，为自己积累了很多财富，韩氏家族越来越强大。叔向对此很忧虑。

有一年，吴国的季札访问晋国，和叔向聊起晋国的未来，已经预感到韩、赵、魏三家将要掌控晋国。季札还叮嘱叔向："国君无能，有本事的臣子却很多，大家族们又都很富有，晋国政权将要归于大夫家。您说话太直率，一定要注意保全自己呀。"

若干年后，韩、赵、魏三大家族分割了晋国，建立了韩国、赵国和魏国，堂堂的晋国就这样灭亡了。

逐字逐句学古文

原文

shū xiàng jiàn hán xuān zǐ　xuān zǐ yōu pín
叔 向 见 韩 宣 子，宣 子 忧 贫，
shū xiàng hè zhī　xuān zǐ yuē　wú yǒu qīng zhī
叔 向 贺 之。宣 子 曰："吾 有 卿 之
míng ér wú qí shí　wú yǐ cóng èr sān zǐ　wú
名 而 无 其 实，无 以 从 二 三 子，吾
shì yǐ yōu　zǐ hè wǒ　hé gù
是 以 忧，子 贺 我，何 故？"

译文

叔向去拜见韩宣子，韩宣子正为贫困而发愁，叔向却向他表示祝贺。宣子说："我有卿大夫的虚名，却没有卿大夫的财富，没法跟其他的卿大夫们来往应酬，我正为此发愁，你却祝贺我，这是什么缘故呢？"

对曰："昔栾武子无一卒之田，其宫不备其宗器；宣其德行，顺其宪则，使越于诸侯。诸侯亲之，戎狄怀之，以正晋国。行刑不疚，以免于难。及桓子，骄泰奢侈，贪欲无艺，略则行志，假货居贿，宜及于难，而赖武之德以没其身。及怀子，改桓之行，而修武之德，可以免于难，而离桓之罪，以亡于楚。夫郤昭子，其富半公室，其家半三军，恃其富宠，以泰于国。其身尸于朝，其宗灭于绛。不然，夫八郤，五大夫三卿，其宠大矣；一朝而灭，莫之哀也，惟无德也。今吾子有栾武子之贫，吾以为能其德矣，是以贺。若不忧德之不建，而患货之不足，将吊不暇，何贺之有？"

宣子拜稽首焉，曰："起也将亡，赖子存之。非起也敢专

叔向回答说："从前栾武子没有百顷田产，家里连祭祀的器具都备不齐全；可是他能够传播德行，遵循法制，名闻于诸侯各国。诸侯国都亲近他，一些少数民族归附他，因此使晋国安定下来。他遵行法度没有弊病，因而避免了灾难。到了桓子时，他骄傲自大，奢侈无度，贪得无厌，犯法胡为，放利聚财，本该遭到祸难，依赖他父亲栾武子的余德，才得以善终。传到怀子时，怀子改变了他父亲桓子的行为，学习他祖父武子的德行，本来可以凭这一点免除灾难；可是受到他父亲桓子罪孽的连累，因而逃亡到楚国。那个郤昭子，他家的财富抵得上公室财产的一半，他一家所出的军赋可以抵得上晋国三军的一半，他依仗自己的财产和势力，在晋国过着极其奢侈的生活，最后他的尸体在朝堂上示众，他的宗族在绛这个地方被灭亡了。如果不是这样的话，那八个姓郤的高官中有五个做大夫，三个做公卿，他们所受的恩宠够大的了；可是一旦被诛灭，没有一个人同情他们，只是因为他们没有德行的缘故！现在你有栾武子的清贫境况，我认为你能够继承他的德行，所以表示祝贺。如果不忧虑德行没有树立，却只为财产不足而发愁，我表示哀怜还来不及，哪里还能够祝贺呢？"

宣子于是下拜，并叩头说："我正在趋向灭亡的时候，全靠您拯救了我。我不

承之，其自桓叔以下，嘉吾子
之赐。"

敢独自承受你的恩德，恐怕从我的祖宗桓叔以下的子孙，都要感谢您的恩赐。"

文化常识第 042 讲

郤氏 曾经是晋国公卿中最强势的一个家族。鄢之战后，郤克做了中军将，这是郤家第三次担任这个重要职务。郤克死后，他的儿子郤锜接位。同时，郤克的堂弟郤犨和侄子郤至也先后进入"晋国八卿"之中。三人合称"三郤"。郤家权倾朝野，势力达到顶峰。三郤的强势引起了晋君和众卿的不安。晋厉公、栾氏、胥氏联合起来将郤氏一族铲除了。

常用字第042讲 — 名

❶ <名>名字；名称。《屈原列传》："屈原者，名平，楚之同姓也。"
❷ <动>取名；命名。《离骚》："名余曰正则兮，字余曰灵均。"
❸ <动>说出。《游褒禅山记》："后世之谬其传而莫能名者。"
❹ <名>名义，名分。《赤壁之战》："今将军外托服从之名而内怀犹豫之计。"
❺ <名>名声；名望。《陈情表》："不图宦达，不矜名节。"
❻ <动>有名；闻名。《过小孤山大孤山》："凡江中独山，如金山、焦山、落星之类，皆名天下。"
❼ <形>有名的；著名的。《送东阳马生序》："又患无硕师名人与游。"

语法常识第042讲

省略句：省略量词 "不然，夫八郤，五大夫三卿，其宠大矣"一句中数词后面，省略了量词"位"。完整句子为：不然，夫八位郤五位大夫三位卿，其宠大矣。翻译为：如果不是这样的话，那八个姓郤的高官中有五个做大夫，三个做公卿，他们所受的恩宠够大的了。

这样的例子还有很多：

①"船头坐三人。"（《核舟记》）翻译为：船头坐着三个人。

②"撤屏视之，一桌，一椅，一扇，一抚尺而已。"（《口技》）翻译为：撤下围帐看：只有一张桌子，一把椅子，一把扇子，一块抚尺罢了。

③"孔子东游，见两小儿辩斗。"（《两小儿辩日》）翻译为：孔子到东方游历，见到两个小孩争辩。

王孙圉论楚宝

——人才就是国宝

《国语》

《古文观止》有故事

赵简子名叫赵鞅,是春秋时期晋国赵氏家族的宗主。他的父亲去世时,年轻的赵鞅继承了父亲的位置,做了下军佐(下军副统帅),成为晋国执政的六卿之一。

当时的一把手是韩宣子,和赵氏交好,对赵鞅很照顾。韩宣子去世后,魏舒执政,士鞅(范献子)的势力越来越大。到士鞅执政的时候,开始打压魏氏和赵氏。赵鞅没办法,只好隐藏了锋芒,低调得不能再低调。一直等到士鞅去世,他才有了出头之日,终于坐上了执政大臣的位置。

有一年,楚国大臣王孙圉(yǔ)来晋国访问,晋定公设宴款待,赵简子作陪。赵简子炫耀自己佩戴的玉器,遭到了王孙圉的质疑。王孙圉认为人才是宝贝,对国家、对百姓有利的事物才是宝贝,赵简子的玉只能算是一件玩物。

听起来,赵简子好像是个玩物丧志的纨绔子弟。其实错了,他是一个叱咤风云的英雄人物。

在被士鞅压制的那些年里，他闷头在自己的领地进行改革，改革田亩制度，调整赋税，奖励军功，更重要的是他礼贤下士，知人善任。

有一次，他派尹铎去治理晋阳（今山西太原），事先告诉他一定要拆除原来的一些壁垒。可是，尹铎到任后，却加固增修了壁垒。赵简子到晋阳视察，看到壁垒，气坏了，一定要先杀了尹铎再进城。有人赶紧来给他解释增修壁垒的重要性，赵简子顿时没了火气，反倒奖赏了尹铎。

他有一个家臣叫周舍，说话直，看到不对的地方就给他指出来。后来周舍死了，赵简子每次召见家臣议事的时候，常常愁眉苦脸的。家臣们莫名其妙地问他，才知道听不到周舍进谏的声音，赵简子总怕犯错误……

正是因为这些，赵简子才能治理好自己的领地，并且得到晋国百姓的爱戴。他才是真正懂得"人才就是国宝"的那个人呀。

逐字逐句学古文

原文

王孙圉聘于晋，定公飨之。赵简子鸣玉以相，问于王孙圉曰："楚之白珩犹在乎？"对曰："然。"简子曰："其为宝也，几何矣？"

曰："未尝为宝。楚之所宝者，曰观射父，能作训辞，以行事于诸侯，使无以寡君为口实。又有左史倚相，能道训典，以叙百物，以朝夕

译文

楚国大夫王孙圉在晋国访问，晋定公设宴招待他，晋国大夫赵简子佩戴着能发出鸣响的玉，站在一旁担任赞礼官，问王孙圉说："楚国的白珩还在吗？"王孙圉回答说："在。"简子说："那是宝物啊，价值多少呢？"

王孙圉说："没将它当成宝物。楚国所视为宝物的，叫观射父，他能发表上乘的训导和外交辞令，来和各诸侯国打交道，使我国国君不会有什么话柄。还有左史倚相，能够说出先王的训导和典章，陈述各种事物，朝夕

献善败于寡君，使寡君无忘先王之业；又能上下说于鬼神，顺道其欲恶，使神无有怨痛于楚国。又有薮曰云连徒洲，金、木、竹、箭之所生也，龟、珠、角、齿、皮、革、羽、毛，所以备赋，以戒不虞者也；所以共币帛，以宾享于诸侯者也。若诸侯之好币具，而导之以训辞，有不虞之备，而皇神相之，寡君其可以免罪于诸侯，而国民保焉。此楚国之宝也。若夫白珩，先王之玩也，何宝焉？

"圉闻国之宝六而已：圣能制议百物，以辅相国家，则宝之；玉足以庇荫嘉谷，使无水旱之灾，则宝之；龟足以宪臧否，则宝之；珠足以御火灾，则宝之；金足以御兵乱，则宝之；山林薮泽足以备财用，则宝之。若夫哗嚣之美，楚虽蛮夷，不能宝也。"

将成败的经验和教训告诉国君，使国君不忘记先王的基业；还能上下取悦鬼神，顺应了解它们的好恶，使神不会对楚国有怨怼。还有叫云连徒洲的沼泽地，是金属、木材、箭竹、箭杆所生产的地方，还是龟甲、珍珠、兽角、象牙、兽皮、犀牛皮、羽毛、牦牛尾等物产的来源，这些物产可用来作为军用物资，来防备意外事件；也用来供应钱财布匹，以馈赠给各诸侯们享用。如果各诸侯对礼品感到满意，再加上贤相们的训导和外交辞令、我们对意外事件的防备及皇天神灵的佑护，我国君王能够免于各诸侯国的罪责，国家和百姓也能得到保障。这些才是楚国的宝物。至于白珩，那只是先王的玩物，哪称得上是宝物啊？

"我听说所谓国家的宝物不过六种而已：圣贤能够评判万事万物，能辅佐治理国家，就视他为宝物；宝玉足以庇护赐福，使五谷丰登，使国家没有水旱的灾难，就视它为宝物；龟壳足以准确布告福祸，就视它为宝物；珍珠足以用来抵御火灾，就视它为宝物；金属足以防御兵乱，就视它为宝物；山林湿地沼泽足以供给财政用度，就视它为宝物。至于那叮咚作响的玉佩，楚国虽然是野蛮偏远的国家，也不可能将它当成宝物啊。"

文化常识第043讲

观射父 观射父,是春秋末期楚国的宗教思想家。他既是一位大巫师,同时也是一位参与政事的大夫,地位极为显赫,被楚国奉为第一国宝。楚昭王有什么不清楚的天地之事,都要向观射父请教。在他们两个人的对话中,他强调祭祀活动要严肃而规范,同时又提出要爱护民力。

常用字第043讲 —— 相

读 xiàng 时:

❶ <动>仔细看;观察。《订鬼》:"伯乐学相马。"
❷ <名>相貌。《孔雀东南飞》:"儿已薄禄相,幸复得此妇。"
❸ <动>帮助;辅助。《游褒禅山记》:"至于幽暗昏惑而无物以相之,亦不能至也。"
❹ <名>帮助别人的人。《季氏将伐颛臾》:"危而不持,颠而不扶,则将焉用彼相矣。"
❺ <名>辅佐君王的大臣;宰相。《廉颇蔺相如列传》:"且庸人尚羞之,况于将相乎?"
❻ <名>主持礼节仪式的人。《子路、曾皙、冉有、公西华侍坐》:"宗庙之事,如会同,端章甫,愿为小相焉。"

读 xiāng 时:

❶ <副>互相。《陈情表》:"茕茕孑立,形影相吊。"
❷ <副>表示动作偏向一方。《孔雀东南飞》:"便可白公姥,及时相遣归。"
❸ <副>递相;相继。《训俭示康》:"吾本寒家,世以清白相承。"

语法常识第043讲

词类活用:名词的意动用法【宝】 "若夫哗嚣之美,楚虽蛮夷,不能宝也"一句中"宝"本来是名词,做"宝物"讲,在这里用作意动用法,意为"以……为宝"。翻译为:至于那叮咚作响的玉佩,楚国虽然是野蛮偏远的国家,也不可能将它当成宝物啊。

诸稽郢行成于吴

——留得青山在，不怕没柴烧

《国语》

《古文观止》有故事

勾践是春秋时期越国的君主。越国和吴国是死敌，两国常年作战，互有胜败。直到公元前497年，勾践听说吴王夫差整顿军马准备征伐越国，决定先下手为强，抢先出击，在太湖中的夫椒与吴军展开了大战。越军失败，一退再退。吴军乘胜追击，占领了越国都城，勾践率5000名士兵被困在城外的会稽山上。

勾践追悔莫及：难道我这辈子就完了吗？大臣文种劝慰他："当年的齐桓公和晋文公都到处逃亡，九死一生，最后不还是做了霸主？现在这点磨难不算什么。"另一位大臣范蠡建议他向吴国投降："只要活着，就有复仇的那一天！"

于是，勾践就派文种和诸稽郢去吴国求和。夫差倒是没反对，但是吴国大臣伍子胥坚决不同意。消息传回越国，勾践咬紧牙关，打算拼个鱼死网破。这时候，文种说："吴国的伯嚭(pǐ)贪财，我们可以买通他，让他说服吴王。"

伯嚭收了钱财，果然说服夫差接受了越国的投降。

勾践到吴国做了三年奴隶，夫差对他很放心，就放他回国。

回国后，勾践卧薪尝胆，时刻提醒自己不忘耻辱。他鼓励农桑，常和百姓一起下地干活。很快，仓库里就堆满了粮食。多年的战争让越国人口减少，勾践鼓励边境官员招揽移民。各国百姓听说越国施行仁政，粮食又充足，纷纷前来归附。人口越来越多，兵源也就充足了。于是他命令铸造兵甲，增强武器装备，提升军队的战斗力。

与此同时，他还不断地向吴国进献木材、财宝、美女等，让夫差吃喝玩乐，不思进取，放松对越国的警惕。

越国的实力越来越强，终于在公元前473年灭掉了吴国。第二年，勾践北上，在徐州和齐、晋诸侯会盟。周元王叫人赐他胙肉，任命他为"伯"。勾践成为春秋时期最后一位霸主。

逐字逐句学古文

原文

吴王夫差起师伐越，越王勾践起师逆之江。大夫种乃献谋曰："夫吴之与越，唯天所授，王其无庸战。夫申胥、华登简服吴国之士于甲兵，而未尝有所挫也。夫一人善射，百

译文

吴王夫差出兵攻越，越王勾践带兵迎击。大夫文种献计说："吴、越谁存谁亡，只看天意如何，用不着打仗了。伍子胥和华登训练出来的吴国士兵，从来没打过败仗。只要有一人精于射箭，就会有百人拉起弓弦练习。我们很难战胜他们啊。凡是谋划一件事情，必须预见到可能成功才实

夫决拾，胜未可成。夫谋必素见成事焉，而后履之，不可以授命。王不如设戎，约辞行成，以喜其民，以广侈吴王之心。吾以卜之于天，天若弃吴，必许吾成而不吾足也，将必宽然有伯诸侯之心焉。既罢弊其民，而天夺之食，安受其烬，乃无有命矣。"

越王许诺，乃命诸稽郢行成于吴，曰："寡君勾践使下臣郢，不敢显然布币行礼，敢私告于下执事曰：昔者越国见祸，得罪于天王，天王亲趋玉趾，以心孤勾践，而又宥赦之。君王之于越也，繄起死人而肉白骨也。孤不敢忘天灾，其敢忘君王之大赐乎？今勾践申祸无良，草鄙之人，敢忘天王之大德，而思边陲之小怨，以重得罪于下执事？勾践用帅二三之老，亲委重罪，顿颡于边。今君王不察，盛怒属兵，将残伐越国。越国固贡献之邑也，君王不

行，决不可轻易拼命。君王不如设置兵力，严守阵地，用谦卑的言辞向吴国求和，使吴国的百姓喜悦，使吴王的野心一天天膨胀。我们可由此占卜天意，果真天弃吴国，吴人定会答应议和，不把我国放在眼里，而放心大胆去中原争霸。等他们国家的百姓疲惫了，再遇上天灾歉收，我们稳稳当当去收拾残局，吴国就失去上天的保佑了。"

越王同意了，派诸稽郢向吴求和。诸稽郢对吴王说："敝国君主勾践派遣小臣诸稽郢前来，不敢公然献上玉帛，在天王驾前行礼，只敢私下向天王左右的官员说：从前，越国不幸冒犯天王，天王亲劳大驾，本来打算灭我勾践，又宽恕了我。天王对我越国的恩德，真是让死人复活，让白骨生肌。我勾践既不敢忘记天降的灾祸，又怎敢忘记天王的厚赐呢？如今我勾践又因无德而重遭天祸，我这草野的鄙贱之人，又怎敢忘记天王的大德，只因边境的小怨而耿耿于怀，以致再次得罪天王的左右呢？勾践因此率领几个老臣，亲自承担重罪，在边境上叩头向您请罪。天王未了解下情，勃然大怒，出兵讨伐。越国本来就是向天王称臣进贡的城邑啊，天王不用鞭子驱使它，却使您尊贵的将士们受屈，来执行讨伐，更使越国不安

以鞭箠使之，而辱军士使寇令焉。勾践请盟：一介嫡女，执箕帚以晐姓于王宫；一介嫡男，奉槃匜以随诸御。春秋贡献，不解于王府。天王岂辱裁之？亦征诸侯之礼也。夫谚曰：'狐埋之而狐搰之，是以无成功。'今天王既封殖越国，以明闻于天下，而又刈亡之，是天王之无成劳也。虽四方之诸侯，则何实以事吴？敢使下臣尽辞，唯天王秉利度义焉！"

了。因此勾践请求订下盟约：送一个亲生女儿，在吴王宫拿着簸箕扫帚侍奉您；还送一个亲生儿子，捧着盘子和脸盆，随同侍卫们服侍您。春秋两季，向天王的府库进贡，决不懈怠。天王又何必御驾亲征？这本是天子向诸侯征税的礼制啊！谚语说：'狐狸埋下它，狐狸又扒出来，所以劳而无功。'如今天王既已扶植了越国，您的明智已传遍天下；倘又消灭它，天王岂不也是劳而无功吗？即使诸侯想服侍吴国，吴国又如何使四方的诸侯信服呢？因此恕我冒昧把想说的话说完，请天王权衡利弊吧！"

文化常识第044讲

匜 古代用于沃盥之礼的一种礼器。商周时期的匜是用青铜制造的，相当于现代的瓢，就是一个舀水的器具。《左传·僖公二十三年》有"奉匜沃盥"的记载。沃盥之礼是古代祭祀典礼之前的重要礼仪，沃是浇水，盥是洗手洗脸。古代侍奉主人行沃盥之礼时，要有一位年长的仆人拿着装了水的匜往下浇水，主人洗手，一位年少的仆人捧着盆接水。

常用字第044讲

❶ <动>像。《赤壁之战》："众士慕仰，若水之归海。"
❷ <动>及；比得上。《邹忌讽齐王纳谏》："徐公不若君之美也。"

❸ <代> 你；你们；你（们）的。《鸿门宴》："若入前为寿。"

❹ <代> 这样的；这。《齐桓晋文之事》："以若所为，求若所欲，犹缘木而求鱼也。"

❺ <连> 至于。《齐桓晋文之事》："若民，则无恒产，因无恒心。"

❻ <连> 假如；如果。《殽之战》："若潜师以来，国可得也。"

❼ <连> 或；或者。《汉书·食货志》："时有军役若水旱，民不困乏。"

❽ <副> 好像；似乎。《桃花源记》："山有小口，仿佛若有光。"

❾ <词缀> 用于形容词后，表示"……的样子"，也可不译出。《诗经·氓》："桑之未落，其叶沃若。"

语法常识第 044 讲

词类活用：形容词的使动用法【喜、广侈】 "以喜其民，以广侈吴王之心"一句中的"喜"和"广侈"都是形容词的使动用法。"喜"本是"喜悦"之意，这里用作动词，解释为"使……喜"；"广侈"本义为"骄横自大"，这里用作动词，解释为"使……广侈"。翻译为："使吴国的百姓喜悦，使吴王的野心一天天膨胀。"

申胥谏许越成
——不要让小蛇长成大蛇

《古文观止》有故事

申胥就是伍子胥,他是楚国大臣伍奢的儿子。他写过一本《水战兵法》,是古代水战兵法的开创者。他主持开挖了人工运河胥江,解决了当地的水患,也灌溉了农田,发展了农业。

伍奢被楚平王杀害后,伍子胥逃到了吴国。他和著名的军事家孙武一起,打败了楚国,长驱直入楚国都城。后来,秦国出兵来救楚国,吴王的弟弟也趁机谋反。在内外交困的情况下,吴王只好下令撤兵,回国平定叛乱。

吴越争霸中,越国失败后请求议和,伍子胥目光敏锐,建议吴王一鼓作气,联合齐国灭掉越国,不要给越王东山再起的机会。但是越国买通了吴王宠臣伯嚭,伯嚭在吴王面前说了伍子胥的坏话,吴王就接受了越国的求和。

当年,夫差是借助伍子胥的帮助才登上王位的,本来君臣感情挺好,可是,在伯嚭的挑拨下,夫差不再信任伍子胥。他派伍子胥出使齐国。

伍子胥已经感觉到危险就要来临,于是带着儿子来到齐国,把他托付给齐国大臣鲍牧,自己返回了吴国。

伯嚭趁此机会又进谗言,说伍子胥想谋反。夫差一怒之下,要赐死伍子胥。伍子胥气坏了,他恨那个奸臣伯嚭,也恨夫差听信谗言,把自己的治国良言当作耳旁风。他气愤至极,却又无计可施,只能恨恨地嘱咐家人:"我死后,把我的眼睛挖出来,挂在吴国都城的东门楼上,我死了也要亲眼看着越国的军队灭掉吴国!"

夫差听说了,暴跳如雷,命人把伍子胥的尸体扔进钱塘江。

后来，吴国果然为越国所灭。走投无路时，夫差想起了伍子胥当年的劝诫，又羞又愧，后悔极了。他觉得自己到了地府也没脸再见伍子胥了，于是用白布蒙住双眼，举剑自刎(wěn)而死。

逐字逐句学古文

原文	译文
吴王夫差乃告诸大夫曰："孤将有大志于齐，吾将许越成，而无拂吾虑。若越既改，吾又何求？若其不改，反行，吾振旅焉。"	吴王夫差便告诉各位大夫说："我对齐国有大的企图，我打算同意越国的求和，你们不要违背我的意愿。如果越国已经改过，我对它还有什么要求呢？如果它不悔改，等我从齐国回来，就挥师讨伐它。"

申胥谏曰:"不可许也。夫越非实忠心好吴也,又非慑畏吾甲兵之强也。大夫种勇而善谋,将还玩吴国于股掌之上,以得其志。夫固知君王之盖威以好胜也,故婉约其辞,以从逸王志,使淫乐于诸夏之国,以自伤也。使吾甲兵钝弊,民人离落,而日以憔悴,然后安受吾烬。夫越王好信以爱民,四方归之。年谷时熟,日长炎炎。及吾犹可以战也,为虺弗摧,为蛇将若何?"

吴王曰:"大夫奚隆于越?越曾足以为大虞乎?若无越,则吾何以春秋曜吾军士?"乃许之成。

将盟,越王又使诸稽郢辞曰:"以盟为有益乎?前盟口血未干,足以结信矣。以盟为无益乎?君王舍甲兵之威以临使之,而胡重于鬼神而自轻也?"吴王乃许之,荒成不盟。

申胥劝道:"不能同意求和啊。越国不是诚心和吴国和好,也不是害怕我们的军队强大。他们的大夫文种有勇有谋,他将把我们吴国在股掌之上玩得团团转,来实现他的愿望。他本来就知道君王您喜欢逞威斗胜,所以说婉转驯服的言辞,来纵容您的心志,使您沉浸在征服中原各国的快乐中,来让您自己伤害自己。使我们的军队困顿疲惫,民众流离失所,国家一天天困苦起来,然后他们毫不费力地收拾我们的残局。而越王崇尚信义,爱惜民众,四方百姓都归顺他。年年谷物按时节成熟,日子过得蒸蒸日上。在我们还能够跟他们打仗时,趁它是小蛇的时候不摧毁它,等成为大蛇将怎么办呢?"

吴王说:"大夫你为什么长越国的威风?越国能够成为大患吗?如果没有越国,那我春秋演习向谁炫耀我的军队啊?"于是就同意了越国的求和。

将要盟约时,越王又派诸稽郢推辞说:"进行盟誓有用吗?上次盟誓时涂在嘴上的血还没干呢,足以保证信用啊。君王认为盟誓是没用的吗?君王家的军队威武地降临便能使唤我们,何必要看重鬼神而看轻您自己的威力啊?"吴王便同意讲和,空有讲和没有盟誓。

文化常识第045讲

歃血为盟（shà） 古代诸侯盟会时，参加者吸一点牲畜的血或蘸血涂在嘴唇上，来表示结盟的诚心。战国时期，秦国攻打赵国，毛遂自荐跟着平原君去楚国求救，说服了楚王出兵，并且和他歃血为盟。当时，毛遂就吩咐手下人取来鸡、狗、马的血，端到楚王面前请他先吮一点血表示诚意，接着是平原君，然后是毛遂自己，完成了歃血为盟的仪式。

常用字第045讲 —— 长

读cháng时：

❶ <形>长，与"短"相对。《劝学》："登高而招，臂非加长也，而见者远。"

❷ <形>高；高大。《公输》："荆有长松文梓楩楠豫章，宋无长木。"

❸ <形>长久；久远。《庄子·秋水》："吾长见笑于大方之家。"

❹ <形>广；广阔。《柳毅传》："长天茫茫，信耗莫通。"

❺ <动>擅长。《冯婉贞》："莫如以吾所长攻敌所短。"

❻ <副>经常。王安石《书湖阴先生壁》："茅檐长扫净无苔，花木成畦手自栽。"

读zhǎng时：

❶ <动>生长。《采草药》："用叶者取叶初长足时。"

❷ <动>增长；滋长。《赤壁赋》："盈虚者如彼，而卒莫消长也。"

❸ <形>年纪大；辈分高。《师说》："是故无贵无贱，无长无少，道之所存，师之所存也。"

❹ <形>排行第一。《屈原列传》："长子顷襄王立，以其弟子兰为令尹。"

❺ <名>兄；哥哥。常"兄长""长兄"连用。《木兰诗》："阿爷无大儿，木兰无长兄。"

❻ <名>首领；头领。《陈涉世家》："陈涉、吴广皆次当行，为屯长。"

语法常识第045讲

词类活用：名词作状语【日】 "民人离落，而日以憔悴"一句中"日"字，本是名词，用在谓语前活用作状语，表示情况的逐渐发展，解释为"一天天"。翻译为：民众流离失所，国家一天天困苦起来。

春王正月

——鲁隐公的用心

《古文观止》有故事

鲁隐公是鲁国的国君，他的母亲是鲁惠公夫人的左媵(ying)（陪嫁的女孩子），所以虽然是长子，却是庶出。鲁隐公还有一个弟弟允，他的母亲也是媵女，不过是右媵。在当时，右媵地位高于左媵。按照子凭母贵的礼法，允虽然年纪小，但地位却比哥哥尊贵。

鲁惠公去世的时候，允还很小，鲁隐公为人善良，名声很好，于是大臣们都拥戴他。鲁隐公本想推辞，转念一想，如果自己不做这个国君，那些大臣们也不一定会扶持弟弟允。于是，他决定还是自己先替弟弟把国家接管过来，等到他成年后再还给他。

他想得不错,但是人心险恶。有些事儿想得挺好,结果却适得其反。

鲁国有个公子挥,在诸侯之间的战争中立过大功,渐渐地掌握了国家的实权。有一次,卫、宋、陈、蔡四国联军讨伐郑国,宋国请求鲁国一起出兵,公子挥接受了宋国的贿赂,也要求出兵,鲁隐公不答应,公子挥竟然私自带兵去了。

就是这个不听话的公子挥,在鲁隐公十一年(前712年),找到鲁隐公,建议他杀掉太子允。鲁隐公大惊失色:"你怎么能这么想呢?允做国君是我父亲的命令,我只不过是代理国政,现在他已经长大成人了,我已经决定把国君之位还给他了。"鲁隐公说的是真心话,他已经找了个地方修建房屋,准备让位后到那里去养老。他心里坦荡,也没想到要提防公子挥。

公子挥回到家,左想右想心里害怕:今天跟鲁隐公说的那番话,要是被允知道了,自己怕是会丢了性命吧?为了保全自己,公子挥又跑去找允搬弄是非,说鲁隐公不打算把国君之位让给他了,并且自告奋勇要去杀了鲁隐公。

允竟然信了,同意了他的请求。于是,公子挥找机会杀了鲁隐公,扶持允即位,就是鲁桓公。

唉,善良的鲁隐公落了个可悲的下场!

逐字逐句学古文

原文

元年者何?君之始年也。春者何?岁之始也。王者孰谓?谓文王也。曷为先言"王"而后言"正月"?王正月也。何言乎王

译文

"元年"是什么意思?是指国君即位的头一年。"春"是什么意思?是一年的开始。"王"指的是谁?是指周文王。为什么先说"王"而后说"正月"?因为是周文王时所订周历的正月。为什么说周王朝的正月?是因为表示天下广大而统一。

正月？大一统也。公何以不言即位？成公意也。何成乎公之意？公将平国而反之桓。曷为反之桓？桓幼而贵，隐长而卑。其为尊卑也微，国人莫知。隐长又贤，诸大夫扳隐而立之。隐于是焉而辞立，则未知桓之将必得立也。且如桓立，则恐诸大夫之不能相幼君也。故凡隐之立，为桓立也。隐长又贤，何以不宜立？立適以长不以贤，立子以贵不以长。桓何以贵？母贵也。母贵，则子何以贵？子以母贵，母以子贵。

对于隐公，为什么不说"即位"？是为了成全隐公的意愿。为什么说是成全隐公的意愿？因为隐公准备把国家治理好后再归还给桓公。为什么要归还给桓公？因为桓公虽然年纪小，但地位尊贵；隐公年纪大，但地位较低。他们的地位高低相差很小，国都里的人也不知道。隐公年长又贤明，大夫们都推举他，立他为国君。隐公要是在此时辞让而不即位，就不知道桓公将来是否一定能做鲁国的国君了。况且如果桓公立为国君，就怕大夫们不能辅助年幼的君主。所以总的说来，隐公做国君是为了桓公将来能做国君。隐公年长而又贤明，为什么不适合登位？因为立正妻的儿子是立年龄最长的，而不看是否贤明；立偏房的儿子是立地位最尊贵的，而不看是否年龄最长。桓公为什么地位尊贵？因为他的母亲地位尊贵。母亲尊贵，为什么儿子就尊贵？儿子因为母亲而尊贵，母亲因为儿子而尊贵。

文化常识第046讲

《公羊传》也称为《春秋公羊传》《公羊春秋》，是专门解释《春秋》的一部典籍。这本书不只是简单地记述历史，而着重在于阐释《春秋》所谓的"微言大义"。作者是战国时齐国人公羊高，他是孔子弟子子夏的学生。最初只是口口流传，到西汉景帝时，传至他的玄孙公羊寿，由公羊寿和胡毋生一起把《春秋公羊传》抄写在竹帛上。

常用字第046讲

❶ <助>用动词、形容词和动词性词组、形容词性词组的后面,组成一个名词性结构,相当于"……的人(事、情况等)"。《归去来辞》:"悟已往之不谏,知来者之可追。"

❷ <代>用在数词后面,往往总指上文所提到的人、事、物。翻译时在人、事、物名称前加"个""件""种"等。《赤壁之战》:"此数者用兵之患也。"

❸ <代>用在名词性词组后面,起区别作用,可译作"这样的""这个"等,有时不必译出。《齐桓晋文之事》:"王曰:'然,诚有百姓者。'"

❹ <助>用在句中主语的后面,表示停顿、判断,无实义。《师说》:"师者,所以传道受业解惑也。"

❺ <助>用在因果复句或条件复句偏句的末尾,提示原因或条件。《邹忌讽齐王纳谏》:"吾妻之美我者,私我也。"

233

❻ <助>用在疑问句全句末,表示疑问语气,相当于"呢"。《鸿门宴》:"客何为者?"

❼ <助>用在时间词后面,起语助作用,可不译。《鸿门宴》:"今者项庄舞剑,其意常在沛公也。"

❽ <助>用某些比况、描写的词语后面,相当于"……的样子"。《黔之驴》:"然往来视之,觉无异能者。"

❾ <助>定语后置的标志。《石钟山记》:"石之铿然有声者,所在皆是也。"

语法常识第046讲

倒装句:宾语前置【疑问代词"孰"前置】 文言文中,疑问代词做宾语前置的还有"孰",就是"谁"的意思。本文"王者孰谓?谓文王也"一句就是这样。正确语序是:"王者谓孰?谓文王也。"翻译为:"王"指的是谁?是指周文王。

宋人及楚人平
——君子不欺人

《公羊传》

《古文观止》有故事

春秋时期，楚国攻打宋国，包围了宋的都城。宋国弱小，根本不是楚国的对手，但是宋国人坚守了五个月，就是不投降。本来是想等待晋国的援军，但晋军迟迟不到。宋国都城里早已断了粮食，百姓苦不堪言。

　　楚军的日子也不好过。楚王派子反登上土坡查看宋都城里的情况，打算攻不下来就撤兵。无巧不成书，宋国的华元也登上土坡向外看，两个人四目相对，聊了起来。华元特别诚实，交代了城里缺粮的情况。华元的诚实打动了子反，子反也把自己军中的情况如实相告，接着就回去劝说楚王退兵了。

　　说起华元，他可是宋国重臣，当年因为疏忽犯过错误。宋文公四年（前606年），郑国攻打宋国，宋文公派华元带兵迎敌。开战之前，华元煮了羊羹犒劳兵士。大家都分到了鲜美的羊羹，却漏掉了车夫羊斟(gēng)。羊斟心怀怨恨，驾着战车冲进郑军。华元被活捉了，宋军因此大败。

　　堂堂主将，打了败仗，还做了敌军的俘虏，就是被放回来，也得受惩罚吧？实际上并没有。宋文公一听华元被捉，急坏了，赶紧筹钱赎人！他拿出了一百辆战车、四百匹毛色漂亮的良马，陆续送往郑国。宋文公出手大方，可见华元对他、对宋国都很重要。不过，这些东西还没有都送到郑国，华元就自己逃回来了。

　　华元回来后继续工作，帮助宋文公治理国家。

后来，宋文公去世，宋共公即位；再后来，宋共公也去世了，宋国大臣荡泽杀了太子肥，宋国大乱。华元本打算逃到晋国去，后来被大臣鱼石劝回来，带兵杀死了荡泽。华元拥立宋共公的小儿子公子成即位，就是宋平公，稳定了宋国的局势。

华元相继辅佐宋国的四位国君，虽然有时候会自作主张，但还是为宋国做出了很大贡献的。

逐字逐句学古文

原文

外平不书，此何以书？大其平乎己也。何大其平乎己？庄王围宋，军有七日之粮尔，尽此不胜，将去而归尔。于是使司马子反乘堙而窥宋城。宋华元亦乘堙而出见之。司马子反曰："子之国何如？"华元曰："惫矣！"曰："何如？"曰："易子而食之，析骸而炊之。"司马子反曰："嘻！甚矣，惫！虽然，吾闻之也，围者柑马而秣之，使肥者应客。是何子之情也？"华元曰："吾闻之：君子见人之厄则矜之，小人见人之厄则幸之。吾见子之君子也，

译文

鲁国以外的诸侯之间讲和，《春秋》都不记载；这次楚宋两国讲和，为什么破例记载呢？这是因为赞扬这次讲和。为什么要赞扬？楚庄王围攻宋国，军队只剩下七天的口粮。吃完军粮还不能取胜，就只好回去了。于是派司马子反登上土堙，窥探宋国都城的情况。宋国的华元也登上土堙，出来会见子反。子反说："你们的情况如何？"华元说："疲惫不堪啊！"子反说："疲惫到什么程度？"华元说："交换孩子杀了吃，劈开尸骨烧火做饭。"子反说："呀，确实疲惫得很厉害啦！我听说，被围困的军队总是让马儿衔着木棍，不让马儿吃饱，只牵出肥马给客人看。你怎么这样对我吐露真情？"华元说："我听说，君子看见别人困难就

是以告情于子也。"司马子反曰:"诺,勉之矣。吾军亦有七日之粮尔,尽此不胜,将去而归尔。"揖而去之。

反于庄王。庄王曰:"何如?"司马子反曰:"惫矣!"曰:"何如?"曰:"易子而食之,析骸而炊之。"庄王曰:"嘻!甚矣,惫!虽然,吾今取此,然后而归尔。"司马子反曰:"不可。臣已告之矣,军有七日之粮尔。"庄王怒曰:"吾使子往视之,子曷为告之?"司马子反曰:"以区区之宋,犹有不欺人之臣,可以楚而无乎?是以告之也。"庄王曰:"诺,舍而止。虽然,吾犹取此,然后归尔。"司马子反曰:"然则君请处于此,臣请归尔。"庄王曰:"子去我而归,吾孰与处于此?吾亦从子而归尔。"引师而去之。

故君子大其平乎己也。此皆大夫也。其称"人"何?贬。曷为贬?平者在下也。

怜悯他们,小人看见别人危难就幸灾乐祸。我看你是位君子,所以据实相告。"司马子反说:"嗯,努力防守吧!我们也只有七天的军粮,吃完军粮还不能取胜,就会撤军了。"说罢,向华元拱手告别。

司马子反回去见楚庄王。庄王说:"敌情如何?"司马子反说:"疲惫不堪啊!交换孩子杀了吃,拆下尸骨烧火做饭。"庄王说:"呀,疲惫得很厉害啦!那么,我就攻下宋城再回去。"司马子反说:"不行,我已告诉对方,我军也只有七天的口粮了。"庄王大怒:"我叫你去侦察敌情,你怎么倒向对方泄露军机?"司马子反说:"小小一个宋国,尚且有不肯骗人的大臣,难道楚国就没有吗?因此我向对方说了实话。"庄王说:"好吧,我要筑营驻扎下来。虽然军粮不足,我还是要攻下宋城再回去。"司马子反说:"既然如此,就请君王住下好啦,我可要请求回去。"庄王说:"你丢下我回去,我和谁住在这儿呢?我也回去算了。"于是带领全军退出宋国。因此君子就赞扬两国大夫主动讲和。他们都是大夫,怎么《春秋》又只称之为"人"呢?这是含有贬低他们的意味。为什么要贬低他们?因为他们私下讲和,超越了自身的权限。

文化常识第047讲

司马 顾名思义，最初，司马就是管理马的官职。春秋战国时期，战争方式主要是车战，就是用战车列阵冲杀，而战车需要用马来拉，所以，在古代战争中，马的地位是非常重要的。在西周时期，司马是国家军事行政部门的首脑、政权机构的主要职官，负责征发兵役，管理军用物资，训练军队，执行军法等，是非常重要的军职。

常用字第047讲

读shèng时：

① <动>胜利；取胜；战胜。《邹忌讽齐王纳谏》："此所谓战胜于朝廷。"
② <动>制服；克服。《吕氏春秋·先己》："故欲胜人者，必先自胜。"
③ <动>胜过；超过。《琵琶行》："此时无声胜有声。"
④ <形>优美；美好。《岳阳楼记》："予观夫巴陵胜状在洞庭一湖。"
⑤ <名>风景优美的地方；名胜。《过小孤山大孤山》："三面临江，倒影水中，亦占一山之胜。"

读shēng时：

① <动>禁得起；受得住。《谋攻》："将不胜其忿而蚁附之。"
② <形>尽；完。《鸿门宴》："刑人如恐不胜。"

语法常识第047讲

词类活用：名词作动词【舍】 "诺，舍而止！虽然，吾犹取此然后归尔"一句中"舍"本义为名词，表示"房舍"，这里活用作动词，表示"修筑房舍"。翻译为：好吧，我要筑营驻扎下来。虽然军粮不足，我还是要攻下宋城再回去。

吴子使札来聘

—— 季札的仁义

《古文观止》有故事

吴王阖闾原来叫公子光,他是诸樊的儿子,寿梦的孙子。寿梦有四个儿子,本来想传位给小儿子季札的。可是,季札拒绝了,于是大哥诸樊即位。三个哥哥商量好了,兄弟之间由大到小传位,最后传给季札。三哥去世后,季札还是不接受王位。于是,三哥家的儿子僚继承了王位。

僚即位这件事气坏了公子光:按照父亲留下的遗言,兄终弟及,这个位子应该传给叔叔季札。即使叔叔执意不接受,那也应该传给我,僚凭什么做国君?

公子光愤愤不平，于是就暗中招贤纳士，准备除掉吴王僚，其中就有从楚国逃亡而来的伍子胥。公子光礼贤下士，待他如上宾。伍子胥知道他的心思，向他推荐了勇士专诸。

公元前515年，公子光派专诸把鱼肠剑藏在鱼肚子里，趁上菜的时候，刺杀了吴王僚。这时候，公子光还不敢自己上位，而是先让一让叔叔季札。季札不改初衷，坚决不要这个王位。公子光即位，改名阖闾。

他改革弊政，任用贤才，发展农业，吴国很快富裕起来。伍子胥又向他推荐了孙武。孙武献出了自己的十三篇兵法，阖闾很感兴趣，拜他为将军。很快，吴国的军事实力大增。在伍子胥和孙武的辅佐下，吴国大败楚国，威震天下。

吴王阖闾虽然有弑君篡位的罪名，但是做国君还是比较合格的。他在位期间，吴国国力飞速增强，为后来夫差称霸中原打下了坚实的基础。

逐字逐句学古文

原文

吴无君，无大夫，此何以有君，有大夫？贤季子也。何贤乎季子？让国也。其让国奈何？谒也，馀祭也，夷昧也，与季子同母者四。季子弱而才，兄弟皆爱之，同欲立之以为君。谒曰："今若是迮而与季子国，季子犹不受也。请无与子而与弟，弟兄迭为君，

译文

吴国本无所谓国君，无所谓大夫，《春秋》这则记载为什么承认它有国君，有大夫呢？是为了表明季子的贤能啊。季子贤能在哪里呢？因为他辞让国君之位啊。他是怎样辞让君位的呢？谒、馀祭、夷昧跟季子是一母所生的四兄弟。季子年幼而有才干，兄长们都喜欢他，一起想立他做国君。谒说："现在如果就这样仓促地把君位给他，季子还是不接受的。希望大家不传位给儿子而传位给弟

而致国乎季子。"皆曰："诺。"故诸为君者，皆轻死而为勇。饮食必祝曰："天苟有吴国，尚速有悔于予身。"故谒也死，馀祭也立；馀祭也死，夷昧也立；夷昧也死，则国宜之季子者也。季子使而亡焉。

僚者，长庶也，即之。季之使而反，至而君之尔。阖闾曰："先君之所以不与子国而与弟者，凡为季子故也。将从先君之命与，则国宜之季子者也；如不从先君之命与，则我宜立者也。僚恶得为君乎？"于是使专诸刺僚，而致国乎季子。季子不受曰："尔弑吾君，吾受尔国，是吾与尔为篡也；尔杀吾兄，吾又杀尔，是父子兄弟相杀，终身无已也。"去之延陵，终身不入吴国。故君子以其不受为义，以其不杀为仁。

贤季子，则吴何以有君、有大夫？以季子为臣，则宜有君者也。札

弟，由弟弟依次接替哥哥做国君，最后把君位传给季子。"馀祭、夷昧都说行。所以几个哥哥在位时都勇敢不怕死，每次就餐必定祈祷，说："上天如果让吴国存在下去，就保佑我们早点遭难吧。"所以谒死了，馀祭做国君；余祭死了，夷昧做国君；夷昧死了，国君的位置应当属于季子了。可是季子出使在外没有回来。

僚是寿梦的庶长子，就即位了。季子出使别国回来了，一到就把僚当作国君。阖闾说："先君之所以不传位给儿子，而传位给弟弟，都是为了季子的缘故。要是遵照先君的遗嘱呢，那么国君应该季子来做；要是不照先君的遗嘱呢，那么我该是国君。僚怎么能做国君呢？"于是派专诸刺杀僚，而要把国家交给季子。季子不接受，说："你杀了我的国君，我受了你给予的君位，这样我变成跟你一起篡位了。你杀了我哥哥，我又杀你，这样父子兄弟相残杀，一辈子没完没了了。"就离开国都到了延陵，终身不再回吴国宫廷。所以君子以他的不受君位为义，以他的反对互相残杀为仁。

称许季子的贤德，那么吴国为什么有国君、有大夫呢？因为既然承认季子是臣，就应该有君啊。札是什么呢？吴季子的名啊。《春秋》对贤

zhě hé wú jì zǐ zhī míng yě chūn qiū xián zhě bù
者何？吴季子之名也。《春秋》贤者不
míng cǐ hé yǐ míng xǔ yí dí zhě bù yī ér zú
名，此何以名？许夷狄者，不一而足
yě jì zǐ zhě suǒ xián yě hé wéi bù zú hū jì
也。季子者，所贤也，曷为不足乎季
zǐ xǔ rén chén zhě bì shǐ chén xǔ rén zǐ zhě bì shǐ
子？许人臣者必使臣，许人子者必使
zǐ yě
子也。

者不直称其名，这则记载为什么称名呢？认可夷狄，不能只凭一件事就认为完美了。季子是被认为贤的，为什么季子还不够完美呢？因为赞美人臣，就要把他放在臣子的位置；赞美人子，就要把他放在儿子的位置。

文化常识第048讲

专诸刺王僚 吴王僚即位后，公子光心中不满，总想除掉他。正好，楚平王去世，楚国政局动荡，吴王僚趁此时机，派同母弟弟公子掩余、公子烛庸率兵伐楚，包围了楚国的城池。楚国派兵断绝了吴军后路，吴军被困住了。公子光认为时机到了，要宴请吴王僚。吴王僚也有防备：从王宫到公子光家，路上、大门、台阶、屋门、座席旁，都布满吴王僚的亲信卫士。但最终，吴王僚还是没躲得了专诸的匕首，死于非命。专诸也被吴王僚的卫士杀死了。

常用字第048讲 恶

读è时：

❶ <形>罪恶；邪恶。与"善"相对。《谏太宗十思疏》："惧谗邪则思正身以黜恶。"

❷ <形>丑；丑陋。与"美"相对。《采草药》："未花时采，则根色鲜泽；花过而采，则根色黯恶。"

❸ <形>坏；不好。《论积贮疏》："岁恶不入，请卖爵子。"

❹ <形>污秽。《五蠹》："腥臊恶臭而伤害腹胃。"

❺ <形>险恶；凶险。《〈指南录〉后序》："而境界危恶，层见错出，非人世所堪。"

读wù时：

❶ <动>憎恶；讨厌；不喜欢。《鱼我所欲也》："死亦我所恶，所恶有甚于死者，故患有所不避也。"

❷ <名>耻辱；羞辱。《史记·平原君列传》："此百世之怨，而赵之所羞，而王弗知恶焉。"

❸ <动>嫉妒。《赤壁之战》："表恶其能而不能用也。"

读wū时：

❶ <代>哪里；怎么。《齐桓晋文之事》："以小易大，彼恶知之？"

❷ <叹>相当于"啊""唉"。《孟子·公孙丑上》："恶！是何言也。"

语法常识第048讲

词类活用：名词的意动用法【君】 "季子使而反，至而君之尔"一句中"君"字本为名词，表示"君主、国君"，在这里是名词的意动用法，"以之为君"，翻译为：季子出使别国回来了，一到就把僚当作国君。

郑伯克段于鄢

—— 都是偏心惹的祸

◎《古文观止》有故事

《谷梁传》中的这篇文章着重解释字词，以此表明对郑庄公杀叔段的看法：虽然共叔段不该谋反，但是郑庄公处心积虑地想要杀弟弟，也是够残忍的。

其实，在这段历史中，还有一个人要负很大的责任，就是母亲武姜。

武姜是郑武公的夫人。她生庄公的时候难产，又惊又怕，所以很不喜欢这个孩子。后来小儿子叔段出生了，乖巧可爱，被武姜当作心肝宝贝。她总劝说郑武公把王位传给叔段，可是武公一直秉持"嫡长子继承制"，最后还是

让郑庄公继承了王位。

　　这个偏心的母亲仍然不甘心，先是为小儿子索要地势险要的制作为封地。被拒绝后，又要了京。叔段也很有野心，到了京以后，违背礼法改建了京的城墙。正是因为母亲的纵容，叔段才有胆量这样做的。大臣们提醒郑庄公要制止叔段的越轨行为，但是郑庄公为了照顾母亲的面子，不想惩罚弟弟。这当然是借口，他不想落下一个"不孝顺""不友爱"的恶名，打算让弟弟"多行不义必自毙"。

　　郑庄公没有动静，武姜和叔段就继续试探：索要西北两座边境城池的控制权。郑庄公又同意了。母子二人的野心继续膨胀：叔段准备偷袭都城，到时候，武姜就会打开城门，放他入城，里应外合，夺取王位。

　　郑庄公得到消息，命令公子吕出兵讨伐叔段，而京地的百姓得知朝廷的平叛大军来到，纷纷背弃叔段，投靠了庄公。叔段无计可施，只好逃向鄢城。公子吕率军追击，叔段只好再次逃亡，逃到共国去了。

庄公把武姜放逐到城颍，发誓不到黄泉永不相见。但是当他冷静下来，才觉得自己做得过分了，于是听取了大臣颍考叔的建议，挖了一条地道，去见母亲。母子重归于好。

逐字逐句学古文

原文

克者何？能也。何能也？能杀也。何以不言杀？见段之有徒众也。段，郑伯弟也。何以知其为弟也？杀世子、母弟目君，以其目君知其为弟也。段，弟也，而弗谓弟；公子也，而弗谓公子，贬之也。段失子弟之道矣，贱段而甚郑伯也。何甚乎郑伯？甚郑伯之处心积虑成于杀也。于鄢，远也，犹曰取之其母之怀中而杀之云尔，甚之也。然则为郑伯者宜奈何？缓追，逸贼，亲亲之道也。

译文

克是什么意思？就是能够的意思。能够做什么呢？能够杀人。为什么不直接说杀呢？因为要表示出追随共叔段的人很多。共叔段是郑伯的弟弟，怎么知道他是弟弟的呢？因为假如国君杀了嫡亲的长子，或者同母所生的弟弟，便用国君的爵号称呼他。文中既然已经称呼郑伯，那么也就知道共叔段是郑伯的弟弟了。共叔段既然是国君的弟弟，却不称他为弟弟；共叔段应当是公子，也不称他为公子，这是对他的贬斥。因为共叔段已经丧失了公子和弟弟所应有的道德。但是《春秋》鄙视郑伯的程度超过了对共叔段的批评。在什么地方超过了对共叔段的批评？因为更鄙薄郑伯处心积虑使弟弟走上犯罪的道路。"于鄢"，表明共叔段已经跑到远离郑国都城的地方了。郑伯追杀共叔段，就好比说是从母亲的怀中夺过婴儿杀掉，这又是郑伯做得过分的地方。既然这样，那么对郑伯来说最好的方法是什么呢？不要穷追不舍，放掉他，这才是把亲兄弟当作亲兄弟的正确方法呀。

文化常识第049讲

《谷梁传》 也被称作《谷梁春秋》《春秋谷梁传》等，是战国时期谷梁赤撰写的儒家著作。它和《左传》《公羊传》一起，并称为解说《春秋》的三传。最初也是口口相传，到西汉时期才写成了书。《谷梁传》强调礼仪和宗法制度，为缓和统治集团的内部矛盾，稳定封建统治服务，因而也受到统治阶级的重视，是研究秦汉时期儒家思想的重要资料。

常用字第049讲 —— 克

❶ 能；能够。《谏太宗十思疏》："凡昔元首，承天景命，善始者实繁，克终者盖寡。"
❷ 完成；成功。《中山狼传》："前虞跋胡，后恐疐尾，三纳之而未克。"
❸ 攻克；战胜。《殽之战》："攻之不克，围之不继。"
❹ 克制；约束。《后汉书·祭遵传》："遵为人廉约小心，克己奉公。"

语法常识第049讲

词类活用：名词的意动用法【亲】 "缓追，逸贼，亲亲之道也"一句中第一个"亲"字，本义是名词，"亲兄弟"，在这里用作动词，"以亲为亲"，就是"把亲兄弟当作亲兄弟"。翻译为：不要穷追不舍，放掉他，这才是把亲兄弟当作亲兄弟的正确方法呀。

虞师晋师灭夏阳
——都是贪心惹的祸

◎《古文观止》有故事

荀息是春秋时期晋献公的大臣,很有智谋。晋献公想要灭掉虞国和虢国,找荀息来商议。

虞国和虢国虽小,但是两个国家为了自保,手拉手结成了友好联盟,坚不可摧。晋国虽然兵强马壮,但和两国同时开战,获胜的把握也不大。

荀息出主意,拿屈地出产的良马和垂棘出产的玉璧买通虞国,借道而过,

先灭了虢国再说。晋献公觉得主意不错,但是他怕虞国的贤臣宫之奇会阻拦借道。

荀息了解宫之奇这个人,料定他劝不了虞公。果然,宫之奇劝阻无效,带着一家人跑去曹国避难了。

晋国灭了虢国,回程路上顺便灭掉了虞国。

荀息不止有谋略,他还是一位忠臣,深得晋献公的信任。晋献公临死前,把小儿子奚齐托付给荀息,让他保护奚齐继承王位。这是一个艰巨的任务。当时,晋献公的另外两个儿子重耳和夷吾逃亡在外,他们都很能干,得到国内部分大臣的拥护。而奚齐年纪还小,又没有朝臣的支持,想要坐稳王位,谈何容易?

即便如此,荀息还是力排众议,拥立奚齐。然而,大臣们都不服气,里克等人直接行动,在晋献公的灵柩前,刺杀了奚齐。没办法,荀息只得又立

另外一位公子卓子为国君。里克等人还是不同意，又杀了卓子。荀息气坏了，拔出剑来要和里克拼命，也被杀死了。

晋献公把有能力的成年儿子们赶出国外，立年幼的奚齐为君，只是因为宠爱奚齐的母亲郦姬，并没有考虑国家的长治久安。而荀息只知道忠于晋献公的遗命，置国家安危于不顾，不是明智之举。

智谋过人的荀息被愚忠害得丢掉了性命，可悲可叹！

逐字逐句学古文

原文

非国而曰"灭"，重夏阳也。虞无师，其曰师，何也？以其先晋，不可以不言师也。其先晋何也？为主乎灭夏阳也。夏阳者，虞、虢之塞邑也。灭夏阳而虞、虢举矣。

虞之为主乎灭夏阳，何也？晋献公欲伐虢，荀息曰："君何不以屈产之乘、垂棘之璧，而借道乎虞也？"公曰："此晋国之宝也。如受吾币，而不借吾道，则如之何？"荀息曰："此小国之所以事大国也。彼不借吾道，必不敢受吾币；如受吾币，而借

译文

夏阳不是国家而说"灭"，是看重夏阳。虞国没有出兵，《春秋》却说虞国军队，为什么呢？因为虞国引导晋国前来，不可以不说出兵。为什么说它引导了晋国呢？因为它对灭夏阳起了主导作用。夏阳是虞、虢交界处的一个要塞。灭了夏阳，虞、虢两国差不多都可以攻下来了。

虞国为什么对灭掉夏阳起了主导作用呢？晋献公想要讨伐虢国，荀息说："君主为什么不用屈地出产的马、垂棘出产的璧，向虞国借路呢？"献公说："这两样可是晋的国宝。如果接受我的礼物而不借路给我，那又拿它怎么办？"荀息说："这些东西是小国用来侍奉大国的。它不借路给我们，一定不敢接受我们的礼物。如果接受了我们的礼物而借路给我们，那

吾道，则是我取之中府而藏之外府，取之中厩而置之外厩也。"公曰："宫之奇存焉，必不使受之也。"荀息曰："宫之奇之为人也，达心而懦，又少长于君。达心则其言略；懦则不能强谏；少长于君则君轻之。且夫玩好在耳目之前，而患在一国之后，此中知以上乃能虑之。臣料虞君中知以下也。"公遂借道而伐虢。

宫之奇谏曰："晋国之使者，其辞卑而币重，必不便于虞。"虞公弗听，遂受其币，而借之道。宫之奇又谏曰："语曰：'唇亡则齿寒。'其斯之谓与！"挈其妻子以奔曹。

献公亡虢，五年，而后举虞。荀息牵马操璧而前曰："璧则犹是也，而马齿加长矣。"

就是我们把美玉从宫里的仓库拿出来，而藏在宫外的仓库里；把良马从宫里面的棚里牵出来，而放在宫外面的棚里。"献公说："宫之奇在，一定不让的。"荀息说："宫之奇的为人，心里明白，可是怯懦，又从小在宫中和虞君一起长大。心里明白，话就说得简短，怯懦就不能拼命谏阻；从小在宫中和虞君一起长大，虞君就不尊重他。再加上心爱的东西就在眼前，而灾祸要在别国灭亡之后，这是中等以上智力的人才能考虑到的。臣料想虞君是中等以下智力的人。"献公就借路征伐虢国。

宫之奇劝谏说："晋国的使者言辞谦卑而礼物隆重，一定对虞国没有好处。"虞公不听，就接受了晋国的礼物而借路给晋国。宫之奇又劝谏道："俗语说'唇亡齿寒'，不就说的虞国和虢国的关系吗？"他带领自己的老婆和孩子投奔到曹国去了。

晋献公灭了虢国，事情发生在鲁僖公五年，随后顺手攻取了虞国。荀息牵着马捧着璧，走上前来说："玉璧还是那块玉璧，而马的年纪却增大了一些。"

文化常识第050讲

唇亡齿寒 春秋时期，晋国的南面有两个小国，一个叫虞国，一个叫虢国。它们山水相连，祖先又都姓姬，一直以来和睦相处。但是虢国的国君是个狂妄自大的人，经常到晋国边界闹事，骚扰晋国。晋献公很生气，就借道虞国出兵灭了虢国，回来的路上又灭了虞国。宫之奇所说的"唇亡则齿寒"，后世凝练为"唇亡齿寒"，用来比喻利益密切相关，提醒人们不能只顾眼前利益，要有长远眼光。

常用字第050讲

读shǎo时：

① <形>数量少；不多。《寡人之于国也》："邻国之民不加少，寡人之民不加多。"

② <动>缺少；短少。《茅屋为秋风所破歌》："自经丧乱少睡眠，长夜沾湿何由彻。"

③ <动>小看；轻视。《望洋兴叹》："且夫我尝闻少仲尼之闻而轻伯夷之义者，始吾弗信。"

④ <副>稍；略微。《触龙说赵太后》："少益嗜食，和于身。"

⑤ <副>少顷；一会儿。《赤壁赋》："少焉，月出于东山之上。"

读shào时：

① <形>年轻；年纪小。《陈涉世家》："陈涉少时，尝与人佣耕。"

② <名>年轻人；青年。《师说》："是故无贵无贱，无长无少。"

③ <形>排行在后的。《触龙说赵太后》："丈夫亦爱怜其少子乎？"

语法常识第050讲

词类活用：方位名词作动词【前】 "荀息牵马操璧而前曰：'璧则犹是也，而马齿加长矣。'"这句话中"前"本来是方位名词"前面"，在这里做动词，表示"走向前"的意思。翻译为：荀息牵着马拿着玉璧，走到献公面前说："玉璧还是那块玉璧，不过马的年纪却增大了一些。"

051 晋献公杀世子申生

—— 可怜的孝顺孩子

《古文观止》有故事

申生是春秋时期晋国的太子,他的父亲是晋献公,母亲齐姜早早去世,父亲的夫人郦姬又生了一个儿子奚齐。郦姬想让奚齐做国君,就想办法陷害申生和其他两位公子重耳和夷吾。

她买通了晋献公的宠臣,怂恿晋献公把三个儿子赶出都城。于是,晋献公派太子申生去驻守曲沃,派公子重耳驻扎蒲邑,派公子夷吾驻守屈邑。只有奚齐和郦姬妹妹的儿子卓子留在京城。大家都猜到申生可能要被废掉了。

公元前656年,郦姬使出最后一招。她告诉申生:"你的父亲梦到了你母亲,你应该去曲沃祭祀母亲,然后把祭祀用的胙肉带回来给你父亲。"申生照

做了。他送来胙(zuò)肉的时候,晋献公外出打猎去了,郦姬趁机在胙肉里下了毒。

晋献公打猎回来,要吃胙肉的时候,郦姬拦住了他:"外面来的食物,要检查过才能吃。"晋献公叫人给狗吃了一块,狗竟然死了。郦姬哭哭啼啼地说:"这事儿肯定是太子干的,太子太残忍了,连自己的父亲都不放过……"

人证、物证就在眼前,不由得晋献公不信。他火冒三丈,派人捉拿申生。申生已经得到了消息,跑到曲沃去了。

公子重耳劝他:"毒肯定是郦姬下的,父亲不知道,你应该解释清楚呀。"可是太子很孝顺,觉得父亲宠爱郦姬,自己如果揭露了她的罪行,伤心的是老父亲。重耳又劝他逃走,申生也拒绝了,他不想背负不孝的恶名:"父亲不是要杀我吗?那我就去死好了!"

于是,申生自杀了。晋献公去世后,晋国陷入了内乱。

《礼记》上的这篇文章塑造了申生忠臣孝子的形象,但是,从国家安定这个角度来考虑,父亲的决定明明是错的,还要顺从,还算不算是真孝顺呢?

逐字逐句学古文

原文

晋献公(jìn xiàn gōng)将杀其世子申生(jiāng shā qí shì zǐ shēn shēng),公子重耳谓之曰(gōng zǐ chóng ěr wèi zhī yuē):"子盖言子之志于公乎(zǐ hé yán zǐ zhī zhì yú gōng hū)?"世子曰(shì zǐ yuē):"不可(bù kě)。君安骊姬(jūn ān lí jī),是我伤公之心也(shì wǒ shāng gōng zhī xīn yě)。"曰:"然则盖行乎(rán zé hé xíng hū)?"世子曰(shì zǐ yuē):"不可(bù kě)。君谓我欲弑君也(jūn wèi wǒ yù shì jūn yě),天下岂有无父之国哉(tiān xià qǐ yǒu wú fù zhī guó zāi)?吾何行(wú hé xíng)

译文

晋献公要杀死他的世子申生,公子重耳对申生说:"你怎么不把心中的委屈向父亲表明呢?"世子说:"不行。父王有了骊姬心里才安逸,我要是揭发她对我的诬陷,那就太伤老人家的心了。"重耳又说:"既然这样,那么你何不逃走呢?"世子说:"不行。父王认准我要谋害他。天下哪有没有父亲的国家呢?我能逃到哪里去呢?"

如之？"

使人辞于狐突曰："申生有罪，不念伯氏之言也，以至于死。申生不敢爱其死。虽然，吾君老矣，子少，国家多难。伯氏不出而图吾君，伯氏苟出而图吾君，申生受赐而死。"再拜稽首乃卒。是以为恭世子也。

于是申生派人去向师傅狐突诀别说："申生有罪，没有听从您的教导，以致死到临头。申生不敢贪生怕死。然而，我的国君老了，他的爱子奚齐还年幼，国家将会多灾多难。您不出来为国君谋划政事也就罢了，如果您出来为国君筹划政事，申生就算死也蒙受您的恩惠。"于是拜了两拜，叩了头，就自杀了。因此他的谥号为"恭世子"。

文化常识第051讲

狐突 春秋时期晋国大夫，公子重耳的外祖父。骊姬之乱时，太子申生自杀，他的儿子狐偃、狐毛跟随公子重耳流亡外国，狐突还留在晋国。后来，公子夷吾即位为晋惠公，曾经派人行刺重耳没成功。再后来，惠公的儿子晋怀公即位，命令狐突召回两个儿子，但狐突没有这样做，晋怀公就把他杀了。等到重耳回国即位后，厚葬了狐突，并且立祠祭祀他。

常用字第051讲 — 行

读 xíng 时：

❶ <动> 行走。《论语》："三人行，必有我师焉。"

❷ <动> 出行。《殽之战》："为吾子之将行也。"

❸ <动> 运行。《刻舟求剑》："舟已行矣，而剑不行。"

❹ <动> 传布。《原毁》："士之处此世，而望名誉之光，道德之行，难已。"

❺ <动> 实行；做。《训俭示康》："君子寡欲则不役于物，可以直道而行。"

❻ <名> 动作；行动；举动。《鸿门宴》："大行不顾细谨。"

❼ <名>品行。《屈原列传》:"其志洁,其行廉。"
❽ <副>将;即将。《归去来辞》:"善万物之得时,感吾生之行休。"
❾ <量>遍;次。《训俭示康》:"客至未尝不置酒,或三行五行。"

读háng时:

❶ <名>道路。《诗经·七月》:"遵彼微行。"
❷ <名>行列;队伍。《国殇》:"凌余阵兮躐(liè)余行。"
❸ <名>辈;辈分。《苏武传》:"汉天子,我丈人行也。"
❹ <量>指成行的事物。《孔雀东南飞》:"出门登车去,涕落百余行。"

语法常识第051讲

　　词类活用:形容词的意动用法【安】"君安骊姬,是我伤公之心也"一句中"安"本义为"安逸",是形容词,这里做意动用法,意为"以骊姬为安",可以理解为:有了骊姬就安逸了。翻译为:父王有了骊姬心里才安逸,我要是揭发她对我的诬陷,那就太伤老人家的心了。

曾子易箦
zé

—— 死也不能违背礼法

《礼记》

《古文观止》有故事

曾子是孔子的弟子,春秋末年的大思想家,儒家学派的代表人物之一。他16岁拜孔子为师,勤奋好学,深得孔子思想的精髓。公元前482年,孔子的弟子颜回病死后,曾子就成了孔子学说的主要继承人。

公元前479年,孔子去世,临终前,把孙子子思托付给曾子。老师去世,曾子就像失去了父亲一样悲痛,为孔子守墓三年。三年后,孔门弟子子夏、子游、子张认为有若长得很像孔子,想把他当作孔子来侍奉。曾子坚决不同意,他说:"老师的德行就像被长江的水漂洗过,被秋天的暖阳晒过,清净洁

白，谁也比不了，怎么能只求面貌相似呢？"

曾子是了解孔子的，他把孔子的"仁"和"礼"贯彻到了自己的生活中，一直坚守。

曾子七十岁那年，得了重病，卧床不起。他把弟子们叫到跟前说："你们掀开被子，看看我的手和脚，都保全得很好吧？我一生都像《诗经》上说的'战战兢兢，如临深渊，如履薄冰'，小心谨慎，爱护身体。我要死了，从今以后，不用再担心身体会有损伤了。"

孟敬子来探望，曾子留下几句话和他互勉："君子提高修养贵在三条：注重容貌，这样就避免了粗暴和懈怠；端正自己的态度，这样就会诚实可靠；注意谈吐，这样就避免了粗野和过失。"

曾子弥留之际，他的弟子子春和儿子童仆都在身边。小童仆忽然说："这么华美而光滑的席子，是大夫才能用的吗？"子春吓了一跳，赶紧制止童仆。可是，曾子已经听到了，也意识到了：这是只有大夫才有资格用的席子，而自己从没有做过大夫，用这样的席子是不合礼法的。

他让儿子们更换席子后，再扶他躺下，还没躺安稳，他就去世了。

曾子克己复礼，用生命践行了孔子的思想。

逐字逐句学古文

原文	译文
zēng zǐ qǐn jí　　bìng　yuè zhèng zǐ chūn zuò yú 曾子寝疾，病。乐正子春坐于 chuáng xià　zēng yuán　zēng shēn zuò yú zú　tóng zǐ yú 床下，曾元、曾申坐于足，童子隅 zuò ér zhí zhú　tóng zǐ yuē　huá ér huàn　dà fū zhī 坐而执烛。童子曰："华而睆，大夫之 zé yǔ　　zǐ chūn yuē　　zhǐ 箦与？"子春曰："止！"	曾子躺在床上，病危。曾子的弟子子春坐在床旁边，曾元、曾申坐在床脚下，童仆坐在角落拿着蜡烛。童仆说："这席子华美而光洁，是大夫才能享用的竹席吧？"子春说："住嘴！"

曾子闻之，瞿然曰："呼！"曰："华而睆，大夫之箦与？"曾子曰："然。斯季孙之赐也，我未之能易也。元，起易箦。"曾元曰："夫子之病革矣，不可以变。幸而至于旦，请敬易之。"曾子曰："尔之爱我也不如彼。君子之爱人也以德，细人之爱人也以姑息。吾何求哉？吾得正而毙焉，斯已矣。"举扶而易之。反席未安而没。

曾子听见这话，惊惧地说："啊！"童仆又说："华美而光洁，那是大夫才能享用的竹席啊！"曾子说："是的。那是季孙送的，因为我病重无法亲自换席子。曾元，扶我起来换竹席。"曾元说："您的病非常严重啊，不能移动。如果幸运地到了早晨，一定遵从您的意思换了它。"曾子说："你爱我不如童仆。君子按照道德标准去爱护人，小人则无原则地爱人。我还有什么苛求啊？我能死得合乎正礼，也就足够了。"

大家扶着抬起他的身体，然后更换了竹席。把他放回席子上，还没躺好就去世了。

文化常识第052讲

箦 就是席子。在古代，有五席，从低到高依次是莞席、藻席、次席、蒲席和熊席。等级最高的熊席是用猛兽皮革做成的，其他的都是不同草木编成的。不同的场合该铺什么样的席子都要合乎于礼。不同的人使用的席子规格也不同，《礼记》中记载，天子用五层席子，诸侯用三层的，大夫一般用两层的席子。按本文中的记载，华美的席子只有大夫才能用，普通人家是不能用的。

常用字第052讲　闻

❶ <动>听见；听到。《木兰诗》："不闻机杼声，惟闻女叹息。"

❷ <动>听说；得知。《殽之战》："寡君闻吾子将步师出于敝邑，敢犒从者。"

❸ <动>报告；上报。《童区寄传》："愿以闻于官。"

❹ <名>见闻；知识。《屈原列传》："博闻强志，明于治乱。"

⑤ <名>名声；名誉。《论语》："四十、五十而无闻焉，斯亦不足畏也已。"
⑥ <动>闻名；传扬。《出师表》："不求闻达于诸侯。"

语法常识第052讲

省略句：承后省 文言文中，有些句子会省略后文提到的某些成分，需要结合后文的内容来补全省略成分，才能正确理解句子的内容。本文中："童子曰：'华而睆，大夫之箦与？'"一句，根据下文提到的"箦"，可以知道"箦"就是前句省略的主语。完整句子应该是："童子曰：'(箦)华而睆，大夫之箦与？'"翻译为：这席子华美而光洁，是大夫才能用的竹席吧？

这样的例子还有：

① "沛公谓张良曰：'(公)度我至军中，公乃入。'"(《鸿门宴》)翻译为：沛公对张良说："你估计我回到了军营里，再进去。"

② "(尔)必死是间，余收尔骨焉。"(《蹇叔哭师》)翻译为：你们必定会战死在这两座山陵之间，我将到那里收拾你的尸骨。

有子之言似夫子

——说话语境很重要

● 《古文观止》有故事

孔子的弟子们求学都很勤奋，他们平时也会针对老师的某些话展开讨论。有一次，有子和曾子讨论孔子说过的："丢了官位以后要快些贫穷，死了以后要快些腐烂。"有子认为这不是君子所说的话。询问子游后才知道，孔子确实是在特殊情境下才说出这样的话的。

这里的子游就是言偃，是孔门七十二贤之一。因为他是南方人，所以也被称为"南方夫子"。

有一次，子游和孔子一起参加祭祀活动，孔子仰天长叹，子游奇怪地问："您为什么叹气？"孔子说："我没有赶上大道实行的好时候，心里总是很向往。"接着，他就给子游讲述了自己心目中大同社会的美好图景：阴谋诡计没有施行的机会，再也不会发生盗窃、叛乱等坏事情，所以家家户户大门都不用关。

子游听了，也心生向往。后来，他做了武城（今山东费县西南）宰（主管地方事务的官），遵照老师的教导，用礼乐教化百姓，收到了很好的效果。

后来，孔子来到武城，听到处处有弦歌之声，非常高兴。但他故意跟弟子开玩笑说："杀鸡焉用牛刀？用礼乐来治理地方，是不是小题大做啦？"言偃回答说："以前老师说过，君子学道就会生发出仁爱之心，老百姓学道就会更明白事理了，教育总是有用的吧？"

孔子笑着点点头，称赞他："吾门有偃，吾道其南。"意思是有了言偃，我的思想就能传播到南方去了。

后来，子游回到南方，广招学徒，有很多学生慕名而来，聚集在他的周围，形成了一个"子游氏之儒"的学派。

子游没有辜负老师的期望，为儒家思想的传播做出了巨大的贡献。

逐字逐句学古文

原文

有子问于曾子曰："问丧于夫子乎？"曰："闻之矣：'丧欲速贫，死欲速朽。'"有子曰："是非君子之言也。"曾子曰："参也闻诸夫子也。"有子又曰：

译文

有子问曾子道："在先生（孔子）那里听说过失去官职方面的事情吗？"曾子说："听他说的是：'希望丢官后赶快贫穷，希望死后赶快腐烂。'"有子说："这不是君子说的话。"曾子说："我正是从老师那里听

"是非君子之言也。"曾子曰:"参也与子游闻之。"有子曰:"然。然则夫子有为言之也。"

曾子以斯言告于子游。子游曰:"甚哉,有子之言似夫子也!昔者,夫子居于宋,见桓司马自为石椁,三年而不成。夫子曰:'若是其靡也,死不如速朽之愈也。''死之欲速朽',为桓司马言之也。南宫敬叔反,必载宝而朝。夫子曰:'若是其货也,丧不如速贫之愈也。''丧之欲速贫',为敬叔言之也。"

曾子以子游之言告于有子。有子曰:"然!吾固曰非夫子之言也。"曾子曰:"子何以知之?"有子曰:"夫子制于中都:四寸之棺,五寸之椁。以斯知不欲速朽也。昔者夫子失鲁司寇,将之荆,盖先之以子夏,又申之以冉有。以斯知不欲速贫也。"

来的。"有子又说:"这不是君子说的话。"曾子说:"我是和子游一起听见这话的。"有子说:"的确说过。但先生这样说肯定是有原因的。"

曾子将这话告诉子游。子游说:"太像了,有子说话太像先生了啊!那时先生住在宋国,看见桓司马给自己做石椁,三年还没完成。先生说:'像这样奢靡,不如死了赶快腐烂掉好啊。''希望死了赶快腐烂',是针对桓司马而说的。南宫敬叔失去官职回国,必定带上宝物朝见国君。先生说:'像这样行使贿赂,丢掉官职以后不如快些贫穷的好呢。'希望丢掉官职以后迅速贫穷,是针对敬叔说的啊。"

曾子将子游的话告诉有子。有子说:"是啊。我就说不是先生的话嘛!"曾子说:"您怎么知道的呢?"有子说:"先生给中都制定的礼法中有:棺材(板)四寸,椁(板)五寸。依据这知道先生不希望人死后迅速腐烂啊。从前先生失去鲁国司寇的官职后,打算前往楚国,就先让子夏去打听,又让冉有去陈述自己的想法。依据这知道先生不希望失去官职后迅速贫穷。"

文化常识第053讲

司寇 春秋时期，周王室和各诸侯国都设有司寇这个官职，负责追捕盗贼和依法诛戮大臣等。生杀大权在手，这可是一个举足轻重的职位。孔子就曾经做过鲁国的大司寇，上任七天就杀了大夫少正卯。后来和掌握实权的世家产生了矛盾，不得以离开鲁国，踏上了周游列国的旅程。

常用字第053讲 — 其

读qí时：

❶ <代>第三人称代词，相当于"他（她）的""它的""他们的"。《师说》："郯子之徒，其贤为及孔子。"

❷ <代>第三人称代词，相当于"他（她）""它""他们"。《子鱼论战》："及其未既济也，请击之。"

❸ <代>第一人称代词，相当于"我""我的"。《赤壁之战》："品其名位，犹不失下曹从事。"

❹ <代>第二人称代词。相当于"你的""你们的"。《资治通鉴》:"坚默然良久,曰:'诸君各言其志。'"
❺ <代>指示代词,相当于"那""那些"。《捕蛇者说》:"有蒋氏者,专其利三世矣。"
❻ <代>指示代词,相当于"其中""当中"。《石钟山记》:"于乱石间择其一二扣之。"
❼ <副>恐怕;大概。表示推测、估计。《师说》:"圣人之所以为圣,愚人之所以为愚,其皆出于此乎?"
❽ <副>难道;岂。表示反诘、反问。《马说》:"其真无马邪?"
❾ <副>还是。表示委婉地商量。《殽之战》:"攻之不克,围之不继,吾其还也。"
❿ <副>可要。表示期望。《伶官传序》:"尔其无忘乃父志!"
⓫ <连>如果;假如。表示假设。《齐桓晋文之事》:"其若是,孰能御之?"
⓬ <助>无实义,起调节节奏、舒缓语气等作用。《答李翊书》:"俨乎其若思,茫乎其若迷。"

读 jī 时:

❶ <助>用于句末。《诗经·小雅·庭燎》:"夜如何其,夜未央。"
❷ 用于人名。汉代有"郦食(yǐ)其""审食(yǐ)其"。

语法常识第 053 讲

词类活用:名词作动词【货】 文言文中,有些名词会用作动词。本文中"若是其货也,丧不如速贫之愈也"一句,"货"本来是名词,表示财物货物,在这里活用作动词,表示用财货去行使贿赂。翻译为:像这样行使贿赂,丢掉官职以后不如快些贫穷的好呢。

公子重耳对秦客

——听舅舅的话

《古文观止》有故事

狐偃，字子犯，是晋文公重耳的舅舅。当时晋国内乱，太子申生自杀，公子重耳和夷吾逃到外国。重耳的舅舅狐偃一直跟在他的身边教导他，帮助他，最终重耳回国继承了君位。

狐偃为人机智，很有远见。晋献公去世后，重耳虽然在国外，却也穿上孝服，为父亲守孝。秦穆公派人去慰问他，暗示可以帮助他回国争夺王位。

重耳拿不定主意,和舅舅商量。狐偃认为国内形势不乐观,不能回国。于是,秦穆公就送公子夷吾回国即位,就是晋惠公。

重耳只能继续在外流浪。走到卫国的时候,肚子咕咕叫,饿坏了。好不容易看到一个农夫,就想要点吃的。那个农夫看他的狼狈样,顺手从地上抓了土块递给他,让他吃。重耳火冒三丈,撸起袖子就要动手,被舅舅狐偃拦住了:"这是好兆头呀!他给了咱们土地,土地就是国家呀,您的抱负就要实现了!"一席话说得重耳转怒为喜,谢过农夫,然后恭恭敬敬地接过土块,揣在怀里。

后来,他们到了齐国,齐桓公对他们热情接待,并且把宗室的一个女儿齐姜嫁给了他。在齐国,重耳终于过上了富足安稳的生活。可惜好景不长,齐桓公去世,他的几个儿子争夺王位,闹得乌烟瘴气。齐国待不下去了,狐偃等人找到重耳,劝他到别国去再想办法。可是,重耳贪图享乐,已经消磨

了斗志，他不想四处流浪，也不想做什么国君了。

狐偃急中生智，和齐姜一起把重耳灌醉，然后抬到车上离开了齐国。重耳醒来后，发现已经离开了齐国，非常生气，但也无计可施，只好听舅舅的话。

多亏了狐偃机智，逼迫重耳离开了舒适的齐国，这才有了后来的回国复位，才有了称霸诸侯的晋文公和强大的晋国。

逐字逐句学古文

原文

晋献公之丧，秦穆公使人吊公子重耳，且曰："寡人闻之，亡国恒于斯，得国恒于斯。虽吾子俨然在忧服之中，丧亦不可久也，时亦不可失也。孺子其图之！"以告舅犯。舅犯曰："孺子其辞焉。丧人无宝，仁亲以为宝。父死之谓何？又因以为利，而天下其孰能说之？孺子其辞焉！"公子重耳对客曰："君惠吊亡臣重耳。身丧父死，不得与于哭泣之哀，以为君忧。父死之谓

译文

晋献公去世后，秦穆公派人慰问公子重耳，并且传达自己的话说："我听说，失去国家常常在这个时候，得到国家也常常在这个时候。虽然您恭敬严肃地处在忧伤的服丧期间，但居丧也不可太久，时机也不可失去啊。年轻人，请考虑一下吧！"

重耳将这事告诉舅舅子犯。舅舅子犯说："年轻人还是推辞吧。在外逃亡的人没有什么宝贵的东西，只能把仁爱和孝亲当作珍宝了。父亲死去这是何等重大的事情啊？还要用这事来谋利，那么天下人谁能高高兴兴地接受你呢？年轻人还是推辞吧。"

公子重耳便对客人说："君王赏脸吊唁流亡的我，我在父亲死去居丧的时候，不能参与到用哭泣表达悲哀的丧礼中去，而让您操心了。父亲死去这是何等重大

何?或敢有他志,以辱君义。"稽
颡而不拜,哭而起,起而不私。
子显以致命于穆公。穆公曰:
"仁夫,公子重耳!夫稽颡而不
拜,则未为后也,故不成拜。哭
而起,则爱父也。起而不私,则远
利也。"

的事情啊?我哪里还有其他的图谋来辜
负您的情义啊?"重耳行稽颡礼但不拜
谢,哭着起身,起身后不跟秦国来的客
人私下交谈。

子显复命将事情告诉穆公。穆公说:
"仁人啊,公子重耳!叩头但不拜谢,是
他没以晋献公的继承人而自居,所以没
有拜谢客人。哭着起身,就表示敬爱父
亲。起身但不私谈,就表示远离个人利
益啊。"

文化常识第054讲

忧服 指父母去世后居忧服丧,也说丧服。古代的丧事也是有一定礼制的,丧服分为五等,称作"五服":斩衰、齐衰、大功、小功、缌麻。依照五服,在五服之内的为亲,出了五服之外的就是疏了。斩衰是丧服的第一等,就是直接把麻料斩断做成衣服,非常粗糙,是至亲穿戴的;到最后一等缌麻则是比较疏远的亲戚们穿的了。

常用字第054讲

❶ <名>个人;私人。《论积贮疏》:"公私之积,犹可哀痛。"
❷ <名>私利。《荆轲刺秦王》:"丹不忍以己之私,而伤长者之意。"
❸ <动>偏爱;偏私。《邹忌讽齐王纳谏》:"吾妻之美我者,私我也。"
❹ <动>私人占有。《诗经·七月》:"言私其豵,献豣于公。"
❺ <副>私下;秘密;暗中。《廉颇蔺相如列传》:"燕王私握臣手。"
❻ <动>私通;不正当的男女关系。《聊斋志异·狐谐》:"夜有奔女,颜色颇丽,万悦而私之。"

语法常识第054讲

倒装句：介词后的宾语前置【以】 有时候，文言文中介词的宾语会提前到介词前面，起强调作用。本文"亡人无宝，仁亲以为宝"一句，"仁亲"就是"以"的宾语，正确语序应该是"亡人无宝，以仁亲为宝"。翻译为：在外逃亡的人没有什么宝贵的东西，只能把仁爱和孝亲当作珍宝了。

这样的例子还有：

①"士不可以不弘毅，任重而道远。仁以为己任，不亦重乎？"（《论语》）翻译为：有抱负的人不可以不刚强勇毅，因为责任重大而且路途遥远，把仁当作自己的责任，不也很重大吗？

②"君若以力，楚国方城以为城，汉水以为池，虽众，无所用之！"（《左传·僖公四年》）翻译为：您如果用武力的话，那么楚国就把方城山当作城墙，把汉水当作护城河，您的兵马即使再多，恐怕也没有用处！

杜蒉扬觯(kuì zhì)
——师旷被罚酒了

《礼记》

《古文观止》有故事

师旷是古代著名的音乐大师，春秋时期晋国人，做过太宰（主管全国大事的官），同时又掌管着宫廷礼乐。他是个盲人，不仅有很高的艺术造诣，还满腹经纶、机智善辩，深得国君的信任。

师旷主张施行仁政，以民为本。有一次，晋悼公对师旷说："卫国人驱逐了卫献公，这不是太过分了吗？"师旷摇摇头说："也有可能是卫献公太过分了。圣君要奖赏好人，惩罚坏人，抚育百姓像抚育儿女一样，这样百姓就会

像敬爱父母一样敬爱他,像尊崇神明一样尊崇他,还会把他赶出去吗?"晋悼公若有所思地点点头。

后来,他辅佐晋平公时,有一次君臣一起喝酒,晋平公喝得高兴,得意地说:"哈哈,做国君真是太快乐了,谁也不敢违背我的命令!"话音刚落,坐在旁边的师旷拿起琴朝他扔了过去。晋平公大惊失色,赶紧闪开:"先生,您这是做什么?"师旷回答:"我听到刚才有个小人胡说八道,气死我了!"晋平公这才知道师旷是在劝诫自己。

师旷是位贤臣,但是偶尔也会犯错误。知悼子去世后还没有安葬,晋平公就摆上酒宴,敲钟奏乐喝起了小酒。按照礼制,大夫去世还没下葬,国君不应该奏乐喝酒。不知道为什么,师旷没有给晋平公提意见。倒是主管膳食的一个小官杜蒉,听到音乐走进来,罚了师旷和李调一人一杯酒,自己也喝了一杯。晋平公纳闷地询问,才知道自己做错了,于是,主动要求自罚一杯。

杜蒉不仅明事理,尊礼法,而且精明,所以劝谏成功。这篇文章对杜蒉言谈举止的描写,给人留下了深刻的印象。

逐字逐句学古文

原文

知悼子卒,未葬,平公饮酒,师旷、李调侍,鼓钟。杜蒉自外来,闻钟声,曰:"安在?"曰:"在寝。"杜蒉入寝,历阶而升,酌曰:"旷饮斯!"又酌曰:"调饮斯!"又酌,堂上北面坐饮之,降,趋而出。

译文

知悼子死了,还没有下葬,平公就饮酒作乐,师旷、李调陪伴侍奉,敲击编钟。杜蒉从外面来,听到编钟声,说:"国君在哪儿?"仆人说:"在寝宫。"杜蒉前往寝宫,登阶而上,斟酒道:"师旷,干了这杯。"又斟酒道:"李调,干了这杯。"又斟酒,在大厅的北面面对平公坐下干了酒,走下台阶,跑着出去。

平公呼而进之，曰："蒉，曩者尔心或开予，是以不与尔言。尔饮旷，何也？"曰："子卯不乐。知悼子在堂，斯其为子卯也大矣！旷也，太师也。不以诏，是以饮之也。""尔饮调，何也？"曰："调也，君之亵臣。为一饮一食忘君之疾，是以饮之也。""尔饮，何也？"曰："蒉也，宰夫也。非刀匕是共，又敢与知防，是以饮之也。"平公曰："寡人亦有过焉，酌而饮寡人。"杜蒉洗而扬觯。公谓侍者曰："如我死，则必毋废斯爵也！"

至于今，既毕献，斯扬觯，谓之"杜举"。

平公喊他进来，说："蒉，刚才我心想你可能要开导我，所以没跟你说话。你罚师旷喝酒，是为什么啊？"杜蒉说："子日和卯日不演奏乐曲。知悼子还在堂上停灵，这事与子卯日相比大多了！师旷是太师啊。他不告诉您道理，所以罚他喝酒啊。""你罚李调喝酒，又是为什么呢？"杜蒉说："李调是君主身边的近臣。为了一点喝的和吃的忘记了君主的忌讳，所以罚他喝酒啊。""你自己罚自己喝酒，又是为什么呢？"杜蒉说："我是个厨子，不去管刀勺的事，却敢对君主讲防范错误的事，所以罚自己喝酒。"平公说："我也有过错啊。斟上酒，来罚我一杯吧。"杜蒉洗干净酒杯，斟上酒，然后高高举起献给平公。平公对侍从们说："如果我死了，千万不要丢弃这酒杯啊。"

直到今天，人们敬完酒后，都要高举酒杯，叫"杜举"。

文化常识第055讲

子卯 是古代的疾日，分为甲子和乙卯。疾日就是恶日，不吉利的日子。相传，夏朝最后一个皇帝夏桀是在乙卯日死的，而商朝最后一个皇帝商纣王是在甲子日死的，所以国君把这两个日子放在一起称为子卯，视为不祥的日子。在这一天，要禁止宴会、饮酒和各种娱乐活动。

常用字第 055 讲　安

❶ <形>安定；安稳；安宁；安全。《茅屋为秋风所破歌》："风雨不动安如山。"
❷ <形>安适；安逸。《琵琶行》："予出官二年，恬然自安。"
❸ <动>养；奉养。《曹刿论战》："衣食所安，弗敢专也，必以分人。"
❹ <动>抚慰；安抚。《孔雀东南飞》："时时为安慰，久久莫相忘。"
❺ <形>安心；习惯于。《柳敬亭传》："敬亭亦无所不安。"
❻ <动>安置；安放。《失街亭》："离山十里，有王平安营。"
❼ <疑问副词>怎么；哪里。《陈涉世家》："燕雀安知鸿鹄之志哉？"
❽ <疑问代词>表处所。哪里；什么地方。《鸿门宴》："沛公安在？"

语法常识第 055 讲

词类活用：动词的使动用法【饮】"尔饮旷何也？"一句中的"饮"本为动词，"饮酒"的意思，在这里"饮酒"的动作是"旷"发出的，是动词的使动用法，"使……饮酒"。翻译为："你让师旷饮酒，是什么意思？"

275

晋献文子成室

——关于新居的绝妙颂祷

《古文观止》有故事

赵献文子就是赵武,他是晋国赵氏家族的宗主,赵朔的儿子。赵氏是晋国的大家族,赵武的爷爷赵盾执掌国政时,赵氏家族达到了鼎盛期。然而,物极必反,赵盾死后,赵氏一家惨遭灭门。

大臣韩厥曾经做过赵氏的家臣,受过赵盾、赵朔父子的恩惠,站出来劝阻晋景公:"赵家几代人辅佐国君,都有大功,即使有什么罪过,也不至于赶尽杀绝吧?"这一番话,保住了赵氏孤儿——赵武的性命。

赵武长大后,晋厉公为了打压其他公卿的气焰,任用赵武做官。当时晋国有上、中、下、新四军,每军有将佐两人,总共八卿。赵武小心翼翼地周旋在八卿之间,先保全自己,再图谋东山再起。

晋厉公被杀后,晋悼公即位,大力推行新政,任命赵武为新军佐,赵氏重新进入了晋国的权力核心。本来想和雄才大略的国君一起将晋国的霸业进行到底,不料晋悼公英年早逝。

晋平公即位,赵武一步步做到上军将。后来,正卿士匄(gài)去世,赵武做了正卿。赵氏被灭门35年后,又重新登上了一把手的位置,终于有了施展抱负的机会。

赵武主张平息战争,和平称霸,他的主张得到了其他几位执政大臣的支持。于是,他借齐国内乱的机会,促成了重丘会盟;又派韩起去朝拜周天子,博得周王室的好感,塑造了一个仁义霸主的形象;又向秦国发出和平信号,决裂多年的秦晋终于重归旧好。

　　赵武心胸宽广,知人善任,兢兢业业地管理着晋国。可是,晋平公贪图享乐,有些执政大臣只顾扩充自己的实力,晋国仍然危机重重。赵武一个人苦苦支撑,心力交瘁,去世前,把政权交给了韩起。

　　一代贤臣离去,赵武的后继者继续壮大赵氏家族,最后和韩魏两家灭掉了其他家族,瓜分了晋国。

逐字逐句学古文

原文	译文
晋献文子成室,晋大夫发焉。张老曰:"美哉,轮焉!	晋国献文子的新居落成,晋国的大夫们都去送礼致贺。张老说:"多美呀,如此高

měi zāi huàn yān   gē yú sī   kū yú sī
美哉，奂焉！歌于斯，哭于斯，
jù guó zú yú sī   wén zǐ yuē   wǔ yě
聚国族于斯！"文子曰："武也，
dé gē yú sī   kū yú sī   jù guó zú yú
得歌于斯，哭于斯，聚国族于
sī   shì quán yāo lǐng yǐ cóng xiān dà fū yú
斯，是全要领以从先大夫于
jiǔ jīng yě   běi miàn zài bài qǐ shǒu   jūn
九京也！"北面再拜稽首。君
zǐ wèi zhī shàn sòng shàn dǎo
子谓之善颂善祷。

大宽敞！多美呀，如此金碧辉煌！既可以在这里祭祀唱诗，也可以在这里居丧哭泣，还可以在这里宴请国宾、聚会宗族！"文子说："我赵武能够在这里祭祀唱诗，在这里居丧哭泣，在这里宴请国宾、聚会宗族，这说明我可以免于刑戮而善终，能跟先祖、先父一起长眠在九原了！"说完，朝北拜了两拜，叩头致谢。君子都称赞他们一个善于赞颂，一个善于祈祷。

文化常识第056讲

稽首 古代跪拜礼，为九拜中最隆重的一种。九拜包括稽首、顿首、空首、振动、吉拜、凶拜、奇拜、褒拜、肃拜，是古代不同等级、不同身份的社会成员在不同场合使用的特定礼仪。臣子拜见君主时要行稽首礼。行礼时，施礼者屈膝跪地，左手按右手上，掌心向内，拱手于地，头也慢慢地触碰到地上。稽有"停留、拖延"的意思，所以行稽首礼时，头触碰在地上，要停留一会儿，才可以抬起来。

常用字第056讲

发读fā时：

❶ <动>把箭射出去；发射。《卖油翁》："见其发矢十中八九。"

❷ <动>出发。《荆轲刺秦王》："今太子迟之，请辞决矣，遂发。"

❸ <动>派遣；派出。《赤壁之战》："孤当续发人众，多载资粮。"

❹ <动>征发；征调。《西门豹治邺》："西门豹即发民凿十二渠。"

❺ <动>兴起；发生。《生于忧患，死于安乐》："舜发于畎亩之中。"

❻ <动>生长；长出。《相思》："红豆生南国，春来发几枝。"

❼ <动>发布；颁布。《殽之战》："遽发命，遽兴姜戎。"

⑧ <动> 发送。《廉颇蔺相如列传》:"使人发书至赵王。"
⑨ <动> 发作;抒发。《五人墓碑记》:"扼腕墓道,发其志士之悲哉。"
⑩ <动> 拨动;发起;起事。《张衡传》:"虽一龙发机,而七首不动。"
⑪ <动> 开启;打开。《荆轲刺秦王》:"发图,图穷匕首见。"
⑫ <动> 启发;阐明。《论语·述而》:"不愤不启,不悱不发。"
⑬ <动> 表现;显露;泄露。《生于忧患,死于安乐》:"征于色,发于声。"
⑭ <动> 开发;发掘。《促织》:"于败丛草处,探石发穴,靡记不施。"
⑮ <动> 分发。《严监生和严贡生》:"知县准了状子,发房出了差,来到严家。"
⑯ <动> 开放。《醉翁亭记》:"野芳发而幽香。"

⑰ <动>点燃,燃放。《柳毅传》:"人以火为神圣,发一灯可燎阿房。"
⑱ <量>(1)支,颗。《汉书·匈奴传》:"弓一张,矢四发。"(2)次;下。《柳毅传》:"然后叩树三发,当有应者。"

读fà时:

❶ <名>头发。《荆轲刺秦王》:"发尽上指冠。"
❷ <量>长度单位,十毫为一发。《促织》:"帘内掷一纸出,即道人意中事,无毫发爽。"

语法常识第056讲

词类活用:动词的使动用法【全】"是全要领以从先大夫于九京也"一句中"全"本为动词,做"保全"之意,在这里这个动作是宾语"要领"产生的,所以理解为:"使……保全","要"是通假字,通"腰","领"就是脖颈。"要""领"是古代的两种死刑,即腰斩和砍头。翻译为:这说明我可以免于刑戮而善终,能跟先祖、先父一起长眠在九原了。

孩子读得懂的
古文观止

杨士兰 — 编著 ② 青鸟童书 — 绘

北京理工大学出版社
BEIJING INSTITUTE OF TECHNOLOGY PRESS

版权专有　侵权必究

图书在版编目（CIP）数据

孩子读得懂的古文观止：全4册 / 杨士兰编著；青鸟童书绘. -- 北京：北京理工大学出版社, 2025.5.
ISBN 978-7-5763-4935-1

Ⅰ. H194.1

中国国家版本馆CIP数据核字第2025Y9T976号

责任编辑：李慧智	**文案编辑**：李慧智
责任校对：王雅静	**责任印制**：施胜娟

出版发行 / 北京理工大学出版社有限责任公司
社　　址 / 北京市丰台区四合庄路6号
邮　　编 / 100070
电　　话 /（010）68944451（大众售后服务热线）
　　　　　（010）68912824（大众售后服务热线）
网　　址 / http://www.bitpress.com.cn

版 印 次 / 2025年5月第1版第1次印刷
印　　刷 / 武汉林瑞升包装科技有限公司
开　　本 / 880 mm×1230 mm　1/16
印　　张 / 75.5
字　　数 / 1250千字
定　　价 / 269.00元（全4册）

图书出现印装质量问题，请拨打售后服务热线，负责调换

《古文观止》是清代吴楚材、吴调侯叔侄二人选定的古代散文读本。此书起初是为私塾学生编的教材，康熙三十四年（1695年）正式镌版印刷。2020年4月，列入《教育部基础教育课程教材发展中心中小学生阅读指导目录》。

  它选录了自东周至明代的222篇文章。入选之文皆为语言精练、短小精悍、便于传诵的佳作。现代语言学大师王力曾说：" 学习古代汉语，建议大家多读《古文观止》。"巴金等文学名家更是把他们取得的文学成就，归功于小时候反复读过的《古文观止》。

  《古文观止》篇篇闪耀着真知灼见，包含着大量立身处世的人生哲理。但是要把这本书学好，谈何容易！书中随便一读都是生僻字，而字里行间，更是充满繁多的典故、丰富的文化常识、浩瀚的历史故事、错综的人物关系。对孩子们来说，实在难以下手。

  为此，我们编写了这套《孩子读得懂的古文观止》。我们采取先读故事再学古文的方法，每个故事都把文章的前因后果，包括历史背景、写作初衷、前后事件等交代清楚，让孩子先有兴趣再学知识。三百余幅精美插图让历史鲜活起来，相信孩子一定会过目难忘。

  为了让孩子了解到《古文观止》的全貌，我们把原书的222篇文章全收录进来（仅对于少数篇幅较长文字做了节选），原文全配有拼音，且译文与原文逐段对照，方便孩子学习古文。另外每篇文后还辅以文化常识、常用字和语法常识的讲解，让孩子在一个个具体情境中掌握文言文知识，做到触类旁通、事半功倍。希望读完这套书，孩子能读透古文，读懂古人，爱上优秀的中华传统文化。

目录

057 苏秦以连横说秦 《战国策》
—— 穷小子登上人生巅峰 …… 001

058 司马错论伐蜀 《战国策》
—— 伐蜀是名利双收的事儿 … 007

059 范雎说秦王 《战国策》
—— 交疏可以深言吗？……… 012

060 邹忌讽齐王纳谏 《战国策》
—— 不要被好听的话蒙蔽 …… 016

061 颜斶说齐王 《战国策》
—— 比大王还尊贵的士 ……… 021

062 冯谖客孟尝君 《战国策》
—— "公子家缺的是仁义！"… 025

063 赵威后问齐使 《战国策》
—— 没有百姓，哪有国君？ … 032

064 庄辛论幸臣 《战国策》
—— 善用比喻的进谏 ………… 036

065 触龙说赵太后 《战国策》
—— 爱孩子的最好方法 ……… 041

066 鲁仲连义不帝秦 《战国策》
—— 臣服暴秦，正义何在？… 047

067 鲁共公择言 《战国策》
—— 盘点那些误国的祸端 …… 051

068 唐雎说信陵君 《战国策》
—— 有恩于人不可不忘 ……… 056

069 唐雎不辱使命 《战国策》
　　——布衣之怒的力量 ………… 060

070 乐毅报燕王书 《战国策》
　　——功亏一篑气死人 ………… 065

071 谏逐客书 　李斯
　　——岂能把人才赶到国外？… 071

072 卜居 《楚辞》
　　——占卜不出来的命运 ……… 075

073 宋玉对楚王问 《楚辞》
　　——曲高自然和寡 …………… 080

074 五帝本纪赞 《史记》
　　——五帝传承开启中华文明 … 084

075 项羽本纪赞 《史记》
　　——一个千古传唱的悲剧英雄… 088

076 秦楚之际月表 《史记》
　　——秦国的发展史 …………… 092

077 高祖功臣侯年表 《史记》
　　——丹书铁券也不管用 ……… 097

078 孔子世家赞 《史记》
　　——万世师表孔老夫子 ……… 102

079 外戚世家序 《史记》
　　——选妃很重要 ……………… 106

080 伯夷列传 《史记》
　　——致敬贤人 ………………… 110

目录

081 管晏列传 《史记》
—— 会杀人的桃子 …… 115

082 屈原列传 《史记》
—— 还是做个诗人吧 …… 121

083 酷吏列传序 《史记》
—— 治国以德不以刑 …… 128

084 游侠列传序 《史记》
—— 致敬一诺千金的义士 …… 132

085 滑稽列传 《史记》
—— 心怀天下的小人物 …… 138

086 货殖列传序 《史记》
—— 论经商致富的必要性 …… 144

087 太史公自序 《史记》
—— 向《春秋》致敬 …… 150

088 报任安书 司马迁
—— 咽下一肚子悲愤 …… 158

089 高帝求贤诏 刘邦
—— 欲与贤人共理天下 …… 162

090 文帝议佐百姓诏 刘恒
—— 为什么粮食不够吃？ …… 166

091 景帝令二千石修职诏 刘启
—— 官员不得侵夺百姓 …… 170

092 求茂材异等诏 刘彻
—— 求非常之才 …… 174

093 过秦论（上） 贾谊
　　——秦朝灭亡的原因 ………… 178

094 治安策 贾谊
　　——要仁义，也要杀伐决断 … 185

095 论贵粟疏 晁错
　　——仓中有粮，心里不慌 …… 193

096 狱中上梁王书 邹阳
　　——一封救命的信 ………… 201

097 上书谏猎 司马相如
　　——君子避危于无形 ……… 210

098 答苏武书 李陵
　　——不是我想终老蛮夷 …… 214

099 尚德缓刑书 路温舒
　　——还是要宽容一点 ……… 223

100 报孙会宗书 杨恽
　　——一封让人丢了性命的信 … 230

101 光武帝临淄劳耿弇 《后汉书》
　　——有志者事竟成 ………… 236

102 诫兄子严敦书 马援
　　——一封惹祸的书信 ……… 240

103 前出师表 诸葛亮
　　——给皇帝的一份贤臣名单 … 244

104 后出师表 诸葛亮
　　——正是出兵的好时机 …… 250

苏秦以连横说秦

《战国策》

——穷小子登上人生巅峰

《古文观止》有故事

苏秦是战国时期的纵横家。他和张仪都曾经跟随鬼谷子学习纵横术。学成之后,他先去游说周显王,被拒绝了;又去求见秦惠王,推销自己的连横之术,可是秦惠王认为时机不成熟,也不采纳他的意见。

苏秦灰溜溜地回了家,家人都看不起他。他虽然难过,却并不气馁,连夜翻出一本《阴符》开始攻读。一年之后,他终于揣摩透了,再次出山,到了

燕国。他的合纵之计得到了燕文侯的认可,他被派去游说赵国。

赵肃侯也被他说服了,并且资助他去游说其他国家。他还没出发,就听到秦惠王派犀首攻打魏国,生擒了魏将龙贾,并打算挥师向东挺进。这是一个危险信号:现在合纵的盟约还没有签订,如果秦军打到赵国,合纵大计岂不是要被破坏?

苏秦灵机一动,想起了老同学张仪。苏秦派人去招呼张仪来投奔他,可是,张仪来了,苏秦只让他坐在堂下,扔了一些仆人吃的饭菜给他,还不断地数落他没本事,最后把他赶了出去。张仪气坏了,想到秦国实力比赵国要强,就想去投奔秦国,然后再找苏秦算账。

苏秦暗中派人送他钱财,并且帮助他见到了秦惠王。果然,张仪受到了重用,这时,资助他的那个人才说出了苏秦的计划。张仪这才恍然大悟,当即许诺只要苏秦当权,就不会让秦国攻打赵国。

苏秦马不停蹄地开始奔走各国,终于促成了合纵联盟,大家一致对付秦国。苏秦被任命为从约长(合纵联盟的联盟长),同时还佩戴六国相印,做了六国的国相。在经过洛阳的时候,周惠王派人给他清扫道路。家人听说他回来了,恭恭敬敬地迎接。原来瞧不起他的嫂子,跪在地上不敢抬头。真是今非昔比呀!

穷小子登上了人生巅峰,实现了自己的抱负。

逐字逐句学古文

原文	译文
苏(sū)秦(qín)始(shǐ)将(jiāng)连(lián)横(héng),说(shuì)秦(qín)惠(huì)王(wáng)曰(yuē):"大(dà)王(wáng)之(zhī)国(guó),西(xī)有(yǒu)巴(bā)、蜀(shǔ)、汉(hàn)中(zhōng)之(zhī)利(lì),北(běi)有(yǒu)胡(hú)貉(hé)、代(dài)马(mǎ)之(zhī)用(yòng),南(nán)有(yǒu)巫(wū)山(shān)、黔(qián)	苏秦起先主张连横,劝秦惠王说:"大王的国家,西面有巴、蜀、汉中的富饶,北面有来自胡人地区的贵重兽皮与代地的良马,南面有巫

中之限，东有殽、函之固。田肥美，民殷富，战车万乘，奋击百万，沃野千里，蓄积饶多，地势形便，此所谓天府，天下之雄国也。以大王之贤，士民之众，车骑之用，兵法之教，可以并诸侯，吞天下，称帝而治。愿大王少留意，臣请奏其效。"

秦王曰："寡人闻之：毛羽不丰满者，不可以高飞，文章不成者不可以诛罚，道德不厚者不可以使民，政教不顺者不可以烦大臣。今先生俨然不远千里而庭教之，愿以异日。"

苏秦曰："臣固疑大王之不能用也。昔者神农伐补遂，黄帝伐涿鹿而禽蚩尤，尧伐驩兜，舜伐三苗，禹伐共工，汤伐有夏，文王伐崇，武王伐纣，齐桓任战而伯天下。由此观之，恶有不战者乎！古者使车毂击驰，言语相结，天下为一，约从连横，兵革不藏。文士并饬，诸侯乱惑，

山、黔中的屏障，东面有崤山、函谷关的坚固。土地肥美，百姓富足，战车有万辆，武士有百万，在千里沃野上有多种出产，地势形胜而便利，这就是所谓的天府，天下显赫的大国啊。凭着大王的贤明、士民的众多、车骑的充足、兵法的教习，可以兼并诸侯，独吞天下，称帝而加以治理。希望大王能对此稍许留意一下，我请求来实现这件事。"

秦王回答说："寡人常听人说：羽毛不丰满的不能高飞上天，法令不完备的不能惩治犯人，道德不深厚的不能驱使百姓，政教不顺民心的不能烦劳大臣。今天先生郑重其事地不远千里来到秦国，在朝廷上教诲我，请改日再说吧。"

苏秦说："我本来就怀疑大王不会接受我的意见。过去神农讨伐补遂，黄帝讨伐涿鹿、擒获蚩尤，尧讨伐驩兜，舜讨伐三苗，禹讨伐共工，商汤讨伐夏桀，周文王讨伐崇国，周武王讨伐纣王，齐桓公用武力称霸天下。由此看来，哪有不用战争手段的呢？古时候，使臣的车辆来回奔驰，用言语互相交结，天下成为一体，有的约纵有的连横，战争没有停息。策士个个巧舌如簧，诸侯听得稀里糊涂，各种事端层出不穷，难以料理。规章制度虽已完备，人们却到处虚情

万端俱起，不可胜理。科条既备，民多伪态；书策稠浊，百姓不足；上下相愁，民无所聊，明言章理，兵甲愈起；辩言伟服，战攻不息；繁称文辞，天下不治。舌敝耳聋，不见成功，行义约信，天下不亲。于是乃废文任武，厚养死士，缀甲厉兵，效胜于战场。夫徒处而致利，安坐而广地，虽古五帝、三王、五伯，明主贤君，常欲坐而致之，其势不能。故以战续之，宽则两军相攻，迫则杖戟相撞，然后可建大功。是故兵胜于外，义强于内；威立于上，民服于下。今欲并天下，凌万乘，诎敌国，制海内，子元元，臣诸侯，非兵不可。今之嗣主，忽于至道，皆惛于教，乱于治，迷于言，惑于语，沉于辩，溺于辞。以此论之，王固不能行也。"

说秦王书十上而说不行，黑貂

假意，条文记录又多又乱，百姓还是衣食不足。君臣愁容相对，人民无所依靠，道理愈是清楚明白，战乱反而愈是四起。穿着讲究服饰的策士虽然善辩，攻战却难以止息。愈是广泛地玩弄文辞，天下就愈难以治理。说的人说得舌头破，听的人听得耳朵聋，却不见成功，嘴巴上大讲仁义礼信，却不能使天下人相亲。于是就废弃文治、运用武力，以优厚待遇蓄养勇士，备好盔甲，磨好兵器，在战场上决一胜负。想白白等待以招致利益，安然兀坐而想扩展疆土，即使是上古五帝、三王、五霸，贤明的君主，也经常试图实现这样的愿望，但势必不可能。所以用战争来解决问题，相距远的就两支队伍相互进攻，相距近的持着刀戟相互冲刺，然后方能建立大功。因此对外军队取得了胜利，对内因行仁义而强大，上面的国君有了权威，下面的人民才能顺服。现在，要想并吞天下，超越大国，使敌国屈服，制服海内，君临天下百姓，以诸侯为臣，非发动战争不可。现在在位的国君，忽略了这个根本道理，都是教化不明，治理混乱，又被一些人的奇谈怪论所迷惑，沉溺在巧言诡辩之中。这样看来，大王您必定不能称霸。"

劝说秦王的奏折多次呈上，而

之裘敝，黄金百斤尽，资用乏绝，去秦而归，赢滕履蹻，负书担橐，形容枯槁，面目黧黑，状有愧色。归至家，妻不下纴，嫂不为炊，父母不与言。苏秦喟然叹曰："妻不以我为夫，嫂不以我为叔，父母不以我为子，是皆秦之罪也！"乃夜发书，陈箧数十，得太公《阴符》之谋，伏而诵之，简练以为揣摩。读书欲睡，引锥自刺其股，血流至足，曰："安有说人主，不能出其金玉锦绣，取卿相之尊者乎？"期年，揣摩成，曰："此真可以说当世之君矣。"

于是乃摩燕乌集阙，见说赵王于华屋之下，抵掌而谈，赵王大说，封为武安君。受相印，革车百乘，锦绣千纯，白璧百双，黄金万溢，以随其后，约从散横，以抑强秦，故苏秦相于赵而关不通。

苏秦的主张仍未实行，黑貂皮大衣穿破了，一百斤黄金也用完了，钱财一点不剩，苏秦只得离开秦国，返回家乡。他缠着绑腿布，穿着草鞋，背着书箱，挑着行李，脸上又瘦又黑，一脸羞愧之色。回到家里，妻子不下织机，嫂子不去做饭，父母不与他说话。苏秦长叹道："妻子不把我当丈夫，嫂子不把我当小叔，父母不把我当儿子，这都是我的过错啊！"于是他半夜找书，摆开几十只书箱，找到了姜太公的兵书，埋头诵读，反复推敲琢磨、研究体会。读到昏昏欲睡时，就拿尖东西刺自己的大腿，鲜血一直流到脚跟，并自言自语说："哪有去游说国君，而不能让他拿出金玉锦绣，取得卿相之尊的人呢？"满一年，研究成功，说："这下真的可以去游说当代的国君了！"

于是苏秦登上名为燕乌集的宫阙，在宫殿里谒见并游说赵王，拍着手掌侃侃而谈，赵王大喜，封苏秦为武安君。拜受相印，以兵车一百辆、锦绣一千束、白璧一百对、黄金一万镒跟在他的后面，用来联合六国，瓦解连横，抑制强秦，所以苏秦在赵国为相的时候，秦国对外通道函谷关的交通被切断了。

文化常识第057讲

太公 本文中说的"太公",是姜太公姜子牙。他是中国商朝末年军事家、政治家、韬略家、思想家,西周开国元勋。因为商纣王暴虐,他到水滨隐居,后来被周文王发现,出山辅佐周文王、周武王灭掉了商朝。后来,他被封到齐地,建立齐国,成为齐文化的创始人。相传,他写了《太公兵法》《太公金匮》等兵书,可惜都没有流传下来。

常用字第057讲 — 说

读shuō时:

❶ <动>陈说;讲说。《桃花源记》:"及郡下,诣太守,说如此。"
❷ <动>说明;解说。《离骚》:"众不可户说兮,孰云察余之中情?"
❸ <名>言论;说法;主张。《鸿门宴》:"而听细说,欲诛有功之人。"
❹ <名>文体的一种,也叫杂说。多用于说明事物,讲述道理。《黄生借书说》:"为一说,使与书俱。"

读shuì时:

<动>劝说;说服。《信陵君窃符救赵》:"公子患之,数请魏王,及宾客辩士说王万端。"

读yuè时:

<形>通"悦"。喜欢;高兴。《论语》:"学而时习之,不亦说乎?"

语法常识第057讲

词类活用:名词作状语【庭】"今先生俨然不远千里而庭教之,愿以异日"一句中"庭"本义为"朝廷",是名词,这里活用作状语,意为"在朝廷上",修饰"教"。翻译为:今天先生郑重其事地不远千里来到秦国,在朝廷上教诲我,请改日再说吧。

司马错论伐蜀
——伐蜀是名利双收的事儿

《古文观止》有故事

司马错是战国中期秦国名将,很有远见卓识。

秦惠文王九年(前316年),巴国和蜀国打得不可开交,都派使者跑来秦国求援。秦惠文王想趁乱攻占蜀国,但蜀地道路太难走了,他又怕韩国乘虚而入,于是征求大臣们的意见。

张仪主张先攻打韩国,司马错则认为攻打韩国威胁周天子,会招致坏名

声,引来六国的敌对。他主张攻打蜀国。他认为要想富国,必须要扩充领土,使百姓富裕,还要广施恩德,伐蜀正好可以满足这三点。而且,从长远来看,攻占了蜀国就占据了有利地形,以后可以顺水而下攻打楚国。

秦惠文王采纳了司马错的建议,派他和张仪从石牛道进兵攻打蜀国。双方在葭(jiā)萌关(今属四川广元)交战,蜀国大败,蜀王败逃。秦军一路扫荡,灭掉蜀国,原蜀王被贬为蜀侯。秦王派大臣陈庄到蜀国去做相国,治理蜀地。司马错则继续东进,消灭了巴国。

肥沃的四川盆地划归秦国所有,秦国的土地大大增加了。秦国更加强盛富裕,远超其他六国。

公元前310年,蜀相陈庄杀死蜀侯,背叛秦国,又是司马错奉命讨伐陈庄,平定了蜀地之乱。九年后,秦蜀侯公子煇叛乱,司马错再次出兵,诛杀公子煇,平定了蜀地的叛乱。

秦昭襄王二十七年(前280年),司马错奉命调用陇西军队,从蜀地出发,进攻楚国的黔中郡(今湖南西部、贵州东北部),并击败楚军,迫使楚国割让汉水以北和上庸之地(湖北西北部)给秦国。

至此,司马错三十多年前的筹划,已经全部实现。

逐字逐句学古文

原文

司马错与张仪争论于秦惠王前。司马错欲伐蜀,张仪曰:"不如伐韩。"王曰:"请闻其说。"

对曰:"亲魏善楚,下兵三川,

译文

司马错和张仪在秦惠王面前进行了一场争论。司马错要攻打蜀国,张仪说:"不如攻打韩国。"秦惠王说:"我愿听听你们的说法。"

张仪回答说:"应先与魏、楚两国表示亲善,然后出兵三川,堵塞轘辕、

塞镮辕、缑氏之口,当屯留之道,魏绝南阳,楚临南郑,秦攻新城宜阳,以临二周之郊,诛周主之罪,侵楚魏之地。周自知不救,九鼎宝器必出。据九鼎,按图籍,挟天子以令天下,天下莫敢不听,此王业也。今夫蜀,西僻之国也,而戎狄之长也,敝兵劳众不足以成名,得其地不足以为利。臣闻:'争名者于朝,争利者于市。'今三川、周室,天下之市朝也,而王不争焉,顾争于戎狄,去王业远矣。"

司马错曰:"不然。臣闻之:'欲富国者,务广其地;欲强兵者,务富其民;欲王者,务博其德。三资者备,而王随之矣。'今王之地小民贫,故臣愿从事于易。夫蜀,西僻之国也,而戎狄之长也,而有桀纣之乱。以秦攻之,譬如使豺狼

缑氏两个隘口,挡住通向屯留的路,让魏国出兵切断南阳的通路,楚国派兵逼近南郑,而秦国的军队则攻击新城和宜阳,兵临二周的近郊,声讨周君的罪行,(随后)乘机侵占楚、魏两国的土地。周王室知道已经不能拯救自身,一定会交出九鼎和宝器。我们占有了九鼎,掌握地图和户籍,挟持周天子,用他的名义来号令天下,天下没有敢于违抗的,这就能建立王业了。如今,蜀国是西边偏僻(落后)的国家,戎狄的首领。攻打蜀国,会使士兵疲惫,使百姓劳苦,却不能以此来建立名望;即使夺取了那里的土地,也算不得什么利益。我听说:'争名的要在朝廷上争,争利的要在市场上争。'现在的三川地区和周王室,正是整个天下的大市场和朝廷,大王不去争夺,反而与那些野蛮的人争夺名利,这就离帝王之业远了。"

司马错说:"不对。我听到过这样的话:'想使国家富庶,一定要扩大他的领地;想使军队强大的,一定让他的百姓富足;想建立王业的,一定要广布他的恩德。这三个条件具备了,那么,王业就会随之实现了。'现在大王的土地少,百姓贫困,所以我希望大王先从容易办的事做起。蜀国是西边偏僻的国家,戎狄诸国的首领,而且眼下发生了像桀、纣时期一样的内乱。用秦国的军队前往攻打,就如同用豺狼驱赶羊

逐群羊也。取其地足以广国也，得其财足以富民，缮兵不伤众，而彼已服矣。故拔一国，而天下不以为暴；利尽西海，诸侯不以为贪。是我一举而名实两附，而又有禁暴止乱之名。今攻韩劫天子，劫天子，恶名也，而未必利也，又有不义之名。而攻天下之所不欲，危！臣请谒其故：周，天下之宗室也；韩，周之与国也。周自知失九鼎，韩自知亡三川，则必将二国并力合谋，以因乎齐、赵而求解乎楚、魏。以鼎与楚，以地与魏，王不能禁。此臣所谓危，不如伐蜀之完也。"

惠王曰："善！寡人听子。"卒起兵伐蜀，十月取之，遂定蜀，蜀主更号为侯，而使陈庄相蜀。蜀既属，秦益强富厚，轻诸侯。

群一样。得到它的土地，能够扩大秦国的疆域；得到它的财富，能够使百姓富足。达到这样的目的只需要打上一仗而又不伤害百姓，蜀国就已经归服了。因此，夺取了蜀国，但天下人不认为我们暴虐；取尽了蜀国的财富，诸侯国也不认为我们贪婪。这就是说，我们用兵一次，就能名利双收，还能得到除暴、平乱的好名声。如果现在去攻打韩国、胁迫周天子，胁迫周天子必然招致坏名声，而且不一定有利，又有不义的名声。去进攻天下人都不希望进攻的地方，这是很危险的！请允许我讲明这个缘故：周王室，现在还是天下的宗室；韩国，是周国的友好邻邦。如果周天子自己知道要失去九鼎，韩王自己知道要丧失三川，那么，两国一定会联合起来，共同采取对策，依靠齐国和赵国，并且向楚、魏两国求援，以解除危难。把九鼎送给楚国，把土地送给魏国，大王是不能阻止的。这就是我所说的危险，不如攻打蜀国那样万无一失。"

秦惠王说："很对。我采纳你的意见。"结果，秦国出兵进攻蜀国，并用了十个月的时间夺取了那里的土地，然后平定了蜀国。蜀国的君主改称为侯，秦国派遣陈庄去辅佐蜀侯。蜀国归附以后，秦国就更加强大富庶，看不起其他诸侯国了。

文化常识第058讲

《战国策》 是西汉刘向编订的国别体史书。是从公元前490年"智伯灭范氏",一直写到公元前221年"高渐离以筑击秦始皇"结束,共245年的历史。全书一共有三十三卷,分十二国的"策"论。记述了战国时期策士们的游说活动,反映了当时各国政治、军事、外交方面的活动情况和社会面貌。《战国策》描写人物形象逼真,大量运用寓言、譬喻,语言生动,富于文采。

常用字第058讲 —— 城

❶ <名>城墙。《得道多助,失道寡助》:"城非不高也,池非不深也。"
❷ <动>筑城;修筑城墙。《韩非子·说林》:"靖郭君将城薛,客多以谏者。"
❸ <名>城市。《廉颇蔺相如列传》:"秦王以十五城请易寡人之璧,可予不?"

语法常识第058讲

词类活用:形容词作动词【博】 "欲王者,务博其德"一句中"博"本义为"广博、广泛",是形容词,这里活用作动词,意为"广泛传布"。翻译为:想建立王业的,一定要广布他的恩德。

范雎(jū)说秦王

——交疏可以深言吗？

☰《古文观止》有故事

范雎是战国时期魏国人，大政治家。他足智多谋，机智善辩，曾经周游列国推销自己的主张，没有成功。后来只好又回到魏国，在大臣须贾门下做事。

有一次，他跟随须贾出使齐国。在齐国朝堂之上，须贾被齐襄王数落得面红耳赤，哑口无言。

站在身后的范雎忍不住了，挺身而出反驳道："齐湣(mǐn)王残忍暴虐，又不是

只有魏国，五国都和他为仇。现在大王英雄盖世，应该想想如何重振齐桓公的霸业，再现齐威王的威武。如果只知道责备别人，却不知道反省自己，斤斤计较当年的恩怨，恐怕会重蹈齐湣王的覆辙吧？"

齐襄王上下打量这个随从，暗暗赞许。退朝之后，他派人去劝说范雎留在齐国，为自己效力。范雎拒绝了："我不能做不讲信义的人。"

齐襄王越发敬重范雎了，还专门送去了十斤黄金和牛、酒等物品。范雎再三推辞，坚决不收。

他本以为自己挺身而出是为主人解围，维护国家尊严，谁料到，须贾小肚鸡肠，竟然记恨上了他。回国后，须贾向国相魏齐报告了齐襄王重金馈赠范雎的事儿，还诬告他私通齐国，收受贿赂，出卖情报。

魏齐听后大怒，把范雎抓来几乎活活打死，然后把他扔到茅厕里百般羞辱。范雎忍痛装死，被仆人扔到荒郊野外，才捡回一条命。

他养好伤后，改名张禄，想方设法联系上出使魏国的秦国大臣王稽，跟随他偷偷来到了秦国，几经辗转见到了秦昭襄王，为他分析了形势："如今太后和穰侯专权，如果不能摆脱他们的控制，大王的抱负将不能实现。"

这番话说中了昭襄王的心思。昭襄王拜他做客卿，范雎登上了秦国的政治舞台，开始实施自己的治国策略。

逐字逐句学古文

原文	译文
范雎至，秦王庭迎，谓范雎曰："寡人宜以身受令久矣。今者义渠之事急，寡人日自请太后。今义渠之事已，寡人乃得以身受命。躬窃愍然	范雎来到秦国，秦昭王在宫廷里迎接，秦王对范雎说："我很久以来，就该亲自来领受您的教导，正碰上要急于处理义渠国的事务，而我每天又要亲自给太后问安；现在义渠的事已

不敏。"敬执宾主之礼,范雎辞让。

是日见范雎,见者无不变色易容者。秦王屏左右,宫中虚无人,秦王跪而请曰:"先生何以幸教寡人?"范雎曰:"唯唯。"有间,秦王复请,范雎曰:"唯唯。"若是者三。

秦王跽曰:"先生不幸教寡人乎?"

范雎谢曰:"非敢然也。臣闻始时吕尚之遇文王也,身为渔父而钓于渭阳之滨耳。若是者,交疏也。已一说而立为太师,载与俱归者,其言深也。故文王果收功于吕尚,卒擅天下而身立为帝王。即使文王疏吕望而弗与深言,是周无天子之德,而文、武无与成其王也。今臣羁旅之臣也,交疏于王,而所愿陈者,皆匡君臣之事。处人骨肉之间,愿以陈臣之陋忠,而未知王心也,所以王三问而不对者是也。

经处理完毕,我这才能够亲自领受您的教导了。我自己不明事理,思考也不灵活。"于是秦王以正式的宾主礼仪接待了范雎,范雎表示谦让。

这一天接见范雎,看到那场面的人无不脸色变得严肃起来。秦王屏退左右的人,宫中没有别人了,秦王跪着请求说:"先生拿什么来赐教寡人?"范雎说:"对,对。"过了一会儿,秦王再次请求,范雎说:"对,对。"像这样反复了好几回。

秦王长跪着说:"先生不肯赐教寡人吗?"

范雎表示歉意说:"不是臣子敢这样啊。臣子听说当初吕尚遇到文王的时候,身份只是个渔夫,在渭水北岸垂钓罢了。像这种情况,关系可说是生疏的。结果一谈就任他做太师,请他同车一起回去,这是他们交谈得深啊。所以文王果真在吕尚辅佐下建立了功业,终于据有天下而自身成了帝王。假如文王因为跟吕望生疏而不跟他深谈,这样周就没有具备做天子的德行,文王、武王也就不能成为王了。现在小臣是个客处他乡的人,与大王关系疏远,而所想要面陈的,又都是纠正国君偏差的事。处在人家骨肉之间,臣子愿意献上一片浅陋的忠诚,却不知大王的心意如何,所以大王连问几次而不回答,就是这个原因。"

文化常识第059讲

宣太后 楚国人,芈(mǐ)姓,也叫芈八子,是战国时期秦国王太后,秦惠文王的妃子,秦昭襄王的母亲。秦惠文王去世后,公子荡即位为秦武王。后来秦武王逞强举鼎而死,芈八子依靠弟弟的势力,拥立自己的儿子公子稷即位,就是秦昭襄王。芈八子自称"宣太后",把持了朝政。秦昭襄王在范雎的支持下,废黜太后,驱逐权贵,拿回了属于自己的权力。

常用字第059讲

❶ <名>身体。《中山狼传》:"我鞠躬不敢息。"
❷ <代>自身;自己。《诗经·氓》:"静言思之,躬自悼矣。"
❸ <副>亲自。《出师表》:"臣本布衣,躬耕于南阳。"

语法常识第059讲

词类活用:名词作状语【橐】 "伍子胥橐(tuó)载而出昭关"一句中"橐"本义为"袋子",是名词,在这里活用作状语,意为"藏在袋子里"修饰"载"。翻译为:伍子胥藏进袋子里逃出了昭关。

邹忌讽齐王纳谏

—— 不要被好听的话蒙蔽

《古文观止》有故事

邹忌是战国时期齐威王的大臣。齐威王刚即位的时候，吃喝玩乐不理国事。邹忌就借为齐威王弹琴的机会拜见他，加以劝谏。他用浑厚的大弦比喻国君，用清亮的小弦比喻相国，用时紧时缓的声音比喻政令，用和谐的声音比喻一年四季。声音和谐循环往复，就是政治清明；上下前后沟通顺畅，就是国家运势长久。治国安民的道理都包含在韵律之中了。他委婉地劝说国君应该励精图治，富国强兵。

齐威王认为他说得很有道理，不久任命他为相国。他开始推行改革。他鼓励大臣们进谏，建议国君虚心纳谏。他委婉地举自己和徐公比美的例子，向齐威王说明人或多或少都会受蒙蔽，所以虚心纳谏很重要。

齐威王再次接受了他的建议，下令：官吏、百姓中凡是能当面指出自己过错的受上赏，上书规劝自己的受中赏，在公共场合议论传到自己耳中的受下赏。

刚开始，进谏的人多得就像赶集。一年后，再也没人来提意见了。齐国政治清明，变得强盛起来。

邹忌还重视举荐人才，他推荐的几个得力大臣都被齐威王当作国宝，为齐国的繁荣强盛做出了贡献。他还推行法家的"谨修法律而督奸吏"政策，建议齐威王整顿吏治，赏清官，杀贪官。官吏们都吓坏了，再也不敢胡作非为。

邹忌推行改革，增强了齐国国力，使齐国成为东方诸侯国的中心。但是，邹忌也有不足之处。他和将军田忌将相不和，冲突越来越激烈，甚至不惜陷害田忌，导致田忌离开齐国到了楚国。

邹忌的功过是非，只能留给后人评说了。

逐字逐句学古文

原文

邹忌修八尺有余，而形貌昳丽。朝服衣冠，窥镜，谓其妻曰："我孰与城北徐公美？"其妻曰："君美甚，徐公何能及君也？"城北徐公，齐国之美丽者也。忌不自信，而复

译文

邹忌身高八尺多，而且外形、容貌光艳美丽。他早晨穿戴好衣帽，照着镜子，对他的妻子说："我和城北徐公相比，谁更美？"他的妻子说："您非常美，徐公怎么能比得上您？"城北的徐公是齐国的美男子。邹忌不相信自己比徐公美，于是又问他的妾：

问其妾曰:"吾孰与徐公美?"妾曰:"徐公何能及君也!"旦日,客从外来,与坐谈,问之:"吾与徐公孰美?"客曰:"徐公不若君之美也!"明日,徐公来。熟视之,自以为不如;窥镜而自视,又弗如远甚。暮寝而思之,曰:"吾妻之美我者,私我也;妾之美我者,畏我也;客之美我者,欲有求于我也。"

于是入朝见威王,曰:"臣诚知不如徐公美。臣之妻私臣,臣之妾畏臣,臣之客欲有求于臣,皆以美于徐公。今齐地方千里,百二十城,宫妇左右,莫不私王;朝廷之臣,莫不畏王;四境之内,莫不有求于王。由此观之,王之蔽甚矣!"

王曰:"善。"乃下令:"群臣吏民能面刺寡人之过者,受上赏;上书谏寡人者,受中赏;能谤讥于市朝,闻寡人之耳者,受下

"我和徐公相比,谁更美?"妾回答说:"徐公哪能比得上您?"第二天,有客人从外面来拜访,邹忌与他相坐而谈,问客人:"我和徐公比,谁更美?"客人说:"徐公不如您美。"又过了一天,徐公来了,邹忌仔细地看着他,自己认为不如徐公美;再照镜子看着自己,更是觉得自己与徐公相差甚远。晚上他躺在床上休息时想这件事,说:"我的妻子认为我美,是偏爱我;我的妾认为我美,是害怕我;我的客人认为我美,是有事情有求于我。"

于是邹忌上朝拜见齐威王,说:"我知道自己确实比不上徐公美。可是我的妻子偏爱我,我的妾害怕我,我的客人有事想要求助于我,所以他们都认为我比徐公美。如今齐国有方圆千里的疆土,一百二十座城池。宫中的姬妾及身边的近臣,没有一个不偏爱大王的,朝中的大臣没有一个不惧怕大王的,全国的百姓没有不对大王有所求的。由此看来,大王您受到的蒙蔽太严重了!"

齐威王说:"你说得很好!"于是就下了命令:"大小的官吏,大臣和百姓,能够当面批评我的过错的人,给予上等奖赏;上书直言规劝我的人,给予中等奖赏;能够在众人集聚的公共场所指责议论我的过失,并传到我耳朵里的人,给予下等奖赏。"命令刚

赏。"令初下，群臣进谏，门庭若市。数月之后，时时而间进；期年之后，虽欲言，无可进者。燕、赵、韩、魏闻之，皆朝于齐。此所谓战胜于朝廷。

下达，许多大臣都来进献谏言，宫门和庭院像集市一样喧闹；几个月以后，还不时地有人偶尔进谏；满一年以后，即使有人想进谏，也没有什么可说的了。燕、赵、韩、魏等国听说了这件事，都到齐国朝拜齐威王。这就是所说的在朝廷之中不战自胜。

文化常识第060讲

门庭若市 在本文中齐威王虚怀若谷，能够听取不同的意见，并且知错能改，所以才有了赶集一样的争相进谏的场面。"门庭若市"这个成语流传下来，已经超越了进谏的人多的原意，拓展开来，指门口和庭院里热闹得像集市一样，形容来往的人很多。

常用字第060讲 朝

读zhāo时：

❶＜名＞早晨。《岳阳楼记》："朝晖夕阴，气象万千。"
❷＜名＞一日。《孟子·告子》："虽与之天下，不能一朝居也。"

读cháo时：

❶＜动＞拜见；拜访。《史记·项羽本纪》："项羽晨朝上将军宋义。"
❷＜动＞拜见君主。《送东阳马生序》："余朝京师。"
❸＜动＞受臣下朝见。《荀子·尧问》："王朝而有忧色。"
❹＜动＞归附；朝拜。《邹忌讽齐王纳谏》："燕、赵、韩、魏闻之，皆朝于齐。"
❺＜名＞朝廷。《柳敬亭传》："是时朝中皆畏宁南。"

❻ <动>上朝。《赵威后问齐使》:"胡为至今不朝也。"
❼ <名>官府的大堂。《后汉书·刘宠传》:"山谷鄙生,未尝识郡朝。"
❽ <名>朝代。《陈情表》:"逮奉圣朝,沐浴清化。"

语法常识第060讲

词类活用:形容词的意动用法【美】"吾妻之美我者,私我也"一句中"美"字,本义为"美丽",是形容词,在这里活用作动词,意为"以……为美""认为……很美"。翻译为:我的妻子认为我美,是偏爱我。

颜斶说齐王
——比大王还尊贵的士

● 《古文观止》有故事

　　颜斶是战国时期齐国的隐士。有一次，他觐见齐宣王，齐宣王趾高气扬地命令："颜斶，到我跟前来！"颜斶看看齐宣王，说："大王，到我跟前来！"

　　一句话把周围人都吓坏了，有人赶紧提醒他："大王是国君，你是臣子，怎么敢这么说话？"颜斶不慌不忙地说："大王到我跟前来，是礼贤下士呀。"

　　齐宣王气哼哼地质问："是国君尊贵，还是士人尊贵呢？"

　　颜斶回答说："士人尊贵。"接着，他举出柳下季的例子证明自己的话。

柳下季是春秋时期鲁国的思想家、教育家。他曾做过掌管刑狱诉讼的官，多次遭到罢免，但他不怨恨，日子过得穷困也不忧愁，一切都看得很淡。他的美德广为传播，在各诸侯国都有很大影响。孔子称赞他是"遗落的贤人"。

柳下季回到柳下后，招收了很多学生。他传授文化、礼仪，深受当地老百姓的爱戴。他去世后，学生们前来吊唁，要为他写悼词，定谥号。他的妻子说："要缅怀先生的德行，你们应该不如我了解他，我来写吧！"于是，她写了一篇文章，结尾说："先生的谥号，应该是'惠'啊。"

后来，秦国攻打齐国的时候，要经过鲁国。秦军有令："有胆敢在柳下惠墓地五十步以内砍柴的，判处死刑，绝不宽恕！"但是，捉住齐王、割下他头颅的有重赏。

这就是颜斶说的比大王还要尊贵的士。即使去世了，埋葬遗骨的地方，都能得到秦王的尊敬，这不得不说是美德的力量！

当然，颜斶也是这样的人。

逐字逐句学古文

原文

齐宣王见颜斶，曰："斶前！"斶亦曰："王前！"宣王不说。左右曰："王，人君也。斶，人臣也。王曰'斶前'，亦曰'王前'，可乎？"斶对曰："夫斶前为慕势，王前为趋士。与使斶为慕势，不如使王为趋士。

译文

齐宣王召见齐人颜斶，说："颜斶，上前来！"颜斶也说："大王，上前来！"宣王很不高兴。左右近臣说："大王是人君，颜斶你是人臣；大王说，'颜斶，上前来！'你也说，'大王，上前来！'可以吗？"颜斶回答说："我上前是趋炎附势，大王上前是礼贤下士；与其让我趋炎附势，不如让大王礼贤天下士。"宣王怒容满面，

士。"王忿然作色曰:"王者贵乎?士贵乎?"对曰:"士贵耳,王者不贵。"王曰:"有说乎?"颙曰:"有。昔者秦攻齐,令曰:'有敢去柳下季垄五十步而樵采者,死不赦。'令曰:'有能得齐王头者,封万户侯,赐金千镒。'由是观之,生王之头,曾不若死士之垄也。"宣王默然不悦。

说:"是王尊贵,还是士尊贵?"颜颙回答说:"士尊贵,王并不尊贵。"宣王说:"可有什么根据吗?"颜颙说:"有。从前秦国进攻齐国,秦王下令说:'有人敢在柳下惠墓地五十步内砍柴的,判以死罪,不予赦免。'又下令说:'有人能砍下齐王头的,封邑万户,赐金二万两。'由此看来,活王的头,还不如死士的墓。"宣王听了,一声不吭,很不高兴。

文化常识第061讲

士 先秦时期,根据权力、财产等,把贵族分为四个等级:天子、诸侯、大夫、士。士是当时最低等级的贵族。春秋时期的《管子》一书中提到:"士农工商四民者,国之石民也。"这里的士指的是读书人,读书人和农民、手工业者、商人一起,构成了国家的基石。本文中的"士"指的是品德高,有胆识,又有一技之长的人。

常用字第061讲 曾

读céng时:

❶ <副> 曾经。《陈情表》:"臣侍汤药,未曾废离。"
❷ <形> 通"层",重叠的。陆机《园葵》:"曾云无温液,严霜有凝威。"

读zēng时：

❶ <名>与自己隔两代的亲属。如"曾祖""曾孙"。《治平篇》："是高、曾时为一户者，至曾、元时不分至十户不止。"

❷ <动>通"增"，增加。《生于忧患，死于安乐》："所以动心忍性，曾益其所不能。"

❸ <副>竟然；连……都；甚至。《愚公移山》："以君之力，曾不能损魁父之丘，如太行、王屋何？"

❹ <副>乃；又。《登楼赋》："虽信美而非吾土兮，曾何足以少留。"

语法常识第061讲

判断句：主语＋谓语＋也 古代汉语的有些判断句，不用判断词，在谓语后面加语气词"也"表示判断，构成"主语＋谓语＋也"的固定句式。本文中"王，人君也；蠋，人臣也"就是这样的判断句。翻译为：大王是人君，颜蠋你是人臣。

冯谖客孟尝君

xuān

——"公子家缺的是仁义!"

《战国策》

《古文观止》有故事

孟尝君是战国时齐国的公子。他因为"好客养士""乐善好施"而闻名天下。他对待门客不惜钱财,招罗了三千多食客,冯谖就是其中之一。

冯谖家境贫寒,投奔到孟尝君门下,看上去没什么特长和本事,但不断地提要求——要吃鱼,要乘车,还要求孟尝君出钱奉养他的老母亲。

孟尝君以仁义著称,而冯谖比主人更加懂得仁义的内涵。他曾经替孟尝

君到封地收债，到了封地，见百姓没钱还债，就假传孟尝君的命令，把债券一把火烧了，告诉他们欠的钱不用还了。百姓高兴得齐声欢呼，感念孟尝君的恩德。回来后，他告诉孟尝君说："我为您买了'义'！"他买来的义就是民心呀。

后来，齐湣王罢免了孟尝君的官职。孟尝君回到封地，百姓扶老携幼地出城迎接他。

冯谖又到魏国去，劝说魏惠王重用孟尝君。这个消息传到齐国，齐湣王害怕了，又派人把孟尝君接了回来，重新让他做相国。

孟尝君被罢免的时候，食客们大多数都走了；他重新做相国后，对冯谖说："我一辈子对待客人们都很敬重，可他们看见我被罢了官，都跑了。现在他们要是再回来，我一定要冲他们脸上吐唾沫，羞辱羞辱他们。"

冯谖听了赶紧劝说："您说错了！任何事物都有自身的发展规律。清晨太阳升起来，赶集的人们都急忙赶往集市；等到太阳落山后，人们再经过集市，看都不看它一眼。不是因为喜欢清晨讨厌傍晚，而是到了傍晚，集市上已经没有了人们需要的东西。富贵多士，贫贱少友。您不做相国，宾客们自然会走，不应该因此埋怨他们。他们如果再回来，希望您能像原来一样以礼相待。"

孟尝君恍然大悟，赶紧行礼感谢他的教导。

冯谖太厉害啦！洞察人性，收揽民心，这才是真正懂"仁义"的人才呀。

逐字逐句学古文

原文	译文
qí rén yǒu féng xuān zhě，pín fá bù néng zì cún，shǐ rén zhǔ mèng cháng jūn，yuàn jì shí mén xià。 齐人有冯谖者，贫乏不能自存，使人属孟尝君，愿寄食门下。	齐国有一人叫冯谖。因为太穷而不能养活自己。他便托人告诉孟尝

孟尝君曰："客何好？"曰："客无好也。"曰："客何能？"曰："客无能也。"孟尝君笑而受之曰："诺。"

左右以君贱之也，食以草具。居有顷，倚柱弹其剑，歌曰："长铗归来乎！食无鱼。"左右以告。孟尝君曰："食之，比门下之客。"居有顷，复弹其铗，歌曰："长铗归来乎！出无车。"左右皆笑之，以告。孟尝君曰："为之驾，比门下之车客。"于是乘其车，揭其剑，过其友曰："孟尝君客我。"后有顷，复弹其剑铗，歌曰："长铗归来乎！无以为家。"左右皆恶之，以为贪而不知足。孟尝君问："冯公有亲乎？"对曰："有老母。"孟尝君使人给其食用，无使乏。于是冯谖不复歌。

后孟尝君出记，问门下诸客："谁习计会，能为文收责于薛者乎？"冯谖署曰："能。"孟尝君怪

君，表示意愿在他的门下寄居为食客。孟尝君问："冯谖有何优点？"回答说："没有什么优点。"又问："他有何才干？"回答说："没什么才能。"孟尝君听了后笑了笑，但还是接受了他。

旁边的人认为孟尝君看不起冯谖，就让他吃粗劣的饭菜。过了一段时间，冯谖倚着柱子弹着自己的剑，唱道："长剑我们回去吧！没有鱼吃。"左右的人把这事告诉了孟尝君。孟尝君说："让他吃鱼，比照一般门客的生活待遇。"又过了一段时间，冯谖弹着他的剑，唱道："长剑我们回去吧！外出没有车子。"左右的人都取笑他，并把这件事告诉给孟尝君。孟尝君说："给他车子，比照门下能坐车门客的生活待遇。"冯谖于是乘坐他的车，高举着他的剑，去拜访他的朋友，十分高兴地说："孟尝君待我为上等门客了。"此后不久，冯谖又弹着他的剑，唱道："长剑我们回去吧！没有能力养家。"此时，左右的手下都开始厌恶冯谖，认为他贪得无厌。而孟尝君听说此事后问他："冯公有双亲吗？"冯谖回答说："家中有老母亲。"于是孟尝君派人供给他母亲吃用，不使她感到缺乏。于是从那之后，冯谖不再唱歌。

后来，孟尝君出文告征询他的门客："谁熟习会计的事，可以为我到薛

之，曰："此谁也？"左右曰："乃歌夫'长铗归来'者也。"孟尝君笑曰："客果有能也，吾负之，未尝见也。"请而见之，谢曰："文倦于事，愦于忧，而性懧愚，沉于国家之事，开罪于先生。先生不羞，乃有意欲为收责于薛乎？"冯谖曰："愿之。"于是约车治装，载券契而行，辞曰："责毕收，以何市而反？"孟尝君曰："视吾家所寡有者。"

驱而之薛，使吏召诸民当偿者，悉来合券。券遍合，起，矫命以责赐诸民。因烧其券。民称万岁。

长驱到齐，晨而求见。孟尝君怪其疾也，衣冠而见之，曰："责毕收乎？来何疾也！"曰："收毕矣。""以何市而反？"冯谖曰；"君云'视吾家所寡有者'。臣窃计，君宫中积珍宝，狗马实外厩，美人充下陈。君家所寡有者，以义耳！窃以为

地收取债务？"冯谖在本上署了自己的名，并签上一个"能"字。孟尝君见了名字感到很惊奇，问："这是谁呀？"左右的人说："就是唱那'长铗归来'的人。"孟尝君笑道："这位客人果真有才能，我亏待了他，还没见过面呢！"他立即派人请冯谖来相见，当面赔礼道："我被琐事搞得精疲力竭，被忧虑搅得心烦意乱；加之我懦弱无能，整天埋在国家大事之中，以致怠慢了您，而您却并不见怪，倒愿意往薛地去为我收债，是吗？"冯谖回答道："我愿意去。"于是套好车马，整治行装，载上契约票据动身了。辞行的时候冯谖问："债收完了，买什么回来？"孟尝君说："您就看我家里缺什么吧。"

冯谖赶着车到薛，派官吏把该还债务的百姓找来核验契据。核验完毕后，他假托孟尝君的命令，把所有的债款赏赐给欠债人，并当场把债券烧掉了。百姓都高呼"万岁"。

冯谖赶着车，马不停蹄，直奔齐都，清晨就求见孟尝君。孟尝君奇怪他回来得这么快，便穿好衣、戴好帽，出来接见他，问道："债都收完了吗？怎么回得这么快？"冯谖说："都收了。""买什么回来了？"孟尝君问。冯谖回答道："您曾说'看我家缺什么'，我私下考虑您宫中积满珍珠宝

君市义。"孟尝君曰:"市义奈何?"曰:"今君有区区之薛,不拊爱子其民,因而贾利之。臣窃矫君命,以责赐诸民,因烧其券,民称万岁。乃臣所以为君市义也。"孟尝君不说,曰:"诺,先生休矣!"

后期年,齐王谓孟尝君曰:"寡人不敢以先王之臣为臣。"孟尝君就国于薛,未至百里,民扶老携幼,迎君道中,终日。孟尝君顾谓冯谖:"先生所为文市义者,乃今日见之。"

冯谖曰:"狡兔有三窟,仅得免其死耳;今君有一窟,未得高枕而卧也。请为君复凿二窟。"孟尝君予车五十乘,金五百斤,西游于梁,谓惠王曰:"齐放其大臣孟尝君于诸侯,诸侯先迎之者,富而兵强。"于是梁王虚上位,以故相为上将军,遣使者,黄金千斤,车百乘,往

贝,外面马房多的是猎狗、骏马,后庭多的是美女,您家里所缺的只不过是'仁义'罢了,所以我用债款为您买了'仁义'。"孟尝君道:"买仁义是怎么回事?"冯谖道:"现在您不过有块小小的薛邑,还不能抚爱百姓、视民如子,而用商贾之道向人民图利。我擅自假造您的命令,把债款赏赐给百姓,顺便烧掉了契据,百姓都欢呼'万岁',这就是我用来为您买义的方式啊。"孟尝君听后,很不愉快地说:"嗯,先生,算了吧。"

过了一年,齐闵王对孟尝君说:"我可不敢把先王的臣子当作我的臣子。"孟尝君只好到他的领地薛去。还差百里未到,就看到薛地的人民扶老携幼,都在路旁迎接孟尝君到来,整天都是这样。孟尝君见此情景,回头看着冯谖道:"您为我买的'义',今天才见到作用了。"

冯谖说:"狡猾机灵的兔子有三个洞才能免遭死患,现在您只有一个洞,还不能高枕无忧,请让我再去为您挖两个洞吧。"孟尝君应允了,就给了他五十辆车子,五百斤金。冯谖往西到了魏国,他对惠王说:"现在齐国把他的大臣孟尝君放逐到国外去,哪位诸侯先迎住他,就可使自己的国家富庶强盛。"于是惠王把相位空出来,把原来的相国调为上将军,并派

聘孟尝君。冯谖先驱诫孟尝君曰:"千金,重币也;百乘,显使也。齐其闻之矣。"梁使三反,孟尝君固辞不往也。

齐王闻之,君臣恐惧,遣太傅赍黄金千斤、文车二驷,服剑一,封书谢孟尝君曰:"寡人不祥,被于宗庙之祟,沉于谄谀之臣,开罪于君。寡人不足为也;愿君顾先王之宗庙,姑反国统万人乎!"冯谖诫孟尝君曰:"愿请先王之祭器,立宗庙于薛。"庙成,还报孟尝君曰:"三窟已就,君姑高枕为乐矣。"

孟尝君为相数十年,无纤介之祸者,冯谖之计也。

使者带着千斤金,百辆车子去聘请孟尝君。冯谖先赶车回去,告诫孟尝君说:"金千斤,这是很重的聘礼了;百辆车子,这算显贵的使臣了。齐国君臣大概听说这事了吧。"魏国的使臣往返了多次,孟尝君坚决推辞而不去魏国。

齐王听到这些情况,君臣都惊慌害怕起来,就派遣太傅送一千斤金、两辆彩车、一把佩剑(给孟尝君)。并写信向孟尝君道歉说:"我太不慎重了,遭受祖宗降下的灾祸,又被那些逢迎讨好的臣子所迷惑,得罪了您。我是不值得您帮助的;希望您能顾念先王的宗庙,姑且回来统率全国人民吧!"冯谖提醒孟尝君说:"希望您向齐王请来先王传下的祭器,在薛地建立宗庙。"宗庙建成了,冯谖回来报告孟尝君说:"三个洞穴都已凿成了,您可以暂且高枕而卧,安心享乐了!"

孟尝君做了几十年相,没有一点祸患,都是(由于)冯谖的计谋啊。

文化常识第062讲

狡兔三窟 本文中"狡兔三窟"是说冯谖为孟尝君谋划的三条退路:烧债券收买薛地民心;重新被齐王重用;在薛地建宗庙,以此来保全自身。后来,用作了成语,指狡猾的兔子会准备好几个藏身的窝,用来比喻隐蔽的地方或方法多,但有时

候也有贬义色彩，表示某人工于心计，为人狡猾。

常用字第062讲

❶<动>女子出嫁。《项脊轩志》："后五年，吾妻来归。"
❷<动>返回；回去。《屈原列传》："楚兵惧，自秦归。"
❸<动>送回；归还。《廉颇蔺相如列传》："城不入，臣请完璧归赵。"
❹<动>归向；归聚。《赤壁之战》："众士仰慕，若水之归海。"
❺<动>归依；归附。《荆轲刺秦王》："樊将军以穷困来归丹。"
❻<名>结局；归宿。《归田园居》："开荒南野际，守拙归园田。"
❼<动>死。《尔雅·释训》："鬼之为言归也。"
❽<名>珠算一位数除法。
❾<动>通"馈"，赠送。《论语·阳货》："阳货欲见孔子，孔子不见。归孔子豚。"

语法常识第062讲

词类活用：名词作状语【衣冠】 "孟尝君怪其疾也，衣冠而见之"一句中"衣冠"一词，本义为"衣服帽子"，是名词，在这里活用作状语，意为"穿戴好衣帽"，来修饰后边的"见"。翻译为：孟尝君奇怪他回来得这么快，便穿戴好衣、戴好帽，出来接见他。

赵威后问齐使

——没有百姓,哪有国君?

《古文观止》有故事

赵威后是战国时期赵国的太后,赵惠文王的王后,赵孝成王的母亲。这位太后重视民生,清正廉明,明辨是非。赵惠文王去世,赵孝成王即位时年纪还小,便由母亲赵威后代理国家大事。

有一次,齐王派使臣来拜见赵威后,赵威后没有开启齐王的信,反而先问了使臣三个问题:"今年的年成好吗?百姓好吗?齐王好吗?"在太后心中,没有收成,哪里还有百姓?没有了百姓,又哪里还有君王呢?这正体现了她

"以民为本"的思想。

可是,她的儿子却没有母亲这么智慧。

公元前262年,秦昭襄王派大将王龁(hé)进攻韩国,截断了上党郡(治所在今山西长治)和韩国都城的联系,上党眼看就守不住了。上党郡守冯亭不愿意投降秦国,就想把上党送给赵国。冯亭派去的使者说得很好听:"大王您的恩德布于四海,上党的百姓都想归顺赵国,做大王您的臣民。"

赵孝成王听了沾沾自喜,就想收下上党。平阳君赵豹劝阻他:"秦国对上党势在必得,韩国守不住了,送给我们,是想要嫁祸给我们赵国。秦国强盛,我们不能和他们为敌呀。不能接收上党。"

可是,赵孝成王听不进去。上党郡一共十七座城,这个诱惑太大了!何况,人家百姓是受了我的恩德感召才愿意归顺的。送上门来的大便宜,不要白不要呀!于是,他又向平原君赵胜和大臣赵禹征求意见。这两个人都觉得这是个大便宜,不能拒绝。

于是,赵孝成王派平原君去接收了上党的土地。

这十七座城真是一块烫手的山芋!正如赵豹所料,赵国接收了上党,惹怒了秦国,秦军转向攻打赵国。

赵孝成王一时的贪念和糊涂,为赵国惹来了一场大祸。赵国战败,由盛转衰,再也振作不起来了。

逐字逐句学古文

原文

齐王使使者问赵威后。书未发,威后问使者曰:"岁亦无恙耶?民亦无恙耶?王亦无恙耶?"使者不

译文

齐国国王派遣使者去问候赵威后,书信还没有启封,威后就问使者说:"今年的年成好吗?百姓好吗?齐王好吗?"使者不高兴,说:"下臣奉

说，曰："臣奉使使威后，今不问王，而先问岁与民，岂先贱而后尊贵者乎？"威后曰："不然，苟无岁，何以有民？苟无民，何以有君？故有问舍本而问末者耶？"

乃进而问之曰："齐有处士曰钟离子，无恙耶？是其为人也，有粮者亦食，无粮者亦食；有衣者亦衣，无衣者亦衣。是助王养其民也，何以至今不业也？叶阳子无恙乎？是其为人，哀鳏寡，恤孤独，振困穷，补不足。是助王息其民者也，何以至今不业也？北宫之女婴儿子无恙耶？彻其环瑱，至老不嫁，以养父母。是皆率民而出于孝情者也，胡为至今不朝也？此二士弗业，一女不朝，何以王齐国，子万民乎？於陵子仲尚存乎？是其为人也，上不臣于王，下不治其家，中不索交诸侯。此率民而出于无用者，何为至今不杀乎？"

齐王的使命，出使到威后这里来，现在您不问齐王，反而先问年成和百姓，岂不是把卑贱的放在前面，把尊贵的放在后面吗？"威后说："不是这样。假如没有收成，哪里有百姓？假如没有百姓，哪里有国君？难道不应该先问根本后问末节吗？"

威后进而又问他说："齐国有个处士叫钟离子，平安无事吗？这个人做人呀，有粮食的人给吃，没粮食的人也给吃；有衣服的人给穿，没有衣服的人也给穿。这是帮助国君养活老百姓的人呀，为什么到今天不让他在位成就功业？叶阳子平安无事吗？这个人做人呀，怜悯那些无妻无夫的人，顾念抚恤那些无父无子的人，救济那些困苦贫穷的人，补助那些缺衣少食的人，这是帮助国君滋生养育百姓的人，为什么到今天不让他在位成就功业？北宫氏的女儿婴儿子平安无事吗？她摘掉耳环等装饰品，到老不嫁，来奉养父母。这是带领百姓尽孝心的人，为什么至今不加封号，使她得以上朝见君呢？这两个处士没有成就功业，一个孝女也没有加封号，靠什么来统治齐国，为民父母呢？于陵的那个子仲还在吗？这个人做人呀，对上不向国君称臣，对下不治理他的家，也不愿同诸侯交往，这是带领百姓无所作为的人，为什么到今天还不杀掉呢？"

文化常识第063讲

鳏寡孤独 《孟子》中解释了这四类人：年老无妻或丧妻的男人叫"鳏"，就是鳏夫；年老无夫或丧夫的女人叫"寡"，就是寡妇；幼小无父或失双亲的叫"孤"；年老而没有子女的叫"独"。这四类人被称为"穷民"，就是困苦的人。现在泛指一切丧失劳动能力，不能独立生活，而又没有亲属供养的人，社会要多多关注他们。

常用字第063讲

❶ <名>兽类颌下的垂肉。《中山狼传》："前虞跋胡。"
❷ <形>长寿。常"胡考""胡耇"连用。《诗经·丝衣》："胡考之休。"
❸ <代>什么。《论积贮疏》："卒然边境有急，数千万之众，国胡以馈之。"
❹ <代>为什么；怎么。《归去来辞》："田园将芜，胡不归？"
❺ <名>古代对北部和西部民族的泛称。《过秦论》："胡人不敢南下而牧马。"

语法常识第063讲

词类活用：名词的意动用法【子】 "此二子弗业，一女不朝，何以王齐国、子万民乎？"一句中的"子"本义是"儿子"，是名词，在这里活用作意动用法，意为"以……为子"，把万民当作儿子，就是做百姓的父母官。这句话翻译为："这两个处士没有成就功业，一个孝女也没有加封号，靠什么来统治齐国，为民父母呢？"

庄辛论幸臣

——善用比喻的进谏

《古文观止》有故事

楚顷襄王名叫熊横,是楚怀王的儿子。秦攻打楚国的时候,楚怀王把他派去齐国做人质求援。

公元前299年,秦国又一次攻打楚国,占领了八座城池。秦昭王派人送信给楚怀王,约他到武关(今陕西省丹凤县)会盟。楚怀王不想去,可是又不敢不去,最后,只得硬着头皮来到武关。一到武关,秦昭王就把他抓了起来,

劫持到咸阳，要楚国拿土地来换。

国君被扣留，楚国乱作一团，大臣们接回了在齐国做人质的太子熊横，即位为楚顷襄王。秦国勒索土地的诡计落了空，恼羞成怒，发兵攻打楚国，斩杀楚军五万人，夺取了楚国十六座城池。

后来，楚怀王逃跑，被秦军抓回，死在了秦国。秦楚两国绝交。但是，时间不长，在秦军的威胁下，楚顷襄王不得不和秦国联姻讲和。暂时的和平，让楚顷襄王忘记了复仇，开始宠信身边的几个大臣，吃喝玩乐，不理政事。

大臣庄辛看不下去了，指出他这样下去，郢(yǐng)都会有危险。楚王听不进去，庄辛只得跑到赵国避祸。

公元前279年，秦国派大将白起出兵，攻占了鄢(今湖北宜城东南)、邓(今湖北襄樊西北)两座城池。第二年，白起大军继续进攻，攻破了楚国都城郢(今湖北江陵西北)，烧毁了楚国历代先王的陵墓。楚军节节败退，楚顷襄王一口气跑到了城阳(今河南息县西北)。

这时候，他才想起了庄辛的话，赶紧派人去赵国把他接了回来。庄辛不计前嫌，给他讲了"亡羊补牢，为时未晚"的道理，又告诫他只图眼前享乐，必将招致巨大灾祸。楚顷襄王连连点头，封庄辛为阳陵君。他振作起来，发展生产，恢复国力。不久，收复了淮北之地。一年后，又收复了部分国土。但遗憾的是，他到死也没能收回郢都。

逐字逐句学古文

原文

臣闻鄙语曰："见兔而顾犬，未为晚也；亡羊而补牢，未为迟也。"臣闻昔汤、武以百里昌，桀、纣以

译文

我听俗语说："看到兔子后，才想到呼唤猎犬捕捉，也不算太晚；在一些羊丢失之后，立即去补修羊圈，也还不算太迟。"我过去听说汤王、武王起

天下亡。今楚国虽小，绝长续短，犹以数千里，岂特百里哉？

王独不见夫蜻蛉乎？六足四翼，飞翔乎天地之间，俯啄蚊虻而食之，仰承甘露而饮之，自以为无患，与人无争也。不知夫五尺童子，方将调饴胶丝，加己乎四仞之上，而下为蝼蚁食也。

夫蜻蛉其小者也，黄雀因是以。俯噣白粒，仰栖茂树，鼓翅奋翼。自以为无患，与人无争也；不知夫公子王孙，左挟弹，右摄丸，将加己乎十仞之上，以其类为招。昼游乎茂树，夕调乎酸醎，倏忽之间，坠于公子之手。

夫雀其小者也，黄鹄因是以。游于江海，淹乎大沼，俯噣鳝鲤，仰啮陵衡，奋其六翮，而凌清风，飘摇乎高翔，自以为无患，与人无争也。不知夫射者，方将修其碆卢，

初只有一百多里的地方，而能够兴盛起来；桀、纣有了天下，而免不了要灭亡。今楚国的地方虽然小，但是截长补短，一共算起来，还有好几千里，何止一百里呢？

大王您难道没看见蜻蜓吗？它有六只脚，四只翼，在天地之间盘旋飞翔，俯身捉食蚊、虻，仰头承饮甘露，自以为没有灾难，与哪个也不相争了。可是没想到那五尺高的小孩子，正要调好黏糖，粘在丝绳上，加在它身上，将它从两三丈高的地方粘下来，喂蝼蛄和蚂蚁啊！

蜻蜓的事还是其中的小事啊，黄雀也是这样。它向下啄食米粒，向上栖息在树上，展翅奋飞，自以为没有灾难，与哪个也不相争了。可是没想到那王孙公子，左手拿着弹弓，右手按上弹丸，拉紧弓弦，要把它从七八丈高的地方射下来，正把它的颈作为弹射的目标。白天还在树上游玩，晚上已经被人加上酸咸的作料做成菜肴了，顷刻间就落到了公子的手里。

黄雀的遭遇还是其中的小事啊，天鹅也是这样。它在江、海遨游，在大水池边停留休息，低头啄食水中的鳝、鲤，抬头吃菱角和水草，举起它的翅膀，驾着清风，在空中优游高飞，自以为没有灾难，与哪个也不相争了。可是没想到那射手正准备用他石制的

治其矰缴，将加己乎百仞之上。被礛磻，引微缴，折清风而抎矣。故昼游乎江湖，夕调乎鼎鼐。

夫黄鹄其小者也，蔡灵侯之事因是以。南游乎高陂，北陵乎巫山，饮茹溪流，食湘波之鱼，左抱幼妾，右拥嬖女，与之驰骋乎高蔡之中，而不以国家为事。不知夫子发方受命乎灵王，系己以朱丝而见之也。

蔡灵侯之事其小者也，君王之事因是以。左州侯，右夏侯，辇从鄢陵君与寿陵君，饭封禄之粟，而载方府之金，与之驰骋乎云梦之中，而不以天下国家为事。不知夫穰侯方受命乎秦王，填黾塞之内，而投己乎黾塞之外。

箭头和黑弓，整治他系有生丝线的箭，要在七八十丈高的地方射击它，它带着锐利的青石做成的箭头，拖着箭上的细丝绳，在清风中翻转了一下身子就掉下来了。因此，它白天在江湖中遨游，晚上就被放在鼎鼐中烹调了。

天鹅的遭遇还是其中的小事啊，蔡灵侯也是这样。他南游高坡，北登巫山，在茹溪河畔饮马，吃湘江的鲜鱼。他左手抱着年轻的爱妾，右手搂着心爱的美女，和她们一起乘车马奔驰在高蔡的路上，而不把国家的安危当作正事。可是没想到子发正从楚王那里接受了攻打蔡国的命令，最后他自己被红绳拴上去见楚王。

蔡灵侯的遭遇还是其中的小事啊，君王也是这样。您的左边有州侯，右边有夏侯，辇车后面还跟着鄢陵君和寿灵君，吃着由封邑进奉来的粮食，车上载着四方府库所供纳的金银，和他们一起驾着车子奔驰在云梦的路上，而不把天下国家的安危当作正事。没想到穰侯魏冉正从秦王那里接受了攻打楚国的命令，陈兵在黾塞（今河南省平靖关）之内，而把大王您驱逐在黾塞之外了。

文化常识第064讲

穰侯 名魏冉,是战国时秦国大臣,宣太后同母异父的弟弟,秦昭襄王的舅舅。秦武王嬴荡去世后,他拥立外甥嬴稷即位为昭襄王,并且清除了其他反对势力。他被封为秦相,和白起一起为秦国开疆拓土,立下赫赫战功,被封为穰侯,和宣太后一起把持秦国朝政。后来,他被昭襄王免去相位,赶回了封地,忧愤而死。

常用字第064讲

读 tāng 时:

❶ <名>热水;开水。《送东阳马生序》:"媵人持汤沃灌,以衾拥覆。"
❷ <名>食物加水煮后的液汁。王建《新嫁娘》:"三日入厨下,洗手作羹汤。"
❸ <名>汤剂;用水煎服的中药。《史记·扁鹊仓公列传》:"治病不以汤液。"
❹ <名>人名,商朝的创建人,历史上著名的贤君。《论积贮疏》:"世之有饥穰,天之行也,禹、汤被之矣。"

读 tàng 时:

<动>通"烫",用热水焐。《扁鹊见蔡桓公》:"疾在腠理,汤熨之所及也。"

语法常识第064讲

词类活用:名词作动词【饭】 "饭封禄之粟,而载方府之金"一句中"饭"本义为"饭食",是名词,在这里活用作动词,意为"吃"。翻译为:吃着由封邑进奉来的粮食,车上载着四方府库所供纳的金银。

触龙说赵太后
——爱孩子的最好方法

◎《古文观止》有故事

战国时期,赵惠文王去世,赵孝成王即位。秦国一看赵国国君去世,新君还是个小娃娃,赵威后代理朝政,觉得有机可乘,就派兵攻打。情势危急,赵威后就派人向齐王求救。齐王说:"把长安君送来做人质,我们就发兵!"

长安君是赵威后最宠爱的小儿子,怎么舍得送去别国做人质?大臣们极

力劝说威后以国家为重,但老太太就是不答应,大臣们束手无策。

这时候,老臣触龙挺身而出,去求见太后。他先问候太后的身体,再提出让小儿子进宫做卫士,引出"爱孩子"的话题。触龙认为太后爱燕后超过了长安君。燕后是太后的女儿,嫁给燕王做了王后。那时候,嫁出去的女儿只有被废或者亡国时才能返回故国。所以,太后虽然想念女儿,却常常祈祷不要让她回来。

由此,触龙又提到了赵氏建立赵国的历史。春秋时期,五霸之一的晋文公设置了上、中、下三军,管理三军的有六位大臣,称为六卿。六卿把握着晋国的军政大权,国君的权力越来越小。到晋平公的时候,韩、赵、魏、智、范、中行氏六卿你争我夺,互相攻击。最后,只剩下了韩、赵、魏三家。公元前403年,周天子封韩虔、赵籍、魏斯三家为诸侯。公元前376年,韩、赵、魏三家废掉晋静公,晋国灭亡,取而代之的是韩国、魏国和赵国。

这些历史,太后当然清楚。晋国非常强大,子孙无能,不也被三国瓜分了吗?何况赵国建国以来,子孙封侯的那些继承人也早已经不存在了。

触龙说这些的目的是为了引出"父母之爱子,则为之计深远",让长安君做人质为国立功,这才是他以后安身立命的资本呀。

赵威后是位贤明的女政治家,听了这些豁然省悟,派长安君去了齐国。齐国发兵,打退了秦军。

逐字逐句学古文

原文

赵太后新用事,秦急攻之。赵氏求救于齐,齐曰:"必以长安君为质,兵乃出。"太后不肯,大臣强谏。太后明谓左右:"有复言令长安君为质者,老妇必唾其面!"

左师触龙言愿见太后。太后盛气而揖之。入而徐趋,至而自谢,曰:"老臣病足,曾不能疾走,不得见久矣。窃自恕,而恐太后玉体之有所郄也,故愿望见太后。"太后曰:"老妇恃辇而行。"曰:"日食饮得无衰乎?"曰:"恃鬻耳。"曰:"老臣今者殊不欲食,乃自强步,日三四里,少益嗜食,和于身。"太后曰:"老妇不能。"

译文

赵太后刚刚掌权,秦国就加紧进攻赵国。赵国向齐国求救。齐国说:"一定要用长安君作为人质,才出兵。"赵太后不同意,大臣们极力劝谏。太后明白地对身边近臣说:"有再说让长安君为人质的,我一定朝他脸上吐唾沫!"

左师触龙对太后侍臣说,希望拜见太后。太后怒气冲冲地等着他。触龙走入殿内就用快走的姿势慢慢地走着小步,到了太后面前道歉说:"老臣的脚有毛病,不能快跑,很长时间没能来拜见您了。我私下原谅了自己,但是又怕太后的贵体有什么不适,所以想来看望您。"太后说:"我也是脚有毛病全靠坐车走动。"触龙说:"您每天的饮食该没有减少吧?"太后说:"就喝点粥罢了。"触龙说:"老臣近来特别不想吃东西,还是勉强散散步,每天走三四里,稍微增加了点食欲,身体太后之色少解。

左师公曰:"老臣贱息舒祺,最少,不肖;而臣衰,窃爱怜之。愿令得补黑衣之数,以卫王宫。没死以闻。"太后曰:"敬诺。年几何矣?"对曰:"十五岁矣。虽少,愿及未填沟壑而托之。"太后曰:"丈夫亦爱怜其少子乎?"对曰:"甚于妇人。"太后笑曰:"妇人异甚。"对曰:"老臣窃以为媪之爱燕后贤于长安君。"曰:"君过矣!不若长安君之甚。"左师公曰:"父母之爱子,则为之计深远。媪之送燕后也,持其踵,为之泣,念悲其远也,亦哀之矣。已行,非弗思也,祭祀必祝之,祝曰:'必勿使反。'岂非计久长,有子孙相继为王也哉?"太后曰:"然。"

左师公曰:"今三世以前,至于赵之为赵,赵王之子孙侯者,其继有在者乎?"曰:"无有。"曰:"微独

也舒适些了。"太后说:"我做不到像您那样。"太后的脸色稍微和缓了些。

触龙说:"犬子舒祺,年龄最小,不成器;可是臣已衰老,私心又疼爱他,希望您能让他补充黑衣卫士的人数,来保卫王宫。我冒着死罪来禀告太后!"太后说:"答应您!年龄多大了?"触龙回答:"十五岁了。虽然还小,但想趁我未死之前来托付给您。"太后说:"男人也疼爱小儿子吗?"触龙回答:"比妇人爱得厉害些。"太后笑着说:"妇人更厉害。"触龙回答:"老臣认为您疼爱燕后超过爱长安君。"太后说:"您错了,不像疼爱长安君那样厉害。"触龙说:"父母爱子女,就要为他们考虑得长远些。您送燕后出嫁时,她上了车还握着她的脚后跟与她哭泣,惦念、伤心她的远嫁,也算是够爱她了。送走以后,并不是不想念她了,但每逢祭祀您一定为她祈祷,祈祷说:'千万不要被赶回来啊!'这难道不是从长远考虑,希望她有子孙相继为王吗?"太后说:"是这样。"

触龙说:"从现在算起往上推三代,一直到赵氏建立赵国的时候,赵王的子孙凡被封侯的,他们的子孙还有能继承爵位的吗?"太后说:"没有。"触龙又问:"不仅是赵国,

赵，诸侯有在者乎？"曰："老妇不闻也。""此其近者祸及身，远者及其子孙。岂人主之子孙则必不善哉？位尊而无功，奉厚而无劳，而挟重器多也。今媪尊长安君之位，而封之以膏腴之地，多予之重器，而不及今令有功于国，一旦山陵崩，长安君何以自托于赵？老臣以媪为长安君计短也，故以为其爱不若燕后。"太后曰："诺，恣君之所使之。"

于是为长安君约车百乘，质于齐，齐兵乃出。

子义闻之曰："人主之子也，骨肉之亲也，犹不能恃无功之尊、无劳之奉，而守金玉之重也，而况人臣乎！"

其他诸侯国君被封侯的子孙的后人还有保有爵位的吗？"太后说："我没有听说过。"触龙说："他们当中祸患来得早的就会降临到自己头上，祸患来得晚的就降临到子孙头上。难道国君的子孙就一定不好吗？根本的原因是他们地位高贵却没有建立功勋，俸禄优厚却没有劳绩，而且拥有的贵重宝器太多了啊。现在您把长安君的地位提得很高，并且把肥沃的土地封给他，还给他很多贵重的宝器，却不趁现在让他有功于国，一旦您百年之后，长安君凭什么在赵国立身呢？老臣认为您为长安君考虑得太短浅，所以认为您对长安君的爱不如对燕后。"太后说："您说得对。任凭您指派他吧！"

于是为长安君备车一百乘，到齐国去做人质，齐国就出兵了。

子义听到这事说："国君的孩子，可算是国君的亲骨肉了，尚且还不能凭靠没有功勋的尊位、没有劳绩的俸禄来守住金玉宝器，更何况是做臣子的呢！"

文化常识第065讲

质 也叫人质，或质子。古代派往敌方或他国去的人质，大多数是王子或世子等出身贵族的人。春秋战国时期，战争频繁，诸侯国之间常常互派质子，本文中齐国出兵的条件就是要长安君来做质子。做质子很危险，但如果能够活着回来，称得上是国家的功臣。秦国的庄襄王就曾经在赵国做质子，他的儿子嬴政（就是后来的秦始皇）就出生在赵国，后来建立了大秦王朝。

<形>缓慢。《石钟山记》："枹止响腾，余韵徐歇。"

语法常识第065讲

词类活用：名词作动词【侯】"赵王之子孙侯者，其继有在者乎？"一句中"侯"字本义为"王侯"，是名词，在这里活用作动词，意为"封侯"。翻译为：赵王的子孙凡被封侯的，他们的子孙还有能继承爵位的吗？

鲁仲连义不帝秦

——臣服暴秦，正义何在？

《战国策》

● 《古文观止》有故事

公元前288年，秦国实力越来越强，秦国的穰侯便要尊奉秦昭王为帝，同时为了离间另外六国，邀请齐闵王也同时称帝。于是，秦王和齐王并称西帝和东帝。不过后来，纵横家苏秦来到齐国，劝说齐王去掉帝号和其他五国合纵抗秦。齐王被说服了，去掉了帝号。秦王一看大事不妙，知道自己的实力还不够和六国同时开战，就把帝号也去了。于是，东帝又变回了齐闵王，西

帝又成了秦昭王。但是，谁都知道，秦王野心勃勃，早晚要称帝。

后来，赵孝成王接收了韩国的上党，惹怒了秦国。秦国发兵攻打赵国，先攻占了上党地区，接着攻打驻扎在长平一带的赵国军队。赵将廉颇率军迎战秦军，互有伤亡。

秦国到邯郸散布谣言，说廉颇很好对付，秦国真正怕的是赵括。赵括是赵国大将赵奢的儿子，兵书背得滚瓜烂熟，但没有实战经验。这时候，赵王已经对廉颇心生不满，于是，就换上了赵括。而秦军则偷偷地换上了大将白起。长平一战，赵括指挥不当，损失了四十万大军，赵国元气大伤。

接着，秦军又围攻赵国都城邯郸，赵国派人向魏国求救。魏王派大将晋鄙率十万大军前来救援。但是，魏王不想得罪秦国，于是又下令晋鄙先驻扎在边境观望，同时又派辛垣衍（yuán yǎn）去劝赵王尊秦王为帝。

赵王听了辛垣衍的建议，正在犹豫，贤士鲁仲连挺身而出，和辛垣衍展开了辩论。他指出秦国的贪婪狡诈，认为尊奉秦王称帝有害无利。

他最终说服了辛垣衍，鼓舞了赵国军民的士气。正好这时候魏国公子无忌夺取了晋鄙的兵权，带兵赶来救援赵国，两军合力打退了秦军，解了邯郸之围。

赵国平原君重金酬谢鲁仲连，他坚决不接受，离开了赵国。

逐字逐句学古文

原文	译文
秦围赵之邯郸。魏安釐王使将军晋鄙救赵，畏秦，止于荡阴，不进。（qín wéi zhào zhī hán dān。wèi ān xī wáng shǐ jiāng jūn jìn bǐ jiù zhào，wèi qín，zhǐ yú dàng yīn，bú jìn。）	秦国围困赵国都城邯郸。魏安釐王派大将晋鄙将军援救赵国，但魏王与晋鄙都畏惧秦军，所以魏军驻扎在魏赵接壤的荡阴，不敢前进。魏王又派客将军辛垣衍秘密潜入

魏王使客将军辛垣衍间入邯郸，因平原君谓赵王曰："秦所以急围赵者，前与齐闵王争强为帝，已而复归帝，以齐故；今齐闵王已益弱，方今唯秦雄天下，此非必贪邯郸，其意欲求为帝。赵诚发使尊秦昭王为帝，秦必喜，罢兵去。"平原君犹豫未有所决。

此时鲁仲连适游赵，会秦围赵，闻魏将欲令赵尊秦为帝，乃见平原君，曰："事将奈何矣？"平原君曰："胜也何敢言事！百万之众折于外，今又内围邯郸而不去。魏王使客将军辛垣衍令赵帝秦，今其人在是。胜也何敢言事！"鲁连曰："始吾以君为天下之贤公子也，吾乃今然后知君非天下之贤公子也。梁客辛垣衍安在？吾请为君责而归之！"

邯郸城，通过平原君对赵王说："秦国之所以加紧围攻邯郸，是因为先前它与齐王互相争强逞威称帝，后来齐王去掉帝号。因为齐国不称帝，所以秦国也取消了帝号。如今，齐国日渐衰弱，只有秦国能在诸侯之中称雄争霸。可见，秦国不是为了贪图邯郸之地，其真正目的是想要称帝。如果赵国真能派遣使者尊崇秦昭王为帝，秦国肯定会很高兴，这样秦兵就会自解邯郸之围。"平原君一直很犹豫，没有做出决定。

这个时候，鲁仲连恰巧到赵国游历。正碰上秦军围攻邯郸，他听说魏国想要让赵国尊崇秦王为帝，就去见平原君说："事情现在怎样了？"平原君回答说："我赵胜现在还敢谈战事？赵国的百万大军战败于长平，秦军现在又深入赵国，围困邯郸，没有什么办法可以使他们离去。魏王派客将军辛垣衍叫赵国尊秦为帝，现在辛垣将军就在邯郸，我还能说什么呢？"鲁仲连说："刚开始我一直以为您是诸侯国中最为贤明的公子，今天我才知道您并不贤明。魏国来的那位叫辛垣衍的客人在哪里？请让我为您当面去斥责他，让他回到魏国去！"

文化常识第066讲

文王拘而演周易 周文王,就是姬昌,商朝末年被封为西伯侯。他贤明仁义,勤于政事,广罗人才。在他的治理下,周的势力不断地扩张,征服了周围的一些小国。这引起商纣王的猜忌。纣王使用计谋把姬昌骗到朝歌,抓起来关到了羑(yǒu)里。姬昌做了囚犯,并没有消沉,反倒安下心来,推演出了《周易》。

常用字第066讲

❶ <形>真诚;诚实。《谏太宗十思疏》:"盖在殷忧必竭诚以待下。"
❷ <名>诚心。《陈情表》:"愿陛下矜悯愚诚。"
❸ <形>真实;真实的。《史记·扁鹊列传》:"子以吾言为不诚,试入诊太子。"
❹ <副>实在;确实。《邹忌讽齐王纳谏》:"臣诚知不如徐公美。"
❺ <副>果真;如果确实。《史记·屈原列传》:"楚诚能绝齐,秦愿献商、於之地六百里。"

语法常识第066讲

词类活用:名词作状语【权、虏】 "权使其士,虏使其民"一句中的"权"和"虏"本义分别是"权术""俘虏、奴隶",都是名词,在这里活用作状语,意为"用权术""对待奴隶一样"修饰"使"。翻译为:用权术去使唤他的士人,对待奴隶一样去驱使他的百姓。

鲁共公择言

——盘点那些误国的祸端

《古文观止》有故事

魏惠王是魏国的国君，因在位期间迁都大梁（今河南开封），所以也叫梁惠王。他在范台宴请诸侯，鲁共公举起酒杯祝酒时说："美酒、美味、美女、美景，只要沉迷于一种，就有可能亡国。"他劝诫魏惠王要远离这些，魏惠王连声称好。

魏惠王也算是一位能干的君主。他招贤纳士，开凿鸿沟，发展农业，选

拔武卒，修筑魏长城，一度使魏国强盛了起来。但是，他犯了两个错误，不仅使魏国由强变弱，而且还改变了战国时期的社会形势。

他犯的第一个错误是重用了庞涓。庞涓是鬼谷子的学生，虽然有军事才能，但是度量不大。同学孙膑来投奔，他嫉妒孙膑的才能，生怕他超过自己，于是设计陷害，挖去孙膑的髌骨。幸亏孙膑机智，装疯卖傻保住了性命。后来，在齐国使者的帮助下，孙膑逃离魏国，做了齐国的军师。

在接下来的桂陵之战和马陵之战中，齐军打败魏军，魏国从此元气大伤，再也没办法和齐国抗衡了。

他犯的第二个错误就是完美错过了大名鼎鼎的商鞅。商鞅最初在魏相国公叔痤府里做中庶子（相国的侍从臣），公叔痤向魏惠王推荐商鞅，说他年轻有才可以做相国辅佐大王。但是魏惠王听不进去，公叔痤没办法，只好狠心建议："如果大王不能重用商鞅，那就杀了他，不能让他到别国去呀！"

可惜呀可惜，魏惠王还是没听进去。结果就是，商鞅跑到了秦国，受到了重用，在秦国推行了一系列的变法，使秦国强盛了起来。

这位魏惠王，如果能有一双识人的慧眼，留下孙膑和商鞅，那历史或许就会改写了吧？

原文

梁王魏婴觞诸侯于范台。酒酣,请鲁君举觞。鲁君兴,避席择言曰:"昔者,帝女令仪狄作酒而美,进之禹,禹饮而甘之,遂疏仪狄,绝旨酒,曰:'后世必有以酒亡其国者。'齐桓公夜半不嗛,易牙乃煎熬燔炙,和调五味而进之,桓公食之而饱,至旦不觉,曰:'后世必有以味亡其国者。'晋文公得南之威,三日不听朝,遂推南之威而远之,曰:'后世必有以色亡其国者。'楚王登强台而望崩山,左江而右湖,以临彷徨,其乐忘死,遂盟强台而弗登,曰:'后世必有以高台、陂池亡其国者。'今主君之尊,仪狄之酒也;主君之味,易牙之调也;左白台而右闾须,南威之美也;

译文

魏惠王魏婴在范台宴请各国诸侯。酒兴正浓的时候,魏惠王向鲁共公敬酒。鲁共公站起身,离开自己的座席,正色道:"从前,舜的女儿让仪狄酿造美酒,酒味醇美。仪狄把酒献给了禹,禹喝了之后也觉得味道醇美。但因此就疏远了仪狄,戒绝了美酒,并且说道:'后代一定有因为美酒而使国家灭亡的。'齐桓公有一天夜里觉得肚子饿,想吃东西。易牙就煎熬烧烤,做出美味可口的菜肴给他送上,齐桓公吃得很饱,一觉睡到天亮还不醒,醒了以后说:'后代一定有因贪美味而使国家灭亡的。'晋文公得到了美女南之威,三天没有上朝理政,于是就把南之威打发走了,说道:'后代一定有因为贪恋美色而使国家灭亡的。'楚灵王登上强台远望崩山风景,左边是长江,右边是大湖,登临徘徊,唯觉山水之乐而忘记人之将死,于是发誓不再游山玩水。后来他说:'后代一定有因为迷恋高台、美池的风光,而致使国家灭亡的。'现在您酒杯里盛的好似仪狄酿的美酒;桌上放的好比易牙烹调出来的美味佳肴;您左边的白台,右边的闾须,都是南之威一样的美女;您

qián jiā lín ér hòu lán tái, qiáng tái zhī lè yě. yǒu yī yú cǐ, zú yǐ wáng qí guó. jīn zhǔ jūn jiān cǐ sì zhě, kě wú jiè yǔ!" liáng wáng chēng shàn xiāng zhǔ.

前夹林而后兰台，强台之乐也。有一于此，足以亡其国。今主君兼此四者，可无戒与！"梁王称善相属。

前边有夹林，后边有兰台，都是强台一样的处所。这四者中占有一种，就足以使国家灭亡，可是现在您兼而有之，怎么能不有所警戒呢！"魏惠王听后连连称赞鲁共公说得非常之好。

文化常识第067讲

易牙 春秋时期一位著名的厨师。他能通过水、盐、火的调和使用，做出酸咸合宜，美味适口的饭菜来。相传他曾经用儿子的肉煮了一碗肉汤，献给齐桓公，因此得到了齐桓公的宠信。但是，在齐桓公病重时，他拥立公子无亏，赶跑了太子，饿死了齐桓公，酿成内乱。易牙人品不好，但厨艺确实不错，对鲁菜的形成有着一定的推动作用。

常用字第067讲 —— 举

❶ <动>举起；擎起。《齐桓晋文之事》："吾力足以举百钧。"

❷ <动>拿；用。《赤壁之战》："吾不能举全吴之地，十万之众，受制于人。"

❸ <动>举出；提出。《屈原列传》："举类迩而见义远。"

❹ <动>起身；腾起。《吕氏春秋·论威》："兔起凫(fú)举。"

❺ <动>挂起；升起。《赤壁之战》："中江举帆。"

❻ <动>推举；推荐。《陈情表》："后刺史臣荣举臣秀才。"

❼ <动>举用；任用。《史记·屈原列传》："莫不求忠以自为，举贤以自佐。"

❽ <动>发动；兴起。《论积贮疏》："远方之能疑者，并举而争起矣。"

❾ <动>举行；实行。《史记·陈涉世家》："今亡亦死，举大计亦死，等死，死国可乎？"

❿ <名>举动；行为动作。《谭嗣同》："全在天津阅兵之举。"

⑪ <动>攻克;攻占。《过秦论》:"南取汉中,西举巴蜀。"
⑫ <动>完成;成功。《孔雀东南飞》:"何不作衣裳?莫令事不举。"
⑬ <动>生育;养育。《史记·孟尝君列传》:"其母窃举生之。"
⑭ <动>检举;揭发。《时令论上》:"恤孤寡,举阿党。"
⑮ <名>科举;科举考试。《柳毅传》:"有儒生柳毅者,应举下第。"
⑯ <动>中举;考中。《芋老人传》:"乙先得举,登仕路。"
⑰ <形>全;整个。《史记·屈原列传》:"举世皆浊而我独清。"
⑱ <副>全;都。《孟子·梁惠王下》:"举欣欣然有喜色而相告。"
⑲ <形>尽;完。《鸿门宴》:"杀人如不能举,刑人如恐不胜。"
⑳ <动>点起为;点燃。《史记·孙子吴起列传》:"暮见火举而俱发。"

【语法常识第067讲】

　　词类活用:名词作动词【觞】 "梁王魏婴觞诸侯于范台"一句中"觞"字本为名词,是古代喝酒用的器具,可以理解为"酒杯",在这里活用作动词,意为"摆酒宴请"。翻译为:梁惠王魏婴在范台摆酒宴请诸侯。

唐雎说信陵君

——有恩于人不可不忘

《战国策》

《古文观止》有故事

信陵君是魏国公子，他宽厚仁德，礼贤下士。魏国有位七十多岁的隐士侯嬴，在都城大梁看守城门。有一次，信陵君摆下酒席，众多宾客都坐好了，信陵君却驾着马车出去了。原来，他是去接侯嬴了。侯嬴也不客气，整理了一下破旧的衣服，直接坐到左边那个位子上。要知道，那是最尊贵的客人才能坐的。

侯嬴说:"我有个朋友在集市卖肉,咱们绕道去拜访他一趟吧。"信陵君就驾车去了集市。到了集市,侯嬴下车和朋友朱亥说话,故意聊了很久。信陵君就在旁边等,面色温和,一点都不生气。

后来,秦国军队包围了赵国都城邯郸,赵国向魏国求救,魏王派出大将晋鄙出兵,但因为害怕秦国报复,又命令晋鄙停留在边境观望待命。

赵国平原君的夫人是信陵君的姐姐,多次写信向信陵君求救。侯嬴给他出主意,想办法偷了魏王调兵的虎符,带着朱亥去找晋鄙,假传魏王的命令,让晋鄙出兵。

可是,晋鄙将信将疑,还是不肯出兵,朱亥就从袖子里掏出四十斤重的大铁锤,砸死了晋鄙。信陵君接管了军队,选出八万精锐,开赴邯郸,在邯郸城下大败秦军,解了邯郸之围。

信陵君窃符救赵以后,不敢回魏国,就派将领带着军队回国去,自己则和宾客们留在了赵国。赵王亲自出城迎接信陵君,唐雎告诫信陵君:"人家对我有恩德,不能忘记;我对人家有恩,是要忘记的。"信陵君认为他说得很对。

赵王要领着信陵君从西阶走。信陵君说自己对不起魏国,对赵国也没有多大功劳,谦虚地走在一边,从东阶上去。

后来,秦国攻打魏国,信陵君这才回国担任大将军,迎战秦军。但是后来又遭人陷害被罢免,郁郁不得志,直到去世。

逐字逐句学古文

原文

xìn líng jūn shā jìn bǐ　jiù hán dān　pò qín rén
信陵君杀晋鄙,救邯郸,破秦人,
cún zhào guó　zhào wáng zì jiāo yíng
存赵国,赵王自郊迎。
táng jū wèi xìn líng jūn yuē　chén wén zhī yuē　shì
唐雎谓信陵君曰:"臣闻之曰:事

译文

信陵君杀了晋鄙,救下邯郸,打败了秦兵,使赵国得以幸存。赵孝成王亲自到邯郸郊外去迎接他。

唐雎对信陵君说:"我听说,事

有不可知者，有不可不知者；有不可忘者，有不可不忘者。"信陵君曰："何谓也？"对曰："人之憎我也，不可不知也；我憎人也，不可得而知也。人之有德于我也，不可忘也；吾有德于人也，不可不忘也。今君杀晋鄙，救邯郸，破秦人，存赵国，此大德也。今赵王自郊迎，卒然见赵王，愿君之忘之也。"信陵君曰："无忌谨受教。"

情有不可以知道的，有不可以不知道的；有不可以忘掉的，有不可以不忘掉的。"信陵君说："这话怎样讲呢？"唐雎回答说："别人憎恨我，不可以不知道；我憎恶别人，是不可以让人知道的；别人有恩德于我，是不可以忘记的；我有恩德于别人，是不可以不忘记的。如今，你杀了晋鄙，救下邯郸，打败秦兵，保存了赵国，这对赵国是大恩德。现在，赵王亲自到郊外迎接您。您很快就会见到赵王了，希望您把救赵国的事忘掉吧！"信陵君说："无忌我谨遵您的教诲。"

文化常识第068讲

邯郸 一座国家历史文化名城，有着3100多年的悠久历史。它最辉煌的时刻，就是作为赵都的158年。还是在晋定公的时候，正卿赵鞅就已经把邯郸纳入自己的势力范围。从那时起，邯郸就成了赵氏的世袭领地。三国分晋之后，赵敬侯元年（前386年），赵都从中牟（今河南鹤壁西）迁到了邯郸。作为赵国都城，邯郸历经八代王侯，见证了赵国的兴衰。

常用字第068讲　鄙

❶ <名>边远的地方。《为学》："蜀之鄙有二僧，其一贫，其一富。"
❷ <形>鄙陋；鄙俗。《曹刿论战》："肉食者鄙，未能远谋。"

❸<形>轻贱。《孔雀东南飞》:"人贱物亦鄙,不足迎后人。"
❹<动>鄙薄;轻视。《训俭示康》:"孔子鄙其小器。"
❺谦辞。《滕王阁序》:"敢竭鄙诚。"

语法常识第068讲

词类活用:名词作状语【郊】 "赵王自郊迎"一句中"郊"字本义为"郊外",是名词,在这里活用作状语,意为"到郊外",修饰"迎"。翻译为:赵孝成王亲自到邯郸郊外去迎接他。

唐雎不辱使命

——布衣之怒的力量

《古文观止》有故事

安陵国是魏国的属国,很小很小,处境很艰难。

公元前230年,秦国首先对弱小的韩国下手。韩国无力抵抗,韩王被俘,韩国成为六国中第一个被灭亡的国家。

秦国接着又攻打赵国,遭到了顽强的抵抗。赵国名将李牧用兵如神,多次打退秦军的进攻。于是,秦国使用反间计,重金收买了赵王宠臣郭开,在

赵王面前诬陷李牧谋反。赵王听信谗言，罢免了李牧，后来又杀了他。秦军包围邯郸，赵王抵挡不住，出城投降，赵国也被灭了。

下一个目标就是魏国了。公元前225年，秦国派兵进攻魏国首都大梁（今河南开封）。秦将王贲(bēn)引黄河、鸿沟之水冲灌大梁城。3个月后，城墙崩塌，魏王只得出城投降，魏国灭亡。

秦国灭掉魏国后，注意到了安陵国。这个小国，根本不值得一打，何况人家本来就挺顺从的，打人家也没道理。于是，秦王就想了个坏主意：用五百里土地交换安陵。他的心思谁都知道，安陵只有方圆五十里，名义上用大地方换小地方，实际上就是变相占领。

安陵君派唐雎出使秦国，拒绝了秦王的无理要求。当秦王以天子发怒的后果威胁他时，唐雎毫不畏惧，拔剑而起，要刺杀秦王。秦王害怕了，安陵国得以保存下来。

安陵君知人善任，把重任交付给唐雎。而唐雎不畏强暴，有勇有谋，以一己之力保全了安陵。当然，这些都是暂时的，统一的趋势是不可阻止的，安陵的消失也只是时间问题。不过，唐雎不惧强权的风采却流传后世。

逐字逐句学古文

原文

秦王使人谓安陵君曰："寡人欲以五百里之地易安陵，安陵君其许寡人！"安陵君曰："大王加惠，以大易小，甚善。虽然，受地于先王，愿终守之，弗敢易。"秦王不说。安

译文

秦王派人对安陵国国君说："我想要用五百里的土地交换安陵，安陵君一定要答应我！"安陵君说："大王给予恩惠，用大的地方交换我们小的地方，实在是善事；即使这样，但我从先王那里接受了封地，愿意始终守卫它，不敢交换！"秦王知道后很不

陵君因使唐雎使于秦。

秦王谓唐雎曰："寡人以五百里之地易安陵，安陵君不听寡人，何也？且秦灭韩亡魏，而君以五十里之地存者，以君为长者，故不错意也。今吾以十倍之地，请广于君，而君逆寡人者，轻寡人与？"唐雎对曰："否，非若是也。安陵君受地于先王而守之，虽千里不敢易也，岂直五百里哉？"

秦王怫然怒，谓唐雎曰："公亦尝闻天子之怒乎？"唐雎对曰："臣未尝闻也。"秦王曰："天子之怒，伏尸百万，流血千里。"唐雎曰："大王尝闻布衣之怒乎？"秦王曰："布衣之怒，亦免冠徒跣，以头抢地耳。"唐雎曰："此庸夫之怒也，非士之怒也。夫专诸之刺王僚也，彗星袭月；聂政之刺韩傀也，白虹贯日；要离之刺庆忌也，苍鹰击于殿

高兴。于是安陵君就派遣唐雎出使秦国。

秦王对唐雎说："我用五百里的土地交换安陵，安陵君却不听从我，这是为什么？况且秦国灭掉韩国、魏国，而安陵却凭借方圆五十里的土地幸存下来，只是因为我把安陵君看作忠厚的长者，所以不在意。现在我用安陵十倍的土地，让安陵君扩大自己的领土，但是他违背我的意愿，这是轻视我吗？"唐雎回答说："不，并不是这样的。安陵君从先王那里继承了封地所以守护它，即使是方圆千里的土地也不敢交换，何况只是方圆五百里呢？"

秦王勃然大怒，对唐雎说："先生也曾听说过天子发怒的情景吗？"唐雎回答说："我未曾听说过。"秦王说："天子发怒，会倒下数百万人的尸体，鲜血流淌数千里。"唐雎说："大王曾经听说过百姓发怒的情景吗？"秦王说："百姓发怒，也不过就是摘掉帽子，光着脚，把头往地上撞罢了。"唐雎说："这是平庸无能的人发怒，不是有才能有胆识的人发怒。专诸刺杀吴王僚的时候，彗星的尾巴扫过月亮；聂政刺杀韩傀的时候，一道白光直冲上太阳；要离刺杀庆忌的时候，苍鹰扑在宫殿上。他们三个人，都是平民中有才能有胆识的人，心里的愤怒还

上。此三子者，皆布衣之士也，怀怒未发，休祲降于天，与臣而将四矣。若士必怒，伏尸二人，流血五步，天下缟素，今日是也。"挺剑而起。

秦王色挠，长跪而谢之曰："先生坐，何至于此！寡人谕矣。夫韩、魏灭亡，而安陵以五十里之地存者，徒以有先生也。"

没发作出来，上天就降示了吉凶的征兆。加上我，将是四个人了。如果有胆识有能力的人被逼得一定要发怒，那么就让两个人的尸体倒下，五步之内淌满鲜血，天下百姓都要穿上白色的孝服，现在就是这个时候。"说完，拔剑出鞘而起。

秦王变了脸色，直身而跪，向唐雎道歉说："先生请坐！怎么会到这种地步！我明白了：韩国、魏国灭亡，但安陵却凭借方圆五十里的地方幸存下来，就是因为有先生您在啊！"

文化常识第069讲

刺客 在古代，由于政治、私怨等原因，有些人会接受委托，对某个目标人物实施谋杀或暗杀，这就是刺客。有很多刺客往往是因为感激委托人的恩德而去行刺，他们本身有侠客的气质。司马迁在《史记》中写了一篇《刺客列传》，写了五位刺客，其中专诸、聂政、豫让、荆轲被称为"四大刺客"，最为著名。

常用字第069讲　善

❶ <形> 好；善良。《信陵君窃符救赵》："晋鄙听，大善；不听，可使击之。"
❷ <动> 喜欢；羡慕。《归去来辞》："善万物之得时，感吾生之行休。"
❸ <形> 表示赞许。同意的应答之词。《邹忌讽齐王纳谏》："王曰：'善。'乃下令。"
❹ <名> 好的行为；长处。《原毁》："一善易能也。"
❺ <动> 亲善；友好。《鸿门宴》："楚左尹项伯者，项羽季父也，素善留侯张良。"
❻ <动> 善于；擅长。《劝学》："君子生非异也，善假于物也。"

❼ <副>好好地。《荆轲刺秦王》:"愿得将军之首以献秦,秦王必喜而善见臣。"
❽ <形>熟悉。《林黛玉进贾府》:"我看着面善,心里就算是旧相识。"
❾ <动>通"缮",修治,整理。《庖丁解牛》:"善刀而藏之。"

语法常识第069讲

词类活用：名词作动词【缟素】"若士必怒,伏尸二人,流血五步,天下缟素"一句中"缟素"一词本义为"白绢白绸",指孝服,是名词,在这里活用作动词,意为"穿孝服"。翻译为：如果有胆识有能力的人被逼得一定要发怒,那么就让两个人的尸体倒下,五步之内淌满鲜血,天下百姓都要穿上白色的孝服。

乐毅报燕王书

——功亏一篑气死人

《战国策》

❀《古文观止》有故事

战国时期，燕王哙在齐国苏代的怂恿下，废掉太子平，把王位禅让给了相国子之。将军市被不服，起兵攻打子之，死伤无数。子之打着平叛的旗号杀了市被，还下令捉拿太子平。太子平逃到无终山，另外一位公子职流亡到了韩国。这次燕国内乱持续了好几个月，死伤数万人，惨不忍睹。

齐宣王听说燕国大乱，乘虚而入，打着讨伐子之、匡扶正义的旗号攻打

燕国。燕国臣民痛恨子之篡位，对齐国的进攻不仅不抵抗，反而打开城门欢迎齐军。齐军一路攻进燕国都城，燕王哙(kuài)自杀，子之被捉住处死了。与此同时，中山国也趁乱攻占了燕国的几十座城池。

危急存亡的时候，赵国出手了。赵王想吞并中山国，不想燕国灭亡，于是赵武灵王把流亡在韩国的公子职请到赵国，派人送回燕国。公子职被立为燕王，就是燕昭王。

燕昭王对齐国恨之入骨，发誓要报灭国之仇。他发愤图强，筑黄金台招揽人才，乐毅就是在这时候来到燕国的。

这时候，齐宣王已经去世，即位的齐湣王（即前文出现过的齐闵王）目中无人，骄横无比，百姓都很憎恨他。燕昭王认为攻打齐国的机会来了，于是任命乐毅为上将军，联合其他各国共同发兵攻齐。

联军在济水打败了齐湣王，齐湣王带着残兵败将逃进都城临淄。乐毅让其他各国军队回去，自己则带着燕军一路追击攻下临淄，又攻下齐国七十多座城池，只剩下莒(jǔ)和即墨两座城池没有攻下。

乐毅为了收服齐国民心，对这两座城围而不打，同时在占领区减免赋税，废除苛政，保留齐国旧有的风俗文化……

然而，就在这时，燕昭王去世了，他的儿子燕惠王继位。燕惠王派骑劫换下了乐毅。乐毅认为燕惠王想对自己不利，不敢回燕国，跑去了赵国。赵王封他为望诸君，给予优厚的待遇。而骑劫被齐国大将田单打败。田单追逐燕军，最终收复了齐国所有城池。

燕惠王后悔极了，写信责备乐毅。乐毅就写了封回信，表达自己对燕昭王的一片忠心，当然还有对功亏一篑(kuì)的悲愤。

乐毅遇到了燕昭王和燕惠王父子，是幸运，还是不幸呢？

原文

昌国君乐毅,为燕昭王合五国之兵而攻齐,下七十余城,尽郡县之以属燕。三城未下,而燕昭王死。惠王即位,用齐人反间,疑乐毅,而使骑劫代之将。乐毅奔赵,赵封以为望诸君。齐田单诈骑劫,卒败燕军,复收七十余城以复齐。

燕王悔,惧赵用乐毅乘燕之弊以伐燕。燕王乃使人让乐毅,且谢之曰:"先王举国而委将军,将军为燕破齐,报先王之仇,天下莫不振动。寡人岂敢一日而忘将军之功哉!会先王弃群臣,寡人新即位,左右误寡人。寡人之使骑劫代将军,为将军久暴露于外,故召将军,且休计事。将军过听,以与寡人有隙,遂捐燕而归赵。将军自为计则可矣,而亦何以报先王之

译文

昌国君乐毅,替燕昭王联合五国的军队,攻入齐国,连下七十多座城池,都划归燕国。还有三座城邑未攻下,燕昭王就去世了。燕惠王继位,中了齐人的反间计,怀疑乐毅,派骑劫代替他。乐毅逃到赵国,赵王封他为望诸君。齐国大将田单用计骗了骑劫,打败燕军,收复七十多座城邑,恢复了齐国的领土。

燕王后悔了,又怕赵国任用乐毅,乘燕国战败之机来攻燕,便派人去责备乐毅,又向乐毅表歉意,说:"先王把整个燕国托付将军,将军为燕国攻破了齐国,为先王报了仇,天下人莫不震动。寡人怎敢一刻忘记将军的功勋啊!不幸先王抛弃群臣而去,寡人刚刚继位,左右蒙骗了寡人。不过,寡人派骑劫代替将军,只是因为将军长久在野外作战,所以调将军回国,休养休养,共商国事。将军却误信流言,和寡人有了隔阂,抛弃燕国而投奔赵国。将军为自己打算,固然可以;但是又怎样报答先王对将军的恩情呢?"

所以遇将军之意乎？"

望诸君乃使人献书报燕王曰："臣不佞，不能奉承先王之教，以顺左右之心，恐抵斧质之罪，以伤先王之明，而又害于足下之义，故遁逃奔赵。自负以不肖之罪，故不敢为辞说。今王使使者数之罪，臣恐侍御者之不察先王之所以畜幸臣之理，而又不白于臣之所以事先王之心，故敢以书对。

"臣闻贤明之君，功立而不废，故著于春秋；蚤知之士，名成而不毁，故称于后世。若先王之报怨雪耻，夷万乘之强国，收八百岁之蓄积，及至弃群臣之日，遗令诏后嗣之余义，执政任事之臣，所以能循法令，顺庶孽者，施及萌隶，皆可以教于后世。

"臣闻善作者不必善成，善始者不必善终。昔者伍子胥说听乎阖闾，故吴王远迹至于郢；夫差弗是也，赐之鸱夷而浮之江。故吴王夫差不悟先论

望诸君乐毅便派人进献书信，回答惠王说："臣不才，不能奉承先王的遗命，顺从大王左右的心意，恐怕回来受到刀斧之刑，以致损害先王知人之明，又使您亏于君臣之义，只得投奔赵国，承担了不贤的罪名，也不愿做解释。现在大王派人来数说臣的罪过，恐怕大王左右不能体会先王重用臣的理由，也不明白臣所以事奉先王的心意，才敢写信答复大王。

"臣听说，贤明的君主，建立了功业就不让它废弃，所以才能记载于史册；有预见能力的贤士，成名之后决不让它败坏，所以为后世称赞。像先王这样报仇雪恨，踏平了有万辆兵车的强大齐国，收取了它八百年积累下来的财富，直到逝世那天，还留下叮嘱嗣君的遗训，使执政任事的官员能遵循法令，安抚亲疏上下，推及百姓奴隶，这都是能够教育后世的啊。

"臣听说，善于开创者不一定善于完成，善始者不一定善终。从前，伍子胥说动了阖闾，因此吴王能够远征到楚国的郢都；夫差不这样做，将伍子胥赐死后装入皮囊，投于江中。夫差不信伍子胥的预见能够立功，因此把伍子胥溺死江中而不悔；伍子胥不能预见新旧两主

之可以立功，故沉子胥而弗悔；子胥不蚤见主之不同量，故入江而不改。

"夫免身全功，以明先王之迹者，臣之上计也。离毁辱之非，堕先王之名者，臣之所大恐也。临不测之罪，以幸为利者，义之所不敢出也。

"臣闻古之君子，交绝不出恶声；忠臣之去也，不洁其名。臣虽不佞，数奉教于君子矣。恐侍御者之亲左右之说，而不察疏远之行也。故敢以书报，唯君之留意焉。"

的气量不同，因此直到被投入江中还不改变他的怨愤。

"所以，脱身免祸，保住伐齐的大功，用以表明先王的业绩，这是臣的上策。遭受诋毁和侮辱的错误处置，毁害先王的美名，这是臣最大的恐惧。面临着不测之罪，却又助赵攻燕，妄图私利，我决不会干这种不义之事。

"臣听说，古代的君子，和朋友断绝交往，也绝对不说对方的坏话；忠臣含冤离开本国，也不为自己的名声辩白。臣虽然不才，也曾多次受过君子的教诲，只是恐怕大王轻信左右的谗言，因此冒昧回信说明，希望您多加考虑。"

文化常识第070讲

燕昭王 燕昭王继位后，筑黄金台招揽人才。在本文中，乐毅提到的先王就是这位燕昭王。乐毅之所以能够长驱直入，大破齐国，并充分发挥他的政治军事才能，和燕昭王对他的无条件信任是分不开的。当乐毅在齐国，围困莒和即墨两城，迟迟攻不下的时候，有人趁机说他的坏话，昭王狠狠地批评了那个人，同时又派人去前线勉励慰劳乐毅。燕惠王真该向父亲学习啊。

常用字第070讲　望

❶ <动>远望；远看。《劝学》："吾尝跂而望矣，不如登高之博见也。"

❷<动>盼望；希望；期望。《鸿门宴》："日夜望将军至，岂敢反乎？"
❸<动>埋怨；怨恨；责怪。《书博鸡者事》："敢用是为怨望。"
❹<名>月光满盈时，即农历每月十五日。《赤壁赋》："壬戌之秋，七月既望，苏子与客泛舟游于赤壁之下。"
❺<名>名望；声望。《送东阳马生序》："先达德隆望尊，门人弟子填其室。"

语法常识第070讲

词类活用：动词作名词【蓄积】 "夷万乘之强国，收八百岁之蓄积"一句中的"蓄积"本义为"积累"，是动词，在这里活用作名词，意为"积累下来的财富"，翻译为：踏平了有万辆兵车强大的齐国，收取了它八百年积累下来的财富。

071

谏逐客书
——岂能把人才赶到国外？

李斯

《古文观止》有故事

李斯是战国时期楚国人，政治家、文学家、书法家。他是荀况的学生，学习了帝王之术。学成之后，他觉得楚王不值得辅佐，就去了秦国。李斯投奔到秦相国吕不韦门下，得到了他的赏识，做了郎官（君主的侍从官）。

能见到秦王，李斯就有了进言的机会。秦王嬴政慧眼识人，采纳了他的建议，任命他为客卿（在本国担任高级官员的外国人）。

然而，就在李斯要大展身手的时候，半路里杀出个程咬金。韩国人郑国

来到秦国,建议秦王在泾水和洛水间开凿一条大型灌溉渠道。秦王一听,非常兴奋:水渠修成,可以灌溉大片良田,这是利国利民的大好事呀。秦王就下令郑国主持修渠。

其实,郑国是韩国派来的奸细,这是韩国的"疲秦"之计,用修渠消耗秦国大量的人力物力,让秦国暂时没有能力攻打韩国。最终,韩国的计策败露,秦王大怒。在王族大臣们的怂恿下,秦王发布了逐客令,驱逐在秦国的外国人。

李斯不甘心灰溜溜地离开秦国,左思右想,写了一篇《谏逐客书》送给秦王。在这篇文章里,李斯说明了历代客卿为秦国做出的贡献:秦穆公任用百里奚等五位外国人,吞并了周围很多诸侯国,称霸西戎;秦孝公任用商鞅变法,使得国富民强,称霸诸侯;秦惠王任用张仪,东征西讨,兼并巴蜀,夺取汉中,粉碎了六国联盟;秦昭王任命范雎,废掉穰侯,把权力集中在自己手里,蚕食各诸侯国。秦国这么多年的发展,客卿有什么对不起秦国的呢?

接着他又指出,秦国可以使用各国的珠宝玉器等美物,为什么就不能选择忠诚的外国人来任用呢？

秦王读了文章，顿时醒悟，赶紧撤回逐客令，召回李斯，并且继续任用郑国修渠。水渠修好后，秦国国力大增。为了表彰郑国的功劳，水渠命名为"郑国渠"。

秦国越来越强大，最后统一了天下。

逐字逐句学古文

原文

臣闻吏议逐客，窃以为过矣。臣闻地广者粟多，国大者人众，兵强则士勇。是以太山不让土壤，故能成其大；河海不择细流，故能就其深；王者不却众庶，故能明其德。是以地无四方，民无异国，四时充美，鬼神降福，此五帝、三王之所以无敌也。今乃弃黔首以资敌国，却宾客以业诸侯，使天下之士退而不敢西向，裹足不入秦，此所谓"藉寇兵而赍盗粮"者也。

夫物不产于秦，可宝者多；士不

译文

我听说官吏们在商议驱逐客卿这件事，私下里认为是错误的。

我听说田地广就粮食多，国家大就人口众，武器精良将士就骁勇。因此，泰山不拒绝泥土，所以能成就它的高大；江河湖海不舍弃细流，所以能成就它的深邃；有志建立王业的人不嫌弃民众，所以能彰明他的德行。因此，土地不分东西南北，百姓不论异国他邦，那样便会一年四季富裕美好，天地鬼神降赐福运，这就是五帝、三王无可匹敌的缘故。现在抛弃百姓使之去帮助敌国，拒绝宾客使之去侍奉诸侯，让他们成就功业，使天下的贤士退却而不敢西进，停止脚步不进入秦国，这就叫"借武器给敌寇，送粮食给盗贼"啊。

许多东西并不产于秦，然而可当作宝物的却很多；贤士许多都不是出生在秦国，然而愿意效忠秦国的却很多。如产于秦，而愿忠者众。今逐客以资敌国，损民以益仇，内自虚而外树怨于诸侯，求国无危，不可得也。

今驱逐宾客来资助敌国，减损百姓来充实对手，内部自己造成空虚而外部在诸侯中构筑怨恨，那要谋求国家没有危难，是不可能的啊。

文化常识第071讲

黔首 是中国战国时期和秦朝对平民百姓的称呼。秦朝崇尚黑色，百姓多用黑巾包头，所以称为黔首。《史记·秦始皇本纪》中记载："分天下以为三十六郡，郡置守、尉、监。更名民曰'黔首'。"这时候，黔首开始作为官方辞令，在文章中使用了。因为百姓大多穿麻布衣服，后来也用"布衣"来代指平民百姓。

常用字第071讲

❶ <形>众；各个。《陈涉世家》："诸郡县苦秦吏者，皆刑其长吏。"
❷ 兼词，用于句中，相当于"之于"。《兰亭集序》："或取诸怀抱，晤言一室之内。"
❸ 兼词，用于句末，相当于"之乎"。《齐桓晋文之事》："不识有诸？"
❹ <代>相当于"之"。《孟子·公孙丑》："王如改诸，则必反予。"

语法常识第071讲

词类活用：名词的使动用法【业】 "今乃弃黔首以资敌国，却宾客以业诸侯"一句中的"业"本义为"功业"，是名词，这里用作使动用法，意为"使……成就功业"。翻译为：现在抛弃百姓使之去帮助敌国，拒绝宾客使之去侍奉诸侯，让他们成就功业。

卜居

——占卜不出来的命运

● 《古文观止》有故事

《卜居》这篇文章出自西汉刘向编辑的《楚辞》,写的是楚国大臣屈原被放逐后,感觉前途渺茫,就去找太卜(负责占卜的官),卜问自己的命运:是该保全清白的本性远走高飞,还是随波逐流,也去向达官贵人献媚呢?

太卜也茫然了:"神灵有时候也不灵验,你的命运卜算不出来,您还是跟随本心做符合自己心意的事儿吧。"

自己的本心是什么呢?当然是联齐抗秦,推行改革,富国强兵了。可是,这一切必须取得楚王的同意,才可以实施。

被放逐之前,屈原曾经深受楚怀王的信任,被任命为左徒,推行改革。可惜,楚怀王听信了谗言,改革半途而废。更令人郁闷的是,楚怀王糊涂呀,受到靳尚和郑袖等小人的蒙蔽,被他们玩弄于股掌之中,自己还不知道呢。

郑袖是楚怀王宠爱的夫人,靳尚常常给她送礼物,巴结讨好她。两个人联起手来,撺掇着楚怀王做了很多错事。秦国的张仪来投奔,说秦王要和楚国结盟。为表诚意,秦王打算送给楚国六百里商於(陕西商洛到河南内乡一带)之地,条件是楚国要跟齐国绝交。

楚王贪图秦国的土地,就跟齐国断了交。可是当他派使臣去咸阳接收土地时,张仪翻脸不认人,一口咬定:"当初我说的是六里,不是六百里!"

楚王差点没气死,出兵攻打秦国,结果惨败。这时候,他想起主张联齐抗秦的屈原来了,赶紧派他去齐国赔礼道歉,打算跟齐国重新结盟。屈原本以为楚王能吸取教训,远离那些小人,可是当秦昭王约他去武关会盟时,他又一次听了小人的话去了。这一去就没回来。

屈原的判断是对的,可是没人听呀。

后来楚顷襄王即位,屈原被放逐,一腔忠心化为泡影。生在浑浊世间,做不到济世救民,只能尽力保全自身的清白。或许这就是他的命运吧?

原文

屈原既放，三年不得复见。竭智尽忠，而蔽障于谗。心烦虑乱，不知所从。乃往见太卜郑詹尹曰："余有所疑，愿因先生决之。"詹尹乃端策拂龟，曰："君将何以教之？"

屈原曰："吾宁悃悃款款，朴以忠乎，将送往劳来，斯无穷乎？宁诛锄草茅以力耕乎，将游大人以成名乎？宁正言不讳以危身乎，将从俗富贵以媮生乎？宁超然高举以保真乎，将哫訾栗斯，喔咿嚅唲，以事妇人乎？宁廉洁正直以自清乎，将突梯滑稽，如脂如韦，以絜楹乎？宁昂昂若千里之驹乎，将氾氾若水中之凫，与波上下，偷以全吾躯乎？宁与骐骥亢轭乎，将随驽马之迹乎？宁与黄鹄比翼乎，将与鸡鹜争

译文

屈原被流放了，三年不再能见到楚王。他竭尽才智，尽忠报国，却被谗言遮挡和阻隔。他心情烦闷思想混乱，不知道何去何从。就前往拜见太卜郑詹尹说："我有所疑惑，希望由先生您来决定。"詹尹就摆正蓍草拂净龟壳说："您有什么赐教的啊？"

屈原说："我是应该诚诚恳恳，朴实而忠诚呢，还是迎来送往，四处通达无阻，官运亨通呢？是应该凭力气除草耕作呢，还是游说于达官贵人之中来成就名声呢？是应该直言不讳来使自身危殆呢，还是跟从习俗和富贵者来使身安乐呢？是应该超然脱俗来保全自己的纯真呢，还是阿谀逢迎战战兢兢，咿咿喔喔语无伦次地诡言献媚来巴结妇人呢？是应该廉洁正直来使自己清白呢，还是圆滑求全，像脂肪一样滑，如熟皮一样软，来谄媚阿谀呢？是应该昂然自傲如同一匹千里马呢，还是如同一只普普通通的鸭子随波逐流，偷生来保全自己的身躯呢？是应该和良马一起呢，还是跟随驽马的足迹呢？是应该与天鹅比翼齐飞呢，还是跟鸡鸭一起争食呢？这些选择哪是吉哪是凶？应该何去何从？

食乎？此孰吉孰凶？何去何从？

"世溷浊而不清：蝉翼为重，千钧为轻；黄钟毁弃，瓦釜雷鸣；谗人高张，贤士无名。吁嗟默默兮，谁知吾之廉贞！"

詹尹乃释策而谢曰："夫尺有所短，寸有所长；物有所不足，智有所不明；数有所不逮，神有所不通。用君之心，行君之意。龟策诚不能知此事。"

"现实世界浑浊不清：蝉翼被认为重，千钧被认为轻；黄钟被毁坏丢弃，瓦锅被认为可以发出雷鸣般的声音；谗言献媚的人位高名显，贤能的人士默默无闻。可叹啊沉默吧，谁知道我是廉洁忠贞的呢？"

詹尹放下蓍草致歉道："所谓尺有它不足的地方，寸有它的长处；物有它不足的地方，智者有它不能明白的问题；占卜有它算不到的事，神有它显不了灵的地方。您还是按照您自己的心意，决定您自己的行为吧。龟壳蓍草实在无法预知这些事啊！"

文化常识第072讲

《楚辞》 本来是楚地的歌谣，后来发展成一种诗歌体裁，是战国后期以屈原为代表的诗人，在楚国民歌基础上开创的一种新诗体。《楚辞》又是一部诗歌总集。西汉时期，刘向在前人基础上收集整理出一部"楚辞"体的诗歌总集，其中以屈原的作品为主，还有宋玉和汉朝贾谊、淮南小山、严忌、东方朔、王褒、刘向等人的作品。

常用字第072讲 — 尽

读 jìn 时：

❶ <动>完；完尽；完了。《赤壁赋》："肴核既尽，杯盘狼藉。"

❷ <动>全部用出。《寡人之于国也》:"寡人之于国也,尽心焉耳矣。"
❸ <动>完结;消亡。《捕蛇者说》:"退而甘食其土之有,以尽吾齿。"
❹ <名>尽头。《赤壁之战》:"则物与我皆无尽也,而又何羡乎?"
❺ <动>达到顶点;穷极。《张衡传》:"妙尽璇机之正。"
❻ <副>全部;全都。《滕王阁序》:"萍水相逢,尽是他乡之客。"
❼ <副>极端;最。《论语·八佾》:"子谓《韶》尽美矣,又尽善也。"
❽ <动>同"进",进行。《邵公谏厉王弭谤》:"近臣尽规。"

读jǐn时:
❶ <动>尽量;尽可能。《礼记·曲礼》:"虚坐尽后,食坐尽后。"
❷ <副>任凭;任随。武衍《宫词》:"惟有落红不禁,尽教飞舞出宫墙。"

语法常识第072讲

被动句:"于"字表被动 主语与谓语之间的关系是被动关系,也就是说,主语是谓语动词所表示的行为的被动者、受害者,而不是主动者、实施者。这一类句子就叫被动句。有些被动句是有标志词语的,本文"竭知尽忠,而蔽障于谗"一句中的"于"字就表示被动,翻译为:他竭尽才智,尽忠报国,却被谗言遮挡和阻隔。

宋玉对楚王问

——曲高自然和寡

《楚辞》

《古文观止》有故事

宋玉是楚国人,战国时期著名的辞赋家。他在创作上受到屈原的影响,后世用"屈宋"并称。他们都品行高洁,和当时的世俗格格不入,尤其是不能和楚怀王、楚顷襄王父子俩身边的那群唯利是图的小人同流合污。像屈原和宋玉这样的人,是没办法实现抱负的。

楚顷襄王问宋玉:"你行为上或许有不检点的地方吧?为什么士人、百姓都不赞成你呢?"

针对楚王的责难,宋玉先承认确实是有这回事。他讲了郢都唱歌人的故

事，引出"曲高和寡"的道理，接着又用凤凰和小鸟、鲲鹏和小鱼做对比，比喻圣人和俗人的区别。他的意思不言自明：我是凤凰，是鲲鹏，我的高雅你们无法理解。我不在乎俗人的责难。

他们的超脱世俗和俗人们的唯利是图形成鲜明的对比。

比如靳尚，收受秦国张仪的金钱，陷害屈原，帮助张仪逃脱。身为楚国人，却干着出卖国家的事儿，就是一个奸邪小人。

还有楚怀王的宠臣子椒，做过令尹，掌管着军政大权。屈原推行改革时，他为了个人的利益，反对屈原的多项改革，不仅阻挠改革的实施，还和其他人一起，在楚怀王面前说屈原的坏话，导致屈原被罢免，后来被流放。

还有公子子兰。他是楚怀王的儿子，楚顷襄王的弟弟，却在秦王约楚怀王到武关会盟的时候，为了保全自己，极力劝说父亲去武关。楚怀王被秦王劫持后，顷襄王即位，他做了令尹，掌管着军政大权。可是，他仍然不为国家着想，在顷襄王面前陷害屈原。

屈原一片忠心，为国为民，却遭到小人们的陷害。宋玉品行高洁，却遭到士人、百姓的指责。这能怪他们吗？或许，只能说他们生不逢时吧！

逐字逐句学古文

原文	译文
楚襄王问于宋玉曰："先生其有遗行与？何士民众庶不誉之甚也？"宋玉对曰："唯，然，有之！愿大王宽其罪，使得毕其辞。客有歌	楚襄王问宋玉说："先生也许有不检点的行为吧？为什么您在士人百姓中那么不受赞誉呢？"宋玉回答说："是的，是这样，有这种情况。希望大王宽恕我的罪过，允许我把话说完。有个人在都城里唱歌，起初他唱《下里》《巴人》，

于郢中者，其始曰《下里》《巴人》，国中属而和者数千人。其为《阳阿》《薤露》，国中属而和者数百人。其为《阳春》《白雪》，国中有属而和者，不过数十人。引商刻羽，杂以流徵，国中属而和者，不过数人而已。是其曲弥高，其和弥寡。故鸟有凤而鱼有鲲。凤凰上击九千里，绝云霓，负苍天，足乱浮云，翱翔乎杳冥之上。夫藩篱之鹦，岂能与之料天地之高哉？鲲鱼朝发昆仑之墟，暴鬐于碣石，暮宿于孟诸。夫尺泽之鲵，岂能与之量江海之大哉？故非独鸟有凤而鱼有鲲也，士亦有之。夫圣人瑰意琦行，超然独处，世俗之民，又安知臣之所为哉？"

都城里跟着他唱的有几千人；后来唱《阳阿》《薤露》，都城里跟着他唱的有几百人；等到唱《阳春》《白雪》的时候，都城里跟着他唱的不过几十人；最后引其声而为商音，压低其声而为羽音，夹杂运用流动的徵音时，都城里跟着他应和的不过几个人罢了。这样看来，歌曲越是高雅，和唱的人也就越少。所以鸟类中有凤凰，鱼类中有鲲鱼。凤凰展翅上飞九千里，穿越云霓，背负着苍天，两只脚搅乱浮云，翱翔在那极高远的天上；那跳跃在篱笆下面的小鹦雀，岂能和它一样了解天地的高大！鲲鱼早上从昆仑山脚下出发，中午在渤海边的碣石山上晒脊背，夜晚在孟诸过夜；那一尺来深水塘里的小鲵鱼，岂能和它一样测知江海的广阔！所以不光是鸟类中有凤凰，鱼类中有鲲鱼，士人之中也有杰出人才。圣人有伟大志向和美好的操行，超脱于世事之外而离群独居，那些世俗之人，又怎能了解我的所作所为呢？"

文化常识第 073 讲

曲高和寡 《阳春》《白雪》是古代很高雅的音乐，《下里》《巴人》是当时通俗的民间歌曲。和《阳春》《白雪》相比，《下里》《巴人》被认为是比较低俗的音乐了。

本文中宋玉由此引出"曲高和寡"这个成语，说明自己品位高雅，知音难得。现在多用它来比喻言论或作品不通俗，能了解的人很少。现在用"阳春白雪"指代高雅音乐，"下里巴人"指代通俗音乐，已经没有太明显的褒贬之意了。

常用字第073讲 遗

读yí时：

❶<动>遗失；丢失。《过秦论》："秦无亡矢遗镞(zú)之费，而天下诸侯已困矣。"
❷<动>放弃；舍弃。《师说》："小学而大遗，吾未见其明也。"
❸<名>遗失的东西。《乐羊子妻》："况拾遗求利以污其行乎？"
❹<动>遗留。《伶官传序》："此三者，吾遗恨也。"

读wèi时：

❶<动>赠送。《信陵君窃符救赵》："公子闻之，往请，欲厚遗之。"
❷<名>给予的东西。《送东阳马生序》："父母岁有裘葛之遗。"

语法常识第073讲

反问句："安……哉？" 有一些反问句，所用的是疑问代词"安"和语气词"哉"构成"安……哉？"的固定句式。本文"世俗之民，又安知臣之所为哉？"就是这样，翻译为：那些世俗之人，又怎么能了解我的所作所为呢？

五帝本纪赞
——五帝传承开启中华文明

《史记》

《古文观止》有故事

司马迁在《五帝本纪》中写到的五帝，分别是：黄帝、颛顼(zhuān xū)、帝喾(kù)、尧、舜。

黄帝是少典部族的后裔，姓公孙，名轩辕。当时各诸侯互相争斗，百姓深受其害。黄帝种植五谷，安抚百姓，整顿军队，先后征服了炎帝、蚩尤，安定了天下。他的正妃嫘(léi)祖生了两个儿子：玄嚣和昌意。黄帝去世后，昌意的儿子高阳即帝位，就是颛顼帝。

颛顼推算四时节气，顺应自然，种庄稼、养牲畜，发展生产。凡是日月照到的地方，全部归顺了。

颛顼去世后，没有把帝位传给自己的儿子，而是传给了玄嚣的孙子高辛，也就是帝喾。帝喾有两个儿子挚和放勋。他去世后，挚继承帝位。但是挚能力不足，没能干出什么功绩。于是，弟弟放勋接替他登上帝位，就是帝尧。

尧很有智慧，富有却不骄傲，尊贵但不放纵，百姓都很尊敬他。他制定历法，遵循四时节气安排生产，各行各业都发展起来了。

尧年老的时候，发现自己的儿子丹朱没有什么才能，便要大臣们推选能干的继承人。大臣们推荐了贤能的舜。

舜是个可怜的孩子。他的母亲去世后，父亲娶了个后妈，父亲偏爱后妈的儿子，多次想害死舜，幸好舜逃脱了。即使这样，舜也没有半点怨言，仍然很恭敬地侍奉父亲和后妈，对弟弟也很友爱。

尧把两个女儿嫁给他，并且安排他参与各项事务的管理，考察他的德行和才能。经过一段时间的考察，尧对舜很满意，于是，把帝位禅让给了舜。

舜让禹去治理水土，让弃负责农业，让契负责伦理道德的教育，让皋陶做司法官，让益管理山泽鸟兽，让伯夷主持祭祀，任命夔(kuí)掌管音乐……百官各司其职，百姓安居乐业，都称赞舜的功德。

黄帝、颛顼、帝喾、尧、舜，五位帝王一脉传承，开启了灿烂悠久的中华文明。

逐字逐句学古文

原文

太史公曰：学者多称五帝，尚矣。然《尚书》独载尧以来，

译文

太史公司马迁说：学者多称赞五帝，久远了。然而最可征而信的《尚书》，记载的独有尧以来，而不记载黄帝、颛顼、

而百家言黄帝，其文不雅驯，荐绅先生难言之。孔子所传《宰予问五帝德》及《帝系姓》，儒者或不传。余尝西至空峒，北过涿鹿，东渐于海，南浮江淮矣，至长老皆各往往称黄帝、尧、舜之处，风教固殊焉。总之，不离古文者近是。予观《春秋》《国语》，其发明《五帝德》《帝系姓》章矣，顾弟弗深考，其所表见皆不虚。《书》缺有间矣，其轶乃时时见于他说。非好学深思，心知其意，固难为浅见寡闻道也。余并论次，择其言尤雅者，故著为本纪书首。

帝喾。诸子百家虽言黄帝，又涉及神怪，都不是典雅之训，所以当世缙绅们都不敢转述，不可以取以为证啊。孔子所传的《宰予问五帝德》及《帝系姓》，虽称孔子所传，但儒者怀疑不是圣人之言，所以不传以为实。我曾经西至崆峒山黄帝问道于广成子处，北到黄帝曾经的都城涿鹿，东到大海，南到江淮，我所经历的地方，所见过的长老，往往称颂黄帝尧舜的旧绩与其风俗教化，固来与别处有所不同。那么别的书说到黄帝的，也或者可以为证。总之，与古文献记载相合的比较接近事实。我看《春秋》《国语》，这两篇阐发《五帝德》《帝系姓》很明白，只不过没有深入考察。这两篇所记载的都是事实，一点也不虚。况《尚书》缺亡的内容多了，它所遗失的，就时时见于其他的著作中。如果不是爱好学习而深入思考、善于领会，本来就很难向见闻不广的人解释清楚。我按照黄帝、颛顼、帝喾、尧、舜的次序，选择其中语言比较典雅的，写成《五帝本纪》，作为全书的第一篇。

文化常识第074讲

　　《史记》是中国历史上第一部纪传体通史，记载了从传说中的黄帝时代，到汉武帝太初四年间共三千多年的历史。内容分为本纪、表、书、世家、列传五部分，其中最重要的是：记载历代帝王功绩的十二本纪，记载诸侯国和汉代诸侯兴亡故事的三十世家，记载除帝王诸侯之外的重要人物言行事迹的七十列传。《史记》体制完备，对于后代史书的编写产生了巨大的影响。

常用字第074讲

① <代> 有的；有的人；有的事。《寡人之于国也》："或百步而后止。"
② <副> 有时。《归去来辞》："或命巾车，或棹孤舟。"
③ <副> 又。《诗经·小雅·宾之初筵》："既立之监，或佐之史。"
④ <副> 或者；或许。《冯婉贞》："猱(náo)进鸷(zhì)击，或能免乎？"
⑤ <动> 通"惑"，迷惑。《汉书·霍去病传》："别从东道，或失道。"

语法常识第074讲

词类活用：形容词作名词【浅见寡闻】 "固难为浅见寡闻道也"一句中"浅见寡闻"为形容词，在这里活用作名词，意为"见闻不广的人"。翻译为：本来就很难向见闻不广的人解释清楚。

项羽本纪赞
——一个千古传唱的悲剧英雄

《史记》

《古文观止》有故事

项羽是秦朝末年的政治家,军事家,是楚国名将项燕的孙子。他从小就有反抗暴秦的远大志向。秦二世元年(前209年),他随叔父项梁在会稽(今江苏苏州)起兵,拥立熊心为楚怀王,号令天下。

后来,项梁兵败被杀。秦将章邯大败赵国,赵王逃到巨鹿,章邯率四十万大军围困巨鹿城。

楚怀王任命宋义为上将军,项羽为次将,率军救赵。宋义走到安阳,就不走了。项羽忍无可忍,杀了宋义,带兵渡过黄河,传下命令:"把渡河的船凿沉,把做饭用的锅砸烂!"

楚军破釜沉舟，再无退路，以一当十，奋勇杀敌。经过九次激战，大败秦军。这一战，大大提高了项羽的声威。各路诸侯将领前来进见时，都匍匐在地，不敢抬头看他。

项羽消灭了秦军主力后，发现刘邦已经攻进了咸阳。范增建议项羽杀掉刘邦，以绝后患。可是，在鸿门宴上，项羽心软了，不忍杀害刘邦，最后让刘邦逃脱了。范增又急又气，叹息道："以后夺取天下的，一定是这个人！"

项羽进入咸阳，掠夺了大批珍宝财物，杀了秦王子婴，一把火焚毁了咸阳城，回到了楚地。项羽尊奉楚怀王为义帝，后来又派人杀了他，自封为西楚霸王，定都彭城（今江苏徐州），分封诸侯。他终于实现了梦想，登上了人生巅峰。

然而，好景不长，因为分封不公，诸侯之间产生了矛盾，开始你争我夺。汉王刘邦趁机出兵，联络其他诸侯。楚汉战争爆发。

由于内部矛盾重重，军事战略失误，项羽由强转弱，节节败退，最后被困在垓下。夜晚，四面响起楚歌。楚军以为楚地已经被汉军占领，牵挂亲人，毫无斗志。项羽冲出重围，来到乌江，觉得没脸回去见江东父老，于是自刎而死。

刘邦得到了天下，建立了大汉王朝。

属于项羽的辉煌成为过去，只留下一曲悲歌回荡在历史长河里，令人扼腕叹息。

逐字逐句学古文

原文	译文
太史公曰：吾闻之周生曰"舜目盖重瞳子"，又闻项羽亦	太史公说：我从周生那里听说，"舜的眼睛大概是双瞳孔"，又听说项羽亦是双瞳孔。项羽难道是舜的后代吗？为什

重瞳子。羽岂其苗裔邪？何兴之暴也！夫秦失其政，陈涉首难，豪杰蜂起，相与并争，不可胜数。然羽非有尺寸，乘势起陇亩之中，三年，遂将五诸侯灭秦，分裂天下，而封王侯，政由羽出，号为"霸王"，位虽不终，近古以来未尝有也。及羽背关怀楚，放逐义帝而自立，怨王侯叛己，难矣。自矜功伐，奋其私智而不师古，谓霸王之业，欲以力征经营天下，五年卒亡其国，身死东城，尚不觉寤而不自责，过矣。乃引"天亡我，非用兵之罪也"，岂不谬哉！

么他崛起得这样迅猛呢？那秦王朝政治混乱到了极点，陈涉首先发难，各地英雄豪杰像蜂涌起一样纷纷起事，互相争夺天下的人数也数不清。但是项羽并没有一尺一寸可以依靠的权位，只不过奋起于民间，三年的时间，就发展到率领五国诸侯一举灭秦，并且分割秦的天下，自行封赏王侯，政令都由项羽颁布，自号为"霸王"。虽然霸王之位并未维持到底，但近古以来未曾有过这样的人物。等到项羽放弃关中，怀念故乡楚地，流放义帝而自立为王，此时再抱怨王侯们背叛自己，那就很难了。自己夸耀功劳，独逞个人的私欲，而不效法古人，认为霸王的业绩只要依靠武力，就能统治好天下，结果仅仅五年的时光，就使得他的国家灭亡了。直到身死东城，他还没有觉悟，不肯责备自己，这显然是错误的。而且还借口说"是上天要灭亡我，并不是我用兵的过错"，这难道不是很荒谬吗？

文化常识第075讲

陈涉 就是陈胜，秦朝末年农民大起义领袖之一。前209年7月，陈胜被征召前往渔阳服兵役，路上遇到大雨，错过了规定的期限。按照法律，耽误了就要被杀头。为了活命，陈胜和吴广率领兵卒揭竿而起，百姓纷纷响应。起义军势力不断扩大，建立了张楚政权，陈胜被推举为王。虽然陈胜战败去世，但他首倡的反秦起义，已经壮大了起来，最终灭掉了秦朝。

常用字第075讲

读 xīng 时:

❶ <动>起;兴起。《劝学》:"积土成山,风雨兴焉。"
❷ <动>发生;引起。《兰亭集序》:"向之所欣,俯仰之间,已为陈迹,犹不能不以之兴怀。"
❸ <动>兴办;兴建。《岳阳楼记》:"政通人和,百废俱兴。"
❹ <动>发起;发动。《殽之战》:"遂发命,遽兴姜戎。"
❺ <形>兴盛。《二刻拍案惊奇》:"这城中极兴的客店,多是他家的房子。"

读 xìng 时:

❶ <名>兴趣;兴致。《游黄山记》:"遇游僧澄源至,兴甚勇。"
❷ <动>喜欢。《礼记·学记》:"不兴其艺,不能乐学。"
❸ <名>诗歌表现手法之一,借另一事物来引起所咏事物。

语法常识第075讲

词类活用:名词作状语【蜂】 "夫秦失其政,陈涉首难,豪杰蜂起"一句中"蜂"字,本为名词,在这里活用作状语,意为"像蜂一样",修饰"起"。翻译为:秦王朝政治混乱到了极点,陈胜首先发难,各地豪杰像蜂涌起一样纷纷起事。

秦楚之际月表

——秦国的发展史

◆《古文观止》有故事

秦国的开国君主是秦非子。他因为养马有功,被分封在秦地。西周灭亡后,秦襄公护送周平王东迁有功,被封为诸侯。从此,秦国正式成为周朝的诸侯国。

秦穆公是秦国第九位国君。他继位后，重用百里奚，发展国力，对外和晋国修好，同时向西部用兵，扩张了一千多里土地，称霸西戎，成为春秋五霸之一。

后来，经历了数代君主，到了战国时期，魏国重用吴起，侵吞了秦国河西之地（陕北平原和关中平原）。为了夺回河西，秦魏多次交战。公元前389年，秦惠公发兵50万和魏军决一死战。吴起以少胜多，秦国沦为弱国。

直到秦孝公即位，秦国重新崛起。秦孝公任用商鞅推行改革，彻底废除旧制度，推行郡县制，加强中央集权，重视农业生产，奖励军功。百姓以私下斗殴为耻，以为国家立下战功为荣。

秦孝公去世后，秦惠文王即位。他杀了商鞅，但是并没有废除新法，国力继续增强。他任用张仪，用连横破坏六国的合纵。

秦昭王继位后，任用范雎做相国，远交近攻，攻打韩国讨伐赵国。长平一战，秦国坑杀赵国投降士兵四十万，赵国再也没有能力和秦国抗衡，秦统一天下已成定局。

公元前247年，13岁的嬴政即位。稳定国内政局之后，他任用李斯等人，开始逐一吞并六国。从公元前230年起，他先后灭韩、赵、魏、楚、燕、齐，完成了一统六国的大业，建立了秦王朝，自称为始皇帝。他希望自己的王朝一代代传承下去。

愿望是美好的，现实却是残酷的。他的儿子秦二世残暴，百姓苦不堪言，陈胜、吴广揭竿而起，各地起义军纷纷响应，秦朝很快就灭亡了。项羽在反秦斗争中崛起，做了西楚霸王，却又被汉王刘邦打败。刘邦后来建立了汉朝。

司马迁在写作《史记》时，看到历史的风云变幻，不由感慨：或许这就是天意吧！

原文

太史公读秦楚之际,曰:初作难,发于陈涉;虐戾灭秦,自项氏;拨乱诛暴,平定海内,卒践帝祚,成于汉家。五年之间,号令三嬗,自生民以来,未始有受命若斯之亟也!

昔虞、夏之兴,积善累功数十年,德洽百姓,摄行政事,考之于天,然后在位。汤、武之王,乃由契、后稷,修仁行义十余世,不期而会孟津八百诸侯,犹以为未可,其后乃放弑。秦起襄公,章于文、缪、献、孝之后,稍以蚕食六国,百有余载,至始皇乃能并冠带之伦。以德若彼,用力如此,盖一统若斯之难也!

秦既称帝,患兵革不休,以

译文

太史公研读关于秦楚之际的记载,说:最早发难的是陈涉,残酷暴戾地灭掉秦朝的是项羽,拨乱反正、诛除凶暴、平定天下、终于登上帝位、取得成功的是汉家。五年之间,号令变更了三次,自从有人类以来,帝王受天命的变更,还不曾有这样急促的。

当初虞舜、夏禹兴起的时候,他们积累善行和功劳的时间长达几十年,百姓都受到他们恩德的润泽,他们代行君主的政事,还要受到上天的考验,然后才即位。商汤、周武称王是由契、后稷开始讲求仁政,实行德义,经历了十几代,到周武王时,竟然没有约定就有八百诸侯到孟津相会,他们还认为时机不到。后来,商汤才放逐了夏桀,周武王才诛杀了殷纣王。秦国自襄公时兴起,在文公、穆公时显示出强大的力量,到了献公、孝公之后,开始像蚕一样一点点侵食六国。经历了一百多年,到了始皇帝时才兼并了六国诸侯。实行德治像虞、夏、汤、武那样,使用武力像秦国这样,才能成功,统一天下是如此艰难!

秦朝称帝以后,忧虑战争不停止的原因,是因为有诸侯,因为这个原因,对有功之人没有一尺一寸土地的封赏,

有诸侯也，于是无尺土之封，堕坏名城，销锋镝，钼豪杰，维万世之安。然王迹之兴，起于闾巷，合从讨伐，轶于三代。乡秦之禁，适足以资贤者为驱除难耳，故愤发其所为天下雄，安在无土不王？此乃传之所谓大圣乎？岂非天哉？岂非天哉？非大圣孰能当此受命而帝者乎？

推倒毁坏著名的城市，熔掉刀刃和箭镞（熔掉兵器），铲除游侠豪强，希望以此来维持千秋万世的安稳。然而帝王基业的兴起却起于民间，各地的豪强都联合起来讨伐攻秦，其阵仗声势超过夏商周之时。从前秦国的一系列禁令，正好足够帮助圣哲贤人为推翻秦朝排除了困难。所以高祖奋发而成为天下雄主，哪里有"没有土地就不能成就王业"的道理呢？这应该就是《传》中所说的大圣人吧？这难道不是天意吗？这难道不是天意吗？如果不是大圣人，谁能成为在这个英雄豪杰并起的时代承受天命而身登帝位的人呢？

文化常识第076讲

秦孝公 战国时期秦国国君，是秦献公的儿子、秦惠文王的父亲。21岁的秦孝公继位后，想恢复秦穆公的霸业，于是发布《求贤令》，招纳天下各国人才。在魏国不得志的商鞅听到消息后来到秦国，得到重用。在秦孝公的积极支持下，商鞅开始变法，秦国迅速强大起来，为后来统一六国打下了坚实的基础。

常用字第076讲

❶<名>台阶。《史记·魏公子列传》："赵王扫除自迎，执主人之礼，引公子就西阶。"

❷<动>清除；去掉。《出师表》："攘除奸凶，兴复汉室。"

❸<动>扣除。《[般涉调]哨遍·高祖还乡》："欠我的粟，税粮中私准除。"

❹ <动>逝去;过去。王安石《元日》:"爆竹声中一岁除,春风送暖入屠苏。"
❺ <动>清理;整治。《五人墓碑记》:"郡之贤士大夫请于当道,即除魏阉废祠之址以葬之。"
❻ <介>除了;除非。《祭妹文》:"除吾死外,当无见期。"
❼ <动>任命;授职。李密《陈情表》:"除臣洗马。"

语法常识第 076 讲

词类活用:名词作状语【蚕】 "献、孝之后,稍以蚕食六国"一句中"蚕"字本为名词,这里活用作状语,意为"像蚕一样",修饰"食"。翻译为:到了献公、孝公之后,开始像蚕一样一点点侵食六国。

高祖功臣侯年表

——丹书铁券也不管用

●《古文观止》有故事

刘邦推翻了秦王朝的统治，又打败了项羽，建立了大汉王朝。做了皇帝之后，他委派萧何修订法律，韩信申明军法，张苍制定章程，叔孙通确定礼仪，国家慢慢安定下来。然后，他又开始大封功臣：第一名萧何，担任相国，册封酂(zàn)侯；第二名曹参，册封平阳侯；还有周勃封绛侯，灌婴封颍阴侯；等等。

不仅给侯爵给封地，刘邦还跟功臣们剖符作誓，"丹书、铁契、金匮、石

室,藏于宗庙"。就是把皇帝和功臣们的誓词用丹砂写到铁券上,一分为二。其中一份装进金匮里,藏到用大石头筑成的宗庙里。另外一份给功臣们带到封地珍藏。这就是后世所谓的"丹书铁券"。

铁券上写的誓词是:"使河如带,泰山若厉,国以永宁,爱及苗裔。"刘邦对功臣们表白:即使有一天,宽阔浩瀚的黄河只剩下了像带子那样窄窄的一条,巍峨的泰山也只剩下磨刀石那么薄,你们的封国依然安宁稳固,而且可以传给你们的后代子孙。

誓词响当当的,掷地有声,然而,却没有能够保证功臣们的后代子孙永享富贵。司马迁在写《高祖功臣侯者年表》时,查阅史料发现:最初册封的功臣们中,仍然保有侯爵的,只有五个人了。其他的都因为各种罪名丢了爵位。

比如灌婴,他的子孙只两代就把侯爵弄丢了。他去世后,儿子灌阿继承了爵位;灌阿去世后,他的儿子灌强继承了爵位,但后来,因为有罪被剥夺爵位,颍阴侯国也不复存在了。公元前132年,灌婴的孙子灌贤被封为临汝侯。可是八年后,他又犯了行贿罪被剥夺侯爵,临汝侯国被取消。

看来,即使有丹书铁券,也要行为端正,遵守法律,才能平平安安啊。

原文

太史公曰：古者人臣功有五品，以德立宗庙、定社稷曰勋，以言曰劳，用力曰功，明其等曰伐，积日曰阅。封爵之誓曰："使河如带，泰山若厉，国以永宁，爰及苗裔。"始未尝不欲固其根本，而枝叶稍陵夷衰微也。

余读高祖侯功臣，察其首封，所以失之者，曰：异哉所闻！《书》曰"协和万国"，迁于夏、商，或数千岁。盖周封八百，幽、厉之后，见于《春秋》。《尚书》有唐虞之侯伯，历三代千有余载，自全以蕃卫天子，岂非笃于仁义、奉上法哉？汉兴，功臣受封者百有余人。天下初定，故大城名都散

译文

太史公说，古时人臣的功绩有五等：依靠仁德安定国家的称"勋"；依靠出谋划策的称"劳"；借助武力的称"功"；明确功劳等级的称"伐"；凭借资历长短的称"阅"。我朝的封爵誓词上讲："即使黄河细得像衣带，泰山平得像磨刀石了，你们的封国也会永远安宁，还要把对你们的恩泽延及后代。"朝廷最初不是不想稳固这些功臣们的根本，但那些枝枝叶叶却渐渐地衰微了。

我读了有关高祖给功臣们的封侯的史料，考察封侯功臣们初次受封及他们后嗣失掉侯位的因由，认为这真是和我所听到的传闻不一样！《尚书》说"各个邦国都应协调和睦"，直到夏、商时代，有的邦国竟经历了几千年。周朝分封了八百个诸侯，经幽王、厉王之后，在《春秋》的记载上还能见到。《尚书》上记载了唐尧、虞舜时的侯伯，经历夏、商、周三代的千余年，仍然保全着自己的地位而屏卫着天子。这难道还不是因为他们深信仁义、遵奉君主的法令吗？汉朝兴起之时，受到分封的功臣一百多人。当时天下刚刚安定，以前那些大城名都的人口离散逃亡，可以统计的户口不过原来的十之二三，因此，大侯的封户不过万户，小的只有五六百

亡，户口可得而数者十二三，是以大侯不过万家，小者五六百户。后数世，民咸归乡里，户益息，萧、曹、绛、灌之属或至四万，小侯自倍，富厚如之。子孙骄溢，忘其先，淫嬖。至太初，百年之间，见侯五，余皆坐法陨命亡国，耗矣。罔亦少密焉，然皆身无兢兢于当世之禁云。

居今之世，志古之道，所以自镜也，未必尽同。帝王者各殊礼而异务，要以成功为统纪，岂可绲乎？观所以得尊宠及所以废辱，亦当世得失之林也，何必旧闻？于是谨其终始，表见其文，颇有所不尽本末，著其明，疑者阙之。后有君子，欲推而列之，得以览焉。

户。以后几代，民众都回归故乡了，户口才日益繁衍起来。萧何、曹参、周勃、灌婴这些人的后裔有的封户达到了四万，小侯的封户也增加了一倍，财产也像这样不断积累，他们确实富裕厚足了。于是，这些人的子孙骄傲自满了，忘记了自己祖先创业的艰难，干起了荒淫邪恶的勾当。从开始受封到太初时只有百余年的时间，而原来的侯爵保持至今的只剩下五家，其余的都因犯法而丧命亡国，全都完了。这是国家法网渐渐严密的缘故，然而他们自己也没有小心翼翼地对待当世的禁令啊！

生活在今世，记住古代的道理，是要把它当作镜子来对照自己，可不一定今天就与古代完全一样。帝王们完全可以根据不同的政务而采取不同的统治方法，主要还是以成就功业为原则，岂能完全一样？观察功臣家族为什么受到尊荣恩宠和为什么受到废黜羞辱，也是当今政治得失的经验教训，何必非得依赖古代的传闻！在此，我认真考察了功臣家族兴亡的始末，把关于他们的文献列成表格，其中有些没能完全弄清本末之处，就只记下那些比较可信的材料，对有疑问的地方就空着。以后如果有人想继续推究和论列他们的事迹本末的，这个表还是可以参阅的。

文化常识第077讲

宗庙 祖先崇拜是中国传统文化的核心。在古代，开国的皇帝或者最初受封的那位王侯，即位后做的第一件大事，就是修建宗庙。宗庙，就是天子或诸侯祭祀祖先的场所。立宗庙也指代创建基业，夏朝时称为"世室"，殷商时称为"重屋"，周朝时称为"明堂"，秦汉时起称为"太庙"。最早只有皇帝的先祖能进入太庙。后来，经过皇帝的许可，皇后和一些功臣也配享太庙。

常用字第077讲

❶ <形>坚固。《赤壁之战》："荆州与国邻接，江山险固。"
❷ <形>稳固；牢固。《殽之战》："君臣固守以窥周室。"
❸ <形>固执；顽固。《愚公移山》："汝心之固，固不可彻。"
❹ <副>坚决；坚持。《廉颇蔺相如列传》："蔺相如固止之。"
❺ <副>本来；原来。《齐桓晋文之事》："臣固知王之不忍也。"
❻ <副>当然。《垓下之战》："今日固决死，愿为诸君快战。"
❼ <连>通"故"，所以，因此。柳宗元《封建论》："吾固曰：非圣人之意也，势也。"
❽ <形>鄙陋。司马相如《上林赋》："鄙人固陋，不知忌讳。"

语法常识第077讲

倒装句：谓语前置 "察其首封，所以失之者，曰：异哉所闻！"一句中"异哉"做"所闻"的谓语，放在了主语的前面，起强调语气的作用。正常语序为"察其首封，所以失之者，曰：所闻异哉！"翻译为：考察封侯功臣们初次受封及他们后嗣失掉侯位的因由，认为这真是和我所听到的传闻不一样！

孔子世家赞

——万世师表孔老夫子

《古文观止》有故事

孔子是春秋时期鲁国人，中国古代伟大的思想家、政治家、教育家，儒家学派的创始人。

孔子三岁时，父亲去世，他跟着母亲过着清贫的日子。十五岁的时候，他开始立志做学问。孔子成年后，做过管理仓库、畜牧的小官。

后来，他开办了私人学校。当时鲁国掌权的孟孙氏家的孟懿子和弟弟南宫敬叔都是他的学生。

即使做了老师，孔子仍然好学不倦。他听说老子博古通今，对礼乐道德有很深的造诣，就想去向他请教。于是南宫敬叔请示了国君，提供马车、路费，陪孔子去见了老子。

公元前500年，孔子做了鲁国的大司寇（掌管法律条令贯彻实施的官）。掌握了权力后，他想恢复理想中的君臣秩序。当时鲁国由季孙氏、叔孙氏、孟孙氏三大家族把持朝政，国君形同虚设。孔子想要拆毁三家违背礼制修建的城堡，收回他们的权力，但是失败了。孔子和他们之间的矛盾就显露了出来。

第二年，齐国给鲁国送来一批女乐。季桓子和鲁国国君都沉溺于歌舞之中，不理朝政。不久，鲁国举行祭祀大典。祭祀活动结束后，按照惯例，祭肉是要分给大臣们的。孔子没有收到祭肉，他就已经知道，自己不会得到重用了。

公元前496年，孔子带领弟子开始周游列国，宣扬自己的治国之道。然而，在这个混乱的时代，他的思想得不到重视，也没有国君重用他。

在外漂泊十几年后，孔子回到了鲁国，继续教授学生，并着手整理古代文献。公元前479年，孔子因病去世。

孔子开办私学，使平民也可以接受教育；他以"仁"为核心，创建了完善的儒家思想体系，对后世影响巨大。近代民主革命家、教育家蔡元培高度颂扬道："孔子学问、文章、政治事业，朗如日月，灿如星辰，果足为万世师表！"

逐字逐句学古文

原文	译文
tài shǐ gōng yuē　　　shī　yǒu zhī　　gāo shān 太史公曰：《诗》有之："高山	太史公说：《诗经》上有句话："巍峨

仰止，景行行止。"虽不能至，然心乡往之。余读孔氏书，想见其为人。适鲁，观仲尼庙堂车服礼器，诸生以时习礼其家，余祗回留之，不能去云。天下君王至于贤人众矣，当时则荣，没则已焉。孔子布衣，传十余世，学者宗之。自天子王侯，中国言六艺者折中于夫子，可谓至圣矣！

的高山可以仰望，宽广的大道可以循着前进。"我虽然不能到达那里，但是心中一直向往它。我读孔子的书，由推理可以知道他的为人。到了鲁国，看到孔子的祠堂、他的车子、衣服和礼器，许多儒生在他家里按时演习礼仪，我徘徊留恋，舍不得离开。天下的君王以及贤人是很多的，他们大多在世时十分荣耀，死后就埋没无闻了。孔子是一个平民，其学说已传承十几代了，读书人仍然把他当作宗师一样崇敬。从天子王侯，到全国研究六经的人，都以孔子的学说作为准则，孔子可以说是道德学问最高尚的人了！

文化常识第078讲

六艺 通常我们所说的六艺，是指《周礼》中描述的六种技艺，即"礼、乐、射、御、书、数"。然而，儒家的六艺有所不同。儒家的六艺是指《诗经》《尚书》《礼记》《周易》《乐经》《春秋》六经。班固在《汉书·艺文志》中解读儒家六艺，说："《乐》是用以调节精神的；《诗》是用以端正语言的；《礼》是用以明确规矩的；《书》是用以推广道德的；《春秋》是用以判断事情的；而《易》与天地共始终，是上述五艺的本源。"

读shì时：

❶ <动>到……去。《石钟山记》："余自齐安舟行适临汝。"

❷<动>出嫁;嫁。《孔雀东南飞》:"贫贱有此女,始适还家门。"
❸<动>适应;顺从。《孔雀东南飞》:"处分适兄意,那得自任专。"
❹<动>适宜;舒适。《芙蕖(fú qú)》:"是芙蕖也者,无一时一刻不适耳目之观。"
❺<动>享受。《赤壁赋》:"而吾与子之所共适。"
❻<副>恰好。《雁荡山》:"从上观之,适与地平。"
❼<副>适才;刚才。《孔雀东南飞》:"适得府君书,明日来迎汝。"

读zhé时:

<动>通"谪",谴责,惩罚。《陈涉世家》:"二世元年七月,发闾左适戍渔阳九百人。"

读dí时:

<名>通"嫡",正妻所生长子,正妻。《左传·文公十八年》:"仲为不道,杀适立庶。"

语法常识第078讲

词类活用:名词的意动用法【宗】 "孔子布衣,传十余世,学者宗之"一句中"宗"字,本义为"宗师",是名词,在这里是意动用法,意为"以之为宗师",翻译为:孔子是一个平民,其学说已传承十几代了,读书人仍然把他当作宗师一样崇敬。

外戚世家序
——选妃很重要

《古文观止》有故事

司马迁在《史记》中写了一篇《外戚世家》。什么是外戚呢?就是皇帝的母亲和妻子的亲戚们。司马迁列举了从汉高祖到汉武帝以来外戚专权的情况,发人深思。

汉文帝的皇后窦(dòu)姬,原本是一位普通人家的女孩,被选入宫中做了宫女。后来,被赏赐给了代王刘恒,得到刘恒的宠爱,生下两个儿子、一个女儿。吕太后去世后,大臣们拥立刘恒即位,就是汉文帝。汉文帝继位后,立窦姬

生的大儿子刘启为太子，后来又立她为皇后。

因为家里穷，窦姬的弟弟窦少君从小就被人拐卖做奴仆。几经辗转，姐弟才团聚。她的哥哥窦长君，也来到长安，得到了优厚的封赏。大臣周勃等人为了避免再出现吕太后外戚专权的情况，就挑选了一些品行高尚的长者和行为端正的读书人，让他们和窦家兄弟做朋友，潜移默化把他们熏陶成懂礼懂法的谦谦君子。汉文帝时，窦皇后就多次请求封兄弟二人为侯，被汉文帝以"无功不能封侯"为理由拒绝了。

汉文帝去世后，刘启即位，就是汉景帝，窦皇后就成了窦太后。刘启继位后，封小舅舅窦少君为章武侯；大舅舅已经去世，就封他的儿子窦彭祖为南皮侯；后来，又封窦太后的侄子窦婴为魏其侯。这样，窦家一门三侯，家族势力达到顶峰，士人宾客纷纷上门巴结。在朝堂议事时，窦婴说的话，没人敢反驳。

汉景帝去世后，汉武帝即位。这位年轻的皇帝信奉儒家，要推行改革，遭到了保守老太后的阻挠和破坏，没有进行下去，客观上阻碍了国家的发展。

后来，窦太后去世，汉武帝疏远了窦婴，不再重用他。最后，窦婴因伪造诏书罪被斩首示众。

把荣耀建立在婚姻关系上，总归是不靠谱的。

逐字逐句学古文

原文	译文
自古受命帝王及继体守文之君，非独内德茂也，盖亦有外戚之助焉。夏之兴也以涂山，而桀之放也	自古以来，受天命的开国帝王和继承正统遵守先帝法度的国君，不只是内在的品德美好，大都也由于有外戚的帮助。夏代的兴起是因为有涂山氏之女，而夏桀的被放逐是由于妹

以妹喜。殷之兴也以有娀，纣之杀也嬖妲己。周之兴也以姜原及大任，而幽王之禽也淫于褒姒。故《易》基《乾》《坤》，《诗》始《关雎》，《书》美釐降，《春秋》讥不亲迎。夫妇之际，人道之大伦也。礼之用，唯婚姻为兢兢。夫乐调而四时和，阴阳之变，万物之统也。可不慎与？人能弘道，无如命何。甚哉，妃匹之爱，君不能得之于臣，父不能得之于子，况卑下乎！即骧合矣，或不能成子姓；能成子姓矣，或不能要其终：岂非命也哉？孔子罕称命，盖难言之也。非通幽明之变，恶能识乎性命哉？

喜。殷代的兴起是由于有娀氏的女子，商纣王的被杀是因为宠爱妲己。周代的兴起是由于有姜嫄及太任，而幽王的被擒是因为他和褒姒的淫乱。所以《易经》以《乾》《坤》两卦作为根基，《诗经》则以《关雎》作为首篇，《尚书》赞美尧把女儿下嫁给舜，《春秋》讥讽娶妻不亲自去迎接。夫妇之间的关系，是人道之中最重大的伦常关系。礼的应用，只有婚姻最为谨慎。乐声协调四时就和顺，阴阳的变化是万物生长变化的统领，怎能不慎重呢？人能弘扬人伦之道，可是对天命却无可奈何。确实啊，配偶的亲爱之情，国君不能从大臣那里得到，父亲也不能从儿子那里得到，何况是更卑下的人呢！夫妇欢合之后，有的不能繁育子孙；能繁育子孙了，有的又不能白头到老。这难道不是天命吗？孔子很少谈天命，大概是由于很难说清吧。不能通晓阴阳的变化，怎能懂得人性和天命的道理呢？

文化常识第079讲

《易》《汉书·艺文志》中记载《易》"人更三圣，世历三古"。相传，上古时代的伏羲根据天地之象演八卦；后来的周文王被囚禁在羑里，推演出《易经》；近古的孔子和他的弟子为《易经》做注解，又写成了一本《易传》，经传合一，就是《周易》。《周易》是中华民族思想、智慧的结晶,被誉为"大道之源"、儒门圣典、群经之首。

常用字第079讲

❶ <动>譬况;比拟。桓宽《盐铁论·忧边》:"及欲以闾里之治,而况国之大事。"
❷ <连>何况;况且。《庖丁解牛》:"技经肯綮之未尝,而况大軱乎?"
❸ <名>情况;情形。高启《送丁孝廉之钱塘》:"若见故人询旅况。"

语法常识第079讲

词类活用:名词的意动用法【基、始】 "故《易》基《乾》《坤》,《诗》始《关雎》"一句中的"基"和"始"本义为"根基""开始",都是名词,这里是意动用法,意为"以……为根基""以……开始(首篇)"。翻译为:所以《易经》以《乾》《坤》两卦作为根基,《诗经》则以《关雎》作为首篇。

伯夷列传
——致敬贤人

《史记》

《古文观止》有故事

《史记》列传中的第一篇就是《伯夷列传》,里面把伯夷和叔齐放在一起写,用孔子的话做线索,用许由和颜回衬托出他们的节操。

伯夷、叔齐互让王位,结果谁也没做国君,都逃离了。本来他俩想到西伯姬昌那里去,到了才知道姬昌已经去世,他的儿子周武王要带兵去讨伐商纣。两个人拦阻不住,眼看着周灭了商,天下诸侯也都归顺了周王室。伯夷、叔齐坚持气节,不吃周朝的粮食,躲进首阳山中,采野菜糊口,后来都饿死了。

司马迁心生疑惑：天下都已经是周朝了，他们无处可去，最后饿死，有没有怨气呢？

他又联想到颜回，一辈子穷困，连糟糠之类的粗粮都吃不饱，年纪轻轻就死了。而一些恶人，残暴放纵，却能够活到老，这是怎么回事呢？

颜回是孔子最推崇的弟子。他家境贫穷，但是勤奋好学，安贫乐道。有一次，孔子问他家里这么穷，为什么不去做官呢。颜回回答说："我不愿意做官。我在城外有五十亩地，能够让我喝上粥；城内还有十亩地，可以让我穿上麻布衣服；平时弹弹琴自娱自乐，跟先生学习道理也让我很快乐。"孔子听了非常高兴，夸赞颜回说："懂得知足的人，不被利益牵累；能审视自我并有所得的人，即使损失一些东西也不会害怕；时刻修养内心的人，才不会为没有官位而惭愧呢。这些美好品质，就是我在颜回身上看到的。"

是呀，即使缺吃少穿，住处简陋，颜回也能自得其乐。自己不以为苦的穷，便不是真的穷。司马迁也明白了：每个人不过都在按照自己的心愿生活罢了。坚守气节的可以为气节而献身；贪图财物的可以为获得财物去死；热衷权势的为权力奔忙，甚至丢掉性命……司马迁希望这个世界可以少一些俗人，多一些君子。

逐字逐句学古文

原文

或曰："天道无亲，常与善人。"若伯夷、叔齐，可谓善人者非邪？积仁絜行如此而饿死！且七十子之徒，仲尼独荐颜渊

译文

有人说："天道并不对谁特别偏爱，但通常是帮助善良人的。"像伯夷、叔齐，总可以算得上是善良的人了吧！难道不是吗？他们行善积仁，修养品行，这样的好人竟然给饿死了！再说孔子的七十二位贤弟子这批人吧，仲尼唯独赞扬颜渊好学。

为好学。然回也屡空,糟糠不厌,而卒蚤夭。天之报施善人,其何如哉?盗跖日杀不辜,肝人之肉,暴戾恣睢,聚党数千人,横行天下,竟以寿终,是遵何德哉?此其尤大彰明较著者也。若至近世,操行不轨,专犯忌讳,而终身逸乐,富厚累世不绝。或择地而蹈之,时然后出言,行不由径,非公正不发愤,而遇祸灾者,不可胜数也。余甚惑焉,倘所谓天道,是邪非邪?

子曰:"道不同,不相为谋。"亦各从其志也。故曰:"富贵如可求,虽执鞭之士,吾亦为之。如不可求,从吾所好。""岁寒,然后知松柏之后凋。"举世混浊,清士乃见。岂以其重若彼,其轻若此哉?"君子疾没世

然而颜回常常为贫穷所困扰,连酒糟谷糠一类的食物都吃不饱,终于过早地去世了。上天对于好人的报偿,到底是怎样的呢?盗跖天天在屠杀无辜的人,割人肝,吃人肉,凶暴残忍,胡作非为,聚集党徒数千人,横行天下,竟然能够长寿而终。他又究竟积了什么德,行了什么善呢?这几个例子是最典型、最能说明问题的了。若要说到近代,那种品行不遵循法度,专门违法乱纪的人,反倒能终身安逸享乐,富贵优裕,一代一代地传下去;而有的人居住的地方要精心地加以选择;说话要待到合适的时机才说话;走路只走大路,不抄小道;不是为了主持公正,就不表露愤懑,结果反倒遭遇灾祸。这种情形多得简直数也数不清。我深感困惑不解。倘若有所谓天道,那么这到底是天道呢,还是不是天道呢?

孔子说:"观点不同的人,不互相商议谋划。"也就是说都各自按照自己的意志去做事。孔子又说:"富贵如果能够求得,就是手拿鞭子的卑贱的职务,我也愿意去干;如果不能求得,那还是按照我自己的喜好去干吧!""天气寒冷以后,才知道松树、柏树是最后落叶的。"世间到处混浊龌龊,那清白高洁的人就显得格外突出。这岂不是因为他们是如此重视道德和品行,又是那样鄙薄富贵与苟活啊!"君子感到痛心的是到死而名声不被大家所称颂。"贾谊说:"贪得无厌的人为追求钱财而不惜一死,胸

而名不称焉。"贾子曰:"贪夫徇财,烈士徇名,夸者死权,众庶冯生。"同明相照,同类相求。"云从龙,风从虎,圣人作而万物睹。"伯夷、叔齐虽贤,得夫子而名益彰;颜渊虽笃学,附骥尾而行益显。岩穴之士,趋舍有时,若此类名堙灭而不称,悲夫!闾巷之人,欲砥行立名者,非附青云之士,恶能施于后世哉!

怀大志的人为追求名节而不惜一死,作威作福的人为追求权势而不惜一死,芸芸众生只顾惜自己的生命。"同是明灯,方能相互辉照;同是一类,方能相互亲近。"飞龙腾空而起,总有祥云相随;猛虎纵身一跃,总有狂风相随;圣人一出现,万物的本来面目便都被揭示得清清楚楚。"伯夷、叔齐虽然贤明,由于得到了孔子的赞扬,名声才更加响亮;颜渊虽然好学,由于追随孔子,品德的高尚才更加明显。那些居住在深山洞穴之中的隐士们,他们出仕与退隐也都很注重原则,有一定的时机,而他们的名字就大都被埋没了,不被人们所传颂,真可悲啊!普通的平民百姓想要磨炼德行建立名声,如果不依靠德高望重的贤人,怎么可能让自己的名声流传于后世呢?

文化常识第080讲

颜渊 就是颜回,春秋末期鲁国的思想家,孔子最得意的弟子,孔门七十二贤之首。孔子称赞他:"一箪食,一瓢饮,在陋巷,人不堪其忧,回也不改其乐。"颜回很穷,住在破旧的巷子里,饮食粗劣,一般人受不了,但是颜回却能够安守贫穷,自得其乐。可惜,颜回死得很早,孔子为此很难过,不禁哀叹:"唉,上天这是要我的命呀。"颜渊被后世尊为"复圣"。

常用字第080讲

读 zú 时：

❶ <名>步兵；士兵。《过秦论》："率疲弊之卒，将数百之众，转而攻秦。"
❷ <名>古代军队编制，一百人为一卒。《叔向贺贫》："昔栾武子无一卒之田。"
❸ <名>差役；隶卒。《左忠毅公逸事》："持五十金，涕泣谋于禁卒，卒感焉。"
❹ <动>死。《董宣执法》："年七十四，卒于官。"
❺ <动>完成；完结。《孔雀东南飞》："谓言无罪过，供养卒大恩。"
❻ <副>终于；最终。《廉颇蔺相如列传》："卒相与欢，为刎颈之交。"

读 cù 时：

<副>通"猝"。突然；仓促。《荆轲刺秦王》："卒惶不知所为。"

语法常识第080讲

词类活用：名词作动词【砥】 "闾巷之人，欲砥行立名者"中"砥"字本义为"磨刀石"，是名词，在这里活用作动词，意为"磨炼"。翻译为：普通的平民百姓想要磨炼德行建立名声。

管晏列传

——会杀人的桃子

《史记》

🅒 《古文观止》有故事

　　司马迁在《管晏列传》中,写了齐国的两位贤臣——管仲和晏子。

　　写管仲主要写管仲和鲍叔牙之间的情谊。鲍叔牙了解管仲的才能,推荐他做了相国。管仲不负厚望,使齐国一跃成为大国,辅佐齐桓公称霸天下。管仲确实贤能,但慧眼识人才的鲍叔牙也功不可没。

　　管仲之后一百多年,齐国又出了个晏子。晏子不仅机智善辩,而且还通晓人性。

　　齐景公手下有三位勇士：公孙接、田开疆和古冶子。他们都能赤手空拳地和老虎搏斗，天下闻名。不过，他们骄横无礼，目中无人。晏子恐怕他们以后会祸国殃民，劝说齐景公尽快除掉他们。

　　齐景公挺为难："他们力大无穷，硬拼恐怕打不过，就是暗杀也不一定能成功啊！"

　　晏子想了一会儿，有了主意。他给三个人送去了两个桃子，说："三位英雄可以按功劳大小来吃这两个桃子。"

　　公孙接觉得自己功劳最大，应该单独吃一个桃子，于是先下手为强，拿了一个。

　　田开疆也觉得自己功劳大，也拿了一个。

　　古冶子不干了，大声嚷嚷："我跟着国君横渡黄河的时候，一只大鳖咬住车驾左边的那匹马，是我潜到水底，杀死了大鳖。我的功劳不够吃一只桃子吗？"说完，他拔出了宝剑。

那两个人承认古冶子功劳大，为自己的贪婪而羞愧，竟然拔剑自杀了。古冶子哪里想到他们会自杀？他看看老朋友的尸体，再看看那两个红通通的桃子，脸涨得通红："羞辱他人，吹捧自己，这是不义；朋友们死了，我却独自活着，这是不仁。唉，不仁不义，活着还有什么意思？"于是，他也拔剑自刎了。

晏子回报齐景公。齐景公叹息着叫来仆从，按照勇士的礼仪安葬了他们。

能够认识到莽汉受宠会导致的恶果，并且巧妙地利用他们之间的争功心理制造矛盾，让他们自取灭亡。这就是晏子的智慧。

逐字逐句学古文

原文

管仲夷吾者，颍上人也。少时常与鲍叔牙游，鲍叔知其贤。管仲贫困，常欺鲍叔，鲍叔终善遇之，不以为言。已而鲍叔事齐公子小白，管仲事公子纠。及小白立为桓公，公子纠死，管仲囚焉。鲍叔遂进管仲。管仲既用，任政于齐，齐桓公以霸，九合诸侯，一匡天下，管仲之谋也。

管仲曰："吾始困时，尝与鲍

译文

管仲，名夷吾，是颍上人。他年轻的时候，常和鲍叔牙交往，鲍叔牙知道他贤明、有才干。管仲家贫，经常占鲍叔的便宜，但鲍叔始终很好地对待他，不因为这些事而有什么怨言。不久，鲍叔侍奉齐国公子小白，管仲侍奉公子纠。等到小白即位，立为齐桓公以后，桓公让鲁国杀了公子纠，管仲被囚禁。于是鲍叔向齐桓公推荐管仲。管仲被任用以后，在齐国执政，桓公凭借着管仲而称霸，并以霸主的身份，多次会合诸侯，使天下纳入正轨，这都是管仲的智谋。

管仲说："我当初贫困的时候，曾经和鲍叔经商，分财利时自己常常多

叔贾，分财利多自与，鲍叔不以我为贪，知我贫也。吾尝为鲍叔谋事而更穷困，鲍叔不以我为愚，知时有利不利也。吾尝三仕三见逐于君，鲍叔不以我为不肖，知我不遭时也。吾尝三战三走，鲍叔牙不以我为怯，知我有老母也。公子纠败，召忽死之，吾幽囚受辱，鲍叔不以我为无耻，知我不羞小节而耻功名不显于天下也。生我者父母，知我者鲍子也。"

鲍叔既进管仲，以身下之。子孙世禄于齐，有封邑者十余世，常为名大夫。天下不多管仲之贤而多鲍叔能知人也。

管仲既任政相齐，以区区之齐在海滨，通货积财，富国强兵，与俗同好恶。故其称曰："仓廪实而知礼节，衣食足而知荣辱，上服度则六亲固。""四维不张，国

拿一些，但鲍叔不认为我贪财，知道我生活贫困。我曾经为鲍叔办事，结果使他更加穷困，但鲍叔不认为我愚笨，知道时机有利和不利。我曾经多次做官，多次都被君主免职，但鲍叔不认为我没有才干，知道我没有遇到好时机。我曾多次作战，多次战败逃跑，但鲍叔不认为我胆小，知道我是因为还有老母的缘故。公子纠失败，召忽也为他而死，我被关在深牢中受屈辱，但鲍叔不认为我无耻，知道我不会为小节而感到羞耻，却会因为功名不能在天下显扬感到羞耻。生我的是父母，了解我的是鲍叔啊！"

鲍叔推荐了管仲以后，情愿把自身置于管仲之下。他的子孙世世代代在齐国享有俸禄，得到封地的有十几代，多数是著名的大夫。因此，天下的人不称赞管仲的才干，反而赞美鲍叔能够识别人才。

管仲出任齐相执政以后，凭借着小小的齐国在海滨的条件，流通货物，积聚财富，使得国富兵强，与百姓同好恶。所以，他在《管子》一书中称述说："仓库储备充实了，百姓才懂得礼节；衣食丰足了，百姓才能分辨荣辱；国君的作为合乎法度，六亲才会得以稳固。""不提倡礼义廉耻，国家就会灭亡。""国家下达政令就像流水的源头，要顺着百姓的心意流下。"所以政

乃灭亡。""下令如流水之源,令顺民心。"故论卑而易行。俗之所欲,因而予之；俗之所否,因而去之。其为政也,善因祸而为福,转败而为功。贵轻重,慎权衡。桓公实怒少姬,南袭蔡,管仲因而伐楚,责包茅不入贡于周室。桓公实北征山戎,而管仲因而令燕修召公之政。于柯之会,桓公欲背曹沫之约,管仲因而信之,诸侯由是归齐。故曰："知与之为取,政之宝也。"

管仲富拟于公室,有三归、反坫,齐人不以为侈。管仲卒,齐国遵其政,常强于诸侯。

后百余年而有晏子焉。

令符合下情就容易推行。百姓想要得到的,就给他们；百姓所反对的,就替他们废除。管仲执政的时候,善于把祸患化为吉祥,使失败转化为成功。他重视分别事物的轻重缓急,慎重地权衡事情的利弊得失。齐桓公实际上是怨恨少姬改嫁而向南袭击蔡国,管仲就寻找借口攻打楚国,责备它没有向周王室进贡菁茅。桓公实际上是向北出兵攻打山戎,而管仲就趁机让燕国恢复召公时期的善政。在柯地会盟,桓公想背弃曹沫逼迫他订立的盟约,管仲就顺应形势劝他信守盟约,诸侯们因此归顺齐国。所以说："懂得给予正是为了取得的道理,这是治理国家的法宝。"

管仲富贵得可以跟国君相比拟,建筑了只有诸侯才可享有的三归台和放置酒器的反坫,齐国人却不认为他奢侈。管仲逝世后,齐国仍遵循他的政策,常常比其他诸侯国强大。

此后过了百余年,齐国又出了个晏婴。

文化常识第 081 讲

四维 管仲在《管子》开篇《牧民》中开宗明义,提出了著名的"四维"说："礼义廉耻,国之四维,四维不张,国乃灭亡。"礼义廉耻得不到发扬光大,国家就要灭亡。他这就是提出了一个社会道德标准和行为规范：知礼,就不会超越社会规范；有义，就不会任意妄为；守廉，就不会贪求不该有的东西；知耻，就不会被坏人带坏了。

常用字第081讲 —— 穷

❶ <形>走投无路，处境困窘。《〈指南录〉后序》："穷饿无聊，追购又急。"

❷ <形>不得志；不显贵。《涉江》："吾不能变心以从俗兮，固将愁苦而终穷。"

❸ <动>穷尽；用尽。《赤壁赋》："哀吾生之须臾，羡长江之无穷。"

❹ <动>走到尽头；寻究到底。《桃花源记》："复前行，欲穷其林。"

❺ <形>贫困；贫乏。《鱼我所欲也》："为宫室之美，妻妾之奉，所识穷乏者得我欤(yú)？"

❻ <副>彻底；到头。《天演论·察变》："实则今兹所见，乃自不可穷诘之变动而来。"

语法常识第081讲

词类活用：形容词的意动用法【羞、耻】 "知我不羞小节而耻功名不显于天下也"一句中"羞"和"耻"本为形容词，这里是意动用法，意为"以……为羞""以……为耻"。翻译为：知道我不会为小节而感到羞耻，却会为功名不能在天下显扬感到羞耻。

屈原列传
——还是做个诗人吧

《史记》

《古文观止》有故事

屈原是战国时期楚国诗人、政治家。屈原出身贵族,但是从小生活在平民百姓中,了解他们的疾苦,为百姓做过很多好事。

屈原博览群书,志向远大,成年后入朝做官,受到楚怀王的信任,担任左徒(管理内政外交大事的官)。他制定各种新的法令,推行改革;对内主张任用贤能之士,严明法令;对外联合齐国对抗秦国。但是,他的主张损害了旧贵族的利益,遭到他们的反对。

大约三年后,屈原遭人陷害,被罢去左徒的官职,贬为三闾大夫。这是一个主持宗庙祭祀,同时负责贵族屈、景、昭三大家族子弟教育的闲差事。就这样,屈原被赶出了楚国的权力中心。

接下来,张仪使用诡计,哄骗楚怀王和齐国绝交。楚怀王明白过来后,勃然大怒,两次攻秦,却惨遭失败。于是,楚怀王再次启用屈原,派他出使齐国,重新缔结齐楚联盟。

就在这时,秦王提出割让土地和楚国结盟。对张仪恨之入骨的楚怀王不要土地,只要张仪。张仪贿赂了楚王的宠臣靳尚,到楚国郢(yíng)都转了一圈,平平安安回到了秦国。

张仪走后,出使齐国的屈原回国,劝说楚王杀了张仪。楚怀王醒悟过来,再派人去追杀张仪,已经晚了。

楚国一直在和秦与联齐中摇摆,处境艰难。屈原多次劝谏,楚怀王却听信小人谗言,不理不睬。公元前299年,楚怀王到武关和秦王结盟,却被秦王劫持到咸阳。秦王要求楚怀王割地。国内大臣拥立太子横为楚顷襄王。公元前296年,楚怀王死在秦国,秦楚绝交。

后来,屈原连三闾大夫也做不成了,被流放江南,在湖北、湖南一带流浪。十几年的流放生涯中，他写下了大量的诗歌。

公元前276年，秦将白起攻下了郢都。屈原听到这个消息，万念俱灰，投汨罗江自尽。

他的抱负没有得到施展，却给后世留下了大量的诗歌，开启了中国诗歌的新时代。

逐字逐句学古文

原文

屈原者，名平，楚之同姓也。为楚怀王左徒。博闻强志，明于治乱，娴于辞令。入则与王图议国事，以出号令；出则接遇宾客，应对诸侯。王甚任之。

上官大夫与之同列，争宠而心害其能。怀王使屈原造为宪令，屈平属草稿未定。上官大夫见而欲夺之，屈平不与，因谗之曰："王使屈平为令，众莫不知。每一令出，平伐其功，曰以为'非我莫能为'也。"王怒而疏屈平。

长子顷襄王立，以其弟子兰为

译文

屈原，名字叫平，与楚国的王族同姓。担任楚怀王的左徒。他见识广博，记忆力很强，通晓国家治乱的道理，擅长外交辞令。对内，同楚王谋划商讨国家大事，颁发号令；对外，接待宾客，应酬答对各国诸侯。楚王很信任他。

上官大夫和他职位相等，想争得楚王对他的宠信而心里嫉妒屈原的贤能。楚怀王派屈原制定国家的法令，屈原编写的草稿尚未定稿。上官大夫看见了，就想把草稿强取为己有，屈原不赞同。上官大夫就谗毁他说："君王让屈原制定法令，大家没人不知道的，每出一道法令，屈原就炫耀自己的功劳，说：'除了我，没有人能制定法令了。'"楚王听了很生气，因而疏远了屈原。

怀王的长子顷襄王即位，任用他

令尹。楚人既咎子兰以劝怀王入秦而不反也。

屈平既嫉之，虽放流，眷顾楚国，系心怀王，不忘欲反。冀幸君之一悟，俗之一改也。其存君兴国，而欲反覆之，一篇之中，三致志焉。然终无可奈何，故不可以反。卒以此见怀王之终不悟也。

人君无愚、智、贤、不肖，莫不欲求忠以自为，举贤以自佐。然亡国破家相随属，而圣君治国累世而不见者，其所谓忠者不忠，而所谓贤者不贤也。怀王以不知忠臣之分，故内惑于郑袖，外欺于张仪，疏屈平而信上官大夫、令尹子兰，兵挫地削，亡其六郡，身客死于秦，为天下笑，此不知人之祸也。《易》曰："井渫不食，为我心恻，可以汲。王明，并受其福。"王之不明，岂足福哉！

的弟弟子兰为令尹。楚国人都抱怨子兰，因为他劝怀王入秦而怀王最终未能回来。

屈原也为此怨恨子兰，虽然流放在外，仍然眷恋着楚国，心里挂念着怀王，念念不忘返回朝廷。他希望国君总有一天会醒悟，世俗总有一天会改变。屈原关怀君王，想振兴国家改变楚国的形势，在每一篇上书中，都再三表现出来这种想法。然而终于无可奈何，所以屈原不能够返回朝廷。由此可以看出怀王始终没有觉悟啊。

国君无论愚笨或明智、贤明或昏庸，没有不想求得忠臣来为自己服务，选拔贤才来辅助自己的。然而国破家亡的事接连发生，而圣明君主治理好国家的多少世代也没有出现，这是因为所谓忠臣并不忠，所谓贤臣并不贤。怀王因为不明白忠臣的职分，所以在内被郑袖所迷惑，在外被张仪所欺骗，疏远屈原而信任上官大夫和令尹子兰，军队被挫败，土地被削减，失去了六个郡，自己也被扣留死在秦国，为天下人所耻笑。这是不了解人带来的祸害。《易经》说："水井淘干净了，但是没人饮用，这让我心里感到难过，因为这是可以汲取饮用的。君主如果贤明，天下人都能得到福佑。"怀王是这样的不贤明，天下人哪里还谈得上享受福佑呢！

令尹子兰闻之，大怒，卒使上官大夫短屈原于顷襄王，顷襄王怒而迁之。

屈原至于江滨，被发行吟泽畔，颜色憔悴，形容枯槁。渔父见而问之曰："子非三闾大夫欤？何故而至此？"屈原曰："举世混浊而我独清，众人皆醉而我独醒，是以见放。"渔父曰："夫圣人者，不凝滞于物，而能与世推移。举世混浊，何不随其流而扬其波？众人皆醉，何不铺其糟而啜其醨？何故怀瑾握瑜，而自令见放为？"屈原曰："吾闻之，新沐者必弹冠，新浴者必振衣。人又谁能以身之察察，受物之汶汶者乎？宁赴常流而葬乎江鱼腹中耳，又安能以皓皓之白，而蒙世之温蠖乎？"乃作《怀沙》之赋。

于是怀石，遂自投汨罗以死。

屈原既死之后，楚有宋玉、唐

令尹子兰得知屈原怨恨他，非常愤怒，终于唆使上官大夫在顷襄王面前说屈原的坏话。顷襄王发怒，就放逐了屈原。

屈原到了江滨，披散头发，在水泽边一面走，一面吟咏着。脸色憔悴，形体面貌像枯死的树木一样毫无生气。渔父看见他，便问道："您不是三闾大夫吗？为什么来到这儿？"屈原说："整个世界都是混浊的，只有我一人清白；众人都沉醉，只有我一人清醒。因此被放逐。"渔父说："聪明贤哲的人，不受外界事物的束缚，而能够随着世俗变化。整个世界都混浊，为什么不随大流而且推波助澜呢？众人都沉醉，为什么不吃点酒糟，喝点薄酒？为什么要怀抱美玉一般的品质，却使自己被放逐呢？"屈原说："我听说，刚洗过头的一定要弹去帽上的灰沙，刚洗过澡的一定要抖掉衣上的尘土。谁能让自己清白的身躯，蒙受外物的污染呢？我宁可投入长流的大江而葬身于江鱼的腹中，又哪能使自己高洁的品质，去蒙受世俗的尘垢呢？"

于是他写了《怀沙》赋。然后抱着石头，自投汨罗江而死。

屈原死了以后，楚国还有宋玉、唐勒、景差一些人，都爱好文学，由于擅长写赋受到人们称赞；然而都只

勒、景差之徒者,皆好辞而以赋见称。然皆祖屈原之从容辞令,终莫敢直谏。其后楚日以削,数十年竟为秦所灭。

太史公曰:"余读《离骚》《天问》《招魂》《哀郢》,悲其志。适长沙,观屈原所自沉渊,未尝不垂涕,想见其为人。及见贾生吊之,又怪屈原以彼其材游诸侯,何国不容,而自令若是!读《鵩鸟赋》,同死生,轻去就,又爽然自失矣。"

是效法屈原的委婉文辞,始终没有人敢于直谏。从这以后,楚国一天比一天缩小,几十年后,终于被秦国所灭亡。

太史公说:我读《离骚》《天问》《招魂》《哀郢》,为他的志向不能实现而悲伤。到长沙,经过屈原自沉的地方,未尝不流下眼泪,追怀他的为人。看到贾谊凭吊他的《吊屈原赋》,又责怪屈原如果凭他的才能去游说诸侯,哪个国家不会容纳,却自己选择了这样的道路!读了贾谊的《鵩鸟赋》,他把生和死等同看待,认为被贬和任用都是不重要的,又使我产生了茫然的失落感。

文化常识第082讲

《怀沙》 屈原所作《楚辞·九章》中的一篇。一般认为这首诗是屈原临死前写的,是他的绝命诗。这首诗诗句简短有力,一开篇刻画自己南行的心情,忧郁、悲愤的心情不能自已。接着又记述自己忠心报国却不被这个污浊社会接纳的原因,吟唱自己遭遇的不幸,并为此发出浩叹,希望用自己的死来唤醒君主,激励民心。

常用字第082讲 —— 徒

❶ <动>步行。《复庵记》:"自京师徒步入华山为黄冠。"
❷ <名>党徒;同一类人。《论积贮疏》:"有勇力者聚徒而衡击。"

❸ <名>门徒；弟子；学生。《齐桓晋文之事》:"仲尼之徒无道桓文之事者。"
❹ <名>役徒；被罚服役的人。《过秦论》:"然陈涉瓮牖绳枢之子，甿隶之人，而迁徙之徒也。"
❺ <副>空；光。《长歌行》:"少壮不努力，老大徒伤悲。"
❻ <副>白白地。《孔雀东南飞》:"妾不堪驱使，徒留无所施。"
❼ <副>只；仅仅。《廉颇蔺相如列传》:"强秦之所以不敢加兵于赵者，徒以吾两人在也。"

语法常识第082讲

词类活用：名词作动词【短】 "令尹子兰闻之大怒，卒使上官大夫短屈原于顷襄王"一文中"短"本义为"短处、坏处"，是名词，在这里活用作动词，意为"说坏话，指出短处"。翻译为：令尹子兰得知屈原怨恨他，非常愤怒，终于唆使上官大夫在顷襄王面前说屈原的坏话。

酷吏列传序
——治国以德不以刑

● 《古文观止》有故事

　　司马迁写《史记》，还为酷吏做了一篇列传。酷吏就是那些实行严刑峻法、以残酷而著称的官吏。在《酷吏列传序》中，他先引用孔子的话说明：法令确实能约束犯罪，而美德才是能使政治清明的根本。

　　他写到了一位叫张汤的酷吏。张汤从小学习法律条令，先是受到丞相田蚡的赏识，后来又得到了汉武帝的信任。汉武帝让他参与制定各种律令，要求他务必要严峻细密、杜绝疏漏。

张汤为人狡诈，玩弄智谋，擅于揣摩汉武帝的意图，投其所好。他审判案件秉承皇帝的旨意，一定要追根究底，狠狠地治罪。

有一次，张汤给汉武帝想了一个敛财的方法：用皇帝的园子里养的白鹿的皮，做成一尺见方的白鹿皮币，每张鹿皮币价值四十万钱。王侯宗室觐见皇帝时，都要掏钱买一张白鹿皮币，作为见面礼。这样每张鹿皮收回来再卖出去，循环使用，挣钱无数。

可是，在征求大司农（管理国家财政的官儿）颜异意见时，却遭到了反对。汉武帝不高兴，把他逮捕入狱。张汤亲自审问，要定他的罪。

有人告发，颜异有一次跟客人聊天时，客人提到朝廷的法令有些不合适的地方，颜异没说话，只是动了动嘴唇。张汤敏锐地找到了漏洞，上奏皇帝："颜异知道法令有不当之处，不说出来却在心里诽谤朝廷，这是'腹诽罪'，应当判处死刑。"

欲加之罪，何患无辞？为了除掉颜异，张汤创造出了一个荒唐的新罪名。

张汤的所作所为，维护了皇帝的权威。他得到了汉武帝的宠信，同时，也为自己埋下了祸根。公元前115年，曾经多次遭到张汤侮辱的大臣李文、朱买臣搜罗了证据陷害他。张汤无法辩白，被迫自杀。

这就是一个酷吏的下场。

逐字逐句学古文

原文

孔子曰："道之以政，齐之以刑，民免而无耻。道之以德，齐之以礼，有耻且格。"老氏称："上

译文

孔子说："用政令来引导百姓，用刑法来整治百姓，百姓虽能免于犯罪，但无羞耻之心。用道德教导百姓，用礼教来统一他们的言行，百姓就既懂得羞耻又能人心归服。"老子说："最有道德的人，从不

德不德，是以有德；下德不失德，是以无德。"法令滋章，盗贼多有。"太史公曰：信哉是言也！法令者治之具，而非制治清浊之源也。昔天下之网尝密矣，然奸伪萌起，其极也，上下相遁，至于不振。当是之时，吏治若救火扬沸，非武健严酷，恶能胜其任而愉快乎？言道德者，溺其职矣。故曰："听讼，吾犹人也，必也使无讼乎。"下士闻道大笑之。"非虚言也。汉兴，破觚而为圜，斫雕而为朴，网漏于吞舟之鱼，而吏治烝烝，不至于奸，黎民艾安。由是观之，在彼不在此。

标榜自己有德，因此才真正具有道德；道德低下的人标榜自己没有离失道德，所以他并不真正具有道德。"法令愈加严酷，盗贼就愈多。"太史公说：这些说得都对！法律是治理国家的工具，但不是使治理变浊为清的根本。从前在秦朝时国家的法网很严密，但是奸诈欺伪的事经常发生，最为严重的时候，上下互相推诿责任，以致国家无法振兴。在当时，官吏用法治，就好像抱薪救火、扬汤止沸一样无济于事；倘不采取强硬严酷的手段，如何能胜任其职而心情愉快呢？在此种情况下，一味讲道德的人便要失职了。所以孔子说："审理案件我和别人一样，所不同的是一定要使诉讼案件不再发生！"老子说："下等人才听人讲起道德就大笑。"这不是假话。汉朝初年，修改严厉的刑法，改为宽松的刑法，废除法律繁杂之文，改为简约朴实的条文，法网宽得能漏掉吞舟的大鱼，而官吏的政绩却很显著，使得人们不再有奸邪的行为，百姓平安无事。由此看来，治理国家的关键在于道德，而不是严酷的刑法。

文化常识第 083 讲

老氏 本文中所说的老氏，指的是老子，引用的文字出自《道德经》。老子是中国古代思想家、哲学家、文学家和史学家，道家学派创始人，和庄子并称"老庄"。老子在周朝做过管理藏书的官，以学问渊博而闻名，孔子曾经特意到周王室向他问礼。后来，天下大乱，老子就想弃官归隐，走到函谷关的时候，关令尹喜请求他写下了《道德经》，也叫《老子》。

常用字第083讲 —— 贼

❶ <动>伤害。《论语·先进》："贼夫人之子。"
❷ <动>杀害。《左传·宣公二年》："宣子骤谏，公患之，使鉏麑贼之。"
❸ <名>刺客。《史记·秦始皇本纪》："燕王昏乱，其太子丹乃阴令荆轲为贼。"
❹ <名>祸患。《论积贮疏》："淫侈之俗日日以长，是天下之大贼也。"
❺ <名>强盗。《童区寄传》："贼二人得我，我幸皆杀之矣。"
❻ <名>违法乱纪、犯上作乱的人。《赤壁之战》："操虽托名汉相，其实汉贼也。"
❼ <名>偷东西的人。《狱中杂记》："又可怪者，大盗积贼，杀人重囚，气杰旺，染此者十不一二。"
❽ <形>凶残。《书博鸡者事》："臧使者枉用三尺，以仇一言之憾，固贼戾之士哉！"

语法常识第083讲

词类活用：形容词的使动用法【齐】"道之以政，齐之以刑，民免而无耻"一句中"齐"字本义为"整齐"，是形容词，在这里是使动用法，意为"使之齐"，"使他们整齐"，可以理解为"约束他们"。翻译为：用政令来引导百姓，用刑法来整治百姓，百姓虽能免于犯罪，但无羞耻之心。

游侠列传序

——致敬一诺千金的义士

《古文观止》有故事

司马迁在写作《史记》时，还关注到了一个特殊群体：游侠。游侠就是一些重义气、为朋友排忧解难不惜生命、好勇斗狠的人。司马迁为他们立传，就是想警醒世人客观看待他们。

他写到了郭解这个人。

郭解是个明白事理的人。有一次，他的外甥在一次酒宴上，强行给人灌酒。对方实在不能喝，被逼无奈杀了他的外甥。郭解的姐姐逼着弟弟为儿子报仇。郭解了解情况后，认为是外甥不对，放走了这个人。

郭解很看重承诺。为别人办事尽心尽力，不管办成办不成，都尽量使各方面满意。人们因此都很敬重他。

公元前127年，朝廷下令把各地的豪强富户迁往茂陵（今陕西咸阳附近），郭解也在其中。大将军卫青为他说情："郭解挺穷的，不算什么大户人家。"汉武帝有自己的判断："一个普通老百姓，竟然能让你这位大将军为他说情，可见他家不穷！"

郭解离开的时候，人们都来为他送行。他一共收了一千多万钱，可见人缘真不错。

把郭解放进迁徙名单的，是当地人杨季主家那个在县城当小吏的儿子。郭解的侄子一气之下，杀了这个小吏。后来，杨季主也被杀了。杨家人告状，告状的人也被杀了。

汉武帝忍无可忍，下令捉拿郭解。郭解东躲西藏，官府追查了好长时间，才把他捉住。一位官员到郭解家乡调查情况，有位读书人陪着他闲聊，说了郭解几句坏话，没几天就被郭解的门客杀害了。

官府要郭解交出凶手，郭解也不知道凶手是谁，官府也查不出来。御史大夫公孙弘说："郭解就是一个平头老百姓，因为一点点小事就有人替他杀人，而他自己竟然不知道，这个罪过比他自己杀人还严重呢。这是犯了大逆不道的罪呀。"汉武帝采纳了他的意见，诛杀了郭解的家族。

人性复杂，如何去恶扬善，值得每个人深思！

逐字逐句学古文

原文	译文
韩子曰："儒以文乱法，而侠以武犯禁。"二者皆讥，而学士多	韩非子说："儒者利用文献来扰乱国家的法度，而游侠使用暴力来违犯国家的禁令。"这两种人都曾受到讥评，然

称于世云。至如以术取宰相、卿、大夫，辅翼其世主，功名俱著于春秋，固无可言者。及若季次、原宪，闾巷人也，读书怀独行君子之德，义不苟合当世，当世亦笑之。故季次、原宪，终身空室蓬户，褐衣疏食不厌。死而已四百余年，而弟子志之不倦。今游侠，其行虽不轨于正义，然其言必信，其行必果，已诺必诚，不爱其躯，赴士之厄困，既已存亡死生矣，而不矜其能，羞伐其德，盖亦有足多者焉。

且缓急，人之所时有也。太史公曰：昔者虞舜窘于井廪，伊尹负于鼎俎，傅说匿于傅险，吕尚困于棘津，夷吾桎梏，百里饭牛，仲尼畏匡，菜色陈、蔡。此皆学士所谓有道仁人也，犹然遭此菑，况以中材而涉乱世之末流乎？其

而儒者还是多受到世人的称道。至于那些用权术取得宰相、卿、大夫等高官的人，辅佐当世的君主，其功名都记载在史书上了，本来就不必多说什么。至于像季次、原宪二人，均为民间百姓，他们一心读书，具有独善其身、不随波逐流的君子节操，坚持正义，不与世俗苟合，而当时的人们也讥笑他们。所以季次、原宪终生都住在家徒四壁的蓬室之中，就连布衣粗食也得不到满足。他们逝世已有四百余年了，但他们的弟子却依然不断地纪念他们。现在的游侠，他们的行为虽然不合乎当时的国家法令，但他们说话一定守信用，办事求结果，答应人家的事一定兑现，不吝惜自己的生命，去解救别人的危难。做到了使危难的人获生，施暴的人丧命，却从来不夸耀自己的本领，以称道自己对他人的恩德为耻，他们也有值得称颂的地方。

况且危难的困境是人们经常会遇到的。太史公说：从前虞舜曾被困于井底和粮仓，伊尹曾背着鼎锅和砧板当过厨师，傅说也曾隐没在傅险筑墙，吕尚也曾受困于棘津，夷吾曾经戴上脚镣手铐做囚徒，百里奚曾经喂过牛，孔子曾在匡地受惊吓，并遭到陈、蔡两国发兵围困而饿得面带菜色。这些人均为儒者所说的有道德的仁人，还遭到如此的灾难，何况那些仅有中等才能而处在乱世末期的人呢？他们所遭受的灾祸又如何

遇害何可胜道哉!

鄙人有言曰:"何知仁义,已飨其利者为有德。"故伯夷丑周,饿死首阳山,而文、武不以其故贬王;跖、蹻暴戾,其徒诵义无穷。由此观之,"窃钩者诛,窃国者侯;侯之门,仁义存",非虚言也。

今拘学或抱咫尺之义,久孤于世,岂若卑论侪俗,与世浮沉而取荣名哉!而布衣之徒,设取予然诺,千里诵义,为死不顾世,此亦有所长,非苟而已也。故士穷窘而得委命,此岂非人之所谓贤豪间者邪?诚使乡曲之侠,予季次、原宪比权量力,效功于当世,不同日而论矣。要以功见言信,侠客之义又曷可少哉!

古布衣之侠,靡得而闻已。近世延陵、孟尝、春申、平原、信陵之徒,皆因王者亲属,借于有

能说得完呢!

乡下的人有这样的话:"谁知道什么仁义不仁义,凡是给我好处的人,便是有道德的人。"因此,伯夷认为侍奉周朝是可耻的,终于饿死在首阳山,但周文王、周武王的声誉,并没有因此而降低;盗跖、庄蹻残暴无忌,他们的党徒却没完没了地称颂他们的义气。由此看来,庄子所说的"偷衣钩的人要杀头,窃国的人却做了王侯;王侯的门庭之内,总有仁义存在",一点不假。

如今拘泥于教条的那些学者,死抱着那一点点仁义,长久地被世俗所孤立,还不如降低论调,接近世俗,与世俗共浮沉去猎取功名呢!那些平民出身的游侠,很重视获取和给予的原则,并且恪守诺言,义气传颂千里,为义而死,不顾世人的议论。这正是他们的长处,不是随随便便就可以做到的。所以有些士人,到了穷困窘迫时,就把自己的命运委托给游侠,这些游侠难道不是人们所说的贤人、豪杰、特殊人物吗?如果把乡间的游侠与季次、原宪等比较地位、衡量能力,看他们对当时社会的贡献,那是不能相提并论的。总之,从办事到见功效,说话守信用来看,游侠的义气又怎么能少得了呢!

古代民间的游侠,已经不得而知了。近代的延陵季子、孟尝君、春申君、平原君、信陵君等人,都因为是国

土卿相之富厚，招天下贤者，显名诸侯，不可谓不贤者矣。比如顺风而呼，声非加疾，其势激也。至如闾巷之侠，修行砥名，声施于天下，莫不称贤，是为难耳！然儒、墨皆排摈不载。自秦以前，匹夫之侠，湮灭不见，余甚恨之。以余所闻，汉兴，有朱家、田仲、王公、剧孟、郭解之徒，虽时扞当世之文罔，然其私义，廉洁退让，有足称者。名不虚立，士不虚附。至如朋党宗强比周，设财役贫，豪暴侵凌孤弱，恣欲自快，游侠亦丑之。余悲世俗不察其意，而猥以朱家、郭解等令与豪暴之徒同类而共笑之也。

君的亲属，凭借着卿相的地位以及封地的丰厚财产，招揽天下贤能之士，在诸侯中名声显赫，这不能说不是贤能的人。这就如同顺风呼喊，声音本身并没有加快，是风势激荡罢了。至于像乡里的游侠，修养品德，砥砺名节，扬名天下，人们无不称赞他们的贤能，这才是很难的啊！然而，儒家、墨家都排斥游侠，不记载他们的事迹。秦朝以前，民间的游侠，均被埋没而不见于史籍，我非常遗憾。据我所知，汉朝建国以来有朱家、田仲、王公、剧孟、郭解等人，尽管时常触犯当时的法网，然而他们个人的品德廉洁谦让，有值得称赞的地方。他们的名不是虚传，士人也不是凭空依附他们。至于那些结党营私的人和豪强互相狼狈为奸，依仗钱财，奴役穷人，依仗势力侵害欺凌那些势孤力弱的人，纵情取乐，游侠们也是颇为憎恨他们的。我感到痛心的是世俗不了解游侠的心意，却随便将朱家、郭解等人与那些豪强横暴之徒混为一谈，并加以讥笑。

文化常识第084讲

仲尼厄于陈蔡 孔子周游列国的时候，楚昭王派人请孔子到楚国去。陈、蔡二国的大夫们担心：如果孔子得到楚王的重用，肯定对自己不利。于是，他们商量好了一起发兵,把孔子师徒一行人围困在旷野里。一连七天,粮食吃光了,他们饿得都站不起来了。孔子仍然弹琴唱歌,讲读诗书,后来派子贡到楚国去请来救兵,才解了围。

常用字第084讲 —— 书

❶ <动>写。《陈涉世家》:"乃丹书帛曰'陈胜王'。"
❷ <动>记录。《狱中杂记》:"余感焉,以杜君言泛讯之,众言同,于是乎书。"
❸ <名>文字。《陈涉世家》:"卒买鱼烹食,得鱼腹中书。"
❹ <名>书法。《墨池记》:"羲之尝慕张芝临池学书,池水尽黑。"
❺ <名>信。《春望》:"烽火连三月,家书抵万金。"
❻ <名>文书;公文。《木兰诗》:"军书十二卷,卷卷有爷名。"
❼ <名>书籍。《熟读精思》:"大抵观书先须熟读。"
❽ <名>指《尚书》。
❾ <名>曲艺的一类。《柳敬亭传》:"之盱眙市中,为人说书。"

语法常识第084讲

词类活用:名词作动词【桎梏】"夷吾桎梏,百里饭牛"一句中"桎梏"本义为"脚镣手铐",是名词,在这里活用作动词,意为"戴上脚镣手铐",意思是做囚徒。翻译为:夷吾曾经戴上脚镣手铐做囚徒,百里奚曾经喂过牛。

滑稽(gǔ)列传

《史记》

——心怀天下的小人物

《古文观止》有故事

司马迁还为滑稽人物淳于髡(kūn)、优孟、优旃(zhān)做了一篇传,记述他们的事迹。他们机智聪敏,能言多辩,善于打比方讲道理,委婉地劝谏君主。

淳于髡是齐国人,他在大名鼎鼎的稷下学宫做先生。优孟是楚国人,优旃是秦朝人,他们两位都是艺人。

优孟生活在楚庄王时期。楚庄王最喜欢的马死了,很难过。他下令要按大夫的葬礼规格好好安葬自己的爱马。这事儿太荒唐了!大臣们谁也劝不住,束手无策。

优孟来了，放声大哭，倒把楚庄王吓到了，问他哭什么。优孟哭着说："大王爱马去世，应该用君主的规格来安葬。用美玉做棺材，贵重木材做装饰，再派几千名士兵挖掘坟墓，然后让各国使臣来陪祭。还要给它建座祠堂，准备猪、牛、羊各一千头，用最高等级的太牢礼祭祀……这样，大王看重马、轻贱百姓的名声就传扬出去了！"

楚庄王刚开始还听得挺高兴，听着听着脑门开始冒冷汗："天哪！我竟然错得离谱！那现在该怎么办？"优孟继续幽默道："请让我用对待六畜的方式来埋葬它吧。用土灶给它做外椁，用铜锅做它的棺材，用姜和枣来调味，再加点木兰，用几捆稻草做祭品，熊熊火光做衣服，把它埋葬在人们的肠胃里，怎么样？"

楚庄王点点头，让人把死马抬到厨房去，做成了肉汤，进了人们的肚子。

优孟很聪明，他顺着楚庄王的意思，夸大其词，让楚王自己意识到荒唐，这样的劝谏才有效果。

优旃劝阻秦二世用漆装饰城墙时，也是先顺水推舟，说把城墙涂得漂漂亮亮的，敌人进攻时就爬不上来了。不过话锋一转，说难办的是要找一所用来阴干的大房子。秦二世听出了他的弦外之音，打消了这个想法。

优孟和优旃虽然是小人物，但是能用自己的机智，劝谏君主，为国为民做些有益的事儿。他们的品德值得传扬！

逐字逐句学古文

原文	译文
孔子曰："六艺于治一也。《礼》以节人，《乐》以发和，《书》以导事，《诗》以达意，《易》以神化，《春秋》	孔子说："六艺对于治国的作用是一致的。《礼》用来节制人们的行为，《乐》用来启发和谐的感情，《书》用来叙述史事，《诗》用来表达情思，

以义。"太史公曰:天道恢恢,岂不大哉!谈言微中,亦可以解纷。

淳于髡者,齐之赘婿也。长不满七尺,滑稽多辩,数使诸侯,未尝屈辱。齐威王之时喜隐,好为淫乐长夜之饮,沉湎不治,委政卿大夫。百官荒乱,诸侯并侵,国且危亡,在于旦暮,左右莫敢谏。淳于髡说之以隐曰:"国中有大鸟,止王之庭,三年不蜚又不鸣,王知此鸟何也?"王曰:"此鸟不飞则已,一飞冲天;不鸣则已,一鸣惊人。"于是乃朝诸县令长七十二人,赏一人,诛一人,奋兵而出。诸侯振惊,皆还齐侵地。威行三十六年。语在《田完世家》中。

威王八年,楚大发兵加齐。齐王使淳于髡之赵请救兵,赍金百斤,车马十驷。淳于髡仰天大笑,冠缨索绝。王曰:"先生少之乎?"髡

《易》用来演绎神妙的变化,《春秋》用来阐发微言大义。"太史公说:天道是那样广阔,难道还不大吗?说话隐约委婉而切中事理,也可以解除纷扰。

淳于髡是齐国的上门女婿。个子不到七尺,辞令机智善辩,几次出使诸侯国,从没有受过屈辱。齐威王在位时喜欢隐语,爱恣意作乐整夜唱酒,陷在里面不理朝政,把国事托付给卿大夫。官吏们怠工腐化,诸侯国一起来犯,齐国即将危亡,就在朝夕之间了,左右没有一个敢谏诤的。淳于髡用隐语对齐威王说:"国内有一只大鸟,栖息在大王的宫廷里,三年不飞也不鸣叫,大王可知道这鸟是为什么?"威王说:"这鸟不飞则罢,一飞就直冲云天;不鸣叫则罢,一鸣叫就震惊世人。"于是上朝召集各县的长官七十二人,奖励了一个,诛杀了一个,重振军威出战。诸侯国一时震惊,都归还了侵占齐国的土地。从此声威盛行三十六年。这事记在《田敬仲完世家》中。

齐威王八年,楚国对齐国大举进攻。齐王派淳于髡到赵国去请救兵,带上赠送的礼品黄金百斤、车马十套,淳于髡仰天大笑,笑得系在冠上的带子全都断了。齐王说:"先生是觉得东西太少吗?"淳于髡说:"怎

曰:"何敢!"王曰:"笑岂有说乎?"髡曰:"今者臣从东方来,见道旁有禳田者,操一豚蹄,酒一盂,祝曰:'瓯窭满篝,污邪满车,五谷蕃熟,穰穰满家。'臣见其所持者狭而所欲者奢,故笑之。"于是齐威王乃益赍黄金千溢,白璧十双,车马百驷。髡辞而行,至赵。赵王与之精兵十万,革车千乘。楚闻之,夜引兵而去。

威王大说,置酒后宫,召髡赐之酒。问曰:"先生能饮几何而醉?"对曰:"臣饮一斗亦醉,一石亦醉。"威王曰:"先生饮一斗而醉,恶能饮一石哉!其说可得闻乎?"髡曰:"赐酒大王之前,执法在傍,御史在后,髡恐惧俯伏而饮,不过一斗径醉矣。若亲有严客,髡帣韝鞠䠆,侍酒于前,时赐余沥,奉觞上寿,数起,饮不过二斗径醉矣。若朋友

么敢呢?"齐王说:"那你的笑难道有什么可说的吗?"淳于髡说:"刚才臣子从东方来,看见大路旁有祭祈农事消灾的,拿着一只猪蹄,一盂酒,祷告说:'易旱的高地粮食装满笼,易涝的低洼田粮食装满车,五谷茂盛丰收,多得装满了家。'臣子见他所拿的祭品少而想要得到的多,所以在笑他呢。"于是齐威王就增加赠礼黄金千镒,白璧十双,车马一百套。淳于髡辞别动身,到了赵国。赵王给他精兵十万,战车一千乘。楚国听到消息,连夜撤兵离去。

齐威王大为高兴,在后宫办了酒席,召见淳于髡赏他喝酒。问道:"先生能喝多少才醉?"回答说:"臣子喝一斗也醉,喝一石也醉。"威王说:"先生喝一斗就醉了,怎么能喝一石呢?其中奥妙能说来听听吗?"淳于髡说:"在大王面前喝大王赏赐的酒,执法官在旁边,御史在后边,髡恐惧地伏地喝酒,不过一斗已经醉了。如果家父来了严肃的客人,髡用袖套束住长袖,弯腰跪着,在前边侍候他们喝酒,不时赏我点多余的清酒,我举起酒杯祝他们长寿,起身几次,喝不到二斗也就醉了。如果朋友故交,好久没见面了,突然相见,欢欢喜喜说起往事,互诉衷情,喝到大概五六斗就醉了。如果是乡里间的节

交游，久不相见，卒然相睹，欢然道故，私情相语，饮可五六斗径醉矣。若乃州闾之会，男女杂坐，行酒稽留，六博投壶，相引为曹，握手无罚，目眙不禁，前有堕珥，后有遗簪，髡窃乐此，饮可八斗而醉二参。日暮酒阑，合尊促坐，男女同席，履舄交错，杯盘狼藉，堂上烛灭，主人留髡而送客。罗襦襟解，微闻芗泽，当此之时，髡心最欢，能饮一石。故曰酒极则乱，乐极则悲，万事尽然。"言不可极，极之而衰，以讽谏焉。齐王曰："善。"乃罢长夜之饮，以髡为诸侯主客。宗室置酒，髡尝在侧。

日盛会，男女坐在一起，酒喝到一半停下来，玩起六博、投壶，自相招引组合，握了异性的手不受责罚，盯着人家看也不受禁止，前有姑娘掉下的耳饰，后有妇女丢失的发簪，髡私心喜欢这种场面，喝到大概八斗才有两三分醉意。天色已晚，酒席将散，酒杯碰在一起，人儿靠在一起，男女同席，鞋儿相叠，杯盘散乱，厅堂上的烛光熄灭了，主人留住髡而送走其他客人。女子的薄罗衫儿解开了，微微地闻到一阵香气，当这个时刻，髡心里最欢快，能喝到一石。所以说酒喝到顶就要做出乱七八糟的事，乐到了顶就要生悲，世上所有的事都是这样。"说的是不能到顶，到顶就要走下坡路的道理，用来讽谏的。齐威王说："说得好！"就停止了通宵达旦的喝酒，用淳于髡担任诸侯主客的职务。王室宗族举办酒宴，淳于髡常在一旁陪饮。

文化常识第085讲

投壶 古代士大夫宴饮时候的一种投掷游戏，也是一种礼仪，是从射箭演变而来的。春秋战国时期，诸侯宴请宾客时，有一种礼仪就是请客人射箭，客人是不能推辞的。后来，有的客人确实不会射箭，就用箭投酒壶代替，投中多的获胜。久而久之，投壶就代替了射箭，成为宴饮时的一种游戏。

常用字第085讲

❶ <形>通畅。《送东阳马生序》："撰长书以为贽，辞甚畅达。"
❷ <动>到；到达。《愚公移山》："指通豫南，达于汉阴。"
❸ <动>传达；送到。《柳毅传》："时有宦人密侍君者，君以书授之，命达宫中。"
❹ <动>通晓；明白。韩愈《张中丞传后叙》："其亦不达于理矣。"
❺ <形>豁达；心怀宽阔。《汉书·高帝纪》："高祖不修文学，而性明达。"
❻ <形>显达；显贵。《出师表》："苟全性命于乱世，不求闻达于诸侯。"
❼ <名>有道德、学问的人。《送东阳马生序》："尝趋百里外从乡之先达执经叩问。"

语法常识第085讲

词类活用：形容词的意动用法【少】 "王曰：'先生少之乎？'"一句中"少"本义为"少"，与"多"相对，是形容词，这里用作意动用法，意为"以之为少"。翻译为：齐威王说："先生是觉得东西太少吗？"

货殖列传序
——论经商致富的必要性

《史记》

《古文观止》有故事

范蠡是春秋时期越国的大夫。他不仅是政治家、军事家，还是经济学家。吴越争霸中，越国失败，范蠡陪同越王勾践到吴国为奴三年。回国后，他辅佐勾践励精图治、发展经济。越国便富强起来，灭掉了吴国。

勾践称霸诸侯，任命范蠡为上将军。范蠡很了解勾践这个人，可以一起患难，却很难共富贵。他向勾践告辞："现在咱们已经报仇雪耻，我该走啦！"勾践不答应："我正要奖赏你，和你平分国土呢！你不能走，否则，我就杀了你！"

范蠡才不听他那一套呢，他要按自己的心意做事。他收拾家财，和自己的家人、随从一起坐船离开了越国，再也没有回来。

　　他走了之后，还牵挂着留在越国的老朋友文种。他写信劝文种离开，文种犹犹豫豫没走。有人向勾践进谗言说文种要叛乱，越王就逼他自杀了。

　　范蠡漂洋过海到了齐国，改叫鸱夷子皮。他在海边买了一些土地，亲自下地耕种。一家人辛辛苦苦经营，时间不长，就挣下了家财数十万。他做生意讲究诚信，而且乐善好施，周围的百姓都受过他的恩惠。

　　齐王听说了他的大名，要请他出山做齐国的相国。范蠡叹息道："做生意挣大钱，做官做相国，这是一个老百姓能达到的顶峰呀！物极必反，不是吉祥的兆头。"于是，他把几十万家财全部分散给朋友和邻里乡亲，带着家人飘然远去。

　　范蠡再次变得一穷二白。他来到陶（今山东省菏泽市定陶区），发现这里交通便利，四通八达，是个致富的好地方，就留了下来。他自称陶朱公，与家人再次白手起家，通过贱买贵卖获取利润，时间不长，又挣下很多钱。

　　司马迁在《货殖列传》中写到了范蠡、子贡、白圭等商人的事迹，其中流露出的经济思想，和对商人求利行为的客观评价，都对后世产生了深远的影响。

逐字逐句学古文

原文

lǎo zǐ yuē　　zhì zhì zhī jí　　lín guó xiāng
老子曰："至治之极，邻国相
wàng　jī gǒu zhī shēng xiāng wén　　mín gè gān qí
望，鸡狗之声相闻，民各甘其
shí měi qí fú　ān qí sú　lè qí yè　zhì
食，美其服，安其俗，乐其业，至
lǎo sǐ bù xiāng wǎng lái　　bì yòng cǐ wéi wù
老死不相往来。"必用此为务，

译文

　　老子说："古代太平之世达到极盛时期的时候，虽然邻国的百姓彼此望得见，鸡犬之声彼此听得见，但人们各自以为自家的食物最香甜，衣裳最漂亮，习俗最安适，职业最快乐。以至于老死也不相往来。"要是谁以此为目标，而在近挽近世涂民耳目，则几无行矣。

太史公曰：夫神农以前，吾不知已。至若《诗》《书》所述虞、夏以来，耳目欲极声色之好，口欲穷刍豢之味，身安逸乐而心夸矜势能之荣。使俗之渐民久矣，虽户说以眇论，终不能化。故善者因之，其次利道之，其次教诲之，其次整齐之，最下者与之争。

夫山西饶材、竹、榖、纑、旄、玉石，山东多鱼、盐、漆、丝、声色，江南出楠、梓、姜、桂、金、锡、连、丹沙、犀、瑇瑁、珠玑、齿、革，龙门、碣石北多马、牛、羊、旃、裘、筋、角；铜、铁则千里往往山出棋置。此其大较也。皆中国人民所喜好，谣俗被服饮食奉生送死之具也。故待农而食之，虞而出之，工而成

代去涂饰堵塞老百姓的耳目，使他们再回复到往古的时代，那就几乎是行不通的了。

太史公说：神农以前的事，我已无从考知了。至于《诗经》《尚书》所记载的虞、夏以来的情况，还是可以考知的：人们的耳朵、眼睛要努力享受声、色之乐，嘴里要吃尽各种美味。身体安于舒适快乐，而心里又羡慕夸耀有权势、有才干的光荣。这种风气浸染民心已经很久了。即使用高妙的理论挨家挨户去劝导，到底也不能使他们改变。所以，对于人民最好的做法是顺其自然，其次是因势利导，再其次是进行教育，再其次是制定规章，限制他们的发展。而最坏的做法是与民争利。

太行山以西出产大量的木材、竹子、楮树、野麻、旄牛尾、玉石；太行山以东盛产鱼、盐、漆、丝，又有歌舞和女色；江南出产楠树、梓树、生姜、桂皮、金、锡、铅矿石、朱砂、犀角、玳瑁、珠玑、象牙、皮革；龙门、碣石以北盛产马、牛、羊、毡、裘、筋、角；至于铜、铁则分布在千里的疆土上，各处的山都出产，真是星罗棋布。这是大概的情形。所有这些都是中原地区人民喜爱的必需品，通常用来做穿着、吃喝、养生送死的东西。所以说大家都靠农民的耕种才有吃的，靠虞人才能把山泽中的资源开发出来，靠工人做成各种器具，靠商人贸易

之，商而通之。此宁有政教发征期会哉？人各任其能，竭其力，以得所欲。故物贱之征贵，贵之征贱，各劝其业，乐其事，若水之趋下，日夜无休时，不召而自来，不求而民出之。岂非道之所符，而自然之验邪？

《周书》曰："农不出则乏其食，工不出则乏其事，商不出则三宝绝，虞不出则财匮少。"财匮少而山泽不辟矣。此四者，民所衣食之原也。原大则饶，原小则鲜。上则富国，下则富家。贫富之道，莫之夺予，而巧者有余，拙者不足。故太公望封于营丘，地潟卤，人民寡，于是太公劝其女功，极技巧，通鱼盐，则人物归之，繦至而辐凑。故齐冠带衣履天下，海岱之间敛袂而往朝焉。其后齐中衰，管子修之，设

使货物流通。这难道是有政治教令征发和约束他们吗？人们各按其能力干自己的工作，尽自己的力量，来满足自己的欲望。因此，物价贱了就到贵的地方去买东西，物价贵了就到贱的地方去买东西。这就刺激各行各业的人努力从事自己的职业，以自己的工作为乐趣，就如同水往低处流一样，昼夜不停，用不着召唤，人们自己就来了；东西用不着寻求，人们自己会生产。这难道不就证明了农、虞、工、商的工作是符合自然规律的吗？

《周书》上说："农民不生产，粮食就缺乏；工人不生产，器物就缺乏；商人不转运，粮食、器物、财货就断绝；虞人不生产，财货就缺乏。"财货缺乏，山泽中的资源就不能开发了。农、工、商、虞这四种人的生产，是人民赖以穿衣吃饭的来源。来源大就富足，来源小就贫困。来源大了，对上可以使国家富强，对下可以使家庭富裕，贫富全靠自己。贫困或富有，没有人可以改变，但是机敏的人总是感到有余，愚笨的人总是感到不足。姜太公封在营丘，那里的土地都是盐碱地，劳力很少。于是姜太公就鼓励妇女纺线织布，尽力施展她们的技巧，并且使本地的鱼盐流通到外地。四方的人们纷纷投奔齐国，像串到绳子上的钱一样络绎不绝地赶来，像车辐凑集于车毂似的聚集到齐国来。因而齐国产的冠

轻重九府，则桓公以霸，九合诸侯，一匡天下；而管氏亦有三归，位在陪臣，富于列国之君。是以齐富强至于威、宣也。

故曰："仓廪实而知礼节，衣食足而知荣辱。"礼生于有而废于无。故君子富，好行其德；小人富，以适其力。渊深而鱼生之，山深而兽往之，人富而仁义附焉。富者得势益彰，失势则客无所之，以而不乐。夷狄益甚。谚曰："千金之子，不死于市。"此非空言也。故曰："天下熙熙，皆为利来；天下攘攘，皆为利往。"夫千乘之王，万家之侯，百室之君，尚犹患贫，而况匹夫编户之民乎！

带衣履，行销天下；东海和泰山之间的各小国的国君，都拱手敛袖恭恭敬敬地来齐国朝见。后来，齐国中途衰弱，管仲又修订了太公的政策，设立了调节物价、出纳货币的九府。齐桓公就借此称霸，多次会合诸侯，使天下的一切都得到匡正，因而管仲自己也修筑了三归台。他虽处陪臣之位，却比列国的君主还要富。因此，齐国的富强一直延续到齐威王、齐宣王时代。

所以，管仲说："仓库储备充实，老百姓才能懂得礼节；衣食丰足，老百姓才能分辨荣辱。"礼仪是在富有的时候产生的，到贫困的时候就废弃了。因此，君子富了，才肯施恩德；平民富了，才能把精力用到适当的地方。水深，鱼自然会聚集；山深，兽自然会奔去；人富了，仁义自然归附。富人得了势，声名就更显著；一旦失势，就会如同客居的人一样没有归宿，因而不快活。在夷狄外族，这种情况则更厉害。俗话说："家有千金的人，不会死在市上。"这不是空话啊。所以说："天下的人乐融融，都是为财利而来；天下的人闹嚷嚷，都是为着财利而往。"兵车千辆的国君，食邑万户的诸侯，食禄百户的大夫，尚且还都怕穷，更何况普通的平民百姓呢！

文化常识第086讲

海岱 本文中提到的"海岱之间",指的是渤海和泰山之间。"海"指的是渤海,"岱"指的是泰山。泰山也被称为岱宗、岱岳,位于山东省中部,主峰玉皇顶海拔约为1532.7米。泰山是"五岳之首",不仅自然风光优美,还承载了丰富的地理历史文化内涵。古代有多位帝王曾经到泰山封禅,祭祀上天,彰显自己显赫的功业。

常用字第086讲 —— 通

❶ <动>通达;通过;通行。《愚公移山》:"吾与汝毕力平险,指通豫南,达于汉阴。"

❷ <动>贯通;沟通。《谭嗣同》:"然后皇上与康先生之意始能少通,锐意欲行大改革矣。"

❸ <形>畅通;没有阻隔。《论积贮疏》:"政治未必通也,远方之能疑者,并举而争起矣。"

❹ <动>通报;转达。《孔雀东南飞》:"遣丞为媒人,主簿通语言。"

❺ <动>交往;来往;结交。《汉书·季布传》:"吾闻曹丘生非长者,勿与通。"

❻ <动>流通;交换。韩愈《原道》:"为之贾以通其有无。"

❼ <动>交流;交谈。《君子国》:"唐敖见言语可通,因向一位老翁问其何以好让不争之故。"

❽ <动>通晓;精通。《张衡传》:"遂通五经,贯六艺。"

❾ <副>全部;普遍。《师说》:"六艺经传皆通习之。"

❿ <量>遍。《孔雀东南飞》:"著我绣夹裙,事事四五通。"

语法常识第086讲

词类活用:名词作状语【缀、辐】 "则人物归之,缀至而辐凑"一句中"缀"和"辐"本义为"串钱的绳子""车轮中的辐条",都是名词,在这里活用作状语,意为"像串到绳子上的钱一样",修饰"至";"像车轮中的辐条一样聚集",修饰"凑"(通"辏")。翻译为:四方的人们纷纷投奔齐国,像串到绳子上的钱一样络绎不绝地赶来,像车辐凑集于车毂似的聚集到齐国来。

太史公自序
——向《春秋》致敬

《古文观止》有故事

司马迁是西汉时期伟大的史学家、文学家、思想家。他从小跟随父亲司马谈读书，曾跟当时的大儒董仲舒学习《春秋》，也向孔子的后人孔安国请教过《尚书》。成年后，他离家外出游历，沿途考察名胜古迹，访问历史遗事，调查社会风俗，掌握了很多有用的一手资料。

他的父亲司马谈做过太史令，掌管国家图书典籍、天文历算，并兼管文书和记载大事。司马谈早年就立志要撰(zhuàn)写一部通史，所以在做太史令期间，

就开始研究《国语》《战国策》《楚汉春秋》等书，为写《史记》积累了大量的资料，并且针对一些事件列出了自己的观点。

公元前110年，司马谈跟随汉武帝到泰山封禅，半路上得了重病，留在洛阳走不了了。司马迁得到消息急忙赶去探望父亲，司马谈拉着儿子的手嘱咐他："我有一个心愿，就是写好一部史书，你一定要替我完成呀。"就这样，司马迁从父亲手里接过接力棒，继承他的遗志，开始写作《史记》。

在《太史公自序》中，司马迁记录了他和壶遂的一段对话。壶遂是一位天文学家，和司马迁一起修订过历法。从他们两人的对话中可以看出，司马迁对《春秋》非常推崇。《春秋》是孔子根据鲁史修订的一部史书。孔子生在乱世，没有贤明的君主来任用他。他修订《春秋》，应该是想留下一些文字来传播自己的思想。孔子说过："我想把我的思想用文字记载下来，不如通过具体的历史事件来表现更加深刻、明显。"

孔子修订《春秋》写到鲁哀公捕获麒麟这件事就停笔了，《史记》也写到汉武帝捕获麒麟就结束了。想来，司马迁是在以此表达对孔子的敬意吧！

逐字逐句学古文

原文	译文
太史公曰："先人有言：'自周公卒五百岁而有孔子。孔子卒后至于今五百岁，有能绍明世、正《易传》，继《春秋》，本《诗》《书》《礼》《乐》之际。'意在斯乎！意在斯乎！小子何敢让焉！"	太史公说："我的父亲生前曾经说过：'自周公死后，经过五百年才有了孔子。孔子去世，到今天也有五百年了，到了继承清明盛世，修正《易传》，续写《春秋》，探求《诗经》《尚书》《礼记》《乐经》之间的本原的时候了。'他老人家的意思是把希望寄托在我的身上呀！寄托在我的身上呀！小子怎么敢推

上大夫壶遂曰："昔孔子何为而作《春秋》哉？"太史公曰："余闻董生曰：'周道衰废，孔子为鲁司寇，诸侯害之，大夫壅之。孔子知言之不用，道之不行也，是非二百四十二年之中，以为天下仪表，贬天子，退诸侯，讨大夫，以达王事而已矣。'子曰：'我欲载之空言，不如见之于行事之深切著明也。'夫《春秋》，上明三王之道，下辨人事之纪，别嫌疑，明是非，定犹豫，善善恶恶，贤贤贱不肖，存亡国，继绝世，补敝起废，王道之大者也。《易》，著天地、阴阳、四时、五行，故长于变；《礼》，经纪人伦，故长于行；《书》，记先王之事，故长于政；《诗》，记山川、溪谷、禽兽、草木、牝牡、雌雄，故长于风；《乐》，乐所以立，故长于和；《春秋》辨呢！"

上大夫壶遂问："从前，孔子为什么要写《春秋》呢？"太史公说："我曾听董生说过：'周朝的政治衰落破败之时，孔子出任鲁国的司寇，诸侯害他，大夫们排挤他。孔子知道他的建议不会被接受了，他的政治主张再也行不通了，于是评判二百四十二年历史中的是是非非，以此作为天下人行动的准则，贬抑天子，斥责诸侯，声讨大夫，以阐明王道。'孔子说：'我想把我的思想用文字记载下来，但不如通过具体的历史事件来表现更加深刻、明显。'《春秋》，从上而言，阐明了夏禹、商汤、周文王的政治原则；从下而言，辨明了为人处世的纲纪，分清了疑惑难明的事物，判明了是非的界限，使犹豫不决的人拿定了主意，褒善贬恶，崇敬贤能，排抑不肖，保存已经灭亡的国家的历史，延续已经断绝了的世系，补救政治上的弊端，兴起已经荒废的事业，这些都是王道的重要内容。《易经》，显示了天地、阴阳、四时、五行的相互关系，所以长于变化；《仪礼》，规定了人与人之间的关系，故长于行动；《尚书》，记载了上古先王的事迹，所以长于指导政事；《诗经》，记载了山川、溪谷、禽兽、草木、雌雄、男女，所以长于教化；《乐记》，使人乐在其中，所以长于调和性情；《春秋》明辨是非，所以长于治理百姓。因

秋》辨是非，故长于治人。是故《礼》以节人，《乐》以发和，《书》以道事，《诗》以达意，《易》以道化，《春秋》以道义。拨乱世反之正，莫近于《春秋》。《春秋》文成数万，其指数千。万物之散聚皆在《春秋》。《春秋》之中，弑君三十六，亡国五十二，诸侯奔走不得保其社稷者不可胜数。察其所以，皆失其本已。故《易》曰'失之毫厘，差之千里'。故曰'臣弑君，子弑父，非一旦一夕之故也，其渐久矣'。故有国者不可以不知《春秋》，前有谗而弗见，后有贼而不知。为人臣者不可以不知《春秋》，守经事而不知其宜，遭变事而不知其权。为人君父而不通于《春秋》之义者，必蒙首恶之名。为人臣子而不通于《春秋》之义者，必陷篡弑之诛，死罪之名。其实皆以为

此，《仪礼》是用来节制人的行为的，《乐记》是用来激发和乐的感情的，《尚书》是用来指导政事的，《诗经》是用来表达内心的情意的，《易经》是用来说明变化的，《春秋》是用来阐明正义的。把一个混乱的社会引导到正确的轨道上来，没有比《春秋》更有用了。《春秋》全书有数万字，其中的要点也有数千。万物万事的分离与聚合，都记在《春秋》里了。《春秋》中，臣杀君的有三十六起，亡国的有五十二个，诸侯四处奔走仍然不能保住国家政权的不计其数。观察他们所以会这样的原因，都在于失去了根本啊！所以《周易》说'失之毫厘，差之千里'。因此说，'臣杀君，子杀父，不是一朝一夕才这样的，而是长时期逐渐形成的'。所以，一国之君不可以不知道《春秋》，否则，当面有人进谗他看不见，背后有窃国之贼他也不知道。身为国家大臣的不可以不知道《春秋》，否则，处理一般的事情不知怎样做才合适，遇到出乎意料的事变不知用变通的权宜之计去对付。作为一国之君和一家之长却不懂得《春秋》中的道理，一定会蒙受罪魁祸首的恶名。做大臣和儿子的不懂得《春秋》中的道理，一定会因为阴谋篡位和杀害君父而被诛杀，得一个该死的罪名。其实，他们都以为自己在干好事，却因不知道《春秋》大义，受了毫无根据的批评而不敢反驳。因为

善，为之不知其义，被之空言而不敢辞。夫不通礼义之旨，至于君不君，臣不臣，父不父，子不子。夫君不君则犯，臣不臣则诛，父不父则无道，子不子则不孝。此四行者，天下之大过也。以天下之大过予之，则受而弗敢辞。故《春秋》者，礼义之大宗也。夫礼禁未然之前，法施已然之后；法之所为用者易见，而礼之所为禁者难知。"

壶遂曰："孔子之时，上无明君，下不得任用，故作《春秋》，垂空文以断礼义，当一王之法。今夫子上遇明天子，下得守职，万事既具，咸各序其宜，夫子所论，欲以何明？"

太史公曰："唯唯，否否，不然。余闻之先人曰：'伏羲至纯厚，作《易》八卦。尧舜之盛，《尚书》载之，礼乐作焉。汤武之隆，诗人

不通晓礼义的要旨，以至于做国君的不像国君，做大臣的不像大臣，做父亲的不像父亲，做儿子的不像儿子。做国君的不像国君，大臣们就会犯上作乱；做大臣的不像大臣，就会遭到杀身之祸；做父亲的不像父亲，就是没有伦理道德；做儿子的不像儿子，就是不孝敬父母。这四种行为，是天下最大的过错。把这四种最大的过错加在这些人身上，他们也只能接受而不敢推托。所以《春秋》这部书，是关于礼义的主要经典著作。礼的作用是防患于未然，法的作用是除恶于已然；法的除恶作用容易见到，而礼的防患作用难以被人们理解。"

壶遂说："孔子的时代，国家没有英明的国君，下层的贤才俊士得不到重用，孔子这才写作《春秋》，流传下这部用笔墨写成的著作来判明什么是礼义，以代替周王朝的法典。现在，您太史公上遇英明的皇帝，在下有自己的职位，万事已经具备，方方面面都各得其宜，太史公所论述的，想要说明什么宗旨呢？"

太史公说："对，对！不对，不对！不是这样的。我曾从先父那里听说：'伏羲最纯朴厚道，他创作了《周易》中的八卦。唐尧、虞舜时代的昌盛，《尚书》上记载了，礼乐就是那时制作的。商汤、周武王时代的兴隆，古代的诗人已经加以歌颂。《春秋》歌颂

歌之。《春秋》采善贬恶，推三代之德，褒周室，非独刺讥而已也。'汉兴以来，至明天子，获符瑞，建封禅，改正朔，易服色，受命于穆清，泽流罔极，海外殊俗，重译款塞，请来献见者，不可胜道。臣下百官力诵圣德，犹不能宣尽其意。且士贤能而不用，有国者之耻；主上明圣而德不布闻，有司之过也。且余尝掌其官，废明圣盛德不载，灭功臣世家贤大夫之业不述，堕先人所言，罪莫大

善人，贬斥恶人，推崇夏、商、周三代的德政，颂扬周王朝，并非全是抨击和讥刺。'自从汉朝建立以来，直到当今的英明天子，捕获白麟，上泰山祭祀天地之神，改正历法，更换官服、旗帜的颜色。受命于上天，德泽流布远方，四海之外与汉族风俗不同的地区，也纷纷通过几重翻译叩开关门，请求前来进献物品和拜见天子，这些事说也说不完。大臣百官尽力歌颂天子的圣明功德，但还是不能完全表达心意。况且，贤士不被任用，这是国君的耻辱；皇上英明神圣而他的美德没能流传久远，这是史官的过错。况且，我曾经做过太史令，如果废弃皇上英明神圣的盛大美德不去记载，埋没功臣、贵族、贤大夫的事迹不去记述，丢弃先父生前的殷勤嘱托，没有什么罪过比这更大了。我所说的记述

焉。余所谓述故事，整齐其世传，非所谓作也，而君比之于《春秋》，谬矣。"

于是论次其文。七年而太史公遭李陵之祸，幽于缧绁。乃喟然而叹曰："是余之罪也夫！是余之罪也夫！身毁不用矣！"退而深惟曰："夫《诗》《书》隐约者，欲遂其志之思也。昔西伯拘羑里，演《周易》；孔子厄陈、蔡，作《春秋》；屈原放逐，著《离骚》；左丘失明，厥有《国语》；孙子膑脚，而论兵法；不韦迁蜀，世传《吕览》；韩非囚秦，《说难》《孤愤》；《诗》三百篇，大抵贤圣发愤之所为作也。此人皆意有所郁结，不得通其道也，故述往事，思来者。"于是卒述陶唐以来，至于麟止，自黄帝始。

过去的事情，整理那些社会传说，谈不上创作，而你却把它同孔子作《春秋》相提并论，这就错了。"

于是我开始编写《史记》。过了七年，我因"李陵事件"而大祸临头，被关进了监狱。于是长叹着说："这是我的罪过啊！这是我的罪过啊！我的身体被摧毁了，是个没用的人了！"退居以后又转而深思：《诗经》和《尚书》辞意隐约，这是作者要表达他们内心的思想。从前文王被囚禁在羑里，就推演了《周易》；孔子在陈国和蔡国受到困厄，就写作了《春秋》；屈原被怀王放逐，就写了《离骚》；左丘明眼睛瞎了，这才有了《国语》；孙膑遭受膑刑之苦，于是研究兵法；吕不韦谪迁蜀地，《吕氏春秋》得以流传于世；韩非子被囚禁在秦国，《说难》《孤愤》才产生；《诗经》三百零五篇，大多是古代的圣贤之人为抒发胸中的愤懑之情而创作的。这些人都是意气有所郁结，没有地方可以发泄，这才追述往事，期望于未来。"于是，我终于动笔记述唐尧以来的历史，止于猎获白麟的汉武帝元狩元年，整本书的记录从黄帝开始。

文化常识第087讲

韩非 战国末期哲学家、思想家和散文家,法家的主要代表人物和集大成者。他是韩国的公子,本来是儒家代表人物荀子的学生,却继承了法家的思想。他的建议不被韩王所用,失望至极,就开始写书。秦王嬴政读后非常欣赏,要见韩非。韩非被迫出使秦国。可惜他后来被李斯陷害入狱,不久死在狱中。他的理论被嬴政作为治国思想,为中央集权制国家的诞生提供了理论依据。

常用字第087讲

❶ <动>返回;回还。《与陈伯之书》:"不远而复,先典攸高。"
❷ <动>回复;回答。《信陵君窃符救赵》:"公子往,数请之,朱亥故不复谢。"
❸ <动>恢复;还原。《出师表》:"兴复汉室,还于旧都。"
❹ <动>免除赋税徭役。《史记·高祖本纪》:"沛幸得复,丰未得复。"
❺ <动>报复。桓宽《盐铁论·本论》:"有复匈奴之志。"
❻ <副>再;又。《劝学》:"虽有槁暴(gǎo pù),不复挺者。"
❼ <名>夹衣。《世说新语·夙惠》:"冬天昼日不著复(sù)衣。"
❽ <形>夹层的。《旧唐书·王锷传》:"作复垣洞穴,实金钱于其中。"
❾ <形>繁复;重复。陆游《游山西村》:"山重水复疑无路。"
❿ <动>通"覆",覆盖,盖住。《女娲补天》:"天不兼复,地不周载。"

语法常识第087讲

词类活用:名词作动词【君、臣、父、子】 "夫不通礼义之旨,至于君不君,臣不臣,父不父,子不子"一句中的"君""臣""父""子"都是名词,意为"君主""臣子""父亲""儿子",在这里活用作动词,意为"像君主""像臣子""像父亲""像儿子"。翻译为:因为不通晓礼义的要旨,以至于做国君的不像国君,做大臣的不像大臣,做父亲的不像父亲,做儿子的不像儿子。

报任安书

——咽下一肚子悲愤

《古文观止》有故事

司马迁在遭受宫刑出狱后，被任命为中书令（在皇帝书房整理宫内文库档案的宦官），能够接近皇帝。所以，他的好友任安就给他写了一封信，希望他能够借此机会向皇帝推举贤才。司马迁写了一封信回复他，解释自己的境遇。

他为什么被处以宫刑呢？这要从李陵说起——

李陵是汉代名将李广的孙子，善骑射，为人谦和，爱护士兵。

公元前99年，李广利奉命统领三万骑兵攻击匈奴。他命令李陵运送粮草。李陵渴望沙场建功，于是向武帝请战，要带领五千兵直捣单于王庭。汉武帝

同意了他的请求。

李陵率兵向北行进三十天，在浚(xùn)稽山（大约是今蒙古国阿尔泰山中段）扎营。一路上，他把经过的山川地形绘制成图，派人送回朝廷。汉武帝很高兴。

然而，单于三万主力军已经包围了上来。李陵把大车围成营垒，士兵们摆开队伍：前排拿着戟和盾；后排士兵手持弓弩，万箭齐发。匈奴兵大败。

单于气坏了，又招来八万军兵围攻李陵。苦战好多天后，汉军射光了所有的箭，几乎全军覆没。走投无路之时，李陵选择了投降。

司马迁很欣赏李陵的为人，为他辩解：孤军深入，杀敌无数，虽然战败，也值得钦佩。他投降或许是为了保全性命，等待机会立功赎罪呢？

汉武帝根本听不进去，把司马迁抓起来，处以宫刑。

后来，汉武帝后悔了，派公孙敖率大军营救李陵。公孙敖到了匈奴，却听信小道消息，报说李陵在帮助单于练兵。汉武帝一气之下，杀了李陵全家。

其实，帮单于练兵的是另一个降将李绪。汉武帝大错铸成，李陵悲愤交加，索性真的投降了匈奴。

一场因为猜忌而造成的悲剧，连累了无辜的司马迁，令人叹息！所幸，司马迁忍辱负重，牢记父亲的嘱托，写完了《史记》。

逐字逐句学古文

原文	译文
太(tài)史(shǐ)公(gōng)牛(niú)马(mǎ)走(zǒu)司(sī)马(mǎ)迁(qiān)，再(zài)拜(bài)言(yán)，少(shào)卿(qīng)足(zú)下(xià)：曩(nǎng)者(zhě)辱(rǔ)赐(cì)书(shū)，教(jiào)以(yǐ)慎(shèn)于(yú)接(jiē)物(wù)，推(tuī)贤(xián)进(jìn)士(shì)为(wéi)务(wù)，意(yì)气(qì)勤(qín)勤(qín)恳(kěn)恳(kěn)。若	愿为您效犬马之劳的太史公司马迁再拜陈言，少卿足下：从前承蒙您给我写信，教导我用谨慎的态度在待人接物上，以推举贤能、引荐人才为己任，情意十分恳切诚挚，好像抱怨我没有遵从您的教诲，而是追

望仆不相师，而用流俗人之言。仆非敢如是也。仆虽罢驽，亦尝侧闻长者遗风矣。顾自以为身残处秽，动而见尤，欲益反损，是以独抑郁而无谁语。谚曰："谁为为之？孰令听之？"盖钟子期死，伯牙终身不复鼓琴。何则？士为知己者用，女为说己者容。若仆大质已亏缺矣，虽才怀随、和，行若由、夷，终不可以为荣，适足以见笑而自点耳。

随了世俗之人的意见。我是不敢这样做的。我虽然平庸无能，但也曾听到过德高才俊的前辈遗留下来的风尚。只是我自认为身体已遭受摧残，又处于污浊的环境之中，每有行动便受到指责，想对事情有所增益，结果反而自己遭到损害，因此我独自忧闷而不能向人诉说。俗话说："为谁去做，谁会来听？"钟子期死了，俞伯牙便一辈子不再弹琴。这是为什么呢？贤士乐于被了解自己的人所用，女子为喜爱自己的人而打扮。像我这样的人，身躯已经亏残，即使才能像随侯珠、和氏璧那样稀有，品行像许由、伯夷那样高尚，终究不能把这些当作光荣，只不过足以被人耻笑而自取污辱。

文化常识第088讲

任安 西汉时的大臣。出身贫寒，在大将军卫青的举荐下做了益州刺史。公元前91年，受汉武帝宠信的江充陷害太子刘据，太子发兵诛杀江充等人，大战丞相刘屈氂。当时任安任北军使者护军，刘据下达命令要他发兵，他按兵不动，坐观成败。后来，刘据兵败被杀。汉武帝认为任安心怀奸诈，为人不忠，下令对他处以腰斩。

常用字第088讲　再

❶ <数> 第二次。《滕王阁序》:"胜地不常,盛筵难再。"
❷ <数> 两次。《送东阳马生序》:"日再食。"
❸ <副> 连接两个动作,表示先后关系。《活板》:"用讫再(qì)火令药熔。"

语法常识第088讲

被动句:"见"表被动　有些被动句用"见"表示被动。本文"顾自以为身残处秽,动而见尤"一句中"动而见尤"就是被动句。翻译为:只是我自认为身体已遭受摧残,又处于污浊的环境之中,每有行动便受到指责。

高帝求贤诏
——欲与贤人共理天下

刘邦

《古文观止》有故事

汉高祖刘邦,汉朝开国皇帝,中国历史上杰出的政治家、战略家。他年轻时做过亭长(负责治安警卫,维护邻里和睦的吏)。他曾经到过咸阳,见到秦始皇车驾出行,非常羡慕,觉得大丈夫就应该这样。

陈胜、吴广起义后,刘邦也在沛县(今江苏徐州沛县)揭竿而起,占据了县城,自称沛公,拉起了一支三千多人的队伍。后来,他率义军投奔反秦义军首领项梁,一起拥立楚怀王。

项梁部署兵力,几次大败秦军,楚军军威大振。可就在此时,秦将章邯大败项梁,项梁战死。

秦军扭转了败势,转而攻打赵国,围困了巨鹿。赵王向楚王求援,楚怀王要分兵两路。项羽是项梁的侄子,想西征为叔父报仇。但是大臣们都认为项羽性格残暴,杀人过多,不适合西征,所以就让仁厚长者刘邦做了西征军统帅,让项羽去解巨鹿之围。出发前,楚怀王和他俩约定:"先入咸阳者为王!"

刘邦先攻进了咸阳,约法三章,秋毫无犯。但是项羽大败秦军,飞扬跋扈。刘邦不敢跟他对着干,只好乖乖撤出了咸阳。接着又在鸿门宴上侥幸逃脱,被项羽封为汉王,统治巴蜀(今四川盆地一带)及汉中(今陕西汉中市)一带。

刘邦手下人才济济,有张良、萧何、曹参、韩信等贤臣良将,并且能充分发挥他们的才能。后来,他联合反对西楚霸王项羽的各路军队,和项羽开战,最终迫使项羽兵败自刎,夺得了楚汉之争的胜利。

公元前202年,刘邦建立了汉朝。他分封诸侯,制定规章制度,稳定了统治。他又减免徭役,让百姓休养生息,恢复了国力。

汉高祖十一年(前196年),他发出了一份求贤诏令,言辞恳切地希望有更多的人才站出来,辅佐自己治理国家。

从一个小小的亭长到皇帝,刘邦的命运在那个战火纷飞的年代发生了巨大的改变。这既是时代造就的,也与他的知人善任分不开。

原文

盖闻王者莫高于周文，伯者莫高于齐桓，皆待贤人而成名。今天下贤者智能，岂特古之人乎？患在人主不交故也，士奚由进？今吾以天之灵、贤士大夫定有天下，以为一家，欲其长久，世世奉宗庙亡绝也。贤人已与我共平之矣，而不与吾共安利之，可乎？贤士大夫有肯从我游者，吾能尊显之。布告天下，使明知朕意。

御史大夫昌下相国，相国酂侯下诸侯王，御史中执法下郡守，其有意称明德者，必身劝，为之驾，遣诣相国府，署行义年，有而弗言，觉免。年老癃病，勿遣。

译文

听说古代圣王没有谁超过周文王的，霸主没有谁超过齐桓公的，他们都依靠贤人成就功名。现在天下贤人有智慧、有才能，难道只有古代才有这样的人吗？担忧的是君主不肯去结交他们，贤士们有什么道路被进用呢？现在我靠上天神灵和贤士大夫平定了天下，统一全国成为一家，希望长久保持下去，世世代代延续不绝地奉祀宗庙。贤人已经和我共同平定了天下，而不和我共同治理天下，可以吗？贤士大夫如果有愿意跟从我治理天下的，我一定能使他们尊贵显达。把诏令布告天下，让大家明白我的意思。

御史大夫周昌把诏书下达给相国萧何，相国萧何下达给各诸侯王，御史中执法下达给各郡太守。如果有美名和美德相称的，一定要亲自劝他出来，给他准备车马，送他到相国府，写下经历、状貌、年龄。如果有贤人而不推举，发觉后要免除他的官。年老而体弱多病的，不要送来。

文化常识第089讲

萧何 辅佐刘邦的大功臣。在秦朝,他做过沛县主吏掾(yuàn),辅佐刘邦起义反秦。楚汉之争时,他留守关中,负责后勤工作,为前线输送兵源、粮草、军饷等,为刘邦战胜项羽、建立汉朝立下了汗马功劳。西汉建立后,他担任相国,名列第一功臣。他接收了秦朝丞相府、御史府的律令、图书等,后来在此基础上制定实施了《九章律》。他崇尚黄老之术,主张休养生息,为大汉王朝的繁荣做出了贡献。

常用字第089讲

读bó时:

❶ <名>古代以伯(或孟)、仲、叔、季为排行。伯为长兄,老大。《诗经·何人斯》:"伯氏吹埙(xūn),仲氏吹篪(chí)。"

❷ <名>对年龄大于自己的人的尊称。《鸿门宴》:"愿伯具言臣之不敢倍德也。"

❸ <名>伯父,父亲的哥哥。《陈情表》:"既无伯叔,终鲜兄弟。"

❹ <名>古代公、侯、伯、子、男五等爵位的第三等。《殽之战》:"秦伯素服郊次,乡(xiàng)师而哭。"

❺ <名>古代管一方的首领,后世沿用尊称地方长官。《陈情表》:"非独蜀之人士及二州牧伯所见明知。"

读bà时:

<名>春秋时诸侯的盟主,又作"霸"。《荀子·王霸》:"虽在僻陋之国,威动天下,五伯是也。"

语法常识第089讲

词类活用:形容词的使动用法【尊显】 "贤士大夫有肯从我游者,吾能尊显之"一句中"尊显"本义为"尊贵显达",是形容词,在这里是使动用法,意为"使之尊贵显达"。翻译为:贤士大夫如果有愿意跟从我治理天下的,我一定能使他们尊贵显达。

文帝议佐百姓诏

——为什么粮食不够吃?

《古文观止》有故事

汉文帝刘恒是刘邦的儿子,是一位比较能够体察百姓疾苦的皇帝。

刘邦去世后,他的儿子刘盈即位,就是汉惠帝。刘邦的皇后吕雉成为吕太后。汉惠帝去世后,吕太后先后拥立了两位皇帝,自己则临朝称制,掌握着实权,先后分封吕氏家族十几个人为王为侯。她去世后,吕氏家族作乱,被忠于刘氏的大臣陈平、周勃等诛杀。

大臣们不服当时的皇帝,想另立新皇帝,这时候就想起了代王刘恒。

刘恒这时候在自己的封地代地，见到来接他的使者，起了疑心：哪有天上掉皇位这样的好事？会不会是吕氏家族的阴谋——要把他骗回长安除掉呢？

和大臣们商量后，他决定去长安。为防万一，他先派舅舅薄昭到长安打听情况，随时汇报。自己来到离长安五十里的地方，又派下属宋昌先去探路。宋昌到达渭桥，看到丞相以下的官员都来迎接代王了，就赶紧回去禀报。刘恒这才放心来到渭桥。

周勃说："有机密的事情想跟您单独汇报！"宋昌说："如果您要说的是公事，那就请当着大家的面说；如果是私事，王者是无私的。"

于是，周勃当众送上了天子的玉玺。刘恒推辞谦让了五次，大臣们执意请求，他才同意接受了皇位。

刘恒的母亲地位低微，没有后台，也就是说外戚势力不大，这也是刘恒被群臣选为皇帝的原因。刘恒继位后，封赏功臣，平定叛乱，巩固了自己的统治。刘恒宽厚仁慈，关心百姓疾苦。这篇《文帝议佐百姓诏》中提出了很多问题，表现出汉文帝要解决百姓吃饭问题的决心。他实行休养生息的政策，减免租税，发展农业；又开放山林沼泽，允许私人开采，促进了盐铁业的发展；同时，还取消了过关卡要用符证的制度，方便商人旅客通行，促进了商品流通。

这一系列政策的实施，使社会经济迅速恢复并发展了起来，百姓的日子越来越好过了。

逐字逐句学古文

原文	译文
间者数年比不登，又有水旱疾疫之灾，朕甚忧之。愚而不明，未达	近来连续几年作物歉收，又有水灾旱灾和疾病成灾，我非常担忧啊。

其咎。意者朕之政有所失而行有过与？乃天道有不顺，地利或不得，人事多失和，鬼神废不享与？何以致此？将百官之奉养或费，无用之事或多与？何其民食之寡乏也？夫度田非益寡，而计民未加益，以口量地，其于古犹有余，而食之甚不足者，其咎安在？无乃百姓之从事于末，以害农者蕃？为酒醪以靡谷者多，六畜之食焉者众与？细大之义，吾未能得其中。其与丞相、列侯、吏二千石、博士议之，有可以佐百姓者，率意远思，无有所隐。

我愚而不明，不知道导致这些问题的原因。我想，是我的政策有过失因而行为上有过错吗？还是天道有不顺，或未能尽地利，或人事多不协调，或鬼神被遗弃没有祭祀呢？为什么会这样呢？或者养官的俸禄是不是太多了，没用的事是不是做得太多了？为什么民众的粮食会匮乏呢？

计算一下田地没有更少，统计民众人口没有增加，按照人口来算田地，比古代还有多余，但食物却非常不足，造成这种状况的过失到底在哪里呢？难道是百姓从事商业，损害农业的地方很多？还是做酒浪费的粮食太多，禽畜饲养太多吃掉的粮食太多了呢？这些大大小小的原因，我不能确知它的问题所在。所以要与丞相、列侯、吏二千石、博士们讨论这些问题，有可以帮助百姓的办法，要用心大胆地广开思路，不要有所隐瞒！

文化常识第090讲

博士 最早是一种官名，两千多年前的战国时代就有了。那时候的博士负责保管文献档案，编撰著述，掌通古今，传授学问，培养人才。秦朝和汉朝初年，博士官掌管全国古今史事以及书籍典章。到汉武帝的时候，设五经博士，从此，博士就成为专门传授儒家经典的学官。唐朝时，把专门精通某一种职业的人称为"博士"。

常用字第090讲

读 shuài 时:

❶ <名> 捕鸟的网。
❷ <动> 遵循;遵从。《与妻书》:"此吾所以敢率性就死不顾汝也。"
❸ <动> 率领;带领。《愚公移山》:"遂率子孙荷担者三夫。"
❹ <副> 大概;大致。《吕氏春秋·察今》:"率皆递有变迁。"
❺ <副> 一概;都。《六国论》:"六国互丧,率赂秦耶。"

读 lǜ 时:

<名> 一定的标准和比率。《史记·商君列传》:"有军功者,各以其率受上爵。"

语法常识第090讲

倒装句:宾语前置【疑问代词"安"】 文言文的疑问句中,疑问代词做宾语时,宾语一般放在谓语前面。本文"其于古犹有余,而食之甚不足者,其咎安在?"最后一个问句疑问代词"安"做宾语,放在谓语前面,正确语序为:"其于古犹有余,而食之甚不足者,其咎在安?"翻译为:比古代还有多余,但食物却非常不足,造成这种状况的过失到底在哪里?

景帝令二千石修职诏(dàn)

——官员不得侵夺百姓

刘启

● 《古文观止》有故事

汉景帝刘启是汉文帝的儿子,他的母亲是大名鼎鼎的窦太后。

刘启做太子的时候,吴王刘濞(bì)的儿子刘贤进京朝见,刘启陪着他喝酒下棋。刘贤在封地吴国为所欲为惯了,不把刘启放在眼里,玩着玩着闹了矛盾。刘启是太子呀,怎么能受得了刘贤的坏脾气?他抡起棋盘就打,谁料到,竟然把刘贤打死了。就这样,刘濞和朝廷结了仇,有了谋反之心。

公元前157年,汉文帝去世,刘启即位,就是汉景帝。

汉景帝早已认识到各诸侯国割据的危害，他听从晁错的建议，把矛头指向势力最大的吴王刘濞。刘濞在封国内私自铸钱，煮盐私卖，招兵买马。听到朝廷要动手的消息，他先下手为强，联合了六个国家打着"诛晁错，清君侧"的旗号，起兵作乱。这就是历史上的"七国之乱"。

　　刚开始，汉景帝为了平息叛乱，委曲求全，杀了晁错。可是不管用。他只好派周亚夫率兵征讨。三个月后，叛乱平息了。汉景帝借此机会大量裁撤诸侯国的官吏，把各诸侯国的权力收归中央。诸侯割据的问题得到了缓解。

　　听上去，好像是棋盘打出来的一场叛乱。实际上，是地方割据势力扩张的必然结果。汉景帝借平定叛乱削弱了诸侯国的力量，实现了中央集权。

　　和父亲一样，汉景帝也很关心民生。他把百姓吃不饱饭的原因归结为官吏们狼狈为奸，所以下了一篇诏书，准备要整顿吏治。同时，汉景帝继续实行休养生息的政策，轻徭薄赋，发展农业。国家越来越强盛，人民生活得到了极大的改善。后世把汉文帝和汉景帝的统治合称"文景之治"。他们为后来的汉武盛世打下了坚实的基础。

逐字逐句学古文

原文	译文
雕（diāo）文刻镂（lòu），伤农事者也；锦绣纂（zuǎn）组，害女红（gōng）者也。农事伤，则饥之本也；女红害，则寒之原也。夫饥寒并至，而能无为非者寡矣。朕亲耕，后亲桑，以奉宗庙粢（zī）盛（chéng）祭服，为天下先。不受	在器物上雕镂花纹图形，是损害农业生产的事；编织精致华丽的丝带，是伤害女工的事。农业生产受到损害，就是饥饿的根源；女工受到伤害，就是受冻产生的根源。饥寒同时出现，而能不做坏事的人是很少的。我亲自耕种田地，皇后亲自种桑养蚕，用来供给宗庙祭祀时用的谷物和祭服，为天下人民做个先导。我不接受进

献，减太官，省繇赋，欲天下务农蚕，素有畜积，以备灾害。强毋攘弱，众毋暴寡，老耆以寿终，幼孤得遂长。今岁或不登，民食颇寡，其咎安在？或诈伪为吏，吏以货赂为市，渔夺百姓，侵牟万民。县丞，长吏也，奸法与盗盗，甚无谓也！其令二千石修其职！不事官职耗乱者，丞相以闻，请其罪。布告天下，使明知朕意！

献的物品，减少膳食，减少老百姓的徭役赋税，是要天下人民努力种田和养蚕，平时有所积蓄，用来防备灾害。要使强大的不要侵犯弱小的，人多的不要欺凌人少的；使老人能长寿而终其天年，小孩和孤儿们能顺利地成长。

今年收成不好，人民的口粮很少，毛病出在哪里呢？是不是有些奸诈虚伪的人担任了官职，用贿赂谋取私利，掠夺百姓，侵害人民？县丞，是县吏中的首领，他们借着执法的机会做坏事，无异于助盗为盗，这样实在是失去了朝廷设置县丞的用意。命令郡守们各自严格履行自己的职责，对于不忠于职守、昏昧不明的郡守，丞相把他们的情况报告我，要追究他们的罪责。特把这道命令宣告天下，让大家明确知道我的意图。

文化常识第 091 讲

丞相 古代一种官职。《史记》中记载：最早的丞相是在秦武王时期出现的。他即位后，封樗里子和甘茂为左右丞相。西汉时期，有丞相也有相国。三国时期废除了相国官职，丞相就成了协助皇帝管理一切军国大事的官员。到明太祖洪武十三年（1380年），朱元璋以谋反罪处死了左丞相胡惟庸，原丞相李善长、右丞相汪广洋都受胡惟庸案件牵连，被处死。从此，废除丞相之职，大权集中于皇帝。

常用字第091讲 —— 本

❶ <名>草木的根。《谏太宗十思疏》:"臣闻求木之长者,必固其根本。"
❷ <名>树木的干。柳宗元《种树郭橐(tuó)驼传》:"摇其本以观其疏密。"
❸ <名>根本;基础。《齐桓晋文之事》:"王欲行之,则盍(hé)反其本矣。"
❹ <名>指农业。《论积贮疏》:"今背本而趋末,食者甚众。"
❺ <名>本源;根源。《原毁》:"为是者有本有原,怠与忌之谓也。"
❻ <动>依照;依据。《图画》:"虽理想派之作,亦先有本,乃增损而润色之。"
❼ <动>推原;考察。《伶官传序》:"抑本其成败之迹,而皆自于人欤?"
❽ <形>本来的;原来的。《孟子·告子上》:"此之谓失其本心。"
❾ <副>本来;原来。《愚公移山》:"本在冀州之南,河阳之北。"
❿ <名>本钱。韩愈《柳子厚墓志铭》:"子本相侔,则没为奴婢。"
⓫ <形>这里的;自己的。《采草药》:"用芽者自从本说。"
⓬ <名>版本;底本。《活板》:"已后典籍皆为板本。"
⓭ <名>臣下给皇帝的奏章或书信。《狱中杂记》:"是无难,别具本章。"
⓮ <量>株;棵。《汉书·龚遂传》:"令口种一树榆,百本薤,五十本葱,一畦韭。"
⓯ <量>书籍的一册。《活板》:"若止印三二本,未为简易。"

语法常识第091讲

词类活用:名词作动词【桑】 "朕亲耕,后亲桑,以奉宗庙粢盛祭服,为天下先"一句中"桑"本义为"桑树、桑叶",是名词,在这里活用作动词,意为"采桑养蚕"。翻译为:我亲自耕种田地,皇后亲自采桑养蚕,用来供给宗庙祭祀时用的谷物和祭服,为天下人民做个先导。

求茂材异等诏
——求非常之才

《古文观止》有故事

汉武帝刘彻是汉景帝的儿子。他信奉儒家思想，继位后想推行改革，遭到了祖母窦太后的破坏。于是，他一直隐忍到窦太后去世。掌握实权后，他打压外戚、功臣，任用一些地位低微的官员，进一步加强了中央集权。

经过几代皇帝的休养生息政策，到刘彻掌权的时候，汉朝的家底已经相当厚实了。刘彻年轻气盛，一改前几代的战略防御政策，开始主动出击，征伐四方，要实现"大一统"。

要打仗，不仅需要将军攻城略地，也需要丞相在国内做好后勤补给工作，还需要大量的外交人才出使各国。于是，刘彻发布了《求茂材异等诏》，命令各州郡选拔才能超群的、可以担任将相和能出使远方的人才。他最重要的战略目标，就是消除匈奴对汉朝的威胁。

公元前139年，他派张骞出使西域，想联络大月氏(zhī)一起对付匈奴。但是张骞中途被匈奴扣留，逃脱后也没能说服大月氏，无功而返。接下来，与匈奴和亲失败，匈奴更加频繁地骚扰汉朝边境。汉武帝不再让步，提拔卫青、霍去病为大将军，开始北征匈奴。

公元前127年，卫青等率军大败匈奴，收复黄河河套地区，建筑朔方城（今内蒙古杭锦旗西北），从内地迁徙十万多人到那里定居，同时修复了沿河的防御工事。经过多年战争，匈奴无力和汉朝抗衡，匈奴的威胁暂时得到了解决。

后来，汉朝大将卫青、霍去病相继去世。而匈奴经过十来年的休整，元气恢复，卷土重来，再次成为汉朝的边境大患。

汉武帝东征西讨，扩大了疆域，但他好大喜功，导致国力减弱，社会矛盾激化。

一代雄主汉武大帝，有功有过，自有后人评说。

逐字逐句学古文

原文	译文
盖有非常之功，必待非常之人，故马或奔踶而致千里，士或有负俗之累而立功名。夫泛驾之马，跅弛之士，亦在御之而已。其令州郡察吏民有茂材异等可为将相及使绝国者。	要建立不同一般的事业，必须依靠特殊的人才。有的马乘时奔跑，立时踢人，却能行千里；有的人受到世俗讥讽，却能建立功名。这些不受驾驭的马和放纵不羁的人，也在于如何驾驭他们罢了。我命令各州郡要发现官吏和百姓中，那些可以担任将相及出使远方的超群出众的优秀人才。

文化常识第092讲

茂材 就是秀才。为了避讳光武帝刘秀的名字，就改成了"茂材"或"茂才"。茂就是美。茂材就是美才之人，优秀人才。汉朝时候的察举制包括举孝廉和举茂才。举孝廉一年一次，而举茂才没有固定时间。建武十二年（36年），光武帝下令一些官员和地方州牧等每年举荐一名茂才。从此，举茂才就成了每年一次的常规察举方式了。

常用字第092讲

❶ <动>送；送达。《柳敬亭传》:"皖帅欲结欢于宁南，致敬亭于幕府。"

❷ <动>表达；表示。《屈原列传》:"其存君兴国而欲反复之，一篇之中三致意焉。"

❸ <动>说；回答。《石壕吏》:"听妇前致词，三男邺城戍。"

❹ <动>达到。《劝学》:"假舆者，非利足也，而致千里。"

❺ <动>获得；得到。《送东阳马生序》:"家贫，无以致书以观。"

❻ <动>招致；引来。《信陵君窃符救赵》:"致食客三千人。"

❼ <动>招请；招集。《过秦论》:"不爱珍器重宝肥饶之地，以致天下之士。"

❽ <动>致使；使得。《孔雀东南飞》:"女行无偏斜，何意致不厚？"

❾ <动>送还；交还。《柳毅传》:"昔为钱塘长，今则致政焉。"

❿ <动>用。《张衡传》:"衡善机巧，尤致思于天文阴阳历算。"

⓫ <名>情致；情趣。《兰亭集序》:"虽世殊事异，所以兴怀，其致一也。"

⓬ <形>细密；细致。《汉书·辛延年传》:"按其狱，皆文致，不可得反。"

⓭ <副>通"至"，极。《与吴致书》:"元瑜书记翩翩，致足乐也。"

语法常识第092讲

倒装句：定语后置句【"者"为标志】 文言文中，有些句子中用来修饰名词的定语，被放置在中心词之后，以达到突出和强调的效果。定语后面的"者"字，就是定语后置的标志。本文中"其令州郡察吏民，有茂材异等可为将相，及使绝国者"一句就是宾语后置句，正确语序为："其令州郡察吏民，有可为将相，及使绝国者茂材异等。"翻译为：我命令各州郡要发现官吏和百姓中，那些可以担任将相及出使远方的超群出众的优秀人才。

过秦论（上）
——秦朝灭亡的原因

贾谊

《古文观止》有故事

贾谊是西汉政治家、文学家。他喜欢读书，文章也写得很好。河南郡守吴公听说了他的才名，请他来辅佐自己治理地方。在贾谊的帮助下，河南郡的百姓生活越来越好，社会也安定了。

汉文帝听说了，提拔了郡守，郡守吴公乘机向皇帝推荐了贾谊。汉文帝就征召贾谊到朝廷做了博士（学术顾问官）。当时贾谊才21岁。

贾谊非常关心国家大事。每次皇帝出题目让大家一起讨论的时候，贾谊

总会提出精辟见解,并且论述得头头是道。汉文帝非常欣赏他,一年之内就破格提拔他为太中大夫(高级顾问官)。

贾谊写过很多有见地的文章——

汉文帝元年(前179年),贾谊写了一篇《论定制度兴礼乐疏》,提议进行礼制改革,用儒学与五行学说设计了一整套汉代礼仪制度。汉文帝觉得自己刚即位,时机还不成熟,没有采纳。

第二年,他针对当时弃农经商的现象,写了一篇《论积贮疏》,提出重农抑商的经济政策,主张发展农业生产,多多储备粮食。汉文帝认为他说得有道理,采纳了他的建议。

贾谊还写过一篇《过秦论》,指责秦国的过失。在文章中,他从秦国历史入手,讲述秦国繁荣富强吞并六国的历程,然而文笔一转,这样强盛的大帝国竟然被农民起义军推翻了。最后,他归结出秦朝灭亡的根本原因:"仁义不施,攻守之势异也。"贾谊认为:以民为本,才能保证国家的长治久安。

这个年轻人太有才了!但是,木秀于林,风必摧之。汉文帝想提拔他做公卿,遭到了周勃、灌婴、东阳侯、冯敬等人的反对,他们说贾谊年纪轻轻,就想要专权,扰乱国事。这很明显就是嫉妒呀,可是汉文帝听进去了,逐渐疏远了贾谊。后来,贾谊被贬为长沙王太傅,离开了京城。

一个年轻人的前途,就这样被断送了。

逐字逐句学古文

原文	译文
秦孝公据崤函之固,拥雍州之地,君臣固守,以窥周室,有席卷天下、包举宇内、囊括四海之意,并	秦孝公占据着崤山和函谷关的险固地势,拥有雍州的土地,君臣牢固地守卫着,借以窥视周王室的权力,有席卷天下、统括天地之间、囊括四

吞八荒之心。当是时也，商君佐之，内立法度，务耕织，修守战之具；外连衡而斗诸侯。于是秦人拱手而取西河之外。

孝公既没，惠文、武、昭襄蒙故业、因遗策，南取汉中，西举巴蜀，东割膏腴之地，北收要害之郡。诸侯恐惧，会盟而谋弱秦，不爱珍器重宝肥饶之地，以致天下之士，合从缔交，相与为一。当此之时，齐有孟尝，赵有平原，楚有春申，魏有信陵。此四君者，皆明智而忠信，宽厚而爱人，尊贤而重士，约从离衡，兼韩、魏、燕、楚、齐、赵、宋、卫、中山之众。于是六国之士，有宁越、徐尚、苏秦、杜赫之属为之谋，齐明、周最、陈轸、召滑、楼缓、翟景、苏厉、乐毅之徒通其意，吴起、孙膑、带佗、儿良、王廖、田忌、廉颇、赵奢之伦制其

海的意图，并统天下的雄心。正当这时，商鞅辅佐他，对内建立法规制度，从事耕作纺织，修造防守和进攻的器械；对外实行连横策略，使诸侯自相争斗。因此，秦人轻而易举地夺取了黄河以西的土地。

秦孝公死了以后，惠文王、武王、昭襄王承继先前的基业，沿袭前代的策略，向南夺取汉中，向西攻取巴、蜀，向东割取肥沃的地区，向北占领非常重要的地区。诸侯恐慌害怕，集会结盟，商议削弱秦国。不吝惜奇珍贵重的器物和肥沃富饶的土地，用来招纳天下的优秀人才，采用合纵的策略缔结盟约，互相援助，成为一体。在这个时候，齐国有孟尝君，赵国有平原君，楚国有春申君，魏国有信陵君。这四位封君，都见识英明有智谋，心地诚而讲信义，待人宽宏厚道而爱惜人民，尊重贤才而重用士人，以合纵之约击破秦的连横之策，同时联合了韩、魏、燕、楚、齐、赵、宋、卫、中山的部队。在这时，六国的士人，有宁越、徐尚、苏秦、杜赫等人为他们出谋划策，齐明、周最、陈轸、召滑、楼缓、翟景、苏厉、乐毅等人沟通他们的意见，吴起、孙膑、带佗、儿良、王廖、田忌、廉颇、赵奢等人统率他们的军队。他们曾经用十倍于秦的土地，上百万的军队，攻打秦国

兵。尝以十倍之地，百万之众，叩关而攻秦。秦人开关而延敌，九国之师，逡巡而不敢进。秦无亡矢遗镞之费，而天下诸侯已困矣。于是从散约解，争割地而赂秦。秦有余力而制其弊，追亡逐北，伏尸百万，流血漂橹。因利乘便，宰割天下，分裂河山。强国请服，弱国入朝。

施及孝文王、庄襄王，享国之日浅，国家无事。

及至始皇，奋六世之余烈，振长策而御宇内，吞二周而亡诸侯，履至尊而制六合，执敲扑而鞭笞天下，威振四海。南取百越之地，以为桂林、象郡；百越之君，俛首系颈，委命下吏。乃使蒙恬北筑长城而守藩篱，却匈奴七百余里。胡人不敢南下而牧马，士不敢弯弓而报怨。于是废先王之道，燔百家之言，以愚黔首；隳名城，杀豪俊

的函谷关。秦人打开函谷关口迎战敌人，九国的军队有所顾虑徘徊不敢入关。秦人没有一兵一卒的耗费，然而天下的诸侯就已窘迫不堪了。因此，纵约失败了，各诸侯国争着割地来贿赂秦国。秦有剩余的力量趁他们困乏而制服他们，追赶逃走的败兵，百万败兵横尸道路，流淌的血液上漂浮着盾牌。秦国凭借这便利的形势，割取天下的土地，重新划分山河的区域。于是强国主动表示臣服，弱国入秦朝拜。

到了孝文王、庄襄王时期，他们统治的时间不长，秦国并没有什么大事发生。

到始皇的时候，发展六世遗留下来的功业，以武力来统治各国，将东周、西周和各诸侯国统统消灭，登上皇帝的宝座来统治天下，用严酷的刑罚来奴役天下的百姓，威风震慑四海。秦始皇向南攻取百越的土地，把它划为桂林郡和象郡，百越的君主低着头，颈上捆着绳子愿意投降，把性命交给司法官吏。秦始皇于是又命令蒙恬在北方修筑长城，守卫边境，使匈奴退却七百多里；胡人不敢到南边来放牧，勇士不敢拉弓射箭来报仇。秦始皇接着就废除古代帝王的治世之道，焚烧诸子百家的著作，来使百姓愚蠢；毁坏高大的城墙，杀掉英雄豪杰；收缴

收天下之兵，聚之咸阳，销锋镝，铸以为金人十二，以弱天下之民。然后践华为城，因河为池，据亿丈之城，临不测之溪，以为固。良将劲弩，守要害之处；信臣精卒，陈利兵而谁何。天下已定，始皇之心，自以为关中之固，金城千里，子孙帝王万世之业也。始皇既没，余威震于殊俗。

然而陈涉，瓮牖绳枢之子，氓隶之人，而迁徙之徒也；材能不及中庸，非有仲尼、墨翟之贤，陶朱、猗顿之富；蹑足行伍之间，俛起阡陌之中，率罢弊之卒，将数百之众，转而攻秦，斩木为兵，揭竿为旗，天下云集响应，赢粮而景从。山东豪俊遂并起而亡秦族矣。

且夫天下非小弱也，雍州之地，崤函之固，自若也。陈涉之位，不尊于齐、楚、燕、赵、韩、魏、宋、

天下的兵器，集中在咸阳，销毁兵刃和箭头，冶炼它们后铸造为十二个铜人，以便削弱百姓的反抗力量。然后凭借华山为城墙，依据黄河为城池，凭借着高耸的华山，下临深不可测的黄河，认为这是险固的地方。好的将领手执强弩，守卫着要害的地方，可靠的官员和精锐的士卒，拿着锋利的兵器，盘问过往行人。天下已经安定，始皇心里自己认为这关中的险固地势、方圆千里的坚固的城防，是子子孙孙称帝称王直至万代的基业。始皇去世之后，他的余威依然震慑着边远地区。

可是，陈涉不过是个破瓮做窗户、草绳做户枢的贫家子弟，是氓、隶一类的人，后来做了被迁谪戍边的卒子；才能还不如普通人，并没有孔丘、墨翟那样的贤德，也不像陶朱、猗顿那样富有。他跻身于戍卒的队伍中，从田野间突然奋起发难，率领着疲惫无力的士兵，指挥着几百人的队伍，掉转头来进攻秦国，砍下树木做武器，举起竹竿当旗帜，天下豪杰像云一样聚集，像回声似的应和他，许多人都背着粮食，如影随形一样跟随他。崤山以东的英雄豪杰于是一齐起事，消灭了秦的家族。

况且那天下并没有缩小削弱，雍州的地势，崤山和函谷关的险固，仍保持原来的样子。陈涉的地位，没有

卫、中山之君也;锄耰棘矜,不铦于钩戟长铩也;谪戍之众,非抗于九国之师也;深谋远虑,行军用兵之道,非及曩时之士也。然而成败异变,功业相反。何也?试使山东之国与陈涉度长絜大,比权量力,则不可同年而语矣。然秦以区区之地,致万乘之权,序八州而朝同列,百有余年矣。然后以六合为家,崤函为宫。一夫作难而七庙隳,身死人手,为天下笑者,何也?仁义不施而攻守之势异也。

比齐、楚、燕、赵、韩、魏、宋、卫、中山的国君更加尊贵;锄头木棍,也不比钩戟长矛更锋利;那迁谪戍边的士兵,也不能和九国部队抗衡;深谋远虑,行军用兵的方法,也比不上先前九国的武将谋臣。可是条件好者失败而条件差者成功,功业完全相反,为什么呢?假使拿东方诸侯国跟陈涉比一比长短大小,量一量权势力量,就更不能相提并论了。然而秦凭借着它的小小的地方,取得帝王的权力,统治其他八州而使原本地位相当的诸侯来朝拜,已经一百多年了;这之后把天下作为家业,把崤山、函谷关作为自己的内宫。陈涉一人起义国家就灭亡了,秦王子婴死在别人(项羽)手里,被天下人耻笑,这是为什么呢?就因为不施行仁政而使攻守的形势发生了变化啊。

文化常识第 093 讲

崤函之固 崤山与函谷关的合称,相当于今河南洛阳以西到陕西潼关一带。函谷关地处"两京古道",紧靠黄河岸边。关在谷中,深险如函,所以称为函谷关。崤函古道是连接长安(现在的西安)与洛阳的重要交通干线,在历史上扮演了极其重要的角色。它不仅是军事防御的重要关口,也是经济文化交流的纽带。自古以来,常用"崤函之固"来比喻地势十分险要。

常用字第093讲 —— 内

读 nèi 时：

❶ <名>里面；内部。《邹忌讽齐王纳谏》："四境之内，莫不有求于王。"

❷ <名>内心。《赤壁之战》："而内怀犹豫之计。"

❸ <名>内室；特指皇宫。《长恨歌》："西宫南内多秋草。"

❹ <名>女色。《左传·僖公十七年》："齐侯好内。"

❺ <名>妻妾的泛称。后专指妻，如南朝人徐悱有《赠内》诗。今人也有谦称自己的妻子为"内人""贱内"的。

读 nà 时：

<动>同"纳"，接纳，收容。《中山狼传》"先生如其旨，内狼于囊。"

语法常识第093讲

词类活用：动词的使动用法【朝】"致万乘之权，招八州而朝同列，百有余年矣"一句中"朝"本义为"朝见、朝拜"，是动词，在这里做使动用法，意为"使同列来朝拜"。翻译为：取得帝王的权力，统治其他八州而使原本地位相当的诸侯来朝拜，已经有一百多年了。

治安策
——要仁义，也要杀伐决断

贾谊

《古文观止》有故事

汉文帝四年（前176年），贾谊被外放为长沙王太傅。虽然远离京城，但他还是时刻关注着国家大事。当时汉文帝宠信邓通，把蜀郡的严道铜山赐给了他，并且允许他铸钱。又允许吴王刘濞开豫章铜山铸钱。就这样，邓氏钱和吴钱遍布天下。

对此，贾谊忧心忡忡，在长沙向文帝上《谏铸钱疏》，指出私人铸钱导致币制混乱，于国于民都很不好。他主张把冶铜业收归国有，统一铜钱重量，

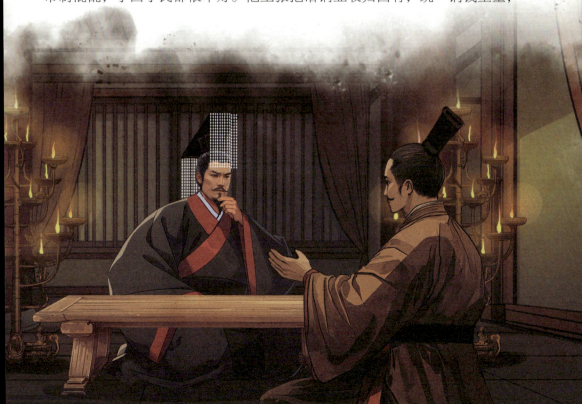

由国家铸钱。但是文帝依然没有采纳。

不过,被贬出京三年后,汉文帝想起了贾谊,召他进京,君臣二人一直聊到深夜。不过,让贾谊失望的是,皇帝跟他谈论的不是百姓不是国事,而是鬼神。更让他失望的是,皇帝再次把自己赶出京城,到梁怀王那里做太傅。

失望归失望,贾谊还是放不下国事。当淮南王、济北王起兵谋反,失败被杀后,他又忍不住再次献上《治安策》,提醒汉文帝要及时削弱诸侯王的力量,以免酿成大祸。

公元前174年,淮南王刘长阴谋叛乱,在流放途中畏罪自杀。第二年,文帝把他的四个儿子封为列侯。贾谊担心文帝还会给刘长的其他几个儿子封侯,上疏劝阻,汉文帝仍然没有采纳。

公元前169年,贾谊跟随梁怀王入朝,梁怀王从马上掉下来摔死了。梁怀王没有儿子,一般情况下,没有继承人的封国会被取消。但是贾谊建议皇帝可以让别的诸侯王继承梁地,来制约其他强大的诸侯国。这次,汉文帝总算是听了贾谊一回,让淮阳王刘武做了梁王。

在后来的七国之乱中,梁王刘武坚定地站在朝廷这边,反对七王作乱,为平叛立了大功。这有赖于贾谊的远见卓识。

逐字逐句学古文

原文	译文
夫树国固,必相疑之势也,下数被其殃,上数爽其忧,甚非所以安上而全下也。今或亲弟谋为东帝,亲兄之子西乡而击,今吴	建立诸侯国过于强大,本来必然会造成天子与诸侯之间互相对立的形势,臣下屡遭祸害,皇上也多次忧伤,这实在不是使皇上放心、使臣下保全的办法。如今有的亲兄弟图谋在东方称帝,亲侄子也向西袭击朝廷,近来吴王的谋

又见告矣。天子春秋鼎盛,行义未过,德泽有加焉,犹尚如是,况莫大诸侯,权力且十此者乎!

然而天下少安,何也?大国之王幼弱未壮,汉之所置傅相方握其事。数年之后,诸侯之王大抵皆冠,血气方刚,汉之傅相称病而赐罢,彼自丞尉以上徧置私人,如此,有异淮南、济北之为邪?此时而欲为治安,虽尧舜不治。

黄帝曰:"日中必熭,操刀必割。"今令此道顺,而全安甚易;不肯早为,已乃堕骨肉之属而抗刭之,岂有异秦之季世乎!夫以天子之位,乘今之时,因天之助,尚惮以危为安,以乱为治,假设陛下居齐桓之处,将不合诸侯而匡天下乎?臣又以知陛下有所必不能矣。假设天下如曩时,淮阴侯尚王楚,黥布王淮南,彭越王梁,韩

反活动又被人告发。天子现在年富力强,品行道义上没有过错,对他们施加功德恩泽,而他们尚且如此,何况最大的诸侯,权力比他们还要大十倍呢!

虽然如此,但是天下还比较安定,这是什么原因呢?因为大诸侯国的国王年纪还小没有成年,汉朝安置在那里的太傅、丞相还掌握着政事。几年以后,诸侯王大都加冠成人,血气方刚,而汉朝委派的太傅、丞相都要称病还乡了,而诸侯王会自下而上地普遍安插亲信,如果这样的话,他们的行为同淮南王、济北王有什么区别呢?到了那时,想求得天下安定,即使是唐尧、虞舜在世也办不到了。

黄帝说:"到了中午一定要抓紧曝晒,拿着刀子一定要赶紧宰割。"现在要使治安之道顺利而稳妥地推行,是十分容易的。假使不肯及早行动,到头来就要毁掉亲骨肉,而且还要杀他们的头,这难道同秦朝末年的局势还有什么区别吗?凭着天子的权位,趁着当今的有利时机,靠着上天的帮助,尚且对转危为安、改乱为治的措施有所顾虑,假设陛下处在齐桓公的境地,大概不会去联合诸侯匡正天下吧?我知道陛下一定不能那样做的。假如国家的局势还像从前那样,淮阴侯韩信还统治着楚,黥布统治着淮南,彭越统治着梁,韩王信统治着韩,张敖统治着赵,贯高做赵国的

信王韩,张敖王赵,贯高为相,卢绾王燕,陈豨在代,令此六七公者皆亡恙,当是时而陛下即天子位,能自安乎?臣有以知陛下之不能也。天下淆乱,高皇帝与诸公併起,非有仄室之势以豫席之也。诸公幸者乃为中涓,其次廑得舍人,材之不逮至远也。高皇帝以明圣威武即天子位,割膏腴之地以王诸公,多者百余城,少者乃三四十县,德至渥也,然其后七年之间,反者九起。陛下之与诸公,非亲角材而臣之也,又非身封王之也,自高皇帝不能以是一岁为安,故臣知陛下之不能也。

然尚有可诿者,曰疏。臣请试言其亲者。假令悼惠王王齐,元王王楚,中子王赵,幽王王淮阳,共王王梁,灵王王燕,厉王王淮南,六七贵人皆亡恙,当

相,卢绾统治着燕,陈豨还在代国,假令这六七个王公都还健在,在这时陛下继位做天子,自己能感到安全吗?我判断陛下是不会感到安全的。在天下混乱的年代,高祖和这些王公们共同起事,并没有子侄亲属的势力作为依靠。这些王公走运的就成了亲近的侍从,差一点的仅当个管理宫中事务的官员,他们的才能远不及高祖。高祖凭着他的明智威武,即位做了天子,割出肥沃的土地,使这些王公成为诸侯王,多的有一百多个城,少的也有三四十个县,恩德是优厚的了,然而在以后的七年当中,反叛汉朝的事发生了九次。陛下跟这些王公,并没有亲自较量过才能而使他们甘心为臣的,也不是亲自封他们当诸侯王的。即使高祖也不能因此而得到一年的安宁,所以我知道陛下更不能得到安宁。

不过,上面这些情况,还有可以推托的理由,说是"关系疏远"。那就请允许我试着谈谈那些亲属诸侯王吧。假如让齐悼惠王统治着齐,楚元王统治着楚,赵王统治着赵,幽王统治着淮阳,恭王统治着梁,灵王统治着燕,厉王统治着淮南,假如这六七位贵人都还健在,在这时陛下即皇帝位,能使天下太平吗?我又知陛下是不能的。像这些诸侯王,虽然名义上是臣子,实际上他们都怀有老百姓那种兄弟关系的想法,大

是时陛下即位，能为治乎？臣又知陛下之不能也。若此诸王，虽名为臣，实皆有布衣昆弟之心，虑亡不帝制而天子自为者。擅爵人，赦死罪，甚者或戴黄屋，汉法令非行也。虽行不轨如厉王者，令之不肯听，召之安可致乎！幸而来至，法安可得加！动一亲戚，天下圜视而起，陛下之臣虽有悍如冯敬者，适启其口，匕首已陷其胸矣。陛下虽贤，谁与领此？故疏者必危，亲者必乱，已然之效也。其异姓负强而动者，汉已幸胜之矣，又不易其所以然。同姓袭是迹而动，既有征矣，其势尽又复然。殃祸之变未知所移，明帝处之尚不能以安，后世将如之何！

屠牛坦一朝解十二牛，而芒刃不顿者，所排击剥割，皆众理解也。至于髋髀之所，非斤则斧。夫

概没有不想采用天子的制度，而把自己当作天子的。他们擅自把爵位赏给别人，赦免死罪，甚至有人乘坐天子的黄屋车。他们不执行汉朝的法令。即使执行了，像厉王那样的不守法的人，命令他都不肯听从，又怎么能招他来呢！幸而召来了，法律怎么能施加到他身上呢！动了一个近亲，天下诸王都环视着惊动起来。陛下的臣子当中即使有冯敬那样勇敢的人，但是他刚开口揭发诸侯王的不法行为，刺客的匕首已经刺进他的胸膛了。陛下虽然贤明，谁能和您一起来治理这些人呢？所以说，关系疏远的诸侯王必定危险，关系亲近的诸侯王也一定会作乱，这是事实所证明了的。那些自负强大而发动叛乱的异姓诸侯王，汉朝已经侥幸地战胜他们了，可是却没有改变酿成叛乱的制度。同姓诸侯王也袭用了这种做法，发动叛乱，如今已有征兆了，形势又完全回复到以前那种状态！灾祸的变化，还不知道要转移到何处，英明的皇帝处在这种情况下，尚且不能使国家安宁，后代又将怎么办呢！

屠牛坦一早晨宰割了十二头牛，而屠刀的锋刃并不变钝，这是因为他刮剔割剥都是顺着肉的肌理下刀。等碰到胯骨、大腿骨的地方，那就不是用砍刀就是用斧头去砍了。仁义恩厚好比是君王的刀刃，权势、法制好比是君王的

仁义恩厚，人主之芒刃也；权势法制，人主之斤斧也。今诸侯王皆众髋髀也，释斤斧之用，而欲婴以芒刃，臣以为不缺则折。胡不用之淮南、济北？势不可也。

天下之势方病大瘇。一胫之大几如要，一指之大几如股，平居不可屈信，一二指搐，身虑无聊。失今不治，必为锢疾，后虽有扁鹊，不能为已。病非徒瘇也，又苦蹠戾。元王之子，帝之从弟也，今之王者，从弟之子也。惠王之子，亲兄子也；今之王者，兄子之子也。亲者或亡分地以安天下，疏者或制大权以逼天子，臣故曰非徒病瘇也，又苦蹠戾。可痛哭者，此病是也。

斧头。如今的诸侯王好比是胯骨、大腿骨，如果放弃斧头不用，而要用刀刃去碰，我认为刀子不是出缺口就是被折断。为什么仁义恩厚不能用在淮南王、济北王的身上呢？因为形势不容许啊！

当今，天下的形势像得了严重的浮肿病：小腿粗得差不多像腰围，脚趾粗得差不多像大腿。平时都不能伸屈自如，一两个指头抽搐，浑身就觉得无所依赖。丧失了今天的机会而不医治，一定要成为难治的顽症。以后即使有扁鹊那样的神医，也都无能为力。这个病还不只是浮肿，还苦于脚掌扭折不能走动。楚元王的儿子是陛下的叔伯兄弟，当今的楚王是叔伯兄弟的儿子，齐悼惠王的儿子是陛下亲哥哥的儿子，当今的齐王是陛下哥哥的孙子。陛下自己的子孙，有的还没有分封土地，以便安定天下；旁支的子孙，倒有人掌握大权来威胁皇帝。所以，我说：不仅是害了浮肿病，还苦于脚掌扭折了不能走动。令人痛哭的就是这样一种病啊！

文化常识第094讲

冠礼 本文中提到的"诸侯之王大抵皆冠"一句中的"冠"字,指的是古代的成人礼——冠礼。冠礼起源于周代。按周制,男子二十岁行冠礼,表示这个男孩子成年了,可以婚嫁,可以参加氏族中的各项活动了。女孩子的成人礼叫笄礼。女孩在订婚(许嫁)以后、出嫁之前行笄礼,一般在十五岁举行。古老的成人礼是中华文化的一部分,对孩子的成长有激励和鼓舞的作用。

常用字第094讲

❶ <名> 眼泪。《荆轲刺秦王》:"樊将军仰天太息流涕。"
❷ <动> 流眼泪;哭泣。《柳敬亭传》:"子之说,能使人慷慨涕泣矣。"
❸ <名> 鼻涕。王褒《僮约》:"目泪下,鼻涕长一尺。"

语法常识第094讲

词类活用:形容词作动词【顺】 "今令此道顺而全安,甚易"一句中"顺"的本义为"顺利",是形容词,在这里活用作动词,意为"顺利实行"。翻译为:现在要使治安之道顺利而稳妥地推行,是十分容易的。

论贵粟疏
——仓中有粮,心里不慌

● 《古文观止》有故事

　　晁错是西汉时期的政治家、文学家。他眼光独到,在汉文帝时期,就已经察觉到了商人和农民之间的矛盾。商人不种地,却能过上富裕的生活;而农民们辛辛苦苦劳作一年,收来的粮食却只能卖很低的价格,收入很少,日子过得很苦。

　　针对这样的情况,他写了这篇《论贵粟疏》,指出"欲民务农,在于贵粟",并且提出一系列建议:重视农业,抑制商业,鼓励百姓把粮食交到官

府。他还提到了纳粟授爵，就是让百姓为边塞交纳粮食，换取爵位或者赎罪。

　　由此可见，晁错不仅重视农业，还关注边防军事。当时，汉初边境最大的祸患就是匈奴。为了抵御匈奴的侵扰，公元前169年，晁错给文帝上了一道《言兵事疏》，分析了匈奴兵和汉朝兵各自的长处，建议让匈奴兵和汉朝军队互相学习，各自发挥长处，加强配合，增强战斗力。这篇奏疏有独到的见解，得到了汉文帝的赞赏。

　　晁错又写了《守边劝农疏》和《论募民徙塞下疏》，提出了"徙民实边"的主张，就是从内地向边境地带移民，让这些百姓在军队的保护下开垦土地，种粮食，并且提出了安置移民的一些具体措施。

　　汉文帝读了他的奏疏，欣然接受并且立刻实施。这些措施为边防军队提供了充足的军粮，不仅起到了防御匈奴的作用，而且推动了当时的经济发展，为"文景之治"奠定了坚实的物质基础。

　　他提出的"徙民实边"政策，开启了后代屯田政策的先河。汉武帝时，赵充国也建议在边境屯田，解决了戍边军队的军粮问题。到了三国时期，曹操更是完善了屯田制度，缓解了社会矛盾，恢复了农业生产。这些都有晁错的一份功劳。

逐字逐句学古文

原文	译文
圣王在上而民不冻饥者，非能耕而食之，织而衣之也，为开其资财之道也。故尧、禹有九年之水，汤有七年之旱，而国无捐瘠者，以	在圣明的君王统治下，百姓不挨饿受冻，这并非是因为君王能亲自种粮食给他们吃，织布匹给他们穿，而是由于他能给人民开辟财源。所以尽管唐尧、夏禹之时有过九年的水灾，商汤之时有过七年的旱灾，但国内没有因饥饿而死

畜积多而备先具也。

今海内为一，土地人民之众不避禹、汤，加以亡天灾数年之水旱，而畜积未及者，何也？地有余利，民有余力，生谷之土未尽垦，山泽之利未尽出也，游食之民未尽归农也。民贫，则奸邪生。贫生于不足，不足生于不农，不农则不地著，不地著则离乡轻家，民如鸟兽，虽有高城深池，严法重刑，犹不能禁也。

夫寒之于衣，不待轻暖；饥之于食，不待甘旨；饥寒至身，不顾廉耻。人情，一日不再食则饥，终岁不制衣则寒。夫腹饥不得食，肤寒不得衣，虽慈母不能保其子，君安能以有其民哉？明主知其然也，故务民于农桑，薄赋敛，广畜积，以实仓廪，备水旱，故民可得而有也。

的人，这是因为贮藏积蓄的东西多，事先早已做好了准备。

现在全国统一，土地之大，人口之多，不亚于汤、禹之时，又没有连年的水旱灾害，但积蓄却不如汤、禹之时，这是什么道理呢？原因在于土地还有潜力，百姓还有余力，能长谷物的土地还没全部开垦，山林湖沼的资源尚未完全开发，游手好闲之徒还没全都回乡务农。百姓生活贫困了，就会去做邪恶的事。贫困是由于不富足，不富足是由于不务农，不从事农业就不能在一个地方定居下来，不能定居就会离开乡土，轻视家园，像鸟兽一样四处奔散。这样的话，国家即使有高大的城墙，深险的护城河，严厉的法令，严酷的刑罚，还是不能禁止他们。

受冻的人对衣服，不要求轻暖；挨饿的人对于食物，不要求香甜可口；饥寒到了身上，就顾不上廉耻了。人之常情是：一天不吃两顿饭就要挨饿，整年不做衣服穿就会受冻。那么，肚子饿了没饭吃，身上冷了无衣穿，即使是慈母也不能留住她的儿子，国君又怎能保有他的百姓呢？贤明的君主懂得这个道理，所以让人民从事农业生产，减轻他们的赋税，大量贮备粮食，以便充实仓库，防备水旱灾荒，因此也就能够拥有人民。

百姓呢，在于君主用什么办法来

民者，在上所以牧之，趋利如水走下，四方无择也。夫珠玉金银，饥不可食，寒不可衣，然而众贵之者，以上用之故也。其为物轻微易藏，在于把握，可以周海内而无饥寒之患。此令臣轻背其主，而民易去其乡，盗贼有所劝，亡逃者得轻资也。粟米布帛，生于地，长于时，聚于力，非可一日成也。数石之重，中人弗胜，不为奸邪所利；一日弗得而饥寒至。是故明君贵五谷而贱金玉。

今农夫五口之家，其服役者不下二人，其能耕者不过百亩，百亩之收不过百石。春耕，夏耘，秋获，冬藏，伐薪樵，治官府，给徭役。春不得避风尘，夏不得避暑热，秋不得避阴雨，冬不得避寒冻，四时之间，无日休息。又私自送往迎来，吊死问疾，养孤长幼在其

管理他们，他们追逐利益就像水往低处流一样，不管东南西北。珠玉金银这些东西，饿了不能当饭吃，冷了不能当衣穿；然而人们还是看重它，是由于君主使用它们的缘故。珠玉金银这些物品，轻便小巧，容易收藏，拿在手里，可以周游全国而无饥寒的威胁。这就会使臣子轻易地背弃他的君主，而百姓也随便地离开家乡，盗贼受到了鼓励，犯法逃亡的人有了便于携带的财物。粟米和布帛的原料生在地里，在一定的季节里成长，收获也需要人力，并非短时间内可以成事。几石重的粮食，一般人拿不动它，也不为奸邪的人所贪图；可是这些东西一天得不到就要挨饿受冻。因此，贤明的君主重视五谷而轻视金玉。

现在农户中一家如果有五口人，当中去服徭役的，就有两个以上；能耕作的田地，却不超过一百亩；这一百亩地所能收的粮食，也没有超过一百石。他们春天耕地，夏天耘田，秋天收获，冬天储藏，还得砍木柴，修理官府的房舍，服劳役；春天不能避风尘，夏天不能避暑热，秋天不能避阴雨，冬天不能避寒冻，一年四季，没有一天休息；在私人方面，又要交际往来，吊唁死者，看望病人，抚养孤老，养育幼儿，一切费用都要从农业收入中开支。农民如此辛苦，还要遭受水旱灾害，官府又要急征暴敛，征收赋税没有一定的时候，早

中。勤苦如此，尚复被水旱之灾，急政暴虐，赋敛不时，朝令而暮改。当具有者半贾而卖，亡者取倍称之息，于是有卖田宅、鬻子孙以偿债者矣。而商贾大者积贮倍息，小者坐列贩卖，操其奇赢，日游都市，乘上之急，所卖必倍。故其男不耕耘，女不蚕织，衣必文采，食必粱肉；亡农夫之苦，有阡陌之得。因其富厚，交通王侯，力过吏势，以利相倾；千里游敖，冠盖相望，乘坚策肥，履丝曳缟。此商人所以兼并农人，农人所以流亡者也。今法律贱商人，商人已富贵矣；尊农夫，农夫已贫贱矣。故俗之所贵，主之所贱也；吏之所卑，法之所尊也。上下相反，好恶乖迕，而欲国富法立，不可得也。方今之务，莫若使民务农而已矣。欲民务农，在于贵粟，贵粟之

上下令，晚上就改了。交赋税的时候，有粮食的人，半价贱卖后完税；没有粮食的人，只好以加倍的利息借债纳税；于是就出现了卖田地房屋、卖妻子儿女来还债的事情。而那些商人们，大的囤积货物，获取加倍的利息；小的商贩摆摊设市，拿着他的物资，在街上转悠打听行情。他们每日都去集市游逛，趁政府急需货物的机会，所卖物品的价格就成倍抬高。所以商人家中男的不必耕地耘田，女的不用养蚕织布，穿的必定是华美的衣服，吃的必定是上等米和肉；没有农夫的劳苦，却占有非常丰厚的利润。依仗自己富厚的钱财，与王侯结交，势力超过官吏，凭借资产相互倾轧；他们遨游各地，冠服和车盖相望不绝，乘着坚固的车子，赶着肥壮的马，脚踏丝靴，身披绸袍。这就是商人兼并农民土地，农民流亡在外的原因。当今虽然法律轻视商人，而商人实际上已经富贵了；法律尊重农民，而农民事实上却已贫贱了。所以一般俗人所看重的，正是君主所轻贱的；一般官吏所鄙视的，正是法律所尊重的。上下相反，好恶颠倒，在这种情况下，要想使国家富裕，法令实施，那是不可能的。

当今的迫切任务，没有比使人民务农更为重要的了。而要想使百姓从事农业，关键在于抬高粮价；抬高粮价的办法，在于让百姓拿粮食来求赏或免罚。

道，在于使民以粟为赏罚。今募天下入粟县官，得以拜爵，得以除罪。如此，富人有爵，农民有钱，粟有所渫。夫能入粟以受爵，皆有余者也。取于有余，以供上用，则贫民之赋可损，所谓损有余、补不足，令出而民利者也。顺于民心，所补者三：一曰主用足，二曰民赋少，三曰劝农功。今令民有车骑马一匹者，复卒三人。车骑者，天下武备也，故为复卒。神农之教曰："有石城十仞，汤池百步，带甲百万，而亡粟，弗能守也。"以是观之，粟者，王者大用，政之本务。令民入粟受爵，至五大夫以上，乃复一人耳，此其与骑马之功相去远矣。爵者，上之所擅，出于口而无穷；粟者，民之所种，生于地而不乏。夫得高爵也免罪，人之所甚欲也。使天下人入粟于边，以受爵免罪，

现在应该号召天下百姓交粮给政府，纳粮的可以封爵，或赎罪；这样，富人就可以得到爵位，农民就可以得到钱财，粮食就不会囤积而得到流通。那些能交纳粮食得到爵位的，都是富有产业的人。从富有的人那里得到货物来供政府用，那么贫苦百姓所担负的赋税就可以减轻，这就叫作拿富有的去补不足的，法令一颁布百姓就能够得益。依顺百姓心愿，有三个好处：一是君主需要的东西充足，二是百姓的赋税减少，三是鼓励从事农业生产。按现行法令，民间能输送一匹战马的，就可以免去三个人的兵役。战马是国家战备所用，所以可以使人免除兵役。神农氏曾教导说："有七八丈高的石砌城墙，有百步之宽贮满沸水的护城河，上百万全副武装的兵士，然而没有粮食，那是守不住的。"这样看来，粮食是君王最需要的资财，是国家最根本的政务。现在让百姓交粮买爵，封到五大夫以上，才免除一个人的兵役，这与一匹战马的功用相比差得太远了。赐封爵位，是皇上专有的权力，只要一开口，就可以无穷无尽地封给别人；粮食，是百姓种出来的，生长在土地中而不会缺乏。能够封爵与赎罪，是人们十分向往的。假如叫天下百姓都献纳粮食，用于边塞，以此换取爵位或赎罪，那么不用三年，边地粮食必定会多起来。

不过三岁，塞下之粟必多矣。陛下幸使天下人粟塞下以拜爵，甚大惠也。窃窃恐塞卒之食不足用，大渫天下粟。边食足以支五岁，可令入粟郡县矣；足支一岁以上，可时赦，勿收农民租。如此，德泽加于万民，民俞勤农。时有军役，若遭水旱，民不困乏，天下安宁；岁孰且美，则民大富乐矣。

陛下降恩，让天下人输送粮食去边塞，以授给爵位，这是对百姓的很大恩德。我私下担忧边塞驻军的粮食不够吃，所以让天下的粮食大批流入边塞。如果边塞积粮足够使用五年，就可以让百姓向内地各郡县输送粮食了；如果郡县积粮足够使用一年以上，可以随时下诏书，不收农民的土地税。这样，陛下的恩德雨露普降于天下万民，百姓就会更积极地投身农业生产，即使有时有军役，抑或者遭遇洪水干旱，百姓生活也不会穷困匮乏，天下仍会平静安宁；年成丰熟，天下就会十分富庶安乐了。

文化常识第095讲

神农 就是炎帝,是中国上古时期姜姓部落的首领。相传炎帝长着人的身躯,却长了一个牛头。他亲自尝百草,用各种草药给百姓治病。他还制作翻土的农具,教百姓开垦荒地,种植粮食作物。他带领百姓制造出了饮食用的陶器和炊具。炎帝与黄帝一起被尊奉为中华民族的人文初祖,我们都是炎黄子孙。

常用字第095讲

❶ <副>别;不要。表示禁止或劝阻。《寡人之于国也》:"百亩之田,勿夺其时,数口之家,可以无饥矣。"

❷ <副>不,表示对动作的否定。《廉颇蔺相如列传》:"欲勿予,即患秦兵之来。"

语法常识第095讲

词类活用:形容词作名词【坚、肥】 "冠盖相望,乘坚策肥,履丝曳缟"一句中"坚"和"肥"本义为"坚固"和"肥壮",都是形容词,在这里活用作名词,意为"坚固的车子""肥壮的马"。翻译为:冠服和车盖相望不绝,乘着坚固的车子,赶着肥壮的马,脚踏丝靴,身披绸袍。

狱中上梁王书
——一封救命的信

●《古文观止》有故事

邹阳是西汉文学家,他曾在吴王刘濞那里做门客。他主张国家统一,反对分裂,所以,当他察觉到吴王想要叛乱时,就写了一篇《上书吴王》极力劝阻。但是吴王听不进去。邹阳只得离开了吴国,投奔了梁孝王(即梁王)。

后来,吴王联合其他六国发动叛乱,最终被打败,自己也丢了性命。

梁孝王刘武是汉景帝的弟弟,窦太后宠爱的小儿子。有一次梁孝王到京城朝见,和哥哥一起喝酒。当时景帝还没有立太子,闲聊中随口说道:"我千秋万岁之后,将传位给你。"梁孝王和窦太后母子俩心中一阵狂喜,把这句玩笑话记在了心里。

吴王刘濞作乱时,梁孝王坚定地支持朝廷,抵御叛军,为维护汉王朝的统一立下了大功,再加上有窦太后的宠爱,得到了数不清的赏赐。景帝又授予他天子旌旗,出行仪仗跟天子差不多,威风无比。

汉景帝早忘了那句玩笑话,先立了皇子刘荣为太子,后来又废掉。窦太后趁机想让刘武做继承人,遭到了袁盎(àng)和一班大臣们的反对。接着,汉景帝立了另一个皇子刘彻为太子,梁孝王的皇帝梦彻底破灭了。他恨死了袁盎等人,于是和羊胜、公孙诡等人谋划,暗中派人刺杀了袁盎和几位大臣。

他们商议要刺杀袁盎的时候,邹阳不同意,极力劝阻。羊胜、公孙诡本来就嫉妒邹阳的才能,趁此机会在梁孝王面前说他的坏话。梁王一气之下,把邹阳关进了监狱。

眼看性命不保,清白的名声也要受损,邹阳不能坐以待毙,就写了这篇

《狱中上梁王书》，为自己辩白。文章列举了大量史实，刻画了一个个面对死亡不盲从、不苟合的人物形象，揭示了君王沉迷于阿谀奉承中很危险，而任用忠贞诚信的大臣则会兴盛的道理。

梁孝王读了这封信后，立即释放了邹阳。

一封充盈着凛然正气的信，救了他自己一条命，也让后人看到了铮铮铁骨的邹阳！

逐字逐句学古文

原文	译文
zōu yáng cóng liáng xiào wáng yóu yáng wéi rén 邹阳从梁孝王游。阳为人 yǒu zhì lüè kāng kǎi bù gǒu hé jiè yú yáng shèng 有智略，慷慨不苟合，介于羊胜、	邹阳跟随梁孝王做谋士。邹阳为人有智谋和才略，性格慷慨，不屈就

公孙诡之间。胜等疾阳，恶之孝王。孝王怒，下阳吏，将杀之。阳乃从狱中上书，曰：

"臣闻'忠无不报，信不见疑'，臣常以为然，徒虚语耳。昔荆轲慕燕丹之义，白虹贯日，太子畏之；卫先生为秦画长平之事，太白食昴，昭王疑之。夫精变天地，而信不谕两主，岂不哀哉！今臣尽忠竭诚，毕议愿知，左右不明，卒从吏讯，为世所疑。是使荆轲、卫先生复起，而燕、秦不寤也。愿大王熟察之。

"昔玉人献宝，楚王诛之；李斯竭忠，胡亥极刑。是以箕子阳狂，接舆避世，恐遭此患也。愿大王察玉人、李斯之意，而后楚王、胡亥之听，毋使臣为箕子、接舆所笑。臣闻比干剖心，子胥鸱夷，臣始不信，乃今知之。愿大王熟察，少加

求全，地位与羊胜、公孙诡相当。羊胜等人嫉恨邹阳，在梁孝王面前说他的坏话。梁孝王很生气，就把邹阳交给司法官吏议罪，准备杀掉他。邹阳从监狱里上书给梁孝王，写道：

"微臣听说'忠心不会得不到报答，诚实不会遭到怀疑'，臣子曾经以为是这样，却只不过是空话罢了。从前荆轲仰慕燕太子丹的义气，以至感动上天出现了白虹横贯太阳的景象，太子丹却不放心他；卫先生为秦国策划趁长平之胜灭赵的计划，上天呈现太白星进入昴宿的吉相，秦昭王却怀疑他。精诚使天地出现了变异，忠信却得不到两位主子的理解，难道不可悲吗？现在微臣尽忠竭诚，说出全部见解希望您了解，大王左右的人却不明白，结果使我遭到狱吏的审讯，被世人怀疑。这是让荆轲、卫先生重生，而燕太子丹、秦昭王仍然不觉悟啊。希望大王深思明察。

"从前卞和献宝，楚王砍掉他的脚；李斯尽忠，秦二世处他以极刑。因此箕子装疯，接舆隐居，是怕遭受这类祸害啊。希望大王看清卞和、李斯的本心，置楚王、秦二世的偏听于脑后，不要使微臣被箕子、接舆笑话。微臣听得比干被开膛破心，伍子胥死后被裹在马皮囊里扔进钱塘江，微臣原先不相信，今天才清楚了。希望大

怜焉！

"语曰：'有白头如新，倾盖如故。'何则？知与不知也。故樊於期逃秦之燕，借荆轲首以奉丹事；王奢去齐之魏，临城自刭，以却齐而存魏。夫王奢、樊於期非新于齐、秦而故于燕、魏也，所以去二国、死两君者，行合于志，慕义无穷也。是以苏秦不信于天下，为燕尾生；白圭战亡六城，为魏取中山。何则？诚有以相知也。苏秦相燕，人恶之燕王，燕王按剑而怒，食以駃騠；白圭显于中山，人恶之于魏文侯，文侯赐以夜光之璧。何则？两主二臣，剖心析肝相信，岂移于浮辞哉！

"故女无美恶，入宫见妒；士无贤不肖，入朝见嫉。昔司马喜膑脚于宋，卒相中山；范雎拉胁折齿于魏，卒为应侯。此二人者，皆信

王深思明察，稍加怜惜。

"俗话说：'有相处到老还是陌生的，也有停车交谈一见如故的。'为什么？关键在于理解和不理解啊。所以樊於期从秦国逃到燕国，将自己的头交给荆轲来帮助太子丹的事业；王奢离开齐国投奔魏国，亲上城楼自杀来退齐军以保存魏。王奢、樊於期并非对齐、秦陌生而对燕、魏有久远的关系，他们离开前两个国家，为后两个国君效死，是因为他们与燕太子丹和魏君行为与志向相合，无限地仰慕对方的仁义。因此苏秦不被天下各国信任，却为燕国守信而亡；白圭为中山国作战连失六城，到了魏国却能为魏攻取中山国。为什么？确实是因为有了君臣间的相知啊。苏秦做燕相时，有人向燕王说他坏话，燕王按着剑把发怒，用贵重的马肉给苏秦吃。白圭攻取中山国后很显贵，有人向魏文侯说他坏话，魏文侯赐给白圭夜光璧。为什么？两个君主两个臣子，互相敞开心扉、肝胆相照，岂能被不实之词所改变呢！

"所以女子无论美不美，一进了宫都会遭到嫉妒；士无论贤不贤，一入朝廷都会遭到排挤。从前司马喜在宋国受膑刑，后来到中山国做了相；范雎在魏国被打断了肋骨敲折了牙齿，后来到秦国却封为应侯。这两个人，

必然之画，捐朋党之私，挟孤独之交，故不能自免于嫉妒之人也。是以申徒狄蹈雍之河，徐衍负石入海，不容于世，义不苟取比周于朝，以移主上之心。故百里奚乞食于道路，缪公委之以政；宁戚饭牛车下，桓公任之以国。此二人者，岂素宦于朝，借誉于左右，然后二主用之哉？感于心，合于行，坚如胶漆，昆弟不能离，岂惑于众口哉？故偏听生奸，独任成乱。昔鲁听季孙之说逐孔子，宋任子冉之计囚墨翟。夫以孔、墨之辩，不能自免于谗谀，而二国以危。何则？众口铄金，积毁销骨也。秦用戎人由余而伯中国，齐用越人子臧而强威、宣。此二国岂系于俗，牵于世，系奇偏之浮辞哉？公听并观，垂明当世。故意合则胡越为兄弟，由余、子臧是矣；不

都自信一定会成功地筹划，丢弃拉帮结派的私情，依仗单枪匹马的交往，所以不可避免会受到别人的嫉妒。因此申徒狄自沉雍水漂入黄河，徐衍背负石头跳进大海，他们与世俗不相容，坚持操守而不肯苟且结伙在朝廷里改变君主的主意。所以百里奚在路上讨饭，秦穆公把国政托付给他；宁戚在车下喂牛，齐桓公委任他治国。这两个人，难道是向来在朝廷里做官，靠了左右亲信说好话，然后两位君主才重用他们的吗？心相感应，行动相符合，牢如胶漆，兄弟都不能离间他们，难道众人的嘴就能迷惑他们吗？所以偏听会产生奸邪，独断独行会造成祸患混乱。从前鲁国听信了季孙的坏话赶走了孔子，宋国采用了子冉的诡计囚禁了墨翟。凭孔子、墨翟的口才，还免不了受到谗言谀语的中伤，而鲁、宋两国则陷于危险的境地。为什么？众人的嘴足以使金子熔化，积年累月的诽谤足以使骨骸销蚀啊。秦国任用了戎人由余而称霸于中原，齐国用了越人子臧而威王、宣王两代强盛一时。这两个国家难道受俗见的束缚，被世人所牵制，为奇邪偏颇的不实之词所左右吗？只要听取各种意见，全面地观察，就能建立当世的英明政治。所以心意相合就是胡人越人也可以视为兄弟，由余、子臧就是例子；心意不

合则骨肉为仇敌，朱、象、管、蔡是矣。今人主诚能用齐、秦之明，后宋、鲁之听，则五伯不足侔，而三王易为也。

"是以圣王觉寤，捐子之之心，而不说田常之贤，封比干之后，修孕妇之墓，故功业覆于天下。何则？欲善无厌也。夫晋文亲其仇，强伯诸侯；齐桓用其仇，而一匡天下。何则？慈仁殷勤，诚加于心，不可以虚辞借也。

"至夫秦用商鞅之法，东弱韩、魏，立强天下，卒车裂之；越用大夫种之谋，禽劲吴而伯中国，遂诛其身。是以孙叔敖三去相而不悔，於陵子仲辞三公为人灌园。今人主诚能去骄傲之心，怀可报之意，披心腹，见情素，堕肝胆，施德厚，终与之穷达，无爱于士，则桀之犬可使吠尧，跖之客可使刺由。

合就是亲骨肉也可以成为仇敌，丹朱、象、管叔、蔡叔就是例子。现在人主要是真能采取齐国、秦国的明智立场，置宋国、鲁国的偏听偏信于脑后，那么五霸将难以相比，三王也是容易做到的啊。

"因此圣明的君王能够省悟，抛弃子之那种'忠心'，不喜欢田常那种'贤能'，像周武王那样封赏比干的后人，为遭纣王残害的孕妇修墓，所以功业才覆盖天下。为什么？因为他们的向善之心永无满足。晋文公亲近往日的仇人，终于称霸于诸侯；齐桓公任用过去的敌对者，从而成就一匡天下的霸业。为什么？因为他们慈善仁爱情意恳切，心地真诚，不是用虚假的言辞能替代的。

"至于秦国采用商鞅的变法，东边削弱韩、魏，顿时强盛于天下，结果却把商鞅五马分尸了；越王采用大夫文种的策略，征服了强劲的吴国而称霸于中原，最后却逼迫大夫种自杀了。因此孙叔敖三次从楚国离开相位也不后悔，於陵子仲推辞掉三公的聘任去为人浇灌菜园。当今的君主真要能够去掉骄傲之心，怀着令人愿意报效的诚意，坦露心胸，露出真情，披肝沥胆，厚施恩德，始终与人同甘苦，待人无所客惜，那么夏桀的狗也可叫它冲着尧狂吠，盗跖的部下也可以叫

何况因万乘之权，假圣王之资乎！然则荆轲湛七族，要离燔妻子，岂足为大王道哉！

"臣闻明月之珠，夜光之璧，以暗投人于道，众莫不按剑相眄者。何则？无因而至前也。蟠木根柢，轮囷离奇，而为万乘器者，以左右先为之容也。故无因而至前，虽出随珠和璧，祇怨结而不见德；有人先游，则枯木朽株，树功而不忘。今夫天下布衣穷居之士，身在贫羸，虽蒙尧、舜之术，挟伊、管之辩，怀龙逢、比干之意，而素无根柢之容，虽竭精神，欲开忠于当世之君，则人主必袭按剑相眄之迹矣。是使布衣之士不得为枯木朽株之资也。

"是以圣王制世御俗，独化于陶钧之上，而不牵乎卑乱之语，不夺乎众多之口。故秦皇帝任中

他去行刺许由，何况凭着君主的权势，借着圣王的地位呢！这样看来，荆轲的七族被秦王所灭，要离烧死妻子儿女，难道还值得对大王细说吗？

"微臣听说明月珠、夜光璧，在路上暗中投掷给人，人们没有不按着剑柄斜看的。为什么？是因为无缘无故来到面前啊。弯木头、老树桩，屈曲得怪模怪样，倒能够成为君主的用具，是靠了君主身边的人先给它雕琢装饰一番了呀。所以无依无靠来到面前，即使献出随侯珠、和氏璧，也只能遭忌结怨而不会受到好报；有人先说好话，那枯木朽枝也会立下功勋而令人难忘。当今天下平民出身、家境贫穷的士人，即使胸中藏着尧、舜的方略，拥有伊尹、管仲的辩才，怀着关龙逢、比干的忠诚，可是从来没有像老树桩子那种经过雕琢，虽然尽心竭力，想要向当世的君主打开一片忠贞之心，那么君主一定要重蹈按着剑柄斜看的覆辙了。这就使平民出身的士人连枯木朽株的待遇也得不到了啊。

"因此圣明的君主统治世俗，要像陶工在转盘上制造陶器一样独自操作，而不被讨好奉承的话牵着鼻子走，不因众说纷纭而改变主张。所以秦始皇听信了中庶子蒙嘉的话，因而相信了荆轲，而暗藏的匕首出现了；周文王出猎于泾水渭水之间，得到吕尚同车

庶子蒙嘉之言以信荆轲，而匕首窃发；周文王猎泾渭，载吕尚归以王天下。秦信左右而亡，周用乌集而王。何则？以其能越挛拘之语，驰域外之议，独观乎昭旷之道也。今人主沉谄谀之辞，牵帷廧之制，使不羁之士与牛骥同皂，此鲍焦所以愤于世也。

"臣闻盛饰入朝者不以私污义，砥厉名号者不以利伤行。故里名'胜母'，曾子不入；邑号'朝歌'，墨子回车。今欲使天下寥廓之士笼于威重之权，胁于位势之贵，回面污行，以事谄谀之人，而求亲近于左右，则士有伏死堀穴岩薮之中耳，安有尽忠信而趋阙下者哉！"

而回，从而取得了天下。秦轻信左右而灭亡，周任用素不相识的人而成王。为什么？因为文王能越过狭隘偏执的言论，使不受任何局限的议论发表，自己看到光明正大的道理。当今君主陷在阿谀奉承的包围之中，受到妃妾近侍的牵制，使思想不受陈规拘束的人才与牛马同槽，这就是鲍焦所以愤世嫉俗的原因。

"微臣听说穿戴着华美服饰进入朝廷的人不用私心去玷污节操，修身立名的人不为私利去败坏行止。所以里间以'胜母'为名，曾子以不合孝道就不肯进入；都邑以'朝歌'为名，墨子以不合自己主张就回车而行。现在要使天下有远大气度的人才受到威重的权势的囚禁，受到尊位显贵的胁迫，转过脸去自毁操行，来侍奉进谗阿谀的小人，而求得亲近君主的机会，那么，士人只有隐伏老死在山洞草泽之中罢了，哪还会有竭尽忠信投奔君主的人呢！"

文化常识第096讲

车裂 本文中提到商鞅死后尸体被车裂。车裂是古代一种酷刑,把人的头和四肢分别绑在五辆车上,套上马向五个方向拉,把人的身体硬生生地撕裂。也叫五马分尸。春秋战国时,这种酷刑使用得很普遍。有些仁义之士认识到这种刑罚太过残酷,主张废除。孔子的后代孔穿就曾经劝说过齐王,齐王也听从了,不再使用车裂。但是车裂仍然没有废止,历朝历代仍然会使用。

常用字第096讲

❶ <动>退;后退。《廉颇蔺相如列传》:"相如因持璧却立。"
❷ <动>打退;击退。《六国论》:"后秦击赵者再,李牧连却之。"
❸ <动>推却;推辞;拒绝。李斯《谏逐客书》:"王者不却众庶。"
❹ <动>去;去掉。聂夷中《伤田家》:"医得眼前疮,剜却心头肉。"
❺ <动>回头。《孔雀东南飞》:"却与小姑别,泪落连珠子。"
❻ <副>再;重;又。《闻官军收复河南河北》:"却看妻子愁何在。"
❼ <副>通"恰",刚刚。《长亭送别》:"却告了相思回避,破题儿又早别离。"

语法常识第096讲

被动句:乎 被动句中有一类用"乎"来表示被动。本文"而不牵乎卑乱之语,不夺乎众多之口"一句中"乎"就是表示"被"。翻译为:不被讨好奉承的话牵着鼻子走,不因众说纷纭而改变主张。

上书谏猎

——君子避危于无形

司马相如

《古文观止》有故事

司马相如是西汉时期的辞赋家。他小时候叫犬子,长大后因为仰慕战国时期赵国名相蔺相如,改名为司马相如。少年时代的他喜欢读书练剑,二十多岁时用钱换了个官职,但是并不满意。

后来,他认识了邹阳、枚乘等辞赋家,便去投奔了梁王刘武,写了著名的《子虚赋》。梁王很喜欢,汉景帝却不喜欢。

景帝去世后,汉武帝即位。当他读到《子虚赋》,还以为是古人的作品,

不由得连连叹息:"不能与作者同时代,见不到他太遗憾了!"当时侍奉在皇帝身边的杨得意是蜀人,赶紧告诉皇帝:"作者是我的老乡司马相如。"刘彻大喜过望,马上宣召司马相如进京。

司马相如见过汉武帝后,又写了一篇《上林赋》。刘彻读了这篇赋,马上封他做了郎官(君主的侍从官)。汉武帝喜欢游猎,常常亲自捕猎猛兽。作为侍从官,司马相如很担心,写了《上书谏猎》劝阻皇帝要以国家为重,不要冒险打猎。

司马相如不只是会写赋,他还胸怀天下,有很强的办事能力。

公元前135年,唐蒙奉命去打通西南夷的道路,征调数千名巴蜀官吏和百姓。巴蜀百姓惊恐不安,汉武帝派司马相如去责备唐蒙,安抚百姓。司马相如发布了一张《喻巴蜀檄》的公告,恩威并施,安抚了百姓。

后来,他再次奉命出使,平定了西夷。邛(qióng)、筰(zuó)等少数民族的君长都臣服了汉朝。于是他命人拆除旧有的关卡,开通了灵关道,在孙水上建桥,直通邛、筰等地,拓宽了疆域。他的这些措施遭到了当地士绅的反对,于是他又写了一篇《难蜀父老》,以问答的形式,陈述开拓疆域、与少数民族交好的必要性,成功地说服了众人,为开发西南边疆做出了贡献。

公元前118年,司马相如生了病。病重之时,汉武帝还惦记着他的赋,生怕他死后都弄丢了,派人去取。使者到的时候,司马相如已经去世了。

他的辞赋留了下来。他为国家做出的贡献,也留在了后人的记忆里。

逐字逐句学古文

原文	译文
"臣闻物有同类而殊能者,故力称乌获,捷言庆忌,勇期贲、	"臣子听说物有族类相同而能力不一样的,所以论力气要称誉乌获,谈速度要说起庆忌,说勇敢要数到孟贲、夏

育。臣之愚,窃以为人诚有之,兽亦宜然。今陛下好陵阻险,射猛兽,卒然遇逸材之兽,骇不存之地,犯属车之清尘,舆不及还辕,人不暇施巧,虽有乌获、逢蒙之技不得用,枯木朽株尽为难矣。是胡、越起于毂下,而羌、夷接轸也,岂不殆哉!虽万全而无患,然本非天子之所宜近也。

"且夫清道而后行,中路而驰,犹时有衔橛之变。况乎涉丰草,骋丘墟,前有利兽之乐,而内无存变之意,其为害也不难矣!夫轻万乘之重,不以为安,乐出万有一危之涂以为娱,臣窃为陛下不取。

"盖明者远见于未萌,而知者避危于无形,祸固多藏于隐微而发于人之所忽者也。故鄙谚曰:'家累千金,坐不垂堂。'此言虽小,可以喻大。臣愿陛下留意幸察。"

育。臣子愚蠢,私下认为人确实有这种力士勇士,兽类也应该是这样。现在陛下喜欢登险峻难行之处,射猎猛兽,要是突然遇到特别凶猛的野兽,它们因无藏身之地而惊起,冒犯了圣驾车骑的正常前进,车子来不及掉头,人来不及随机应变,即使有乌获、逢蒙的技术也施展不开,枯树朽枝全都成了障碍。这就像胡人越人从车轮下窜出,羌人夷人紧跟在车子后面,岂不危险啊!即使预备周全不会有危险,但这类事本来不是皇上应该接近的啊。

"况且清扫了道路而后行车,沿着大路的正中奔驰,尚且不时会出现拉断了马嚼子、滑出了车钩心之类的事故。何况在密层层的草丛里穿过,在小丘土堆里奔驰,前面有猎获野兽的快乐在引诱,内心里却没有应付事故的准备,这样造成祸害也就不难了。不以天子身份为重,不安于此,乐于外出到可能发生的危险道路上去以为有趣,微臣以为陛下这样不可取。

"聪明的人在事端尚未萌生时就能预见到,智慧的人在危险还未露头时就能避开它,灾祸本来就多藏在隐蔽细微之处,而暴发在人忽视它的时候。所以俗语说:'家里积聚了千金,就不坐在近屋檐的地方。'这说的虽是小事,却可以引申到大的问题上。微臣希望陛下留意明察。"

文化常识第097讲

乌获 战国时期秦国的大力士。他力气很大,据记载能举起千钧之重。他很幸运,生活在秦武王时期。秦武王喜欢举重,所以乌获受到重用,被封了大官。武王就是因为逞强举鼎受伤而死的。汉代时,在长安的力技节目中,有一项举重表演就叫作"乌获扛鼎",可见举鼎对后代举重运动的影响。

常用字第097讲

❶ <形>危险。《谋攻》:"知己知彼,百战不殆。"
❷ <副>近于;几乎。《六国论》:"且燕赵处秦革灭殆尽之际。"
❸ <副>大概;恐怕。《石钟山记》:"郦元之所见闻,殆与余同。"
❹ <形>通"怠",懈怠;懒惰。《商君书·农战》:"农者殆则土地荒。"

语法常识第097讲

词类活用:名词作状语【中路】 "且夫清道而后行,中路而驰"一句中"中路"本义为"大路的正中",是名词,在这里活用作状语,意为"沿着大路的正中",修饰"驰"。翻译为:况且清扫了道路而后行车,沿着大路的正中奔驰。

答苏武书
——不是我想终老蛮夷

李陵

《古文观止》有故事

苏武是西汉时期杰出的外交家。汉武帝时期,汉朝和匈奴多次开战。匈奴扣留了十几批汉朝使臣,汉朝也扣留了匈奴使节。

公元前100年,且鞮(jū dī)侯单(chán)于即位,想和汉朝交好,送回了扣留的汉使。汉武帝也派苏武护送被扣留的匈奴使臣回国,答谢单于。苏武完成使命,正准备回国的时候,匈奴发生内乱,副使张胜卷入其中,牵连了苏武。苏武被单于扣留。

单于逼苏武投降，苏武誓死不降，拔刀自杀。单于钦佩他的气节，马上找来医生，苏武被救活了。汉朝降将卫律再次来劝降苏武："我归顺了匈奴，才有了今天的富贵。你不投降，可就要死了！"苏武大骂："你背主投降，不以为耻反以为荣！何况单于信任你，你却要挑起两个国家的仇恨。你明知道我不会投降，杀了我，就会引起两国的战争，匈奴的灭亡还会远吗？"

苏武越坚决，单于越敬重他，就越想让他投降。于是就把苏武关进一个大地窖(jiào)里，不给吃喝。这时候，天降大雪，苏武就嚼着毡毛和着雪水吞下，活了下来。单于又把他赶到北海（今贝加尔湖）牧羊，说等公羊下了小羊才能回国。

李陵兵败投降后，到北海去看望苏武，劝他投降。苏武说："你如果再劝我投降，我就死在你的面前！"李陵叹息道："你真是忠臣义士呀，我和卫律都是罪人呀！"

公元前81年，汉朝派人来迎接苏武回国。他回国后，奉皇帝之命给李陵写信，劝他回国。李陵写了这封《答苏武书》，诉说当年战争的惨烈，自己孤立无援、不得以投降的苦衷，以及汉王朝对功臣刻薄寡恩，辜负了自己的忠心。最后表明态度：自己回不去了。

想来，李陵应该是钦佩并且羡慕苏武的吧？

逐字逐句学古文

原文	译文
子卿足下(zǐ qīng zú xià)： 勤宣令德(qín xuān lìng dé)，策名清时(cè míng qīng shí)，荣问休(róng wén xiū)畅(chàng)，幸甚(xìng shèn)，幸甚(xìng shèn)！ 远托异国(yuǎn tuō yì guó)，昔人所悲(xī rén suǒ bēi)，望风怀(wàng fēng huái)	子卿足下： 　　您辛勤地宣扬美德，在太平盛世当官，美名流传于四方，真是值得庆幸啊！ 　　我流落在远方异国，这是前人所

想，能不依依！昔者不遗，远辱还答，慰诲勤勤，有逾骨肉，陵虽不敏，能不慨然！

自从初降，以至今日，身之穷困，独坐愁苦。终日无睹，但见异类。韦韝毳幕，以御风雨；膻肉酪浆，以充饥渴。举目言笑，谁与为欢？胡地玄冰，边土惨裂，但闻悲风萧条之声。凉秋九月，塞外草衰。

感悲痛的。遥望南方，怀念故人，怎能不满含深情？以前承蒙您不弃，从远处赐给我回信，殷勤地安慰、教诲我，超过了骨肉之情。我虽然愚钝，又怎能不感慨万端？

我从投降以来，直到现在，身处艰难困境，一人独坐，愁闷苦恼。整天看不见别的，只见到些异族之人。我戴不惯皮袖套，住不惯毡幕，也只能靠它们来抵御风雨；吃不惯腥膻的肉，喝不惯乳浆，但也只能用它们来充饥解渴。眼看四周，有谁能一起谈笑欢乐呢？胡地结着厚厚的坚冰，边

夜不能寐，侧耳远听，胡笳互动，牧马悲鸣，吟啸成群，边声四起。晨坐听之，不觉泪下。嗟乎子卿！陵独何心，能不悲哉！

与子别后，益复无聊，上念老母，临年被戮；妻子无辜，并为鲸鲵。身负国恩，为世所悲。子归受荣，我留受辱，命也何如！身出礼义之乡，而入无知之俗；违弃君亲之恩，长为蛮夷之域，伤已！令先君之嗣，更成戎狄之族，又自悲矣！功大罪小，不蒙明察，孤负陵心区区之意。每一念至，忽然忘生。陵不难刺心以自明，刎颈以见志，顾国家于我已矣，杀身无益，适足增羞，故每攘臂忍辱，辄复苟活。左右之人，见陵如此，以为不入耳之欢，来相劝勉。异方之乐，只令人悲，增忉怛耳。

嗟乎，子卿！人之相知，贵相

塞上的土被冻得裂开，只听见悲惨凄凉的风声。深秋九月，塞外草木凋零，夜晚不能入睡，侧耳倾听，胡笳声此起彼伏，牧马悲哀地嘶叫，乐曲声和嘶鸣声相混，在边塞的四面响起。清晨坐起来听着这些声音，不知不觉就会流下泪水。唉，子卿，我难道是铁石心肠，能不悲伤吗？

同您分别以后，更加无聊。上念老母，在垂暮之年还被杀戮；妻子、儿女们是无罪的，也一起惨遭杀害。我自己辜负了国家之恩，被世人所悲怜。您回国后享受荣誉，我留此地蒙受羞辱。这是命中注定，有什么办法？我出身于讲究礼义的国家，却进入对礼义茫然无知的社会。背弃了国君和双亲的恩德，终身居住在蛮夷的区域，真是伤心极了！让先父的后代，变成了戎狄的族人，自己怎能不感到悲痛呢？我在与匈奴作战中功大罪小，却没有受到公正的评价，辜负了我微小的诚意，每当想到这里，恍惚之中仿佛失去了对生存的留恋。我不难刺心来表白自己，自刎来显示志向，但国家对我已经恩断义绝，自杀毫无益处，只会增加羞辱。因此常常愤慨地忍受侮辱，就又苟且地活在世上。周围的人，见我这样，用不中听的话来劝告勉励，可是，异国的快乐，只能令人悲伤，增加忧愁罢了。

知心，前书仓卒，未尽所怀，故复略而言之。昔先帝授陵步卒五千，出征绝域。五将失道，陵独遇战，而裹万里之粮，帅徒步之师，出天汉之外，入强胡之域；以五千之众，对十万之军，策疲乏之兵，当新羁之马。然犹斩将搴旗，追奔逐北，灭迹扫尘，斩其枭帅，使三军之士视死如归。陵也不才，希当大任，意谓此时，功难堪矣。

匈奴既败，举国兴师。更练精兵，强逾十万。单于临阵，亲自合围。客主之形，既不相如；步马之势，又甚悬绝。疲兵再战，一以当千，然犹扶乘创痛，决命争首。死伤积野，余不满百，而皆扶病不任干戈，然陵振臂一呼，创病皆起，举刃指虏，胡马奔走。兵尽矢穷，人无尺铁，犹复徒首奋呼，争为先登。当此时也，天地为陵震怒，

嗟，子卿！人们的相互了解，贵在相互知心。前一封信匆忙写成，没有能够充分表达我的心情，所以再做简略叙述。从前先帝授予我步兵五千，出征远方。其他五员将领迷失了道路，我单独与匈奴军遭遇作战，携带着供征战万里的粮草，率领着徒步行军的部队；出了国境之外，进入强胡的疆土；以五千士兵，对付十万敌军；指挥疲惫不堪的队伍，抵挡养精蓄锐的马队。但是，我们依然斩敌将，拔敌旗，追赶败北奔逃的士兵就像抹去脚印、扫除灰尘一样，斩杀其骁勇将领，使我全军将士，都能视死如归。我没有什么能耐，很少担当重任，内心还以为，此时的战功，是其他情况下所难以相比的了。

匈奴兵败后，全国军事动员，又挑选出十万多精兵。单于亲临阵前，指挥对我军的合围。我军与敌军的形势已不相称，步兵与马队的力量更加悬殊。疲兵再战，一人要敌千人，但仍然带伤忍痛，奋勇争先。阵亡与受伤的士兵遍地都是，身边剩下的不满百人，而且都伤痕累累，无法持稳兵器。但是，我只要振臂一呼，重伤和轻伤的士兵都一跃而起，拿起兵器杀向敌人，迫使敌骑逃奔。士兵们兵器耗尽，箭也射完，手无寸铁，还是光着头高呼杀敌，争着冲上前去。在这

战士为陵饮血。单于谓陵不可复得，便欲引还，而贼臣教之，遂使复战，故陵不免耳。

昔高皇帝以三十万众，困于平城。当此之时，猛将如云，谋臣如雨，然犹七日不食，仅乃得免。况当陵者，岂易为力哉？而执事者云云，苟怨陵以不死。然陵不死，罪也。子卿视陵，岂偷生之士而惜死之人哉？宁有背君亲、捐妻子，而反为利者乎？然陵不死，有所为也，故欲如前书之言，报恩于国主耳，诚以虚死不如立节，灭名不如报德也。昔范蠡不殉会稽之耻，曹沫不死三败之辱，卒复勾践之仇，报鲁国之羞，区区之心，窃慕此耳。何图志未立而怨已成，计未从而骨肉受刑，此陵所以仰天椎心而泣血也。

足下又云："汉与功臣不薄。"子为汉臣，安得不云尔乎？昔萧、樊因

时刻，天地好像为我震怒，战士感奋地为我饮泣。单于认为不可能再俘获我，便打算引军班师，不料叛逃的邪臣管敢出卖军情，于是使得单于重新对我作战，而我终于未能免于失败。

以前高皇帝率领三十万大军，被匈奴围困在平城。那时，军中猛将如云，谋臣如雨，然而还是七天断粮，只不过勉强脱身而已。何况像我这样的人，难道就容易有所作为吗？而当权者却议论纷纷，一味怨责我未能以死殉国。不过我未以死殉国，确是罪过；但您看我难道是贪生怕死的小人吗？又哪里会有背离君亲、抛弃妻儿却反而以为对自己有利的人？既然如此，那么，我之所以不死，是因为想有所作为。本来是想如前一封信上所说的那样，要向皇上报恩啊。实在因为徒然死去不如树立名节，身死名灭不如报答恩德。前代范蠡不因会稽山投降之耻而殉国，曹沫不因三战三败之辱而自杀，终于，范蠡为越王勾践报了仇，曹沫为鲁国雪了耻。我一点赤诚心意，就是暗自景仰他们的作为。哪里料到志向没有实现，怨责之声已四起；计划尚未实行，亲人已做刀下之鬼，这就是我面对苍天椎心泣血的原因啊！

您又说道："汉朝给功臣的待遇并不薄。"您是汉朝之臣，怎能不说这种

絷,韩、彭葅醢,晁错受戮,周、魏见辜。其余佐命立功之士,贾谊、亚夫之徒,皆信命世之才,抱将相之具,而受小人之谗,并受祸败之辱,卒使怀才受谤,能不得展。彼二子之退举,谁不为之痛心哉!陵先将军,功略盖天地,义勇冠三军,徒失贵臣之意,刭身绝域之表。此功臣义士所以负戟而长叹者也。何谓"不薄"哉?

且足下昔以单车之使,适万乘之虏。遭时不遇,至于伏剑不顾;流离辛苦,几死朔北之野。丁年奉使,皓首而归;老母终堂,生妻去帷。此天下所希闻,古今所未有也。蛮貊之人,尚犹嘉子之节,况为天下之主乎?陵谓足下当享茅土之荐,受千乘之赏。闻子之归,赐不过二百万,位不过典属国,无尺土之封,加子之勤。而妨功害能之

话?可是,以前萧何、樊哙被拘捕囚禁,韩信、彭越被剁成肉酱,晁错被杀,周勃、魏其侯被判罪处刑。其余辅助汉室立下功劳的人士,如贾谊、周亚夫等人,都确实是当时杰出的人才,具备担任将相的能力,却遭受小人的诽谤,他们都受迫害、屈辱,其事业也告失败。最终使有才之人遭到诋毁,才能无法施展。他们二人的遭遇,谁不为之痛心呢?我已故的祖父李广,身任将军,其功绩略谋盖天地,忠义勇气冠于全军,只是因为不屑迎合当朝权贵的心意,结果在边远的疆场自杀身亡。这就是功臣义士手持兵刃叹息不止的原因。怎么能说待遇"不薄"呢?

您过去凭着单车出使到拥有强兵的敌国,逢上时运不佳,竟至伏剑自刎也不在乎;颠沛流离,含辛茹苦,差点死在北方的荒野。壮年时奉命出使,满头白发而归,老母在家中亡故,妻子也改嫁离去。这是天下很少听到的,古今所没有的遭遇。异族未开化的人,尚且还称赞您的节气,何况是天下的君主呢?我认为您应当享受封领地、赏千乘的诸侯待遇。可是,听说您回国后,赏赐不过二百万,封官不过典属国之职,并没有一尺土的封赏,来奖励您多年来对国家的效忠。而那些排斥功臣、扼杀

臣,尽为万户侯;亲戚贪佞之类,悉为廊庙宰。子尚如此,陵复何望哉?且汉厚诛陵以不死,薄赏子以守节,欲使远听之臣望风驰命,此实难矣,所以每顾而不悔者也。陵虽孤恩,汉亦负德。昔人有言:"虽忠不烈,视死如归。"陵诚能安而主岂复能眷眷乎?男儿生以不成名,死则葬蛮夷中,谁复能屈身稽颡,还向北阙,使刀笔之吏弄其文墨耶?愿足下勿复望陵。

嗟乎,子卿!夫复何言?相去万里,人绝路殊。生为别世之人,死为异域之鬼。长与足下,生死辞矣!幸谢故人,勉事圣君。足下胤子无恙,勿以为念。努力自爱,时因北风,复惠德音。李陵顿首。

人才的朝臣,都成了万户侯;皇亲国戚或逢迎拍马之流,都成了朝廷政权的主宰。您尚且如此,我还有什么希望呢?像这样,汉朝因为我未能死节而施以严厉的惩罚,您坚贞守节又只给予微薄的奖赏,要想叫远方的臣民急切地投奔效命,这实在是难以办到的,所以我常常想到这事却不觉得后悔。我虽然辜负了汉朝的恩情,汉朝对我也寡恩少德。前人说过这样的话:"即使忠诚之心不被世人遍知,也能做到视死如归。"但如果我能够安心死节,皇上难道就能对我有眷顾之情吗?男子汉活着不能成就英名,死了就让他埋葬在异族之中吧,谁还能再弯腰下拜,回到汉廷,听凭那帮刀笔吏舞文弄墨、随意发落呢?希望您不要再盼着我归汉了。

唉,子卿!还有什么话可说呢?相隔万里之遥,人的身份不同,人生道路也迥然相异。活着时是另一世间的人,死后便成了异国的鬼魂。我和您永诀,生死都不得相见了。请代向老朋友们致意,希望他们勉力事奉圣明的君主。您的公子很好,不要挂念。愿您努力自爱,更盼您时常依托北风的方便不断给我来信。李陵顿首。

文化常识第098讲

节 古代出使外国或调兵所持的凭证。节代表皇帝的身份。凡持有节的使臣，就代表皇帝亲临，象征皇帝与国家行使权力。作为出使凭证的"节"一般都用竹子为柄，上面用牦牛尾做装饰，所以又叫"旄节"。苏武出使匈奴时，持的就是这种"节"。他持节出使宁死不降。本文中提到的"嘉子之节"，说的就是连匈奴都称赞他的节操。

常用字第098讲

❶ <形> 幸运。《论积贮疏》："即不幸有方二三千里之旱。"
❷ <副> 侥幸。《童区寄传》："贼二人得我，我幸皆杀之矣。"
❸ <副> 幸亏。《鸿门宴》："今事有急，故幸来告良。"
❹ <动> 为……高兴。柳宗元《骂尸虫文》："妒人之能，幸人之失。"
❺ <动> 宠幸；宠爱。《鸿门宴》："财物无所取，妇女无所幸。"
❻ <动> 帝王到某处。《阿房宫赋》："缦立远视，而望幸焉。"
❼ <副> 敬辞，希望对方照自己的意见做，可译为"希望"。《孔雀东南飞》："幸可广问讯，不得便相许。"

语法常识第098讲

词类活用：动词作名词【奔】 "然犹斩将搴旗，追奔逐北"一句中"奔"本义为"奔逃"，是动词，在这里活用作了名词，意为"奔逃的士兵"。翻译为：但是，依然斩敌将，拔敌旗，追赶败北奔逃的士兵。

尚德缓刑书
——还是要宽容一点

《古文观止》有故事

汉武帝刘彻去世后,他的小儿子刘弗陵即位,就是汉昭帝。汉昭帝死后,大将军霍光迎立昌邑王为帝。但时间不长,就发现他昏庸无能,做皇帝不合格。于是,又把他废掉了。接着,霍光又拥立了刘彻的曾孙,即曾经废掉的太子刘据的孙子,就是汉宣帝。

汉宣帝即位不久,路温舒就献上一篇《尚德缓刑书》。他从春秋时期的齐

桓公、晋文公成就霸业说起,又从反面指出秦朝的过失,揭露了汉朝狱吏的危害,劝谏汉宣帝崇尚德政,减轻刑法。汉宣帝认为他说得很对,下诏在廷尉(中央最高司法审判机构长官)下面设置四名廷平(廷尉的属官),负责审理冤狱。

路温舒当时就是一位司法官。他从小学习律令,后来,当上了狱中的小吏。县里面有弄不明白的事都来问他。有一次,太守来到县里,看到大家都向路温舒请教,感到很吃惊,就让他代理曹史(分曹治事的属官)。

路温舒还认真钻研《春秋》,了解了其中的大义,被推举为孝廉,做了县丞(辅佐县令处理事务的官)。

后来,路温舒代理奏曹掾(掌管奏事的廷尉属官),同时兼任廷尉史,审判朝廷直属监狱的犯人,还负责审理地方的疑难案件。在审理这些案件的过程中,路温舒注意到国家刑法过于严苛,就给皇帝上了这份奏疏。

路温舒不仅懂律法,还胸怀天下。汉宣帝曾经下诏让大臣们推荐可以出使匈奴的人,路温舒毛遂自荐,请求随从使者出使匈奴,表态就算死在匈奴也是心甘情愿的。皇帝和大臣们商量之后，驳回了他的申请，让他仍旧担任原来的官职。

多年后，他升任临淮太守，干得非常出色，最后死于任上。他提出的"尚德缓刑"，对汉朝的发展起到了积极的作用。

逐字逐句学古文

原文

昭帝崩，昌邑王贺废，宣帝初即位，路温舒上书，言宜尚德缓刑。其辞曰：

"臣闻齐有无知之祸，而桓公以兴；晋有骊姬之难，而文公用伯。近世赵王不终，诸吕作乱，而孝文为太宗。由是观之，祸乱之作，将以开圣人也。故桓、文扶微兴坏，尊文、武之业，泽加百姓，功润诸侯，虽不及三王，天下归仁焉。文帝永思至德，以承天心，崇仁义，省刑罚，通关梁，一远近，敬贤如大宾，爱民如赤

译文

汉昭帝逝世后，昌邑王刘贺刚继位就被废黜，宣帝开始登上皇位。路温舒趁这个时机上书，主张崇尚德治、减轻刑罚。书中说：

"我听说齐国有了公孙无知杀死襄公的祸事，桓公才能够兴起；晋国发生了骊姬进谗那样的灾难，文公才能在诸侯中称霸；近世赵王未能寿终而死，诸吕发动叛乱，而孝文帝被尊为太宗皇帝。由此看来，产生祸乱，将会为圣人出现开创机会。所以齐桓公、晋文公扶植、振兴衰败了的国家，尊崇周文王、周武王建立的功业，给百姓带来恩泽，功劳施及诸侯，虽然赶不上夏禹、商汤和周文王，可是天下人民都归附于他们的仁政。孝文帝常常想到如何具备最高的德行，来承受天意，他崇尚仁义，减轻刑罚，开通关塞桥梁，统一远近的地方，尊敬贤才就像接待贵宾一样，爱护百姓如同爱护小孩，他用自己的心推想别人

子，内恕情之所安而施之于海内，是以囹圄空虚，天下太平。夫继变化之后，必有异旧之恩，此贤圣所以昭天命也。"往者，昭帝即世而无嗣，大臣忧戚，焦心合谋，皆以昌邑尊亲，援而立之。然天不授命，淫乱其心，遂以自亡。深察祸变之故，乃皇天之所以开至圣也。故大将军受命武帝，股肱汉国，披肝胆，决大计，黜亡义，立有德，辅天而行，然后宗庙以安，天下咸宁。臣闻《春秋》正即位，大一统而慎始也。陛下初登至尊，与天合符，宜改前世之失，正始受命之统，涤烦文，除民疾，存亡继绝，以应天意。

"臣闻秦有十失，其一尚存，治狱之吏是也。秦之时，羞文学，好武勇，贱仁义之士，贵治狱之

的心，把内心觉得安适的事情推行到全国，因此监狱空无一人，天下太平。经历政局动乱以后即位的君主，一定会给人们带来不同往日的恩惠，这是贤明的圣人用来显示天意的行为。从前昭帝去世时没有儿子，大臣们忧愁得很，怀着焦急的心情共同商量，都认为昌邑王是尊贵的皇室亲属，推举他，把他立为皇帝，但是上天不肯授命，而是把他的心弄乱，于是他自取灭亡。很深刻地考虑祸患事变发生的原因，这是伟大的上天在为圣明君主出现开创条件。所以大将军霍光接受武帝的遗命，成为汉朝君主最得力的辅臣，他披肝沥胆，决定大计，黜退不讲仁义的人，立有德行的人为帝，辅助上天行事，这样祖庙才得安定，天下才都太平无事。我听说《春秋》很重视君王登基的事，这是为了统一天下，为了慎重地对待新事业的开始。陛下刚登上帝位，与天意符合，应该纠正前代的过错，在承受天命继承帝业时慎重对待开始做的每一件事，去掉烦苛的法令，解除老百姓的疾苦，保存、继承将要消亡、断绝的好传统，用这些行动来应合天意。

"我听说秦朝有很多失误的地方，其中一条现在还存在，就是负责审案的官吏违法判案的问题。秦朝时候，看不起文学，崇尚武勇精神，轻视奉行仁义的人，重视负责判案的官吏，正直的言论

吏，正言者谓之诽谤，遏过者谓之妖言，故盛服先生不用于世，忠良切言皆郁于胸，誉谀之声日满于耳，虚美熏心，实祸蔽塞，此乃秦之所以亡天下也。方今天下，赖陛下恩厚，亡金革之危、饥寒之患，父子夫妻戮力安家，然太平未洽者，狱乱之也。夫狱者，天下之大命也，死者不可复生，绝者不可复属。《书》曰：'与其杀不辜，宁失不经。'今治狱吏则不然，上下相驱，以刻为明，深者获公名，平者多后患。故治狱之吏，皆欲人死，非憎人也，自安之道在人之死。是以死人之血流离于市，被刑之徒比肩而立，大辟之计岁以万数。此仁圣之所以伤也。太平之未洽，凡以此也。夫人情安则乐生，痛则思死，棰楚之下，何求而不得？故囚人不胜痛，则

被认为是诽谤，阻拦犯错误的话被说成是妖言，所以那些衣冠整齐的儒生在那时不被重用，忠良恳切的言辞都郁积在胸中，称赞阿谀声天天响在他们耳边，虚伪的赞美迷住了心窍，而实际上存在的祸患被遮蔽、掩盖住了，这就是秦朝失去天下的原因。如今天下靠着陛下恩厚，没有战争的危险和饥饿寒冷的忧患，父子、夫妻合力安家，但是天下太平还未完全实现，原因就是判案的人把事情搞乱了。判案，这是天下最重要的事情，被处死的人不能复活，人被砍断了肢体不能再给他接起来。《书经》上说：'与其杀死无罪的人，宁愿犯不遵守成规旧法的错误。'现在负责判案的官吏便不是这样，上下相互驱使，把苛刻当作严明，判案严厉的获得公道的名声，判案公平的后来多有祸患。所以负责判案的官吏，都想把人置于死地，并不是他们恨别人，而是他们求得自身安全的办法就在于置人于死地。因此死人的血在街上漂流，受刑的人并肩站着，处死刑的人计算起来每年数以万计。这是奉行仁义的圣人感到悲伤的原因。太平未能完全实现，都是因为这引起的。人们的常情是安适的时候就会显得快乐，痛苦的时候就想要死掉，在木棍荆杖鞭打的时候，从被打人身上有什么口供得不到呢？所以罪犯忍受不了痛苦，就用些假话招供，审案的官吏就利用这种情况，指出某种罪

饰辞以视之，吏治者利其然，则指道以明之，上奏畏却，则锻练而周内之；盖奏当之成，虽咎繇听之，犹以为死有余辜。何则？成练者众，文致之罪明也。是以狱吏专为深刻，残贼而亡极，媮为一切，不顾国患，此世之大贼也。故俗语曰：'画地为狱，议不入；刻木为吏，期不对。'此皆疾吏之风，悲痛之辞也。故天下之患，莫深于狱；败法乱正，离亲塞道，莫甚乎治狱之吏，此所谓一尚存者也。

"臣闻乌鸢之卵不毁，而后凤凰集；诽谤之罪不诛，而后良言进。故古人有言：'山薮藏疾，川泽纳污，瑾瑜匿恶，国君含诟。'唯陛下除诽谤以招切言，开天下之口，广箴谏之路，扫亡秦之失，尊文武之德，省法制，宽刑罚，以废治狱，则太平之风可兴

点明罪犯应该招认的罪状，审案的官吏担心案子报上去后会被驳倒退回来，于是便违法罗织罪状，套上罪名，到了报告上级判罪结果的时候，即使是咎繇（皋陶）听了囚犯的罪状，也认为处死也抵偿不了他的罪过。为什么呢？这是因为审案的官吏违法陷人于罪、广列罪名，玩弄法律条文把罪状写得十分明显的缘故。因此审案的官吏专门苛刻严峻地对待犯人，残害人没有止境，办一切事情都马马虎虎，不顾国家遭到祸患，这是世上的大祸害。所以俗话说道：'在地上画一座监狱，也不进去；面对着木刻的狱吏，也不与他对话。'这反映出社会上痛恨狱吏的风气，是很悲痛的语言。所以天下的祸害，没有什么比得上法官判案这件事。败坏法纪，扰乱正道，使亲人分离，道义不明，没有谁比负责判案的官吏更厉害的。这就是我所说的秦朝的过错有一条至今还存在的原因。

"我听说鸱鹰下的蛋不会遭到毁坏，然后凤凰才会停留在树上；犯了诽谤罪的人不会受到惩罚，然后才有人向朝廷说出有益的话。所以古人有种说法：'山林水泽隐藏着毒害人的东西，河流湖泊容纳污秽的东西，美玉隐藏着瑕斑，国君能容忍辱骂。'愿陛下除去诽谤人的罪名，用来招致恳切的忠言，让天下人开口说话，扩大人们规劝、进谏的渠道，扫除造成秦朝灭亡的过错，尊崇周文王、

yú shì yǒng lǚ hé lè   yǔ tiān wú jí tiān xià
于世，永履和乐，与天亡极，天下
xìng shèn
幸甚！"
　　shàng shàn qí yán
　　上善其言。

周武王的德行，减省法制条文，宽缓刑罚，用这些来清除治狱的积弊，那么天下就可以出现太平的气象，长期的和平安乐就和天地一样没有穷尽，那样，人民就太幸运了。"

　　皇上认为路温舒的话很好。

文化常识第099讲

　　昌邑王　刘贺，是汉武帝的孙子，是西汉在位时间最短的皇帝。他很小的时候，父亲去世，他就继承了昌邑王的爵位。后来，在大将军霍光的拥立下做了皇帝。可是，他不甘心做权臣霍光的傀儡，暗地里和心腹商量要除掉霍光。事情败露，被霍光反咬一口，说他没有资格做皇帝，废黜了他。汉宣帝即位后，封他为海昏侯。

常用字第099讲

❶ <名>官司；案件。《曹刿论战》："小大之狱，虽不能察，必以情。"
❷ <名>监狱。《狱中杂记》："余在刑部狱，见死而由窦出者，日三四人。"
❸ <名>罪状。《狱中杂记》："法应立决，狱具矣。"

语法常识第099讲

　　词类活用：数词作动词【一】　"通关梁，一远近，敬贤如大宾，爱民如赤子"一句中"一"本义为数词，在这里作动词"统一"。翻译为：开通关塞桥梁，统一远近的地方，尊敬贤才就像接待贵宾一样。

报孙会宗书

——一封让人丢了性命的信

《古文观止》有故事

杨恽(yùn)是西汉时期的大臣,司马迁的外孙。他从小就重义气,把钱财看得很淡;长大后做官大公无私,不徇私情。霍光和杨恽的父亲杨敞是好朋友,但是,当霍光的儿子霍禹企图谋反的时候,杨恽还是告发了他。杨恽因此被汉宣帝封为平通侯。

杨恽是读着《史记》长大的。

司马迁写完《史记》后,考虑到有些内容具有批判性,怕被汉武帝毁坏,

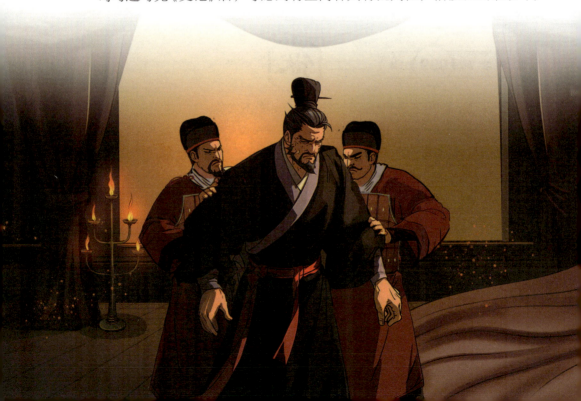

所以没有公之于众，而是决定留给后人在民间自由传播。杨恽的母亲是司马迁的女儿，她珍藏着《史记》文稿。杨恽被封为平通侯之后，觉得二十多年过去了，外祖父的文稿应该公之于众了。于是，他上书汉宣帝，把《史记》献出来，公开发行。

杨恽受外祖父的影响，一身正气，清正廉洁。但是，这样就会得罪人。汉宣帝有个亲信大臣戴长乐，被人告发下狱。他怀疑是杨恽捣的鬼，上书告发他"拿皇帝开玩笑，大逆不道"！汉宣帝把杨恽捉拿下狱，把两个人都废为庶人。

杨恽被罢官之后，开始修宅院、置产业、挣大钱、享受生活。他的朋友孙宗会写信告诫他要低调，要闭门思过，以免招惹灾祸。杨恽不以为然，回了一封信，反驳了孙宗会的指责，讽刺了他追名逐利的行为，字里行间流露出对朝廷的不满。

后来，发生了日食，有人就把天象和杨恽联系起来，说他犯了罪却不知悔改，惹得老天爷发怒，降下了凶兆。就这样，他再次被捕入狱。朝廷搜查他家时，搜出了他写给孙宗会的信。汉宣帝读了勃然大怒，处死了他。

杨恽怎么会想到，自己竟会因为一封信而丢了性命。可悲可叹呀！

逐字逐句学古文

原文	译文
恽既失爵位家居，治产业，起室宅，以财自娱。岁余，其友人安定太守西河孙会宗，知略士也，与恽书，谏戒之。为言大臣废退，当	杨恽失去了爵位住在家里，治理产业，兴建住宅，以经营家财取乐。过了一年多，他的朋友安定太守、西河人孙会宗，一位有知识和谋略的士人，给杨恽写了一封信，对他加以劝诫。说大臣免职之后，应当惶恐地闭门思过，博取

阖门惶惧，为可怜之意；不当治产业，通宾客，有称誉。恽宰相子，少显朝廷，一朝晻昧，语言见废，内怀不服。报会宗书曰：

"恽材朽行秽，文质无所底，幸赖先人余业，得备宿卫。遭遇时变，以获爵位。终非其任，卒与祸会。足下哀其愚蒙，赐书教督以所不及，殷勤甚厚。然窃恨足下不深惟其终始，而猥随俗之毁誉也。言鄙陋之愚心，若逆指而文过；默而息乎，恐违孔氏'各言尔志'之义。故敢略陈其愚，唯君子察焉。

"恽家方隆盛时，乘朱轮者十人，位在列卿，爵为通侯，总领从官，与闻政事。曾不能以此时有所建明，以宣德化，又不能与群僚同心并力，陪辅朝廷之遗忘，已负窃位素餐之责久矣。怀禄贪势，不能自退，遭遇变故，横被

同情，而不应该治理产业，结交宾客，博取赞誉。杨恽是丞相的儿子，年轻时即显名于朝廷，因为一时糊涂，说话不慎而被罢黜，心里不服气。他给孙会宗回信说：

"我才能低下，行为卑污，外部表现和内在品质都未修养到家，幸而靠着先辈留下的功绩，才得以充任宫中侍从官。又遭遇到非常事变，因而被封为侯爵，但始终未能称职，结果遭了灾祸。你哀怜我的愚昧，特地来信教导我不够检点的地方，恳切的情意甚为深厚。但我内心却遗憾你没有深入思考事情的本末，而轻率地表达了一般世俗眼光的偏见。若我直说自己浅陋的看法吧，那好像与你来信的宗旨唱反调，在掩饰自己的过错；沉默而不说吧，又恐怕违背了孔子提倡每人应当直说自己志向的原则。因此我才敢简略地谈谈我的愚见，希望你能明察。

"我家正当兴盛的时候，做大官乘坐朱轮车的有十人，我也备位在九卿之列，爵封通侯，总管宫内的侍从官，参与国家大政。我竟不能在这样的时候有所建树，来宣扬皇帝的德政，又不能与同僚齐心协力，辅佐朝廷，补救缺失，已经受到窃居高位白食俸禄的指责很久了。我贪恋禄位和权势，不能自动退职，终于遭到意外的变故，平白地被人告发，本人被囚禁在宫殿北面的楼观

口语，身幽北阙，妻子满狱。当此之时，自以夷灭不足以塞责，岂意得全首领，复奉先人之丘墓乎？伏惟圣主之恩不可胜量。君子游道，乐以忘忧；小人全躯，说以忘罪。窃自念私过已大矣，行已亏矣，长为农夫以没世矣。是故身率妻子，戮力耕桑，灌园治产，以给公上，不意当复用此为讥议也。

"夫人情所不能止者，圣人弗禁。故君父至尊亲，送其终也，有时而既。臣之得罪，已三年矣。田家作苦，岁时伏腊，烹羊炰羔，斗酒自劳。家本秦也，能为秦声。妇赵女也，雅善鼓瑟。奴婢歌者数人，酒后耳热，仰天拊缶，而呼乌乌。其诗曰：'田彼南山，芜秽不治。种一顷豆，落而为萁。人生行乐耳，须富贵何时！'是日也，

内，妻子儿女全被关押在监狱里。在这个时候，自己觉得合族抄斩也不足以抵偿罪责，哪里想得到竟能保住脑袋，再去奉祀祖先的坟墓呢？我俯伏在地想着圣主的恩德真是无法计量。君子的身心沉浸在道义之中，快乐得忘记了忧愁；小人保全了性命，快活得忘掉了自身的罪过。我私下认为自己的过错已经很大了，行为已经很恶劣了，长期做个农夫直到死亡算了，因此亲自率领妻子儿女，竭尽全力耕田种粮，植桑养蚕，灌溉果园，经营产业，用来向官府交纳赋税，想不到又因为这样做而被人指责和非议。

"凡是从人情上说不能禁止的事情，圣人也不加以禁止。所以即使是最尊贵的君王和最亲近的父亲，为他们送终服丧，至多三年也有结束的时候。我得罪以来，已经三年了。种田人家劳作辛苦，一年中遇上伏日、腊日的祭祀，就烧煮羊肉烤炙羊羔，斟上一壶酒自我慰劳一番。我的老家本在秦地，因此我擅长秦地的乐器。妻子是赵地的女子，平素擅长弹瑟。奴婢中也有几个会唱歌的。喝酒以后耳根发热，昂首面对苍天，信手敲击瓦缶，按着节拍呜呜呼唱。歌词是：'在南山上种田辛勤，荆棘野草多得没法除清。种下了一顷地的豆子，只收到一片无用的豆茎。人生还是及时行乐吧，等享富贵谁知要到什么时

233

拂衣而喜，奋袤低昂，顿足起舞；诚淫荒无度，不知其不可也。恽幸有余禄，方籴贱贩贵，逐什一之利。此贾竖之事，污辱之处，恽亲行之。下流之人，众毁所归，不寒而栗。虽雅知恽者，犹随风而靡，尚何称誉之有？董生不云乎：'明明求仁义，常恐不能化民者，卿大夫之意也。明明求财利，尚恐困乏者，庶人之事也。'故'道不同，不相为谋'。今子尚安得以卿大夫之制而责仆哉！

"夫西河魏土，文侯所兴，有段干木、田子方之遗风，漂然皆有节概，知去就之分。顷者，足下离旧土，临安定，安定山谷之间，昆戎旧壤，子弟贪鄙，岂习俗之移人哉？于今乃睹子之志矣！方当盛汉之隆，愿勉旃，毋多谈。"

"辰！"碰上这样的日子，我兴奋得上上下下挥动袖子，两脚使劲蹬地而任意起舞，的确是纵情玩乐而不加节制，但我不懂这有什么过错。我幸而还有积余的俸禄，正经营着贱买贵卖的生意，追求那十分之一的薄利。这是君子不屑于做只有商人才干的事情，备受轻视耻辱，我却亲自去做了。地位卑贱的人，是众人诽谤的对象，我常因此不寒而栗。即使是素来了解我的人，尚且随风而倒讥刺我，哪里还会有人来称颂我呢？董仲舒不是说过吗：'急急忙忙地求仁求义，常担心不能用仁义感化百姓，这是卿大夫的心意。急急忙忙地求财求利，常担心贫困匮乏，这是平民百姓的事情。'所以'信仰不同的人，互相之间没有什么好商量的。'现在你还怎能用卿大夫的要求来责备我呢！

"你的家乡西河郡原是魏国的所在地，魏文侯在那里兴起大业，还存在段干木、田子方留下的好风尚，他们两位都有高远的志向和气节，懂得去留和仕隐的抉择。近来你离开了故乡，去到安定郡任太守。安定郡地处山谷中间，是昆夷族人和大戎族人的家乡，那里的人贪婪卑鄙，难道是当地的风俗习惯改变了你的品性吗？直到现在我才看清了你的志向！如今正当大汉朝的鼎盛时期，祝你飞黄腾达，不要再来同我多聊。"

文化常识第100讲

道不同，不相为谋 这句话最初出自《论语》："道不同，不相为谋，亦各从其志也。"本义是说各人的主张不同，便不必互相商讨谋划，各自依照自己的意愿行事罢了。也就是说实现理想的道路很多，要尊重彼此的意愿。不过现在这个成语用来比喻志趣不同的人，就无法在一起共事。

常用字第100讲

❶ <形>不满意；遗憾。《史记·陈涉世家》："辍耕之垄上，怅恨久之。"
❷ <名>怨恨；仇恨。《柳毅传》："然而恨贯肌骨，亦何能愧避？"

语法常识第100讲

词类活用：名词作动词【狱】 "身幽北阙，妻子满狱"一句中"狱"字本义为"监狱"，是名词，在这里活用作动词，意为"关进监狱"。翻译为：本人被囚禁在宫殿北面的楼观里，妻子儿女全被关押在监狱里。

光武帝临淄劳耿弇
——有志者事竟成

● 《古文观止》有故事

耿弇是东汉开国元勋，军事家。他从小就喜欢军事，后来，跟随父亲耿况投奔刘秀，追随他平定了河北地区。刘秀称帝后，封他为建威大将军、好畤侯。

当时，国家还很混乱。刘永虎视眈眈，要和刘秀争夺天下。还有张步带领的一支队伍，占据齐地十二郡，实力也不容忽视。刘永和刘秀都想把张步拉拢到自己的阵营里来。

公元27年，刘秀派伏隆到齐郡，封张步为东莱太守。刘永听说了，马上也派人去封张步为齐王。齐王比太守听起来可大多了！于是，张步杀了伏隆，接受了刘永的任命。

这时候，刘秀的日子也不好过。追随他的功臣彭宠因为受到幽州牧（一州长官）朱浮的陷害，心生不满，起兵反叛。涿郡太守张丰起兵响应。耿弇请战，平定了彭宠和张丰之后，渡过黄河，攻取祝阿（今济南市西南部），讨伐张步。

张步认为耿弇只有数万人，而且已经打过几仗，是疲劳之师，况且自己还有十几万主力，所以根本没把他放在眼里。耿弇假装示弱，诱使张步出兵。然后亲自率领精兵从侧翼冲出，出其不意大败张步。

几日后，刘秀来到临淄，慰劳大军。刘秀把耿弇和西汉初年的大将韩信相比，说他独克强敌，比韩信更胜一筹，极力称赞他"有志者事竟成"。

耿弇继续追击张步。张步走投无路，只得投降。耿弇把张步的十多万降兵遣散回乡。平定齐地后，他率兵回京。

耿弇有勇有谋，光武帝刘秀会识人用人，君臣一心，因此才得以成功。

逐字逐句学古文

原文	译文
车驾至临淄，自劳军，群臣大会。帝谓弇曰："昔韩信破历下以开基，今将军攻祝阿以发迹，此皆齐之西界，功足相方。而韩信袭击已降，将军独拔勍敌，	光武帝来到临淄，亲自慰劳军队，群臣都在这里集会。光武帝对耿弇说："过去韩信击破历下而开创汉朝的基业，而今将军你攻克祝阿而由此发迹。这两个地方都是齐国的西部地界，因此你的功劳是足以和韩信相比的。然而韩信袭击的是已经降服的对手，而将军你却是独立战胜强劲

其功乃难于信也。又田横烹郦生，及田横降，高帝诏卫尉不听为仇。张步前亦杀伏隆，若步来归命，吾当诏大司徒释其怨。又事尤相类也。将军前在南阳，建此大策，常以为落落难合，有志者事竟成也。"

的敌人，这功劳的取得要比韩信困难。另外，当初田横烹杀了郦食其，到田横投降的时候，高帝下诏给卫尉郦商，不允许他与田横为仇。张步以前也杀了伏隆，如果张步来归降听命，我也要诏告大司徒伏湛，解除他和张步的冤仇，这两件事又更加相似。将军你以前在南阳的时候，就提出这项重大的计策，我曾经以为这事无人理解难以实现，如今看来，真是有志者事竟成啊！"

文化常识第101讲

有志者事竟成 本文中光武帝最后嘉奖耿弇说："有志者事竟成。"意思是有志气的人，事情一定会成功的。现在作为成语，用来形容只要有决心有毅力，任何难题最终都会迎刃而解。有副很好的对联就用上了这个成语："有志者事竟成，破釜沉舟，百二秦关终属楚；苦心人天不负，卧薪尝胆，三千越甲可吞吴。"上联说的是项羽反抗秦朝的故事，下联说的是越王勾践灭吴国的故事，气势非凡，振奋人心。

常用字第101讲

❶ <动>从高处向下看。《滕王阁序》："飞阁流丹，下临无地。"
❷ <动>到；靠近。《陈情表》："州司临门，急于星火。"
❸ <动>面对；对着。《过秦论》："据亿丈之城，临不测之渊以为固。"
❹ <副>将要；快要。《出师表》："先帝知臣谨慎，故临崩寄臣以大事也。"

省略句：省略主语【承前省】 有些句子中，前文已经有了交代，承接前文内容，会省略主语。本文"车驾至临淄，自劳军，群臣大会"省略了"劳军"的主语"车驾"，车驾在这里指的是"光武帝"。完整句子应该是"车驾至临淄，（车驾）自劳军，群臣大会。"翻译为：光武帝来到临淄，亲自慰劳军队，群臣都在这里集会。

诫兄子严敦书
——一封惹祸的书信

马援

《古文观止》有故事

马援是东汉开国功臣，他南征交趾（越南北部），北征乌桓（北方少数民族），立下了赫赫战功，被封为伏波将军、新息侯。

他南征交趾的时候，给侄子写了一封信，信中希望孩子们学习龙伯高，不要学习杜季良。这下可惹祸了！杜季良的仇人断章取义，拿着这封信到光武帝刘秀那里告了他一状："看看，马援都不让孩子向杜季良学习，说明这个人有问题。梁松和杜季良交好，肯定互相勾结做坏事！"

一封信扳倒了杜季良！梁松也被连累，受到了皇帝的严厉申斥，差点丢了性命。

马援怎么也想不到,梁松竟然把这笔账记到了自己头上。

公元48年,南方五溪蛮(少数民族)暴动,六十二岁的马援请命出征,一起出征的还有马武和耿舒。行军途中,马援和耿舒产生了分歧,马援要走壶头山,耿舒则主张走充县。马援认为充县虽然路途平坦,但是路程比较远,耗费时间和军粮;不如直接走壶头山,壶头山虽然陡峭难走,但是比较近,一举突破能扼住敌人的咽喉,出奇制胜。刘秀采纳了马援的意见。

由于天气炎热,很多士兵得了传染病,马援也身患重病,再加上敌军死守关隘,大军在壶头山受阻。然而马援却不气馁,拖着重病的身躯巡视军营,激励士兵,奋力突围。耿舒却在背后告了马援一状,说他决策错误,又止步不前,导致大军陷入困境。

刘秀信以为真,派梁松去责问马援并接管军队。梁松到了军中,马援已经去世了,这就给了梁松报复的机会。他歪曲事实,诬陷马援,惹得刘秀大怒,没收了马援新息侯的印绶。一些权贵也趁机落井下石,说马援的坏话。

一封信引发了连锁反应,冤屈了一位为国为民的老将军。马援夫人六次上书申冤,皇帝才准许安葬马援。直到永平十七年(74年),朝廷才为马援聚土为坟,植树为标记,建筑祠堂。公元78年,汉章帝为马援追封谥号"忠成",马援终于得到了应有的尊重。

逐字逐句学古文

原文

援兄子严、敦,并喜讥议,而通轻侠客。援前在交趾,还书诫之曰:

"吾欲汝曹闻人过失,如闻父母

译文

马援的兄长的儿子马严和马敦,都喜欢讥讽议论别人的事,而且爱与侠士结交。马援在前往交趾的途中,写信告诫他们:

"我希望你们听说了别人的过失,

之名：耳可得闻，口不可得言也。好议论人长短，妄是非正法，此吾所大恶也：宁死，不愿闻子孙有此行也。汝曹知吾恶之甚矣，所以复言者，施衿结缡，申父母之戒，欲使汝曹不忘之耳。

"龙伯高敦厚周慎，口无择言，谦约节俭，廉公有威。吾爱之重之，愿汝曹效之。杜季良豪侠好义，忧人之忧，乐人之乐，清浊无所失。父丧致客，数郡毕至。吾爱之重之，不愿汝曹效也。效伯高不得，犹为谨敕之士，所谓'刻鹄不成尚类鹜'者也。效季良不得，陷为天下轻薄子，所谓'画虎不成反类狗'者也。讫今季良尚未可知，郡将下车辄切齿，州郡以为言，吾常为寒心，是以不愿子孙效也。"

像听见了父母的名字：耳朵可以听见，但嘴中不可以议论。喜欢议论别人的长处和短处，胡乱评论朝廷的法度，这些都是我深恶痛绝的。我宁可死，也不希望自己的子孙有这种行为。你们知道我非常厌恶这种行径，这是我一再强调的原因。就像女儿在出嫁前，父母一再告诫的一样，我希望你们不要忘记。

"龙伯高这个人敦厚诚实，说的话没有什么可以让人指责的。谦约节俭，又不失威严。我喜爱他，敬重他，希望你们向他学习。杜季良这个人是个豪侠，很有正义感，以他人的忧愁为忧，以他人的快乐为乐，品行好和不好的人都和他结交。他的父亲去世时，几个郡的人都来了。我喜爱他，敬重他，但不希望你们向他学习。因为学习龙伯高不成功，还可以成为谨慎谦虚的人。正所谓'雕刻天鹅不成可以像一只鸭子'，一旦你们学习杜季良不成功，那就成了世上的轻薄子弟。正所谓'画虎不像反像狗了'。到现今杜季良还不知晓以后会怎样，新来的郡守一到任就咬牙切齿地恨他，州郡内的百姓对他的意见很大。我时常替他寒心，这就是我不希望子孙向他学习的原因。"

文化常识第102讲

施衿结缡 这两种都是古代婚礼仪式之一。"施衿"出自《仪礼·士昏礼》："母施衿结帨(shuì)，曰：'勉之敬之，夙夜无违宫事。'"指女子出嫁时，她的母亲为她整衿并告诫她：要时刻保持恭敬勤勉，日日夜夜不违背礼节。"结缡"出自《诗·豳风·东山》："亲结其缡，九十其仪。"女子临嫁时，母亲给她结上佩巾，以表示嫁到男家后要侍奉公公婆婆，操持家务。

常用字第102讲 — 所

❶ <名>处所；地方。《硕鼠》："乐土乐土，爰得我所。"
❷ <名>合理的结果；应有的归宿。《原君》："今也天下之人怨恶其君，视之如寇仇，名之为独夫，固其所也。"
❸ <代>放在动词或动短语前，组成名词性短语。表示"……的地方""……的人""……的事物"等。《师说》："道之所存，师之所存也。"
❹ <助>与"为"相呼应，构成"为……所……"的被动句式。《鸿门宴》："不者，若属皆且为所虏。"
❺ <数>表示不确定的数目。《西门豹治邺(yè)》："从弟子女十人所，皆衣缯单衣。"
❻ <量>处；座。用于建筑物等。《魏书·尔朱荣传》："秀容界有池三所，在高山之上。"

语法常识第102讲

词类活用：形容词作名词【清浊】 "清浊无所失，父丧致客，数郡毕至"一文中"清浊"一词本义为"好，不好"，是形容词，在这里活用作名词，意为"品行好的人""品行不好的人"。翻译为：品行好和不好的人他都结交，他的父亲去世时，好几个郡的人都来了。

前出师表
——给皇帝的一份贤臣名单

诸葛亮

《古文观止》有故事

东汉末年,朝政混乱,群雄并起,逐鹿中原。曹操挟天子以令诸侯,刘备占据蜀地,孙权据有江东,形成三足鼎立之势。后来曹操去世,儿子曹丕篡夺皇位,建立了魏国,刘备和孙权也相继称帝,进入了三国时期。为了自保,孙刘两家联合,抵抗曹魏。

后来,关羽败走麦城,被东吴杀害。刘备为了给他报仇,不顾诸葛亮的劝说,和孙权反目,率大军征讨吴国。兵败后,他退守白帝城。去世前,刘

备把太子刘禅托付给丞相诸葛亮。

公元223年,刘禅即位。南方三郡趁机叛乱,蜀国情势危急。诸葛亮重新实施"东和孙权,北抗曹魏"的政策,派邓芝出使东吴,两国修好。解除了外患,诸葛亮开始发展生产,补充兵力,训练军队。经过两年多的修整,兵力恢复了。于是诸葛亮出兵南下,七擒七放少数民族首领孟获,收服了民心,安定了大后方。

诸葛亮认为讨伐曹魏的时机已经成熟,准备出师北伐。北定中原恢复汉室,是刘备的遗愿,忠心耿耿的诸葛亮必须替先帝完成。他深知出兵打仗,不仅是两军拼杀,更是两国国力的较量。于是,他给后主刘禅写了这篇《出师表》。

诸葛亮给刘禅列出了一份贤臣名单:宫中之事向郭攸之、费祎、董允请教;军营中的大事小事,向将军向宠询问;还有陈震、张裔、蒋琬等,都可以信任。希望后主亲贤臣远小人,给前线出征将士一个稳固的大后方。

怀着对先帝的忠心,对刘禅的殷殷期待,诸葛亮踏上了北征之路。

逐字逐句学古文

原文

xiān dì chuàng yè wèi bàn ér zhōng dào bēng cú
先帝创业未半而中道崩殂,
jīn tiān xià sān fēn　yì zhōu pí bì　cǐ chéng wēi jí
今天下三分,益州疲弊,此诚危急
cún wáng zhī qiū yě　rán shì wèi zhī chén bú xiè yú nèi
存亡之秋也。然侍卫之臣不懈于内,
zhōng zhì zhī shì wàng shēn yú wài zhě　gài zhuī xiān dì
忠志之士忘身于外者,盖追先帝
zhī shū yù　yù bào zhī yú bì xià yě　chéng yí kāi
之殊遇,欲报之于陛下也。诚宜开
zhāng shèng tīng　yǐ guāng xiān dì yí dé　huī hóng
张圣听,以光先帝遗德,恢弘

译文

先帝开创统一中原的大业还未完成一半却中途去世了。现在天下分为三个国家,我们大汉国力薄弱,处境艰难,这实在是国家危急存亡的时刻啊。然而侍奉保卫(陛下)的官员在宫廷内不懈怠,战场上忠诚有志的将士们奋不顾身,这是他们追念先帝对他们的特别的知遇之恩,想要报答

志士之气，不宜妄自菲薄，引喻失义，以塞忠谏之路也。

宫中府中，俱为一体；陟罚臧否，不宜异同。若有作奸犯科及为忠善者，宜付有司论其刑赏，以昭陛下平明之理，不宜偏私，使内外异法也。

侍中、侍郎郭攸之、费祎、董允等，此皆良实，志虑忠纯，是以先帝简拔以遗陛下。愚以为宫中之事，事无大小，悉以咨之，然后施行，必能裨补阙漏，有所广益。

将军向宠，性行淑均，晓畅军事，试用于昔日，先帝称之曰能，是以众议举宠为督。愚以为营中之事，事无大小悉以咨之，必能使行阵和睦，优劣得所。

亲贤臣，远小人，此先汉所以兴隆也；亲小人，远贤臣，此后汉所以倾颓也。先帝在时，每与臣论

陛下。陛下您实在应该广泛地听取别人的意见，来发扬光大先帝遗留的美德，振奋有远大志向的人的志气，不应过分看轻自己，援引不恰当的譬喻，以至于堵塞忠言进谏的道路。

皇宫中和丞相府中本都是一个整体，赏罚褒贬，不应该有所不同。如果有为非作歹犯科条法令和忠心做善事的人，都应该交给主管官吏评定对他们的惩奖，来显示陛下公正严明的治理，而不应当有偏袒和私心，使宫内和丞相府内奖罚方法不同。

侍中郭攸之、费祎和侍郎董允等，这都是贤良诚实，志向忠贞，思想纯正的人，所以先帝把他们选拔出来留给陛下。我认为宫中之事，无论大小，都拿来问问他们，然后施行，一定能够弥补缺点和疏漏之处，可以获得很多的益处。

将军向宠，性情品行善良平正，通晓军事，从前任用的时候，先帝称赞说他有才干，因此大家评议举荐他做中部督。我认为军队中的事情，都拿来跟他商讨，就一定能使军队团结和谐，不同才能的人各得其所。

亲近贤臣，疏远小人，这是西汉兴盛的原因；亲近小人，疏远贤臣，这是东汉衰败的原因。先帝在世的时候，常常跟我谈论这些事情，对于桓帝、灵帝没有一次不感到痛心遗憾

此事,未尝不叹息痛恨于桓、灵也。侍中、尚书、长史、参军,此悉贞良死节之臣,愿陛下亲之信之,则汉室之隆,可计日而待也。

臣本布衣,躬耕于南阳,苟全性命于乱世,不求闻达于诸侯。先帝不以臣卑鄙,猥自枉屈,三顾臣于草庐之中,谘臣以当世之事,由是感激,遂许先帝以驱驰。后值倾覆,受任于败军之际,奉命于危难之间,尔来二十有一年矣。

先帝知臣谨慎,故临崩寄臣以大事也。受命以来,夙夜忧叹,恐托付不效,以伤先帝之明,故五月渡泸,深入不毛。今南方已定,兵甲已足,当奖率三军,北定中原,庶竭驽钝,攘除奸凶,兴复汉室,还于旧都。此臣所以报先帝而忠陛下之职分也。至于斟酌损益,进尽忠言,则攸之、祎、允之任也。

的。侍中、尚书、长史、参军,这些人都是忠贞诚实、能够以死报国的忠臣,希望陛下亲近他们,信任他们,那么汉朝的复兴就指日可待了。

我本来是一介平民,在南阳务农亲耕,只想在乱世中苟且保全性命,不谋求在诸侯之中闻名显达。先帝不因为我身份低微、见识短浅,而委屈自己,多次去我的茅庐拜访我。征询我对时局大事的意见,因此使我深为感激,答应为先帝奔走效劳。后来遇到兵败,在兵败的时候接受任务,在危机患难之间奉行使命,至今已经有二十一年了。

先帝知道我做事小心谨慎,所以临终时把国家大事托付给我。接受遗命以来,我整天担忧叹息,唯恐先帝托付给我的事不能完成,以致损伤先帝的知人之明,所以我五月渡过泸水,深入人烟稀少的地方。现在南方已经平定,武器装备已经充足,应当激励、率领全军将士向北方进军,平定中原,希望竭尽我平庸的才能,铲除奸邪凶恶的敌人,恢复汉朝的基业,回到旧日的国都。这是我用来报答先帝、效忠陛下的职责本分。至于处理事务,斟酌情理,有所兴革,毫无保留地进献忠诚的建议,那就是郭攸之、费祎、董允等人的责任了。

希望陛下能够把讨伐曹魏,兴

愿陛下托臣以讨贼兴复之效，不效，则治臣之罪，以告先帝之灵。若无兴德之言，则责攸之、祎、允等之慢，以彰其咎；陛下亦宜自谋，以咨诹善道，察纳雅言，深追先帝遗诏。臣不胜受恩感激。今当远离，临表涕零，不知所云。

复汉室的任务交给我，没有成效就治我的罪，从而用来告慰先帝的在天之灵。如果没有发扬圣德的言论，就责罚郭攸之、费祎、董允等人的怠慢，来揭示他们的过失；陛下也应自行谋划，询问治国的好方法，采纳正确的言论，深切追念先帝临终留下的教诲。我感激不尽。今天我将要告别陛下远行了，面对这份奏表禁不住眼泪纵横，不知道该说些什么话。

文化常识第103讲

白帝城托孤 刘备讨伐吴国失败后，退守白帝城，改名永安宫。公元223年，刘备病重，诸葛亮从成都赶到永安。刘备对诸葛亮说："你的才能比曹丕要高十倍，一定能安定国家成就大事。如果我的儿子可以辅佐，你就辅佐他；如果他没有才能，你可以取而代之。"诸葛亮流着眼泪表白自己一定会忠诚后主，报答先帝的知遇之恩。刘备还要求后主要像对待父亲一样尊敬诸葛亮。

常用字第103讲

察

❶ <动>仔细看；观察。《石钟山记》："徐而察之，则山下皆石穴罅（xià）。"
❷ <动>看清楚。《兰亭集序》："仰观宇宙之大，俯察品类之盛。"
❸ <动>考察。《寡人之于国也》："察邻国之政，无如寡人之用心也。"
❹ <形>清楚；明白。《曹刿论战》："小大之狱，虽不能察，必以情。"
❺ <动>考察举荐；选拔。《陈情表》："前太守臣逵察臣孝廉，后刺史臣荣举臣秀才。"
❻ <动>督察。《邵公谏厉王弭谤》："近臣尽规，亲戚补察。"

语法常识第103讲

词类活用：形容词作名词【良实】 "此皆良实，志虑忠纯，是以先帝简拔以遗陛下"一句中"良实"一词本义为"贤良诚实"，是形容词，在这里活用作名词，意为"贤良诚实的人"。翻译为：这都是贤良诚实，志向忠贞，思想纯正的人，所以先帝把他们选拔出来留给陛下。

后出师表

——正是出兵的好时机

诸葛亮

◆《古文观止》有故事

建兴五年（227年），诸葛亮给刘禅送上《前出师表》之后，率大军进驻汉中（今陕西省汉中市）。

第二年春天，诸葛亮北伐祁山（甘肃礼县东、西汉水北侧）。魏国的南安、天水、安定三郡都倒戈投降了。魏国惊慌失措，急忙派司马懿带兵迎敌。

诸葛亮派马谡(sù)守街亭。马谡自以为是，把军队驻扎在山上，司马懿派兵包围街亭，切断水源。汉军不战自败，街亭丢失。诸葛亮的第一次北伐以失败告终。他只得退兵，休养生息，静待时机。

这一年冬天，吴国鄱阳（今江西省鄱阳县）太守周鲂(fáng)给魏国大将军曹休写了封诈降信，表示愿意投降魏国，请曹休派兵接应。曹休中计了，带十万兵

向皖城进发接应周鲂。与此同时,魏明帝又派司马懿和贾逵(kuí)各自带兵,三路大军同时进发。

吴国早已做好了准备:孙权亲自率军进驻皖口(今安徽省怀宁县皖水入江处),同时派陆逊、朱桓、全琮三位将军各率兵三万,埋伏在石亭(今安徽舒城境)。

曹休率军来到石亭,伏兵四起。曹军猝不及防,纷纷溃散。石亭一战,曹军损失惨重,不久,曹休病死。

魏国东征失败,国内空虚,诸葛亮马上意识到北伐的时机到来了,再次准备出兵。可是,国内的皇帝和大臣都已经习惯了安逸的生活,很多人不想打仗,犹犹豫豫说什么的都有。面对非议,诸葛亮写了这篇《后出师表》,分析形势,陈述讨伐魏国的必要性。当然,他也知道成败难以预料,但仍然抱定了"鞠躬尽瘁,死而后已"的决心,要完成先帝的遗愿。

第二次北伐,汉军包围陈仓(今陕西省宝鸡市西南)二十多天,没有攻破。魏国援军赶到,诸葛亮不得不又退回汉中。

接下来,诸葛亮又前后三次北伐,都以失败告终。最后一次出征,他病死在五丈原,最终实现了"鞠躬尽瘁,死而后已"的承诺。

逐字逐句学古文

原文	译文
先帝虑汉、贼不两立,王业不偏安,故托臣以讨贼也。以先帝之明,量臣之才,固知臣伐贼,才弱敌强也。然不伐贼,王业亦亡。惟	先帝考虑到蜀汉和曹贼不能并存,帝王之业不能苟且偷安于一地,所以委任臣下去讨伐曹魏。以先帝那样的明察,估量微臣的才能,本来就知道微臣要去征讨敌人,是微臣能力微弱而敌人强大。但是,不去讨伐敌人,

原文拼音:xiān dì lǜ hàn、zéi bù liǎng lì,wáng yè bù piān ān,gù tuō chén yǐ tǎo zéi yě。yǐ xiān dì zhī míng,liàng chén zhī cái,gù zhī chén fá zéi,cái ruò dí qiáng yě。rán bù fá zéi,wáng yè yì wáng。wéi

坐而待亡，孰与伐之？是故托臣而弗疑也。

臣受命之日，寝不安席，食不甘味。思惟北征，宜先入南。故五月渡泸，深入不毛，并日而食，臣非不自惜也，顾王业不可得偏安于蜀都，故冒危难，以奉先帝之遗意也，而议者谓为非计。今贼适疲于西，又务于东，兵法乘劳，此进趋之时也。谨陈其事如左：

高帝明并日月，谋臣渊深，然涉险被创，危然后安。今陛下未及高帝，谋臣不如良、平，而欲以长策取胜，坐定天下，此臣之未解一也。

刘繇、王朗各据州郡，论安言计，动引圣人，群疑满腹，众难塞胸，今岁不战，明年不征，使孙策坐大，遂并江东，此臣之未解二也。

王业也是要败亡的；与其坐而待毙，哪里比得上主动去征伐敌人呢？先帝因此毫不迟疑地把讨贼兴汉的大业交给了微臣。

微臣接受任命的时候，睡不安稳，食无滋味。想到为了征伐北方的敌人，应该先去南方平定各郡。所以五月里渡过泸水，深入荒芜之地，两天才能吃上一餐；微臣不是不爱惜自己，而是看到帝王之业不可能局处在蜀地而得以保全，所以冒着危险，来奉行先帝的遗愿，可是争议者说这不是上策。而敌人恰好在西面疲于对付边县的叛乱，东面又要竭力去应付孙吴的进攻，兵法要求趁敌方劳困时发动进攻，当前正是赶快进军的时机啊！现在谨将这些事陈述如下：

高祖皇帝的英明可以和日月同辉，他的谋臣的谋略像渊一样深远，但还是要经历艰险，身受创伤，遭遇危难，然后才得安定。现在，陛下比不上高祖皇帝，谋臣也不如张良、陈平，而想用长期相持的战略来取胜，安安稳稳地平定天下，这是微臣所不能理解的第一点。

刘繇、王朗，各自占据州郡；在议论安守策略时，动辄引用古代圣贤的话，大家疑虑满腹，胸中充斥着惧难；他们今年不去打仗，明年不去征讨，让孙策逐渐强大起来，终于并吞了

曹操智计，殊绝于人，其用兵也，仿佛孙、吴，然困于南阳，险于乌巢，危于祁连，逼于黎阳，几败北山，殆死潼关，然后伪定一时耳。况臣才弱，而欲以不危而定之，此臣之未解三也。

曹操五攻昌霸不下，四越巢湖不成，任用李服而李服图之，委任夏侯而夏侯败亡，先帝每称操为能，犹有此失，况臣驽下，何能必胜？此臣之未解四也。

自臣到汉中，中间期年耳，然丧赵云、阳群、马玉、阎芝、丁立、白寿、刘郃、邓铜等及曲长、屯将七十余人，突将、无前、賨叟、青羌、散骑、武骑一千余人。此皆数十年之内所纠合四方之精锐，非一州之所有；若复数年，则损三分之二也，当何以图敌？此臣之未解五也。

今民穷兵疲，而事不可息；事

江东，这是微臣所不能理解的第二点。

曹操的智能谋略，远远超过别人，他用兵像孙武、吴起那样，但是在南阳受到窘困，在乌巢遇上危险，在祁山遭到厄难，在黎阳被敌困逼，几乎惨败在北山，差一点死在潼关，然后才得僭称国号于一时。何况微臣才能低下，而竟想不冒艰险来平定天下，这是微臣所不能理解的第三点。

曹操五次攻打昌霸而攻不下，四次想跨越巢湖而未成功，任用李服，而李服密谋对付他；委用夏侯渊，而夏侯渊却败死了。先帝常常称赞曹操有能耐，可他还是有这些挫败，何况微臣才能低劣，怎能保证一定得胜呢？这是微臣所不能理解的第四点。

自从微臣进驻汉中，不过一周年而已，其间就丧失了赵云、阳群、马玉、阎芝、丁立、白寿、刘郃、邓铜等将领及部曲将官、屯兵将官七十余人；突将、无前、賨叟、青羌、散骑、武骑等士卒一千余人。这些都是几十年内从各处积集起来的精锐力量，不是一州一郡所能拥有的；如果再过几年，就会损失原有兵力的三分之二，那时拿什么去对付敌人呢？这是微臣所不能理解的第五点。

如今百姓贫穷兵士疲乏，但战争不可能停息；战争不能停息，那么待在原地里等待敌人来进攻和出去攻击

不可息，则住与行劳费正等。而不及今图之，欲以一州之地，与贼持久，此臣之未解六也。

夫难平者，事也。昔先帝败军于楚，当此时，曹操拊手，谓天下已定。然后先帝东连吴、越，西取巴、蜀，举兵北征，夏侯授首，此操之失计，而汉事将成也。然后吴更违盟，关羽毁败，秭归蹉跌，曹丕称帝。凡事如是，难可逆见。臣鞠躬尽力，死而后已。至于成败利钝，非臣之明所能逆睹也。

敌人，其劳力费用正是相等的。不趁此时去出击敌人，却想拿益州一地来和敌人长久相持，这是微臣所不能理解的第六点。

最难于判断的，是战事。当初先帝兵败于楚地，这时候曹操拍手称快，以为天下已经平定了。但是，后来先帝东面与孙吴联合，西面取得了巴蜀之地，出兵北伐，夏侯渊掉了脑袋；这是曹操估计错误而复兴汉室的大业快要成功了。但是，后来孙吴又违背盟约，关羽战败被杀，先帝又在秭归遭到挫败，而曹丕就此称帝。所有的事都是这样，很难加以预料。臣下只有竭尽全力，到死方休罢了。至于伐魏兴汉究竟是成功是失败，是顺利还是困难，那是臣下的智力所不能预见的。

文化常识第104讲

乌巢之战 东汉末年官渡之战中的重要一环。曹操和袁绍两军在官渡对峙。袁绍派大将淳于琼率领一万多人护送军粮，集中在袁军大营后方的乌巢。谋士沮授建议，增派将军蒋奇率一支军队，守护乌巢翼侧，以防曹军抄袭。许攸也建议：趁曹操主力都在前线应战，后方许昌空虚，可以趁此机会奉迎天子，就可以挟天子以令诸侯了。可是袁绍都不听。最后曹操派兵烧毁了乌巢粮仓，以少胜多，取得了官渡之战的胜利。

常用字第 104 讲 进

❶ <动>前进;向前移动。《涉江》:"船容与而不进兮,淹回水而疑滞(níng)。"
❷ <动>出仕;做官。《陈情表》:"臣之进退,实为狼狈。"
❸ <动>进献;进呈。《促织》:"翼日进宰,宰见其小。"
❹ <动>进谏;劝谏。《邹忌讽齐王纳谏》:"时时而间进。"
❺ <动>举荐;推荐。《史记·孙子吴起列传》:"于是忌进孙子于威王。"
❻ <动>愈;超过。《庖丁解牛》:"臣之所好者,道也,进乎技矣。"
❼ <动>进来;进入。《灌园叟晚逢仙女》:"缉捕使臣已将秋公解进。"
❽ <名>指前后有几排房屋的大宅院中的一排房屋。《范进中举》:"就在东门大街上,三进三间。"

语法常识第 104 讲

词类活用:名词作状语【渊】 "高帝明并日月,谋臣渊深"一句中"渊"字本义为"深潭",是名词,这里活用作状语,意为"像渊一样",修饰"深"。翻译为:高祖皇帝的英明可以跟日月同辉,他的谋臣的谋略像渊一样深远。

孩子读得懂的
古文观止

杨士兰 — 编著 ❸ 青鸟童书 — 绘

北京理工大学出版社
BEIJING INSTITUTE OF TECHNOLOGY PRESS

版权专有　侵权必究

图书在版编目（CIP）数据

孩子读得懂的古文观止：全 4 册 / 杨士兰编著；青鸟童书绘 . -- 北京：北京理工大学出版社，2025.5.
ISBN 978-7-5763-4935-1

Ⅰ . H194.1

中国国家版本馆 CIP 数据核字第 2025Y9T976 号

责任编辑：李慧智　　**文案编辑：**李慧智
责任校对：王雅静　　**责任印制：**施胜娟

出版发行	/ 北京理工大学出版社有限责任公司
社　　址	/ 北京市丰台区四合庄路 6 号
邮　　编	/ 100070
电　　话	/（010）68944451（大众售后服务热线）
	（010）68912824（大众售后服务热线）
网　　址	/ http://www.bitpress.com.cn

版 印 次	/ 2025 年 5 月第 1 版第 1 次印刷
印　　刷	/ 武汉林瑞升包装科技有限公司
开　　本	/ 880 mm×1230 mm　1/16
印　　张	/ 75.5
字　　数	/ 1250 千字
定　　价	/ 269.00 元〔全 4 册〕

图书出现印装质量问题，请拨打售后服务热线，负责调换

《古文观止》是清代吴楚材、吴调侯叔侄二人选定的古代散文读本。此书起初是为私塾学生编的教材，康熙三十四年（1695年）正式镌版印刷。2020年4月，列入《教育部基础教育课程教材发展中心中小学生阅读指导目录》。

　　它选录了自东周至明代的222篇文章。入选之文皆为语言精练、短小精悍、便于传诵的佳作。现代语言学大师王力曾说："学习古代汉语，建议大家多读《古文观止》。"巴金等文学名家更是把他们取得的文学成就，归功于小时候反复读过的《古文观止》。

　　《古文观止》篇篇闪耀着真知灼见，包含着大量立身处世的人生哲理。但是要把这本书学好，谈何容易！书中随便一读都是生僻字，而字里行间，更是充满繁多的典故、丰富的文化常识、浩瀚的历史故事、错综的人物关系。对孩子们来说，实在难以下手。

　　为此，我们编写了这套《孩子读得懂的古文观止》。我们采取先读故事再学古文的方法，每个故事都把文章的前因后果，包括历史背景、写作初衷、前后事件等交代清楚，让孩子先有兴趣再学知识。三百余幅精美插图让历史鲜活起来，相信孩子一定会过目难忘。

　　为了让孩子了解到《古文观止》的全貌，我们把原书的222篇文章全收录进来（仅对于少数篇幅较长文字做了节选），原文全配有拼音，且译文与原文逐段对照，方便孩子学习古文。另外每篇文后还辅以文化常识、常用字和语法常识的讲解，让孩子在一个个具体情境中掌握文言文知识，做到触类旁通、事半功倍。希望读完这套书，孩子能读透古文，读懂古人，爱上优秀的中华传统文化。

目录

105 陈情表 李密
—— 做个孝子好难 …………… 001

106 兰亭集序 王羲之
—— 书法好，文章也好 ……… 006

107 归去来辞 陶渊明
—— 不为五斗米折腰 ………… 011

108 桃花源记 陶渊明
—— 这里有梦想和寄托 ……… 016

109 五柳先生传 陶渊明
—— 酒量没有度量大 ………… 021

110 北山移文 孔稚珪
—— 真隐士和假隐士 ………… 025

111 谏太宗十思疏 魏徵
—— 敢跟皇帝唱反调 ………… 031

112 为徐敬业讨武曌檄 骆宾王
—— 把武则天痛骂一顿 ……… 037

113 滕王阁序 王勃
—— 探亲路上写出的千古华章 042

114 与韩荆州书 李白
—— 请您的慧眼看看我的文章… 049

115 春夜宴桃李园序 李白
—— 浮生若梦且为欢 ………… 054

116 吊古战场文 李华
—— 愿天下早日止兵戈 ……… 058

| 117 | 陋室铭 刘禹锡 |
| —— 只要精神别简陋 …………… 064 |

| 118 | 阿房宫赋 杜牧 |
| —— 前事不忘，后事之师 …… 068 |

| 119 | 原道 韩愈 |
| —— 打起尊崇儒学的大旗 …… 073 |

| 120 | 原毁 韩愈 |
| —— 说一说毁谤这种事儿 …… 078 |

| 121 | 获麟解 韩愈 |
| —— 不被人认识的麒麟 ……… 084 |

| 122 | 杂说（一） 韩愈 |
| —— 彼此成就的云和龙 ……… 088 |

| 123 | 杂说（四） 韩愈 |
| —— 千里马呼唤伯乐 ………… 092 |

| 124 | 师说 韩愈 |
| —— 拜师求学不可耻 ………… 095 |

| 125 | 进学解 韩愈 |
| —— 前路艰难也要精进学业 … 100 |

| 126 | 圬者王承福传 韩愈 |
| —— "我是快乐的粉刷匠！" … 106 |

| 127 | 讳辩 韩愈 |
| —— 都是名字惹的祸 ………… 112 |

| 128 | 争臣论 韩愈 |
| —— 该开口时就开口 ………… 117 |

目录

129 后十九日复上宰相书　韩愈
　　——考试终于通过啦！ ……… 122

130 后二十九日复上宰相书　韩愈
　　——周公是这样炼成的 ……… 127

131 与于襄阳书　韩愈
　　——羡慕嫉妒没有恨 ………… 133

132 与陈给事书　韩愈
　　——芝麻小的官儿 …………… 139

133 应科目时与人书　韩愈
　　——在考试中挣扎 …………… 144

134 送孟东野序　韩愈
　　——穷得叮当响的诗人 ……… 148

135 送李愿归盘谷序　韩愈
　　——"好想跟你一起去隐居！"… 154

136 送董邵南序　韩愈
　　——不听话的河北三镇 ……… 159

137 送杨少尹序　韩愈
　　——车水马龙别贤臣 ………… 163

138 送石处士序　韩愈
　　——这个节度使不简单 ……… 168

139 送温处士赴河阳军序　韩愈
　　——马都跟着伯乐跑了 ……… 173

140 祭十二郎文　韩愈
　　——白发人送黑发人 ………… 178

141 祭鳄鱼文　韩愈
——在潮州的日子 …………　183

142 柳子厚墓志铭　韩愈
——"能为你做的最后一件事"…　188

143 驳复仇议　柳宗元
——会写诗不一定懂礼法 ……　194

144 桐叶封弟辨　柳宗元
——天子也玩"过家家"………　201

145 箕子碑　柳宗元
——逃难也要传播文明 ………　205

146 捕蛇者说　柳宗元
——苛政果然猛于虎 …………　210

147 种树郭橐驼传　柳宗元
——向种树人学习 ……………　215

148 梓人传　柳宗元
——不会修床腿的建筑大师 …　220

149 愚溪诗序　柳宗元
——真愚,还是假愚? ………　224

150 永州韦使君新堂记　柳宗元
——新刺史的好品位 …………　229

151 钴鉧潭西小丘记　柳宗元
——良友美景兼得的幸运 ……　234

152 小石城山记　柳宗元
——被"浪费"的美景和才华 …　238

目录

153 贺进士王参元失火书　柳宗元
　　——坏事变成了好事　…………　242

154 待漏院记　王禹偁
　　——对于贤相的美好期待　……　247

155 黄冈竹楼记　王禹偁
　　——竹楼易朽又何妨？　………　252

156 书《洛阳名园记》后　李格非
　　——天下兴，园林才兴　………　256

157 严先生祠堂记　范仲淹
　　——不爱当官爱钓鱼的高士　…　260

158 岳阳楼记　范仲淹
　　——走到哪里都想着百姓　……　264

159 谏院题名记　司马光
　　——谏官要畏身后名　…………　269

160 义田记　钱公辅
　　——讲的就是一个"义"字　…　272

161 袁州州学记　李觏
　　——继承孔夫子的事业　………　277

162 朋党论　欧阳修
　　——君子朋党有错吗？　………　282

163 纵囚论　欧阳修
　　——耍了个小花招　……………　287

164 《释秘演诗集》序　欧阳修
　　——隐在佛门的奇男子　………　292

陈情表
——做个孝子好难

李密

《古文观止》有故事

李密是西晋的文学家。他出生于三国鼎立时期的蜀国,刚出生六个月父亲就去世了,四岁时母亲被舅舅逼着改嫁走了。小李密想娘,整天哭哭啼啼的就病倒了。多亏奶奶细心照顾,才好了起来。从此以后,祖孙俩相依为命过日子。

李密曾经拜益州名士谯(qiáo)周做老师,刻苦读书,废寝忘食,称得上博学多才。后来他做过蜀汉的益州从事(刺史的属官)、尚书郎(比尚书低一级,相

当于副部长）等官职。

蜀汉灭亡后，曹魏的征西将军邓艾听到李密的名声，想邀请他来自己军中担任主簿（掌管文书的官）。他考虑到祖母年纪大了，需要人照顾，婉言谢绝了。后来，又有人推举他做州郡的长官，李密也拒绝了。

后来，司马炎篡夺了曹魏政权，建立了晋朝，就是晋武帝。为了收拢人心，他想招揽一些名士或者是蜀汉旧臣。李密以博学和机智善辩著称，自然就上了司马炎的"人才名单"。泰始三年（267年），司马炎册立司马衷为太子，征召李密来京城做太子洗马（辅佐太子，教太子政事的官）。

李密拒绝了。晋武帝不肯罢休，一次次下达诏命。郡县的长官带着衙役上门催逼，恨不得把他捆起来押到京城去。

李密又烦又怕：总这样下去不行呀！真惹怒了皇帝，怕是要掉脑袋的。总得想个办法呀！

于是，他拿起了笔，流着泪给晋武帝写了一封信，诉说祖母的孤苦无依，表达自己"忠孝不能两全"的无奈，祈求皇帝成全自己的一片孝心。

信中流露出的真情实意打动了晋武帝。他停止了征召，送来了两名奴婢伺候老人，还下令郡县资助他钱财赡养祖母。

祖母去世后，李密出来做了官，但是并没有得到重用，才华得不到施展，最后还被罢了官。不过，他能够为老人养老送终，也没有什么遗憾了。

逐字逐句学古文

原文	译文
臣密言：臣以险衅，夙遭闵凶。生孩六月，慈父见背；行年四岁，舅夺母志。祖母刘，愍臣孤弱，	臣李密呈言：我因命运坎坷，很早就遭遇了不幸，刚出生六个月，父亲就去世了。我四岁的时候，舅父强迫母亲改变了守节的志向。我的祖母

躬亲抚养。臣少多疾病，九岁不行，零丁孤苦，至于成立。既无叔伯，终鲜兄弟，门衰祚薄，晚有儿息。外无期功强近之亲，内无应门五尺之僮，茕茕孑立，形影相吊。而刘夙婴疾病，常在床蓐，臣侍汤药，未尝废离。

逮奉圣朝，沐浴清化。前太守臣逵，察臣孝廉；后刺史臣荣，举臣秀才。臣以供养无主，辞不赴命。诏书特下，拜臣郎中，寻蒙国恩，除臣洗马。猥以微贱，当侍东宫，非臣陨首所能上报。臣具以表闻，辞不就职。诏书切峻，责臣逋慢；郡县逼迫，催臣上道；州司临门，急于星火。臣欲奉诏奔驰，则刘病日笃，欲苟顺私情，则告诉不许：臣之进退，实为狼狈。

伏惟圣朝以孝治天下，凡在故老，犹蒙矜育，况臣孤苦，特为尤

刘氏怜悯我年幼丧父，亲自抚养我。我小的时候经常生病，九岁时还不能走路，一直到长大成人，始终孤独无靠。既没有叔伯，又缺少兄弟，门庭衰微，福分浅薄，很晚才有儿子。在外面没有任何比较亲近的亲戚，在家里又没有照应门户的僮仆，生活孤单没有依靠，只有自己的身体和影子相伴。但祖母刘氏又患病多年，常年卧床不起。我侍奉她吃饭喝药，从来就没有离开过。

到了晋朝建立，我蒙受着清明的政治教化。先有太守逵察举我为孝廉，后又有刺史荣推举我为秀才。我因为供奉赡养祖母的事无人承担，辞谢没有接受任命。朝廷又特地下了诏书，任命我为郎中，不久又蒙受国家恩命，任命我为太子洗马。我凭借卑微低贱的身份，担当侍奉太子的重任，这实在不是我抛头捐躯所能报答朝廷的。我将以上苦衷上表报告，推辞不去就职。但是诏书急切严峻，责备我怠慢不敬；郡县长官催促我立刻上路；州县的长官登门督促，比流星坠落还要急迫。我想要奉旨为皇上奔走效劳，但祖母刘氏的病一天比一天重；想要姑且顺从自己的私情，但报告申诉又得不到允许。我进退两难，十分狼狈。

我想朝廷是用孝道来治理天下的，凡是故旧老人，尚且还受到怜悯

甚。且臣少仕伪朝，历职郎署，本图宦达，不矜名节。今臣亡国贱俘，至微至陋，过蒙拔擢，宠命优渥，岂敢盘桓，有所希冀？但以刘日薄西山，气息奄奄，人命危浅，朝不虑夕。臣无祖母，无以至今日；祖母无臣，无以终余年。母、孙二人，更相为命，是以区区不能废远。

臣密今年四十有四，祖母刘今年九十有六，是臣尽节于陛下之日长，报养刘之日短也。乌鸟私情，愿乞终养。臣之辛苦，非独蜀之人士及二州牧伯所见明知，皇天后土实所共鉴。愿陛下矜悯愚诚，听臣微志，庶刘侥幸，卒保余年。臣生当陨首，死当结草。臣不胜犬马怖惧之情，谨拜表以闻。

照顾，况且我孤单凄苦的程度更为严重呢。而且我年轻的时候曾经在伪朝做官，担任过尚书郎等职位，本来就希望做官显达，并不顾惜名声节操。现在我是一个低贱的亡国俘虏，卑微浅陋，受到过分提拔和如此优厚的恩宠，怎敢犹豫不决而有非分的企求呢？只是因为祖母刘氏寿命即将终了，气息微弱，生命垂危，已经到了早上不能想到晚上会怎样的地步。我如果没有祖母，就不会有今天；祖母如果没有我的照料，也无法度过她的余生。我们祖孙二人，互相依靠，因此我不能停止奉养而远离她。

我今年才四十四岁，祖母已经九十六岁了，这样看来我在陛下面前尽忠尽节的日子还很长，而在祖母刘氏面前尽孝心的日子很短。我怀着乌鸦反哺的私情，乞求能够准许我完成对祖母养老送终的心愿。我的辛酸苦楚，并不仅仅是蜀地的百姓及益、梁二州的长官目睹心知，天地神明也都能看见。希望陛下能怜悯我的诚心，满足我微不足道的心愿，使祖母刘氏能够侥幸地保全她的余生。我活着应当誓死报效朝廷，死了也要结草衔环来报答陛下的恩情。我怀着像犬马一样不胜恐惧的心情，恭敬地呈上此表来使陛下知道我的苦衷。

文化常识第105讲

期功 古代丧服的一种分类，主要指亲属之间根据亲疏关系所穿的不同丧服。期是期服，服丧一年，一般是指祖父母、父母叔伯等亲属去世的丧服；功又分为大功和小功，是针对稍远一点的亲属的，大功服丧九个月，小功服丧五个月。期功也用来指五服之内的宗亲。本文所说的"无期功强近之亲"就是没有比较近的亲戚。

常用字第105讲 —— 非

读fēi时：

❶ <形>不对；不正确。《归去来辞》："实迷途其未远，觉今是而昨非。"
❷ <副>不；不是。《齐桓晋文之事》："是不为也，非不能也。"
❸ <副>除非；除了。《屈原列传》："以为非我莫能为也。"
❹ <动>无；没有。《劝学》："君子生非异也，善假于物也。"
❺ <助>表疑问语气，同"否"。《汉书·终军传》："此言与实反者非？"

读fěi时：

<动>通"诽"，诽谤。《史记·李斯列传》："入则心非，出则巷议。"

语法常识第105讲

倒装句：状语后置【"于"为标志】 "州司临门，急于星火"一句中"于星火"是一个介宾短语，放在了"急"的后面作状语。正确语序应该是"州司临门，于星火急"。这里的"于"作"比"的意思。翻译为：州官也上门来催，比星火还急。

兰亭集序
——书法好,文章也好

《古文观止》有故事

王羲之,是东晋著名的书法家。据说,他七岁时就能写一手漂亮的毛笔字,练字用坏了的笔堆成了一座笔山,清洗毛笔和砚台的水池也变成了黑色的"墨池"。

当时有名的书法家卫夫人看到了王羲之的书法作品,称赞说:"这孩子太厉害了,看他的作品,已经很老成了。"

长大后,王羲之做了秘书郎(管理图书的官)。秘书省内收藏了很多书法

大家的作品，王羲之像钻进了书法宝库一样，每天观赏临摹这些珍品，开始尝试其他风格的书法创作。

后来，他外出游历名山大川，看到了很多有名的石碑，对碑文书法产生了浓厚的兴趣，在钻研学习临摹中，集百家之长，融入自己的理解，渐渐形成了独特的书法风格。

永和九年（353年）农历三月三日这天，王羲之和一些朋友在浙江绍兴兰亭这里举行诗酒聚会。兰亭下面有一条小溪，他们做了很多小木船，每只船上有一个盛满酒的杯子，杯子随着溪流漂到谁的面前，谁就要喝掉这杯酒，然后作一首诗。最后，这些诗凑成了一本诗集，王羲之兴致勃勃为诗集写了一篇序。

这篇《兰亭集序》不仅读起来琅琅上口，文采飞扬，书法更绝。他的字不是方的，而是圆的，看上去让人不压抑，觉得舒服。写"横"的时候，不是平的，而是微微上扬，而且每笔结束时都有个小勾，挑一下。可别小看这一挑，它让字变得鲜活起来，非常灵动自然。这324个字一气呵成，气脉相连，开合之间跌宕生姿。其中出现的20个"之"字各有不同的体态与美感，为人们所称道。传说唐太宗对这幅作品喜欢得要命，把真迹带到墓里陪葬了。

逐字逐句学古文

原文

yǒng hé jiǔ nián　suì zài guǐ chǒu　mù chūn
永和九年，岁在癸丑，暮春
zhī chū　huì yú kuài jī shān yīn zhī lán tíng　xiū
之初，会于会稽山阴之兰亭，修
xì shì yě　qún xián bì zhì　shào zhǎng xián jí
禊事也。群贤毕至，少长咸集。
cǐ dì yǒu chóng shān jùn lǐng　mào lín xiū zhú　yòu
此地有崇山峻岭，茂林修竹，又

译文

永和九年，正值癸丑年，晚春三月上旬，我们会集在会稽郡山阴城的兰亭，举行修禊活动。诸多贤士能人都汇聚到这里，年长、年少者都聚集在这里。兰亭这里有高峻的山峰、茂盛的树林和挺拔的翠竹；又有清澈激荡的水流

有清流激湍，映带左右，引以为流觞曲水，列坐其次，虽无丝竹管弦之盛，一觞一咏，亦足以畅叙幽情。

是日也，天朗气清，惠风和畅。仰观宇宙之大，俯察品类之盛，所以游目骋怀，足以极视听之娱，信可乐也。

夫人之相与，俯仰一世，或取诸怀抱，悟言一室之内；或因寄所托，放浪形骸之外。虽趣舍万殊，静躁不同，当其欣于所遇，暂得于己，快然自足，不知老之将至。及其所之既倦，情随事迁，感慨系之矣！向之所欣，俛仰之间，已为陈迹，犹不能不以之兴怀，况修短随化，终期于尽！古人云："死生亦大矣。"岂不痛哉！

每览昔人兴感之由，若合一契，未尝不临文嗟悼，不能喻之

辉映环绕，作为漂流酒杯的环形水道，大家排坐在曲水旁，虽然没有管弦齐奏的盛况，但喝着酒作着诗，也足够来畅快地表达内心的感情了。

这一天，天气晴朗，空气清新，和风习习。抬头观览宇宙的浩大，低首俯瞰大地上万物的繁盛，可以开阔眼力，舒展胸怀，足够来尽情地获得视听的欢娱，实在是很快乐。

人与人相互交往，很快便度过一生。有的人在室内畅谈自己的胸怀抱负；有的人在自己所爱好的事物上寄托情怀，不受约束，放纵无羁地生活。尽管各有各的爱好，安静与躁动各不相同，但当他们对所遇到的事物感到高兴时，自己都会暂时有所收获，愉快自足，不知道衰老将要到来。等到对于自己所喜爱的事物感到厌倦，心情随着事物的境况而变化，感慨也就随之产生了。过去所喜欢的东西，转瞬间，已经成为陈迹，尚且不能不因为它引发心中的感触，何况寿命的长短，听凭造化，不是最后也要归结于消灭吗？古人说："死生毕竟是件大事啊。"怎么能不让人悲痛呢！

每当我看到前人兴怀感慨的原因，与我所感叹的好像符契一样相合时，总是对他们的文章嗟叹感伤，但在心里又不能清楚地说明其中的道理。我本来知道把生死等同的说法是虚幻荒诞的，把

于怀。固知一死生为虚诞，齐彭殇为妄作。后之视今，亦犹今之视昔。悲夫！故列叙时人，录其所述。虽世殊事异，所以兴怀，其致一也。后之览者，亦将有感于斯文。

长寿的彭祖和短命的殇子等同起来的说法是妄造的。后人看待今人，也就像今人看待前人吧。可悲呀！所以，我要把这次与会的人一个一个记下，抄录他们所作的诗篇。纵使时代变了，事情不同了，但人们抒发情怀的原因，大致是相同的。后世的读者，也将对这次集会的诗文有所感慨吧。

文化常识第 106 讲

彭祖 传说中的道教神仙，帝颛顼的玄孙，黄帝第六代孙陆终的儿子。相传他做过商朝的大夫，他做官时，就已经有七百多岁了，却一点也看不出衰老的样子。后来他周游天下，升仙而去。当年尧曾经把他封在彭城，因为他高寿，活得时间长，所以后世尊称他"彭祖"。彭祖成了长寿老人的代称。

常用字第106讲

读huì时：

❶ <动>会合；聚集。《陈涉世家》："号令召三老、豪杰与皆来会计事。"
❷ <动>会盟；宴会。《廉颇蔺相如列传》："王许之，遂与秦王会渑池。"
❸ <名>机会；时机。《〈指南录〉后序》："中兴机会，庶几在此。"
❹ <名>节奏。《庖丁解牛》："乃中《经首》之会。"
❺ <动>领会；理解。《五柳先生传》："好读书，不求甚解，每有会意，便欣然忘食。"
❻ <副>适逢；恰巧遇上。《陈涉世家》："会天大雨，道不通，度已失期。"
❼ <动>能。《林黛玉进贾府》："我自来是如此，从会饮食时便吃药。"
❽ <副>当然，必定。《孔雀东南飞》："吾已失恩义，会不相从许。"
❾ <副>将要。《江城子·密州出猎》："会挽雕弓如满月，西北望，射天狼。"

读kuài时：

❶ <动>算账；结账。《冯谖客孟尝君》："谁习计会，能为文收责于薛者乎？"
❷ <名>帽子上缀结采玉的缝隙叫会。

语法常识第106讲

词类活用：形容词作动词【极】 "足以极视听之娱，信可乐也"一句中"极"字，本义为"最高的，达到顶点的"，引申为"尽情的"，是形容词，在这里活用作动词，意为"尽情地享受"。翻译为：足够来尽情地获得视听的欢娱，实在是很快乐。

归去来辞
——不为五斗米折腰

《古文观止》有故事

陶渊明是东晋时期的诗人,从小学习儒家经典,心怀天下,有着济世救民的远大志向。可是,当时社会黑暗,动荡不安。他做过一段时间的州祭酒(主管教育的官),实在忍受不了官场的腐败,社会的黑暗,不想和他们同流合污,就辞官回家了。

后来,州郡长官又召他去做主簿(掌管文书的佐吏),他拒绝了。

他想过一种隐居的生活,自由自在,自娱自乐,坚守自己的节操。可是,

隐居也需要穿衣吃饭呀。亲朋好友常常劝他再出来做官,就当是为隐居生活积攒些钱财。正好这时候,地方长官推荐他去大将军刘裕那里做参军(军事参谋),他就去了。

可是,他还是看不惯那些官员们争权夺利,就要求去做个地方官。于是,他去彭泽做了县令。远离了政治中心,他尽心尽力地为百姓办点实事,感觉还不错。

不久,郡守派一位督邮(代表郡守督查地方政务的官)来县里检查工作。督邮一到县衙,就点名要陶县令来拜见。小吏赶紧去找陶渊明,正在看书的陶渊明眉头一皱,只得站起身往外走。小吏赶紧拦住他:"大人总得换上官服,才好去拜见督邮呀。"

陶渊明停住了脚步。拜见已经不情愿了,还要穿上官服规规矩矩地拜见?简直让人无法忍受。他长叹一声:"我可不愿意为了五斗米的俸禄,去给这种势利小人鞠躬作揖!我还是回去吧!"

他终于大彻大悟了：一个人活在天地间，能有多少年？为什么不随着心意生活呢？家里的田园已经荒芜了，该迷途知返回归田园，回归自己的本心了。他把这些感悟写进《归去来辞》里面，然后，解下印绶封好，辞官回家了。

这个彭泽县令，他只做了83天。从此以后，他再也没有出来做过官。

逐字逐句学古文

原文

归去来兮，田园将芜胡不归！既自以心为形役，奚惆怅而独悲！悟已往之不谏，知来者之可追。实迷途其未远，觉今是而昨非。舟遥遥以轻飏，风飘飘而吹衣。问征夫以前路，恨晨光之熹微。

乃瞻衡宇，载欣载奔。僮仆欢迎，稚子候门。三径就荒，松菊犹存。携幼入室，有酒盈樽。引壶觞以自酌，眄庭柯以怡颜。倚南窗以寄傲，审容膝之易安。园日涉以成趣，门虽设而常关。策扶老以流憩，时矫首而遐观。

译文

回家去吧！田园快要荒芜了，为什么不回去呢？既然自己的心已为身所驱役，又何必惆怅而独自悲戚呢？我已明白过去的错误不可挽回，未来的事还来得及补救。我确实走入了迷途，但还不算太远，已发觉如今的做法是对的，曾经的行为是错的。船在水中轻轻地漂荡前行，微风吹拂着我的衣裳。向行人打听前面的路程，遗憾的是天刚刚放亮。

终于望见我那简陋的家门，心中欣喜，奔跑过去。家中的僮仆欢喜地前来迎接，孩子们守候在门前。院子里的小路快要荒芜了，松菊还长在那里。带着孩子们进了屋，酒杯里已经盛满了美酒。我端起酒壶、酒杯自斟自饮起来，看看院子里的树木，觉得很愉快。我倚着南窗寄托我的傲世之情，深知这狭小之地更容易使我心安。天天在园里散步，自成一种乐趣，小园的门经常关着。拄着拐杖走一会儿，休息一会儿，

云无心以出岫,鸟倦飞而知还。景翳翳以将入,抚孤松而盘桓。

归去来兮,请息交以绝游。世与我而相违,复驾言兮焉求?悦亲戚之情话,乐琴书以消忧。农人告余以春及,将有事于西畴。或命巾车,或棹孤舟。既窈窕以寻壑,亦崎岖而经丘。木欣欣以向荣,泉涓涓而始流。善万物之得时,感吾生之行休。

已矣乎!寓形宇内复几时,曷不委心任去留?胡为遑遑欲何之?富贵非吾愿,帝乡不可期。怀良辰以孤往,或植杖而耘耔。登东皋以舒啸,临清流而赋诗。聊乘化以归尽,乐夫天命复奚疑!

时不时地抬头望望远方的天空。云气自然而然地从山峰飘浮而出,倦飞的鸟儿也知道飞回巢中。日光渐渐昏暗,太阳快要落下去了,我手抚着孤松徘徊着不忍离去。

回家去吧!请让我同外界断绝交往。世事与我所想的相违背,还要驾车出去追求什么?我喜欢跟亲人聊聊知心话,把弹琴读书当作快乐来消除忧愁。农夫告诉我春天到了,西边田野里要开始耕种了。我有时驾着有布篷的小车,有时划着一条孤单的小船,有时攀缘幽深曲折的山谷,有时走过高低不平的山路。草木欣欣向荣地生长着,泉水日夜不息地流动着。我羡慕自然界的万物能够恰逢其时地生长,感叹自己的一生行将结束。

算了吧!我还能活在世上多久?为什么不随心所欲,顺其自然?为什么还要心神不定地去求得什么?富贵不是我所求,修成神仙是没有希望的。爱惜这良辰美景,我独自去欣赏,或者放下手杖,拿起农具除草培土。我登上东边的山坡放声歌唱,在清清的溪流旁把诗歌吟咏。姑且遵循自然的变化,走向生命的尽头,高高兴兴地接受天命,还有什么可疑虑的!

文化常识第107讲

三径 西汉末年,兖州刺史蒋诩为人清廉正直,名扬天下。后来,王莽专权,蒋诩非常不满又无可奈何,只好选择辞官归隐。回到家乡后,他闭门不出,在家门前开辟出了三条小径,只和当时的高洁之士求仲、羊仲往来。后来,就用"三径"指代隐士的家园。

常用字第107讲 遂

❶ <名>田间小水沟。《考工记·匠人》:"广二尺,深二尺,谓之遂。"
❷ <动>通达。《淮南子·精神》:"何往而不遂。"
❸ <动>顺利成长。《韩非子·难二》:"六畜遂,五谷殖。"
❹ <动>成功;实现。《复庵记》:"又范君之所有志而不遂者也。"
❺ <动>因循;仍旧。《与陈伯之书》:"若遂不改,方思仆言。"
❻ <副>终于;竟然。《隆中对》:"然操遂能克绍,以弱为强者,非惟天时,抑亦人谋也。"
❼ <副>于是;就。《愚公移山》:"遂率子孙荷担者三夫,叩石垦壤。"

语法常识第107讲

词类活用：形容词的意动用法【乐】 "悦亲戚之情话,乐琴书以消忧"一句中的"乐"本义为形容词"快乐",在这里是意动用法,意为"以……为乐",翻译为"我喜欢跟亲人聊聊知心话,把弹琴读书当作快乐来消解忧愁"。

桃花源记

——这里有梦想和寄托

陶渊明

《古文观止》有故事

陶渊明离开官场，回归了田园，但仍然会关注国家大事。元熙二年（418年）六月，大将军刘裕废晋恭帝，自立为帝，改年号为"永初"，国号为宋。刘宋政权建立，东晋灭亡。第二年，刘裕又采取阴谋手段，害死了晋恭帝。

社会动荡不安，陶渊明为此感到愤怒。他憎恨这样的混乱和黑暗，但又无能为力，只能把美好的理想寄托到文字中。他借武陵渔人的行踪，塑造了一个"黄发垂髫，并怡然自乐"的世外桃源。

同时，这也是他自己的桃花源。虽然贫困，但可以保持自己清白的操守，自得其乐，他很知足。

刘宋政权的开国元勋、大将军檀道济做江州刺史（一州的长官）的时候，很仰慕陶渊明的风骨，带着酒肉和财物来看望他，劝说他出来做官。在檀道济看来，贤能的人遇到乱世才可以选择隐居。现在是开明盛世，正应该出来做官帮助皇帝治理天下，干吗非要自讨苦吃呢？

陶渊明当然不这么认为，但是他也懒得辩论，只是轻描淡写地说："唉，我怎么敢称作贤能的人呢？我没那个远大志向！这里很好，我哪也不去！"

不仅如此，刺史带来的财物，他原数奉还，一分一毫都不收。即使这样，檀道济也没有生气，反而更加佩服陶渊明的一身傲骨。陶渊明绝不是沽名钓誉，他用行动坚守了自己心中的"桃花源"。

几年后，陶渊明在自己的"桃花源"中去世，留下了许多有名的诗歌、散文。岁月流逝，越来越多的人读到他的文字，无不被他的节操而打动，一代代文人都给予他很高的评价。北宋文学家苏轼尤其喜欢他的诗作，评价他的诗表面上看起来质朴，实际却文采华丽；文字看起来清瘦简洁，细细品读却丰润富有韵味。

陶渊明躲进田园之中，也正是这田野和自然滋养了他，让他为后世留下了很多名篇佳作。

逐字逐句学古文

原文

jìn tài yuán zhōng　　wǔ líng rén bǔ yú wéi
晋太元中，武陵人捕鱼为
yè　　yuán xī xíng　　wàng lù zhī yuǎn jìn　　hū
业。缘溪行，忘路之远近。忽
féng táo huā lín　　jiā àn shù bǎi bù　　zhōng wú
逢桃花林，夹岸数百步，中无

译文

东晋太元年间，武陵有个以捕鱼为生的人。一天，他沿着小溪而行，忘记走了多远的路。忽然遇到一片桃花林，在溪流两岸几百步中没有其他的树木，花草鲜艳

杂树，芳草鲜美，落英缤纷。渔人甚异之。复前行，欲穷其林。

林尽水源，便得一山，山有小口，仿佛若有光。便舍船，从口入。初极狭，才通人；复行数十步，豁然开朗。土地平旷，屋舍俨然，有良田、美池、桑竹之属。阡陌交通，鸡犬相闻。其中往来种作，男女衣着，悉如外人；黄发垂髫，并怡然自乐。

见渔人，乃大惊，问所从来，具答之。便要还家，设酒杀鸡作食。村中闻有此人，咸来问讯。自云先世避秦时乱，率妻子邑人，来此绝境，不复出焉，遂与外人间隔。问今是何世，乃不知有汉，无论魏、晋。此人一一为具言所闻，皆叹惋。

美丽，落花满地，渔人感到非常惊异。他继续前行，想要走到桃花林的尽头。

桃花林在溪水发源的地方就到头了，渔人发现了一座小山，山上有个小洞口，洞里面隐隐约约透着点光亮。渔人便下了船，从洞口走了进去。刚开始非常狭窄，仅容一人通过。又向前行走了几十步，突然变得开阔明亮。这片土地平坦开阔，房屋排列得非常整齐，这里有肥沃的田地、美丽的池塘，以及桑树、竹子这类的植物。田间小路交错相通，村落间可以互相听到鸡鸣狗叫的声音。人们在田间来来往往耕种劳作，男女的穿戴装束，完全如同世俗之外的人一样，老年人和小孩儿都自在满足。

这里的人看见了渔人，都非常惊讶，问他是从什么地方来的。渔人详细地一一作答。这里的人便邀请渔人到家中做客，摆酒、杀鸡来款待他。村里的其他人听说有这么一个人，全都来打听消息。他们说他们的先祖为了躲避秦朝时期的战乱，率领妻子、儿女和乡邻们来到这个与世隔绝的地方，不再出去，所以和外面隔绝了。村里的人问渔人现在是什么朝代，他们居然不知道有汉朝，更不用说魏、晋两朝了。渔人把自己知道的所有事都说了出来，村民们听了都感叹惋惜。其余的人各自又把渔人邀请到自己的家中，都拿出美酒佳肴来款待他。渔人停留了几天后，就向村里的人告辞。村里的人告诉他："这里

余人各复延至其家,皆出酒食。停数日,辞去。此中人语云:"不足为外人道也。"

既出,得其船,便扶向路,处处志之。及郡下,诣太守说如此。太守即遣人随其往,寻向所志,遂迷,不复得路。

南阳刘子骥,高尚士也,闻之,欣然规往,未果,寻病终。后遂无问津者。

的情况不必对外面的人说啊。"

渔人出来之后,找到了自己的船,就顺着原来的旧路回去,一路上处处都做了标记。等他到了武陵郡,就去拜见太守,说了在桃花源的见闻。太守立即派人跟随他一同前往,寻找渔人先前做的标记,却迷路了,后来再也找不到通往桃花源的路了。

南阳有个叫刘子骥的人,是一个品德高尚的士人。他听到这件事后,高兴地计划着前往桃花源,只是还没有实现,不久就病死了。后来再也没有人探访桃花源了。

文化常识第108讲

世外桃源 陶渊明的这篇文章为后世贡献了一个成语：世外桃源。陶渊明因为对现实不满，逃避现实，因此塑造了一个和现实社会隔绝、生活安乐的理想境界。后用来指环境幽静、生活安逸的地方。也可以用来比喻一个空想的、与世隔绝的、脱离现实社会的地方。

常用字第108讲

读zhǔ时：

① <动>通"嘱"，互相劝酒。《赤壁赋》："驾一叶之扁舟，举匏樽以相属。"
② <动>跟随。《垓下之战》："项王渡江，骑能属者百余人耳。"
③ <动>撰写。《屈原列传》："屈平属草稿未定，上官大夫见而欲夺之。"
④ <动>通"嘱"，托付。《岳阳楼记》："属予作文以记之。"
⑤ <动>通"嘱"，看。贾思勰《齐民要术·园篱》："盘桓瞻属。"

读shǔ时：

① <动>归属；隶属。《琵琶行》："名属教坊第一部。"
② <动>管辖。《扁鹊见蔡桓公》："在骨髓，司命之所属，无奈何也。"
③ <名>部属。《陈涉世家》："徒属皆曰：'敬受命。'"
④ <名>家属。《狱中杂记》："富者就其戚属，贫则面语之。"
⑤ <名>类；辈。《桃花源记》："有良田美池桑竹之属。"

语法常识第108讲

词类活用：名词作动词【志】"便扶向路，处处志之"一句中的"志"字本是名词，意为"标志"，这里活用作动词，意为"做标志"，翻译为：就沿着原来的旧路回去，一路上处处都做了标志。

五柳先生传
——酒量没有度量大

陶渊明

《古文观止》有故事

陶渊明回归田园，过着清贫但自由的生活。他喜欢读书，读书的目的不是为了做官求富贵，只要是觉得领悟了作者的意思，就快活得像个孩子。

他还爱喝酒，正如他在《五柳先生传》中写的："性嗜酒，家贫，不能常得。"他的乡亲张野和近邻羊弘龄、宠遵等人知道他爱喝酒，时常买了酒邀请他来喝，或者拉着他一起参加朋友的酒宴。

有时虽然不认识主人，他也高高兴兴地同去。去了就喝，喝就要喝个痛快。他酒量好像也不太大，每次都要喝醉，尽兴而归。

刺史王弘很仰慕他，想见他，遭到了拒绝，就干脆和朋友们带着酒，等在他出行的路上。看到他过来就拉上一起喝酒，几杯酒下肚，几个人就成了朋友。后来，王弘想见陶渊明了，就带着酒到田野山路上等候。

陶渊明还有一位忘年交叫颜延之。颜延之到江州任后军功曹（秘书、书记官）时，两个人的交往多了起来。后来，颜延之去始安做太守，每次有事路过浔阳的时候，都要特意去看看陶渊明，和他一起醉一回。

有一次，颜延之来拜访陶渊明，临走时，给他留下了两万钱。陶渊明拿到钱直接就送到了酒家，方便以后随时去喝酒或者打酒，省得一次次付钱了。

陶渊明度量真大：家里住的破房子空空荡荡的，有的地方还漏雨；穿的衣服也破破烂烂，打着补丁；家里盛饭的食器和舀水的瓢常常空空如也，缺吃少喝的。他却根本不在乎，喝几杯酒、读几页书、写几篇诗文就能把自己哄高兴。

陶渊明去世后，颜延之写了一篇《陶徵士诔(lěi)并序》，赞扬他高尚的人格，表达了对他深切的怀念，情文并茂，真切感人。

逐字逐句学古文

原文

xiān shēng bù zhī hé xǔ rén yě　yì bù
先　生　不　知　何　许　人　也，亦　不
xiáng qí xìng zì　　zhái biān yǒu wǔ liǔ shù　　yīn
详　其　姓　字。宅　边　有　五　柳　树，因
yǐ wéi hào yān　　xián jìng shǎo yán　　bú mù róng
以　为　号　焉。闲　静　少　言，不　慕　荣
lì　　hào dú shū　　bù qiú shèn jiě　　měi yǒu huì
利。好　读　书，不　求　甚　解；每　有　会
yì　　biàn xīn rán wàng shí　　xìng shì jiǔ　　jiā
意，便　欣　然　忘　食。性　嗜　酒，家
pín　　bù néng cháng dé　　qīn jiù zhī qí rú cǐ
贫，不　能　常　得。亲　旧　知　其　如　此，
huò zhì jiǔ ér zhāo zhī　　zào yǐn zhé jìn　　qī zài
或　置　酒　而　招　之。造　饮　辄　尽，期　在

译文

不知道五柳先生是哪里人，也不清楚他的姓名，因为他的住所旁边种着五棵柳树，就以此为号。他为人悠闲恬静，很少说话，也不贪慕荣华利禄。他喜欢读书，但不在一字一句的解释上过分探究；每当对书中的内容有所领会的时候，就会高兴得连饭也忘了吃。他生性喜爱喝酒，但因家里贫穷，常常不能得到满足。亲戚朋友们知道他这种境况，有时就会摆了酒席来招待他。他去喝酒就把

必醉；既醉而退，曾不吝情去留。环堵萧然，不蔽风日，短褐穿结，箪瓢屡空，晏如也。常著文章自娱，颇示己志。忘怀得失，以此自终。

赞曰：黔娄之妻有言："不戚戚于贫贱，不汲汲于富贵。"其言兹若人之俦乎？衔觞赋诗，以乐其志，无怀氏之民欤？葛天氏之民欤？

酒喝完，以求一定喝醉；喝醉了就自己回家，竟然说走就走，不会舍不得离开。他简陋的居室里空空荡荡，遮挡不住风雨和烈日，粗布短衣上打满了补丁，盛饭的食器和舀水的瓢里经常是空的，可是他还是怡然自得。他常常写文章来自娱自乐，很能以此显示他的志趣。他从不把得失放在心上，坚持这样的原则过完自己的一生。

赞语说：黔娄的妻子曾经说过："不为贫贱而忧虑悲伤，不为富贵而匆忙追求。"这话大概说的就是五柳先生这一类人吧？一边喝酒一边作诗，为自己抱定的志向而感到快乐。他是无怀氏时代的人呢，还是葛天氏时代的人呢？

文化常识第109讲

黔娄 战国时期齐国有名的隐士。鲁恭公曾要聘任他为相，齐威王也要聘请他为卿，他都拒绝了。后来，他到济南千佛山隐居，尽管穷得叮当响，却安贫乐道。他去世后，孔子的弟子曾参去吊祭，看到盖着尸身的白布短小——盖住脑袋就露出脚来，盖住脚又露出脑袋来。曾参建议把布斜过来盖，黔娄的妻子说："先生一生正直，死了却斜着盖尸布，这和他的志向是相违背的。"曾参更加钦佩黔娄了。

读jiě时：

❶ <动>解剖；分割。《庖丁解牛》："庖丁为文惠君解牛。"

❷ <动>解开；解下。《公输》："子墨子解带为城。"
❸ <动>解除；消除。《荆轲刺秦王》："今有一言，可以解燕国之患。"
❹ <动>溶解；溶化。《满井游记》："于时冰皮始解，波色乍明。"
❺ <动>排解；化解。《师说》："句读之不知，惑之不解。"
❻ <动>解围；撤围。《信陵君窃符救赵》："秦军解去，遂救邯郸。"
❼ <动>解脱。道家称人死后灵魂脱离躯体而升天成仙。《梅花岭记》："谓颜太师以兵解。"
❽ <动>缓解；和解。《触龙说赵太后》："太后之色少解。"
❾ <动>解释；解说。《隆中对》："关羽、张飞等不悦，先主解之。"
❿ <动>理解；懂得。《与妻书》："家中诸母皆通文，有不解处，望请其指教。"
⓫ <动>能；会。罗隐《西施》："西施若解倾吴国，越国亡来又是谁。"
⓬ <名>见解；见识。《南史·张邵传》："融玄义无师法，而神解过人。"
⓭ <动>解便；解手。戚继光《练兵实记》："遇夜即于厕中大小解。"
⓮ <名>文体的一种，用于释疑。如韩愈的《进学解》。

读jiè时：

❶ <动>唐宋时举进士者由地方推荐发送入京的称为"解"。《宋史·举志》："天下之士屏居山林，令监司守臣解送。"
❷ <动>解送；押送。《水浒传》："开封府公文只叫解活的去，却不曾教结果了他。"
❸ <动>兑换（零钱）。《水浒传》："我有一锭大银，解了十两小银使用了。"

读xiè时：

❶ <动>"懈"的古字。懈怠。《论衡·福虚》："宋人有好善行者，三世不解。"
❷ <名>姓。

语法常识第109讲

词类活用：名词作动词【短褐】"短褐穿结，箪瓢屡空，晏如也"一句中"短褐"本义为名词"粗布短衣"，在这里活用作动词"穿着粗布短衣"，翻译为：粗布短衣上打满了补丁，盛饭的食器和舀水的瓢里经常是空的，可是他还是怡然自得。

北山移文

—— 真隐士和假隐士

孔稚珪

《古文观止》有故事

孔稚珪是南北朝时期南朝齐人，从小就爱学习，写的文章很好，声名远播。太守王僧虔很器重他，召他来做主簿，后来州郡又推举他做了秀才。南朝齐的开国皇帝萧道成做骠骑将军的时候，听说他文章写得极好，很仰慕，就请他来做记室参军（掌管文书的官）。

后来，他又做过各种官职，到建武初年，又调任冠军将军、平西长史（秘书长）、南郡太守。虽然一直在做官，但他却不喜欢各种世俗杂事，喜欢清

净,不喜欢官场上的迎来送往,吃吃喝喝。

　　他在自家院子里造了假山、池塘,常常独自一人靠着一张小桌子,自斟自饮,自得其乐。院子里野草遍地,他从来不让仆人们修剪,任凭野草自由生长。池塘里有很多青蛙,一到夏天,清风明月夜,蛙声此起彼伏,响成一片很是热闹。孔稚珪独坐池塘边,伴着蛙声喝酒,其乐无穷。

　　有人跟他开玩笑,以为他是想做"不打扫屋子,只想治理天下"的陈蕃呢。谁知道,他却笑了:"我哪有那么远大的志向?我只是把这些青蛙的鸣叫当作是两部鼓吹乐罢了!"

　　孔稚珪身在官场,却能洁身自好,不慕名利。他崇敬的是那些不与世俗同流合污,品格高洁,视功名利禄为粪土的人。当他听到名士周颙(yóng)打算到北山隐居的消息后,很高兴,钦佩他的选择。可是很快,皇帝就下了诏书,要召周颙出来做官。没想到,周颙一接到诏令,马上痛痛快快地脱下隐士的衣服,扔下经书,挂上官印上任去了,从此不再作诗,不再弹琴,一门心思要升官。

　　在当时,有很多像周颙这样的人,孔稚珪早就看他们不顺眼。于是,他借北山之口,批判了这些"假隐士"。

逐字逐句学古文

原文

钟山之英，草堂之灵，驰烟驿路，勒移山庭。

夫以耿介拔俗之标，潇洒出尘之想，度白雪以方洁，干青云而直上，吾方知之矣。若其亭亭物表，皎皎霞外，芥千金而不盼，屣万乘其如脱，闻凤吹于洛浦，值薪歌于延濑，固亦有焉。岂期终始参差，苍黄反覆，泪翟子之悲，恸朱公之哭。乍回迹以心染，或先贞而后黩，何其谬哉！呜呼！尚生不存，仲氏既往，山阿寂寥，千载谁赏！

世有周子，俊俗之士，既文既博，亦玄亦史。然而学遁东鲁，习隐南郭，偶吹草堂，滥巾北岳。诱我松桂，欺我云壑。虽假容于江

译文

钟山的山神、草堂的神灵如云烟似的驰骋在驿路上，要把这篇移文镌刻在山崖上。

有些隐士自以为有耿介超俗的气节，豁达无拘超出尘世的理想，与白雪相媲美的品德，凌驾于青云之上的高洁志向。我现在知道有这样的人。至于那些看起来卓然挺立、超然物外、洁身自好、志趣高洁，视千金如草芥而不屑一顾，视万乘如敝屣而挥手抛弃，在洛水边听吹笙作凤鸣，在延濑遇到隐士高人采薪唱歌的人，固然也是有的。但怎么也想不到他们不能始终如一，反复无常，如墨子之悲素丝，如杨朱之泣歧路。他们刚到山中隐居，忽然又染上凡心，开始时非常贞洁，后来却同流合污，那是多么荒谬啊！唉，尚子平、仲长统都已成为过去，高人隐居的山林显得非常寂寞，千百年来有谁懂得欣赏？

当今世上有一位姓周的人，是一个不同流俗的俊才，既有文采，又有渊博的学问，既通玄学，也通史学。可是他偏学东鲁颜阖的遁世，仿效南郭子綦的隐居，混在草堂里滥竽充数，住在北山中冒充隐士，迷惑山中的青松与丹桂，欺骗白云和山谷，虽然在长江边假装隐

皋，乃缨情于好爵。

其始至也，将欲排巢父，拉许由，傲百氏，蔑王侯。风情张日，霜气横秋。或叹幽人长往，或怨王孙不游。谈空空于释部，核玄玄于道流。务光何足比，涓子不能俦。

及其鸣驺入谷，鹤书赴陇，形驰魄散，志变神动。尔乃眉轩席次，袂耸筵上，焚芰制而裂荷衣，抗尘容而走俗状。风云凄其带愤，石泉咽而下怆，望林峦而有失，顾草木而如丧。

至其纽金章，绾墨绶，跨属城之雄，冠百里之首。张英风于海甸，驰妙誉于浙右。道帙长摈，法筵久埋。敲扑喧嚣犯其虑，牒诉倥偬装其怀。琴歌既断，酒赋无续。常绸缪于结课，每纷纶于折狱。笼张赵于往图，架卓鲁于前箓，希

居，心里却牵挂着高官厚禄。

他刚来的时候，连巢父、许由都不放在眼里；百家的学说、王侯的尊荣，他都瞧不起。风度之高胜于太阳，志气之凛盛如秋霜。一会儿慨叹当今没有幽居的隐士，一会儿又怪王孙游赏不归。他能谈佛家的"四大皆空"，也能谈道家的"玄之又玄"，自以为上古逃避禅让的务光、服食术草求仙的涓子之辈，都不如他。

等到使者鸣锣开道、前呼后拥，捧着诏书来到山中，这时他立刻手舞足蹈、魂飞魄散，志向改变，心神动摇。他在宴请使者的筵席上扬眉挥袖，烧掉隐居时所穿的用芰荷做成的衣服，露出了庸俗的嘴脸。山中的风云悲凄含愤，石泉幽咽而怨怒，遥望树林和山峦若有所失，回顾百草和树木就像死了亲人那样悲伤。

后来他佩上铜印，系上黑色的绶带，掌管一个郡里最大的县，成一县之首，威风遍及海滨，美名传到浙东。道家的书籍久已扔掉，讲佛法的座席也早已抛弃。鞭打罪犯的喧嚣之声干扰了他的思虑，文书诉讼之类急迫的公务填满了他的胸怀。弹琴唱歌已断绝，饮酒赋诗也无法继续，常常被综核赋税之类的事牵缠，每每为判案破案而奔走忙碌。只想使官声政绩超过史书记载中的张敞和赵广汉，凌驾于卓茂和鲁恭之上，希望能成为三辅令尹或九州刺史。他使我们山中的朝霞孤零零地映照在天空，明

踪三辅豪，驰声九州牧。使其高霞孤映，明月独举，青松落荫，白云谁侣？磵户摧绝无与归，石径荒凉徒延伫。至于还飙入幕，写雾出楹，蕙帐空兮夜鹤怨，山人去兮晓猿惊。昔闻投簪逸海岸，今见解兰缚尘缨。于是南岳献嘲，北垄腾笑，列壑争讥，攒峰竦诮。慨游子之我欺，悲无人以赴吊。故其林惭无尽，涧愧不歇，秋桂遣风，春萝罢月。骋西山之逸议，驰东皋之素谒。

今又促装下邑，浪栧上京，虽情投于魏阙，或假步于山扃。岂可使芳杜厚颜，薜荔无耻，碧岭再辱，丹崖重滓，尘游躅于蕙路，污渌池以洗耳。宜扃岫幌，掩云关，敛轻雾，藏鸣湍。截来辕于谷口，杜妄辔于郊端。于是丛条瞋胆，叠颖怒魄。或飞柯以折轮，乍低枝而扫迹。请回俗士驾，为君谢逋客！

月孤独地在山巅升起，青松落下绿荫，白云没有了伴侣。涧间屋门破坏，没有人归来；石径荒凉，白白地久立等待。甚至猛烈的风吹入帷幕，云雾从屋柱之间泻出，蕙帐空响，夜间的飞鹤感到怨恨，隐士离去，清晨的山猿也感到吃惊。以前曾听说有人脱去官服逃到海滨隐居，今天却见到有人解下了隐士的兰草和佩饰而为尘世的冠缨所束缚。于是南岳嘲讽，北陇耻笑，所有的山谷争相讥讽，群峰讥笑。慨叹那位游子欺骗了自己，伤心的是连慰问的人都没有。因此，山林感到非常羞耻，山涧感到非常惭愧，秋天的桂树不飘香风，春萝也辞别了月色。西山传出隐逸者的清议，东皋传出布衣之士的议论。

此人现在又匆匆整理行装离开县城，乘着船前往京城。虽然他心中想的是朝廷，但或许会到山里来借住。如果是这样，怎么能让我们山里的芳草蒙厚颜之名，薜荔遭受羞耻，碧绿的山岭再次受侮辱，红红的山岩重新受污浊，长满香草的路蒙受践踏，那许由曾经洗耳的清池变为浑浊？应当锁上山的窗，掩上云门，收敛起轻雾，藏匿好泉流。到山口去拦截他的车，到郊外去堵住他乱闯的马。然后山中的树丛和重叠的草尖勃然大怒，或者用飞落的枝条击毁他的车轮，或者用低垂的枝叶遮蔽他的路径。请你这位俗客回去吧，我代表北山之神谢绝你这位从山中逃跑之人。

文化常识第110讲

务光 古代的隐士。《庄子·让王》记载：夏朝末年，商汤讨伐夏桀之前，曾经请务光帮他出主意。务光却认为这不是他应该做的事，拒绝了。商汤又请他推荐其他贤才，他也拒绝了。汤建立商朝后，觉得务光贤能，想让位给他。务光认为这个世界不讲道义，不想参与，所以又拒绝了。

常用字第110讲 —— 乘

读chéng时：

❶ <动>登；升。《涉江》："乘鄂渚而反顾兮，欸秋冬之绪风。"
❷ <动>驾；坐；骑。《石钟山记》："独与迈乘小舟，至绝壁之下。"
❸ <动>凭借；趁着。《过秦论》："因利乘便，宰割天下，分裂山河。"
❹ <动>因依；接连。《论积贮疏》："兵旱相乘，天下大屈。"
❺ <动>利用。《教战守策》："是以区区之禄山一出而乘之，四方之民兽奔鸟窜。"
❻ <动>欺凌；欺压。《国语·周语》："乘人不义。"
❼ <动>计量；计算。《韩非子·难一》："为人臣者，乘事有功则赏。"
❽ <动>顺应；顺着。《归去来辞》："聊乘化以归尽，乐夫天命复奚疑？"
❾ <动>冒着；顶着。《登泰山记》："自京师乘风雪……至于泰安。"

读shèng时：

❶ <量>古代一车四马为一乘。《触龙说赵太后》："于是为长安君约车百乘。"
❷ <数>"四"的代称。《殽之战》："以乘韦先，牛十二，犒师。"

语法常识第110讲

词类活用：名词的意动用法【芥、屣】 "芥千金而不盼，屣万乘其如脱"一句中"芥""屣"本为名词，意为"小草""草鞋"，在这里是意动用法，意为"以千金为芥""以万乘为屣"。翻译为：视千金如草芥而不屑一顾，视万乘如敝屣而挥手抛弃。

谏太宗十思疏
——敢跟皇帝唱反调

《古文观止》有故事

魏徵是唐朝初年杰出的政治家。他早年参加过瓦岗起义，后来归顺唐朝，做了太子洗马，辅佐太子。后来，李世民发动玄武门之变，杀了太子，自己坐上了皇位，就是大名鼎鼎的唐太宗。太宗知道魏徵贤能，赦免了他，封他官职。魏徵觉得遇到了赏识自己的明主，欣然接受。

魏徵为人正直，敢跟唐太宗唱反调，指出他的错误，向他提出合理建议，唐太宗也能听得进去。经过十几年的治理，百姓富裕起来了，四周的国

家也都臣服了,唐太宗却有点飘了,忘记了创业的艰难,开始追求享受。他大修宫殿庙宇,到处搜罗珍奇宝物,还想到处走走。这些都是劳民伤财的事儿呀!

有一次,唐太宗出巡洛阳,嫌当地州县官吏供奉的饭菜不好吃,狠狠地斥责了他们。官吏们都傻了眼,千方百计地搜罗好吃的、好玩的献给唐太宗。

魏徵听说了,赶紧跑来见唐太宗,郑重其事地告诉他,当年隋炀帝来到这里,老百姓也进贡了各种美味佳肴,多得吃不了都扔掉了。

唐太宗一听吓坏了,要知道隋炀帝是亡国之君呀!自家的大唐江山就是从他那里抢过来的,那个皇帝下场太惨了!还是听魏徵的,节俭点吧!

为了规劝唐太宗,魏徵还特意写了一篇《谏太宗十思疏》。太宗对"十思"的内容十分赞赏,亲自写诏书嘉奖他,还把这篇文章放在案头,时时提醒自己。

魏徵去世后,唐太宗非常难过地说:"拿铜当镜子,可以端正自己的衣帽穿戴;拿历史当镜子,可以知道国家的兴亡;拿人当镜子,可以发现自己的对

错。魏徵一死，我少了一面好镜子啊。"

这是对这位贤臣最高的评价！

逐字逐句学古文

原文

臣闻求木之长者，必固其根本；欲流之远者，必浚其泉源；思国之安者，必积其德义。源不深而望流之远，根不固而求木之长，德不厚而思国之安：臣虽下愚，知其不可，而况于明哲乎！人君当神器之重，居域中之大。不念居安思危，戒奢以俭，斯亦伐根以求木茂，塞源而欲流长也。

凡昔元首，承天景命。善始者实繁，克终者盖寡。岂取之易、守之难乎？盖在殷忧，必竭诚以待下；既得志，则纵情以傲物。竭诚则胡越为一体，傲

译文

我听说想要树木长得好，一定要使它的根基牢固；想要泉水流得远，一定要疏通它的源头；想要国家安定，一定要积累道德仁义。源头不深却希望泉水流得远，根基不牢固却想要树木长得高，道德不深厚却想要国家安稳，我虽然愚笨，也知道这是不可能的，更何况您这么聪明睿智的人呢！国君处于重要的位置，在天地间尊大，如果不能在安逸的环境下想着危难发生的可能性，戒奢侈而行节俭，那就如同挖断树根却想要树木长得茂盛，堵塞源头却想要泉水流得长远一样啊！

自古以来所有的帝王都承受了上天赋予的重大使命，开头做得好的实在很多，能够坚持到底的大概很少。难道是取得天下容易，守住天下困难吗？因为处在深重的忧虑之中，一定能竭尽诚心来对待人民。成功之后，就会放纵自己的性情来傲视别人。竭尽诚心，即使一个北方（胡）一个南方（越），也将同心同德；傲视别人，就算至亲骨肉，也会成为不相干的路人。即使用严酷的刑罚来督责人们，用威

物则骨肉为行路。虽董之以严刑，振之以威怒，终苟免而不怀仁，貌恭而不心服。怨不在大，可畏惟人；载舟覆舟，所宜深慎！

诚能见可欲则思知足以自戒，将有作则思知止以安人，念高危则思谦冲而自牧，惧满盈则思江海下百川，乐盘游则思三驱以为度，忧懈怠则思慎始而敬终，虑壅蔽则思虚心以纳下，惧谗邪则思正身以黜恶，恩所加则思无因喜以谬赏，罚所及则思无因怒而滥刑。总此十思，宏兹九德，简能而任之，择善而从之。则智者尽其谋，勇者竭其力，仁者播其惠，信者效其忠。文武争驰，在君无事，可以尽豫游之乐，可以养松乔之寿，鸣琴垂拱，不言而化。何必劳神苦思，代百司之职役哉！

风怒气来吓唬人们，人们最终只求苟且免于刑罚而不会感激国君的仁德，表面上恭敬但心里会不服气。不在乎臣民对国君怨恨的大小，可怕的只是百姓的力量；他们像水一样能够负载船只，也能颠覆船只，这是应当深切戒慎的。

统治天下的人，如果真的能够做到一见到引起自己欲望的东西，就想到用知足来自我克制；将要兴建土木，就想到适可而止来使百姓安定；一想到身处高位常有危险，就知道要非常注意加强自我修养，谦虚处世、言行自律；害怕骄傲自满，就想到要像江海那样能够处于众多河流的下游；喜爱狩猎，就想到网三面留一面；担心意志松懈，就想到做事要慎始慎终；担心言路不通受蒙蔽，就想到要虚心采纳臣下的意见；考虑到朝中可能会出现谗佞奸邪之人，就想到使自身端正，罢黜奸邪；要施加恩泽时，就考虑到不要因为一时高兴而奖赏不当；要动用刑罚时，就想到不要因为一时发怒而滥用刑罚。全面深思这十种情况，弘扬九种美德，选拔有才能的人而任用他，挑选好的意见而听从它。那么有智慧的人就能充分献出他的谋略，勇敢的人就能完全使出他的力量，仁爱的人就能散播他的恩惠，诚信的人就能献出他的忠诚。那些文臣武将争先恐后前来效力，（国君）垂衣拱手就能治理好天下。为什么一定要自己劳神费思，代替臣下管理职事！

文化常识第111讲

垂拱而治 这个成语出自《尚书》:"惇信明义,崇德报功,垂拱而天下治。""垂拱"指的是垂衣拱手,形容毫不费力。讲究仁义道德诚信,治理天下就不费劲了。通常用来称颂帝王的治理方式,尤其是那些以无为而治的方式达到国家安定、人民安居乐业的状态。

常用字第111讲 —— 而

❶ <名>颊毛;胡须。《周礼·考工记》:"深其爪,出其目,作其鳞之而。"
❷ <代>通"尔",你,你的。《记王忠肃公翱事》:"而翁长铨,迁我京职,则汝朝夕侍母。"
❸ <动>通"如",好像。《察今》:"军惊而坏都舍。"
❹ <连>(1)表并列关系。《论积贮疏》:"苟粟多而财有余。"(2)表相承关系。《扁鹊见蔡桓公》:"扁鹊望桓侯而还走。"(3)表示递进关系。《劝学》:"君子博学而

日参省乎己。"（4）表转折关系。《殽之战》："吾见师出，而不见其入也。"（5）表修饰关系。《劝学》："吾尝终日而思矣。"（6）假设关系。《信陵君窃符救赵》："吾攻赵，旦暮且下，而诸侯敢救赵者，已拔赵，必移兵先击之。"（7）表因果关系。《廉颇蔺相如列传》："臣诚恐见欺于王而负赵。"（8）表时间、方位、范围的界限，相当于"以"。《祭妹文》："今而后，吾将再病，教从何处呼汝耶？"

❺ <助>表感叹语气，相当于"啊""吧"。《论语·子罕》："岂不尔思，室是远而。"

❻ 词缀，嵌在某些时间词后面。《口技》："俄而，百千人大呼。"

语法常识第 111 讲

倒装句：状语后置【动词＋以＋宾语】 文言文中，用介词"以"组成的介宾短语做状语时，大多后置，放在动词后面。本文中"虽董之以严刑，振之以威怒"一句中介宾短语"以严刑""以威怒"放在动词后面作状语，正常语序为："虽以严刑董之，以威怒振之"。翻译为：即使用严酷的刑罚来督责人们，用威风怒气来吓唬人们。

为徐敬业讨武曌檄
——把武则天痛骂一顿

骆宾王

《古文观止》有故事

唐太宗去世后,他的儿子唐高宗继位。高宗废掉王皇后,封武则天做了皇后。他性格软弱,身体也不太好。犯病的时候,头晕目眩,不能处理国家大事,就把政事交给武则天。到后来,竟然发展到皇帝和皇后两个人一起上朝,武则天加封号"天后",和高宗并称"二圣"。

唐高宗去世后,儿子李显继位,就是唐中宗,他尊奉武则天为皇太后。

李显打算封韦皇后的父亲做侍中(高官),被中书令(宰相)阻止了。武

则天以此为借口，把李显赶下皇位，降为庐陵王，贬到房州去了。接着又立另外一个儿子李旦为皇帝，就是唐睿宗。

武则天临朝听政，掌握着实权，甚至想要自己登上宝座做女皇帝。

一些大臣不满武则天专权，却敢怒不敢言。只有徐敬业在扬州起兵，自称大将军，为庐陵王打抱不平，打着支持中宗李显复位的旗号，讨伐武则天。

徐敬业起兵前，谋士骆宾王洋洋洒洒地写了一篇讨伐武则天的檄文，把武则天痛骂了一顿。骂她为人凶残，杀害亲人，揭穿她想要称帝的阴谋，煽动人们起来反对她。

这篇檄文传到京城，大臣们都战战兢兢的，生怕武则天震怒杀人。谁知道，武则天听完檄文，却问："这是谁写的？"有一位大臣小心回答："骆宾王！"武则天叹口气，惋惜地说："这样的人才，让他流落江湖，不能为朝廷所用，是宰相的失误呀！"

挨了一顿臭骂的武则天，竟然被骂人者的才华折服了，真是一篇奇文！

徐敬业的叛乱很快被镇压下去，骆宾王从此失踪了，谁也不知道他是死是活。一代奇才，昙花一现，令人叹息。

逐字逐句学古文

原文

伪临朝武氏者，性非和顺，地实寒微。昔充太宗下陈，曾以更衣入侍。洎乎晚节，秽乱春宫。潜隐先帝之私，阴图后房之嬖。入门见嫉，蛾眉不肯让人；掩袖工

译文

那个非法把持朝政的武氏，不是一个温和良善之人，而且出身卑微。当初是太宗皇帝的姬妾，利用为太宗更衣的机会而得以侍奉左右。到后来，不顾伦常与太子关系暧昧。隐瞒先帝曾对她的宠幸，暗地里谋取在宫中专宠的地位。凡选入宫里的妃嫔美女都遭到她的

逸，狐媚偏能惑主。践元后于翚翟，陷吾君于聚麀。加以虺蜴为心，豺狼成性，近狎邪僻，残害忠良，杀姊屠兄，弑君鸩母。人神之所同嫉，天地之所不容。犹复包藏祸心，窥窃神器。君之爱子，幽之于别宫；贼之宗盟，委之以重任。呜呼！霍子孟之不作，朱虚侯之已亡。燕啄皇孙，知汉祚之将尽；龙漦帝后，识夏庭之遽衰。

敬业皇唐旧臣，公侯冢子。奉先君之成业，荷本朝之厚恩。宋微子之兴悲，良有以也；袁君山之流涕，岂徒然哉！是用气愤风云，志安社稷。因天下之失望，顺宇内之推心，爰举义旗，以清妖孽。南连百越，北尽三河，铁骑成群，玉轴相接。海陵红粟，仓储之积靡穷；江浦黄旗，匡复之功何远？班声动而北风起，

嫉妒，她利用美貌，不肯让别人分去皇帝的宠爱；善于进谗害人，像狐狸精那样迷住了皇上。她竟然登上了皇后的宝座，把君王推到乱伦的丑恶境地。加上一副毒蛇般的心肠，凶残成性，亲近奸佞，残害忠良，杀戮兄姊，谋杀君王，毒死母亲。这种人为天神凡人所共同痛恨，为天地所不容。她还包藏祸心，图谋夺取帝位。皇上的爱子，被幽禁在冷宫里；而她的亲属和党羽，却被委派以重要的职位。唉，霍光这样忠贞的重臣不再出现，刘章那样强悍的宗室也已消亡。赵飞燕害死皇子，人们都知道汉朝将要结束了；宫女遇上龙的口水生下褒姒，标志着西周王朝快要衰亡了。

我李敬业是大唐的旧臣，公侯的嫡长子。奉行的是先帝留下的训示，承受着本朝的优厚恩典。宋微子为故国的覆灭而悲哀，确实是有他的原因的；袁安言及外戚专政而流泪，难道是毫无道理的吗？因此，我愤然起来干一番事业，目的是为了安定大唐的江山。依随着天下对武氏的失望情绪，顺应着天下的人心所向，于是高举正义之旗，发誓要消除害人的妖孽。如今兴师，南至偏远的百越，北到中原的三河，铁骑成群，战车相连。海陵的粟米多得发酵变红，仓库里的储存无穷无尽；大江之滨旌旗飘扬，光复大唐的伟大功业还会是遥远的吗？战马在北风中嘶鸣，宝剑之气直冲

剑气冲而南斗平。喑呜则山岳崩颓，叱咤则风云变色。以此制敌，何敌不摧！以此图功，何功不克！

公等或居汉地，或叶周亲，或膺重寄于话言，或受顾命于宣室。言犹在耳，忠岂忘心？一抔之土未干，六尺之孤何托？倘能转祸为福，送往事居，共立勤王之勋，无废大君之命，凡诸爵赏，同指山河。若其眷恋穷城，徘徊歧路，坐昧先几之兆，必贻后至之诛。请看今日之域中，竟是谁家之天下！

向天上的星斗。战士的怒吼使得山岳崩塌，云天变色。以这样的军威来对付敌人，有什么敌人不能打垮？靠这样的军力来图谋功业，什么样的功业不能被我们实现呢？

诸位有的世代蒙受国家的封爵，有的是皇室的姻亲，有的是负有重任的将军，有的是接受先帝遗命的大臣。先帝的话音好像还在耳边，你们的忠诚难道忘记了吗？先帝坟上的土尚未干透，我们的幼主还不知该交托给谁！如果能转变当前的祸难为福祉，好好地送走死去的旧主，服侍当今的中宗皇帝，共同建立匡救皇室的功勋，不废弃先帝的遗命，那么各种封爵赏赐，一定如同泰山黄河那般牢固长久。如果留恋暂时的既得利益，在关键时刻犹疑不决，看不清事先的征兆，就一定会招致严厉的惩罚。请看明白今天的世界，到底是哪家的天下。

文化常识第112讲

徐敬业 唐朝官员、英国公李勣(jī)的孙子,是真正的开国功臣之后。他的祖父李勣原名徐世勣,就是徐懋(mào)功,因为辅佐李世民建立唐朝有功,赐姓李。为避唐太宗李世民讳,去"世"字,改叫了李勣。徐敬业也很有才智,承袭了英国公的爵位。可惜生不逢时,讨伐武则天兵败,被部下杀害了。

常用字第112讲 传

读chuán时:

❶ <动>传递;传送。《廉颇蔺相如列传》:"秦王大喜,传以示美人及左右。"
❷ <动>传给;授予。《原君》:"传之子孙,受享无穷。"
❸ <动>传授;教授。《师说》:"师者,所以传道受业解惑也。"
❹ <动>流传。《石钟山记》:"此世所以不传也。"
❺ <名>流传的文字。《游褒禅山记》:"后世之谬其传而莫能名者,何可胜道也哉!"

读zhuàn时:

❶ <名>驿舍;客栈。《廉颇蔺相如列传》:"舍相如广成传舍。"
❷ <名>驿车。《韩非子·喻老》:"遽传不用。"
❸ <名>文字记载。又常指一种文体。《史记·太史公自序》:"作七十列传。"

语法常识第112讲

判断句:无固定标志的判断句 文言文中,有一些句子是对事物的属性做出判断,就是说明某事物是什么,或不是什么。这样的句子叫判断句。有些判断句需要有固定词语来表示,也有一些没有固定标志,只是在语义上直接表示判断。本文中"敬业,皇唐旧臣,公侯冢子"是一个判断句,就没有判断词。翻译为:我李敬业是唐朝的旧臣,公侯的嫡长子。

113 滕王阁序
——探亲路上写出的千古华章

《古文观止》有故事

　　王勃是初唐时期的文学家，他聪明过人。六岁就能作诗；九岁就通读了颜师古注解的《汉书》，并且写文章指出了《汉书》中的错误；十岁就已经博览群书，被称赞为神童；十六岁通过科举考试，做了官。

　　他后来到唐高宗的儿子沛王李贤的府里做了王府侍读，陪王爷读书，深得李贤的信任。这时候的王勃已经把同龄人远远地甩在了后边。

　　有一天，沛王李贤与英王李显斗鸡取乐。两只鸡斗得激烈，观众们看得

兴致勃勃。沛王的鸡明显占了上风，正在兴头上的李贤授意王勃记录这场胜利的战斗。王勃灵感奔涌，提起笔来写了一篇《檄英王鸡文》，为沛王助兴。

这本来是开个玩笑，可是，斗鸡的是皇帝的两个儿子呀！唐高宗气坏了，斗鸡本来已经荒唐，竟然还写篇檄文，这不是挑拨儿子们争权夺利吗？一气之下，把王勃赶出了长安。

后来，朋友推荐他做了个小官，不想因为他杀了一个官奴被免职，还连累自己的父亲被贬到偏远的交趾做县令。他心怀愧疚，不远万里去探望父亲。路过洪州的时候，正好遇到洪州刺史阎伯屿在滕王阁大宴宾客。

刺史已经让自己的女婿提前做好了序文，想让他风光一把。宴会中，阎伯屿假模假样地请大家作序，大家都知道怎么回事，故作谦虚谁也不写。只有王勃毫不客气，提笔就写。阎伯屿很不高兴，甩手就进了里屋，嘱咐手下人在外面看着，写一句就通报一句。

王勃写着，阎伯屿听着，刚开始觉得平常，直到王勃写出了"落霞与孤鹜齐飞，秋水共长天一色"，他不禁拍案叫绝。

这个王勃，才华满腹，却输在了情商上，白白断送了自己的前程。后来，在回程的船上，王勃不慎失足落水，被人救起后因惊悸而死。

逐字逐句学古文

原文	译文
南昌故郡，洪都新府。星分翼轸，地接衡庐。襟三江而带五湖，控蛮荆而引瓯越。物华天宝，龙光射牛斗之墟；人杰	南昌是旧时的豫章郡城，如今是洪州的都督府。天上的方位属于翼、轸两星宿的分野，地上的位置连接着衡山和庐山。以前面的三江作为屏障，周围环绕着五湖，控制着蛮荆，连接着瓯越。这里物产华美，有如天降珍宝，其光彩上冲牛斗二

地灵,徐孺下陈蕃之榻。雄州雾列,俊彩星驰。台隍枕夷夏之交,宾主尽东南之美。都督阎公之雅望,棨戟遥临;宇文新州之懿范,襜帷暂驻。十旬休暇,胜友如云;千里逢迎,高朋满座。腾蛟起凤,孟学士之词宗;紫电清霜,王将军之武库。家君作宰,路出名区;童子何知,躬逢胜饯。

时维九月,序属三秋。潦水尽而寒潭清,烟光凝而暮山紫。俨骖騑于上路,访风景于崇阿。临帝子之长洲,得仙人之旧馆。层台耸翠,上出重霄;飞阁流丹,下临无地。鹤汀凫渚,穷岛屿之萦回;桂殿兰宫,列冈峦之体势。披绣闼,俯雕甍,山原旷其盈视,川泽纡其骇瞩。闾阎扑地,钟鸣鼎食之

宿。这里的人物杰出,土地有灵秀之气,豫章太守陈蕃专为南昌名士徐孺设下卧榻。这里雄伟的建筑耸立在云雾中,有才能的人士如流星一般活跃。城池坐落在中原与少数民族的交界之处,宾客与主人都是东南地区优秀的人才。都督阎公享有崇高的名望,带着出行的仪仗远道来到洪州坐镇,宇文州牧是美德的楷模,赴任途中在此暂留。正逢十天一次的休假,来了很多的良友;迎接千里之遥的来宾,高贵的朋友坐满了席位。文词宗主孟学士所作文章就像腾起的蛟龙、飞舞的彩凤;王将军的兵器库中,藏有像紫电、青霜这样锋利的宝剑。由于我的父亲在交趾做县令,我在探亲途中经过这个著名的地方。我年轻无知,竟有幸参加了这次盛大的宴会。

此时正值深秋九月,雨后的积水消尽,寒凉的潭水清澈,天空凝结着淡淡的云烟,暮霭中山峦呈现一片紫色。在高高的山路上驾着马车,在崇山峻岭中访求风景。来到滕王的长洲,找到仙人居住过的宫殿。这里山峦重叠,青翠的山峰耸入云霄。凌空的楼阁,红色的阁道,犹如飞翔在天,从阁上看不到地面。仙鹤、野鸭栖止的水边平地和水中小洲,极尽岛屿的迂曲回环之致;华丽威严的宫殿,依凭起伏的山峦而建。推开雕花精美的阁门,俯视华丽的屋脊,空旷的山峰平原尽收眼底,河流沼泽令人惊讶。遍地是里巷宅舍,有许多钟鸣鼎食的富贵人家。各种船只塞满

家；舸舰迷津，青雀黄龙之舳。虹销雨霁，彩彻云衢。落霞与孤鹜齐飞，秋水共长天一色。渔舟唱晚，响穷彭蠡之滨；雁阵惊寒，声断衡阳之浦。

遥吟俯畅，逸兴遄飞。爽籁发而清风生，纤歌凝而白云遏。睢园绿竹，气凌彭泽之樽；邺水朱华，光照临川之笔。四美具，二难并。穷睇眄于中天，极娱游于暇日。天高地迥，觉宇宙之无穷；兴尽悲来，识盈虚之有数。望长安于日下，目吴会于云间。地势极而南溟深，天柱高而北辰远。关山难越，谁悲失路之人；萍水相逢，尽是他乡之客。怀帝阍而不见，奉宣室以何年！

呜乎！时运不齐，命途多舛。冯唐易老，李广难封。屈贾谊

了渡口，尽是雕着青雀黄龙花纹的大船。云消雨停，阳光普照，天空晴朗；落日映射下的彩霞仿佛与孤单的野鸭在一齐飞翔，秋天的江水和辽阔的天空连成一片，浑然一色。傍晚时分，渔夫在渔船上歌唱，那歌声响彻彭蠡湖滨；深秋时节，雁群感到寒意而发出惊叫，哀鸣声一直持续到衡阳的水滨。

放眼远望，胸怀顿时感到舒畅，超逸的兴致立即兴起。排箫的音响引来徐徐清风，柔缓的歌声吸引住飘动的白云。今日盛宴好比当年的梁园雅集，大家的酒量与豪情也胜过陶渊明。参加宴会的文人学士，就像当年的曹植能写出"朱华冒绿池"那样的美丽诗句，其风流文采不逊于谢灵运的诗笔。良辰、美景、赏心、乐事这四种美好的事物都已经齐备，贤主、嘉宾这两种难得的人也欢聚在一起了。向天空中极目远眺，在假日里尽情欢娱。苍天高远，大地寥廓，令人感到宇宙的无穷无尽。欢乐逝去，悲哀袭来，令人意识到万事万物的消长兴衰是有定数的。远望长安沉落到夕阳之下，遥看吴郡隐现在云雾之间。地理形势极为偏远，南方大海特别幽深，昆仑山上天柱高耸，纱纱夜空中北极星远悬。关山重重难以越过，有谁同情我这不得志的人？偶然相逢，满座都是漂泊他乡的客人。怀念着君王的宫门，但却不被召见，什么时候才能像贾谊那样到宣室侍奉君王呢？

唉，各人的时机不同，人生的命运多

于长沙，非无圣主；窜梁鸿于海曲，岂乏明时？所赖君子安贫，达人知命。老当益壮，宁知白首之心；穷且益坚，不坠青云之志。酌贪泉而觉爽，处涸辙以犹欢。北海虽赊，扶摇可接；东隅已逝，桑榆非晚。孟尝高洁，空怀报国之心；阮籍猖狂，岂效穷途之哭？

勃，三尺微命，一介书生。无路请缨，等终军之弱冠；有怀投笔，慕宗悫之长风。舍簪笏于百龄，奉晨昏于万里。非谢家之宝树，接孟氏之芳邻。他日趋庭，叨陪鲤对；今晨捧袂，喜托龙门。杨意不逢，抚凌云而自惜；锺期既遇，奏流水以何惭？

呜呼！胜地不常，盛筵难再；兰亭已矣，梓泽丘墟。临

有不顺。冯唐年纪老大还只是个郎官，李广立功无数却难封侯。贾谊这样有才华的人屈居于长沙，并不是因为当时没有圣明的君主；梁鸿逃匿到齐鲁海滨，不是发生在政治昌明的时代吗？只不过君子能了解时机，通达的人知道自己的命运罢了。年岁虽老而心犹壮，怎能在白头时改变心中的志向？遭遇穷困而意志更加坚定，在任何情况下也不放弃自己的凌云之志。即使喝了贪泉的水，也觉得清爽可口，并不滋生贪心；即使像鲋鱼处于即将干涸的车辙中，依然开朗愉快。北海虽然遥远，乘着大风仍然可以到达；晨光虽已逝去，但傍晚时积极有为，也为时不晚。孟尝心性高洁，但白白地怀抱着报国的热情；阮籍为人放纵不羁，我怎能学他走到穷途就哭泣的行为呢？

我地位卑微，只是一介书生。虽然和终军报国时的年龄相等，却没有报国的机会；怀有像班超那样有投笔从戎的豪情，也有宗悫乘风破浪的壮志。如今我抛弃了一生的功名，不远万里去朝夕侍奉父亲。虽然不是谢玄那样的人才，但也和许多贤德之士相交往。过些日子，我将到父亲身边，一定要像孔鲤那样接受父亲的教诲；而今天我能谒见阎公受到接待，高兴得如同登上龙门一样。假如碰不上杨得意那样引荐的人，就只有抚拍着自己的文章而自我叹惜了。既然已经遇到了锺子期，弹奏一曲《流水》又有什么羞愧呢？

唉！名胜之地不能常存，盛大的宴会

別贈言，幸承恩于伟饯；登高作赋，是所望于群公。敢竭鄙诚，恭疏短引；一言均赋，四韵俱成。

难以再逢。兰亭集会的盛况已经过去了，石崇的金谷园也变成了废墟。承蒙这个宴会的恩赐，让我临别时作了这一篇序文；至于登高作赋，这只有指望在座诸公了。我只是冒昧地尽我微薄的心意，作了短短的引言。一说每个人都请赋诗，我的一首四韵小诗已写成。

文化常识第113讲

谢灵运 本文中"光照临川之笔"中的"临川"是江西抚州的临川区。南朝著名诗人谢灵运做过临川内史，所以这里临川指的就是谢灵运。谢灵运是东晋名将谢玄的孙子，他小时候就聪明好学，博览群书，诗歌文章写得都很好。他的诗歌和颜

延之齐名，并称"颜谢"。他是第一位全力创作山水诗的诗人，堪称中国"山水诗派"鼻祖。

常用字第113讲 引

❶ <动>拉开（弓）。《塞翁失马》："丁壮者引弦而战。"
❷ <动>延长；伸长。《三峡》："常有高猿长啸，属引凄异。"
❸ <动>拉；牵引。《廉颇蔺相如列传》："左右欲引相如去。"
❹ <动>延请。《廉颇蔺相如列传》："乃设九宾礼于廷，引赵使者蔺相如。"
❺ <动>带领。《垓下之战》："项王乃复引兵而东。"
❻ <动>招出；牵连。《苏武传》："虞常果引张胜。"
❼ <动>拿；举。《归去来辞》："引壶觞以自酌。"
❽ <动>招引；引来。《兰亭集序》："又有清流激湍，映带左右，引以为流觞曲水。"
❾ <动>避开；退却。《赤壁之战》："操军不利，引次江北。"
❿ <动>掉转。《廉颇蔺相如列传》："相如引车避匿。"
⓫ <动>延长；延续。《诗·小雅·楚茨》："子子孙孙，勿替引之。"
⓬ <动>伸着。《中山狼传》："引首顾曰……"
⓭ <动>援引；引录；引用。《出师表》："不宜妄自菲薄，引喻失义。"
⓮ <动>荐举。《史记·魏其武安侯传》："两人相为引重，其游如父子然。"
⓯ <动>承认；承担。《三国志·吴志》："权引咎责躬。"
⓰ <量>长度单位。古代以十丈为一引。
⓱ <名>序言。《滕王阁序》："敢竭鄙怀，恭疏短引。"

语法常识第113讲

词类活用：名词的意动用法【襟、带】"襟三江而带五湖，控蛮荆而引瓯越"一句中"襟"和"带"本义为"衣襟""带子"，是名词，在这里用作意动用法，意为"以三江为襟""以五湖为带"。翻译为：以前面的三江作为屏障，周围环绕着五湖。

与韩荆州书

—— 请您的慧眼看看我的文章

李白

● 《古文观止》有故事

韩荆州，就是韩朝宗，是唐朝人。他中了进士之后，做了一段时间的左拾遗（发现并规劝帝王或政策失误的官）。后来，在宰相张嘉贞的推荐下，他升任监察御史（监督官员，纠正刑狱的官）。后来又出任荆州长史兼襄州刺史，所以人称"韩荆州"。

韩朝宗喜欢提拔人才。当时在读书人中间，传颂着一句话："生不用封万户侯，但愿一识韩荆州。"

那时候的读书人想做官,除了科举考试,还有干谒(yè)这个途径。就是拜见一些大官,求取他们的推荐。大诗人李白也来凑热闹,给韩朝宗写了一封自荐信《与韩荆州书》,希望得到引荐,实现自己的远大抱负。

结果是,李白没有打动韩朝宗。倒是他的朋友孟浩然,阴差阳错地被韩朝宗相中了。

要说孟浩然运气真不错,在京城的时候,碰巧见到了皇帝。当时唐玄宗让他朗诵自己的诗作,孟浩然吟诵了几首自己得意的作品,却不料其中一句"不才明主弃,多病故人疏",引起了皇帝的不满:"之前你也没有来找我要求做官,我都不认识你,怎么能说得上我不重用你呢?这不是诬陷吗?"于是,打发他回了老家。

在老家,孟浩然又得到了韩朝宗的赏识。韩朝宗打算向皇帝推荐他。于是,两个人一起来到长安。

韩朝宗先去官府处理公务,约好了时间,带孟浩然去见皇帝。他走了,孟浩然也闲不住,到街上随便走走。走着走着,遇到了老朋友,就一起去喝酒。到了约定的时间,韩朝宗等不到孟浩然,派人到处寻找。好不容易找到了他,他却已经喝得醉醺醺的,把见皇帝的事儿早已抛到脑后去了。

韩朝宗被放了鸽子,气坏了,见过皇帝,自己就回去了。孟浩然错过了这个机会,也就断了想做官的心思,安心地归隐田园了。

原文

白闻天下谈士相聚而言曰:"生不用封万户侯,但愿一识韩荆州。"何令人之景慕,一至于此!岂不以有周公之风,躬吐握之事,使海内豪俊,奔走而归之,一登龙门,则声价十倍!所以龙蟠凤逸之士,皆欲收名定价于君侯。君侯不以富贵而骄之,寒贱而忽之,则三千之中有毛遂,使白得颖脱而出,即其人焉。

白,陇西布衣,流落楚、汉。十五好剑术,遍干诸侯。三十成文章,历抵卿相。虽长不满七尺,而心雄万夫。皆王公大人许与气义。此畴曩心迹,安敢不尽于君侯哉!君侯制作侔神明,德行动天地,笔参造化,学究天人。幸愿开张心颜,不以长揖见拒。必若接之以高

译文

我听说一些谈论世事的人聚在一起时议论说:"人生不用封为万户侯,只愿结识一下韩荆州。"怎么使人敬仰爱慕,竟到如此程度!难道不是因为您有周公那样的作风,有礼贤下士的美德,才使海内的豪杰俊士都奔集到您的门下,士人一经您的接待,便声名大增。所以那些屈而未伸的贤士,都想在您这儿获得美名,得到评价。您既不因自己富贵而对他们骄傲,也不因他们贫贱而轻视他们,在您众多的宾客中必然会出现毛遂那样的奇才,如果我能有机会显露才干,我就是毛遂那样的人啊。

我是陇西平民,在楚地汉水间游历。十五岁时爱好剑术,谒见了许多地方长官;三十岁时文章小有成就,因此拜见了卿相显贵。虽然身长不满七尺,但志气雄壮,超过万人。王公大人都赞许我有气概,讲道义。这是我从前的思想和行迹,怎敢不尽情向您表露呢?您的著作堪与神明相比,您的德行感动天地,您的文章阐明了宇宙变化规律,学问探究了天道与人事的关系。希望您度量宽宏,和颜悦色,不因我行长揖不拜之礼晋见而拒

宴，纵之以清谈，请日试万言，倚马可待。今天下以君侯为文章之司命，人物之权衡，一经品题，便作佳士。而君侯何惜阶前盈尺之地，不使白扬眉吐气，激昂青云耶！

昔王子师为豫州，未下车即辟荀慈明，既下车又辟孔文举。山涛作冀州，甄拔三十余人，或为侍中、尚书，先代所美。而君侯亦一荐严协律，入为秘书郎；中间崔宗之、房习祖、黎昕、许莹之徒，或以才名见知，或以清白见赏。白每观其衔恩抚躬，忠义奋发，白以此感激，知君侯推赤心于诸贤腹中，所以不归他人，而愿委身国士。倘急难有用，敢效微躯。

且人非尧舜，谁能尽善？白谟猷筹画，安能自矜？至于制作，积成卷轴，则欲尘秽视听。恐雕虫小技，不合大人。若赐观刍荛，请

绝我。如若肯用盛宴来接待我，任凭我清谈高论，那请您再以日写万言试我，我将手不停挥，顷刻可就。如今天下人认为您是决定文章命运、衡量人物高下的权威，士人一经您的好评，便被认作佳士。您何必舍不得阶前的区区一尺之地接待我，而使我不能扬眉吐气、激昂慷慨、气概凌云呢？

从前王子师担任豫州刺史，尚未到任就征召荀慈明，到任后又征召孔文举。山涛任冀州刺史，考察选拔了三十余人，有的成为侍中、尚书。这都是前代人所称美的。而您也荐举过一位严协律，进入中央担任秘书郎；还有崔宗之、房习祖、黎昕、许莹等人，有的因才干名声被您知晓，有的因操行清白受您赏识。我每每看到他们怀恩感慨，以忠义奋发自勉，我也感动，知道您对诸位贤士推心置腹，赤诚相待，我因此不想归附他人，而愿意托身于您。假如在紧急艰难时刻，有用得着我的地方，我一定献身效命。

一般人都不是尧、舜那样的圣人，谁能完美无缺？我的谋略和策划能力，怎能自我夸耀？至于我的作品，已积累成卷轴，想拿出来玷污您的耳目。只怕这些雕虫小技，不能受到大人的赏识。若蒙您垂青，愿意看

给纸墨，兼之书人。然后退扫闲轩，缮写呈上。庶青萍、结绿，长价于薛、卞之门。幸推下流，大开奖饰，惟君侯图之。

看拙作，那么请给以纸墨，还有抄写的人手，然后我回去打扫静室，誊写呈上。希望青萍宝剑、结绿美玉，能在薛烛、卞和的手中提高价值。愿您顾念身居下位的人，大开奖誉之门，请您考虑一下我的请求吧。

文化常识第114讲

倚马可待 这个成语最早见于南朝刘义庆编写的《世说新语》中的一个故事：东晋时期，权臣桓温要北征，找来袁宏写公告。袁宏拿起纸笔，靠着一匹马，唰唰写了起来。他手不停笔，一会儿就写了七张纸，写得又快又好。后来用"倚马可待"比喻文思敏捷，能力出众。

常用字第114讲

❶ <形>竖，与"横"相对。《游黄山记》："四顾奇峰错列，众壑纵横。"
❷ <动>放。《殽之战》："奉不可失，敌不可纵。纵敌，患生；违天，不祥。"
❸ <动>放纵；放任。《谏太宗十思疏》："既得志，则纵情以傲物。"
❹ <动>驱。《失街亭》："延挥刀纵马，直取张郃。"
❺ <动>腾跃。《美猴王》："（石猴）将身一纵，径跳入瀑布泉中。"
❻ <连>即使；纵放。《垓下之战》："纵江东父兄怜我而王我，我何面目见之？"

语法常识第114讲

词类活用：名词作动词【尘秽】 "至于制作，积成卷轴，则欲尘秽视听"一句中"尘秽"本义为"脏物"，是名词，在这里用作动词，意为"玷污"。翻译为：至于我的作品，已经积累成卷轴，想拿出来玷污您的耳目。

春夜宴桃李园序
——浮生若梦且为欢

李白

《古文观止》有故事

李白是唐朝著名的浪漫主义诗人。他五岁开始读书,十五岁就已经写出了很多诗赋,得到一些社会名流文人的称赞。二十五岁时,他离开家乡,仗剑远游。他心胸豁达,潇洒豪放,爱喝酒。他不仅是诗仙,还是酒仙,经常是美酒一下肚,文思如泉涌。

有一次,他跟堂弟们聚会,大口喝酒,快乐作诗,之后为这次聚会写了一篇序文,感慨天地广大,光阴飞逝,人生短暂,当及时行乐。

但是，李白的人生不能只有酒和诗，他需要更大的舞台去实现自己的远大抱负。于是，他周游各地，接触一些达官贵人，寻找机会。最后，他来到了都城长安，认识了贺知章。

贺知章读了他的《蜀道难》，拍案叫绝："这是你写的？天哪！神来之笔！你该不会是太白金星降落尘世了吧？你呀，就是一位谪(zhé)仙人！"

天宝元年（742年），李白终于得到了唐玄宗的赏识，做了翰林供奉。李白本以为自己可以大展身手，实现抱负了。可是，他失望地发现，自己的工作只是写写诗文，哄皇帝高兴，偶尔也起草一两份诏书。这不是他要的生活！于是，他开始消极怠工，整日和朋友们饮酒作乐打发时光。

杜甫写过一首《饮中八仙歌》，其中就写到了李白："李白一斗诗百篇，长安市上酒家眠。天子呼来不上船，自称臣是酒中仙。"

既然已经厌倦了这份工作，李白索性更加狂放。皇帝召见，不就是写写歌功颂德的诗歌吗？喝醉了不去！

有一次，他为皇帝起草诏书，借着酒劲儿，伸出腿去，让皇帝宠信的高力士为他脱掉靴子。这可把高力士得罪了，高力士经常在玄宗面前说李白的坏话。玄宗信以为真，把他打发出了京城。

李白重新踏上了游历大好河山的旅程。他的报国梦破灭了，但创作激情却喷薄而出。他为后世留下了大量的诗歌，这是中华民族宝贵的精神财富。

逐字逐句学古文

原文

夫(fú)天地者(zhě)，万物之逆旅(wàn wù zhī nì lǚ)；光阴者(guāng yīn zhě)，百代之过客(bǎi dài zhī guò kè)。而浮生若梦(ér fú shēng ruò mèng)，为欢几何(wéi huān jǐ hé)？古人秉烛夜游(gǔ rén bǐng zhú yè yóu)，

译文

天地是万物的客舍，光阴是古往今来的过客。飘忽不定的人生如同做梦一样，欢乐的日子能有多少呢？古人夜间拿着火烛游玩，实在是有道理啊。况且，温暖的

良有以也。况阳春召我以烟景，大块假我以文章。会桃李之芳园，序天伦之乐事。群季俊秀，皆为惠连；吾人咏歌，独惭康乐。幽赏未已，高谈转清。开琼筵以坐花，飞羽觞而醉月。不有佳作，何伸雅怀？如诗不成，罚依金谷酒数。

春天以秀美的景色召唤我们，大自然给我们展现锦绣风光。我们相聚在桃李之花飘香的花园中，畅叙兄弟间快乐的往事。弟弟们英俊优秀，个个都有谢惠连那样的才情；而我吟咏作诗，却自知不如谢灵运。悠闲的赏玩不曾停止，高谈阔论又转向清言雅语。大家摆开丰盛的宴席，坐在花丛中，频频举杯，酣醉在皎洁的月色中。如果没有好诗，怎能抒发高雅的情怀？倘若有人作诗不成，就要按照当年石崇在金谷园宴客赋诗时规定的数量罚酒。

文化常识第 115 讲

金谷园　西晋大官僚石崇的别墅。据历史记载，西晋时期石崇奢侈享受，为了满足自己游山玩水的欲望，在洛阳依邙山、临谷水建造了规模宏大的金谷园。园中随着地势造景，楼台亭阁，池沼碧波，美不胜收。据说，石崇在院子里大宴宾客，凡是不能写诗的，都要罚酒三杯。

常用字第 115 讲

❶ <名>山的北面，水的南面。《愚公移山》："吾与汝毕力平险，指通豫南，达于汉阴，可乎？"

❷ <形>昏暗。《岳阳楼记》："朝晖夕阴，气象万千。"

❸ <名>事物的影子。《吕氏春秋·察今》："故审堂下之阴，而知日月之行。"

❹ <形>阴冷；寒。《岳阳楼记》："阴风怒号，浊浪排空。"

❺ <副>暗地里；秘密地。《张衡传》："阴知奸党名姓，一时收禽。"

❻<名>古代哲学概念,与"阳"相对。

语法常识第115讲

省略句:省略介词【于】 有时候,文言文中的介词会被省略。本文中"开琼筵以坐花,飞羽觞以醉月"一句,就是省略了介词"于",完整句子应该是"开琼筵以坐(于)花,飞羽觞以醉(于)月",翻译为:大家摆开丰盛的宴席,坐在花丛中,频频举杯,酣醉在皎洁的月色中。

吊古战场文
——愿天下早日止兵戈

李华

《古文观止》有故事

李华站在军营门口,看着无边无际的大漠,感慨万千。这次他是奉了皇帝的命令,出使朔方边陲巡查军政的。他是一个文人,第一次来到边塞。他看到战士们艰苦的生活,非常震惊。战争太残酷了!

当时,因为皇帝好大喜功,戍守边塞的将领们投其所好,常常因为一点点小事就会挑起战争,杀一些敌人或者抢夺邻国的城池和财宝,来向皇帝报功。这样一来,军费开支就从前几年的每年200万贯猛增到1100万贯。这么多的钱是从哪里来的?当然是从老百姓那里搜刮来的。百姓苦不堪言呀!

最让李华愤慨的是高仙芝灭石族的那场战争。

节度使高仙芝要讨伐石族，却先派人去讲和。之后趁其不备出兵偷袭，活捉了石族王车鼻施。他一路烧杀抢掠，连老弱病残都不放过。

回到京城后，玄宗皇帝下令处死了石族王。高仙芝立了大功，升了官，不久，又被封为武威太守。

侥幸逃脱的石族王子，到西域各族求助，诉说高仙芝的恶行。西域各王都愤怒了，他们暗中联合了大食，准备反攻安西四镇。

高仙芝得知了这个消息，亲自率领三万大军，主动出击，进攻大食。唐军长途奔袭，深入敌境七百多里，一直杀到了怛罗斯城，和大食军队遭遇。双方展开了激战，五天五夜不分胜负。就在双方僵持不下的时候，唐军中的葛逻禄部突然叛变，在唐军背后插了一刀。在两军夹击下，唐军大败。高仙芝趁黑夜逃跑，他率领的两万将士只逃回来了几千人。

一万多条鲜活的生命呀！想到这些，李华回到军帐，提起笔写下了《吊古战场文》，表达对不义战争的谴责，以及对和平的向往。

逐字逐句学古文

原文

浩浩乎平沙无垠，敻不见人。河水萦带，群山纠纷。黯兮惨悴，风悲日曛。蓬断草枯，凛若霜晨；鸟飞不下，兽铤亡群。亭长告余曰："此古战场也，尝覆三军，往往鬼哭，天阴则闻。"伤心哉！秦欤？汉欤？将近

译文

辽阔的无边无际的旷野啊，极目远望看不到人影。河水弯曲得像带子一般，无数的山峰交错耸立。一片萧瑟凄凉的景象：寒风悲啸，日色昏黄，飞蓬折断，野草枯萎，寒气凛冽犹如降霜的早晨。鸟儿飞过不肯落下，离群的野兽仓皇奔逃。亭长告诉我说："这儿就是古代的战场，曾有军队在这里覆灭。每逢阴天就会听到鬼哭的声音。"真令人伤心啊！这是秦朝、汉朝，还是近代的事

吾闻夫齐、魏徭戍，荆、韩召募。万里奔走，连年暴露。沙草晨牧，河冰夜渡。地阔天长，不知归路。寄身锋刃，腷臆谁诉？秦汉而还，多事四夷。中州耗斁，无世无之。古称戎夏，不抗王师。文教失宣，武臣用奇。奇兵有异于仁义，王道迂阔而莫为。呜呼噫嘻！

吾想夫北风振漠，胡兵伺便。主将骄敌，期门受战。野竖旄旗，川回组练。法重心骇，威尊命贱。利镞穿骨，惊沙入面。主客相搏，山川震眩，声析江河，势崩雷电。至若穷阴凝闭，凛冽海隅，积雪没胫，坚冰在须，鸷鸟休巢，征马踟蹰，缯纩无温，堕指裂肤。当此苦寒，天假强胡，凭陵杀气，以相剪

情呢？

我听说战国时期，齐国和魏国征集壮丁服役，楚国和韩国募集兵员备战。士兵们奔走万里，年复一年露宿荒野。早晨寻找沙漠中的水草放牧，夜晚在结冰的河流上穿行。天地辽阔，不知道哪里是回家的路。性命寄托于刀枪之间，苦闷的心情向谁倾诉？自从秦汉以来，四方边境上战争频发，中原地区受到损耗破坏，哪个时代没有？古人说，无论外族还是华夏民族，都不和帝王的军队为敌。可后来不再宣扬礼乐教化，武将们就使用奇兵诡计。奇兵突袭不符合仁义道德，可王道被认为迂腐不切实际，谁也不去实施。唉！可叹呀！

我想象北风摇撼着沙漠，胡兵趁机来袭。主将骄傲轻敌，敌兵已到营门才仓促应战。原野上竖起各种战旗，平川上奔驰着全副武装的士兵。严峻的军法使人心惊胆战，当官的威权大，士兵的性命微贱。锋利的箭头穿透骨头，飞扬的沙粒直扑人面。敌我两军激烈搏斗，山川也被震得头昏眼花。喊杀声之大，足以使江河分裂，雷电崩掣。何况正值极冬，空气凝结，凛冽的寒气充斥着海边，积雪没过小腿，冰凌结在胡须上。凶猛的鸷鸟躲在巢里休息，惯战的军马也徘徊不前。绵衣一点也不保暖，人冻得手指都要掉了，而且肌肤开裂。在这苦寒之际，老天假借强大的胡兵之

屠。径截辎重，横攻士卒。都尉新降，将军覆没；尸填巨港之岸，血满长城之窟。无贵无贱，同为枯骨，可胜言哉！鼓衰兮力尽，矢竭兮弦绝，白刃交兮宝刀折，两军蹙兮生死决。降矣哉，终身夷狄；战矣哉，骨暴沙砾。鸟无声兮山寂寂，夜正长兮风淅淅；魂魄结兮天沉沉，鬼神聚兮云幂幂；日光寒兮草短，月色苦兮霜白。伤心惨目，有如是耶！

吾闻之：牧用赵卒，大破林胡；开地千里，遁逃匈奴。汉倾天下，财殚力痡，任人而已，其在多乎？周逐猃狁，北至太原，既城朔方，全师而还。饮至策勋，和乐且闲，穆穆棣棣，君臣之间。秦起长城，竟海为关；荼毒生灵，万里朱殷。汉击匈奴，虽得阴山；枕骸遍野，功不补患。

手，凭仗寒冬肃杀之气，来斩伐屠戮我们的士兵。直接袭击我们的军用物资，拦腰冲断我们的士兵队伍。都尉刚刚投降，将军又已战死。尸体僵卧在大港沿岸，鲜血淌满了长城下的窟穴。无论高贵或是卑贱，同样成为枯骨。真是说不完的凄惨啊！鼓声衰弱啊，战士已经精疲力竭；箭已射尽啊，弓弦也断绝；白刃相交肉搏啊，宝刀已折断；两军迫近啊，生死立决。投降吧，终身将沦于异族；战斗吧，尸骨将暴露于沙漠！鸟儿无声啊群山沉寂，漫漫长夜啊悲风淅淅，阴魂凝结啊天色昏暗，鬼神聚集啊阴云密布。日光惨淡啊映照着草变短，月色凄苦啊笼罩着霜惨白。人间还有像这样令人伤心惨目的景况吗？

我听说，李牧统率赵国的士兵，大破林胡；开辟千里疆土，赶跑了匈奴。而汉朝倾全国之力和匈奴作战，反而民穷财尽，国力衰弱。关键是用人是否得当，哪在于士兵的多少呢？周朝驱逐猃狁，一直追到太原，在北方筑城防御之后，全军凯旋。在宗庙举行祭祀和饮宴，记功授爵，大家和睦愉快而又安适，君臣之间端庄恭敬。而秦朝修筑长城，直到海边都建起关塞，残害了无数的人民，鲜血把万里大地染成了赤黑色；汉朝出兵攻击匈奴，虽然占领了阴山，但阵亡将士骸骨遍野，实在是得不偿失。

天下众多的百姓，谁没有父母？父

苍苍蒸民,谁无父母?提携捧负,畏其不寿。谁无兄弟?如足如手。谁无夫妇?如宾如友。生也何恩,杀之何咎?其存其没,家莫闻知。人或有言,将信将疑。悁悁心目,寝寐见之。布奠倾觞,哭望天涯。天地为愁,草木凄悲。吊祭不至,精魂何依?必有凶年,人其流离。呜呼噫嘻!时耶命耶?从古如斯。为之奈何?守在四夷。

母对自己的孩子从小拉扯带大,抱着背着,唯恐他们夭折。谁没有亲如手足的兄弟?谁没有相敬如宾友的夫妻?他们活着受过什么恩惠?又犯了什么罪过而遭杀害?他们的生死存亡,家人无从知道;即使听到有人传讯,也是半信半疑;他们整日忧愁郁闷,在梦中也会见到亲人。他们陈列祭品,望远痛哭。天地为他们忧愁,草木也为他们悲伤。这样的吊祭如果不能为死者在天之灵所感知,他们的精魂哪里有归宿呢?何况战争之后,一定会出现灾荒,人民难免流离失所。唉!这是时势造成的,还是命运造成的呢?从古以来就是如此!怎样才能避免战争呢?唯有施行仁义,才能使四方各族为天子守卫疆土啊。

文化常识第116讲

李牧 战国末年赵国名将。他智勇双全,率领的部队军纪严明,英勇善战。他长期驻守赵国北部边境的代郡和雁门,训练军队非常严格。表面上,却向匈奴示弱,引诱匈奴大军进攻,然后出奇兵从左右两翼包抄合围,一举全歼匈奴十万骑兵。匈奴逃走,十多年不敢再侵犯赵国边境。

常用字第116讲 —— 奇

读qí时:

❶ <形>奇异;不同寻常。《游褒禅山记》:"入之愈深,其进愈难,而其见愈奇。"

❷ <动> 以……为奇；惊异。《张衡传》："大将军邓骘奇其才，累召不应。"
❸ <形> 佳；好。《孔雀东南飞》："今日违情义，恐此事非奇。"
❹ <名> 奇观；胜境；佳境。《游黄山记》："而有奇若此，前未一探。"
❺ <名> 奇谋；奇计。《老子》："以奇用兵。"

读 jī 时：

❶ <形> 单；单数的。《山海经·海外西经》："奇肱之国，其人一臂三目。"
❷ <形>（运气、命运）不好；不顺。《史记·李将军列传》："以为李广老，数奇，毋令当单于。"
❸ <名> 零数；零头。《核舟记》："舟首尾长约八分有奇。"

语法常识第 116 讲

词类活用：动词的使动用法【遁逃】 "开地千里，遁逃匈奴"一句中"遁逃"本义为"逃跑"，是动词，在这里用作使动用法，意为"使匈奴逃跑"。翻译为：开拓千里疆土，赶跑了匈奴。

陋室铭
——只要精神别简陋

刘禹锡

《古文观止》有故事

刘禹锡是唐朝大文学家。他从小学习儒家经典，吟诗作赋，后来，中了进士做了官。公元802年，他升任监察御史，和韩愈、柳宗元同在御史台，三个人成为好朋友。

805年，唐顺宗即位。原太子侍读王叔文、王伾掌权，开始了改革，任命刘禹锡做屯田员外郎，参与国家财政事务的管理。

可是，好景不长，改革触动了一些人的利益。迫于各方面的压力，唐顺宗退位，太子李纯即位。新帝处死了王叔文，把其他几个改革派贬出了京城。

刘禹锡先是被贬为连州（今广东省连州市）刺史，在半路上又接到命令，再贬为朗州（今湖南省常德市）司马（地方上的军事官员）。刘禹锡在朗州待了将近十年，才被召回京城。

回京第二年三月，春天来了，刘禹锡约了几个朋友去玄都观赏桃花。赏花本来没什么，他偏偏诗兴大发，写了一首《元和十年自朗州至京戏赠看花诸君子》："紫陌红尘拂面来，无人不道看花回。玄都观里桃千树，尽是刘郎去后栽。"

这首诗表面上是写桃花，实际是说京城的权贵都是他被贬之后发达起来的。权贵们也品出了讽刺的味儿，一生气，又把他贬往更远的播州（今贵州省遵义市）做刺史。朋友们纷纷为他说情，这才改成了连州刺史。

在连州待了将近五年后，他又陆续到夔州（今重庆市奉节县）和和州（今河北省邢台市）做了几年刺史，直到826年才调回洛阳，结束了二十三年的贬谪生涯。

在和州的时候，知县见他是贬官，刁难他，半年内逼迫他搬了三次家。家越搬越小，最后剩下陋室一间，只能放下一床、一桌、一椅。

刘禹锡哈哈一笑，挥笔写下《陋室铭》。他用南阳诸葛庐和西蜀子云亭作比，引用孔子的话，向世人宣告："品德高尚的人居住的屋子，有啥简陋的？"

没想到多年的贬谪生涯，锤炼出刘禹锡豁达的心胸，留下了清雅高洁的文字。

逐字逐句学古文

原文	译文
shān bú zài gāo　yǒu xiān zé míng　shuǐ bú zài shēn　yǒu lóng zé líng　sī shì lòu shì 山不在高，有仙则名；水不在深，有龙则灵。斯是陋室，	山不在于多高，有仙人居住就会有名气；水不在于多深，有龙潜藏就会有灵气。这是间简陋的房子，我品德好所以就感觉

惟吾德馨。苔痕上阶绿，草色入帘青。谈笑有鸿儒，往来无白丁。可以调素琴，阅金经。无丝竹之乱耳，无案牍之劳形。南阳诸葛庐，西蜀子云亭。孔子云："何陋之有？"

不到简陋了。碧绿的苔痕长到台阶上，青葱的草色映入帘栊。到这里谈笑的都是博学之人，来往的没有知识浅薄之人。在这里可以弹奏不加装饰的古琴，阅读用泥金写成的佛经。既没有弦管奏乐的声音扰乱耳朵，也没有官府的公文使身体劳累。南阳有诸葛亮的草庐，西蜀有扬雄的子云亭。正如孔子所说："这有什么简陋的呢？"

文化常识第117讲

三顾茅庐 "茅庐"就是本文中说到的"南阳诸葛庐"。诸葛亮博学多才，上知天文下知地理，年轻时隐居南阳草庐中，但对天下大事早已看得清清楚楚。后来，徐庶向刘备推荐了他，刘备多次到草庐拜访，请诸葛亮出山。诸葛亮被刘备的诚心感动，决定出山辅佐他成就帝业。

常用字第117讲　则

❶ <名>法则；准则。《叔向贺贫》："宣其德行，顺其宪则。"
❷ <名>榜样。屈原《离骚》："愿依彭咸之遗则。"
❸ <动>效法。《周易·系辞传》："河出图，洛出书，圣人则之。"
❹ <名>等级。《汉书·叙传》："坤作地势，高下九则。"
❺ <副>用于加强判断，相当于"乃""就是"。《岳阳楼记》："此则岳阳楼之大观也。"
❻ <副>表示限定范围，相当于"只""仅仅"。《两小儿辩日》："日初出，大如车盖，及日中，则如盘盂。"
❼ <连>表示顺承，相当于"就""便"。《寡人之于国也》："河内凶，则移其民于

河东。"

❽ <连>表示转折,相当于"却""可是"。《师说》:"爱其子,择师而教之,于其身也,则耻师焉。"

❾ <连>表示后一件事是新发现的情况,相当于"原来已经"。《殽之战》:"郑穆公使视客馆,则束载、厉兵、秣马矣。"

❿ <连>表示假设,相当于"如果""假使"。《史记·项羽本纪》:"谨守成皋,则汉欲挑战,慎勿与战。"

⓫ <连>表示让步,相当于"倒""倒是"。《国语·晋语》:"美则美矣,抑臣亦有惧矣。"

⓬ <助>无意义。《诗经·齐风·鸡鸣》:"匪鸡则鸣,苍蝇之声。"

⓭ <助>表示疑问,相当于"呢"。《荀子·宥坐》:"百仞之山,任负车登焉,何则?陵迟故也。"

语法常识第117讲

词类活用:形容词的使动用法【乱、劳】 "无丝竹之乱耳,无案牍之劳形"一句中"乱""劳"本是形容词,意为"杂乱""劳累",在这里是使动用法,意为"使耳朵杂乱""使身体劳累"。翻译为:既没有弦管奏乐的声音扰乱耳朵,也没有官府的公文使身体劳累。

阿房宫赋
——前事不忘，后事之师

杜牧

《古文观止》有故事

　　杜牧是唐朝大文学家。他生活的时代，唐朝已经走了下坡路，宦官当政，藩镇割据，国家动荡不安。杜牧年轻时就关心政治和军事，主张皇帝要削弱藩镇的势力。为了能够在讨伐藩镇中有所作为，他还专门研究《孙子兵法》，写过十三篇注解文章。

　　后来唐穆宗去世，唐敬宗即位。这个皇帝只知道吃喝玩乐，也不上朝。他心血来潮，想到东都洛阳游玩，就命令官员在洛阳大兴土木，建造豪华宫殿，还要在沿途修建行宫。

杜牧听说了，很愤怒，就写了《阿房宫赋》，总结了秦王朝灭亡的原因。其实，他是借古讽今，警告当朝统治者要吸取秦朝的惨痛教训。

这是他二十三岁时做的文章，堪称佳作。

公元828年，二十六岁的杜牧中了进士，开始步入仕途。他做过弘文馆校书郎（负责校对和整理图书典籍）、监察御史等官职。

842年，杜牧被外放为黄州（今湖北省黄冈市）刺史。黄州是一个荒僻州郡，谁也不愿意去。但杜牧不在意。朝廷里乱七八糟的，正好到地方上为百姓做点实事。

他在黄州工作了三年，把这里治理得井井有条，百姓过上了好日子。发展经济的同时，他还很注重教育。

春秋时期，孔子周游列国时到过黄州，留下过很多遗迹。其中孔子庙年久失修，已经快要倒了。杜牧重修了孔庙，在庙里设置了学堂，招收学生。别看他是刺史，却很喜欢做"孔子王"。只要有空闲，他就会来孔庙讲学。刺史大人来讲学的消息一传十十传百，四里八乡的百姓都带着孩子来听课。听课的人越多，杜牧讲得越起劲儿。

就这样，家家读书，人人懂礼，黄州的社会风气越来越好。杜牧的到来，是黄州百姓的福分呀！

逐字逐句学古文

原文

liù wáng bì　　sì hǎi yī　　shǔ shān wù
六 王 毕，四 海 一，蜀 山 兀，
ē páng chū　　fù yā sān bǎi yú lǐ　　gé lí tiān
阿 房 出。覆 压 三 百 余 里，隔 离 天
rì　　lí shān běi gòu ér xī zhé　　zhí zǒu xián yáng
日。骊 山 北 构 而 西 折，直 走 咸 阳。
èr chuān róng róng　　liú rù gōng qiáng　　wǔ bù yī
二 川 溶 溶，流 入 宫 墙。五 步 一

译文

六国灭亡，天下统一；蜀地的山变秃了，阿房宫建造出来了。它覆盖三百多里地，宫殿高耸，遮天蔽日。它从骊山北边建起，折而向西，一直通到咸阳。渭水、樊川浩浩荡荡地流进了宫

楼，十步一阁；廊腰缦回，檐牙高啄；各抱地势，钩心斗角。盘盘焉，囷囷焉，蜂房水涡，矗不知其几千万落。长桥卧波，未云何龙？复道行空，不霁何虹？高低冥迷，不知西东。歌台暖响，春光融融；舞殿冷袖，风雨凄凄。一日之内，一宫之间，而气候不齐。

妃嫔媵嫱，王子皇孙，辞楼下殿，辇来于秦。朝歌夜弦，为秦宫人。明星荧荧，开妆镜也；绿云扰扰，梳晓鬟也；渭流涨腻，弃脂水也；烟斜雾横，焚椒兰也；雷霆乍惊，宫车过也；辘辘远听，杳不知其所之也。一肌一容，尽态极妍，缦立远视，而望幸焉。有不得见者三十六年。燕、赵之收藏，韩、魏之经营，齐、楚之精英，几世几年，取掠其人，倚

墙。五步一座楼，十步一个阁，连接的走廊长而曲折，突起的屋檐像鸟嘴在高处啄食。楼阁各自依着地形，环抱在一起，又互相争雄斗势。它们盘结交错，曲折回旋，如密集的蜂房，如漩涡一般高高地耸立着，不知道它有几千万座。长桥横卧在水波上，天空没有起云，何处飞来了龙？复道飞跨天空，不是雨后初晴，怎么出现了彩虹？房屋忽高忽低，幽深迷离，使人不能分辨东西。台上歌声充满暖意，春意融融；殿上舞袖飘拂充满寒意，风雨凄凉。一天之中，一宫之内，天气却如此不同。

六国的妃嫔侍妾、王子皇孙，离开自己的宫殿，坐着辇车来到秦国。他们早晚唱歌奏乐，成为秦国的宫人。明亮的星星晶莹闪烁，那是宫妃们打开了梳妆的镜子；乌青的云朵缭绕，这是宫妃们在梳理晨妆的发髻；渭水涨起一层脂膏，那是她们泼掉的脂粉水；烟霭纵横弥漫，那是宫女们燃起了椒兰在熏香；雷霆突然震响，这是宫车驶过去了；辘辘的车声越听越远，不知道要到什么地方。她们的肌肤和容貌，都美丽得无以复加。宫妃们久久地站着，远远地探视，盼望着皇帝来临。有的宫女竟整整三十六年没能见到皇帝。燕国、赵国收藏的财富，韩国、魏国营求的珠玉，齐国、楚国挑选的珍宝，是诸侯世世代代从他们的子民那里掠夺来的，堆叠得像

叠如山。一旦不能有,输来其间,鼎铛玉石,金块珠砾,弃掷逦迤,秦人视之,亦不甚惜。

嗟乎!一人之心,千万人之心也。秦爱纷奢,人亦念其家。奈何取之尽锱铢,用之如泥沙!使负栋之柱,多于南亩之农夫;架梁之椽,多于机上之工女;钉头磷磷,多于在庾之粟粒;瓦缝参差,多于周身之帛缕;直栏横槛,多于九土之城郭;管弦呕哑,多于市人之言语。使天下之人,不敢言而敢怒。独夫之心,日益骄固。戍卒叫,函谷举;楚人一炬,可怜焦土。

呜呼!灭六国者,六国也,非秦也。族秦者,秦也,非天下也。嗟夫!使六国各爱其人,则足以拒秦;使秦复爱六国之人,则递三世可至万世而为君,谁得而族灭也?

山一样。一旦国破家亡,再也不能占有了,都运送到阿房宫里来。这里把宝鼎当铁锅,视玉如石,视黄金如土块,视珍珠为沙砾,丢弃得到处都是,秦国人看见这些,也并不觉得可惜。

唉,一个人的意愿,也就是千万人的意愿啊。秦始皇喜欢繁华奢侈,人民也顾念他们自己的家。为什么掠取珍宝时连一锱一铢都搜刮干净,耗费起珍宝来竟像对待泥沙一样?致使承担栋梁的柱子,比田地里的农夫还多;架在梁上的椽子,比织机上的女工还多;梁柱上的钉头,比粮仓里的谷粒还多;瓦楞长短不一,比身上的丝缕还多;纵横相连的栏杆,比九州的城郭还多;管弦的声音嘈杂,比市民的言语还多。这使天下的人民,嘴上不敢说,心里却敢愤怒。可是失尽人心的秦始皇,一天天更加骄傲顽固。结果戍边的陈胜、吴广一声呼喊,函谷关被攻下;楚兵一把大火,把阿房宫化为一片焦土。

唉!灭亡六国的是六国自己,不是秦国啊。消灭秦王朝的是秦王朝自己,不是天下的人啊。可叹呀!假使六国各自爱护他们的人民,就完全可以抵抗秦国。假使秦王朝又爱护六国的人民,那么皇位就可以传到三世,甚至还可以传到万世做皇帝,谁能够使它灭族呢?秦人来不及哀悼自己,而后人替他们哀伤;如果后人哀悼他们却不作为鉴戒吸

秦人不暇自哀，而后人哀之；后人哀之而不鉴之，亦使后人而复哀后人也。

取教训，也只会使自己的后代又来哀悼自己了。

文化常识第118讲

钩心斗角 本文中的"钩心斗角"指宫室建筑四方向核心辐辏，檐角又互相争雄斗势向上翘起，写出了阿房宫内外结构的精巧，突出后文将之付之一炬的令人可惜，提醒统治者要吸取秦朝的教训。后来也用来指诗文的布局结构精巧、回环错落；现在用作贬义，比喻人与人之间的明争暗斗，耍心机，也写成"勾心斗角"。

常用字第118讲

❶ <动>背；用木板驮大东西。《愚公移山》："命夸娥氏二子负二山。"
❷ <动>负担；承担。《淮南子·主术》："而智日困，而自负其责也。"
❸ <动>蒙受；遭受。《窦娥冤》："不明不暗，负屈衔冤。"
❹ <动>背倚；背靠着。《礼记·孔子闲居》："子夏蹶然而起，负墙而立。"
❺ <动>依靠；凭借。《廉颇蔺相如列传》："秦贪，负其强，以空言求璧。"
❻ <动>辜负；对不起。《廉颇蔺相如列传》："臣诚恐见欺于大王而负赵。"
❼ <动>违背；背弃。《廉颇蔺相如列传》："相如度秦王虽斋，决负约不偿赵城。"
❽ <动>失败。《六国论》："故不战而强弱胜负已判矣。"

语法常识第118讲

词类活用：名词作状语【辇】 "辞楼下殿，辇来于秦"一句中"辇"字本义为"帝王和皇后乘坐的辇车"，是名词，这里作状语，意为"坐着辇车"，修饰"来"。翻译为：离开自己的宫殿，坐着辇车来到秦国。

原道

——打起尊崇儒学的大旗

《古文观止》有故事

东汉时期，佛教传入中国，一开始只在少数人中间流传。东汉灭亡后，魏晋南北朝混乱时期，佛教得到了广泛的传播。到了唐朝中期，竟然发展到和道教、儒学并称"三教"的程度。

佛教的盛行，影响到了唐朝政府的财政收入，连征兵、劳役等都受到很大的影响。韩愈对此忧心忡忡。

陕西省扶风县法门寺有一座佛塔，里面藏着一颗佛舍利，也就是佛祖的

一块小骨头。每三十年会开一次塔，取出舍利，让信众们瞻仰。这一年是开塔之年，唐宪宗信佛，派了大批僧人去迎接佛骨，在宫中供奉三天。上行下效，社会上也刮起了一场狂热的礼佛风。

儒学大师韩愈忍无可忍：这样疯狂地无底线尊崇佛教，儒家思想的正统地位不是要保不住了吗？于是，他写了一篇《谏迎佛骨》，举东汉以后侍奉佛祖的皇帝大都短命的例子，劝阻皇帝迎佛骨。

这篇文章和他的另一篇《原道》一起，打起了反对佛老、尊崇儒学的大旗。他认为佛教给社会造成了危害，同时老子的学说又狭隘，只有尊奉儒家思想，国家才能长治久安。

然而，这篇文章却惹怒了皇帝：竟敢诅咒皇帝短命？胆大包天！一怒之下，差点要杀了他。幸亏很多大臣为他说情，这才保住了性命。他被贬到潮州（今广东省潮州市）做刺史。到了潮州，韩愈还不甘心，上书为自己辩白。这时候，唐宪宗已经消了气，也觉得惩罚得有些重了，就跟宰相们商量，想要调他回来重新起用。

可是，宰相皇甫镈不喜欢心直口快的韩愈，不想他回京，在自己眼皮子底下闹事儿。于是，韩愈被调任袁州（今江西省宜春市）刺史。

韩愈虽然没能阻止皇帝迎佛骨，但他的反佛思想在社会上产生了很大影响，捍卫了儒家思想的正统地位。

逐字逐句学古文

原文

bó ài zhī wèi rén　xíng ér yí zhī zhī wèi yì
博爱之谓仁，行而宜之之谓义，
yóu shì ér zhī yān zhī wèi dào　zú hū jǐ wú dài yú wài
由是而之焉之谓道，足乎己无待于外
zhī wèi dé　rén yǔ yì wéi dìng míng　dào yǔ dé wéi
之谓德。仁与义为定名，道与德为

译文

泛爱叫"仁"，恰当地去实现"仁"就是"义"，沿着"仁义"之路前进便是"道"，使自己具备完美的修养，而不用去依靠外界的力量就是

虚位。故道有君子小人，而德有凶有吉。老子之小仁义，非毁之也，其见者小也。坐井而观天，曰天小者，非天小也。彼以煦煦为仁，孑孑为义，其小之也则宜。其所谓道，道其所道，非吾所谓道也。其所谓德，德其所德，非吾所谓德也。凡吾所谓道德云者，合仁与义言之也，天下之公言也。老子之所谓道德云者，去仁与义言之也，一人之私言也。

周道衰，孔子没，火于秦，黄老于汉，佛于晋、魏、梁、隋之间。其言道德仁义者，不入于杨，则入于墨，不入于老，则入于佛。入于彼，必出于此。入者主之，出者奴之；入者附之，出者污之。噫！后之人其欲闻仁义道德之说，孰从而听之？老者曰："孔子，吾师之弟子也。"佛者曰："孔子，吾师之弟子也。"为孔子者，习闻其说，乐其诞而自小也，亦

"德"。仁和义是有确定意义的，道和德是意义不确定的，所以道有君子之道和小人之道，而德有吉和凶之分。老子轻视仁义，并不是在诋毁仁义，而是由于他的目光短浅。好比坐在井里看天的人，说天很小，其实天并不小。老子把小恩小惠当作仁，把谨小慎微看成义，他轻视仁义就是很自然的事了。老子所说的道，是他观念里的道，不是我所说的道。他所说的德，是他观念里的德，不是我所说的德。凡是我所说的道德，都是结合仁和义说的，是天下的公论。老子所说的道德，是抛开了仁和义说的，只是他一个人的说法。

周道衰落，孔子去世，秦始皇焚烧诗书，黄老学说盛行于汉代，佛教盛行于晋、魏、梁、隋之时。那时谈论道德仁义的人，不是归入杨朱学派，就是归入墨翟学派；不是归入道教，就是归入佛教。归入了那一家，必然会轻视这一家。推崇一说，就奉为宗主；排斥一说，就看作隶属；依附归入的学派，就污蔑反对的学派。唉！后世的人想知道仁义道德的学说，到底听从谁的呢？道家说："孔子是我们老师的学生。"佛家也说："孔子是我们老师的学生。"研究孔子学说的人，听惯了他们的话，乐于接受他们荒诞的言论而轻视自己，也

曰"吾师亦尝师之"云尔。不惟举之于其口,而又笔之于其书。噫!后之人虽欲闻仁义道德之说,其孰从而求之?甚矣,人之好怪也,不求其端,不讯其末,惟怪之欲闻。

说"我们的老师曾向他们学习过"之类的话。不仅在口头上说,还写在了书上。唉!后世的人即使要想知道关于仁义道德的学说,又该向谁去请教呢?人们喜欢听怪诞的言论真是太过分了!他们不探求事情的起源,不考察事情的结果,只喜欢听怪诞的言论。

文化常识第119讲

焚书 《史记》中记载:公元前213年,博士淳于越反对当时实行的"郡县制",要求恢复古制,分封子弟。丞相李斯反对,主张禁止百姓用古代的学说来非议当时的社会。秦始皇采纳了他的建议,下令焚烧《秦记》以外的列国史书,把不属于博士馆私藏的《诗》《书》等书籍也查收烧毁了。不过,焚书并没有焚烧医学、农牧等技术实用类书籍。

常用字第119讲 道

❶ <名>路;道路。《陈涉世家》:"会天大雨,道不通。"
❷ <名>途径;方法;措施。《六国论》:"赂秦而力亏,破灭之道也。"
❸ <名>规律;法则。《庖丁解牛》:"臣之所好者道也,进乎技矣。"
❹ <名>道理;事理。《师说》:"闻道有先后,术业有专攻。"
❺ <名>道德;道义。《陈涉世家》:"伐无道,诛暴秦。"
❻ <名>学说;主张。《送东阳马生序》:"既加冠,益慕圣贤之道。"
❼ <动>说;谈论。《桃花源记》:"不足为外人道也。"
❽ <动>通"导",引导。《论语·学而》:"道千乘之国,敬事而信,节用而爱人,使民以时。"

⑨ <动>通"导",疏通。《尚书·禹贡》:"九河既道。"
⑩ <名>古代行政区划名。唐代初年全国划分为十道,道下辖州。明清则在省一级行政区域下设道,道下辖府,其长官就称为道或道员、道台。《左忠毅公逸事》:"史公以凤庐道奉檄守御。"
⑪ <名>简称道家、道教。《汉书·艺文志》:"道家者流,盖出于史官。"
⑫ <动>以为。《灌园叟晚逢仙女》:"他还道略看一会就去,谁知这厮故意卖弄。"
⑬ <介>从;由。《管子·禁藏》:"凡治乱之情,皆道上始。"
⑭ <量>用于某些细长的东西。元稹《望喜驿》:"一道月光横忱前。"

语法常识第 119 讲

词类活用:名词的意动用法【主、奴】 "入者主之,出者奴之"一句中的"主"和"奴"本义为"宗主""奴隶",是名词,在这里为意动用法,意为"以之为主""以之为奴",翻译为:推崇一说,就奉为宗主;排斥一说,就看作隶属。

原 毁
——说一说毁谤这种事儿

韩愈

《古文观止》有故事

韩愈是唐代文学家,他从小学习就很刻苦,但是科举之路走得并不顺利。好不容易才中了进士,通过了吏部铨选,做了国子监博士(老师),后来又做了监察御史。

做了官就要为百姓办事。这时候,关中地区暴发了旱灾。韩愈被派去灾区,实地走访调查情况。他发现当地受灾严重,百姓拖儿带女,沦为乞丐,

到处流浪，饿死的不计其数。看着这样的惨状，韩愈非常痛心。但更让他生气的是，京兆尹（负责京城事务的长官）李实封锁了旱灾的消息，对朝廷禀报说关中粮食大丰收，老百姓安居乐业，日子过得好着呢！

这不是睁着眼睛瞎说吗？韩愈怒火中烧，写了一篇《御史台上论天旱人饥状》上奏皇帝，要求处理李实，赈济灾民。李实赶紧联合党羽进谗言陷害韩愈。

就在这一年的十二月，韩愈被贬为连州（今广东省连州市）阳山县令。

从御史到县令，韩愈尝到了被人毁谤的滋味。他在《原毁》一文中，从待己和待人两个方面入手，古今对比，揭示出毁谤产生的根源在于懒惰和嫉妒，呼吁社会改变嫉贤妒能的坏风气。

815年，韩愈晋升为中书舍人（负责起草诏令的官），获赐绯鱼袋（五品以上的官才有）。一升官，就又有人嫉妒他，开始挑他的毛病。

韩愈在做江陵掾曹（处理各种公文的官）时，荆南节度使裴均留他住在自己家里，对他很照顾。后来，裴均的儿子裴锷要去看望父亲，韩愈为他送行，写了一篇序，在序里面很尊敬地称呼了裴锷的字。

讨厌韩愈的人一下子抓住了把柄："裴锷是个平庸浅陋的人。这么尊敬他，还不是为了巴结他爹吗？"

这事儿抖出来后，朝廷内外议论纷纷，有为韩愈辩解的，有添油加醋的，也有看笑话的……于是，中书舍人当不成了，韩愈被改为太子右庶子（太子的侍从官）。

虽然遭到陷害，但韩愈初心不改，仍然要向古代君子学习，严以律己，宽以待人。

原文

古之君子，其责己也重以周，其待人也轻以约。重以周，故不怠；轻以约，故人乐为善。闻古之人有舜者，其为人也，仁义人也。求其所以为舜者，责于己曰："彼，人也；予，人也。彼能是，而我乃不能是！"早夜以思，去其不如舜者，就其如舜者。闻古之人有周公者，其为人也，多才与艺人也。求其所以为周公者，责于己曰："彼，人也；予，人也。彼能是，而我乃不能是！"早夜以思，去其不如周公者，就其如周公者。舜，大圣人也，后世无及焉；周公，大圣人也，后世无及焉。是人也，乃曰："不如舜，不如周公，吾之病也。"是不亦责于身者重以周乎！其于人也，曰："彼人也，能有是，是

译文

古代的君子，要求自己严格而周密，要求别人宽容而简约。严格而周密，所以不懈怠；宽容而简约，所以别人乐于做好事。听说古人中有个叫舜的，他是个仁义的人。探求舜所以成为舜的原因，对照责问自己说："他是人，我也是人。他能这样，而我却不能这样！"早晨晚上都在思考，去掉那些不如舜的地方，仿效那些与舜相同的地方。听说古人中有个叫周公的，他是个多才多艺的人。探求周公所以成为周公的原因，对照责问自己说："他是人，我也是人。他能够这样，而我却不能这样！"早晨晚上都在思考，去掉那些不如周公的地方，仿效那些像周公的地方。舜是大圣人，后世没有人能赶上他；周公是大圣人，后世没有人能赶上他。古代的君子却说："不如舜，不如周公，这是我的缺点。"这不就是对自己要求严格而周密吗？他对别人呢，就说："那个人能有这些优点，就够得上一个善良的人了；能擅长这些事，就够得上一个有才艺的人了。"肯定别人的一个方面，而不苛求他别的方面；就

足为良人矣；能善是，是足为艺人矣。"取其一不责其二，即其新不究其旧，恐恐然惟惧其人之不得为善之利。一善易修也，一艺易能也。其于人也，乃曰："能有是，是亦足矣。"曰："能善是，是亦足矣。"不亦待于人者轻以约乎！

今之君子则不然。其责人也详，其待己也廉。详，故人难于为善；廉，故自取也少。己未有善，曰："我善是，是亦足矣。"己未有能，曰："我能是，是亦足矣。"外以欺于人，内以欺于心，未少有得而止矣。不亦待其身者已廉乎！其于人也，曰："彼虽能是，其人不足称也；彼虽善是，其用不足称也。"举其一不计其十，究其旧不图其新，恐恐然惟惧其人之有闻也，是不亦责于人者已详乎！夫是之谓不以众人待其身，而以圣人望于人，吾未见其尊己也。

他现在的表现看，不追究他的过去，提心吊胆地只怕那个人得不到做好事的益处。一件好事容易做到，一种技艺容易学会，但他对别人却说："能有这就够了。"还说："能擅长这就够了。"这不就是要求别人宽容而简约吗？

现在的君子却不是这样，他要求别人很全面，要求自己却很少。对人要求全面，所以别人很难做成好事；对自己要求少，所以自己的收获就少。自己没有什么优点，却说："我有这个优点就够了。"自己没有什么才能，却说："我有这个技能就够了。"对外欺骗别人，对内欺骗自己的良心，还没有一点收获就停止了。这不也是要求自己太少了吗？他对别人，就说："他虽然有这样的才能，但他的为人不值得称赞。他虽然擅长这些，但他的本领不值得称赞。"偏举别人的一个缺点，不考虑他其他的十个优点；只追究别人的过去，却不考虑他的现在，提心吊胆地只怕他人有了名望，这不也是要求别人太全面了吗？这就叫不用普通人的标准要求自己，却用圣人那样高的标准要求别人，我看不出他是在尊重自己。

虽然如此，这样做的人有他的思想根源，那就是懒惰和嫉妒。懒

虽然，为是者有本有原，怠与忌之谓也。怠者不能修，而忌者畏人修。吾尝试之矣。尝试语于众曰："某良士，某良士。"其应者，必其人之与也；不然，则其所疏远不与同其利者也；不然，则其畏也。不若是，强者必怒于言，懦者必怒于色矣。又尝语于众曰："某非良士，某非良士。"其不应者，必其人之与也；不然，则其所疏远不与同其利者也；不然，则其畏也。不若是，强者必说于言，懦者必说于色矣。是故事修而谤兴，德高而毁来。呜呼！士之处此世，而望名誉之光，道德之行，难已！

将有作于上者，得吾说而存之，其国家可几而理欤！

情的人不能提高自我修养，嫉妒别人的人害怕别人进步。我不止一次地试验过，曾经试着对众人说："某某是个好人，某某是个好人。"那些附和的人，一定是那个人的朋友；要不就是他不接近的人，不同他有利害关系的人；要不就是害怕他的人。如果不是这样，强硬的人一定毫不客气地说出反对的话，懦弱的人一定会表露出反对的脸色。我也曾经对众人说："某某不是好人，某某不是好人。"那些不附和的人，一定是那人的朋友；要不就是他不接近的人，不和他有利害关系的人；要不就是害怕他的人。如果不是这样，强硬的人一定会高兴地说出赞赏的话，懦弱的人一定会表露出高兴的脸色。所以，事情办好了，诽谤也就跟着来了；声望提高了，诋毁也随着来了。唉！读书人处在这个世上，希望名誉得到光大，道德得以推广，真难啊。

身居高位而将要有作为的人，如果听到我所说的这些道理而记住了，那么国家差不多就可以治理好了吧！

文化常识第120讲

圣人 《易经》中记载："圣人作而万物睹。"这里的"圣人"指的是品德高尚、智慧高超的人。在中国的传统文化中，"才德全尽谓之圣人"，是至真至善的人，堪称完美。在有些文献中,圣人用来指代孔子。除了孔子,被尊奉为圣人的还有尧、舜、禹、汤、周文王、老子、孟子等。

常用字第120讲 于

❶ <介>介绍动作行为发生的时间、处所,可译为"在""到""从"等。《出师表》:"受任于败军之际。"

❷ <介>介绍动作行为产生的原因,可译为"由于""因为"。《进学解》:"业精于勤,荒于嬉。"

❸ <介>介绍动作行为涉及的对象,可译为"对""向"等。《师说》:"于其身也,则耻师焉。"

❹ <介>介绍动作行为的主动者,可译为"被"。有时动词前还有"见""受"等字和它相应。《伶官传序》:"而智勇多困于所溺。"

❺ <介>介绍比较的对象,可译为"比"。《劝学》:"冰,水为之,而寒于水。"

❻ <词缀>用在动词前,无义。《诗经·葛覃》:"黄鸟于飞。"

语法常识第120讲

词类活用:形容词作名词【旧、新】 "举其一不计其十,究其旧不图其新"一句中"旧"和"新"本义为"陈旧""崭新",是形容词,在这里活用作名词,意为"过去""现在"。翻译为:偏举别人的一个缺点,不考虑他其他的十个优点;只追究别人的过去,却不考虑他的现在。

获麟解

——不被人认识的麒麟

韩愈

《古文观止》有故事

麒麟是中国古代神话传说的一种瑞兽。据《瑞应图》记载：麒麟长着羊头，狼的蹄子，头顶是圆的，身上是五彩的，大概2米多高。据说，圣人在世的时候，才会有麒麟出现。

唐朝元和九年（公元814年），东川出现麒麟，轰动一时。

韩愈听说了，忽然想起孔子和麒麟的故事：

据说，孔子要出生的时候，有一只麒麟降临在院子里，吐出一块方帛，

上面写着:"水精之子孙,衰周而素王。"意思是这个孩子是水精的子孙,生在衰败的世道,只能做没有王位的素王。

鲁哀公十四年(公元前481年),孔子七十一岁了。三年前,他刚刚结束在列国的周游,回到鲁国,正在编著《春秋》。

这年春天,出了一件怪事。鲁哀公带着官员和随从们去打猎,叔孙氏的家臣锄(chú)商捉到一头怪兽。那怪兽长着麋鹿的身体,牛的尾巴,马的蹄子,头上还有一只肉角。人们都不认识,以为是个不祥的怪兽,就杀死了它。

孔子听说了,急匆匆赶来阻止,却晚到了一步。他看到原来是麒麟的尸首,仰天长叹:"麒麟呀麒麟,你何苦来这世上一遭呢?"

麒麟本是瑞兽,是会带来祥瑞的,可是,却被无知的凡夫俗子当作怪兽而杀死,简直太悲伤了。

孔子派弟子埋葬了麒麟,为它写了一首挽歌:"唐虞世兮麟凤游,今非其时来何求?麟兮麟兮我心忧。"联想到自己就像这降临到乱世的麒麟一样,怀才不遇,孔子长叹一声:"吾道穷矣!"从此绝笔,不再写书了。就这样,《春秋》的故事结束在鲁哀公十四年。

想到孔子,韩愈也想到了自己,他何尝不也是一只麒麟呢?于是,写了一篇《获麟解》,期望能得到圣明君主的赏识。

逐字逐句学古文

原文

麟(lín)之(zhī)为(wéi)灵(líng),昭昭(zhāo zhāo)也(yě)。咏(yǒng)于(yú)《诗(shī)》,书(shū)于(yú)《春秋(chūn qiū)》,杂(zá)出(chū)于(yú)传(zhuàn)记(jì)百(bǎi)家(jiā)之(zhī)书(shū),虽(suī)妇(fù)人(rén)小(xiǎo)子(zǐ),皆(jiē)知(zhī)其(qí)为(wéi)祥(xiáng)也(yě)。

译文

麒麟是象征灵异的动物,是显而易见的。它在《诗经》中被歌颂过,在《春秋》中也有记载,传记和百家的书籍中也夹杂着记述。即使妇女和儿童,也知道它是吉祥的。

然麟之为物，不畜于家，不恒有于天下。其为形也不类，非若马、牛、犬、豕、豺、狼、麋、鹿然。然则虽有麟，不可知其为麟也。

角者吾知其为牛，鬣者吾知其为马；犬、豕、豺、狼、麋、鹿，吾知其为犬、豕、豺、狼、麋、鹿；惟麟也不可知。不可知，则其谓之不祥也亦宜。

虽然，麟之出，必有圣人在乎位。麟为圣人出也。圣人者必知麟，麟之果不为不祥也。

又曰："麟之所以为麟者，以德不以形。"若麟之出，不待圣人，则谓之不祥也亦宜。

但是麒麟作为一种动物，不被家庭所豢养，自然界也不常有。它的外形什么也不像，不像马、牛、狗、猪、豺狼、麋鹿那样。既然这样，即使麒麟出现了，人们也不知道它就是麒麟啊。

有角的我知道它是牛，有鬃毛的我知道它是马，狗、猪、豺狼、麋、鹿，我知道它们是狗、猪、豺、狼、麋、鹿。只有麒麟，我还不认得。不认得，那么人们说它不祥也就很自然了。

尽管如此，有麒麟出现，就必然有圣人在世掌权，麒麟是因为圣人才出现的。圣人一定认识麒麟，麒麟终究并非不祥之物啊。

又听说：麒麟之所以被称作麒麟，是因为它的德行而不是根据它的外形。假若麒麟出现，却没有圣人在世，那么说它不吉祥也是合适的。

文化常识第(121)讲

麒麟　中国古籍中记载的一种动物，是传统文化中的瑞兽，与凤、龟、龙共称为"四灵"。雄性称麒，雌性称麟。《阅微草堂笔记》中记载了一件怪事：献县有一户农家的牛生了一头麒麟。农夫害怕，把它弄死了。知县刘征廉听说后把它埋了，并且立了块碑，碑上有"见麟郊"三个字。

常用字第 121 讲 — 类

❶ <名>种类;类别。《齐桓晋文之事》:"王之不王,是折枝之类也。"
❷ <动>类推;推论。《公输》:"义不杀少而杀众,不可谓知类。"
❸ <动>类似;像。《与吴质书》:"志意何时复类昔日。"
❹ <名>事例;事物。《屈原列传》:"举类迩而见义远。"
❺ <副>大抵;大致。《训俭示康》:"走卒类士服,农夫蹑丝履。"
❻ <名>典范;榜样。《怀沙》:"明告君子,吾将以为类兮。"

语法常识第 121 讲

词类活用:名词作动词【畜】 "然麟之为物,不畜于家"一句中"畜"字本为名词,意为"牲畜",这里作动词,意为"养牲畜"。翻译为:然而麒麟作为一种动物,不被家庭所豢养。

杂说（一）
——彼此成就的云和龙

韩愈

《古文观止》有故事

虽然多次遭到贬谪，韩愈依然想做一个贤臣。他在《龙说》一文中用龙和云的关系来说明君臣之间是相互依赖的，圣君必须依靠贤臣治理国家，而贤臣没有圣君则发挥不了作用。

公元821年，韩愈做兵部尚书（主管军事的长官）的时候，镇州（今河北省正定县）发生兵变，新任成德节度使田弘正被杀。都知兵马使（掌管军政的官）王庭凑要求朝廷任命自己做节度使。唐穆宗大怒，一次次派兵征讨，都

被王庭凑打败，大将牛元翼还被围困在深州（今河北省深州市）。

朝廷国库空虚，实在是没钱打仗了。唐穆宗只好退一步，同意赦免王庭凑的叛乱之罪，任命他做镇州节度使，派韩愈前往镇州劝说王庭凑解除深州之围，放出牛元翼。

这时候去镇州，简直是深入虎穴！大家都为韩愈捏着一把汗。皇帝也有些后悔了，又给他下了一道命令，让他到达后，不要着急去见王庭凑，先观察观察形势变化，了解情况后再说。

接到命令，韩愈非常感动："陛下这样关心我的安危，真是仁义圣君呀。圣君在世，我愿做一个贤臣！为执行君命，我不怕死！"于是，一个人来到叛军大营。

王庭凑得到消息，早已派出全副武装的甲兵，整齐地排列在军营门口。刀出鞘，箭上弦，只等韩愈到来。

韩愈走近军营，刀光剑影寒气逼人。但他一点都不怕，径直走进士兵们中间，给他们上了一课，告诉他们叛乱的将领都被杀了，而归顺朝廷的都封了大官。王庭凑怕军心动摇，解散了军士，设宴招待韩愈。酒席上，王庭凑接受了韩愈的劝解，放走了牛元翼。

韩愈平安回京，当年改任吏部尚书，第二年又升任京兆尹和御史大夫，威望越来越高。

逐字逐句学古文

原文	译文
龙嘘气成云，云固弗灵于龙也。然龙乘是气，茫洋穷乎玄间，薄日月，伏光景，感震电，	龙吐出的气形成云，云本来并不比龙灵异。但是龙乘着这股云气，可以在茫茫的太空中四处遨游，接近日月，遮蔽它们的光芒，使雷电为之震

神变化，水下土，汩陵谷。云亦灵怪矣哉！

云，龙之所能使为灵也。若龙之灵，则非云之所能使为灵也。然龙弗得云，无以神其灵矣。失其所凭依，信不可欤！异哉！其所凭依，乃其所自为也。《易》曰："云从龙。"既曰龙，云从之矣。

撼，使变化神奇莫测，使雨水润泽大地，流动于丘陵深谷。这云也是很神奇灵异的呢！

云，是龙使它灵异的。至于龙的灵异，却不是云使它这样子的。但是龙没有云，就不能显示出它的灵异。失去它所凭借的云，实在是不行啊！多么奇妙啊！龙所凭借依靠的，正是它自己造成的云。《周易》中说："云跟随着龙。"既然叫龙，就应该有云跟随着它啊！

文化常识第122讲

龙 中国古代神话中的动物，是鳞虫之长。相传龙能飞行，会变化，会呼风唤雨，和凤凰、麒麟等并列为祥瑞。在古代，龙象征着皇权。皇帝都被称为"真龙天子"。龙还是中华民族的文明象征、精神图腾，所以说中国人是龙的传人。

常用字第122讲 乎

❶ <介>相当于"于"。（1）介绍处所、方向、时间，译为"在""由"等。《赤壁赋》："相与枕藉乎舟中。"（2）介绍比较对象，译为"与""对""比"。《庖丁解牛》："臣之所好者道也，进乎技矣。"（3）介绍依凭的条件。《庖丁解牛》："乎天理，批大郤。"（4）介绍动作行为的对象。《劝学》："君子博学而日参乎己。"

❷ <助>语气词。（1）在句末，表示疑问，相当于"吗"。《唐雎不辱使命》："大王尝闻布衣之怒乎？"（2）用在句末，表示反问，相当于"吗""呢"。《陈涉世家》："王侯将相宁有种乎？"（3）用在句末，表示推测，相当于"吧"。《殽之战》："师

劳力竭,远主备之,无乃不可乎?"(4)用在句末,表示祈使,相当于"吧"。《冯谖客孟尝君》:"长铗归来乎!出无车。"(5)用在句末,表示感叹,相当于"啊""呀"。《归去来辞》:"已矣乎!寓形宇内复几时。"(6)用在句中,表示停顿或舒缓。《召公谏厉王弭谤》:"口之宣言也,善败于是乎兴。"

❸<词缀>用于形容词、叠音词后面。《庖丁解牛》:"恢恢乎其于游刃有余矣。"

语法常识第122讲

词类活用:名词作动词【水】"感震电,神变化,水下土,汩陵谷"一句中"水"字本义为"雨水",是名词,这里用作动词,意为"润泽"。翻译为:使雷电为之震撼,使变化神奇莫测,使雨水润泽大地,流动于丘陵深谷。

杂说（四）
——千里马呼唤伯乐

韩愈

● 《古文观止》有故事

韩愈有才能，但是运气不好，总也考不中科举，只能坚持不懈地考考考，同时也到处投送文章书信，期待得到达官贵人的赏识，实现自己的抱负。

可是，没人搭理他，他不由得感慨："世有伯乐，然后有千里马；千里马常有，而伯乐不常有。"

自己这匹千里马，怎么就遇不到伯乐呢？

伯乐是春秋时的一位相马大师，本名叫孙阳。有一天，他走在路上，看到一匹拉着盐车的马，正吃力地爬一段陡坡。孙阳见马累得气喘吁吁，就走近了看。不想那匹马竟然昂起头来，看着孙阳叫了起来。孙阳眼睛一亮，拍拍马的脖子，对车夫说："把这匹马卖给我吧！"

一匹连车都拉不动的瘦马,吃得倒是挺多,竟然有人买?车夫高兴坏了,把马卖给了他。孙阳把马带回去,好草好料地喂了几天。马的毛色变得油亮,马儿恢复了精神。他骑上去试了试,奔跑如飞,果真是匹千里马!

传说中,天上管理马匹的神仙叫作伯乐,于是人们就把孙阳叫作伯乐了。

会相马很重要,会驾驭马也很重要。古代达官贵人出行乘坐四匹马驾辕的马车,不都用千里马。只能用一匹千里马驾辕领头,其他三匹用中等马就行。这哪里是用马之道?分明是用人之道呀。

韩愈把自己的感慨都写进文章里,用伯乐比喻知人善任的圣君,把千里马比作不被发现的人才,指出人才被埋没的原因就在统治者那里。

可是,在当时,韩愈也只是发发牢骚而已。他并没有放弃,继续考试,像千里马一样等待施展抱负的机会。

逐字逐句学古文

原文

世有伯乐,然后有千里马。千里马常有,而伯乐不常有。故虽有名马,只辱于奴隶人之手,骈死于槽枥之间,不以千里称也。马之千里者,一食或尽粟一石。食马者不知其能千里而食也,是马也,虽有千里之能,食不饱,力不足,才美不外见,且欲与常

译文

世上先有伯乐,然后有千里马。千里马经常有,但是伯乐不常有。因此即使有名贵的马,也只能在马夫的手里受到屈辱或埋没,和普通的马一同死在马厩里,不能因日行千里而闻名于世。

能日行千里的马,吃一顿有时能吃尽一石粮食。喂千里马的人不知道它能日行千里,而像喂养普通的马一样来喂它。这样的马,即使有日行千里的能力,但吃不饱,力气不足,才能和特长不能显露出来。想要和普通的马一样尚且做不到,怎么能够要求它日行千

马等不可得，安求其能千里也！

策之不以其道，食之不能尽其材，鸣之而不能通其意，执策而临之曰："天下无马。"呜呼！其真无马邪？其真不知马也！

里啊！

驱使它不能用驾驭千里马的方法，饲养它不能按照它的才力供给饲料，听到它嘶鸣又不能理解它的意思，还拿着鞭子对它说："天下没有千里马！"唉，难道真的是没有千里马吗？大概是真的不认识千里马吧！

文化常识第123讲

石　古代容量单位，读作dàn。古代常用的容量单位由小到大有升、斗、斛（石）、钟。学者们通常都认为斛和石是相通的。从秦汉时期开始，它们之间都是十进制，就是说十斗是一石。

常用字第123讲

读xié时：

<形>邪恶；不正。《屈原列传》："谗谄之蔽明也，邪曲之害公也。"

读yé时：

<助>表示疑问的语气词。《马说》："其真无马邪？其真不知马也。"

语法常识第123讲

词类活用：名词作动词【策】"策之不以其道，食之不能尽其材，鸣之不能通其意"一句中"策"字本义为"马鞭"，是名词，在这里活用作动词，意为"用马鞭驱使"。翻译为：驱使它不能用驾驭千里马的方法，饲养它不能按照它的才力供给饲料，听到它嘶鸣又不能理解它的意思。

师说
——拜师求学不可耻

● 《古文观止》有故事

　　公元801年,韩愈被任命为国子监四门博士。在唐朝,国子监是国家的最高学府,包括国子、太学、广文、四门、律、书、算等七个馆,各馆都有博士负责教学。

　　韩愈满怀希望,想利用这个教学平台,好好教学生,培养人才,实现抱负。可是不久后,他发现了问题:一些人总爱嘲笑谦虚好问的人。他们觉得向不如自己的人请教,简直是羞耻;而那些向比自己优秀的人请教的,又是

在巴结逢迎，也可耻！弄得年轻人都不敢拜师求学了。

只有李蟠这个年轻人，不怕嘲笑，常常向韩愈请教一些问题。于是，韩愈就写了《师说》一文。在文章中，他提到了孔子的好学。

孔子曾经跟随师襄学琴，特别刻苦。一首《文王操》练了一段时间，师襄说："可以啦！"孔子却说："我还没完全掌握技法。"过了一段时间，师襄说："技法已经很熟练了，可以学新内容了。"孔子却认为自己还没有领会意境呢。又练习了一段时间，师襄说可以学新内容了，但孔子还觉得自己没有了解作者呢。终于有一天，孔子在弹奏时看到了作曲者周文王的形象。这样，一首曲子才算是学好了。孔子如此好学，让师襄非常佩服。

后来，他周游列国时，来到郯(tán)国。国君郯子是一位仁者，把国家治理得非常好。虽然孔子已经名满天下，但还是很虚心地向郯子请教，学到了很多东西。

孔子说过："三人行，必有我师焉。"韩愈写这篇《师说》，就是想纠正不良风气，发扬尊师重道的优良传统。只有这样，社会才有希望。

逐字逐句学古文

原文

古之学者必有师。师者，所以传道受业解惑也。人非生而知之者，孰能无惑？惑而不从师，其为惑也，终不解矣。

生乎吾前，其闻道也，固先乎吾，吾从而师之；生乎吾后，其闻道

译文

古代求学的人必定有老师。老师，是传授道理、教授学业、解释疑难问题的人。人不是一生下来就懂得道理，谁能没有疑惑？有了疑惑，而不跟老师学习，他所存在的疑惑，就始终不能解开。

在我之前出生的人，他懂得的道理本来就比我早，我跟从他学习；

也，亦先乎吾，吾从而师之。吾师道也，夫庸知其年之先后生于吾乎？是故无贵无贱，无长无少，道之所存，师之所存也。

嗟乎！师道之不传也久矣，欲人之无惑也难矣。古之圣人，其出人也远矣，犹且从师而问焉；今之众人，其下圣人也亦远矣，而耻学于师。是故圣益圣，愚益愚。圣人之所以为圣，愚人之所以为愚，其皆出于此乎？

爱其子，择师而教之；于其身也，则耻师焉，惑矣！彼童子之师，授之书而习其句读者也，非吾所谓传其道解其惑者也。句读之不知，惑之不解，或师焉，或不焉，小学而大遗，吾未见其明也。

巫医、乐师、百工之人，不耻相师。士大夫之族，曰师、曰弟子云者，则群聚而笑之。问之，则曰："彼与彼

在我之后出生的人，他懂得道理如果也比我早，我也以他为老师。我是向他学习道理，哪里去考虑他的年龄比我大还是比我小呢？因此，没有地位贵贱，没有年纪大小，道理存在的地方，就是老师所在的地方。

唉，古代尊师的传统已经失传很久了，想要人没有疑惑太难了！古代的圣人，他们超出一般人很远，尚且要虚心请教老师；现在的普通人，他们的才智远不及圣人，却以向老师学习为耻。因此，圣人更加圣明，愚人更加愚昧。圣人之所以成为圣人，愚人之所以成为愚人，大概就是出于这个缘故吧？

人们爱自己的孩子，就会选择老师来教他们。但是对于自己，却以跟从老师学习为耻，真是令人不解啊！那些教小孩子的老师，教他们书本上的内容和做断句练习的，并不是我所说的传授道理、解答疑难问题的老师。不知句子停顿，愿意向老师学习；有疑惑解决不了，不愿意向老师学习，小的方面要学习，大的方面却遗漏了，我没有看出他们明白事理。

巫医、乐师和各种手工业者，不以互相学习为耻。士大夫这一类人，听到称"老师"、称"弟子"的

年相若也，道相似也。"位卑则足羞，官盛则近谀。呜呼！师道之不复可知矣！巫医、乐师百工之人，君子不齿，今其智乃反不能及，其可怪也欤！

圣人无常师。孔子师郯子、苌弘、师襄、老聃。郯子之徒，其贤不及孔子。孔子曰："三人行，则必有我师。"是故弟子不必不如师，师不必贤于弟子，闻道有先后，术业有专攻，如是而已。

李氏子蟠，年十七，好古文，六艺经传，皆通习之，不拘于时，学于余。余嘉其能行古道，作《师说》以贻之。

人，就聚在一起嘲笑他们。问他们为什么这样，就说："他和他年龄差不多，懂得的道理也差不多。"以地位低的人为师，就觉得羞耻；以官职高的人为师，就近乎谄媚了。唉！求师的风尚难以恢复，由此可以知道了！巫医、乐师和各种手工业者，是君子不屑一提的人。现在他们的智慧竟然反而比不上这些人了，这真是太奇怪了！

圣人没有固定的老师。孔子曾向郯子、苌弘、师襄、老聃请教过，但郯子这般人的贤能都比不上孔子。孔子说："几个人一起走，其中一定有可以当我的老师的人。"因此学生不一定不如老师，老师不一定比学生贤能。懂得道理有早有晚，学问技艺各有专长，不过如此罢了。

李家的孩子蟠，今年十七岁，喜欢古文，六经的经文和注解都全面地学习了，不受世俗的拘束，向我学习。我赞许他能够遵行古人从师的正道，写这篇《师说》来赠给他。

文化常识第124讲

句读 俗称断句。古代文章是讲究行气的。一口气行完，表达出一个意思，称为一句；在行气过程中，出现的自然小停顿，就称为"读"。古代的经书大多数口口相传，跟着老师读，自然就学会了行文押韵和断句的方式。后来发明了印刷术，印刷出来的书本也是没有断句的,需要加注句读。这种传统的诵读方式,能够更好地体会作者的感情。

常用字第124讲 犹

① <名>一种猿类动物。《水经注·江水》:"山多犹猢,似猴而短足,好游岩树。"
② <动>如同;好像。《隆中对》:"孤之有孔明,犹鱼之有水也。"
③ <副>仍然;还是。《隆中对》:"然志犹未已,君谓计将安出?"
④ <副>尚且。《赤壁之战》:"田横,齐之壮士耳,犹守义不辱,况刘豫州王室之胄。"

语法常识第124讲

倒装句:宾语前置【之+否定词+谓语】 文言文中,有些句子中"之"可以作宾语前置的标志,突出宾语。本文"句读之不知,惑之不解,或师焉,或不焉"一句就是把宾语"句读"和"惑"提前到谓语前面了。正确语序是:"不知句读,不解惑,或师焉,或不焉。"翻译为:不知句子停顿,愿意向老师学习;有疑惑解决不了,不愿意向老师学习。

进学解
——前路艰难也要精进学业

《古文观止》有故事

韩愈很小就知道要靠读书、科举改变命运,所以读书很刻苦,根本不用别人催促监督。十三岁时,他已经能写出好文章了。十九岁时,他到京师长安,向当时的大学问家学习,开阔了视野,增长了见识,文章也越写越好了。虽然屡试不中,但他的文名却越来越响亮。

公元796年,韩愈受宣武节度使董晋推荐,出任宣武军节度使观察推官(节度使自己设置的属官)。他利用一切机会,极力宣扬自己对散文革新的主张。他主张"文以明道",文字要为宣扬儒家思想服务;主张文章要创新,不

要一味地模仿。

李翱(áo)、张籍等几个年轻人聚拢在他身边，跟着他学习写文章。尤其是李翱，一直追随韩愈，谈文论道，成为韩愈倡导的"古文运动"的代表人物之一。

韩愈后来终于通过了考试，做了国子监四门博士。不过，他的仕途也不太顺利，贬官升官几起几落，终于又回到京城，再次到国子监做博士。

韩愈不服气：自己才学出众，却屡遭贬斥。还有没有道理可讲？文人心里有了想法，就一定要写出来，于是，他写了《进学解》，借学生和老师的对话，反话正说，讽刺当权者的昏庸不明。

万幸，这篇文章没有带来祸事，反倒是得到了宰相的赏识和同情。宰相觉得他有史学方面的才识，调任他去修撰《顺宗实录》。

其实，不管做不做官，韩愈一直都在宣扬自己的文学主张。在他的倡导下，涌现出一批内容丰富、文风雄健的散文，给当时的文坛注入了新鲜的活力，文坛的风气有了彻底的改变。难怪大文学家苏轼称赞他"文起八代之衰"，一点也不夸张呀！

逐字逐句学古文

原文

国(guó)子(zǐ)先(xiān)生(shēng)晨(chén)入(rù)太(tài)学(xué)，招(zhāo)诸(zhū)生(shēng)立(lì)馆(guǎn)下(xià)，诲(huì)之(zhī)曰(yuē)："业(yè)精(jīng)于(yú)勤(qín)，荒(huāng)于(yú)嬉(xī)；行(xíng)成(chéng)于(yú)思(sī)，毁(huǐ)于(yú)随(suí)。方(fāng)今(jīn)圣(shèng)贤(xián)相(xiāng)逢(féng)，治(zhì)具(jù)毕(bì)张(zhāng)，拔(bá)去(qù)凶(xiōng)邪(xié)，登(dēng)崇(chóng)俊(jùn)良(liáng)。占(zhàn)小(xiǎo)善(shàn)者(zhě)

译文

国子先生早上走进太学，召集学生们站在学舍下面，教导他们说："学业由于勤奋而精通，由于玩乐而荒废；德行由于独立思考而有所成就，由于因循随俗而败坏。当今圣君有贤臣辅佐，法律完备又全部实施了。既除去了凶恶奸邪之人，又选拔出了优秀的人才。具备一点

率以录，名一艺者无不庸。爬罗剔抉，刮垢磨光。盖有幸而获选，孰云多而不扬？诸生业患不能精，无患有司之不明；行患不能成，无患有司之不公。"

言未既，有笑于列者曰："先生欺余哉！弟子事先生，于兹有年矣。先生口不绝吟于六艺之文，手不停披于百家之编。记事者必提其要，纂言者必钩其玄。贪多务得，细大不捐。焚膏油以继晷，恒兀兀以穷年。先生之业，可谓勤矣。抵排异端，攘斥佛老。补苴罅漏，张皇幽眇。寻坠绪之茫茫，独旁搜而远绍。障百川而东之，回狂澜于既倒。先生之于儒，可谓有劳矣。沉浸醲郁，含英咀华。作为文章，其书满家。上规姚、姒，浑浑无涯。周《诰》、殷《盘》，佶

优点的人全部被录取，拥有一种才艺的人没有不被任用的。选拔优秀人才，都是经过筛选的；培养造就人才，都是经过历练的。大概有才行不高者侥幸被选拔，谁说才行优秀者不会被举荐呢？诸位学生只要担心学业不能精进，不要担心主管部门官吏不够英明；只要担心德行不能有所成就，不要担心主管部门官吏不公正。"

话没有说完，有人在行列里笑道："先生在欺骗我们吧？我侍奉先生，已经很多年了。先生嘴里不断地诵读六经的文章，两手不停地翻阅着诸子百家的书籍。对史书类典籍必定总结掌握其纲要，对论说类典籍必定探寻其深奥隐微的道理。广泛学习，务求有所收获，不论是无关紧要的，还是意义重大的都不舍弃。夜以继日地点灯学习，一年到头也不停歇。先生的学习可以说勤奋了。您还抵制、批驳异端邪说，排斥佛教与道家的学说。弥补儒学的缺漏，阐发精深微妙的义理。探寻那些久已失传的古代儒家学说，独自广泛地钻研和继承它们。阻止异端邪说就像防堵纵横奔流的各条川河，引导它们东注大海；挽救儒家学说就像挽回已经泛滥的狂涛。先生您对于儒家，可以说是有功劳了。心神沉浸在古代典籍的书香里，仔细地品尝咀嚼其中精华；写出文章来，把屋子堆得满满的。向上效法虞、夏时代的典章，深远博大得无边无际；周代的《诰》和殷代的《盘

屈聱牙；《春秋》谨严，《左氏》浮夸；《易》奇而法，《诗》正而葩；下逮《庄》《骚》，太史所录；子云、相如，同工异曲。先生之于文，可谓闳其中而肆其外矣。少始知学，勇于敢为。长通于方，左右具宜。先生之于为人，可谓成矣。然而公不见信于人，私不见助于友。跋前疐后，动辄得咎。暂为御史，遂窜南夷。三年博士，冗不见治。命与仇谋，取败几时。冬暖而儿号寒，年丰而妻啼饥。头童齿豁，竟死何裨！不知虑此，而反教人为？"

先生曰："吁，子来前！夫大木为㯤，细木为桷，欂栌、侏儒、椳、闑、扂、楔，各得其宜，施以成室者，匠氏之工也。玉札、丹砂、赤箭、青芝、牛溲、马勃、败鼓之皮，俱收并蓄，待

庚》，多么艰涩拗口难读；《春秋》的语言精练准确，《左传》的文辞铺张夸饰；《易经》变化奇妙而有法则，《诗经》思想端正而辞采华美；往下一直到《庄子》《离骚》和太史公的《史记》；扬雄、司马相如的创作，风格不同却同样美妙出众。先生的文章可以说是内容宏大而外表气势奔放。先生少年时代就开始懂得学习，敢于实践。长大之后精通礼法，举止行为都合适得体。先生做人，可以说是完美的了。可是在朝廷上不能被人们信任，在私下里得不到朋友的帮助。先生就像狼一样，往前走会踩住自己颔下的肉，往后退又会被自己的尾巴绊住，动不动就招来指责。刚当上御史就被贬到南方的边远地区。做了三年博士，被闲置，表现不出政绩。您的命运就像跟仇敌打交道一样，不时遭受失败。冬天气候还算暖和时，您的儿女们哭着喊冷；年成丰收时，您的夫人却仍为食粮不足而啼说饥饿。您自己的头顶秃了，牙齿缺了，这样一直到死，有什么好处呢？您不知道想想这些，反倒来教导别人是为什么呢？"

国子先生说："唉，你到前面来！要知道那些大的木材做屋梁，小的木材做椽子，做斗栱、短椽的，做门臼、门橛、门闩、门柱的，都量材使用，得到适当的安置而建成房屋，这是工匠的技巧啊。贵重的玉札、丹砂、赤箭、青芝，以及车前草、马屁菌和坏鼓的皮，全都收集，

用无遗者,医师之良也。登明选公,杂进巧拙,纡馀为妍,卓荦为杰,校短量长,惟器是适者,宰相之方也。昔者孟轲好辩,孔道以明,辙环天下,卒老于行。荀卿守正,大论是弘,逃逸于楚,废死兰陵。是二儒者,吐辞为经,举足为法,绝类离伦,优入圣域。其遇于世何如也?今先生学虽勤而不由其统,言虽多而不要其中,文虽奇而不济于用,行虽修而不显于众。犹且月费俸钱,岁靡廪粟。子不知耕,妇不知织。乘马从徒,安坐而食。踵常途之役役,窥陈编以盗窃。然而圣主不加诛,宰臣不见斥,兹非其幸欤!动而得谤,名亦随之。投闲置散,乃分之宜。若夫商财贿之有亡,计班资之崇庳,忘己量之所称,指

储藏齐备,等到需用的时候没有遗缺的,这是医师的高明之处啊。提拔人才公正贤明,灵巧的人和拙笨的人都引进,有的是处事周全、态度谦和的人才,有的是豪放而杰出的人才,比较各人的短处,衡量各人的长处,按照他们的才能品格分配适当的职务,这是宰相的用人之道!从前孟轲爱好辩论,孔子之道得以阐明,他游历的车迹遍天下,在奔走中老去;荀况恪守孔孟之道,发扬光大宏伟的理论,因为逃避谗言到了楚国,最后被废黜而死在兰陵。这两位大儒的言论成为经典,行为成为法则,他们远远超越常人,功德足以载入圣人之列。可是他们在世上的遭遇是怎样呢?现在你们的先生学习虽然勤奋,却不能继承儒家的道统;言论虽然不少,却不切中要旨;文章虽然写得巧妙,却无益于实用;行为虽然有修养,却并没有突出于一般人的表现。即使这样仍然每月浪费国家的俸钱,每年消耗仓库里的粮食。儿子不懂得耕地,妻子不懂得织布。出门乘着车马,后面跟着仆人,安安稳稳地坐享其成。我不过是拘谨地追随常规行事,在旧书里盗窃陈言而无独立的观点。然而圣明的君主不加处罚,宰相大臣也没有斥逐,难道不幸运吗?动不动就遭到毁谤,名誉也跟着受损。被放置在闲散的地位,实在是应该的。如果还讨论财物利禄的有无,计较品级的高低,忘记了

<ruby>前<rt>qián</rt></ruby><ruby>人<rt>rén</rt></ruby><ruby>之<rt>zhī</rt></ruby><ruby>瑕<rt>xiá</rt></ruby><ruby>疵<rt>cī</rt></ruby>，<ruby>是<rt>shì</rt></ruby><ruby>所<rt>suǒ</rt></ruby><ruby>谓<rt>wèi</rt></ruby><ruby>诘<rt>jié</rt></ruby><ruby>匠<rt>jiàng</rt></ruby><ruby>氏<rt>shì</rt></ruby><ruby>之<rt>zhī</rt></ruby><ruby>不<rt>bù</rt></ruby><ruby>以<rt>yǐ</rt></ruby><ruby>杙<rt>yì</rt></ruby><ruby>为<rt>wéi</rt></ruby><ruby>楹<rt>yíng</rt></ruby>，<ruby>而<rt>ér</rt></ruby><ruby>訾<rt>zǐ</rt></ruby><ruby>医<rt>yī</rt></ruby><ruby>师<rt>shī</rt></ruby><ruby>以<rt>yǐ</rt></ruby><ruby>昌<rt>chāng</rt></ruby><ruby>阳<rt>yáng</rt></ruby><ruby>引<rt>yǐn</rt></ruby><ruby>年<rt>nián</rt></ruby>，<ruby>欲<rt>yù</rt></ruby><ruby>进<rt>jìn</rt></ruby><ruby>其<rt>qí</rt></ruby><ruby>豨<rt>xī</rt></ruby><ruby>苓<rt>líng</rt></ruby><ruby>也<rt>yě</rt></ruby>。"

自己的才能是否相称，指摘在我之前的人的缺点，这就等于说，责问工匠为什么不用小木桩做柱子，批评医师用菖蒲延年益寿，却想用豨苓来代替它一样荒谬啊。"

文化常识第 125 讲

同工异曲 也常说成"异曲同工"。本文中"子云、相如，同工异曲"说的就是：扬雄和司马相如的辞赋，乐曲虽然不同，却同样美妙动听。后来成为成语，通常用来形容虽然形式或方法不同，但达到的效果或结果却是相同的，都是出色的。

常用字第 125 讲 —— 具

❶ <名>酒肴；饮食。《史记·项羽本纪》："为太牢具。"
❷ <动>供应、备办酒食。《殽之战》："居则具一日之积，行则备一夕之卫。"
❸ <动>置办；准备。《活板》："此印者才毕，则第二板已具。"
❹ <动>具有；具备。《核舟记》："罔不因势象形，各具情态。"
❺ <名>器具；器械。《伤仲永》："仲永生五年，未尝识书具。"
❻ <名>才能；才干。《晋书·王羲之传》："吾素无廊庙具。"
❼ <名>道理；方法。《东方朔》："十九岁学孙吴兵法，战阵之具。"
❽ <副>通"俱"，全，都，尽。《鸿门宴》："私见张良，具告以事。"

语法常识第 125 讲

词类活用：名词作动词【踵】 "踵常途之役役，窥陈编以盗窃"一句中"踵"字，本义为"脚后跟"，是名词，在这里作动词，意为"践履，追随"。翻译为：我不过是拘谨地追随常规行事，在旧书里盗窃陈言而无独立的观点。

圬者王承福传
——"我是快乐的粉刷匠!"

韩愈

《古文观止》有故事

韩愈在长安的时候,在普通百姓中发现了一个特立独行的人。这个人叫王承福,是个粉刷匠。他挣来的钱交了房租和伙食费之后,如果还有剩余,就拿去救济穷人、残疾人,自己身上从来没有多余的钱。

一聊天,韩愈才知道这个粉刷匠是个老兵,安史之乱中参加朝廷的平叛军,打过十三年仗,有官府授给的勋爵,但他却放弃了,回家做了一个粉刷匠。

听着王承福的讲述,韩愈不由得想起了杨朱。

杨朱是战国初期的思想家和哲学家。他主张自己的生命就是最珍贵的,要顺应自然,不要贪得无厌。他反对他人对自己的侵夺,同时也不允许自己侵夺他人。

有一次,墨子的学生禽滑釐(gǔ xī)问杨朱:"拔去你身上的一根毫毛来救助世界,你愿干吗?"杨朱说:"世界本来就不是一根毫毛所能救助得了的。"禽滑釐紧抓着问题不放:"假如可以呢?你干吗?"杨朱白他一眼,懒得搭理他。

墨子的思想是"兼爱"。只要对天下人有利,即使自己磨光了头顶,走破了脚板,他也是甘心情愿的。作为墨子的学生,禽滑釐自然是不赞成杨朱的。

看到王承福之后,韩愈对杨朱思想有了新的认识,他也并不是完全自私自利。就像王承福一样,先养活好自己,多的就舍给需要的人,再多的就做不到了,但是,也不贪图超出自己需要的东西。

这样的思想境界,比那些没多大本事却贪婪邪恶,想方设法掠夺社会资源来满足自己欲望的人,要好得多了。

韩愈有感而发,为这个普通而快乐的粉刷匠,写了这篇传记——《圬者王承福传》。

逐字逐句学古文

原文	译文
圬(wū)之为技(zhī wéi jì),贱且劳者也(jiàn qiě láo zhě yě)。有业(yǒu yè)之(zhī),其色若自得者(qí sè ruò zì dé zhě)。听其言(tīng qí yán),约而(yuē ér)尽(jìn)。问之(wèn zhī),王其姓(wáng qí xìng),承福其名(chéng fú qí míng)。世(shì)为京兆长安农夫(wéi jīng zhào cháng ān nóng fū)。天宝之乱(tiān bǎo zhī luàn),发(fā)	粉刷墙壁这种职业,是卑贱而且辛苦的。有个人以此为职业,神态却好像很满意。听他讲话,简单而透彻。问他,他说姓王,承福是他的名,祖祖辈辈是京城长安的农民。天宝年间发生安史之乱,朝廷抽调百姓当兵,

人为兵，持弓矢十三年，有官勋，弃之来归，丧其土田，手镘衣食余三十年。舍于市之主人，而归其屋食之当焉。视时屋食之贵贱，而上下其圬之佣以偿之；有余，则以与道路之废疾饿者焉。

又曰："粟，稼而生者也；若布与帛，必蚕绩而后成者也；其他所以养生之具，皆待人力而后完也；吾皆赖之。然人不可遍为，宜乎各致其能以相生也。故君者，理我所以生者也；而百官者，承君之化者也。任有大小，惟其所能，若器皿焉。食焉而怠其事，必有天殃，故吾不敢一日舍镘以嬉。夫镘易能，可力焉，又诚有功，取其直，虽劳无愧，吾心安焉。夫力，易强而有功也；心，难强而有智也。用力者使于人，用心者使人，亦其宜也。吾特择其易为而无愧者取

他也被征入伍，手持弓箭战斗了十三年，得到了官职和勋级，但他却放弃官勋回到家乡，由于丧失了田地，就拿起镘子给人抹墙来获取衣食，过了三十多年。他寄居在街上的屋主家里，并付给适当的房租、伙食费。他根据当时房租、伙食费的高低，来增减粉刷墙壁的工价，归还给主人。有钱剩下，就拿去给流落在道路上的残疾、贫病、饥饿的人。

他又说："粮食，是人们种植才长出来的。至于布匹丝绸，一定要靠养蚕、纺织才能制成。其他用来维持生活的物品，都是人们劳动之后才能制成。我都要依靠它们。但是人们不可能样样都亲手去制造，最合适的做法是各人尽他的能力，相互协作来求得生存。所以，国君的责任是治理我们，使我们能够生存；而各级官吏的责任，则是秉承国君的旨意来教化百姓。责任有大有小，只有各尽自己的能力去做，好像器皿的大小虽然不一，但是各有各的用途。如果光吃饭不做事，一定会有天降的灾祸。所以我一天也不敢丢下瓦刀去嬉戏。粉刷墙壁是比较容易掌握的技能，可以凭力气去做，只要确实把活干好，就能取得报酬，虽然辛苦，却问心无愧，因此我心里十分坦然。力气容易用劲使出来，并且取得成效；脑子却难以勉强使它

焉。嘻！吾操镘以入富贵之家有年矣。有一至者焉，又往过之，则为墟矣；有再至、三至者焉，而往过之，则为墟矣。问之其邻，或曰：'噫！刑戮也。'或曰：'身既死，而其子孙不能有也。'或曰：'死而归之官也。'吾以是观之，非所谓食焉怠其事而得天殃者邪？非强心以智而不足，不择其才之称否而冒之者邪？非多行可愧，知其不可而强为之者邪？将富贵难守，薄功而厚飨之者邪？抑丰悴有时，一去一来而不可常者邪？吾之心悯焉，是故择其力之可能者行焉。乐富贵而悲贫贱，我岂异于人哉？"

又曰："功大者，其所以自奉也博。妻与子，皆养于我者也；吾能薄而功小，不有之可也。又吾所谓劳力者，若立吾家而力不足，则心又劳也。一身而二任焉，虽圣者

变得聪明。那么干体力活的人被人役使，用脑力的人役使人，也是应该的。我只是选择那种容易做而又问心无愧的事情来取得报酬罢了！唉！我拿着瓦刀工具到富贵人家干活有许多年了。有的人家我只去过一次，再从那里经过，当年的房屋已经成为废墟了。有的我曾去过两次、三次，后来再经过那里，发现也成为废墟了。向他们邻居打听，有的说：'唉，他们家主人被判刑杀掉了。'有的说：'原主人已经死了，他的子孙不能守住家业。'也有的说：'主人死了，财产都充公了。'我从这些情况来看，这不正是光吃饭不做事而遭到了天降的灾祸吗？不正是勉强自己去干才智达不到的事，不选择与他的才能相称的事却要盲目地去做不能做的事吗？不正是多做了亏心事，明知不行却勉强去做的结果吗？也可能是富贵难以保住，少贡献却多享受造成的结果吧？还是因为富贵贫贱都有一定的时运，有来有去，不能经常保有的缘故呢？我的心怜悯这些人，所以选择力所能及的事情去干。喜爱富贵，悲伤贫贱，我难道与一般人不同吗？"

他还说："贡献大的人，他用来供养自己的东西多，妻子儿女都能由自己养活。我能力小，贡献少，没有妻子儿女是可以的。而且我是个干体力活的人，如果成家而能力不足以养活

不可为也。"
愈始闻而惑之，又从而思之，盖贤者也，盖所谓独善其身者也。然吾有讥焉，谓其自为也过多，其为人也过少，其学杨朱之道者邪？杨之道，不肯拔我一毛而利天下。而夫人以有家为劳心，不肯一动其心以蓄其妻子，其肯劳其心以为人乎哉？虽然，其贤于世之患不得之，而患失之者，以济其生之欲，贪邪而亡道，以丧其身者，其亦远矣。又其言有可以警余者，故余为之传，而自鉴焉。

妻子儿女，那么也够操心的了。一个人既要劳力，又要劳心，即使是圣人也不能做到啊！"

我听了他的话，起初还很疑惑不解，再进一步思考，觉得他这个人大概是个贤人，是古人说的那种独善其身的人吧。但是我对他还是有些批评，觉得他为自己考虑得太多，为别人考虑得太少，这难道是学了杨朱的学说吗？杨朱之学，是不肯拔自己一根毫毛去做有利于天下的事，而王承福把有家当作劳心费力的事，不肯操点心来养活妻子儿女，难道还会操其他人的心吗？尽管如此，王承福比起世上那些一心唯恐得不到富贵，得到后又害怕失去的人，比那些为了满足生活上的欲望，贪婪奸邪无道，因此而丧命的人，又好上太多了。而且他的话有使我警醒的地方，所以我替他立传，用来作为自己的借鉴。

文化常识第 126 讲

安史之乱 唐朝安禄山和史思明发动的反叛战争。唐朝历经贞观之治、开元盛世之后，统治集团内部的矛盾逐渐加深，奸臣当道，中央和地方军阀之间的矛盾越来越激化。公元755年，身兼范阳、平卢、河东三处节度使的安禄山，打着讨伐权臣杨国忠的旗号，在范阳起兵。安史之乱虽然最终被镇压了下去，但唐朝却由盛转衰，国力锐减。

常用字第 126 讲 —— 疾

❶ <名>病；疾病。《扁鹊见蔡桓公》："君有疾在腠里，不治将恐深。"
❷ <动>生病；患病。《荀子·天论》："寒暑不能使之疾。"
❸ <名>毛病；缺点。《公输》："必为有窃疾矣。"
❹ <名>疾苦；痛苦。《管子·小问》："凡牧民者，必知其疾。"
❺ <动>疾苦；痛苦。《西门豹治邺》："会长老，问民之所疾苦。"
❻ <动>痛心；憎恨。《屈原列传》："屈平疾王听之不聪也。"
❼ <动>妒忌；嫉妒。《史记·孙子吴起列传》："膑至，庞涓恐其贤于己，疾之。"
❽ <形>快；迅速。《触龙说赵太后》："老臣病足，曾不能疾走。"
❾ <形>大；强；猛烈。《荀子·劝学》："顺风而呼，声非加疾也，而闻者彰。"
❿ <形>敏捷。王维《观猎》："草枯鹰眼疾，雪尽马蹄轻。"

语法常识第 126 讲

词类活用：名词作动词【衣食】 "弃之来归，丧其土田，手镘衣食"一句中"衣食"本义为"衣服食物"，是名词，在这里活用作动词，意为"获取衣食"。翻译为：他放弃官勋回到家乡，由于丧失了田地，就拿起镘子给人抹墙来获取衣食。

讳辩

——都是名字惹的祸

《古文观止》有故事

李贺是唐朝的一位诗人。他才思敏捷,七岁就会作诗,但他仍然很刻苦。年龄稍大一点,他就常常骑上一头驴子到处溜达,寻找灵感。他背着一个布袋子,带着纸笔。有了灵感,脑子里冒出来一两句诗,生怕忘记了,就赶紧写到纸条上,塞进布袋子里。晚上回到家,解下布袋子,倒出来再慢慢整理。他的母亲看到倒出来的一大堆纸条,感叹说:"哎呀,我的儿子呀,你这是要把心都呕出来呀。"

807年,李贺已经声名远扬。当时,韩愈正在国子监做博士。李贺拜谒他

的时候，带了自己的诗卷，第一首是《雁门太守行》。这首诗用浓艳斑驳的色彩描绘了悲壮惨烈的战斗场面，苍凉悲壮。韩愈看到了大加赞赏。

可就在这时，李贺的父亲去世了。守丧三年后，韩愈给他写信，劝他参加科举。这一年，他通过了河南府试，来长安参加进士考试。

然而，李贺的才名遭到了很多人的嫉妒。那些人说李贺的父亲叫晋肃，"晋"和"进士"的"进"同音，为了避讳，李贺不能参加进士考试。李贺只好气鼓鼓地离开了考院。

韩愈气坏了！他写了一篇《讳辩》为李贺辩解，举了两条律令，反驳诽谤者的论调；又从经典中举曾参、周公、孔子等古圣先贤的例子，说明注重修养自己的品行就可以了，避讳搞得太泛滥，不是太可笑了吗？

可是，即使有韩愈的支持和帮助，李贺还是没有能够参加考试。他备受打击，垂头丧气地离开了长安。后来，经人推荐，他也做过几任小官，但总是不如意。李贺空有一身才华，却无用武之地。忧郁，悲愤……他的身体越来越差，二十七岁就去世了。

真是可悲可叹！

逐字逐句学古文

原文

愈与李贺书，劝贺举进士。贺举进士有名，与贺争名者毁之，曰："贺父名晋肃，贺不举进士为是，劝之举者为非。"听者不察也，和而唱之，同然一辞。皇甫湜曰："若不明

译文

我写信给李贺，劝他参加进士科的考试。李贺如去参加进士科考试就会考中，所以和他竞争的人就诋毁说："李贺的父亲名晋肃，李贺不参加进士科的考试是对的，劝他考进士的人是不对的。"听到这种议论的人没有仔细想，就异口同声，跟着附

白，子与贺且得罪。"愈曰："然。"

律曰："二名不偏讳。"释之者曰："谓若言'征'不称'在'，言'在'不称'征'是也。"律曰："不讳嫌名。"释之者曰："谓若'禹'与'雨'、'丘'与'蓲'之类是也。"今贺父名晋肃，贺举进士，为犯二名律乎？为犯嫌名律乎？父名晋肃，子不得举进士，若父名仁，子不得为人乎？

夫讳始于何时？作法制以教天下者，非周公、孔子欤？周公作诗不讳，孔子不偏讳二名，《春秋》不讥不讳嫌名。康王钊之孙，实为昭王。曾参之父名晳，曾子不讳"昔"。周之时有骐期，汉之时有杜度，此其子宜如何讳？将讳其嫌，遂讳其姓乎？将不讳其嫌者乎？汉讳武帝名"彻"为"通"，不闻又讳车辙之"辙"为某字也。讳吕后名"雉"为"野鸡"，不闻又讳治天下之治

和。皇甫湜对我说："如果不把这件事说清楚，你和李贺都将获罪。"我说："是这样的。"

律令上说："两个字的名字，不必对两个字都避讳。"解释的人说："孔子的母亲名'征在'，如果说'征'就不说'在'，说'在'就不说'征'。"律令规定上又说："不避讳声音相近的字。"解释的人说："说的是像'禹'和'雨'、'丘'和'蓲'这类情况。"现在李贺的父亲名晋肃，李贺去参加进士科的考试，是犯了名字的两个字不必都避讳的规定呢？还是犯了声音相近的字不避讳的规定呢？父亲的名字叫晋肃，儿子就不能参加进士科的考试；假如父亲名"仁"，儿子就不能做人吗？

避讳这个规定从什么时候开始的呢？制定礼法制度来教化天下的人，不就是周公、孔子吗？周公作诗不避讳，孔子对母名中的两个字也只避讳其中一个，《春秋》也不讥讽不避讳人名字音相近的字。周康王名钊，他的后代谥号为昭王。曾参的父亲名晳，曾参不避讳说"昔"字。周朝时有个人叫骐期，汉朝时有个人叫杜度，他们的儿子应怎样避讳？是为了避讳和名字声音相近的字，就连他们的姓也避讳了呢，还是不避讳和名字声音相近的字呢？汉朝避讳武帝的名，把

为某字也。今上章及诏，不闻讳"浒""势""秉""机"也。唯宦官宫妾，乃不敢言"谕"及"机"，以为触犯。士君子立言行事，宜何所法守也？今考之于经，质之于律，稽之以国家之典，贺举进士为可邪，为不可邪？

凡事父母，得如曾参，可以无讥矣。作人得如周公、孔子，亦可以止矣。今世之士，不务行曾参、周公、孔子之行，而讳亲之名，则务胜于曾参、周公、孔子，亦见其惑也。夫周公、孔子、曾参卒不可胜，胜周公、孔子、曾参，乃比于宦者宫妾，则是宦官宫妾之孝于其亲，贤于周公、孔子、曾参者耶？

"彻"改为"通"，但没有听说为避讳把车辙的"辙"改作别的字。避讳吕后的名，把"雉"叫成"野鸡"，可没有听说为避讳把治天下的"治"改作别的字。现在上奏章和下诏谕，没有听说避讳"浒""势""秉"和"饥"这些字。只有宦官和宫妾才不敢说"谕"和"机"，以为说了就是触犯皇上。士人君子著书做事，应该遵守什么礼法呢？现在考察经典，查对律文，用国家法典来检核，李贺参加进士科的考试，是可以呢，还是不可以呢？

凡是侍奉父母，能做到像曾参那样，就能不被人指责了。做人能像周公、孔子那样，也可以说是到顶点了。现在世上的一些读书人，不去努力学习曾参、周公、孔子的品行，而要在避讳父母名字的事情上，力求超过他们，这也可以看出有多糊涂啊！周公、孔子、曾参，毕竟是不可能超过的。在避讳上超过了周公、孔子、曾参，就只能和宦官、宫妾一样了。那么这些宦官、宫妾对父母的孝顺，能比周公、孔子、曾参还好吗？

文化常识第127讲

避讳 在古代，人们为了表示维护君主的尊严，为了表示对尊亲的尊敬，在说话写文章的时候，如果遇到君主或尊亲的名字，不能直接说出来或写出来，要用别的字来代替。《公羊传·闵公元年》中记载:"春秋为尊者讳,为亲者讳,为贤者讳。"这是古代避讳的一条总原则。

常用字第127讲

❶ <动>告诉;对……说。《鸿门宴》:"请往谓项王,言沛公不敢背项王也。"
❷ <动>说。《石钟山记》:"因得观所谓石钟山者。"
❸ <动>叫作;称为。《游褒禅山记》:"褒禅山亦谓之华山。"
❹ <动>以为;认为。《赤壁之战》:"愚谓大计不如迎之。"
❺ <动>是;说的是。《醉翁亭记》:"太守谓谁?"

语法常识第127讲

词类活用:形容词作动词【明白】"若不明白,子与贺且得罪"一句中"明白"本义为"明白清楚",是形容词,在这里活用作动词"讲明白,辩论清楚"。翻译为:如果不把这件事说清楚,你和李贺都将获罪。

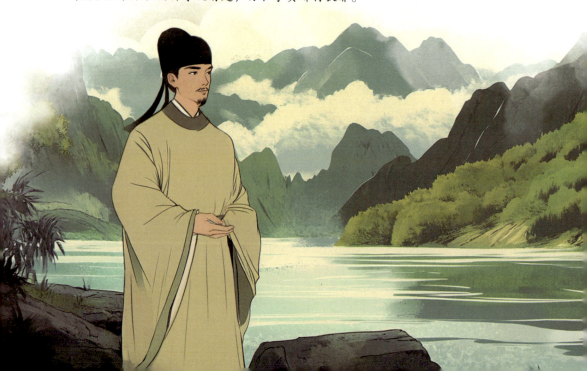

128 争臣论
——该开口时就开口
韩愈

《古文观止》有故事

阳城是唐朝人,年轻时在中条山隐居。他品德高尚,处事公正,据说当地的百姓有了纠纷都不去官府,而是去找他评理解决。

后来,李泌(bì)做了宰相,非常赏识阳城,推荐他做著作郎(负责编修国史的官)。唐德宗就派长安县尉带着钱财布帛到阳城家,征召他出来做官。阳城没办法,只得穿着粗布衣服进了京。他给皇帝上书推辞,说明自己并没有做官的意愿。唐德宗派官员给阳城穿上衣冠,他只得接受。过了一段时间,他又被升任为谏议大夫(议论国事,提意见的官)。

大家都认为像阳城这样的贤士,做了谏官,大事小事凡看不顺眼的,肯定都要开口提意见。谁知道,他却只知道喝酒,什么都不说。朝廷里很多人都看不过去了,连韩愈都写了一篇《争臣论》批评他。

可他依然我行我素。有人上门问他,被他扯住就喝酒,不是把对方灌醉,就是把自己灌醉。就在大家对他极度失望的时候,他竟然开口了!

怎么回事呢?当时唐德宗宠信户部侍郎(户部长官的副手)裴延龄,宰相陆贽多次上书参奏裴延龄的罪行。因此,裴延龄天天在皇帝耳朵边说陆贽的坏话。最后皇帝听信了裴延龄的话,要处死陆贽。

皇帝震怒,大臣们吓坏了,想给陆贽求情,却又怕惹祸上身,谁也不敢。眼看陆贽就要被杀,关键时刻,阳城扔下酒杯,站了出来!

该开口时就开口!他和拾遗王仲舒一起上书皇帝,揭露裴延龄做过的一件件坏事,表白陆贽的正直忠心。皇帝这才赦免陆贽,贬他到忠州(今重庆

市忠县）做别驾（辅佐州刺史的官）。

阳城也因此惹怒了皇帝，幸亏太子为他求情，才没有受到惩罚。

德宗还想让裴延龄做宰相，又是阳城勇敢站出来阻止。

后来，韩愈在编写《顺宗实录》时，写了一篇《阳城传》。这一次，他给了阳城很高的评价。

逐字逐句学古文

原文

或问谏议大夫阳城于愈：可以为有道之士乎哉？学广而闻多，不求闻于人也。行古人之道，居于晋之鄙。晋之鄙人，熏其德而善良者几千人。大臣闻而荐之，天子以为谏

译文

有人问我关于谏议大夫阳城："他可以算是有道之士吗？他学问渊博，见多识广，又不希望人们知道他的声名。他按古人的道德行事，居住在晋地的边境。晋地的百姓受到他德行的熏陶，善良的人将近千人之多。有大臣听说后便举荐他，天子任命他

议大夫。人皆以为华，阳子不色喜。居于位五年矣，视其德如在野，彼岂以富贵移易其心哉？

愈应之曰："是《易》所谓恒其德贞，而夫子凶者也。恶得为有道之士乎哉？在《易》蛊之'上九'云：'不事王侯，高尚其事。'蹇之'六二'则曰：'王臣蹇蹇，匪躬之故。'夫亦以所居之时不一，而所蹈之德不同也。若蛊之'上九'，居无用之地，而致匪躬之节；以蹇之'六二'，在王臣之位，而高不事之心，则冒进之患生，旷官之刺兴。志不可则，而尤不终无也。今阳子在位不为不久矣，闻天下之得失不为不熟矣，天子待之不为不加矣，而未尝一言及于政。视政之得失，若越人视秦人之肥瘠，忽焉不加喜戚于其心。问其官，则曰'谏议'也；问其禄，则曰'下大夫之秩'也；

为谏议大夫。人们都认为这很光彩，阳先生并没有露出欢喜的表情。他担任这个职务五年了，看他的德行如同隐居在野时。他哪是因富贵而改变心志的人啊？"

我回答他道："这就是《易经》里所说的，长期保持着一种德操而不能变化，这对士大夫来说是有危害的。怎么能算得上是有道德的人呢？《易经》蛊卦的'上九'中说：'不侍奉王侯，使自己的情操高尚。'蹇卦的'六二'爻辞中说：'臣子处境艰险是因为直言尽忠，不是因为自己啊。'那不就是因为在不同的时段境况下，所要遵循的道德标准也不同吗？就像蛊卦的'上九'爻说的，处在没被任用的境地，却要表现奋不顾身的节操，那么冒进的祸患就会产生；像蹇卦的'六二'爻说的，处在臣子的位置上，却以不侍奉王侯为道德高尚，那么对为官不作为现象的讽刺就会兴起。这样的做法可不能作为标准，而且最后将不可避免地获得罪过啊。如今阳先生在职时间不算不久了，对于国家政治措施的得失不可能不熟悉了，天子待他不能说不重视了，而他却未曾说过一句涉及朝政的话。看待朝政的得失，就好像越国的人看待秦国人的胖瘦，毫不在意，在他的心里没有一点喜忧的感受。问他的官职，就说是谏议大夫；问他的俸禄，就说是下大

问其政，则曰'我不知'也。有道之士，固如是乎哉？"

或曰："阳子之不求闻而人闻之，不求用而君用之。不得已而起，守其道而不变，何子过之深也？"

愈曰："自古圣人贤士，皆非有求于闻、用也。闵其时之不平，人之不乂，得其道，不敢独善其身，而必以兼济天下也。孜孜矻矻，死而后已。故禹过家门不入，孔席不暇暖，而墨突不得黔。彼二圣一贤者，岂不知自安佚之为乐哉？诚畏天命而悲人穷也。夫天授人以贤圣才能，岂使自有余而已？诚欲以补其不足者也。耳目之于身也，耳司闻而目司见。听其是非，视其险易，然后身得安焉。圣贤者，时人之耳目也；时人者，圣贤之身也。且阳子之不贤，则将役于贤以奉其上矣；若果贤，则固畏天命而闵人穷也。恶得以自暇逸乎哉？"

夫级别的；问他的职责，就说不知道。有道德的人，原本是这样的吗？"

有人说："阳先生不求出名而人们都知道他，不求被任用而君主任用他，是不得已才出来做官的。他坚守他的原则不变，为什么您这么严厉地责备他呢？"

我说："自古以来的圣人贤士都不是因为追求名望而被任用的，是怜悯当时的不平，为民众不得治理而忧患，有了道德和学问之后，不敢独善其身，而一定要普救天下啊。他们勤劳不懈，到死才肯罢休。所以禹过家门却不入；孔子来不及坐暖席子，又继续赶路游说列国；而墨子不安居一处，家里的烟囱都熏不黑。这两位圣人一位贤士，怎么会不知道自己安逸会快乐呢？实在是敬畏上天寄托的责任，同情百姓的困苦啊。上天授予某人贤能，难道是使他自己优于旁人就完了吗？其实是要用他们补救这个世上的不足之处啊。耳目在人身上的作用，耳朵是用来听而眼睛是用来看，听清楚那些是非，看清楚那些险和易，然后身体才能安宁啊。圣贤的人，就是那个时代的人们的耳目；那个时代的人们，就是圣贤的身体啊。而阳先生如果不贤能，就要受贤能的人役使来效力他的上级啊。如果他真的贤能，就本该敬畏天命而为人们的困苦而忧愁，怎能只顾自己安逸呢？"

120

文化常识第128讲

墨子 春秋末期、战国初期宋国人,曾担任宋国大夫。中国古代思想家、教育家、科学家、军事家,墨家学派创始人。墨子穿着草鞋,步行天下,在各地游学,推广墨家"兼爱非攻"的思想。文中的"墨突不得黔",说的就是墨子为了宣传主张,到处奔走,很少在家,所以他家的烟囱很少冒烟,没有被熏黑。

常用字第128讲 —— 岂

❶ <副>难道;哪里。表示反诘。《鸿门宴》:"日夜望将军至,岂敢反乎?"
❷ <副>大概;或许。《荆轲刺秦王》:"将军岂有意乎?"

语法常识第128讲

词类活用:形容词的意动用法【高】 "在王臣之位,而高不事之心"一句中"高"字本义为"高尚",是形容词,在这里作意动用法,意为"以……为高尚"。翻译为:处在臣子的位置上,却以不侍奉王侯为高尚。

129 后十九日复上宰相书

——考试终于通过啦!

韩愈

《古文观止》有故事

说起韩愈的科考之路,还真是坎坷。

787年,韩愈通过了州县的考试,到长安参加考试。很不幸,他没有考中。这一段时间,他过得很艰难,靠着别人的资助勉强度日。即使这样,他仍然不放弃学业,刻苦攻读,期待下一次的机会。

788年,韩愈又参加考试,再次落榜。789年,韩愈第三次落榜。这个打击太大了,京城待不下去了,韩愈只好离开,回到宣州的嫂子家。谁也不知道接下来的时光,韩愈是怎么度过的。只知道在792年,他再次赶赴长安。苍天不负苦心人,这一次韩愈终于考中了!

然而，考中进士还只是踏入官场的第一步。第二年，韩愈又来参加吏部的博学鸿词科考试，很遗憾，没考中。794年和795年，韩愈接连参加了两次博学鸿词科考试，都没考中。

这一年，他已经28岁了，仍然一事无成。他曾经给一些达官贵人上书，希望得到举荐，都毫无结果。其中就有一个月内给丞相写的三封书信。可见韩愈那时候的心情多么急切。

在文章中，他写了自己正处于水深火热的绝境中，希望以此打动丞相。但是，三封信都如同石沉大海，没有回音。

801年，韩愈再到长安，第四次参加博学鸿词科考试。这一次终于通过考试啦！第二年，他被任命为国子监博士。

封建社会中，底层文人要想改变命运，施展抱负，真是太难了！

逐字逐句学古文

原文

二月十六日，前乡贡进士韩愈，谨再拜言相公阁下：

向上书及所著文后，待命凡十有九日，不得命。恐惧不敢逃遁，不知所为，乃复敢自纳于不测之诛，以求毕其说，而请命于左右。

愈闻之：蹈水火者之求免于人也，不惟其父兄子弟之慈爱，然后呼

译文

二月十六日，前乡贡进士韩愈，恭敬地再次禀告宰相阁下：

前些日子我曾呈上一封书信和写的文章，等候您的回信已经十九天了，没有得到回音。我惶恐不安不敢离去，不知道怎么办才好。于是我宁愿受到意想不到的责备，也要陈述完我的意见，并向您请教。

我听说陷入水火之中的人，求人帮忙免除灾难，并不因为那人和自己有父兄子弟一样的慈爱感情，才去呼喊他、指望他。而是希望在

而望之也。将有介于其侧者，虽其所憎怨，苟不至乎欲其死者，则将大其声，疾呼而望其仁之也。彼介于其侧者，闻其声而见其事，不惟其父兄子弟之慈爱，然后往而全之也。虽有所憎怨，苟不至乎欲其死者，则将狂奔尽气，濡手足，焦毛发，救之而不辞也。若是者何哉？其势诚急，而其情诚可悲也。

愈之强学力行有年矣。愚不惟道之险夷，行且不息，以蹈于穷饿之水火，其既危且亟矣，大其声而疾呼矣。阁下其亦闻而见之矣。其将往而全之欤？抑将安而不救欤？有来言于阁下者曰："有观溺于水而爇于火者，有可救之道，而终莫之救也。阁下且以为仁人乎哉？"不然，若愈者，亦君子之所宜动心者也。

或谓愈："子言则然矣，宰相则知子矣，如时不可何？"愈窃谓之不知

他旁边的人，即使与自己有怨恨，只要还不至于希望自己死去的，就要大声赶快呼喊，希望他施行仁义之举。那些在他旁边的人，听见他的呼声，看见这种情形，也不会因为和他有父兄子弟一样的慈爱感情才去保全他的生命。即使与他有怨恨，只要还不至于希望他死去的，就要拼命跑去用尽力气，即使弄湿手脚，烧焦毛发，也不会躲避去救他。这样做是为了什么呢？是因为那情形确实危急，他的情形确实叫人可怜。

我努力学习，并且身体力行有好些年了。我没有考虑道路的艰险，一直前行没有停止过，以至于陷于穷困饥饿的水深火热之中，那种情形既危险又急迫，我已经赶快大声呼喊了，宰相您大概也听到并看见了。您是前来救我呢，还是安稳地坐着不来救呢？有人向您说："有人看见被水淹和被火烧的人，虽然有可以救人的办法却始终没有去救。您认为这样的人是仁义君子吗？"如果不这样认为，那么像我这样的人，也就是君子应该动心同情的了。

有人对我说："你的话是对的，宰相是了解你的，只是时机不合适，怎么办呢？"我认为他不会讲话，实在是他的才能不值得我们贤明的宰

言者。诚其材能不足当吾贤相之举耳。若所谓时者,固在上位者之为耳,非天之所为也。前五六年时,宰相荐闻,尚有自布衣蒙抽擢者,与今岂异时哉?且今节度、观察使及防御、营田诸小使等,尚得自举判官,无间于已仕未仕者。况在宰相,吾君所尊敬者,而曰不可乎?古之进人者,或取于盗,或举于管库,今布衣虽贱,犹足以方于此。情隘辞蹙,不知所裁,亦惟少垂怜焉。愈再拜。

相推荐罢了。至于所说的时机,本来就是处在上层地位的人所造成的,并不是上天安排的。前五六年那时,宰相向上推荐,尚且有从平民中提拔的,这难道和今天的时机不同吗?况且节度使、观察使和防御使、营田使等地位较低的官员,还能够自己荐举判官,而没有区分他做没做过官。更何况宰相是我们君主所尊敬的人,能说不行吗?古时候推荐人才,有的从盗贼中选取,有的从管理仓库的人中推荐。今天我这个平民虽然地位低贱,但还是足够和这些人相比的。我的情况窘迫,言辞急切,不知道怎样斟酌才合适,只希望您稍微赐予一点爱怜吧。韩愈再拜。

文化常识第129讲

大声疾呼 本文中"大其声而疾呼矣"是在急迫的危险境地中大声呼救。后来这句话凝练为成语"大声疾呼"。急切地大声呼喊，不仅限于呼救，更多的是引起人们的注意。

常用字第129讲 —— 尚

❶ <动>尊崇；崇尚；爱好。《促织》："宣德间，宫中尚促织之戏。"
❷ <动>高出；超出。《论语·里仁》："好仁者无以尚之。"
❸ <动>与地位比自己高的人婚配。《汉书·卫传》："平阳侯曹寿尚武帝妹阳信长公主。"
❹ <形>自高自大。《张衡传》："虽才高于世，而无骄尚之情。"
❺ <副>尚且。《廉颇蔺相如列传》："臣以为布衣之交尚不相欺，况大国乎？"
❻ <副>还。《游褒禅山记》："盖余所至，比好游者尚不能十一，然视其左右，来而记之者已少。"

语法常识第129讲

词类活用：形容词作动词【大】 "大其声而疾呼矣，阁下其亦闻而见之矣"一句中"大"本为形容词，这里活用作动词，意为"放大"。翻译为：我已经赶快大声呼喊了，宰相您大概也听到并看见了。

后二十九日复上宰相书
——周公是这样炼成的

韩愈

《古文观止》有故事

韩愈给宰相写了第二封信后,还是没有回音。他想去拜见宰相,走到宰相家大门口,又被守门人拦住,根本进不去。

实在没办法,他只好又写了第三封信,在这封信里,他举出了周公的例子,希望宰相能向周公学习,重视人才。

周公是谁呢?周公是周朝的政治家,周武王的弟弟。武王去世的时候,周朝刚刚建立,政局还不稳定,而且成王年纪还小,就由周公主持国政,治

理天下。周公非常贤明，稳定政局的同时，制定了一系列的典章制度，包括分封制、宗法制、嫡长子继承制等，他还制定了礼乐，用礼仪约束人们的行为，用音乐净化人们的心灵。

周朝大封诸侯，周公的封国是鲁国，因为他要在中央工作，所以就让儿子伯禽去封国。送伯禽上车的时候，周公嘱咐他要爱惜人才，到了鲁国，千万不要因为拥有国土就狂妄自大。

周公是这么说的，也是这么做的，他生怕错过有才能的人。只要有人来拜见，不管正在做什么，都要放下，第一时间出来接待，决不让客人久等。

一天，他正在吃饭，仆人来报，有客人来访，他就把嘴里的饭吐出来，匆匆忙忙跑出来迎接；送走了客人，刚回来吃了几口饭，又来人了，就又吐出去，跑出去接待……这一顿饭的工夫，来了三位客人，就跑出去了三次。

洗头的时候也是这样，每次来客人，他就握起湿漉漉的头发，跑出去待客。

这才是做官的最高境界，不正是宰相学习的榜样吗？

韩愈讲讲先贤周公的故事，想要激起宰相的做官责任感，说不定就能接见他呢。可是，最终他的希望落空了，只好离开了长安。

原文

三月十六日,前乡贡进士韩愈,谨再拜言相公阁下:

愈闻周公之为辅相,其急于见贤也,方一食三吐其哺,方一沐三握其发。当是时,天下之贤才皆已举用,奸邪谗佞欺负之徒皆已除去,四海皆已无虞,九夷八蛮之在荒服之外者皆已宾贡,天灾时变、昆虫草木之妖皆已销息,天下之所谓礼、乐、刑、政教化之具皆已修理,风俗皆已敦厚,动植之物,风雨霜露之所霑被者皆已得宜,休征嘉瑞、麟凤龟龙之属皆已备至,而周公以圣人之才,凭叔父之亲,其所辅理承化之功又尽章章如是。其所求进见之士,岂复有贤于周公者哉?不惟不贤于周公而已,岂复有贤于时百执事者哉?岂复有所计议、能补

译文

三月十六日,前乡贡进士韩愈恭谨地再拜相公阁下:

我听说周公做宰相时,他是多么急于接见贤才啊!吃一顿饭,却三次吐出口中的食物出来迎宾;洗一次头发,却三次握着头发出来见客。这时候,天下的贤才都已经被提拔重用了,邪恶凶顽、图谋不轨、诌媚逢迎、虚伪欺诈的一干坏人,都已经被清除,整个天下都已经无须担心,处在极边远地方的许多蛮夷部族,都已经归顺进贡,天时的灾害变化,昆虫草木的反常现象,都已经销声匿迹,国家的礼、乐、刑、政这些教化的制度都已建立,社会的风俗都已淳厚朴实,动物、植物,凡属风雨霜露所浸润滋养的一切,都已各得其所,麟、凤、龟、龙之类的美好吉祥的迹象,都已经一一出现。而周公凭着圣人的才能,借助于成王叔父这样至亲的关系,他辅佐治理、奉承教化的功绩,又都这样显著。那些请求进见的人,难道再有比周公更贤能的吗?不只不会比周公贤能而已,难道有比当时的百官更贤能的吗?哪里还有什么计策、议论能够对周公的教化有所补益吗?可是周公如此求贤若渴,

于周公之化者哉？然而周公求之如此其急，惟恐耳目有所不闻见，思虑有所未及，以负成王托周公之意，不得于天下之心。如周公之心，设使其时辅理承化之功未尽章章如是，而非圣人之才，而无叔父之亲，则将不暇食与沐矣，岂特吐哺握发为勤而止哉？维其如是，故于今颂成王之德，而称周公之功不衰。

今阁下为辅相亦近耳。天下之贤才，岂尽举用？奸邪谗佞欺负之徒岂尽除去？四海岂尽无虞？九夷、八蛮之在荒服之外者，岂尽宾贡？天灾时变、昆虫草木之妖，岂尽销息？天下之所谓礼、乐、刑、政教化之具岂尽修理？风俗岂尽敦厚？动植之物、风雨霜露之所沾被者，岂尽得宜？休征嘉瑞、麟凤龟龙之属岂尽备至？其所求进见之士，虽不足以希望盛德，至比于百执事，岂尽出其下哉？其所称说，岂尽

只担心自己有耳听不见、眼看不到之处，考虑有不周全之处，以致辜负成王托政的心意，得不到天下人心。按照周公这样的用心，假使那时辅佐治理、奉承教化的功绩没有那样显著，而且不是具有圣人的大才，又没有叔父的至亲关系，那么周公将没有时间去吃饭和洗头了，难道只是止于"吐哺握发"这样的辛劳就够了吗？正因为他的用心能够这样，所以到现在，人们还念念不忘地歌颂成王的大德，称赞周公的功绩。

现在阁下作为宰相，身份与周公也相近了。天下的贤才难道都已经被提拔重用了？邪恶凶顽、图谋不轨、谄媚逢迎、虚伪欺诈的坏人，难道都已经被清除了？整个天下都已经无须担心了？处在极边远地方的蛮夷部族，难道都已经归顺进贡了？自然灾害和时令反常现象，昆虫草木等为妖作怪，难道都已销声匿迹了？国家的礼乐、刑政这些教化制度难道都已建立了？民间风俗难道都已变得敦厚淳朴了？动物、植物，凡属风雨霜露所浸润滋养的一切，难道都已经各得其所了？麟、凤、龟、龙之类美好吉祥的征兆，难道都已经出现？那些请求进见的人，虽然不能够期待他们有大德，但同您手下那些官吏相比，难道全都不如吗？他们所称道论说的，难道对政事毫无补益吗？现在您即使

无所补哉?今虽不能如周公吐哺握发,亦宜引而进之,察其所以而去就之,不宜默默而已也。

愈之待命,四十余日矣。书再上,而志不得通。足三及门,而阍人辞焉。惟其昏愚,不知逃遁,故复有周公之说焉。阁下其亦察之。古之士三月不仕则相吊,故出疆必载质。然所以重于自进者,以其于周不可则去之鲁,于鲁不可则去之齐,于齐不可则去之宋,之郑,之秦,之楚也。今天下一君,四海一国,舍乎此则夷狄矣,去父母之邦矣。故士之行道者,不得于朝,则山林而已矣。山林者,士之所独善自养,而不忧天下者之所能安也。如有忧天下之心,则不能矣。故愈每自进而不知愧焉,书亟上,足数及门,而不知止焉。宁独如此而已,惴惴焉,惟不得出大贤之门下是惧。亦惟少垂察焉。渎冒威尊,惶恐无已。

不能像周公那样吐哺握发,也总应该接见、推荐他们,考察他们的表现而决定去留,不应该默不作声地了事啊!

我等候您的回音已四十多天了。呈上两封书信而没能使您了解我的心志。三次登门拜见,却被守门人拦住。只因为我糊涂愚顽,不知道逃隐山林,所以又有上述关于周公的一番议论。希望阁下好好地看一看。古代的读书人,只要有三个月不做官,就要互相慰问,所以他们只要出国,车子上就一定载着进见用的礼品。他们之所以重视自我推荐,是因为他们在周朝不被任用,就可以离开到鲁国去;在鲁不被任用,就到齐国去;在齐国不被任用,就到宋国、郑国、秦国、楚国去。现在天下只有一个君主,四海之内统一为一个国家,舍弃这里,那就只能去夷狄之地,就要离开自己的祖国了。所以,那些想实现自己主张的读书人,不被朝廷用,就只有隐居山林了。山林,是读书人中那些独善其身、只顾自己而不忧虑天下的人所能安居的地方。如果他有忧天下的心思,就不能了。因此我每次自求进见而不知羞愧,频频上书、多次上门而不知道止步啊。岂止如此而已?我唯恐不能拜在您这样的大贤门下,也望您稍加审察。冒犯了您的威严,内心惶恐不已。

文化常识第130讲

龟 《礼记·礼运》中记载："何谓四灵？麟、凤、龟、龙，谓之四灵。"龟的寿命很长，古代用来占卜吉凶，中国已知最早的文字——甲骨文，就是刻在龟甲兽骨上的。古代石碑的碑座常常雕刻成龟形，称为"赑屃（bì xì）"。据说赑屃是龙的第六子。"神龟驮碑"就是要借助它的神力，千秋永存。

常用字第130讲

读xiāng时：

❶ <名>地方行政区域或单位，所辖范围，历代不同。（1）周制，一万二千五百家为乡。《周礼·地官·大司徒》："五州为乡，使之相宾。"（2）春秋齐制，十连为乡。《国语·齐语》："十连为乡，乡有良人焉。"（3）汉制，十亭为乡。《汉书·百官公卿表上》："大率十里一亭，亭有长。十亭一乡。"（4）唐宋后指县级以下基层行政单位。

❷ <名>家乡；故乡。《回乡偶书》："少小离家老大回，乡音未改鬓毛衰。"

❸ <名>地方；当地。《柳敬亭传》："且五方土音，乡俗好尚，习见习闻。"

读xiàng时：

<动>通"向"，朝向。《殽之战》："秦伯素服郊次，乡师而哭。"

读xiǎng时：

❶ <动>通"享"，享用，享受。《汉书·文帝纪》："夫以朕之不德而专乡独美其福。"

❷ <名>通"响"，回声。《汉书·董仲舒传》："如景乡之应形声也。"

语法常识第130讲

词类活用：名词作动词【山林】"故士之行道者，不得于朝，则山林而已矣"一句中"山林"本为名词，在这里活用作动词，意为"隐居山林"。翻译为：所以那些想要实现自己主张的读书人，不被朝廷任用，就只有隐居山林了。

与于襄阳书

——羡慕嫉妒没有恨

韩愈

《古文观止》有故事

公元802年,韩愈终于做了国子监四门博士。可是,这就是个闲职,不过是教年轻人读读书写写文章,很难施展抱负。韩愈还是觉得怀才不遇,就像蛟龙被困在小泥潭里一样,渴望到更广阔的世界里翱翔。

于是,他又给于襄阳写了封信,希望得到他的举荐。于襄阳就是山南东道节度使于頔(dí),因坐镇襄阳处理军事,所以人称"于襄阳"。

韩愈在信中提到前辈应该提携后辈,才能有继承者光大他们的事业;而后

辈也要靠前辈的引导才能施展抱负。这其实就是提醒于襄阳，应该担负起发现人才、提拔后辈的责任来。最后，他提到了郭隗（wěi），不知道于襄阳有没有听出来韩愈字里行间的羡慕或嫉妒？

郭隗是战国时期燕国人，很有才干。他生活的那个时代，燕国刚刚经历了内乱，又差点被齐军灭国。所幸，燕昭王继位后立志要收拾这个烂摊子。于是，燕昭王找到郭隗，向他请教治国之道。郭隗鼓励他礼贤下士，到处寻访贤者，招揽来为自己服务。

这个道理燕昭王懂，只是不知道从哪里入手。郭隗指着自己说："如果大王真的想招揽天下人才，就从我郭隗开始吧。天下比我有才能的多的是，他们看到像我这样才能平庸者，都能受到大王的礼遇，肯定会不远千里投奔您的。"

于是，燕昭王拜郭隗为师，又给他修建了府邸。燕昭王重视人才的美名很快传遍了天下，果不出郭隗所料，乐毅、邹衍、剧辛等纷纷来到燕国。尤其是乐毅，后来带领五国联军，攻打齐国，接连攻占了七十多座城池。

这就是人才的力量。

韩愈把自己比作郭隗，希望得到于襄阳的赏识。可惜，于襄阳不是燕昭王，韩愈的期望还是落了空。

逐字逐句学古文

原文

七月三日，将仕郎守国子四门博士韩愈，谨奉书尚书阁下：

士之能享大名、显当世者，莫不有先达之士、负天下之望者为之前焉。士之能垂休光、照后世者，亦莫不有后进之士、负天下之望者，为之后焉。莫为之前，虽美而不彰；莫为之后，虽盛而不传。是二人者，未始不相须也。然而千百载乃一相遇焉。岂上之人无可援、下之人无可推欤？何其相须之殷而相遇之疏也？其故在下之人负其能不肯谄其上，上之人负其位不肯顾其下。故高材多戚戚之穷，盛位无赫赫之光。是二人者之所为皆过也。未尝

译文

七月三日，将仕郎署理国子监四门博士韩愈，恭敬地把信呈给尚书阁下：

读书人能够享有大名声，显扬于当代，没有哪一个不是靠在天下有名望、地位显达的前辈替他引荐的。读书人能够把他的美好德行流传下来，照耀后代的，也没有哪一个不是靠在天下有名望的后辈给他做继承人的。没有人给他引荐，即使有美好的才华也不会显扬；没有人做继承者，即使有很好的功业，德行也不会流传。这两种人，未曾不是互相等待的。然而千百年才相遇一次。难道是居于上位的人中没有可以依靠的人，居于下位的人中没有值得举荐的人吗？为什么他们互相期待帮助的心情那样殷切，而相逢的机会却那样少呢？其原因在于居于下位的人倚仗自己的才华不肯请求地位高的人引荐，居于上位的人倚仗自己的地位不肯照顾地位低的人。所以才学很高的人很多都为不得志而忧愁，地位高的人没有显耀的声

干之，不可谓上无其人；未尝求之，不可谓下无其人。愈之诵此言久矣，未尝敢以闻于人。

侧闻阁下抱不世之才，特立而独行，道方而事实，卷舒不随乎时，文武唯其所用，岂愈所谓其人哉？抑未闻后进之士，有遇知于左右、获礼于门下者，岂求之而未得邪？将志存乎立功，而事专乎报主，虽遇其人，未暇礼邪？何其宜闻而久不闻也！

愈虽不材，其自处不敢后于恒人，阁下将求之而未得欤？古人有言："请自隗始。"愈今者惟朝夕刍米、仆赁之资是急，不过费阁下一朝之享而足也。如曰："吾志存乎立功，而事专乎报主，虽遇其人，未暇礼焉。"则非愈之所敢知也。世之龊龊者，既不足以语之；磊落奇伟之人，又不能听焉。则信乎命之穷也！

誉。这两种人的行为都是错误的。没有去请求，就不能说上面没有可以引荐的人；没有向下寻找，就不能说下面没有可以举荐的人。我思考这句话已经很久了，没有敢把这句话说给别人听。

我从旁听说阁下具有非凡的才能，不随波逐流，有独到的见识，行为方正做事务实，进退有度不随流俗，文武官员能量才任用。难道您就是我所说的那种人吗？然而没有听说过后辈有得到您的赏识和礼遇的。难道是您寻求而没能得到吗？还是您志在建功立业，而一心想报答君主，虽然遇到了可以推荐的人才，也没有空闲来以礼相待呢？为什么应该听到您推荐人才的事，却久久没有听到呢？

我虽然才能低下，可是自己立身处世从来不敢落后于一般人。阁下将要寻求的人才还没找到吗？古人说过："请从我郭隗开始。"我现在正为早晚的柴米和雇仆人的费用着急，这些不过花费阁下一顿早饭的费用就够了。如果您说："我志在建功立业，一心想报答君主，虽然遇到了可以推荐的人才，还没有空闲来以礼相待。"那就不是我敢于知道的了。世间那些拘谨小心的人，既不足以向他们说这些话；而胸怀坦白、才识卓越的人，又不听取我的话。那么就真的是我的命运

jǐn xiàn jiù suǒ wéi wén yī shí bā shǒu   rú cì lǎn guān
谨献旧所为文一十八首，如赐览观，很差了！恭敬地呈上我以前作的十八
yì zú zhī qí zhì zhī suǒ cún   yù kǒng jù zài bài
亦足知其志之所存。愈恐惧再拜。篇文章，如蒙您过目，也足以了解我的志向所在。韩愈诚惶诚恐，再拜。

文化常识第131讲

特立独行　《礼记·儒行》中记载："世治不轻，世乱不沮；同弗与，异弗非也。其特立独行有如此者。"意思是说：遇到盛世，不自惭形秽；遇到乱世，也不放弃信念。对观点相同的人不随便吹捧，对观点不同的人不妄加非议。儒者的特立独行就是这样的。韩愈称赞于襄阳"特立而独行"，应该是很高的褒奖了。

常用字第131讲

读 dāng 时：

❶ <动>对着；面对。《木兰诗》："当窗理云鬓，对镜贴花黄。"

❷ <动>在；处在。《石钟山记》："有大石当中流。"

❸ <介>在；在……时候（地方）。《五人墓碑记》："五人者，盖当蓼洲周公之被逮，激于义而死焉者也。"

❹ <动>担当；担任。《陈情表》："猥以微贱，当侍东宫。"

❺ <动>承担；承受。《窦娥冤》："念窦娥葫芦提当罪愆。"

❻ <动>忍受。《水浒传》："四下里无半点云彩，其实那热不可当。"

❼ <动>执掌；主持。《谏太宗十思疏》："人君当神器之重，居域中之大。"

❽ <动>判决；判罪。《史记·李将军列传》："吏当广所失亡多，为虏所生得，……赎为庶人。"

❾ <动>抵敌；抵挡。《赤壁之战》："非刘豫州莫可以当操者。"

❿ <动>遮挡；遮蔽。《项脊轩志》："垣墙周庭，以当南日。"

⓫ <副>应当；应该。《陈情表》："臣生当陨首，死当结草。"

⑫ <副>会；将会。《孔雀东南飞》："卿当日胜贵，吾独向黄泉！"
⑬ <副>要；将要；就要。《书博鸡者事》："后不善自改，且复妄言，我当焚汝庐，戕汝家矣！"
⑭ 指过去的某一时间。《念奴娇·赤壁怀古》："遥想公瑾当年，小乔初嫁了，雄姿英发。"

读 dàng 时：

① <形>合适；恰当。《涉江》："阴阳易位，时不当兮。"
② <动>适合；适应。《促织》："将无献公堂，惴惴恐不当意。"
③ <动>当作。《战国策·齐策》："安步以当车。"
④ <动>抵押。《捕蛇者说》："募有能捕之者，当其租入。"
⑤ <动>用东西做抵押向当铺借钱。白居易《自咏老身示家属》："走笔还诗债，抽衣当药钱。"
⑥ <动>抵得上；够得上。《游黄山记》："因念黄山当生平奇览，而有奇若此，前未一探，兹游快且愧矣！"
⑦ <形>本(地)；同（一天）。《智取生辰纲》："当日直到辰牌时分，慢慢地打火吃了饭走。"
⑧ <名>器物的底部。《韩非子·外储说右上》："尝公谓昭侯曰：'今有千金之玉卮，通而无当，可以盛水乎？'"

读 tǎng 时：

<连>通"倘"，如果。《荀子·君子》："先祖当贤，后子孙必显。"

语法常识第 131 讲

词类活用：名词作动词【后】 "愈虽不材，其自处不敢后于恒人"一句中"后"字本义为"后面"，是名词，在这里活用作动词，意为"落后"。翻译为：我虽然才能低下，可是自己立身处世从来不敢落后于一般人。

与陈给事书
——芝麻小的官儿

韩愈

● 《古文观止》有故事

公元803年,韩愈因为曝光陕西旱灾饥民遍野的情况,被陷害贬到广东连州阳山做县令。好不容易刚刚升了官,现在又从监督百官的御史变成了七品芝麻官,心理落差太大了!

何况,他刚刚听说,老朋友陈京因为精通礼仪得到了皇帝的欣赏,升了官。

想当年，韩愈还在国子监做博士的时候，曾经和陈京一起参加了关于国家祭祀始祖礼仪的辩论。当时陈京很欣赏韩愈的见解，两个人因此成为朋友。

去年春天，韩愈拜访过陈京一次，陈京热情地接待了他，两个人相谈甚欢。后来，韩愈为生活奔波，两个人的交往就少了。前段时间，韩愈从东都洛阳接了妻儿回来，又去拜会过一次，不知道为什么，陈京的态度冷淡了很多。

哦——想到这些往事，韩愈恍然大悟，陈京的冷淡或许是嫌弃自己去得少了？那就在临走之前写封信解释一下吧。或许陈京解除了误会，还能在皇帝面前替自己说几句好话呢。

"朝为青云士，暮为白首囚。"带着深深的落寞，韩愈不敢耽搁，写完信后，就告别妻儿，启程去往阳山，做那个芝麻大的小县官。

他动身的时候是数九寒天，跨越了千山万水，一直到第二年春天才到达。阳山是一个和外界隔绝的穷乡僻壤。丘陵山林里有凶猛的虎豹，江中怪石林立，船毁人亡的事儿很常见。他刚到阳山县的时候，因为语言不通，当地的十几个小吏说的话听起来好像是鸟语，根本就听不懂。韩愈只能在地上写字，安排收缴租税等公务。

后来，有个叫区册的书生慕名来看望韩愈，和他一起谈论诗书，在树荫下乘凉，到水边钓鱼……韩愈的生活才渐渐丰富了起来。

韩愈是阳山第一位有史可考的县令，他勤政爱民，为阳山百姓做了不少好事，当地人很感激他，有很多人生了儿子都用他的姓做名字。

805年，韩愈被赦免，离开了阳山。从北方到南方，条件虽然艰苦，但开阔了视野，收获了百姓的爱戴，也算是不虚此行吧。

逐字逐句学古文

原文

愈再拜：

愈之获见于阁下有年矣。始者亦尝辱一言之誉。贫贱也，衣食于奔走，不得朝夕继见。其后阁下位益尊，伺候于门墙者日益进。夫位益尊，则贱者日隔；伺候于门墙者日益进，则爱博而情不专。愈也道不加修，而文日益有名。夫道不加修，则贤者不与；文日益有名，则同进者忌。始之以日隔之疏，加之以不专之望，以不与者之心，而听忌者之说。由是阁下之庭，无愈之迹矣。

译文

韩愈再拜：

我有幸同您认识已经好多年了。开始时也曾受到您一些称赞。后来由于我贫贱，为了生计而奔波，所以不能早晚经常拜见。此后，您的地位越来越尊贵，依附侍候在您门下的人一天天地增多。地位越来越尊贵，跟贫贱的人就会一天天地疏远间隔；伺候在门下的人一天天在增加，那么由于您喜欢的人多了，而对于旧友的情意也就不专了。我的品德修养方面没有加强，而所写的文章却一天比一天出名。品德方面不完善，那么贤德的人就不会赞扬；文章越来越有名，那么与我同路求进的人就会妒忌。起初，您我由于经常不见面而疏远，以后又加上我对您感情不专的私下抱怨，而您又怀着不再赏识的情绪，并且听任

去年春,亦尝一进谒于左右矣。温乎其容,若加其新也;属乎其言,若闵其穷也。退而喜也,以告于人。其后,如东京取妻子,又不得朝夕继见。及其还也,亦尝一进谒于左右矣。邈乎其容,若不察其愚也;悄乎其言,若不接其情也。退而惧也,不敢复进。

今则释然悟,翻然悔曰:其邈也,乃所以怒其来之不继也;其悄也,乃所以示其意也。不敏之诛,无所逃避。不敢遂进,辄自疏其所以,并献近所为《复志赋》以下十首为一卷,卷有标轴。《送孟郊序》一首,生纸写,不加装饰。皆有揩字注字处,急于自解而谢,不能俟更写。阁下取其意而略其礼可也。

愈恐惧再拜。

炉忌者的闲话。由于这些原因,您的门庭之中,就没有我的足迹了。

去年春天,我也曾经去拜见过您一次。您面色温和,好像是接待新近结交的朋友;谈话连续不断,好像同情我穷困的处境。告辞回来,非常高兴,便把这些情况告诉了别人。此后,我回东京去接妻子儿女,又不能朝夕与您相见了。等我回来后,我又曾经拜访过您一次。您表情冷漠,好像不体察我个人的苦衷;沉默寡言,好像不理会我的情意。告辞回来,心中恐惧,不敢再登门拜见。

现在我恍然大悟,非常懊悔,心里想:您那种冷漠的表情,是责怪我不常去拜见的缘故;谈话很少,就是暗示这种意思啊。对我性情愚钝的责怪,我是无法逃避的。我不敢马上去拜见您,就自己写信和分析陈述事情的缘由,同时献上近日写的《复志赋》等十篇文章作为一卷,卷有标签和轴。《送孟郊序》一文,是用生纸写的,没有加什么装饰,并且有涂改和加字的地方,因为我急于向您解释误会表示道歉,所以来不及重新誊写清楚。希望您接受我的心意,不计较我的礼节上的不周之处。

我诚惶诚恐,再拜。

文化常识第132讲

生纸 唐代的纸分为生纸和熟纸。生纸加工比较简单,没有涂色或者加蜡,容易被虫蛀,不能长时间保存,多用在丧事中,用来写文章送给别人是不礼貌的。所以,本文中韩愈特意说明,因为急于解释谢罪,来不及重新抄写,希望对方谅解。

常用字第132讲 —— 修

❶ <动>修饰。《汉书·冯奉世传》:"参为人矜严,好修容仪。"
❷ <动>撰写;修改;润色。《柳敬亭传》:"幕下儒生设意修词,援古证今,极力为之。"
❸ <动>修理;修造;修建。《过秦论》:"修守战之具。"
❹ <动>整治;治理。《隆中对》:"外结好孙权,内修政理。"
❺ <动>修养;修行。《信陵君窃符救赵》:"臣修身洁行数十年。"
❻ <动>效法;学习。《原毁》:"一善易修也,一艺易能也。"
❼ <形>长;高。《兰亭集序》:"此地有崇山峻岭,茂林修竹。"
❽ <形>善;美好。《离骚》:"老冉冉其将至兮,恐修名之不立。"

语法常识第132讲

词类活用:名词作状语【生纸】 "《送孟郊序》一文,生纸写,不加装饰"一句中"生纸"本为名词,在这里活用作状语,意为"用生纸",修饰"写"。翻译为:《送孟郊序》一文,是用生纸写的,没有加什么装饰。

应科目时与人书
——在考试中挣扎

韩愈

《古文观止》有故事

公元793年,韩愈参加了博学鸿词科的考试,在考试前,他给韦舍人写了一封信。在信中,他把自己比成一个怪物,得了水就能呼风唤雨,上天入地。可是,在没有水的时候,它自己造不出水来,只能寄希望于遇到有力量的人,把它转移到有水的地方。这个比喻太巧妙了,把韩愈既希望有人引荐又不愿意委屈求人的矛盾表达得淋漓尽致。

国家各级官员的任命最初大多是世袭制,父亲的官职一般由嫡长子继承。

后来又出现了察举制，由州县长官或者有名望的人按照品行等标准考察人才，向中央举荐。不过大多是在世族大家中选拔，又常常被有权有势的人左右，普通百姓仍然很难出人头地。

后来，逐渐形成了一套比较完善的科举考试制度。科举制开创于隋朝，在唐代得到了完善。唐高祖在武德四年（621年）颁下诏令，委托各县、州对各地的学士们进行考试，选取合格的，每年十月到京城应试。这时候，读书人参加乡试，已经不需要官府举荐了。这就表明，一些身份低微的寒门学子，有了和那些贵族子弟们公平竞争的机会。才能出众的人终于有用武之地了！

所以说，科举考试是社会的一大进步，是封建社会中一种相对公正的选拔人才的方式。

唐朝的科举考试包括明经、进士科等。明经科考儒家经典，相对比较容易。难的是进士科。进士科的考试面向社会，要求考生们发现社会问题，并找出解决方法。不过，在当时，即使进士及第，还要参加吏部组织的博学鸿词科考试，才能做官。

韩愈先后考了四次博学鸿词科才通过，做了国子监四门博士，真是不容易。

逐字逐句学古文

原文

yuè rì yù zài bài
月、日，愈再拜：

tiān chí zhī bīn　dà jiāng zhī fén　yuē yǒu guài wù
天池之滨，大江之濆，曰有怪物
yān　gài fēi cháng lín fán jiè zhī pǐn huì pǐ chóu yě　qí
焉，盖非常鳞凡介之品汇匹俦也。其
dé shuǐ　biàn huà fēng yǔ　shàng xià yú tiān bù nán yě　qí
得水，变化风雨，上下于天不难也。其

译文

某月某日，韩愈再拜：

天池的边上，大江的水边，传说有怪物存在，大概不是平常鱼类水兽等动物可以比得上的。它得了水，就能呼风唤雨，上天下地都很容易。如果得不到水，

不及水，盖寻常尺寸之间耳，无高山大陵、旷途、绝险为之关隔也，然其穷涸不能自致乎水，为獱獭之笑者，盖十八九矣。如有力者，哀其穷而运转之，盖一举手一投足之劳也。然是物也，负其异于众也，且曰："烂死于沙泥，吾宁乐之；若俯首帖耳，摇尾而乞怜者，非我之志也。"是以有力者遇之，熟视之若无睹也。其死其生，固不可知也。

今又有有力者当其前矣，聊试仰首一鸣号焉，庸讵知有力者不哀其穷而忘一举手一投足之劳，而转之清波乎？其哀之，命也。其不哀之，命也。知其在命，而且鸣号之者，亦命也。愈今者实有类于是。是以忘其疏愚之罪，而有是说焉。阁下其亦怜察之。

也就是寻常所见的那种形状，不用广阔险峻的高山土丘就能把它困住。然而它在没有水的时候，不能自己造出水来。它们十次有八九次被獱獭之流嘲笑。如果有那么一位有力量的人，可怜他这种穷困处境而出手帮助挪动一下，也就是一伸手、一踏步的事。但是这种怪物，抱负和一般的东西不同，它会说："就算烂死在沙泥里，我也高兴。如果让我俯首帖耳，摇尾乞怜，不是我的志向。"因此有能力帮它的人遇到他们，虽然看见了，就像没看见一般。他的死活，我们也无从知道了。

如今又有一个有能力的人走到它的面前，姑且试着抬头鸣叫一声，哪里知道有能力的人会不会不可怜它的窘境，而忘记以举手之劳把它转移到水里边呢？别人可怜它，是它的命。别人不可怜它，也是它的命。知道生死有命还鸣号求助，也是它的命。我如今确实有点像它，所以不顾自己的浅陋，而写下这些话，希望阁下您垂怜并理解我。

文化常识第133讲

熟视无睹 看惯了却像没看见一样,形容对事物漫不经心或不重视。这个成语出自刘伶写的《酒德颂》:"静听不闻雷霆之声,熟视不睹泰山之形。"意思是:安静地听,听不到雷霆之声。仔细地看,看不见泰山的形体。刘伶在这里突出了万事万物都不入耳、不入眼、不入心的逍遥自在。

常用字第133讲

❶ <名>护城河。《过秦论》:"然后践华为城,因河为池。"
❷ <名>水池;池塘;湖泊。《孔雀东南飞》:"揽裙脱丝履,举身赴清池。"

语法常识第133讲

判断句:"盖……也"为标志 文言文中,有些判断句以"盖……也"为标志,表示判断。本文中"如有力者,哀其穷而运转之,盖一举手一投足之劳也"翻译为:如果有那么一位有力量的人,可怜他这种穷困处境而出手帮助挪动一下,也就是一伸手、一踏步的事。

送孟东野序
——穷得叮当响的诗人

《古文观止》有故事

孟郊,唐朝湖州人,家里很穷。年轻的时候,他曾经在河南嵩山隐居。四十一岁的时候,才在家乡通过了初级考试。后来进京参加进士考试,两次都落了榜。

不过,他在京城结识了韩愈。孟郊性格孤僻,不喜欢和人交往,韩愈很欣赏他的特立独行,两个人成了好朋友。虽然孟郊比韩愈年龄大,写诗的水平也不相上下,但是他参加科举晚,名声反倒没有韩愈响亮。后来,在韩愈

的大力推崇下，名气才渐渐大了起来。

四十六岁那年，孟郊第三次参加科举考试，终于考中了。又过了五年，年过半百的孟郊终于被任命为溧阳县尉。县尉比七品的县令还小，相当于现在一个县的公安局局长。这和他的期待相差太远了。

韩愈看出了孟郊的失落，写了一篇序文为他送别。他开头说物不平则鸣，人在遭遇不公平失意的时候，也会发出自己的声音的。又举了历史上的"善鸣者"，表示孟郊也是他们中间的一员，却郁郁不得志。表面上劝慰他这是天意，其实是在批判统治者不重视人才。

孟郊失落地来到溧阳，心灰意冷，不愿意做事儿。其实，公安局局长还是很重要的，一般大县可能有两个，小县就只有一个了。溧阳（今江苏省溧阳市）城郊有一片小树林，林中有小水潭，孟郊心情郁闷，常常翘班去小树林，坐在水边喝喝闷酒，写写发牢骚的诗句。

时间一长，县令不满意了，拿着俸禄不工作，岂有此理？于是，县令自己找了一个人，让他负责县尉的工作，然后把孟郊俸禄的一半给了这个人。县尉的俸禄本来就不高，这会儿只剩下了一半儿，孟郊的日子就更难过了。

后来，他辞去溧阳县尉，经朋友推荐，又做过几任小官，不过也只是糊口而已。六十四岁时，孟郊去世，结束了他贫穷而失意的一生。

逐字逐句学古文

原文

大凡物不得其平则鸣。草木之无声，风挠之鸣。水之无声，风荡之鸣。其跃也，或激之；其趋也，或

译文

一般说来，各种事物处在不平静的时候就会发出声音：草木本来没有声音，风摇动它就发出声响。水本来没有声音，风激荡它就发出声响。水浪翻涌，或许是有东西在阻遏水势；

梗之；其沸也，或炙之。金石之无声，或击之鸣。人之于言也亦然，有不得已者而后言。其歌也有思，其哭也有怀。凡出乎口而为声者，其皆有弗平者乎！

乐也者，郁于中而泄于外者也，择其善鸣者而假之鸣。金、石、丝、竹、匏、土、革、木八者，物之善鸣者也。维天之于时也亦然，择其善鸣者而假之鸣。是故以鸟鸣春，以雷鸣夏，以虫鸣秋，以风鸣冬。四时之相推敚，其必有不得其平者乎！

其于人也亦然。人声之精者为言，文辞之于言，又其精也，尤择其善鸣者而假之鸣。其在唐、虞，咎陶、禹，其善鸣者也，而假以鸣。夔弗能以文辞鸣，又自假于《韶》以鸣。夏之时，五子以其歌鸣。伊尹鸣殷，周公鸣周。凡载于《诗》

水流湍急，或许是有东西阻塞了水道；水花沸腾，或许是有火在烧煮它。金属和石器本来没有声音，有人敲击时就会发出声响。人的语言也同样如此，往往到了不得不说的时候才发言。人们唱歌是为了寄托情思，人们哭泣是因为有所怀恋。凡是从口中发出而成为声音的，大概都存在不平静的因素吧！

音乐，是人们心中郁闷而抒发出来的心声，人们选择最适合发音的东西来奏乐。金、石、丝、竹、匏、土、革、木这八种乐器，是各类物质中发音最好的。上天在时令季候方面也是这样，选择最善于发声的事物，借它来发声。因此春天让百鸟啁啾，夏天让雷霆轰鸣，秋天让虫声唧唧，冬天让寒风呼啸。一年四季互相推移变化，也一定有其不能平静的原因吧！

对于人来说也是这样。人类声音的精华是语言，文辞对于语言来说，又是它的精华，所以更要选择善于表达的人，依靠他们来表达意见。在唐尧、虞舜时，咎陶、禹是最善于表达的，因而借助他俩来表达。夔不能用文辞来表达，他就借演奏《韶》乐来表达。夏朝的时候，太康的五个弟弟用他们的歌声来表达。殷朝善于表达的是伊尹，周朝善于表达的是周公。

《书》六艺,皆鸣之善者也。周之衰,孔子之徒鸣之,其声大而远。传曰:"天将以夫子为木铎。"其弗信矣乎!其末也,庄周以其荒唐之辞鸣。楚,大国也,其亡也,以屈原鸣。臧孙辰、孟轲、荀卿,以道鸣者也。杨朱、墨翟、管夷吾、晏婴、老聃、申不害、韩非、慎到、田骈、邹衍、尸佼、孙武、张仪、苏秦之属,皆以其术鸣。秦之兴,李斯鸣之。汉之时,司马迁、相如、扬雄,最其善鸣者也。其下魏晋氏,鸣者不及于古,然亦未尝绝也。就其善者,其声清以浮,其节数以急,其辞淫以哀,其志弛以肆;其为言也,乱杂而无章。将天丑其德莫之顾邪?何为乎不鸣其善鸣者也?

唐之有天下,陈子昂、苏源明、元结、李白、杜甫、李观,皆以其

凡是记载在《诗经》《尚书》等儒家六种经典中的诗文,都是表达得很高明的。周朝衰落时,孔子这类人表达看法,他们的声音洪大而传播遥远。《论语》上说:"上天将使孔子成为宣扬教化的代表。"这难道不是真的吗?周朝末年,庄周用他那汪洋恣肆的文辞来表达。楚国是大国,它灭亡时候的情景靠着屈原的创作来表达。臧孙辰、孟轲、荀卿等人用他们的学说来表达。杨朱、墨翟、管夷吾、晏婴、老聃、申不害、韩非、慎到、田骈、邹衍、尸佼、孙武、张仪、苏秦这些人,都通过各自的主张来表达。秦朝兴起时,李斯是表达者。在汉朝,司马迁、司马相如、扬雄,是其中最善于表达的人。此后的魏朝、晋朝,能表达的人比不上古代,可是也并未绝迹。对其中比较好的人来说,他们作品的声音清轻而虚浮,节奏短促而急迫,辞藻艳丽而伤感,志趣颓废而放旷;他们的文辞,杂乱而没有章法。这大概是上天认为这个时代的道德风尚丑恶而不愿照顾他们吧?为什么不让那些善于表达的人出来表达呢?

唐朝建立以后,陈子昂、苏源明、元结、李白、杜甫、李观,都凭他们的出众才华来表达心声。那些现在还活着而地位低下的人中,孟郊开始用他的诗歌来表达感情。这些作品

所能鸣。其存而在下者，孟郊东野始以其诗鸣。其高出魏晋，不懈而及于古，其他浸淫乎汉氏矣。从吾游者，李翱、张籍其尤也。三子者之鸣信善矣。抑不知天将和其声而使鸣国家之盛邪？抑将穷饿其身、思愁其心肠，而使自鸣其不幸邪？三子者之命，则悬乎天矣。其在上也，奚以喜，其在下也，奚以悲？东野之役于江南也，有若不释然者，故吾道其于天者以解之。

超过了魏晋，有些经过不懈的努力已达到了上古诗作的水平。其他作品也都接近于汉朝的水准。同我交往的人中间，李翱、张籍大概是最引人注目的。他们三位的文辞表达确实是很好的。但不知道上天将应和他们的声音，使他们的作品表达国家的强盛呢，还是将让他们贫穷饥饿，愁肠百结，使他们的作品表达自身的不幸遭遇呢？他们三位的命运，就掌握在上天的手里了。身居高位有什么可喜的，身沉下僚有什么可悲的！东野将到江南地区去就职，心里好像有想不开的地方，所以我讲这番命由天定的话来解开他心中的疙瘩。

文化常识第134讲

庄周 就是庄子，战国时期宋国人，著名的思想家、哲学家、文学家，是道家学派的代表人物，老子哲学思想的继承者和发展者，先秦庄子学派的创始人。后代把他和老子并称为"老庄"。他写的《庄子》想象丰富，气势壮阔，行文汪洋恣肆。

常用字第134讲

❶ <名>口供。《周礼·秋官》："听其狱讼，察其辞。"
❷ <名>言词；词句。《屈原列传》："明于治乱，娴于辞令。"

③<动>讲话;告诉。《殽之战》:"使皇武子辞焉。"
④<动>推辞;拒绝;不接受。《陈情表》:"臣以供养无主,辞不赴命。"
⑤<动>告别。《廉颇蔺相如列传》:"臣等不肖,请辞去。"
⑥<名>文辞。《屈原列传》:"皆好辞而以赋见称。"
⑦<名>古代文体的一种。如《楚辞》《归去来辞》。

语法常识第134讲

词类活用:形容词的意动用法【丑】"将天丑其德莫之顾邪?"一句中"丑"本义为"丑恶",是形容词,这里用作意动用法,意为"以之为丑"。翻译为:这大概是上天认为这个时代的道德风尚丑恶而不愿照顾他们吧。

送李愿归盘谷序
——"好想跟你一起去隐居!"

《古文观止》有故事

韩愈还有一个朋友叫李愿,看厌了官场上追名逐利的生活,要去盘谷隐居。当时韩愈也不如意,觉得与其到处奔波,拿着文集给这个看给那个读,真不如找个山清水秀的地方去隐居呢。于是,他写了《送李愿归盘谷序》送别朋友。文章中,他刻画了那些拼了命往上爬的人的丑恶嘴脸,批判社会的同时,表达了自己也想一走了之的冲动。

但,韩愈终究没有走。因为他要的不仅仅是做官,而是实现人生抱负。所以,他不能真的去隐居,也不想走终南捷径。

什么叫终南捷径呢？唐朝有个读书人叫卢藏用，很有才干，却一直得不到重用。他想呀想，终于想出了一个好办法——去终南山做隐士。当时的人们对隐士很尊敬，以为他们都是很有学问的人。卢藏用就是利用了这一点，他跑到终南山躲了起来，暗地里却派家人到处宣扬，让人们都知道他去隐居了。

果然，皇帝知道了，征召他出来做了官。

当时，终南山上还住着一位真正的隐士司马承祯，武则天很仰慕他的才华，召他到长安做官。可是，司马承祯在长安只待了几天，就要回去。武则天怎么也留不住，只得放他回去。司马承祯离开长安的时候，很多官员前来送行，其中就有卢藏用。卢藏用想着自己的花招得逞了，得意地指着终南山对司马承祯说："那里面另有妙处呀！"司马承祯笑笑说："那是一条做官的近路呀！"卢藏用顿时红了脸，走开了。

后来，人们就把求官求名利的便捷方法，称为"终南捷径"。

韩愈自然是不屑于走捷径的，他所说的"好想和你一起去隐居"，也不过是发发牢骚。他以后的路还很长，要做的事儿还很多。

逐字逐句学古文

原文	译文
太行之阳有盘谷。盘谷之间，泉甘而土肥，草木藂茂，居民鲜少。或曰："谓其环两山之间，故曰'盘'。"或曰："是谷也，宅幽而势阻，隐者之所盘旋。"友人李愿	太行山的南面有个盘谷。盘谷那地方，泉水甘甜，土地肥沃，草木繁茂，居民很少。有人说："因为盘谷盘绕在两山之间，所以名叫'盘'。"也有人说："这个山谷位置幽僻而地势险阻，是隐者所盘旋的地方。"我的朋友李愿住在这里。

居之。

愿之言曰："人之称大丈夫者，我知之矣。利泽施于人，名声昭于时，坐于庙朝，进退百官，而佐天子出令；其在外，则树旗旄，罗弓矢，武夫前呵，从者塞途，供给之人，各执其物，夹道而疾驰。喜有赏，怒有刑。才畯满前，道古今而誉盛德，入耳而不烦。曲眉丰颊，清声而便体，秀外而惠中，飘轻裾，翳长袖。粉白黛绿者，列屋而闲居，妒宠而负恃，争妍而取怜。大丈夫之遇知于天子、用力于当世者之所为也。吾非恶此而逃之，是有命焉，不可幸而致也。

"穷居而野处，升高而望远，坐茂树以终日，濯清泉以自洁。采于山，美可茹；钓于水，鲜可食。起居无时，惟适之安。与其有誉于前，孰若无毁于其后；与其有乐于身，孰

李愿说："人被称为大丈夫的情况，我知道了。他们把利益恩惠施给别人，名声显扬于当世，在朝廷上参与政事，任免百官，辅佐皇帝发号施令。在朝廷外，就树起旗帜，陈设弓箭，卫兵在前喝道，侍从塞满道路，仆役们拿着他们所需的物品，夹道奔驰。他们高兴起来就赏赐，发起怒来就处罚。才能出众的人聚集在他们的跟前，说古道今赞誉他们的大德，他们听入耳中而不厌烦。（他们的家妓）眉毛弯曲，面颊丰满，声音清脆，体态轻盈，外貌秀丽，内心聪慧，（跳起舞来）轻薄的衣襟飘然而动，长长的衣袖遮掩面容。白粉搽脸、青黛画眉的姬妾们，在排列的房屋中清闲地住着，自恃美丽而妒忌别的姬妾，争着比美求取他们的怜爱。（这就是）被天子宠遇赏识掌握了当代权力的大丈夫的所作所为。我并非讨厌这些而躲避这种情况，这是命中注定的，是不能侥幸得到的。

"居住在穷荒山野的地方，可以登高望远，可以整日坐在繁茂的树下，可以用清泉洗涤而使自我洁净。从山上采来的水果，甜美可食；从水中钓来的鱼虾，鲜嫩可口。作息没有定时，只求安逸舒适。与其当面受到称赞，哪里比得上背后不受毁谤；与其身体获得享乐，哪里比得上心中没

若无忧于其心。车服不维，刀锯不加，理乱不知，黜陟不闻。大丈夫不遇于时者之所为也，我则行之。

"伺候于公卿之门，奔走于形势之途，足将进而趑趄，口将言而嗫嚅，处污秽而不羞，触刑辟而诛戮，侥幸于万一，老死而后止者，其于为人，贤不肖何如也？"

昌黎韩愈闻其言而壮之，与之酒而为之歌曰："盘之中，维子之宫；盘之土，可以稼；盘之泉，可濯可沿。盘之阻，谁争子所？窈而深，廓其有容；缭而曲，如往而复。嗟盘之乐兮，乐且无央；虎豹远迹兮，蛟龙遁藏；鬼神守护兮，呵禁不祥。饮且食兮寿而康，无不足兮奚所望？膏吾车兮秣吾马，从子于盘兮，终吾生以徜徉！"

有忧虑。不受官职的约束，也不受刑罚的惩处。既不了解国家的治乱，也不打听官吏的升降。（这就是）不被时代赏识的大丈夫的所作所为，我就去做这样的事。

"（还有一种人，）他在达官显贵的门下侍候，在通往权势的路上奔走，想抬脚走路又不敢走，想开口说话又不敢说，处于污浊卑下的地位而不觉得羞耻，触犯了刑法就要被诛杀，希望有获得成功的万分之一的机会，直到老死而后停止（追求）。这样的人在为人方面是好还是不好呢？"

昌黎人韩愈听了他的话，认为他讲得很豪壮，给他斟上酒，并为他作了一首歌，歌词说："盘谷之中，是您的府宫。盘谷的土，可以种禾黍。盘谷的泉，可以洗涤，可以溯沿。盘谷险阻，谁会争您的住所？盘谷曲折幽深，空阔广大可以容身；盘谷环绕弯曲，往前走又回到了原处。盘谷快乐啊，快乐没有尽头；虎豹远离啊，蛟龙躲藏；鬼神守护啊，禁绝不祥。有吃有喝啊，长寿安康；没有不满足的事啊，还有什么奢望？给我的车轴加油啊，用饲料喂饱我的马，跟随您到盘谷去啊，终我一生要在那里自由自在地游逛。"

文化常识第135讲

车服 就是车马服饰。封建社会中,有一套完整的车马服饰制度。相传,这套制度起源于夏朝,是当时的奚仲制定的,到西周趋于完善。皇帝乘坐的车马规格最高,称为"路"。公卿士大夫及以下乘坐的车辆叫"服车"。最高级的车轮用彩绘雕漆装饰;官职小一些的,只能乘坐装饰有彩漆花纹的"五彩车";一般的士大夫阶层只能乘坐带有竹篷的"栈车";普通百姓只能乘坐最简陋的"役车"。

常用字第135讲

❶ <动>坐。《核舟记》:"佛印居右,鲁直居左。"
❷ <动>位居;位于;处在。《廉颇蔺相如列传》:"而蔺相如徒以口舌之劳而位居我之上。"
❸ <动>居住。《愚公移山》:"面山而居。"
❹ <名>住地;住所。《治平篇》:"一人之居以供十人不足,何况供百乎?"
❺ <动>闲居;闲处。《子路、曾皙、冉有、公西华侍坐》:"居则曰:'不吾知也!'"
❻ <动>占据;据有。《谏太宗十思疏》:"人君当神器之重,居域中之大。"
❼ <动>充当;担任。《张衡传》:"衡不慕当世,所居之官辄年不徙。"
❽ <动>停止;停留。《柳毅传》:"客当居此以伺焉。"
❾ <动>积蓄;储存。《叔向贺贫》:"略则行志,假货居贿。"
❿ <动>历;经;过了。《塞翁失马》:"居数日,其马将胡骏马而归。"

语法常识第135讲

词类活用:形容词的意动用法【壮】 "昌黎韩愈闻其言而壮之"一句中"壮"本义为"豪壮",是形容词,在这里用作意动用法,意为"以之为壮"。翻译为:昌黎人韩愈听了他的话,认为他讲得很豪壮。

送董邵南序
——不听话的河北三镇

韩愈

《古文观止》有故事

韩愈有一位朋友董邵南，很有才学，但是参加科举考了很多次都考不中，怀才不遇很苦恼，于是决定到河北去寻找机遇。

韩愈很同情朋友的遭遇，但是，去河北不是一个明智的选择。

安史之乱后期，叛将史朝义的部下张忠志、田承嗣、李怀仙，看情势不妙，相继投降了唐朝。后来，史朝义自杀，安史之乱结束。为了安抚这三位降将，朝廷任命张忠志为成德军节度使、田承嗣为天雄军节度使、李怀仙为卢龙军节度使。

然而，这些人名义上归顺朝廷，实际上并不服从中央。他们在自己的地盘上，为所欲为，俨然是土皇帝。他们自己随意任免官员将领，根本不和朝廷打招呼，收来的田租赋税也不上交中央，留着自己招兵买马，每个藩镇都养着好几万精兵强将。

刚刚经历过动乱的朝廷要钱没钱，要兵没兵，根本管不住他们，只能听之任之。这样，河北三镇的势力越来越壮大了。

这三镇节度使的继任也不听朝廷的，有的传给后代，有的被强悍的部将直接夺权。781年，张忠志死了，他的儿子惟岳要继承，刚继位的唐德宗不同意，想要派遣朝廷官员任节度使。惟岳联合了其他节度使叛乱。朝廷派兵平叛，河北三镇的节度使纷纷称王，和朝廷分庭抗礼。

朝廷实在无能为力。784年，唐德宗下罪己诏，检讨自己的错误，允许河北三镇自行管理，叛乱才渐渐平息。

韩愈是儒学大家，主张中央集权，把这些藩镇势力看作贼寇，所以不赞成董邵南去河北。但是，也不能阻拦，只好写了一篇序文，表达了担忧，委婉地规劝他。

至于去不去，就是董邵南自己的事儿了。

逐字逐句学古文

原文

燕赵古称多慷慨悲歌之士。董生举进士，连不得志于有司，怀抱利器，郁郁适兹土。吾知其必有合也。董生勉乎哉！

夫以子之不遇时，苟慕义强仁者，皆爱惜焉。矧燕赵之士出乎其性者哉！然吾尝闻风俗与化移易，吾恶知其今不异于古所云邪？聊以吾子之行卜之也。董生勉乎哉！

吾因子有所感矣。为我吊望诸君之墓，而观于其市，复有昔时屠狗者乎？为我谢曰："明天子在上，可以出而仕矣！"

译文

燕赵一带自古就称说多有用悲壮的歌声抒发内心悲愤的豪杰之士。董生参加进士考试，接连几次未被主考官录取，怀抱着杰出的才能，心情忧郁地想去燕赵地区（谋职）。我料知他此去一定会遇到知己。董生努力吧！

像你这样不走运的人，即使一般仰慕正义、力行仁道的人都会同情爱惜你的，更何况燕赵一带豪杰之士的仰慕仁义是出自他们的本性呢！然而我曾听说风俗是随着教化而改变的，我怎么能知道那里的风气跟古时说的有什么不同呢？姑且通过你这次的前往测定一下吧。董生努力吧！

我因为你的这次前往而产生一些感想。请替我凭吊一下望诸君（乐毅）的墓，并且到那里的集市上去看看，还有像过去的屠狗者高渐离一样的埋没在草野的志士吗？替我向他们致意说："有圣明的天子在上面当政，可以出来做官了！"

文化常识第136讲

屠狗者 韩愈在文章中提到的"屠狗者"是指高渐离一类的隐居在市井中的有才能的人。高渐离是荆轲的朋友,以杀狗为生,善击筑。荆轲出发去刺杀秦王的时候,高渐离为他击筑送行。荆轲刺秦失败后,六国灭亡,秦朝建立。秦始皇召高渐离进宫为他击筑,为了安全,弄瞎了他的双眼。可是,高渐离依然找准机会,在演奏的时候,举筑砸向秦始皇,想为荆轲报仇。可惜他刺杀失败,被秦始皇所杀。

常用字第136讲

❶ <动>燃烧。后来写作"燃"。贾谊《陈政事疏》:"火未及然,因谓之安。"
❷ <代>这样;那样。《鸿门宴》:"不然,籍何以至此?"
❸ <形>是的;对的。《齐桓晋文之事》:"王曰:'然,诚有百姓者。'"
❹ <词缀>用在形容或副词后,表状态,可译为"……的样子""地",也可不译。《捕蛇者说》:"蒋氏大戚,汪然出涕。"
❺ <助>用在名词或名词短语后,与前面的动词"如""若""犹"等呼应,表示"(像)……一样"。《登泰山记》:"而半山居雾若带然。"
❻ <连>然而;但是。《鸿门宴》:"然不自意能先入关破秦。"

语法常识第136讲

倒装句:状语后置【"于"作为标志】 在文言文中,用介词"于"组成的介宾短语做状语时,大多后置,放在动词后面。本文中"而观于其市,复有昔时屠狗者乎?"这个句子中"于其市"是介宾短语做状语后置,表示要去往的地点,解释为"到……"。正确顺序应该是"而于其市观,复有昔时屠狗者乎?"翻译为:并且到那里的集市上去看看,还有像过去的屠狗者高渐离一样的埋没在草野的志士吗?

送杨少尹序
——车水马龙别贤臣

《古文观止》有故事

杨巨源是唐朝诗人,诗写得很好,乐于教导培养后辈。他年老退休的时候,还被任命为河中少尹,就是州府长官的副手。退休后当然就没办法管理政务了,让他做少尹就是给他一份工资养老。他的诗友们,也都纷纷写诗唱和为他送别。

韩愈因为有病,不能亲自送行,没能看到送别贤臣的盛况,就写了一篇序。

文章中，他把杨巨源和历史上有名的贤臣疏广和疏受放在一起，称赞老先生品德高尚。

疏广是西汉时期的名士，他勤奋好学，知识渊博，见解独到，是远近闻名的大学问家。很多年轻人慕名来学习。疏广为人宽厚，教学生很有耐心，深得学生们的爱戴。

汉宣帝听说了他的美名，召他做了太子太傅，就是太子的老师。他的侄子疏受也有贤名，后来也应召去京城，做了太子少傅，做叔叔的副手，两人一起教导太子。

太子长到十二岁，学业大有进步，疏广、疏受便上书皇帝要辞官回乡。

皇帝批准了，赐给他们二十斤黄金，太子又给他们五十斤黄金。他们离开的那一天，亲朋故旧好多人都来为他们送行，和送别杨巨源的场景应该差不多。

疏广、疏受回到家乡，把大部分黄金都散给了贫苦百姓。他们还在家里

设宴招待亲友，碰上有困难的就拿出钱财救济他们。有人劝他们别把钱都散光了，要给孩子们留一点。可他们却说："我家里有些田产，孩子们只要勤劳耕作，肯定能过得挺好的。留的钱多了，置办的产业多了，说不定还会惹来祸事呢！"

后来，人们为了纪念二疏散金的美德，修筑了散金台。

杨巨源也具备二疏一样的美德，所以他一直到去世都享用着少尹的俸禄，也算老有所养吧。

逐字逐句学古文

原文

昔疏广、受二子，以年老，一朝辞位而去。于是公卿设供张，祖道都门外，车数百两；道路观者，多叹息泣下，共言其贤。汉史既传其事，而后世工画者，又图其迹，至今照人耳目，赫赫若前日事。

国子司业杨君巨源，方以能诗训后进，一旦以年满七十，亦白丞相去归其乡。世常说古今人不相及，今杨与二疏，其意岂异也？

译文

从前疏广、疏受叔侄二人因为年老，终于有一天辞掉职位离开朝廷。当时，朝廷中的公卿摆设宴席，在京都门外为他们饯行，车驾有数百辆之多；道路上旁观的，有很多人为之感叹并流下了眼泪，人们无不称赞他们贤明。汉代的史书既记载了他们的事迹，而后世擅长绘画的人又画下了这个动人的场面，直到今天，还呈现在人们的眼前，回响在人们耳边，清清楚楚，就好像是前几天发生的事情。

国子监司业杨巨源，正以他善于写诗来教育学生，一旦到了七十岁，也禀告丞相离职返回他的故乡。世人常说今人不能和古人相比，而今杨巨源与疏氏二人，他们的思想难道有什么差异吗？

予忝在公卿后，遇病不能出。不知杨侯去时，城门外送者几人，车几两，马几匹，道旁观者亦有叹息知其为贤与否，而太史氏又能张大其事，为传继二疏踪迹否，不落莫否。见今世无工画者，而画与不画，固不论也。然吾闻杨侯之去，丞相有爱而惜之者，白以为其都少尹，不绝其禄。又为歌诗以劝之，京师之长于诗者，亦属而和之。又不知当时二疏之去，有是事否？古今人同不同，未可知也。

中世士大夫，以官为家，罢则无所于归。杨侯始冠，举于其乡，歌《鹿鸣》而来也。今之归，指其树曰："某树，吾先人之所种也；某水、某丘，吾童子时所钓游也。"乡人莫不加敬，诫子孙以杨侯不去其乡为法。古之所谓乡先生，没而可祭于社者，其在斯人欤？其在斯人欤？

我惭愧地排列在公卿的后面，恰逢生病不能出去送行。不知道杨少尹走的时候，都城门外送行的有多少人，车有多少辆，马有多少匹。道边的旁观者是不是也知道他是贤者而为他赞叹呢？而史官能不能渲染他的事迹，写成传记作为疏氏二人的继续呢？不会让他冷落寂寞吧？我看到现在世上没有擅长绘画的，所以画还是不画下这个场面，也就不必考虑了！然而我听说杨君离开的时候，丞相敬重而怜惜他，奏明皇上任命他担任故乡河中府的少尹，以便不断绝他的俸禄；又亲自写诗来慰勉他。京城中擅长写诗的人，也作诗来应和。我又不知道古时候疏氏二人归乡时，是否有这样的事。古人与今人相同还是不同，不得而知啊！

中古以后的士大夫们往往依靠官俸来养家，罢官之后就无归宿。杨侯刚成年，便在他的家乡考试中举，参加了鹿鸣宴而来到朝廷做官。现在回到故乡，指着乡间的树说："那些树是我的先人种的。那条溪流、那座山丘，是我小时候钓鱼、游戏的地方。"故乡的人没有不对他表示敬意的，人们告诫子孙要以杨侯不舍弃故土的美德为榜样。古人所谓"乡先生"，逝去之后能够在乡里社庙中享受祭祀的，大概就是这样的人吧？

文化常识第137讲

汉史 本文说的"汉史"就是《汉书》,是中国第一部纪传体断代史,记载了从汉高祖元年(前206年)到新朝王莽地皇四年(23年)共230年的历史。作者是东汉史学家班固。刚开始编写时,有人上书汉明帝,告发他"私作国史"。班固因此被逮捕入狱,书稿也被查抄。他的弟弟班超上书汉明帝说明:修《汉书》的目的是颂扬汉德,让后人了解历史,没有毁谤朝廷的意思。汉明帝这才释放了班固,赐给钱财,让他继续写下去。

常用字第137讲

❶ <助> 表示疑问语气,相当于"吗""呢"。《伶官传序》:"岂得之难而失之易欤?"
❷ <助> 表示感叹语气,相当于"啊"。《师说》:"其可怪也欤!"
❸ <助> 表示反问语气。《史记·屈原列传》:"子非三闾大夫欤?"

语法常识第137讲

词类活用:名词作动词【图】 "而后世工画者,又图其迹,至今照人耳目,赫赫若前日事"一句中"图"字本义为"图画",是名词,在这里活用作动词,意为"绘画"。翻译为:而后世擅长绘画的人又画下了这个动人的场面,直到今天,还呈现在人们的眼前,回响在人们耳边,清清楚楚,就好像是前几天发生的事情。

138 送石处士序
——这个节度使不简单

韩愈

《古文观止》有故事

元和四年（809年），河北恒州成德军节度使王士真去世。他的儿子王承宗想要继承父亲的地盘，和朝廷产生了矛盾。唐宪宗下诏夺取他的军权。王承宗当然不会乖乖就范了，于是第二年，皇帝命令吐突承璀统率河东、义武、卢龙、横海、魏博、昭义等六镇兵马攻打王承宗。

可是，昭义节度使卢从史早就和王承宗有来往。他有自己的小算盘，表面上听从命令出兵，暗地里却和王承宗商量好，提高草料和粮食的价格，破

坏朝廷的军需供应，想借此让皇帝封他做丞相。同时，他还诬告各路讨伐军和成德军都有勾结。

这时，乌重胤正在卢从史手下做都知兵马使，对卢从史的所作所为很反感，不想跟着他一起反叛朝廷。吐突承璀就和他商量抓捕卢从史。

他们引诱卢从史离开大营，然后在半路上埋下伏兵，捉住了卢从史。

士兵们听说主帅被捉，都拿起刀枪跑出来，想要抢回主帅。乌重胤拦住他们，大声宣布："皇上有令，放下武器者有赏，违令者杀头！"

乌重胤是下级军官出身，爱护士卒，深得士兵们的爱戴。何况，他手中有刀，身后还有吐突承璀的兵马。士兵们都被镇住了，老老实实放下了武器。

吐突承璀让乌重胤代管昭义军，后来，唐宪宗封他做了河阳节度使。他上任不久，就到处寻访贤人。手下推荐了石洪。石洪本来不想再做官了，可是听说乌重胤以治国安民为己任，便毫不犹豫地答应了。

韩愈为此写了一篇序，为石洪送别，希望他跟随乌重胤，可以为国为民做些好事。

逐字逐句学古文

原文

河阳军节度、御史大夫乌公，为节度之三月，求士于从事之贤者。有荐石先生者。公曰："先生何如？"曰："先生居嵩、邙、瀍、谷之间，冬一裘，夏一葛，食朝夕饭一盂，蔬一盘。人与之钱，则辞；

译文

河阳军节度使、御史大夫乌大人，做节度使三个月了，向手下贤能的人们征求贤士。有人举荐石先生，乌大人说："石先生怎么样？"回答说："石先生居住在嵩、邙二山和瀍、谷两河之间，冬天一件皮衣，夏天一件麻布衣服；一天吃一盆饭、一盘蔬菜。别人给他钱，就谢绝；请他一起出游，

请与出游，未尝以事免；劝之仕，不应。坐一室，左右图书。与之语道理，辨古今事当否，论人高下，事后当成败，若河决下流而东注；若驷马驾轻车就熟路，而王良、造父为之先后也；若烛照数计而龟卜也。"大夫曰："先生有以自老，无求于人，其肯为某来邪？"从事曰："大夫文武忠孝，求士为国，不私于家。方今寇聚于恒，师环其疆，农不耕收，财粟殚亡。吾所处地，归输之涂，治法征谋，宜有所出。先生仁且勇。若以义请而强委重焉，其何说之辞？"于是撰书词，具马币，卜日以受使者，求先生之庐而请焉。

先生不告于妻子，不谋于朋友，冠带出见客，拜受书礼于门内。宵则沐浴，戒行李，载书册，问道所由，告行于常所来往。晨则

没有找借口拒绝的；劝他当官，便不理睬。坐在一间屋子里，周围全是书。跟他谈论道理，辩论古今事物的得失，评论人物的高下，事情结局的成败与否，他的话就如同河流决堤向下游流入东海那样滔滔不绝；就如同四匹马驾驶着轻车走熟路，而历史上著名的驾车高手王良、造父跟他旗鼓相当啊；又如同明烛高照一样的亮堂，如同数目计算清楚了一样能准确地预卜未来。"乌大夫说："石先生有志于隐居到老，不求人，他肯为我来当官吗？"手下的人说："大夫您文武全才，忠孝兼备，为国家求才，不是为自家私利。如今反寇聚集在恒地，敌军环布在边境，农田无法耕种没有收成，钱财粮草殆尽。我们所处的地方，是军队往来和物资运输的要道，无论是治理方略还是军事谋划，都应该有适当的人来出谋划策。先生您仁义并且勇敢，如果凭仁义邀请他并坚决委以重任，他能有什么托词拒绝？"于是撰写邀请函，准备好车马和礼物，占卜选择好吉日交给使者，找到石先生的住处拜请他。

石先生没有告诉妻儿，没有与朋友商量，戴好帽子系好衣带接见客人，在家里恭敬地接受聘书和礼物。晚上就沐浴更衣，准备好行装，装好书籍，问清楚道路，与经常来往的朋

毕至，张上东门外。酒三行，且起，有执爵而言者曰："大夫真能以义取人，先生真能以道自任，决去就。为先生别。"又酌而祝曰："凡去就出处何常，惟义之归。遂以为先生寿。"又酌而祝曰："使大夫恒无变其初，无务富其家而饥其师，无甘受佞人而外敬正士，无昧于谄言，惟先生是听，以能有成功，保天子之宠命。"又祝曰："使先生无图利于大夫，而私便其身图。"先生起拜祝辞曰："敢不敬蚤夜以求从祝规。"

于是东都之人士咸知大夫与先生果能相与以有成也。遂各为歌诗六韵，遣愈为之序云。

友告别。次日清晨亲友们全到了，在东门外设宴为他饯行。酒过三巡将要起身的时候，有人拿着酒杯说："乌大夫的确能够凭义理选取人才，先生您的确能担当道义，决定自己的进退。这杯酒为先生您饯行了。"又有人敬酒祝愿说："无论隐居还是做官，有什么长久不变的呢？只有以道义作为依归。我祝先生长寿。"又有人敬酒祝愿道："希望乌大夫坚持不改变原来的心意，不要只顾自己家发财而使士兵们饥饿，不要内心喜爱佞人而表面上尊敬正直人士，不要被谗言蒙蔽，而一心听从先生您的意见，以求能有成就，确保天子的宠信和任命。"又有人祝愿道："希望先生不要在乌大夫那图谋利益，有营私利己的打算。"石先生起身拜谢道："怎敢不日夜尽忠职守来遵从你们的祝愿和规劝呢？"

于是东都的人士，都知道乌大夫和石先生果然能够互相合作而有所成就。大家各自做十二句的诗歌，让我作这篇序。

文化常识第138讲

驾轻就熟 本文中"若驷马驾轻车，就熟路"，意思是四匹强壮的马拉着轻车奔跑在熟悉的道路上。后来凝练成成语"驾轻就熟"，用来比喻对某事有经验，或

者很熟悉，做起来轻而易举，很容易。

常用字第138讲

① <动>草木生长。《观沧海》："树木丛生，百草丰茂。"
② <动>出生；诞生。《陈情表》："生孩六月，慈父见背。"
③ <动>生育；养育。《愚公移山》："子又生孙，孙又生子。"
④ <动>产生；发生。《劝学》："积水成渊，蛟龙生焉。"
⑤ <动>生存；活着。《班超告老归国》："丐超余年得生还。"
⑥ <名>生存期间；一生。《归去来辞》："感吾生之行休。"
⑦ <名>生命。《孟子》："生，亦我所欲也。"
⑧ <名>生计；生活。《捕蛇者说》："而乡邻之生日蹙。"
⑨ <形>没有加工煮烧的；不熟。《鸿门宴》："则与一生彘肩。"
⑩ <名>读书人。《送东阳马生序》："今诸生学于太学，县官日有廪稍之供。"
⑪ <副>深深；甚。《窦娥冤》："怎不将天地也生埋怨。"
⑫ <名>通"性"，天性，禀赋。《劝学》："君子生非异也，善假于物也。"

语法常识第138讲

词类活用：形容词的使动用法【饥】 "使大夫恒无变其初，无务富其家而饥其师"一句中"饥"本义为"饥饿"，是形容词，在这里是使动用法，意为"使其师饥饿"。翻译为：希望乌大夫坚持不改变原来的心意，不要只顾自己家发财而使士兵们饥饿。

送温处士赴河阳军序

——马都跟着伯乐跑了

韩愈

《古文观止》有故事

温造和石洪一样,也是一位隐士。他曾经在寿州刺史张建封手下做过参军(参谋军事的官),后来到洛阳隐居。乌重胤做了河阳节度使之后,先请出了石洪,又通过石洪,诚心邀请温造出山,辅佐自己。

安史之乱之后,幽州、魏博等地节度使权力越来越大。他们把军事、财政、人事等权力都抓在自己手里,根本不听朝廷的控制,形成了藩镇割据的混乱局面。

乌重胤虽然也是节度使，掌握着一块地盘的军政大权。可是，他却拥护朝廷的中央集权，反对藩镇割据。在各地节度使相继叛乱的时候，他一直听从皇帝的命令，帮助朝廷征讨叛军。

　　818年，乌重胤调任横海节度使。他上疏皇帝，说明藩镇之所以敢于跟朝廷唱反调，割据六十多年，根本原因就是他们在各州设置镇兵，剥夺了刺史和县令的权力，也就是他们掌管的军队太多了。想要解决这个问题，就得让各州镇将把军权还给刺史。这样，即使再有安禄山、史思明那样的奸雄，他们手里没军队，想叛乱也做不到了。

　　乌重胤上疏的同时，直接付诸行动。他下令自己管辖德、棣、景三州镇将，把军权归还给刺史。唐宪宗采用了他的建议，下诏命令各道节度使统辖的兵马，一律归各州刺史统辖。

　　韩愈是主张加强中央集权，反对藩镇割据的，乌重胤的做法和他不谋而合。所以，在听到温造要去乌重胤军中做官的消息时，他很高兴，也写了一篇送别序。他以伯乐相马比喻乌重胤唯才是举。伯乐一过冀北，马群就空了；乌重胤一来河阳，这一带隐士们的房子里也就都空了，都去节度使那里工作了。

　　石洪、温造是幸运的，而乌重胤的求贤若渴，更是得到了韩愈的赞赏。

逐字逐句学古文

原文	译文
bó lè yí guò jì běi zhī yě ér mǎ qún suì kōng 伯乐一过冀北之野，而马群遂空。 fú jì běi mǎ duō tiān xià bó lè suī shàn zhī mǎ 夫冀北马多天下，伯乐虽善知马， ān néng kōng qí qún yé jiě zhī zhě yuē wú suǒ 安能空其群邪？解之者曰："吾所	伯乐一走过冀北的郊野，马群就空了。那冀北的马在天下是最多的，伯乐虽然善于相马，又怎么能够使马群空了呢？解释的人说："我所说的空，不是没有马，是没有好

谓空，非无马也，无良马也。伯乐知马，遇其良，辄取之，群无留良焉。苟无良，虽谓无马，不为虚语矣。"

东都，固士大夫之冀北也。恃才能深藏而不市者，洛之北涯曰石生，其南涯曰温生。大夫乌公，以铁钺镇河阳之三月，以石生为才，以礼为罗，罗而致之幕下。未数月也，以温生为才，于是以石生为媒，以礼为罗，又罗而致之幕下。东都虽信多才士，朝取一人焉，拔其尤；暮取一人焉，拔其尤。自居守河南尹，以及百司之执事，与吾辈二县之大夫，政有所不通，事有所可疑，奚所咨而处焉？士大夫之去位而巷处者，谁与嬉游？小子后生，于何考德而问业焉？缙绅之东西行过是都者，无所礼于其庐。若是而称曰："大夫乌公一镇河阳，而东都处士之庐无人焉。"岂不可也？

马。伯乐识马，遇到好马就把它挑了去，马群中留下的没有好马了。假如没有好马了，那么说没有马，也不是假话呀。"

东都洛阳，本来是士大夫的冀北，怀有才能而隐居不愿为官换取俸禄的，洛水北岸的叫石生，洛水南岸的叫温生。大夫乌公凭着天子赐给的权力镇守河阳的第三个月，认为石生是人才，备办礼物，将他罗致到幕府中。没过几个月的工夫，又认为温生是人才，于是让石生做介绍人，备办礼物，又将温生罗致到幕府中。尽管东都确实有很多才能出众的人，但早晨挑走一人，选拔走其中最优秀的；晚上挑走一人，选拔走其中最优秀的。那么从东都留守、河南府尹，到各部门的主管官员，以及我们两县的大夫，如果碰到不好处理的政事，有疑惑不解之处，又到哪里去咨询商量从而使事情得到处理呢？辞去官位而闲居里巷的士大夫们，又同谁去交游呢？年轻的后辈又到哪里去考核德行、请教学业呢？东西往来，经过东都的官员，也不能去他们的居处以礼仪拜访他们了。像这样，人们称赞说"大夫乌公一镇守河阳，东都隐居贤士的住处没有人了"，难道不可以吗？

夫南面而听天下，其所托重而恃力者，惟相与将耳。相为天子得人于朝廷，将为天子得文武士于幕下，求内外无治，不可得也。愈縻于兹，不能自引去，资二生以待老。今皆为有力者夺之，其何能无介然于怀邪？生既至，拜公于军门，其为吾以前所称，为天下贺；以后所称，为吾致私怨于尽取也。

留守相公首为四韵诗歌其事，愈因推其意而序之。

天子治理天下，他所托重和依靠的人，只是宰相和将军罢了。宰相在朝廷为天子求贤人，将军在幕府为天子求得谋士和武将，这样，要说内外得不到治理，是不可能的了。我羁留在此地任职，不能自己退而离去，想依靠石生、温生的帮助，直到告老归去。现在他们都被有权力的人夺去了，我怎么能不耿耿于怀呢？温生到了那里之后，在军门拜见乌公时，就像我前面说的那样，替天下人道贺；就像我后面说的那样，替我抱怨他东都的人才都被选空了。

东都留守相公首先作了一首四韵诗来赞美此事，我就根据他的诗意而作了这篇序文。

文化常识第139讲

缙绅 这个词语最早见于庾信《哀江南赋》："宰衡以干戈为儿戏，缙绅以清谈为庙略。"意思是：宰相把战争当作儿戏，官员们把清谈当作国家政略。缙绅指代官员。这个词语原意是插笏于绅带间，是古代官员的装束。笏是一种手板，有事就写在上面，以免忘记。官员上朝时，把笏板插到带子里。后来就用官员的装束代指官员了。

常用字第139讲　能

❶ <名>能力；才能。《屈原列传》："上官大夫与之同列，争宠而心害其能。"
❷ <形>有能力。《出师表》："试用于昔日，先帝称之曰能。"

❸ <名>有能力的人。《报任安书》:"招贤进能,显岩穴之士。"
❹ <动>能够;会做;会完成。《劝学》:"假舟楫也,非能水也,而绝江河。"
❺ <动>及;达。《游褒禅山记》:"盖余所及,比好游者尚不能十一。"
❻ <代>通"恁",如此,这样。《茅屋为秋风所破歌》:"南村群童欺我老无力,忍能对面为盗贼。"
❼ <动>通"耐"。禁得住;受得住。《天演论·察变》:"此物能寒,法当较今尤茂。"

语法常识第 139 讲

词类活用:形容词的使动用法【空】 "伯乐虽善相马,安能空其群乎?"一句中"空"字本义为"空,没有",这里是使动用法,意为"使马群空",翻译为:伯乐虽然善于相马,又怎么能让马群空了呢?

祭十二郎文
——白发人送黑发人

韩愈

《古文观止》有故事

韩愈三岁时,父母就去世了,是大哥、大嫂把他抚养成人的。大哥韩会做过起居舍人(记录皇帝日常行动的官),777年时被贬到韶州做刺史,上任不久就去世了。韩会有个儿子韩老成,在家族中排行十二,所以人们都叫他"十二郎"。

韩愈和大嫂、侄子一起回河阳老家安葬大哥。781年,河北三镇起兵反叛,怀宁节度使李希烈奉命平叛。后来,他竟然也背叛朝廷,自立为王。北方各

地烽烟四起，没办法住下去了。于是，韩愈和大嫂、侄子到宣州躲避战火，住在自己家的一座庄园里。

韩愈和十二郎相依为命，辈分上是叔侄，其实却是朋友，感情很深厚。

后来，韩愈到京城谋功名，两人聚少离多。孟郊去溧阳做县尉的时候，溧阳离宣州不远，韩愈写了一封信，托他带给十二郎。本来想等功成名就了，让侄子也过来一起生活。可是，却突然接到了侄子去世的消息。

如同五雷轰顶！韩愈仿佛在梦中。如果不是身边有孟郊的书信，他怎么也不肯相信，正当壮年的十二郎去世了！

韩愈蘸着泪水，写下了感人至深的《祭十二郎文》。他叙述了自己的身世、生活遭遇，文字朴实，却饱含着怀念，还有对侄儿英年早逝的痛惜。

这一年，十二郎的儿子韩湘只有十岁。

819年，十二郎去世十六年后，韩愈因为谏迎佛骨的事惹怒了皇帝，被贬到潮州做刺史。韩愈半辈子不顺利，好不容易做到刑部侍郎（刑部的副长官，仅次于尚书），又被贬到了千里之外的潮州。

韩湘得到了消息，随后赶来，在蓝关（今陕西省蓝田县）追上了韩愈。爷孙二人见面，十分感慨。韩愈觉得侄孙来得正好，自己此行可能要死在潮州了，希望他能把自己的尸骨带回去。

后来，823年，韩湘中了进士，也做了官。韩家也算是后继有人了。

逐字逐句学古文

原文	译文
年月日，季父愈闻汝丧之七日，乃能衔哀致诚，使建中远具时羞之奠，告汝十二郎之灵：	某年某月某日，我在听说你去世后的第七天，才得以含着哀痛向你表达心意，并让建中远路带去应时的美食作为祭品，告慰你十二郎的灵位：

呜呼！吾少孤，及长，不省所怙，惟兄嫂是依。中年兄殁南方，吾与汝俱幼，从嫂归葬河阳。既又与汝就食江南，零丁孤苦，未尝一日相离也。吾上有三兄，皆不幸早世，承先人后者，在孙惟汝，在子惟吾。两世一身，形单影只。嫂尝抚汝指吾而言曰："韩氏两世，惟此而已！"汝时尤小，当不复记忆；吾时虽能记忆，亦未知其言之悲也。

　　吾年十九，始来京城。其后四年，而归视汝。又四年，吾往河阳省坟墓，遇汝从嫂丧来葬。又二年，吾佐董丞相于汴州，汝来省吾，止一岁，请归取其孥。明年，丞相薨，吾去汴州，汝不果来。是年，吾佐戎徐州，使取汝者始行，吾又罢去，汝又不果来。吾念汝从于东，东亦客也，不可以久；图久远者，莫如西归，将成家而致

唉，我自幼丧父，等到大了，不知道父亲是什么模样，只有哥哥和嫂子可以依靠。哥哥正当中年时就在南方去世，我和你都还小，跟随嫂嫂把灵柩送回河阳老家安葬。随后又和你到江南谋生，孤苦伶仃，也未曾一天分开过。我上面本来有三个哥哥，都不幸早死。继承先父的后代，在孙子辈里只有你，在儿子辈里只有我。韩家子孙两代各剩一人，孤孤单单。嫂子曾经一手抚摸着你的头，一手指着我说："韩氏两代，就只有你们两个了！"那时你比我更小，当然记不得了；我当时虽然能够记事，但也还不能体会她话中的悲凉啊！

　　我十九岁时，初次来到京城参加考试。四年以后，才回去看你。又过了四年，我去河阳凭吊祖先的坟墓，碰上你护送嫂嫂的灵柩来安葬。又过了两年，我在汴州辅佐董丞相，你来探望我，留下住了一年，你请求回去接妻子儿女。第二年，董丞相去世，我离开汴州，你没能来成。这一年，我在徐州辅佐军务，派去接你的人刚动身，我就被免职，你又没来成。我想，你跟我在东边的汴州、徐州，也是客居，不可能久住；从长远考虑，还不如我回到家乡，等在那里安下家再接你来。唉！谁能料到你竟突然离我去世了呢？当初，我和你都年轻，

汝。呜呼！孰谓汝遽去吾而殁乎！吾与汝俱少年，以为虽暂相别，终当久相与处。故舍汝而旅食京师，以求斗斛之禄。诚知其如此，虽万乘之公相，吾不以一日辍汝而就也！

总以为虽然暂时分别，终究会长久在一起的。因此我离开你而旅居长安，以寻求微薄的俸禄。假如真的知道会这样，即使让我做高官厚禄的公卿宰相，我也不愿因此离开你一天而去赴任啊！

文化常识第140讲

薨　古代对于不同阶层人士的去世有不同的说法：天子的地位尊崇，古代常用山塌下来比喻天子去世，所以称为"崩"；诸侯、有爵位的大官或者封王的贵族去世，称为"薨"；卿大夫死亡称为"卒"（后来"卒"也成为死亡的通称）；士的死亡称为"不禄"；普通百姓的死亡称为"死"。

常用字第140讲 —— 食

读shí时：

❶ <动>吃。《寡人之于国也》："不违农时，谷不可胜食也。"
❷ <名>吃的东西；食物。《寡人之于国也》："狗彘食人食而不知检。"
❸ <名>粮食。《置屯田令》："夫定国之术，在于强兵足食。"
❹ <动>通"蚀"，亏缺。《诗经·十月之交》："彼月而食，则维其常。"

读sì时：

❶ <动>使……食；拿东西给人吃。《荷蓧丈人》："杀鸡为黍而食之。"
❷ <动>饲养；喂食。《捕蛇者说》："谨食之，时而献焉。"

语法常识第140讲

倒装句：宾语前置【"是"作为宾语前置标志】 文言文中，有些宾语前置句，用"是"来做宾语前置的标志，突出宾语。本文"惟兄嫂是依"中"兄嫂"是"依"的宾语，放到了前面。正确语序为："惟依兄嫂。"翻译为：只有哥哥和嫂子可以依靠。

祭鳄鱼文
——在潮州的日子

韩愈

《古文观止》有故事

韩愈跋涉千里来到潮州，岭南节度使孔戣（kuí）觉得潮州地方小、工资低，就每个月多给他一些钱。这样，韩愈才不至于穷困潦倒。

到了潮州，他给皇帝写了一篇《潮州刺史谢上表》，自省认错。唐宪宗读了这篇文章，体会到了韩愈的一片忠君之心，于是，把他调到了袁州。

韩愈在潮州一共待了七个月，也做了不少事。他关心百姓疾苦，特别关注农业生产。因为雨水太多，农民们没有收成，就会没有饭吃，没有衣穿，

交不上租税。为此，他祭祀过两次大湖神，第一次是派县尉去的，第二次亲自去的。他把过错揽到自己身上，希望神灵惩罚自己，让老百姓过上丰衣足食的好日子。

他还祭城隍神和石神，希望神仙们保佑风调雨顺、五谷丰登。最有名的就是祭鳄鱼了。

潮州的恶溪中有凶狠的鳄鱼，把附近百姓的牲口都吃光了。人们恨之入骨，却又拿它们没办法。

于是在元和十四年（公元819年）四月二十四日，韩愈命令下属秦济准备了一只羊、一头猪，扔进恶溪里，送给鳄鱼吃。同时写下了一篇《祭鳄鱼文》，以刺史的身份，给鳄鱼讲了讲道理："我是天子派来的，有你没我，有我没你，你们还是搬到大海里去吧。"讲完了道理后，下了最后通牒："七天之后再不搬家，就要赶尽杀绝啦。"

传说中，韩愈这篇软硬兼施的文章写出来不久，潮州就没有了鳄鱼。

在潮州，韩愈还很重视教育。他拿出一些钱，同时鼓励地方乡绅捐钱捐物，开办学堂。又推荐当地秀才赵德来主持州学，教授学生。

韩愈在潮州时间不长就离开了，可是潮州人民却永远记住了他。

逐字逐句学古文

原文	译文
维年月日，潮州刺史韩愈，使军事衙推秦济，以羊一、猪一，投恶溪之潭水，以与鳄鱼食，而告之曰：昔先王既有天下，列山泽，罔	某年某月某日，我派遣军事衙推官秦济，把一只羊、一头猪，投入恶溪的潭水中给鳄鱼吃，同时警告它：古时候的帝王拥有天下后，放火焚烧山岭和泽地的草木，用网罗与利刃去除灭虫、蛇等那些给人民带来

绳擉刃，以除虫蛇恶物为民害者，驱而出之四海之外。及后王德薄，不能远有，则江汉之间，尚皆弃之以与蛮、夷、楚、越；况潮岭海之间，去京师万里哉！鳄鱼之涵淹卵育于此，亦固其所。

今天子嗣唐位，神圣慈武，四海之外，六合之内，皆抚而有之；况禹迹所揜，扬州之近地，刺史、县令之所治，出贡赋以供天地、宗庙、百神之祀之壤者哉？鳄鱼其不可与刺史杂处此土也！

刺史受天子命，守此土，治此民，而鳄鱼睅然不安溪潭，据处食民畜、熊、豕、鹿、獐，以肥其身，以种其子孙；与刺史亢拒，争为长雄；刺史虽驽弱，亦安肯为鳄鱼低首下心，伈伈睍睍，为民吏羞，以偷活于此邪！且承天子命以来为吏，固其势不得不与鳄鱼辨。

危害的动物，并把它们驱逐到四海之外去。到了后世，帝王的德行威望不够，不能统治远方，于是，长江、汉水之间的大片土地只得放弃给少数民族；更何况潮州地处五岭和南海之间，离京城有万里之遥呢？鳄鱼潜伏、生息在此地，确实也是适合它的。

当今天子继承了大唐帝位，神明圣伟，仁慈英武。四海之外，天地四方之内，都在他的安抚统辖之下。更何况潮州是大禹足迹所到过的地方，是古代扬州的地域，是刺史、县令治理的地区，又是缴纳贡品、赋税以供应皇上祭天地、祭祖宗、祭神灵的地方呢？鳄鱼是一定不可以同刺史一起生活在这块土地上的！

刺史接受天子的任命，镇守这块土地，治理这里的民众，而鳄鱼竟敢不安分守己地待在溪潭之中，盘踞在这里吞食民众的牲畜、熊、猪、鹿、獐，来养肥自己的身体，繁衍自己的后代，与刺史抗衡，争当统领一方的英雄。刺史虽然驽钝软弱，又怎么能向鳄鱼低头屈服，胆怯害怕，给治理百姓的官吏丢脸，并在此地苟且偷安呢？而且刺史是奉天子的命令来这里当官的，他势必不得不与鳄鱼讲明道理。

鳄鱼如果能够知道，可要听我刺

鳄鱼有知，其听刺史言：潮之州，大海在其南，鲸、鹏之大，虾、蟹之细，无不容归，以生以食，鳄鱼朝发而夕至也。今与鳄鱼约：尽三日，其率丑类南徙于海，以避天子之命吏。三日不能，至五日；五日不能，至七日；七日不能，是终不肯徙也。是不有刺史、听从其言也。不然，则是鳄鱼冥顽不灵，刺史虽有言，不闻不知也。夫傲天子之命吏，不听其言，不徙以避之，与冥顽不灵而为民物害者，皆可杀。刺史则选材技吏民，操强弓毒矢，以与鳄鱼从事，必尽杀乃止。其无悔！

史的话：潮州这地方，大海在它的南面。大到鲸鱼、鹏鸟，小到虾子、螃蟹，没有不在大海里归宿藏身、生活取食的。鳄鱼早上从潮州出发，晚上就能到达大海。现在，我与鳄鱼约定：至多三天，务必率领同类南迁到大海去，以躲避天子任命的地方官；三天办不到，就放宽到五天；五天办不到，就放宽到七天；七天还办不到，这就表明最终不肯迁徙了。这就是不把刺史放在眼里，不肯听他的话。不然的话，就是鳄鱼愚蠢顽固，虽然刺史已经有言在先，但还是听不进，不理解。凡对天子任命的官吏傲慢无礼，不听他的话，不肯迁徙躲避，以及愚蠢顽固而又残害民众的牲畜，都应该处死。刺史就要挑选有才干、有技能的官吏和民众，操起强硬的弓弩，安上有毒的箭镞，来同鳄鱼较量，一定要把鳄鱼全部杀尽才肯罢手。（到时候）可不要后悔啊！

文化常识第 141 讲

六合 指上下和东西南北四方，泛指天下或宇宙。庄子在《齐物论》中就提到了"六合"这个词语，指代宇宙。《史记·秦始皇本纪》中记载："六合之内，皇帝之土。"这时候说到"六合"指代的普天之下，就已经是属于皇帝个人的了。和本文中提到的"六合之内"意思相同。

常用字第141讲 徙

❶ <动> 迁移。《琵琶行》:"今漂沦憔悴,转徙于江湖间。"
❷ <动> 调动官职。《张衡传》:"衡不慕当世,所居之官辄积年不徙。"
❸ <动> 变化;改变。《吕氏春秋·察今》:"时已徙矣,而法不徙。"

语法常识第141讲

词类活用:形容词的使动用法【肥】 "据处食民畜、熊、豕、鹿、獐,以肥其身"一句中"肥"字本义为"肥胖",是形容词,在这里是使动用法,意为"使其身肥胖"。翻译为:盘踞在这里吞食百姓的牲畜和熊、猪、鹿、獐,来养肥自己的身体。

柳子厚墓志铭
——"能为你做的最后一件事"

韩愈

《古文观止》有故事

柳宗元是韩愈的朋友,也是唐朝的文学家,他们都是古文运动的倡导者。

柳宗元的父亲和韩愈的哥哥韩会是好朋友,所以,虽然柳宗元只比韩愈小五岁,却一直把他看作自己的父辈,对他很尊敬。

柳宗元被贬官的时候,韩愈仍然和他有书信、诗文往来,交流写作感受,为他排解失意和忧愁。而柳宗元也非常赞赏韩愈《师说》中表达出来的敢为人师的思想。

真正的朋友有鼓励赞赏,也有批评鞭策。

元和八年（813年），韩愈被任命为比部郎中兼史馆修撰，负责编修国史。有个叫刘轲的秀才给韩愈写了一封祝贺信。韩愈给刘秀才写了一封回信，表达了自己很矛盾的心情："做史官是很危险的。不是会遭遇人为的祸事，就是会遇到天灾，想起来心里就怕。想来，丞相也是觉得我老了，没有什么大作为了，好歹给我一个官职，让我享受一些俸禄罢了。我在考虑，或许我应该离开！"

有意思的是，韩愈把这封给刘秀才的信也给柳宗元寄了一份。让他想不到的是，柳宗元怒了，写了一封义正词严的回信。

柳宗元批评了韩愈的逃避。如果真的不敢做一个好史官，那就干脆离开，何必犹豫？当然，批评不是目的，柳宗元还是想鞭策老朋友勇敢地承担起修国史的任务，做出一番事业来。

这才是真正的好朋友！

公元819年，柳宗元在柳州病故。韩愈非常悲痛，为他写了一篇墓志铭，回忆了柳宗元的生平，赞美他虽然遭到贬谪，却从不放弃自己的抱负。他在永州刻苦写文章，深博无涯；到柳州造福百姓，政绩突出。韩愈高度称赞柳宗元诗文传于后世，比做将相的一时风光更有价值。整篇文章文采飞扬，感人至深。

这是他能为朋友做的最后一件事了。

逐字逐句学古文

原文	译文
子厚（zǐ hòu），讳宗元（huì zōng yuán）。七世祖庆（qī shì zǔ qìng），为（wéi）拓跋魏侍中（tuò bá wèi shì zhōng），封济阴公（fēng jǐ yīn gōng）。曾伯祖（zēng bó zǔ）奭（shì），为唐宰相（wéi táng zǎi xiàng），与褚遂良（yǔ chǔ suí liáng）、韩瑗俱（hán yuàn jù）	子厚，名叫宗元。七世祖柳庆，做过北魏的侍中，被封为济阴公。高伯祖柳奭，做过唐朝的宰相，同褚遂良、韩瑗都得罪了武后，在高宗时被

得罪武后，死高宗朝。皇考讳镇，以事母，弃太常博士，求为县令江南。其后以不能媚权贵，失御史。权贵人死，乃复拜侍御史。号为刚直，所与游皆当世名人。

子厚少精敏，无不通达。逮其父时，虽少年，已自成人，能取进士第，崭然见头角。众谓柳氏有子矣。其后以博学宏词，授集贤殿正字。俊杰廉悍，议论证据今古，出入经史百子，踔厉风发，率常屈其座人。名声大振，一时皆慕与之交。诸公要人，争欲令出我门下，交口荐誉之。

贞元十九年，由蓝田尉拜监察御史。顺宗即位，拜礼部员外郎。遇用事者得罪，例出为刺史。未至，又例贬州司马。居闲，益自刻苦，务记览，为词章，泛滥停蓄，为深博无涯涘。而自肆于山水间。

处死。父亲叫柳镇，为了侍奉母亲，放弃了太常博士的官位，请求到江南做县令。后来因为他不肯向权贵献媚，丢了御史的官职。直到那位权贵死了，才又被任命为侍御史。人们都说他刚毅正直，与他交往的都是当时的名人。

子厚少年时就很精明聪敏，没有不明白通晓的事。赶上他父亲在世时，他虽然很年轻，但已经成才，能够考取进士，突出地显露出才华，大家都说柳家有能扬名显姓的后人了。后来又通过博学宏词科的考试，被授为集贤殿正字的官职。他才能出众，方正勇敢，发表议论时能引证今古事例为依据，精通经史诸子典籍，议论时才华横溢，滔滔不绝，常常使在座的人折服。因此名声轰动，一时之间人们都敬慕他而希望与他交往。那些公卿贵人争着想让他成为自己的门生，异口同声地推荐赞誉他。

贞元十九年，子厚由蓝田县尉调任监察御史。顺宗即位，又升为礼部员外郎。逢遇当权人获罪，他也被按例贬出京城当刺史；还未到任，又被依例贬为永州司马。身处清闲之地，他更加刻苦为学，专心诵读，写作诗文，文笔汪洋恣肆，雄厚凝练，像无边的海水那样精深博大。而他自己也只能纵情于山水之间。

元和年间，他曾经与同案人一起

元和中，尝例召至京师；又偕出为刺史，而子厚得柳州。既至，叹曰："是岂不足为政耶？"因其土俗，为设教禁，州人顺赖。其俗以男女质钱，约，不时赎，子本相侔，则没为奴婢。子厚与设方计，悉令赎归。其尤贫力不能者，令书其佣，足相当，则使归其质。观察使下其法于他州，比一岁，免而归者且千人。衡湘以南为进士者，皆以子厚为师。其经承子厚口讲指画为文词者，悉有法度可观。

其召至京师而复为刺史也，中山刘梦得禹锡亦在遣中，当诣播州。子厚泣曰："播州非人所居，而梦得亲在堂，吾不忍梦得之穷，无辞以白其大人；且万无母子俱往理。"请于朝，将拜疏，愿以柳易播，虽重得罪，死不恨。遇有以梦得事白上者，梦得于是改刺连

奉召回到京师，又一起被遣出做刺史，子厚被分配在柳州。到任之后，他慨叹道："这里难道不值得做出政绩吗？"于是按照当地的风俗，为柳州制定了教谕和禁令，全州百姓都顺从并信赖他。当地习惯于用儿女做抵押向人借钱，约定如果不能按时赎回，等到利息与本金相等时，债主就把人质没收做奴婢。子厚为此替借债人想方设法，都让他们把子女赎了回来；那些特别穷困没有能力赎回的，就让债主记下子女当佣工的工钱，到应得的工钱足够抵销债务时，就让债主归还被抵押的人质。观察使把这个办法推广到别的州县，到一年后，免除奴婢身份回家的将近一千人。衡山、湘水以南准备考进士的人，就把子厚当老师，那些经过子厚亲口讲授和亲手指点的人所写的文章，全都可以看得出有很可观的章法技巧。

他被召回京师又再次被遣出做刺史时，中山人刘梦得禹锡也在被遣之列，应当去播州。子厚流着泪说："播州不是一般人能住的地方，况且梦得有老母在世，我不忍心看到梦得处境困窘，他没有办法把这事告诉他的老母；况且绝没有母子一同前往的道理。"他向朝廷请求，并准备呈递奏章，情愿拿柳州换播州，表示即使因此再度获罪，死也无憾。正遇上有人把梦得的情况告知了皇上，梦得因此

州。呜呼！士穷乃见节义。今夫平居里巷相慕悦，酒食游戏相征逐，诩诩强笑语以相取下，握手出肺肝相示，指天日涕泣，誓生死不相背负，真若可信。一旦临小利害，仅如毛发比，反眼若不相识；落陷阱，不一引手救，反挤之又下石焉者，皆是也。此宜禽兽夷狄所不忍为，而其人自视以为得计。闻子厚之风，亦可以少愧矣。

改任连州刺史。呜呼！士人到了穷境时，才看得出他的节操和义气！一些人，平日街坊居处互相仰慕讨好，吃喝玩乐来往频繁，夸夸其谈，强作笑脸，互相表示愿居对方之下，手握手做出掏肝挖肺之状给对方看，指着天日流泪，发誓不论生死谁都不背弃朋友，简直像真的一样可信；一旦遇到小小的利害冲突，仅仅像头发丝般细小，便翻脸不认人；朋友落入陷阱，也不伸一下手去救，反而借机推挤他，再往下扔石头，到处都是这样的人啊！这应该是连那些禽兽和野蛮人都不忍心干的，而那些人却自以为得计。他们听到子厚的高尚风节，也应该觉得有点惭愧吧！

文化常识第142讲

百子 本文所说的"百子"指的是"诸子百家"，是先秦时期对各个学术派别及其代表人物的总称。《汉书·艺文志》记载，数得上名字的一共有189家，流传最为广泛的有儒家、法家、道家、墨家、阴阳家、名家、杂家、农家、小说家、纵横家、兵家、医家。

常用字第142讲 — 与

读yǔ时：

❶ <动>给予。《鸿门宴》："则与一生彘肩。"

❷ <动>结交；交好。《六国论》："与嬴而不助五国也。"

❸<名>朋友;同类者。《原毁》:"其应者,必其人之与也。"
❹<动>通"举",整个,都。《涉江》:"与前世而皆然兮,吾又何怨乎今之人。"
❺<连>和。《愚公移山》:"吾与汝毕力平险。"
❻<介>介绍动作行为所涉及的对方,相当于"跟""同"等。《岳阳楼记》:"微斯人,吾谁与归?"
❼<介>介绍比较对象,相当于"跟……相比"。《柳毅传》:"洞庭之与京邑,不足为异。"
❽<介>为;替。《兵车行》:"去时里正与裹头。"

读yù时:

❶<动>赞同。《中山狼传》:"固君子之所不与也。"
❷<动>参与;参加。《殽之战》:"蹇叔之子与师。"

读yú时:

<助>表示疑问、反诘或感叹,相当于"吗""吧""啊"。这个意义后来写作"欤"。《齐桓晋文之事》:"王之所大欲,可得闻与?"

语法常识第142讲

词类活用:名词作状语【口、指】 "其经承子厚口讲指画为文词者,悉有法度可观"一句中"口"和"指"本义为名词,这里用作状语。"口"意为"用口",修饰"讲";"指"意为"用指",修饰"画"。翻译为:那些经过子厚亲口讲授和亲手指点的人所写的文章,全都可以看得出有很可观的章法技巧。

驳复仇议
——会写诗不一定懂礼法

柳宗元

● 《古文观止》有故事

　　陈子昂是初唐文学家、诗人，他主张作诗要在学习古人诗风的基础上有所创新。他的诗歌雄浑苍凉，意韵深远，对后来的盛唐诗人李白、杜甫等人都产生了深远的影响。

　　他考中进士后，做了左拾遗。陈子昂年轻气盛，意气风发，做了这个给皇帝提意见弥补失误的官，自然是要负责任的。于是，他常常给皇帝提各种意见。当时，武则天当政，任用了一些酷吏，手段很残忍，陈子昂多次上书

反对。他铁骨铮铮，不管皇帝听不听，也不怕报复迫害，看到不对的就要提出来。

后来，发生了一件事儿。下邽县尉赵师韫(yùn)处死了一个叫徐爽的人。徐爽的儿子徐元庆不服，仇恨赵师韫，时刻寻找机会报仇。可是，赵师韫官越做越大，竟然做到了监察御史。而徐元庆则改了姓名，到驿站做了仆役。时间过去了很久，无巧不成书，赵师韫外出办事，恰好就住在徐元庆工作的这个驿站里。徐元庆认出了仇人，趁他不注意，亲手杀死了他。

杀了人，徐元庆并没有逃跑，而是把自己捆了起来，到官府投案自首。

这个案件在当时引起了大家的关注，很多人认为他为父报仇是孝子，应该赦免。而陈子昂却写了一篇《复仇议状》，主张依法处死徐元庆，同时依礼表彰他为父报仇的行为。

这件事过去了很多年，却被柳宗元翻出来。他驳斥了陈子昂的主张：处死和表彰是矛盾的。他认为这件案件的关键问题，是要调查清楚赵师韫杀徐爽是否合法，以此来确定徐元庆的行为是否合法。礼和法不能矛盾。

柳宗元的文章观点鲜明，逻辑严密，让人信服。看来，陈子昂诗歌写得好却不一定懂礼法。柳宗元抓到了漏洞，一篇佳作就这样诞生了！

逐字逐句学古文

原文

臣伏见天后时，有同州下邽人徐元庆者，父爽为县尉赵师韫所杀，卒能手刃父仇，束身归罪。当时谏臣陈子昂建议，诛之

译文

我看过则天皇后时的一些材料，同州下邽县有个叫徐元庆的人，父亲徐爽被县尉赵师韫杀了，他最后能亲手杀掉他父亲的仇人，自己捆绑着身体到官府自首。当时的谏官陈子昂建议处以死罪，同时在他家乡表彰他的行为，并请

而旌其闾；且请"编之于令，永为国典"。臣窃独过之。

臣闻礼之大本，以防乱也。若曰无为贼虐，凡为子者杀无赦。刑之大本，亦以防乱也，若曰无为贼虐，凡为治者杀无赦。其本则合，其用则异，旌与诛莫得而并焉。诛其可旌，兹谓滥，黩刑甚矣；旌其可诛，兹谓僭，坏礼甚矣。果以是示于天下，传于后代，趋义者不知所向，违害者不知所立，以是为典可乎？

盖圣人之制，穷理以定赏罚，本情以正褒贬，统于一而已矣。

向使刺谳其诚伪，考正其曲直，原始而求其端，则刑礼之用，判然离矣。何者？若元庆之父不陷于公罪，师韫之诛，独以其私怨，奋其吏气，虐于非辜；州

朝廷将这种处理方式"编入法令，永远作为国家的法律制度"。我个人认为这样做是不对的。

我听说，礼的根本作用是为了防止人们作乱。倘若说不能让杀人者逍遥法外，那么凡是做儿子的为报父母之仇而杀了人，就必须处死。刑法的根本作用也是为了防止人们作乱。倘若说不能让杀人者逍遥法外，那么凡是当官的错杀了人，也必须处死。它们的根本作用是一致的，采取的方式却不同，表彰和处死是不能同时用在一人身上的。处死应该受到表彰的人，这就叫乱杀，就是滥用刑法太过分了。表彰应当处死的人，这就是越礼，破坏礼制太严重了。如果以这种处理方式作为刑法的准则，并传给后代，那么，追求正义的人就不知道前进的方向，想避开祸害的人就不知道怎样立身行事，以此作为法则行吗？

圣人制定礼法，是透彻地研究了事物的道理来规定赏罚，根据人情来确定奖惩，不过是把理和情二者结合在一起罢了。

当时如能审察案情的真伪，查清是非，推究案子的起因，那么刑法和礼制的运用，就能明显地区分开了。为什么呢？如果徐元庆的父亲没有犯法律规定的罪行，赵师韫杀他只是出于他个人的私怨，施展他当官的威风，残暴地处罚无罪的人；州官又不去治赵师韫的罪，

牧不知罪，刑官不知问，上下蒙冒，吁号不闻；而元庆能以戴天为大耻，枕戈为得礼，处心积虑，以冲仇人之胸，介然自克，即死无憾，是守礼而行义也。执事者宜有惭色，将谢之不暇，而又何诛焉？其或元庆之父，不免于罪，师韫之诛，不愆于法，是非死于吏也，是死于法也。法其可仇乎？仇天子之法，而戕奉法之吏，是悖骜而凌上也。执而诛之，所以正邦典，而又何旌焉？

且其议曰："人必有子，子必有亲，亲亲相仇，其乱谁救？"是惑于礼也甚矣。礼之所谓仇者，盖其冤抑沉痛而号无告也；非谓抵罪触法，陷于大戮。而曰"彼杀之，我乃杀之"。不议曲直，暴寡胁弱而已。其非经背圣，不亦甚哉？

执法的官员也不去过问这件事，上下互相蒙骗包庇，对喊冤叫屈的呼声充耳不闻；而徐元庆能把和仇人生活在一个天底下视为奇耻大辱，把时刻准备报杀父之仇看作是合乎礼制，想方设法用武器刺进仇人的胸膛，坚定地以礼约束自己，即使死了也不感到遗憾，这正是遵守和奉行礼义的行为啊。执法的官员本应感到惭愧，去向他谢罪都来不及，又怎么会处死他呢？如果徐元庆的父亲确实犯了死罪，赵师韫杀他，那就并不违法，他的死也就不是被官吏错杀，而是因为犯法被杀。法律难道是可以仇视的吗？仇视皇帝的法律，又杀害执法的官吏，这是悖逆犯上的行为。应该把这种人抓起来处死，以此来严肃国法，为什么反而要表彰他呢？

而且陈子昂的奏议还说："人必有儿子，儿子必有父母，因为爱自己的亲人而互相仇杀，这种混乱局面靠谁来救呢？"这是对礼的认识太模糊了。礼制所说的仇，是指蒙受冤屈，悲伤呼号而又无法申告；并不是指触犯了法律，而被处死这种情况。而所谓"他杀了我的父母，我就要杀掉他"，不过是不问是非曲直，欺凌、威胁弱者罢了。这种违背圣贤经传教导的做法，不是太过分了吗？

《周礼》上说："调人，是负责调解众人怨仇的。凡是杀人而又合乎礼义

197

《周礼》："调人，掌司万人之仇。凡杀人而义者，令勿仇；仇之则死。有反杀者，邦国交仇之。"又安得亲亲相仇也？《春秋公羊传》曰："父不受诛，子复仇可也。父受诛，子复仇，此推刃之道，复仇不除害。"今若取此以断两下相杀，则合于礼矣。且夫不忘仇，孝也；不爱死，义也。元庆能不越于礼，服孝死义，是必达理而闻道者也。夫达理闻道之人，岂其以王法为敌仇者哉？议者反以为戮，黩刑坏礼，其不可以为典，明矣。

请下臣议，附于令，有断斯狱者，不宜以前议从事。谨议。

的，就不准被杀者的亲属报仇，对报仇的人要处死刑。有反过来再杀死对方的，全国的人就都要把他当作仇人。"这样，又怎么会发生因为爱自己的亲人而互相仇杀的情况呢？《春秋公羊传》说："父亲无辜被杀，儿子报仇是可以的。父亲犯法被杀，儿子报仇，这就是互相仇杀的做法，这样的报复行为是不能根除彼此仇杀不止的祸害的。"现在如果用这个标准来判断赵师韫杀死徐元庆的父亲和徐元庆杀死赵师韫，就合乎礼制了。而且，不忘父仇，这是孝的表现；不怕死，这是义的表现。徐元庆能不越出礼的范围，克尽孝道，为义而死，这一定是个明晓事理、懂得圣贤之道的人啊。明晓事理、懂得圣贤之道的人，难道会把王法当作仇敌吗？但上奏议的人反而认为应当处以死刑，这种滥用刑法、败坏礼制的建议，不能作为法律制度，是很清楚明白的。

请把我的意见附在法令之后颁发下去。今后再有审理这类案件的人，不应再根据以前的意见处理。恭敬地发表上面的意见。

文化常识第143讲

不共戴天 本文中有一句"元庆能以戴天为大耻"，元庆能够把和仇人共同生活在一个天底下视为奇耻大辱。《礼记·曲礼上》中记载："父之仇，弗与共戴天。"

因为父仇,和他就不能共同生活在一片天底下。由此凝练出了一个成语"不共戴天",用来形容仇怨极深。

读wéi时:

❶ <动>做;干。《为学》:"天下事有难易乎?为之,则难者亦易矣。"
❷ <动>发明;制造;制作。《活板》:"庆历中,有布衣毕昇,又为活板。"
❸ <动>作为;当作。《公输》:"子墨子解带为城,以牒为械。"
❹ <动>成为;变成。《察今》:"向之寿民,今为殇子矣。"
❺ <动>是。《出师表》:"宫中府中,俱为一体。"
❻ <动>治;治理。《论积贮疏》:"安有为天下阽危者若是而上不惊者?"

❼ <动>写；题。《伤仲永》："即书诗四句，并自为其名。"
❽ <动>以为；认为。《鸿门宴》："窃为大王不取也。"
❾ <动>叫作；称作。《陈涉世家》："号为张楚。"
❿ <动>对待。《鸿门宴》："君王为人不忍。"
⓫ <动>算作；算是。《殽之战》："秦则无礼，何施之为？"
⓬ <动>担任。《鸿门宴》："沛公欲王关中，使子婴为相。"
⓭ <介>对。《鸿门宴》："今者出，未辞也，为之奈何。"
⓮ <介>表示被动。《韩非子·五蠹》："兔不可复得，而身为宋国笑。"
⓯ <连>如果；假如。《战国策·秦策》："秦为知之，必不救矣。"
⓰ <助>用在句中，起提前宾语的用；用于句尾，表示感叹或疑问。《汉书·苏武传》："何以汝为见？"

读wèi时：

❶ <介>给；替。《庖丁解牛》："庖丁为文惠君解牛。"
❷ <介>向；对。《桃花源记》："不足为外人道也。"
❸ <介>因为。《答司马谏议书》："盘庚不为怨者故改其度。"
❹ <介>为了。《史记·货殖列传序》："天下熙熙，皆为利来。"
❺ <介>被。《过秦论》："身死人手，为天下笑者，何也？"
❻ <介>在……的时候。《晏子使楚》："为其来也，臣请缚一人过王而行。"

语法常识第143讲

词类活用：名词的意动用法【过】"臣窃独过之"一句中"过"字本义为"过错"，是名词，这里是意动用法，意为"以之为过"。翻译为：我个人认为这样做是不对的。

桐叶封弟辨
——天子也玩"过家家"

● 《古文观止》有故事

叔虞是周武王的儿子,周成王的弟弟,封地在唐国,也叫作唐叔虞。

有一天,周成王和弟弟叔虞在花园里玩耍,玩得正高兴的时候,一片桐叶飘落在眼前。成王拿起桐叶,撕成珪的形状。珪是古代帝王或诸侯举行典礼时拿着的一种玉制礼器。周成王把珪形桐叶递给叔虞,说:"我凭这个给你封国!"叔虞也仿照那些大臣们,跪在地上,接过桐叶说:"臣弟谢恩!"

旁边的史官把这件事儿记录了下来。

过了几天,也不见册封叔虞,这个史官纳闷地去问成王:"您不是说要给

叔虞封国吗？为什么迟迟不册封呢？"

周成王一愣，说："我跟他开玩笑呢。"

史官把这件事报告给了周公。周公来见成王："天子无戏言！您一开口说话，史官就记下来，乐人就吟诵，士人就颂扬。您说了要封叔虞，那就要兑现诺言呀。"于是，周成王就把唐封给了叔虞。

叔虞设立制度，修建都城，发展农业，把唐地治理得井井有条。第二年，唐国大丰收，在麦田中发现了一株同株多头的高产麦穗。为了感谢天地，叔虞与百姓一起举行了隆重的秋祭，并把高产麦穗献给朝廷，史称"唐献嘉禾"。

后来，叔虞去世，他的儿子即位后改国号为晋，所以，也可以说叔虞是三晋文化的创始人。

叔虞贤能，所以，兄弟之间的玩笑成就了一个强大的诸侯国，并没有造成恶劣后果。可是，柳宗元在读史时，敏锐地察觉到了"天子无戏言"的隐患，指出：如果天子是和太监开玩笑，也要当真封赏的话，岂不是要天下大乱了？

柳宗元这篇史评，抓住了历史的漏洞，看似评史，其实是批判当时宦官专权的腐败政治，令人信服。

逐字逐句学古文

原文

古之传者有言：成王以桐叶与小弱弟，戏曰："以封汝。"周公入贺。王曰："戏也。"周公曰："天子不可戏。"乃封小弱弟于唐。

吾意不然。王之弟当封邪，

译文

古书上记载说：周成王把桐叶递给幼小的弟弟，开玩笑说："我凭这个给你封国。"周公进去祝贺。成王说："我是开玩笑的。"周公说："天子不可以开玩笑。"于是，成王把唐地封给了小弟弟。

我认为事情不会是这样的。成王

周公宜以时言于王，不待其戏而贺以成之也。不当封邪，周公乃成其不中之戏，以地以人与小弱弟者为之主，其得为圣乎？且周公以王之言不可苟焉而已，必从而成之邪？设有不幸，王以桐叶戏妇寺，亦将举而从之乎？凡王者之德，在行之何若。设未得其当，虽十易之不为病；要于其当，不可使易也，而况以其戏乎！若戏而必行之，是周公教王遂过也。

吾意周公辅成王，宜以道，从容优乐，要归之大中而已，必不逢其失而为之辞。又不当束缚之，驰骤之，使若牛马然，急则败矣。且家人父子尚不能以此自克，况号为君臣者邪！是直小丈夫缺缺者之事，非周公所宜用，故不可信。

或曰：封唐叔，史佚成之。

的弟弟应该受封的话，周公就应当及时向成王说，不应该等到他开玩笑时才用祝贺的方式来促成它；不应该受封的话，周公竟促成了他那不合适的玩笑，把土地和百姓给予了小弟弟，让他做了君主，周公这样做能算是圣人吗？况且周公只是认为君王说话不能随便罢了，哪能一定要听从并促成这件事呢？假设不幸的话，成王以桐树叶跟宫女和太监开玩笑，周公也会提出来照办吗？

凡是帝王的德行，在于他的行为怎么样。假设他做得不恰当，即使多次纠正它也不算是缺点；关键在于是不是恰当，恰当就不必更改，何况是用它来开玩笑的呢！假若开玩笑的话也一定要照办，这就是周公在教成王顺随自己的过错啊。

我想周公辅佐成王，应当拿不偏不倚的道理去引导他，使他的举止行动以及玩笑作乐都要符合"中庸"之道就行了，必定不会去逢迎他的过失，为他巧言辩解。也不应该管束成王太严，使他终日忙碌不停，对他像牛马那样，管束太紧太严就要坏事。况且在一家人中父子之间还不能用这种方法来约束，何况名分上是君臣关系呢！这只是小人物耍小聪明做的事，不是周公应该采用的方法，所以这种说法不能相信。

有的史书记载说："封成王小弟弟于唐这件事，是史佚促成的。"

文化常识第144讲

周成王 名叫姬诵,周武王的儿子,是周朝第二位君主。他即位时还很小,由叔叔周公摄政。周成王在位时,把都城迁到了洛邑,作为天下的中心。他还大封诸侯,派兵东征,制礼作乐,巩固了西周王朝的统治。周成王与儿子周康王统治期间,社会安定,百姓和睦,四十余年没有用过刑罚,历史上称为"成康之治"。

常用字第144讲 —— 也

❶ <语助>用于句末。(1)表判断。《石钟山记》:"此世所以不传也。"(2)表疑问或反问,前面常有"安""何"等与它相配合。《马说》:"安求其能千里也?"(3)表感叹。《捕蛇者说》:"苛政猛于虎也。"(4)表祈使,常与"无""不"等呼应。《桃花源记》:"不足为外人道也。"(5)表示陈述或解释。《廉颇蔺相如列传》:"吾所以为此者,先国家之急而后私仇也。"

❷ <助>语气助词,用于句中。(1)表判断。《黔之驴》:"虎见之,庞然大物也,以为神。"(2)表陈述或解释。《劝学》:"君子生非异也,善假于物也。"(3)表语气停顿。《师说》:"师道之不传也久矣,欲人之无惑也难矣。"

❸ <助>语气助词,用在复句的前分句末或并列的句子成分之后,表示停顿和上下文的互相关联,兼有舒缓语气和抒情的作用。《愚公移山》:"操蛇之神闻之,惧其不已也,告之于帝。"

语法常识第144讲

省略句:省略介词宾语【之】 有些省略句中省略的不是整个句子的宾语,而是介宾短语里的宾语。本文"成王以桐叶与小弱弟,戏曰:'以封汝。'"一句中省略的"之"就是介宾短语中的宾语。完整句子应该是:"成王以桐叶与小弱弟,戏曰:'以(之)封汝。'"翻译为:周成王把桐叶递给年幼的小弟弟,开玩笑说:"我凭这个给你封国。"

箕子碑
——逃难也要传播文明

柳宗元

● 《古文观止》有故事

　　箕子是商朝人,是商朝最后一个帝王纣王的叔叔。他看到纣王用象牙筷子吃饭,觉得太奢侈了。他知道用了象牙筷子就会想要用玉杯子,进而还想要用更多的珍宝贵器……这时候,贤明智慧的箕子已经看到了亡国的迹象。

　　他不能眼睁睁地看着先祖创下的基业毁于一旦,于是,苦口婆心地劝谏纣王。可是纣王不听。箕子心中难过,于是披头散发地到处疯跑,后来又钻到山林里隐居起来。他每天弹唱《箕子操》,弹到伤心处便号啕大哭,发泄心

中的悲愤。纣王以为叔叔真疯了,就把他贬为奴隶,并且关押了起来。

后来,商朝灭亡,周朝建立。箕子乘乱逃出来,到箕山隐居。隐居的日子没什么事儿干,他就用黑白两色棋子占卜天象,洞察天地四时、万物演变的道理。

周武王曾经到箕山拜访他,询问治国的道理。箕子把《洪范九畴》传授给他。武王请他出山,箕子觉得自己是上个朝代的人,不愿意辅佐新王朝,拒绝了。

武王走后,箕子怕他再来,便带领一批殷商贵族离开了箕山,向东方而去。他们在朝鲜半岛住了下来。箕子这个团队里人才济济,有懂诗书、礼乐、医药、阴阳、巫术的知识分子,还有会各种技艺的能工巧匠。他们教当地人民建筑房屋、开垦农田、养蚕织布、烧制陶器等,还用中国的礼乐制度来教化他们。

箕子把中国文明带到了朝鲜。他到朝鲜还不到三年时,当地民风大变,家家夜不闭户,百姓和睦相处,社会和谐安定。

柳宗元参加的王叔文的改革失败后,被贬到偏远的地方做官,对箕子的遭遇感同身受,于是为箕子庙写了碑文。他从"正蒙难""法授圣""化及民"三点出发,高度赞扬了箕子,借此来勉励自己。

原文

凡大人之道有三：一曰正蒙难，二曰法授圣，三曰化及民。殷有仁人曰箕子，实具兹道，以立于世，故孔子述六经之旨，尤殷勤焉。

当纣之时，大道悖乱，天威之动不能戒，圣人之言无所用。进死以并命，诚仁矣，无益吾祀，故不为。委身以存祀，诚仁矣，与亡吾国，故不忍。具是二道，有行之者矣。是用保其明哲，与之俯仰；晦是谟范，辱于囚奴；昏而无邪，隤而不息。故在《易》曰"箕子之明夷"，正蒙难也。及天命既改，生人以正，乃出大法，用为圣师。周人得以序彝伦而立大典。故在《书》曰"以箕子归，作《洪

译文

凡是有德行的人遵从的道理有三点：第一是蒙受苦难而能坚持正道，第二是把大道传授给圣明的君主，第三是教化万民。在殷朝时有一位仁人叫箕子，他确实具备了这三点立身于世上。所以孔子在阐述六经的要旨大意时，曾多次关切地提到过他。

殷纣王在位时，大道逆乱，上天的震怒不能使他警戒，圣人的言论也不被采用。比干拼死进谏，把个人的一切委之于天命，确实是仁者的作为了，但无益于保全宗族，所以箕子不这样做。像微子那样托身新的王朝以保存宗族，确实是仁者的所为了，但这样等于是参与灭亡自己国家的行动，所以不忍心去这样做。这两条路，都有人走过了。箕子的做法是保持住自己的聪明才智，和纣王周旋，隐藏自己的谋略，在奴隶中间受凌辱。身处昏暗之世而不走邪路，面临衰败之国而不消沉。所以《易经》上说"箕子不敢显露自己的明智"，就是说他蒙受苦难而能坚持正道。等到天命已经改变，百姓已经走上正轨，箕子就献出他设计的治国大法，传授给圣王。周公旦依此规范社会伦常，从而制定了典章

范》，法授圣也。及封朝鲜，推道训俗，惟德无陋，惟人无远，用广殷祀，俾夷为华，化及民也。率是大道，蒙于厥躬，天地变化，我得其正，其大人欤？

於虖！当其周时未至，殷祀未殄，比干已死，微子已去，向使纣恶未稔而自毙，武庚念乱以图存，国无其人，谁与兴理？是固人事之或然者也。然则先生隐忍而为此，其有志于斯乎？

唐某年，作庙汲郡，岁时致祀。嘉先生独列于《易》象，作是颂云。

制度。所以《尚书》说"带着箕子返回镐京，史官写成《洪范》篇"，这就是把大道传授给圣明的君主。到了周朝封箕子于朝鲜后，他推行大道，教育感化大众，德行无论大小，人群不论亲疏远近，光大殷朝的优良传统，使得夷狄蛮荒变为中华，这是教化万民呢。这些大道聚集于箕子一身；天地间的事物变化无常，箕子却能始终坚持正道，这真是有崇高品德的人啊！

唉！当周朝还没有建立，殷商还没有灭亡的时候，殷商大臣比干已死，微子也已离去。假如纣王还没有恶贯满盈时就已经去世，纣王之子武庚图谋保存殷朝，此时国中没有贤明之人，谁又能辅佐治理国家呢？这本来就是可能发生的事吧。那么，箕子隐忍受辱为奴，大概是他早想到了这点吧？

唐朝某年，在汲郡建了箕子庙，每年按时祭祀。我钦佩先生独自列入《易经》卦象之中，便作了这篇颂词。

文化常识第145讲

比干、微子 本文中"进死而并命，诚仁矣"，指的是商朝忠臣比干。比干接受先王遗命辅佐纣王，可是纣王昏庸残暴，比干多次冒死进谏，最后惹怒了他，被处死了。而另一位贤臣——纣王的哥哥微子劝谏无效，离开了。周朝建立后，把微子封在商朝旧都商丘，建立了宋国，还批准他用天子的礼乐供奉商朝宗祀。"委身以存祀"说的就是微子，保存了祖先的宗庙，也算是仁人了。

常用字第145讲 益

❶ <动>同"溢"。水漫出来。《吕氏春秋·察今》:"澭水暴益。"
❷ <动>增加,与"损"相对。《出师表》:"至于斟酌损益,进尽忠言,则攸之、祎、允之任也。"
❸ <名>利益;好处。《伶官传序》:"《书》曰:'满招损,谦得益。'"
❹ <副>更加;愈加。《滕王阁序》:"穷且益坚,不坠青云之志。"
❺ <副>渐渐地。《黔之驴》:"益习其声,又近出前后,终不敢搏。"

语法常识第145讲

词类活用:名词作动词【正、法】"凡大人之道有三:一曰正蒙难;二曰法授圣;三曰化及民"一句中"正"和"法"本义为名词,意为"正义""法度",在这里活用作动词,意为"坚持正义"和"建立法度"。翻译为:凡是有德行的人遵从的道理有三点:第一是蒙受苦难而能坚持正道,第二是把大道传授给圣明的君主,第三是教化万民。

捕蛇者说

—— 苛政果然猛于虎

◎《古文观止》有故事

柳宗元小时候生活在长安。公元781年，唐德宗想要削弱藩镇的势力，却引发了几大藩镇的反叛，皇帝仓皇逃出长安。为了躲避战乱，柳宗元和母亲一起逃到了父亲做官的地方。在地方上，他看到了更多的社会现实和百姓疾苦。

柳宗元二十一岁时进士及第，开始步入官场。唐顺宗即位后，王叔文得到了重用，和王叔文政见相同的柳宗元被提拔为礼部员外郎，掌管礼仪、享

祭和贡举。但是改革很快就失败了，柳宗元被贬为邵州刺史，半路上再被贬为永州司马。

柳宗元被贬谪到永州后，以前交往的人都避之不及，不再和他来往。平时追慕他的、有过文字往来的人，也都烧毁书信，跟他撇清关系。柳宗元心情郁闷，看不到希望，整个人瘦得像风干了的枯树。

即使处在这样艰苦的环境中，柳宗元仍然关注着百姓的生活。他认识了一个以捕蛇为生的人，虽然危险却不放弃，原因竟然是捕蛇可以不交赋税。柳宗元知道，安史之乱之后，朝廷与藩镇不断巩固各自的势力，对人民加重了赋税。除法定的夏、秋两税外，还巧立名目，加征各种税。繁重的苛捐杂税，让劳动人民苦不堪言，纷纷逃亡、流浪，很多人都饿死在路上。这样说起来，捕蛇的人还算是幸运的。

柳宗元对此痛心疾首，写了这篇《捕蛇者说》，用捕蛇和赋税做对比，揭露社会现实，沉痛而深刻，发人深思。

逐字逐句学古文

原文

永州之野产异蛇：黑质而白章，触草木，尽死；以啮人，无御之者。然得而腊之以为饵，可以已大风、挛踠、瘘、疠，去死肌，杀三虫。其始，太医以王命聚之，岁赋其二，募有能捕之者，当其租入。永之人争奔走焉。

译文

永州的野外出产一种奇特的蛇，它黑色的身上长着白色的花纹，碰到草木，草木全都干枯而死；咬了人，没有能够治疗的方法。然而捉到后晾干拿来做药引，可以治愈麻风、手脚蜷曲、脖肿、恶疮，去除死肉，杀死人体内的寄生虫。起初，太医凭借皇帝的命令征集这种蛇，每年征收两次，招募能够捕捉这种蛇的人，用蛇充抵他的赋税。永州的人都争着去捕蛇。

有蒋氏者，专其利三世矣。问之，则曰："吾祖死于是，吾父死于是，今吾嗣为之十二年，几死者数矣。"言之，貌若甚戚者。

余悲之，且曰："若毒之乎？余将告于莅事者，更若役，复若赋，则何如？"蒋氏大戚，汪然出涕曰："君将哀而生之乎？则吾斯役之不幸，未若复吾赋不幸之甚也。向吾不为斯役，则久已病矣。自吾氏三世居是乡，积于今六十岁矣。而乡邻之生日蹙，殚其地之出，竭其庐之入，号呼而转徙，饥渴而顿踣，触风雨，犯寒暑，呼嘘毒疠，往往而死者相藉也。曩与吾祖居者，今其室十无一焉；与吾父居者，今其室十无二三焉；与吾居十二年者，今其室十无四五焉。非死则徙尔，而吾以捕蛇独存。悍吏之来吾乡，叫嚣乎东西，隳突乎南北，

有个姓蒋的人家，享有这种好处已经三代了。我问他，他说："我的祖父死在捕蛇这件差事上，我父亲也死在这件事情上。现在我继承祖业干这差事也已十二年了，好几次也险些丧命。"他说这番话时，脸上很忧伤的样子。

我同情他，便说："你怨恨捕蛇这件事吗？我打算告诉管理政事的地方官，让他更换你的差事，恢复你的赋税，怎么样？"蒋氏听了更加悲伤，满眼含泪地说："你是哀怜我，想使我活下去吗？然而我干这差事的不幸，还比不上恢复我缴纳赋税的不幸那么厉害呀。假使我不干这差事，那我早就困苦不堪了。我家已三代住在这个地方，到现在已经六十年了，可乡邻们的生活一天天地窘迫。把他们土地上生产出来的都拿去，把他们家里的收入也尽数拿去交租税仍不够，只得号啕痛哭辗转逃亡，又饥又渴倒在地上，一路上顶着狂风暴雨，冒着严寒酷暑，呼吸着带毒的疫气，由此而死的人往往积尸成堆。从前和我祖父同住在这里的，现在十户当中剩不下一户了；和我父亲同住在这里的人家，现在十户当中只有不到两三户了；和我一起住了十二年的人家，现在十户当中只有不到四五户了。那些人家不是死了就是迁走了。可是我凭借捕蛇这个差事存活了下来。凶暴的官吏来到我的家乡，到处吵嚷叫嚣，到处寻衅

哗然而骇者，虽鸡狗不得宁焉。吾恂恂而起，视其缶，而吾蛇尚存，则弛然而卧。谨食之，时而献焉。退而甘食其土之有，以尽吾齿。盖一岁之犯死者二焉，其余则熙熙而乐。岂若吾乡邻之旦旦有是哉。今虽死乎此，比吾乡邻之死则已后矣，又安敢毒耶？

余闻而愈悲。孔子曰："苛政猛于虎也。"吾尝疑乎是，今以蒋氏观之，犹信。呜呼！孰知赋敛之毒，有甚是蛇者乎！故为之说，以俟夫观人风者得焉。

骚扰，惊扰着乡民，即使是鸡狗也不能够安宁啊！我就小心翼翼地爬起来，看看我的瓦罐，我的蛇还在，就可以放心地躺下了。我小心地喂养蛇，到规定的日子把它献上去。回家后有滋有味地吃着田地里出产的东西，来度过我的余年。一年当中冒死的情况只有两次，其余时间我都可以快快乐乐地过日子。哪像我的乡邻们那样天天都有死亡的威胁呢？现在我即使死在这事上，比起我的乡邻，已经死得够晚了，又怎么敢怨恨捕蛇这件事呢？"

我听完蒋氏的诉说更加悲伤了。孔子说："苛酷的统治比老虎还要凶暴啊！"我曾经怀疑过这句话，现在根据蒋氏的遭遇来看这句话，还真是可信的。唉！谁知道苛捐杂税的毒害比这种毒蛇的毒害更厉害呢！所以我写了这篇文章，期待那些朝廷派遣来考察民情的人看到它。

文化常识第146讲

租税 指古代国家征收的田赋和各种税款的总称。《韩非子·诡使》中记载："悉租税，专民力，所以备难充仓府也。"韩非主张加强租税的管理。租税是国家财政的重要来源，仓府充足了，预先有准备，即使发生灾难战争，也不怕。韩非是法家代表人物，他的观点体现了法家富国强兵的思想。

常用字第146讲 甚

❶ <形>厉害；严重。《邹忌讽齐王纳谏》："由此观之，王之蔽甚矣。"
❷ <形>比……厉害；超过。《邵公谏厉王弭谤》："防民之口，甚于防川。"
❸ <形>深奥；烦琐。《五柳先生传》："好读书，不求甚解。"
❹ <副>很；非常。《论积贮疏》："生之者甚少而靡之者甚多。"
❺ <代>什么。《鲁提辖拳打镇关西》："官人，吃甚下饭？"

语法常识第146讲

词类活用：名词作状语【岁】 "其始，太医以王命聚之，岁赋其二"一句中"岁"本义为"年"，是名词，在这里活用作状语，意为"每年"，来修饰"赋"。翻译为：开始，太医凭借皇帝的命令征集这种蛇，每年征收两次。

种树郭橐(tuó)驼传

——向种树人学习

《古文观止》有故事

柳宗元出生于官宦家庭,他的高伯祖柳奭(shì),曾做过唐高宗时候的宰相,因为得罪了武则天被处死。他的父亲柳镇,在府县任职,勤政爱民,一直教导他要关注民生疾苦。从他很小的时候,"养民利民"的思想就已经开始萌芽了。

柳宗元一进入官场,就推翻了"受命于天"的说法,认为统治者受命于民,民心、民意才是具有决定性作用的。他强调只有施行仁政,让人民安居乐业,统治才能长久。

这篇文章写于唐德宗贞元二十一年(805年),是柳宗元在长安参加王叔文领导的政治革新运动期间创作的。

当时,豪强地主疯狂兼并土地,贫富分化特别厉害。土地多的地主拥有好几万亩地,而贫苦老百姓连间遮风挡雨的屋子都没有。那些侥幸还有一点点土地的,除了要缴纳正常的租税之外,还要缴纳各种可笑的苛捐杂税:过路过桥过河要交税,种蔬菜种果树要交税,卖艺要交税,就是死了也要交一份税……

针对这些情况,柳宗元主张鼓励百姓按照自己的优势与兴趣去发展,谋取利益。

于是,他为种树人郭橐驼写了一篇传记,借这个驼背的种树人说出了自己的心声:作为一个种树人,所能做的只是顺应树木生长的自然规律,让它们按照本性生长。其余的就不要再管它们了,管得越多反倒会妨碍生长。做

官管理百姓也是这样，别瞎指挥，顺应人性，让老百姓自己去种地、去养殖，他们的日子肯定能过得红红火火的。

逐字逐句学古文

原文

郭(guō)橐(tuó)驼(tuó)，不(bù)知(zhī)始(shǐ)何(hé)名(míng)。病(bìng)偻(lóu)，隆(lóng)然(rán)伏(fú)行(xíng)，有(yǒu)类(lèi)橐(tuó)驼(tuó)者(zhě)，故(gù)乡(xiāng)人(rén)号(hào)之(zhī)"驼(tuó)"。驼(tuó)闻(wén)之(zhī)曰(yuē)："甚(shèn)善(shàn)。名(míng)我(wǒ)固(gù)当(dàng)。"因(yīn)舍(shě)其(qí)名(míng)，亦(yì)自(zì)谓(wèi)"橐(tuó)驼(tuó)"云(yún)。

译文

不知道郭橐驼最初叫什么名字。他患了脊背弯曲的病，脊背高高突起，弯着腰走路，就像骆驼一样，所以乡里人称呼他为"驼"。橐驼听说后，说："这个名字很好啊，这样称呼我确实恰当。"于是他舍弃了原来的名字，也自称起"橐驼"来。

他的家乡叫丰乐乡，在长安城西

其乡曰丰乐乡，在长安西。驼业种树，凡长安豪富人为观游及卖果者，皆争迎取养。视驼所种树，或移徙，无不活；且硕茂，早实以蕃。他植者虽窥伺效慕，莫能如也。

有问之，对曰："橐驼非能使木寿且孳也，能顺木之天，以致其性焉尔。凡植木之性，其本欲舒，其培欲平，其土欲故，其筑欲密。既然已，勿动勿虑，去不复顾。其莳也若子，其置也若弃，则其天者全而其性得矣。故吾不害其长而已，非有能硕茂之也；不抑耗其实而已，非有能早而蕃之也。他植者则不然，根拳而土易，其培之也，若不过焉则不及。苟有能反是者，则又爱之太殷，忧之太勤。且视而暮抚，已去而复顾。甚者，爪其肤以验其生枯，

边。郭橐驼以种树为职业，凡是长安城种植花木以供观赏的豪富之人和做水果买卖的人，都争着迎接雇用他。人们观察橐驼种的树，或者移植的树，没有不成活的；而且长得高大茂盛，果实结得早而且多。其他种植的人即使暗中观察效仿，也没有谁能比得上他的。

有人问他种树种得好的原因，他回答说："我并不能使树木活得长久而且长得很快，不过是能够顺应树木的自然生长规律，使它的本性充分发展而已。所有树木的本性是：树根要舒展，培土要平均，它根下的土要用原来培育树苗的土，根周围的捣土要紧实。这样做了之后，就不要再动，不要再担心它，离开后就不再管它。栽种时要像对待子女一样细心，栽好后要像丢弃它一样放在一边，那么树木的天性就得以保全，它们的本性也就能够得到充分发展。所以我只不过不妨碍它们的生长罢了，并不是有能使它们长得高大茂盛的办法；只不过不抑制、减少它们结果罢了，也并不是有能力使它们果实结得又早又多。"别的种树人却不是这样。种树时，树根拳曲着，还换上生土；给树培土的时候，不是过紧就是太松。如果有能够和这种做法相反的人，又太过于爱惜它们了，担心得太过分了；早晨去看了，晚上又去摸摸，已经离开了，又回来望望。更严重的，甚至掐破树皮来观察它是死是

217

摇其本以观其疏密，而木之性日以离矣。虽曰爱之，其实害之；虽曰忧之，其实仇之。故不我若也。吾又何能为哉！"

问者曰："以子之道，移之官理，可乎？"驼曰："我知种树而已，官理，非吾业也。然吾居乡，见长人者好烦其令，若甚怜焉，而卒以祸。且暮吏来而呼曰：'官命促尔耕，勖尔植，督尔获，蚤缫而绪，蚤织而缕，字而幼孩，遂而鸡豚。'鸣鼓而聚之，击木而召之。吾小人辍飧饔以劳吏者，且不得暇，又何以蕃吾生而安吾性耶？故病且怠。若是，则与吾业者其亦有类乎？"

问者嘻曰："不亦善夫！吾问养树，得养人术。"传其事以为官戒也。

活，摇动树的根部来看培土是松还是紧，这样就日益违背树木的天性了。虽然说是喜爱它，实际上是戕害它；虽说是担心它，实际上是仇视它。所以他们种植的树都不如我。我又哪里有什么特殊本领呢？"

问的人说："把你种树的方法，转用到做官治民上，可以吗？"橐驼说："我只知道种树罢了，做官治民不是我的职业。但是我住在乡里，看见那些官吏喜欢不断地发号施令，好像是很怜爱百姓，但百姓最终反而受到祸害。从早到晚那些小吏跑来大喊：'长官有令：催促你们耕地，勉励你们种植，督促你们收获，早些煮茧抽丝，早些织好你们的布，养育好你们的孩子，喂养好你们的家禽牲畜！'一会儿打鼓招聚大家，一会儿敲梆召唤大家。我们这些小百姓停止吃早、晚饭去慰劳那些小吏尚且不得空暇，又怎能使我们的人口兴旺，使我们人心安定呢？所以我们既困苦又疲乏。像这样治民反而扰民，它与我种树的行当大概也有相似的地方吧？"

问的人说："不也是很好吗！我问种树的方法，得到了治民的方法。"我为这件事作传，把它作为官吏们的戒鉴。

文化常识第147讲

缫 也称为缫丝，就是煮茧抽丝。传说中黄帝的妻子、西陵氏之女嫘祖，教给百姓养蚕抽丝，制成衣服给大家穿。原始的缫丝方法，是把蚕茧泡在热汤中，用手抽丝，卷绕在丝筐上。所用的盆和筐就是最原始的缫丝器具。在仰韶文化遗址中，出土了纺轮，说明在几千年前，先民们已经会用纺轮纺丝和麻了。

常用字第147讲 —— 置

❶ <动>放弃。《鸿门宴》："沛公则置车骑，脱身独骑。"
❷ <动>放置；安放。《五人墓碑记》："断头置城上，颜色不少变。"
❸ <动>放逐。《郑伯克段于鄢》："遂置姜氏于城颍。"
❹ <动>摆设。《信陵君窃符救赵》："公子于是乃置酒大会宾客。"
❺ <动>设置。《过小孤山大孤山》："南朝自武昌到京口，列置烽燧。"
❻ <动>置办；购买。《苏武传》："既至匈奴，置币遗单于。"
❼ <动>释放。《史记·吴王濞列传》："斩首捕虏，比三百石以上皆杀之，无有所置。"
❽ <动>关押。《狱中杂记》："苟入狱，不问罪之有无，必械手足，置老监。"

语法常识第147讲

词类活用：名词作动词【爪】 "甚者爪其肤以验其生枯，摇其本以观其疏密"一句中"爪"本义为"爪子，手"，是名词，在这里活用作动词，意为"用手抓"，翻译为：更严重的，甚至掐破树皮来观察它是死是活，摇动树的根部来看培土是松还是紧。

梓人传
——不会修床腿的建筑大师

柳宗元

《古文观止》有故事

柳宗元笔下有一个建筑师,自己家的床铺缺了腿,他都不会修,但是却能画出精确的图纸,指挥各种工匠建造房屋。房屋建好后,柱子上只会写下建筑师的名字,其他工匠的名字却不会留下来。

柳宗元由此想到了宰相的工作,和建筑师差不多。宰相要对天下的形势有整体的了解,就像建筑师画图一样,还要选拔各种人才,根据他们的能力安排职位,让他们各司其职,充分发挥才能。柳宗元举了伊尹等古代贤相的例子,证明自己的观点。

伊尹本名叫伊挚(zhì)，是商朝的开国元勋。后代评价他是政治家、军事家、思想家，其实，他当初就是个厨子。从厨子到宰相，他是怎么做到的呢？

伊尹小时候做过奴隶，后来到了商地。他给商的君主汤做了一次饭。他说做菜的诀窍首先要了解原材料的性质，细心体会、调和五味；其次要注意火候，快火、慢火要根据食材来决定……治理国家也是这样，要善于发现人才，了解天下形势，然后调和各方面的势力，这样社会才能和谐，国家才能昌盛。

商汤非常认可他的说法，果断地封他做了宰相。

伊尹没有辜负汤的信任，帮助他灭了夏朝，建立了商王朝，辅佐了几代君王。后来，太甲做了君主，却不好好治理国家。伊尹竟然把太甲赶到商汤的墓葬之处反省错误，自己管理国事。三年后，太甲改过自新，伊尹又把他接了回来，把国家大事交还给他。

这就是柳宗元心目中的贤相！他从建筑师说到宰相，论述治国大道，让人信服（本文所选的只是原文的前半部分）。

逐字逐句学古文

原文	译文
裴(péi)封(fēng)叔(shū)之(zhī)第(dì)，在(zài)光(guāng)德(dé)里(lǐ)。有(yǒu)梓(zǐ)人(rén)款(kuǎn)其(qí)门(mén)，愿(yuàn)佣(yōng)隙(xì)宇(yǔ)而(ér)处(chǔ)焉(yān)。所(suǒ)职(zhí)寻(xún)引(yǐn)、规(guī)矩(jǔ)、绳(shéng)墨(mò)，家(jiā)不(bù)居(jū)砻(lóng)斫(zhuó)之(zhī)器(qì)。问(wèn)其(qí)能(néng)，曰(yuē)："吾(wú)善(shàn)度(dù)材(cái)，视(shì)栋(dòng)宇(yǔ)之(zhī)制(zhì)，高(gāo)深(shēn)、圆(yuán)方(fāng)、短(duǎn)长(cháng)之(zhī)宜(yí)，吾(wú)指(zhǐ)使(shǐ)而(ér)群(qún)工(gōng)役(yì)焉(yān)。舍(shě)我(wǒ)，众(zhòng)莫(mò)能(néng)就(jiù)一(yì)宇(yǔ)。故(gù)食(shí)于(yú)官(guān)府(fǔ)，	裴封叔的家宅在光德里。有位木匠敲他的门，想用做佣工的方式借住在他家的空屋子里。他带来的是些度量长短、规划方圆和校正曲直的工具；家里没有磨砺和砍削的器具。问他有什么能耐，他说："我善于计算用料。观看房屋的式样，根据其高低、深浅、圆方、长短的情况，我就可以指挥众工匠去干活了。离了我，大家就不能建成一栋房子。所以我被官府供养，得到的俸禄比

吾受禄三倍；作于私家，吾收其直太半焉。"他日，入其室，其床阙足而不能理，曰："将求他工。"余甚笑之，谓其无能而贪禄嗜货者。

其后，京兆尹将饰官署，余往过焉。委群材，会众工。或执斧斤，或执刀锯，皆环立向之。梓人左持引，右执杖，而中处焉。量栋宇之任，视木之能，举挥其杖曰："斧！"彼执斧者奔而右；顾而指曰："锯！"彼执锯者趋而左。俄而斤者斫，刀者削，皆视其色，俟其言，莫敢自断者。其不胜任者，怒而退之，亦莫敢愠焉。画宫于堵，盈尺而曲尽其制，计其毫厘而构大厦，无进退焉。既成，书于上栋，曰"某年某月某日某建"，则其姓字也。凡执用之工不在列。余圜视大骇，然后知其术之工大矣。

别人多三倍；在私人家里干活，我取全部报酬的一大半。"后来有一天，我进了他的屋子。他的床缺了腿却不能修理，说："将要请别的工匠来修理。"我耻笑他，认为他是没有才能却贪图俸禄，喜爱钱财的人。

后来，京兆尹将要修缮官署，我路过那里。那里堆积了大量木材，召集了许多工匠。有的工匠拿着斧斤，有的工匠拿着刀锯，都面朝着那位木匠站成一圈。木匠左手拿着长尺，右手拿着木杖，站在中间。他衡量房屋的承受情况，察看木料的性能酌情选用，挥动他的木杖说"用斧子砍"，那些拿斧子的就跑到右边去砍；回头指着木材说"用锯子锯"，那些拿锯的就跑到左边去锯。不一会儿，无论是拿斧子的去砍，还是拿刀的去削，全都看着他的脸色，等待他发话，没有一个敢自作主张的。那些不能胜任的人，被他愤怒地斥退了，也不敢有一点怨恨。他在墙上绘了官署房子的图样，刚满一尺见方的图样却细致详尽地画出了它的建筑构造。按照图上微小的尺寸计算，建造起的高楼大厦，没有一点误差的地方。房子建成后，在正梁上写道"某年某月某日某某造"，原来就是他的名字。凡是被他役使的工匠都不在上面列名。我环视后感到非常惊讶，然后才知道他的技术确实精湛和伟大。

文化常识第148讲

绳墨 指木工打直线时用的墨线。原来，木工在锯木头之前，量好尺寸后，在两端画两个点。然后从墨盒中拉出沾满了墨汁的墨线，拉直到紧绷，两端和画好的两点对齐。再拉起墨线松开，墨线弹到木料上就会留下墨痕。按照墨痕，就能分毫不差地锯下来。"绳墨"一词常用来比喻法度或规矩。

常用字第148讲

读 shè 时：

❶ <名> 客舍；旅馆。《〈指南录〉后序》："二贵酋名曰馆伴，夜则以兵围所寓舍。"
❷ <名> 房舍；住房。《送元二使安西》："客舍青青柳色新。"
❸ <动> 住宿；居住。《游褒禅山记》："唐浮屠慧褒始舍于其址，而卒葬之。"
❹ <名> 谦称自己的亲属，用在表示亲属关系的名词前。如"舍亲""舍弟"等。
❺ <量> 古代行军三十里为一舍。《左传·僖公二十三年》："晋楚治兵，遇于中原，其避君三舍。"

读 shě 时：

❶ <动> 舍弃；放弃。《劝学》："锲而不舍，金石可镂。"
❷ <动> 放开；释放。《齐桓晋文之事》："舍之，吾不忍其觳觫。"
❸ <动> 施舍；布施。《京本通俗小说·错斩崔宁》："将近一半家私舍入尼姑庵中。"

语法常识第148讲

词类活用：名词作动词【斧】 "挥其杖曰：'斧！'彼执斧者奔而右"一句中"斧"本义为"斧头"，是名词，在这里第一个"斧"字活用作动词，意为"用斧头砍"。翻译为：挥动他的木杖说"用斧子砍"，那些拿斧子的就跑到右边去砍。

愚溪诗序

—— 真愚，还是假愚？

柳宗元

《古文观止》有故事

公元806年，柳宗元被贬到永州。五年后，他在永州郊外发现了一个很不错的地方。有人说有姓冉的人家在这里住过，所以叫作冉溪；也有人说这条溪水可以染色，所以叫作染溪。

是染溪，还是冉溪？柳宗元才不去调查这些事呢！他喜欢这个地方，就在这里安了家。既然是自己的家，就有权给它命名了。唉，想到自己因为改革失败被贬到这里，真是愚笨到家了……有名字了，就叫愚溪吧！

住在愚溪，难免会想到被孔子评价为"其愚不可及也"的宁武子。宁武子是春秋时期卫国的大臣。

卫文公很努力，发展农业，发展教育，外加招兵买马，卫国渐渐地强盛起来。可是，他得罪了晋国，惹下了祸事。文公去世后，卫成公即位。晋国攻打卫国，卫成公逃到陈国避难，卫国就乱了套。多亏了宁武子一腔忠心，各种想办法周旋，卫成公才得以回国。可是，这个国君怕弟弟夺权，把弟弟杀了。晋国再次出兵攻打卫国，囚禁了卫成公。危急时刻，又是宁武子想尽办法，保全了他的性命，卫国才得以在夹缝中生存下来。

孔子评价宁武子："国家有道时，他就发挥自己的聪明才智；国家无道时，他就傻傻地想办法挽救，不想着投机取巧躲避祸患。发挥才智谁都能学到，可是他傻乎乎地一条道跑到黑，却是不好学的。"

柳宗元称赞宁武子其实并不是真的愚笨，由宁武子想到愚溪的命名，表面是在说自己真笨，但实际还是发牢骚，表达不满。参加改革，却落了个被贬谪的下场，是真傻还是假傻？

当然不是真愚，只是坚守着一颗为国为民的忠心罢了。

逐字逐句学古文

原文

guàn shuǐ zhī yáng yǒu xī yān dōng liú rù yú xiāo
灌水之阳有溪焉，东流入于潇
shuǐ huò yuē rǎn shì cháng jū yě gù xìng shì xī
水。或曰：冉氏尝居也，故姓是溪
wéi rǎn xī huò yuē kě yǐ rǎn yě míng zhī yǐ qí
为冉溪。或曰：可以染也，名之以其
néng gù wèi zhī rǎn xī yú yǐ yú chù zuì zhé xiāo
能，故谓之染溪。余以愚触罪，谪潇
shuǐ shàng ài shì xī rù èr sān lǐ dé qí yóu
水上。爱是溪，入二三里，得其尤

译文

灌水的北面有一条小溪，向东流入潇水。有人说，过去有个姓冉的住在这里，所以把这条溪水叫冉溪。还有人说，溪水可以用来染色，用它的功能命名为染溪。我因愚昧而犯罪，被贬到潇水一带。我喜爱这条小溪，沿着它走了二三里，发现一个风景绝

绝者家焉。古有愚公谷，今余家是溪，而名莫能定，土之居者犹龂龂然，不可以不更也，故更之为愚溪。

愚溪之上，买小丘，为愚丘。自愚丘东北行六十步，得泉焉，又买居之，为愚泉。愚泉凡六穴，皆出山下平地，盖上出也。合流屈曲而南，为愚沟。遂负土累石，塞其隘，为愚池。愚池之东为愚堂，其南为愚亭，池之中为愚岛。嘉木异石错置，皆山水之奇者，以余故，咸以愚辱焉。

夫水，智者乐也。今是溪独见辱于愚，何哉？盖其流甚下，不可以灌溉。又峻急多坻石，大舟不可入也。幽邃浅狭，蛟龙不屑，不能兴云雨，无以利世，而适类于余，然则虽辱而愚之，可也。

宁武子"邦无道则愚"，智而为愚者也；颜子"终日不违如愚"，睿而

佳的地方，就将家安在这里。古代有愚公谷，如今我把家安置在这条溪水旁，可是它的名字没人能定下来，当地的居民还在争论不休，看来不得不改名了，所以我就把它改名为愚溪。

我在愚溪岸边买了个小丘，称为愚丘。从愚丘往东北走六十步，发现有一处泉水，买下来据为己有，将它称作愚泉。愚泉一共有六个泉眼，都出自山下平地，泉水都是往上涌出的。泉水汇合后弯弯曲曲向南流去，经过的地方就称作愚沟。于是运土堆石，堵住狭窄的泉水通道，筑成了愚池。愚池的东面是愚堂，南面是愚亭，池子中央是愚岛。美好的树木和奇异的岩石参差错落。这些都是山水中瑰丽的景色，因为我的缘故，都用愚字玷污了它们。

水是聪明人所喜爱的。可这条溪水竟然被愚字辱没，这是为什么呢？因为它的水道很低，不能用来灌溉；险峻湍急，有很多浅滩和石头，大船无法进去；位置偏僻，水流浅窄，蛟龙不屑一顾，不能行云布雨，对世人没有什么好处，正像我，那么用愚字来称呼它，也是可以的。

宁武子"在国家动乱时就显得很愚蠢"，这是聪明人装糊涂。颜回"从来不提与老师不同的见解，看起来很愚笨"，也是明智的人而故意表

为愚者也。皆不得为真愚。今余遭有道而违于理，悖于事，故凡为愚者，莫我若也。夫然，则天下莫能争是溪，余得专而名焉。

溪虽莫利于世，而善鉴万类，清莹秀澈，锵鸣金石，能使愚者喜笑眷慕，乐而不能去也。余虽不合于俗，亦颇以文墨自慰，漱涤万物，牢笼百态，而无所避之。以愚辞歌愚溪，则茫然而不违，昏然而同归，超鸿蒙，混希夷，寂寥而莫我知也。于是作《八愚诗》，记于溪石上。

现得很愚笨。他们都不是真正的愚笨。如今我在政治清明时却做出违背事理的事，所以再没有像我这般愚蠢的人了。因此，天下人谁也不能和我争这条溪水，我有给它命名的特权。

溪水虽然对世人没有什么好处，可它却能够映照万物，如玉色光洁清澈，能像金石一样铿锵作响，能使愚蠢的人眷恋，喜爱得不忍离去。我虽然与世俗不合，也还能写些文章来安慰自己，描摹各种事物，表现它们的千姿百态，没有什么能逃得出我的笔墨。我用愚笨的言辞歌唱愚溪，觉得茫茫然并不违背事理，昏昏然似乎都是一样的归宿，超越天地尘世，融入玄虚静寂之中，在寂寞清静之中达到了忘我的境地。于是作《八愚诗》，记在溪石上。

文化常识第149讲

文墨 柳宗元在本文中说"亦颇以文墨自慰"。古代写文章要用到墨,所以这里的文墨指文章,也指写文章。除此之外,"文墨"还可以指代写文章的人,从事文字工作的人;还可以指文化知识;刑律判状等。有个成语"粗通文墨",就是说稍微懂得一点写作方面的学问,也可以理解为有点文化。

常用字第149讲

读fū时:

❶ <名>成年男子。《愚公移山》:"遂率子孙荷担者三夫。"

❷ <名>大丈夫。《左传·宣公十二年》:"闻敌强而退,非夫也。"

❸ <名>指服劳役或从事某种体力劳动的人。《智取生辰纲》:"农夫心内如汤煮,公子王孙把扇摇。"

❹ <名>女子的配偶;丈夫。《陌上桑》:"罗敷自有夫。"

读fú时:

❶ <代>(1)这;那。《归去来辞》:"乐夫天命复奚疑?"(2)他。《左传·襄公二十年》:"使夫往而学焉。"

❷ <助>(1)用在句首,引起议论。《烛之武退秦师》:"夫晋何厌之有?"(2)用在句中,使语气显得舒缓。《论语·阳货》:"食夫稻,衣夫锦,放女安乎?"(3)用在句末,表示感叹。相当于"啊""吧"。《兰亭集序》:"后之视今,亦犹今之视昔,悲夫!"

语法常识第149讲

词类活用:名词作动词【家】 "爱是溪,入二三里,得其尤绝者家焉"一句中的"家"字,本义为"家",是名词,在这里用作动词,意为"安家"。翻译为:我喜爱这条小溪,沿着它走了二三里,发现一个风景绝佳的地方,就将家安在这里。

永州韦使君新堂记

——新刺史的好品位

● 《古文观止》有故事

公元812年,永州来了一位新刺史韦宙。韦宙出身于官宦人家,凭借父辈的功劳得到了不错的官职。他为人不错,做官也很清廉。

柳宗元很欣赏韦宙的为人,不过,他不知道,这位新刺史的处境挺尴尬,问题就出在他写过的那篇《捕蛇者说》上。

那篇文章传到京城,宰相武元衡和宦官俱文珍、刘光琦等人非常生气:"这个柳宗元,都把他赶到那么远的地方了,不懂得夹起尾巴做人,还含沙射

影地胡说八道。"不过，仅凭一篇文章就治他的罪有点牵强，所以，他们就下令让新任永州刺史韦宙暗中监督柳宗元，搜集他更多的犯罪证据。

一天，韦宙邀请柳宗元来家里做客。两个人喝了几杯酒，韦宙就把朝廷那几个人的命令和盘托出。柳宗元马上就知道自己给刺史添麻烦了，连连道歉，并且表示以后写文章再小心一些。

谁知道韦宙却爽朗一笑："小心些？那还是你吗？你想怎么写就怎么写，只不过暂时不要传出去，以免给自己招惹祸事！"柳宗元连连点头。

韦宙在永州期间做了很多好事：建立常平仓，在丰年收购多余的粮食储存起来，等到荒年再拿出来救济百姓；他还建立了买牛制度，牛越买越多，粮食也越来越多，农业很快就发展起来了。时间不长，永州就呈现出一番繁荣景象。

后来，韦宙开辟了一块荒地，盖了新房子。柳宗元为他写了一篇文章，借建造新居这件事，既祝贺乔迁之喜，又颂扬了韦宙美好的品德。

逐字逐句学古文

原文	译文
将为穷谷、嵁岩、渊池于郊邑之中，则必辇山石，沟涧壑，凌绝险阻，疲极人力，乃可以有为也。然而求天作地生之状，咸无得焉。逸其人，因其地，全其天，昔之所难，今于是乎在。永州实惟九疑之麓。其始度土	如果打算在城邑营造幽谷、峭壁和深池，那就必须用车子运来山石，疏通山涧沟壑，越过险阻的地方，耗尽人力，才可能办到。可是要想有那种天造地设的景致，则不能做到。而不必耗费民力，顺应地形，且能保持天然之美，这种在过去很难办到的事情，如今在这里实现了。 永州在九嶷山麓。最初在这里测量规划的人，也曾环绕着山麓建起了

者，环山为城。有石焉，翳于奥草；有泉焉，伏于土涂。蛇虺之所蟠，狸鼠之所游。茂树恶木，嘉葩毒卉，乱杂而争植，号为秽墟。

韦公之来，既逾月，理甚无事。望其地，且异之。始命芟其芜，行其涂。积之丘如，蠲之浏如。既焚既酾，奇势迭出。清浊辨质，美恶异位。视其植，则清秀敷舒；视其蓄，则溶漾纡余。怪石森然，周于四隅。或列或跪，或立或仆，窍穴逶邃，堆阜突怒。乃作栋宇，以为观游。凡其物类，无不合形辅势，效伎于堂庑之下。外之连山高原，林麓之崖，间厕隐显；迩延野绿，远混天碧，咸会于谯门之内。

已乃延客入观，继以宴娱。或赞且贺曰："见公之作，知公之志。公之因土而得胜，岂不欲因俗以成化？公之择恶而取美，岂不欲

城市。这里有山石，却被茂密的草丛遮蔽着；这里有清泉，却埋藏在污泥之下，成了毒蛇盘踞、狸鼠出没的地方。嘉树和恶木，鲜花与毒草，混杂一处，竞相疯长。这里因此被称为荒凉的地方。

韦公来到永州，过了一个月，将这里治理得平安无事。望着这块土地，感到不同寻常，才让人铲除荒草，挖去污泥。铲下来的草堆积如山，疏通后的泉水晶莹清澈。烧掉了杂草，疏通了清泉，奇特的景致层出不穷。清秀和污浊分开了，美景代替了荒凉。看那树木，清秀挺拔，枝叶舒展；看那湖水，微波荡漾，曲折萦回。怪石森然繁密，环绕四周。有的排列成行，有的如同跪拜，有的站立，有的卧倒。石洞曲折幽深，石山突兀高耸。于是在此建造厅堂，作为观赏游玩的地方。所有的怪石无不适应地形地势，在厅堂之下显出特色。厅堂的外面是连绵的群山、高原和林木覆盖的悬崖，穿插交错，或隐或现。绿色的原野从近处伸向远方，跟碧蓝的天空连成了一体。这一切，都汇集到城内了。

新堂盖好后，使君便邀请客人们前来参观，接着又设宴欢聚。有的边赞誉边祝贺说："看到您修建这新堂，便知道您的心志。您随着地势开辟出胜景，难道不就是想顺着当地的风俗

除残而佑仁?公之蠲浊而流清,岂不欲废贪而立廉?公之居高以望远,岂不欲家抚而户晓?夫然,则是堂也,岂独草木、土石、水泉之适欤?山、原、林麓之观欤?将使继公之理者,视其细,知其大也。"

宗元请志诸石,措诸壁编,以为二千石楷法。

来形成教化吗?您铲除恶木毒草而保留嘉树鲜花,难道不就是想铲除凶暴而保护仁者吗?您挖除污泥而使清泉流淌,难道不就是想除去贪污而提倡廉洁吗?您登临高处而纵目远望,难道不就是想让每个家庭都得到安抚晓谕吗?既然这样,那么建这个新堂难道仅仅是为了使草木、土石、清泉、流水怡人心意,或是为了观赏山峦、原野和树林的景色吗?该是希望继任您治理这个州的人,能够通过这件小事,懂得治民执政的大道理啊。"

我请求把这篇文章刻在石上,嵌在墙上,让后世的刺史们学习。

文化常识第150讲

九疑山　就是九嶷山,在湖南省南部永州市宁远县境内。九嶷山这个地名出自《水经注》,又叫苍梧山。《史记·五帝本纪》中记载:"舜南巡崩于苍梧之野,葬于江南九嶷。故老相传,舜尝登此。"舜禅位给大禹后,巡视天下,死在了苍梧,埋葬在九嶷山。因为是舜帝的安寝之地,九嶷山成为一座以舜文化为主的文化名山。

常用字第150讲　作

❶ <动>起来;起身。《子路、曾皙、冉有、公西华侍坐》:"舍瑟而作。"

❷ <动>兴起;出现。《五蠹》:"有圣人作,构木为巢以避群害。"

❸ <动>发动;发出;发生。《过秦论》:"一夫作难而七庙隳。"

❹ <动>演奏。《石钟山记》:"如乐作焉。"

❺ <动>振作;振奋。《曹刿论战》:"一鼓作气,再鼓而衰。"

⑥ <动>干；做。《出师表》："若有作奸犯科及为忠善者，宜付有司论其刑赏。"
⑦ <动>充任。《滕王阁序》："家君作宰，路出名区。"
⑧ <动>制作；建造。《张衡传》："遂乃研核阴阳，妙尽璇玑之正，作浑天仪。"
⑨ <动>创作；写作。《滕王阁序》："登高作赋，是所望于群公。"
⑩ <动>劳作；劳动。《桃花源记》："其中往来种作，男女衣着，悉如外人。"
⑪ <名>作品。《图画》："中国画家自临摹旧作入手。"
⑫ <象>摹写老鼠活动的声音。《口技》："微闻有鼠作作索索。"

语法常识第150讲

词类活用：名词作动词【辇、沟】 "则必辇山石，沟涧壑，陵绝险阻"一句中"辇"和"沟"本义为"辇车"和"水沟"，是名词，在这里活用作动词，意为"用车装载"和"疏通"。翻译为：就必须用车子运来山石，疏通山涧沟壑，越过险阻的地方。

钴<ruby>鉧<rt>gǔ mǔ</rt></ruby>潭西小丘记

——良友美景兼得的幸运

柳宗元

《古文观止》有故事

柳宗元在永州时期，开始走进自然，到山水中寻求解脱，写出了流传后世的《永州八记》。同时，他也结识了一些志同道合、可以谈诗论道的朋友们。

这次和他一起发现钴鉧潭的，就有李深源和元克己。他们在钴鉧潭西意外地发现了一个小土堆，花了四百文钱买了下来。几个人兴奋地割掉杂草，砍去不好看的树木，美好的景致就显露出来了。

还有一个叫吴武陵的。吴武陵考中进士后做了翰林学士，后来因为得罪了宰相李吉甫被流放到永州，遇到了柳宗元。这个年轻人非常崇拜柳宗元，把他当作老师。柳宗元也很欣赏吴武陵，很谦虚地表示做他的老师不够格，很惭愧。

"同是天涯沦落人",两个被赶出京城的人常常一起结伴出游。朋友情、师生谊安慰了两颗孤独的心。

812年,吴武陵被赦免。这本是一个好消息,可是,师生二人却谁也笑不出来。柳宗元多么想和他一起回去呀!可是,赦免的名单上没有自己。四年了,四年的时间,他已经习惯了身边有这个年轻人的陪伴。一旦分别,真是舍不得呀。

吴武陵走了,他并没有忘记柳宗元。回到长安后,他找到宰相裴度,诉说柳宗元的遭遇,还给工部侍郎孟简写信,希望能赦免并重用柳宗元。

虽然只有四年的相处时光,但两个人意气相投,互相成全。柳宗元在永州,有知己相伴,有游记存世,还是很有收获的。

逐字逐句学古文

原文

得西山后八日,寻山口西北道二百步,又得钴鉧潭。西二十五步,当湍而浚者为鱼梁。梁之上有丘焉,生竹树。其石之突怒偃蹇,负土而出,争为奇状者,殆不可数。其嵚然相累而下者,若牛马之饮于溪;其冲然角列而上者,若熊罴之登于山。丘之小不能一亩,可以笼而有

译文

我找到西山后的第八天,沿着山口向西北走两百步,又发现了钴鉧潭。再往西走二十五步,在水流湍急处有个鱼梁。鱼梁上有一座小丘,小丘上面生长着竹子和树木。小丘上的石头有的突出耸立,有的仰卧着,破土而出、争奇斗怪的,多得几乎数不清。那些重叠着、向下延伸的石头,好像是俯身在小溪里喝水的牛马;那些如兽角斜列往上冲的石头,好像是向山上攀登的熊。

小丘很小,不到一亩,简直可以把它装到笼子里。我打听它的主人是

之。问其主,曰:"唐氏之弃地,货而不售。"问其价,曰:"止四百。"余怜而售之。李深源、元克己时同游,皆大喜,出自意外。即更取器用,铲刈秽草,伐去恶木,烈火而焚之。嘉木立,美竹露,奇石显。由其中以望,则山之高,云之浮,溪之流,鸟兽之遨游,举熙熙然回巧献技,以效兹丘之下。枕席而卧,则清泠之状与目谋,潜潜之声与耳谋,悠然而虚者与神谋,渊然而静者与心谋。不匝旬而得异地者二,虽古好事之士,或未能至焉。

噫!以兹丘之胜,致之沣、镐、鄠、杜,则贵游之士争买者,日增千金而愈不可得。今弃是州也,农夫渔父过而陋之,价四百,连岁不能售。而我与深源、克己独喜得之,是其果有遭乎?

书于石,所以贺兹丘之遭也。

谁,有人说:"这是唐家不要的地方,想出售却卖不出去。"问它的价钱,说:"只要四百文。"我很同情这个小丘,就把它买了下来。李深源、元克己当时和我一起游览,他们都非常高兴,认为这是出乎意料的收获。我们随即轮流拿起工具,铲割杂草,砍伐杂树,点燃大火把它们烧掉。美好的树木挺立起来了,秀美的竹子显露出来了,奇峭的石头呈现出来了。我们站在小丘中间眺望,只见高高的山岭、飘浮的云朵、潺潺的溪流、自由自在游玩的飞鸟走兽,全都欢快地呈巧献技,来为这个小丘效力。我们在小丘上枕着石头席地而卧,眼睛看到的是清澈明净的景色,耳朵听到的是淙淙潺潺的水声,精神感受到的是悠远空旷的浩然之气,心灵体会到的是恬静幽深的境界。不满十天我就发现了两处风景胜地,即使古代喜欢游历的人士,也许都做不到。

唉!如果把这小丘优美的景色放到沣、镐、鄠、杜之地,那么喜欢游赏的、争相购买的人每天增价千金购买恐怕也买不到呢。如今它被抛弃在永州,连农民、渔夫走过都鄙视它。售价四百文钱,一连几年也卖不出去。而唯独我和李深源、元克己因为买到它而高兴,难道真有所谓遭际遇合吗?

我把这篇文章写在石碑上,用来祝贺我和这小丘的遇合。

文化常识第 151 讲

旬　这个字在甲骨文中就已经有了。一个月有三十天，为了便于计时，将一月分成三个等量单位。十天为一个单位，叫一旬。从初一到初十，或者从甲日到癸日，就是一旬。过了一旬又是新的一旬，一个月三旬。本文提到的"不匝旬"，就是不到十天。从"十天"引申为"十年"，说一位老人"年近七旬"就是将近七十岁。

常用字第 151 讲

怜

❶ <动>怜爱；疼爱。《触龙说赵太后》："丈夫亦爱怜其少子乎？"
❷ <动>同情；怜悯。《信陵君窃符救赵》："公子纵轻胜，弃之降秦，独不怜公子姊耶？"

语法常识第 151 讲

倒装句：数词定语后置　文言文中，有些句子会把数词放在宾语后面，起到突出强调宾语的作用。本文"不匝旬而得异地者二，虽古好事之士，或未能至焉"一句中"二"就是放在了宾语"异地者"后面，突出"异地者"。正确语序为："不匝旬而得二异地者，虽古好事之士，或未能至焉。"翻译为：不满十天我就发现了两处风景胜地，即使是古代喜欢游历的人士，也许都做不到。

小石城山记
——被"浪费"的美景和才华

柳宗元

《古文观止》有故事

《永州八记》的最后一篇是《小石城山记》。元和七年(812年),柳宗元发现了一座小石城山,石缝中长出了挺拔而秀丽的树木和绿竹。他很喜欢这里,感叹造物主竟然把这么好的景致安排在人迹罕至的地方,就像自己,空有一身才能却被放逐到这个破地方。他不禁想起了当年一起改革的伙伴们——

韦执谊是当年永贞革新时的宰相,被贬到崖州(今海南省海口市)做司马,早在几年前,病死在那里。

凌准也很惨。想起凌准，柳宗元不由得流下了眼泪。他先是被贬为和州（今安徽省和县）刺史，接着又被贬到连州任司马。两个儿子跟随他一起到了连州，把家眷留在家乡，孤苦无依，受人欺凌。凌准的老母亲和两个弟弟相继死去。凌准得到了消息，却不能回家奔丧，整日以泪洗面，不到半年，竟然把眼睛哭瞎了。后来，他病死在连州的一座佛寺里。

柳宗元不忍再想下去了。那都是人才呀，英年早逝，可悲可叹！

815年，柳宗元终于离开了永州，被召回长安，却仍然没有得到重用，而是被任命为柳州刺史。他到了柳州，再也没有回去。柳宗元在柳州病逝时，才四十七岁。

逐字逐句学古文

原文

自西山道口径北，逾黄茅岭而下，有二道：其一西出，寻之无所得；其一少北而东，不过四十丈，土断而川分，有积石横当其垠。其上为睥睨、梁欐之形，其旁出堡坞，有若门焉。窥之正黑，投以小石，洞然有水声，其响之激越，良久乃已。环之可上，望甚远，无土壤而

译文

从西山路口一直向北走，越过黄茅岭往下走，有两条路：一条向西走，沿着它走过去什么也得不到；另一条稍微偏北而后向东，走了不到四十丈，路就被一条河流截断了，有积石横挡在这条路的尽头。石山顶部天然生成矮墙和栋梁的形状，旁边又凸出一块好像堡垒，有一个像门的洞。从洞往里看，一片漆黑；丢一块小石子进去，石子"扑通"入水发出响声，那声音很洪亮，好久才消失。石山可以盘绕着登到山顶，站在上面望得很远。山上没有泥土却长着很好的树木和竹子，而且更显得形状奇特、质地坚硬。竹木分布疏密有致、高低参差，好

生嘉树美箭，益奇而坚，其疏数偃仰，类智者所施设也。

噫！吾疑造物者之有无久矣。及是，愈以为诚有。又怪其不为之中州，而列是夷狄，更千百年不得一售其伎，是固劳而无用。神者傥不宜如是，则其果无乎？或曰："以慰夫贤而辱于此者。"或曰："其气之灵，不为伟人，而独为是物，故楚之南少人而多石。"是二者，余未信之。

像是有智慧的人特意布置的。

唉！我怀疑有没有造物者已经很久了，到了这儿更认为确实有。但又奇怪他不把这小石城山安放到中原地区去，却把它摆在这荒僻遥远的蛮夷之地，即使经过千百年也没有一次可以显示自己奇异景色的机会，这简直是白耗力气而毫无用处。神灵的造物者似乎不会这样做的，那么难道果真没有造物者吗？有人说："造物者之所以这样安排，是用这胜景来安慰那些被贬逐在此地的贤人的。"也有人说："这地方山川钟灵之气不能造就伟人，而独凝聚成这些景物，所以楚地的南部少出人才而多产奇峰怪石。"这两种说法，我都不信。

文化常识第152讲

睥睨天下 本文中提到的"睥睨"指的是城上锯齿形的矮墙。也指斜着眼看，侧目而视，带有厌恶或轻视的意思。《淮南子·修务训》中记载："过者莫不左右睥睨而掩鼻。"经过的人无不斜着眼睛看并捂着鼻子，这里就是表示厌恶的意思。成语"睥睨天下"形容轻视一切，看不起天下人，突出高傲的意思。

常用字第152讲

❶ <动>到……去。《谭嗣同》："君径造袁所寓之法华寺。"
❷ <动>制造；建造。《张衡传》："复造候风地动仪。"

③ <动>形成。《察变》:"计惟有天造草昧,人功未施。"
④ <动>制定。《屈原列传》:"怀王使屈原造为宪令。"
⑤ <动>做;行。《窦娥冤》:"造恶的享富贵又寿延。"
⑥ <名>世;代。《〈黄花岗七十二烈士事略〉序》:"满清末造……"

语法常识第152讲

词类活用:方位名词作动词【北】"自西山道口径北,逾黄茅岭而下,有二道"一句中"北"字本义为"北边",是方位名词,在这里活用作动词,意为"向北走"。翻译为:从西山路口一直向北走,越过黄茅岭往下走,有两条路。

贺进士王参元失火书

—— 坏事变成了好事

《古文观止》有故事

有一天,柳宗元收到了一封信,信是他的亲戚杨八寄来的。信中说,王参元家遭了火灾,家里烧得什么都没有了。刚开始,柳宗元吓了一跳,最后竟然又高兴起来。本来打算写信安慰朋友的,最后反倒变成祝贺了。失火为什么值得祝贺呢?

王参元博览群书,才华出众,却没有做官,柳宗元一直觉得很遗憾。后来,柳宗元做了监察御史和礼部员外郎,想要举荐王参元,可是一张口就会引来非议。因为王参元家里有钱,谁为他说好话,就会被人们认为是收了他的钱。

柳宗元常常和孟几道谈起这事,为王参元抱不平,觉得他是被家产所累。

现在家产被烧光了，反倒没有了顾忌，欣赏他的人就可以大胆为他讲话，推荐他做官了。这么一想，王参元失去了家产，说不定从此就可以施展才华了呢。

和柳宗元一样，欣赏王参元才华的还有孟几道。跟王参元和柳宗元相比，孟几道是比较幸运的。811年，他被贬为常州（今江苏省常州市）刺史。本来是坏事，却变成了好事，他在常州做出了名垂青史的功绩。

为了解决运河漕运和农田灌溉的问题，他征集了15万民工，对当地京杭大运河岸一线的旧河道进行了疏浚，新开通河道四十一里。滚滚江水流过来，灌溉了四千余顷土地，农民终于填饱了肚子，运漕粮的船只也可从这里进入长江了。后人为纪念他的功绩，把新开通的河道称为"孟河"。孟几道因为治理常州有功，被表彰并升了官。

正如柳宗元在信中说的，盈虚是互相依托、不断转化的，好事可以变坏事，坏事也可以变好事。所以不要为一时的得失而苦恼，心胸要豁达。他是在劝别人，也是在劝自己。

逐字逐句学古文

原文

得杨八书，知足下遇火灾，家无余储。仆始闻而骇，中而疑，终乃大喜。盖将吊而更以贺也。道远言略，犹未能究知其状，若果荡焉泯焉而悉无有，乃吾所以尤贺者也。

足下勤奉养，乐朝夕，惟恬安

译文

得到杨八的信，知道您遭遇火灾，家里没有一点积蓄了。我开始听到很吃惊，接着感到怀疑，最后则非常高兴。本来我准备慰问您，现在却改变为要向您道喜。由于相隔很远，信里的话又很简单，我不能彻底了解您家的情形。如果真是像大水冲过一样，干干净净的，完全没有了，我就更要因此向您道喜。

您一向小心地奉养双亲，使日

无事是望也。今乃有焚炀赫烈之虞，以震骇左右，而脂膏滫瀡之具，或以不给，吾是以始而骇也。

凡人之言皆曰，盈虚倚伏，去来之不可常。或将大有为也，乃始厄困震悸，于是有水火之孽，有群小之愠。劳苦变动，而后能光明，古之人皆然。斯道辽阔诞漫，虽圣人不能以是必信，是故中而疑也。

以足下读古人书，为文章，善小学，其为多能若是，而进不能出群士之上，以取显贵者，盖无他焉。京城人多言足下家有积货，士之好廉名者，皆畏忌不敢道足下之善，独自得之，心蓄之，衔忍而不出诸口，以公道之难明，而世之多嫌也。一出口，则嗤嗤者以为得重赂。

仆自贞元十五年，见足下之

子过得很安宁，只希望全家平安无事。现在却有一场大火灾，使您震惊不安，甚至连伙食的用料都不能正常供应，我因此刚一听到这消息就大吃一惊。

一般人都说："圆满和缺陷互为因果。"得和失不会一成不变。也许一个人在大有作为之前，就开始受到种种妨碍和惊吓，遭到水火灾害，受到小人们的怨恨。经过劳苦磨炼，然后才能有光明坦荡的前途。古代的仁人志士都是这样。但是，这个道理太迂远，大而无当，即使是圣人也不认为它一定可信，我因此后来又产生了怀疑。

像您这样读了很多古人的书，能写文章，对文字学很有研究，这样多才多能，可是不能超过一般读书人而取得高官厚禄，没有别的缘故，只因为京城的人大多数说您有很多钱，所以读书人中间那些爱惜自己清白名声的，都心存顾虑，不敢称赞您的优点，只是把话放在心里，强忍着不说出口。加上公道不容易说清，世上的人又喜欢怀疑。一旦有人说出称赞您的话，那些嘲笑的人就认为那人必定是得了您的厚礼。

我从贞元十五年看见您写的文章后，放在心里六七年也不敢说出赞赏您的话。这是我只顾自己而长久对不

文章，蓄之者盖六七年未尝言。是仆私一身而负公道久矣，非特负足下也。及为御史、尚书郎，自以幸为天子近臣，得奋其舌，思以发明足下之郁塞。然时称道于行列，犹有顾视而窃笑者。仆良恨修己之不亮，素誉之不立，而为世嫌之所加。常与孟几道言而痛之。乃今幸为天火之所涤荡，凡众之疑虑，举为灰埃。黔其庐，赭其垣，以示其无有。而足下之才能，乃可以显白而不污，其实出矣。是祝融、回禄之相吾子也。则仆与几道十年之相知，不若兹火一夕之为足下誉也。宥而彰之，使夫蓄于心者，咸得开其喙；发策决科者，授子而不栗。虽欲如向之蓄缩受侮，其可得乎？于兹吾有望于子，是以终乃大喜也。

古者列国有灾，同位者皆

起公道，不只是对不起您呀！等到我做了御史、尚书郎，自认为有幸做了皇上身边的臣子，能够大胆说话，想利用这个机会来阐明您受阻滞的情况。但是，我有时在同事面前称赞您时，还有回头去互相使眼色、偷笑的人。我实在恨自己的品德修养不能使人信任，平时的好名誉没有树立，竟被世人把这种猜疑加到我身上。我常常和孟几道谈这些事情，非常痛心。可现在幸好您的财产被天火烧光了，所有人的猜忌疑虑完全变为灰尘。烧黑了您的屋宇，烧红了您的墙壁，从而显示您一无所有；而您的才能，才可以清楚地体现出来，再不被谣言所污染，您的真相就显露出来了。这是火神保佑您啊！这样看来，我和几道十年来与您的相知，还比不上这次火灾一个晚上给您造成的好名誉。以后大家都会原谅您，可以公开宣扬你的才能了，使得那些有话藏在心里的人，都能毫无顾忌地为您说话了；主持考试的，可以大胆录取您，不再怕别人说闲话。现在，我就是想要像过去那样避免嫌疑，被人嘲笑，可能吗？从此，我对您寄予了很大希望，因此，最后我非常高兴。

在古代，哪一个诸侯国有灾祸，其他诸侯国都来慰问。许国不慰问，君子都憎恶。现在，我说了上面的一

相吊。许不吊灾，君子恶之。今吾之所陈若是，有以异乎古，故将吊而更以贺也。颜、曾之养，其为乐也大矣，又何阙焉？

番话，看法和古代的有所不同，所以才把慰问变成了道喜。颜渊安于清贫，曾参孝养父母，那种天伦之乐很大，这样看来物质匮乏又算什么欠缺呢？

文化常识第153讲

祝融、回禄 传说中祝融是帝喾时代掌管火的官，后世尊为火神。《史记·楚世家》记载祝融是楚人的祖先，帝喾让他做火正，有些功劳，被认为能光融天下，所以帝喾给他命名为祝融。回禄也是传说中的火神。

常用字第153讲 咸

<副>全；都。《兰亭集序》："群贤毕至，少长咸集。"

语法常识第153讲

词类活用：名词作动词【黔、赭】 "黔其庐，赭其垣，以示其无有"一句中"黔"和"赭"本义为"黑色"和"红褐色"，都是名词，在这里活用作动词，意为"烧成焦黑色""烧成红褐色"。翻译为：烧黑了您的屋宇，烧红了您的墙壁，从而显示您一无所有。

待漏院记
——对于贤相的美好期待

📖《古文观止》有故事

　　王禹偁(chēng)是北宋散文家,诗人。他出生在一个农家,九岁就能做文章,983年考中进士,后来做了官。

　　端拱元年(988年),他写了一篇《端拱箴(zhēn)》来批评皇帝的奢侈生活。第二年,宋太宗因为契丹多次入侵北方边境,下诏文武百官进献备边御戎之策。王禹偁经过认真思虑,献上了《御戎十策》。宋太宗看了大为欣赏,后来任命他做知制诰(gào)(为皇帝起草诏命的官)和大理评事(大理寺负责判案的官)。

王禹偁也深得宰相赵普的赏识，为他代写过很多表章。

宋朝重文轻武，所以宰相的位置很重要。这也引起了王禹偁的思考，于是有了这篇《待漏院记》。

待漏院是朝廷大臣清晨等候上朝的地方。宰相等待的时候想些什么呢？王禹偁用对比的手法，赞颂了为国为民的贤相，批评了祸国殃民的奸相和混日子的庸人。

赵普就是他心目中的贤相吧？赵匡胤把赵普看作左右手，大事小事都要向他咨询后才做决定。赵匡胤知道唐朝之所以衰亡，是因为藩镇割据。为了自己的政权能长治久安，他曾向赵普询问解决的方法。赵普说出了"十二字方针"：稍夺其权，制其钱谷，收其精兵。权力收归中央，国家自然安定。

赵匡胤于是借喝酒的机会，解除了石守信等有功大将们的兵权。在赵普的辅佐下，他改革了官制，制定了守边防辽等重大措施。赵普为北宋的安定发展做出了很大的贡献。

王禹偁深知，有了贤相，国家就会安定富足。所以，他写了这篇文章，来警戒宰相们。

逐字逐句学古文

原文	译文
tiān dào bù yán　ér pǐn wù hēng　suì 天道不言，而品物亨、岁 gōng chéng zhě　hé wèi yě　sì shí zhī lì　wǔ 功成者，何谓也？四时之吏，五 xíng zhī zuǒ　xuān qí qì yǐ　shèng rén bù yán ér bǎi 行之佐，宣其气矣。圣人不言而百 xìng qīn　wàn bāng níng zhě　hé wèi yě　sān gōng 姓亲、万邦宁者，何谓也？三公 lùn dào　liù qīng fēn zhí　zhāng qí jiào yǐ　shì zhī 论道，六卿分职，张其教矣。是知	天道不说话，而万物却能顺利生长，年年有所收成，这是为什么呢？那是由于掌握四时、五行的天官们使风雨调畅的结果。皇帝不说话，而人民和睦相亲，四方万国安宁，这是为什么呢？那是由于三公商讨了治国纲要，六卿职责分明，宣扬了圣人教化

君逸于上，臣劳于下，法乎天也。古之善相天下者，自皋、夔至房、魏，可数也，是不独有其德，亦皆务于勤耳。况夙兴夜寐，以事一人。卿大夫犹然，况宰相乎？

朝廷自国初因旧制，设宰相待漏院于丹凤门之右，示勤政也。至若北阙向曙，东方未明，相君启行，煌煌火城；相君至止，哕哕銮声。金门未辟，玉漏犹滴，撤盖下车，于焉以息。待漏之际，相君其有思乎！

其或兆民未安，思所泰之；四夷未附，思所来之；兵革未息，何以弭之；田畴多芜，何以辟之；贤人在野，我将进之；佞人立朝，我将斥之。六气不和，灾眚荐至，愿避位以禳之；五刑未措，欺诈日生，请修德以厘之。忧心忡忡，待旦而入，九门既启，四聪甚迩。相君言焉，

的结果。所以我们知道，国君在上清闲安逸，臣子在下勤于王事，这就是效法天道。古代的贤相名臣善于治理国家的，从皋陶、夔到房玄龄、魏徵，是屈指可数的。这些人不但有德行，而且都勤劳不懈。早起晚睡为国君效力，连卿大夫都是如此，更何况是宰相呢？

朝廷从建国初即沿袭前代的制度，在丹凤门右边设立了宰相待漏院，表示要勤于政务。当北面的门楼上见到一丝曙光，东方还未大亮时，宰相就动身启行，仪仗队的灯笼火把照耀全城。宰相驾到，马车铃声还在响。当时宫门未开，漏壶还在滴水。侍从撩开车上帷盖，宰相下车到待漏院暂息。在等候朝见之际，宰相大概想得很多吧？

或许在想：百姓尚未安定，考虑怎样使他们安泰；各方少数民族尚未归顺，考虑怎样使他们前来归附。战事未息，怎样使它平息；田野荒芜，怎样使人们去开垦。德才兼备的人尚未任用，我将推荐他们；奸人在朝，我将贬斥他们。气候反常，自然灾害一次次发生，我愿意辞去相位来乞求上天消除灾害；各种刑罚未能废止不用，欺诈行为不断发生，我将请求施行文德教化来矫正这些人。宰相怀着深深的忧虑，等待天明入宫。宫门开后，善听各方意见的皇帝离得很近。宰相向皇帝奏明了意

249

时君纳焉。皇风于是乎清夷,苍生以之而富庶。若然,则总百官、食万钱,非幸也,宜也。

其或私仇未复,思所逐之;旧恩未报,思所荣之;子女玉帛,何以致之;车马玩器,何以取之。奸人附势,我将陟之;直士抗言,我将黜之。三时告灾,上有忧色,构巧词以悦之;群吏弄法,君闻怨言,进谄容以媚之。私心慆慆,假寐而坐。九门既开,重瞳屡回。相君言焉,时君惑焉,政柄于是乎隳哉,帝位以之而危矣。若然,则死下狱,投远方,非不幸也,亦宜也。

是知一国之政,万人之命,悬于宰相,可不慎欤?复有无毁无誉,旅进旅退,窃位而苟禄,备员而全身者,亦无所取焉。

棘寺小吏王禹偁为文,请志院壁,用规于执政者。

见,皇帝采纳了他的建议。于是世风清明安定,百姓因此而富裕。如能这样,宰相位居百官之上,享受优厚的俸禄,那就不是侥幸而得,而是完全应该的。

或许在想:我有私仇未报,考虑怎样斥逐仇敌;有旧恩未报,考虑怎样使恩人荣华富贵;考虑着金钱美女,怎样到手;车马玩物,怎样取得。奸邪之徒依附我的权势,我便考虑如何提拔他们;正直之臣直言谏诤,我便考虑怎样罢斥他们。春、夏、秋三季之时各地报告灾情,皇上忧虑,我便考虑怎样用花言巧语取悦皇帝;众官枉法,国君听到怨言,我便考虑怎样奉承献媚求得皇上的欢心。他为私事思绪纷乱,强自坐着假睡。宫门开了,皇帝多次注视他。宰相提出建议,皇上被他蒙惑,政权的作用被他破坏,皇位也因此而动摇。如果是这样,那么即使宰相被打入死牢,或流放远地,也不是不幸,而是完全应该的。

由此可知,一个国家的政权,上万人的命运,都悬在宰相一人身上,难道可以不谨慎对待吗?还有一种宰相,他们没有恶名声,也没有好名声,随波逐流,窃取高位贪图利禄,滥竽充数而只保全自己。这样也是不足取的。

大理寺小官吏王禹偁撰写此文,希望能把它记录在待漏院的墙壁上,用来告诫执政的大臣。

文化常识第154讲

九门 《礼记·月令》中记载:"毋出九门。"郑玄解释说:古代天子有九门,分别是路门、应门、雉门、库门、皋门、城门、近郊门、远郊门、关门。在本文中作者用"九门"指代宫门。

九门还指北京九门,即正阳门、崇文门、安定门、宣武门、德胜门、东直门、西直门、朝阳门、阜城门。

常用字第154讲

❶ <动>欺哄;欺骗。《石钟山记》:"古之人不余欺也。"
❷ <动>欺负;欺凌。《茅屋为秋风所破歌》:"南村群童欺我老无力,忍能对面为盗贼。"

语法常识第154讲

词类活用:形容词的使动用法【泰】"其或兆民未安,思所泰之"一句中"泰"字本义为"安泰",是形容词,在这里为使动用法,意为"使之安泰",翻译为:百姓尚未安定,考虑怎样使他们安泰。

黄冈竹楼记

——竹楼易朽又何妨?

《古文观止》有故事

王禹偁为人刚直,看到不对的就直接提意见,所以他的做官道路并不顺利。

995年,孝章皇后去世了。孝章皇后是宋太祖的皇后,宋太宗的嫂子,宋太宗却不用皇后的礼仪安葬他,这怎么行?当时正在做翰林学士的王禹偁站了出来,指出皇帝的做法不合礼仪。这下惹怒了宋太宗,把他贬到滁州(今安徽省滁州市)做知州。

第二年，又有人诬陷他买马舞弊，到皇帝那里告了他一状。幸亏宋太宗还是相信他的人品，没有惩罚他，只是把他调到了广陵（今江苏省扬州市）。

第三年，朝廷把他调回京城，任命他做知制诰，给皇帝起草诏书。

第四年，王禹偁奉命编写《太祖实录》，遵循史官"直书史事"的原则，真实地记录历史，又惹恼了宰相。他在大年三十儿接到命令，被贬到黄州（今湖北省黄冈市）做知州。

黄州竹子很多，他就修建了两间小竹楼。虽然失意，心里愤愤不平，但登楼远望，看到四季风光，心境也慢慢变得豁达起来。

工匠们说，竹子做瓦，能用十年；要是铺两层，就能用二十年。唉！王禹偁听到这些，不由得长叹一声：四年间换了四个地方，黄州能待多长时间？竹楼盖好了，它什么时候腐朽就管不了啦，随遇而安吧。

1001年冬天，王禹偁又被调到蕲州（今湖北蕲春）做知州，不到一个月就病死了。去世时才四十八岁。

王禹偁政治上积极进取，主张改革，提出了一些利国利民的建议；诗歌上发扬杜甫、白居易等人的优良传统，留下了很多优秀作品。

盖竹楼的人离开了，只留下竹楼孤独地伫立在黄冈大地上，最终也会归于尘土。

逐字逐句学古文

原文

huáng gāng zhī dì duō zhú　dà zhě rú chuán
黄 冈 之 地 多 竹，大 者 如 椽，
zhú gōng pò zhī　kū qù qí jié　yòng dài táo wǎ
竹 工 破 之，刳 去 其 节，用 代 陶 瓦。
bǐ wū jiē rán　yǐ qí jià lián ér gōng shěng yě
比 屋 皆 然，以 其 价 廉 而 工 省 也。
zǐ chéng xī běi yú　zhì dié pǐ huǐ　zhēn mǎng
子 城 西 北 隅，雉 堞 圮 毁，榛 莽

译文

黄冈一带盛产竹子，大的粗如椽子。竹匠剖开它，削去竹节，用来代替陶瓦。家家房屋都是这样，因为竹瓦价格便宜而且又省工。

黄州子城的西北角，矮墙倾塌毁

荒秽，因作小楼二间，与月波楼通。远吞山光，平挹江濑，幽阒辽夐，不可具状。夏宜急雨，有瀑布声；冬宜密雪，有碎玉声。宜鼓琴，琴调和畅；宜咏诗，诗韵清绝；宜围棋，子声丁丁然；宜投壶，矢声铮铮然；皆竹楼之所助也。

公退之暇，被鹤氅衣，戴华阳巾，手执《周易》一卷，焚香默坐，销遣世虑。江山之外，第见风帆沙鸟，烟云竹树而已。待其酒力醒，茶烟歇，送夕阳，迎素月，亦谪居之胜概也。彼齐云、落星，高则高矣；井幹、丽谯，华则华矣。止于贮妓女，藏歌舞，非骚人之事，吾所不取。

吾闻竹工云："竹之为瓦，仅十稔。若重覆之，得二十稔。"噫！吾以至道乙未岁，自翰林出滁上，丙申，移广陵；丁酉，又入西掖，

坏，长满了杂树和野草，一派荒凉脏乱。我于是就地建造了两间小楼，与月波楼相接连。登上竹楼，远眺可以尽览山色，平视可以将江滩、碧波尽收眼底。那清幽静谧、辽阔绵远的景象，实在无法一一描述出来。夏天最好有急雨，人在楼中如听瀑布声；冬天最好大雪飘零，能听到好像碎玉落地的声音；这里适合弹琴，琴声和谐流畅；这里适合吟诗，诗的韵味清雅绝妙；这里适合下棋，棋子落在棋盘上丁丁作响；这里适合投壶，箭杆的声音铮铮悦耳。这些都是竹楼带来的。

办完公务后的空闲时间，我披着鹤氅衣，戴着华阳巾，手拿一卷《周易》，在楼中焚香默坐，可以消除世俗杂念。除了江山形胜之外，只见轻风扬帆，沙上禽鸟，云烟竹树而已。等到酒醒之后，茶炉的烟火已经熄灭。我送走落日，迎来皓月，这也是我谪居生活中能欣赏到的美景。像那齐云、落星两楼，高是算高的了；井幹、丽谯两楼，华丽也算是非常华丽了，可惜只是用来蓄养妓女，安顿歌女、舞女，那不是风雅之士享用的，我是不赞成的。

我听竹匠说："竹制的瓦，只能用十年；如果铺两层，能用二十年。"唉，我在至道元年（995年）从翰林学士被贬到滁州，至道二（996年）年调

戊戌岁除日，有齐安之命，己亥闰三月，到郡。四年之间，奔走不暇，未知明年又在何处，岂惧竹楼之易朽乎！后之人与我同志，嗣而葺之，庶斯楼之不朽也。

到扬州，至道三年（997年）重返中书省，咸平元年（998年）除夕又接到贬往齐安的调令，今年闰三月来到齐安郡。四年当中，奔波不息，不知道明年又在何处，我难道还怕竹楼容易坏吗？希望接任我的人与我志趣相同，常常修缮它，那么这座竹楼就不会坏了。

文化常识第155讲

鹤氅 指鸟羽做成的外衣。仙鹤是道教常用的图案，所以鹤氅又叫"神仙道士衣"，就是斗篷、披风之类的御寒长外衣。最早在《晋书·谢万传》中就有记载："著白纶巾，鹤氅裘。"明朝刘若愚在《明宫史》中记录了"氅衣"的样式："有如道袍袖者，近年陋制也。旧制原不缝袖，故名之曰氅也。"像道袍一样不缝袖子，所以叫氅。

常用字第155讲 走

❶ <动>跑。《五蠹》："兔走触株，折颈而死。"
❷ <动>逃跑。《石壕吏》："老翁逾墙走，老妇出门看。"
❸ <动>奔向；趋向。《阿房宫赋》："骊山北构而西折，直走咸阳。"

语法常识第155讲

词类活用：名词作动词【蓁莽】 "子城西北隅，雉堞圮毁，蓁莽荒秽"一句中"蓁莽"本义为"密集的杂树和野草"，是名词，在这里用作动词，意为"长满杂树和野草"。翻译为"黄州子城西北角，矮墙倾塌毁坏，长满了杂树和野草，一派荒凉脏乱"。

书《洛阳名园记》后

——天下兴，园林才兴

《古文观止》有故事

　　李格非，北宋文学家，他不太出名，但他的女儿闻名于世，就是大名鼎鼎的才女李清照。所以，提到李格非，大家都会说："瞧，就是李清照的父亲。"

　　李格非小时候也很聪明，当时官府正以诗赋取士，但他不去凑热闹，独自一人用心研究古代的经典，写了好几十万字的《礼记说》。后来，他还是考中了进士，在郓(yùn)州（今山东省菏泽市）做教授（地方官学里的学官），工资不高。郡守看他穷困，想让他兼任其他官职，多挣些薪水，被他拒绝了。

李格非写文章肯下苦功夫。他仔细研读过晋朝人的文章，比如陶渊明写的《归去来辞》，字字句句都像从肺腑中流出来的。于是，他得出结论，没有诚心，就不可能写出好文章。

　　李格非博学多才，文章写得好，曾经得到过苏轼的赞赏。不过，李格非不是一个单纯迂腐的文人，他对时事也有着非常敏锐的洞察力。

　　洛阳是天下的中心，地理位置很险要，唐朝的达官贵人们在这里修建了好多花园。但是随着唐朝的灭亡，再美的花园也变成了一堆废墟。后来，人们在唐朝旧花园的遗址上，建起了新花园。李格非游览过其中19处园子，欣赏山水美景的同时，心生感慨，写下了《洛阳名园记》。

　　在最后一篇文章里，他表达了自己的忧虑：园子的兴废是洛阳兴盛和衰败的征兆，而洛阳的兴废，又是天下太平和动乱的征兆。其实，他是想告诫那些公卿大夫们，不要只顾享受，忘了国家的安危。

　　后来，金人入侵，洛阳被攻陷，国家大乱。看来，李格非还是很有远见卓识的。

逐字逐句学古文

原文

　　luò yáng chǔ tiān xià zhī zhōng　xiá xiáo　miǎn zhī
洛阳处天下之中，挟崤、渑之
zǔ　dāng qín　lǒng zhī jīn hóu　ér zhào　wèi zhī zǒu
阻，当秦、陇之襟喉，而赵、魏之走
jí　gài sì fāng bì zhēng zhī dì yě　tiān xià dāng wú
集，盖四方必争之地也。天下当无
shì zé yǐ　yǒu shì　zé luò yáng xiān shòu bīng　yú
事则已，有事，则洛阳先受兵。予
gù cháng yuē　luò yáng zhī shèng shuāi　tiān xià zhì luàn
故尝曰："洛阳之盛衰，天下治乱
zhī hòu yě
之候也。"

译文

　　洛阳地处全国的中部，拥有崤山、渑池的险阻，算是秦川、陇地的咽喉，又是通往赵、魏的必经要道，是四方诸侯必争之地。天下如果经常太平无事也就罢了，一旦有战事，那么洛阳总是首先遭受战争。为此我曾说过："洛阳的兴盛和衰败，是天下太平或者动乱的征兆啊。"

方唐贞观、开元之间，公卿贵戚开馆列第于东都者，号千有余邸。及其乱离，继以五季之酷，其池塘竹树，兵车蹂蹴，废而为丘墟；高亭大榭，烟火焚燎，化而为灰烬，与唐共灭而俱亡，无余处矣。予故尝曰："园囿之兴废，洛阳盛衰之候也。"且天下之治乱，候于洛阳之盛衰而知；洛阳之盛衰，候于园囿之兴废而得。则《名园记》之作，予岂徒然哉？

呜呼！公卿大夫方进于朝，放乎一己之私，自为之，而忘天下之治忽，欲退享此，得乎？唐之末路是已。

正当唐太宗贞观、唐玄宗开元盛世时，公卿贵族、皇亲国戚在东都洛阳营建公馆府第的，号称有一千多家。等到后期遭受动乱而流离失所，接着是五代的惨痛破坏，那些池塘、竹林、树木，被兵车践踏变成废墟。高高的亭阁、宽大的楼台，被战火焚烧化成灰烬，跟唐朝一起灰飞烟灭，没有留下一处。我因此曾说："馆第园林的繁盛或毁灭，就是洛阳兴旺或衰败的征兆啊。"

况且天下的太平或动乱，从洛阳的兴衰就可以看到征兆；洛阳的兴衰，又可以从馆第园林的兴废看到征兆，那么我的《洛阳名园记》这一作品，难道是徒劳无益、白费笔墨吗？

唉！公卿大夫们现在正被朝廷提拔任用，放纵一己的私欲，为所欲为，却忘掉了国家的太平或动乱的大事，想以后退隐了再享受这种园林之乐，能办得到吗？唐朝最后覆灭的情形就是前车之鉴啊！

文化常识第156讲

洛阳 历史文化名城，因为在洛水之阳（洛水的北面）而得名。公元前1046年，西周灭掉商朝后，为了控制东方，开始在洛水北岸修建王城和成周城，那时候洛阳叫作洛邑或者成周。宝鸡青铜博物馆有一座叫作"何尊"的青铜器，上面的铭文记载了迁都洛邑的事，其中"宅兹中国"是迄今为止发现的关于"中国"最早的记载。

常用字第156讲 乱

❶ <形>紊乱;没有秩序;没有条理。《曹刿论战》:"吾视其辙乱,望其旗靡,故逐之。"

❷ <动>混杂;混淆。《答谢中书书》:"晓雾将歇,猿鸟乱鸣。"

❸ <动>战乱;动乱。《桃花源记》:"自云先世避秦时乱,率妻子邑人来此绝境。"

❹ <动>叛乱;作乱;反叛。《伶官传序》:"一夫夜呼,乱者四应。"

❺ <动>扰乱;破坏。《陋室铭》:"无丝竹之乱耳,无案牍之劳形。"

❻ <形>不安定;不太平;与"治"相对。《屈原列传》:"明于治乱,娴于辞令。"

❼ <形>慌乱;零乱。《教战守策》:"使其耳目习于钟鼓旌旗之间而不乱。"

❽ <名>乐曲的最后一段或辞赋中总括全篇要旨的最后一段文字。《涉江》:"乱曰:鸾鸟凤皇,日以远兮。"

❾ <名>男女间的正当关系。《荀子·天论》:"男女淫乱。"

语法常识第156讲

被动句:没有标志 文言文中,有些被动句没有明显的标志词,但根据上下文和语境可以判断出是被动句。本文"其池塘竹树,兵车蹂躏,废而为丘墟,高亭大榭,烟火焚燎,化而为灰烬"就是没有标志的被动句,翻译为:那些池塘、竹林、树木,被兵车践踏变成废墟。高高的亭阁、宽大的楼台,被战火焚烧化成灰烬。

严先生祠堂记

——不爱当官爱钓鱼的高士

范仲淹

《古文观止》有故事

范仲淹是北宋著名文学家、政治家。他在朝廷任左司谏的时候,专门给皇帝找毛病、提意见。1033年,郭皇后误伤宋仁宗,宋仁宗一怒之下要废后,范仲淹等人上书阻止,却被赶出了京城。

范仲淹被贬到睦州,自然要去拜访严子陵钓台。

严子陵是东汉光武帝刘秀的同学。后来刘秀做了皇帝,请老同学出来做官。严子陵被接到京师住进了驿馆。刘秀亲自来看望他,严子陵却躺在床上

装睡不起来。刘秀坐在旁边，摸着老同学的肚子说："子陵呀，你就不能帮我做点事吗？"严子陵爬起来，竟然要去洗耳朵。刘秀知道他这是告诉自己："你让我做官的话，弄脏了我的耳朵。"刘秀只好走了。

后来，他把严子陵请到皇宫里。晚上，刘秀和严子陵睡在一张床上聊天。聊着聊着，严子陵就打起了呼噜，一抬腿竟然把脚压到了刘秀的肚子上。第二天，掌管天象的太史慌慌忙忙进宫禀报："有客星冲犯了皇帝的帝星！"刘秀笑着说："没事，昨晚我的老同学跟我睡在一起了！"

刘秀非常欣赏严子陵的气节，想让他做谏议大夫（提意见的官）。他不干，回到富春山（今浙江省桐庐县境内）隐居，耕田读书钓鱼。

范仲淹仰慕严先生的高洁，为他修建了一座祠堂，还免去他后代子孙的赋税，让他们负责祭祀先祖。他写了一篇《严先生祠堂记》，表示对先生的敬仰。这还不够，他又写信给当时的书法大家邵疏先生，请他亲笔书写，再刻到石碑上。

后来的文人雅士每每登临严子陵钓台，都会瞻仰祠堂，阅读碑文，欣赏书法，感受严子陵的气节，真是一种超越物质的精神享受呀。

逐字逐句学古文

原文

先生，光武之故人也。相尚以道。及帝握《赤符》，乘六龙，得圣人之时，臣妾亿兆，天下孰加焉？惟先生以节高之。既而动星象，归江湖，得圣人之

译文

严先生是光武帝的老朋友，他们之间以道义互相推崇。后来光武帝得到预言天命所归的《赤伏符》，乘驾着六龙的阳气，获得了登极称帝的时机。那时他统治着千千万万的人民，天下有谁能比得上呢？只有先生凭着自己的节操而高出其上。后来先生因与光武帝同床而卧触动了

清，泥涂轩冕，天下孰加焉？惟光武以礼下之。在《蛊》之上九，众方有为，而独"不事王侯，高尚其事"，先生以之。在《屯》之初九，阳德方亨，而能"以贵下贱，大得民也"，光武以之。盖先生之心，出乎日月之上；光武之量，包乎天地之外。微先生不能成光武之大，微光武岂能遂先生之高哉？而使贪夫廉，懦夫立，是大有功于名教也。仲淹来守是邦，始构堂而奠焉。乃复为其后者四家，以奉祠事。又从而歌曰："云山苍苍，江水泱泱。先生之风，山高水长。"

天上的星象，后来归隐江湖，保持圣人般清高的品德，把富贵看得如同泥土一样，全国又有谁能超过他呢？只有光武帝能够用礼节对待他。在《蛊》卦的"上九"爻辞中说："大家正当大有作为的时候，偏偏有个人不侍奉王侯，保持自己高尚的品德。"先生正是这样做的。在《屯》卦的"初九"爻辞中说，阳气正开始亨通，有人能够"以高贵的身份结交卑贱的人，这就深得民心了"。光武帝正是这样做的。

可以说先生的品质，比日月还高；光武帝的气量比天地还广阔。如果没有先生，就不能成就光武帝的气量；如果没有光武帝，又怎能促成先生品质的崇高呢？先生的作为使贪婪的人清廉起来，胆怯的人勇敢起来，这对维护礼仪教化确实是很有功劳的。

我到这个州任职后，开始建造祠堂来祭奠先生，又免除了先生四家后代的赋税，让他们负责管理祠堂的事情。我又作了一首诗赞颂道："云雾缭绕的高山，郁郁苍苍；奔腾不息的江水，浩浩荡荡。先生的品德啊，比高山还高，比江水还长。"

文化常识第157讲

赤符 也称作《赤伏符》。相传汉光武帝在起兵反抗王莽时，他在长安读书时的同学强华拿来了一本神奇的谶(chèn)言书《赤伏符》。据说是已经上天堂的汉高祖刘邦传到人间的旨意，书里明确指明：天下大乱，只有刘秀能够扫平天下，施行天道。刘秀把《赤伏符》传给群臣观看，大家都很兴奋，请求他顺应天意民心，即位做皇帝。当年六月，刘秀就在鄗(hào)城称帝，正式建立了东汉政权。

常用字第157讲 — 焉

❶ <代>相当于"之"，可译作"它""他"等。《捕蛇者说》："以俟夫观人风者得焉。"

❷ <代>表示疑问，相当于"何"，可译作"怎么""哪里"。《愚公移山》："以君之力，曾不能损魁父之丘，如太行、王屋何！且焉置土石？"

❸ 兼词，相当于"于是""于之"。《劝学》："积土成山，风雨兴焉。"

❹ <副>多用于反问，相当于"怎么"。《〈论语〉十则》："后生可畏，焉知来者之不如今也？"

❺ <助>用于句末，表示陈述语气，相当于"了""呢"，常可不译。《毛遂自荐》："此百世之怨，而赵之所羞，而王弗知恶焉。"

❻ <助>用于句末，表示疑问或反问，可译为"呢"。《齐桓晋文之事》："王若隐其无罪而就死地，则牛羊何择焉？"

❼ <助>用于句中，表示语气舒缓、停顿。《望洋兴叹》："于是焉河伯欣然自喜。"

❽ 词缀，用于形容词之后，相当于"……的样子"；在动词前可译作"……地"。《黄生借书说》："必虑人逼取，而惴惴焉摩玩之不已。"

语法常识第157讲

词类活用：名词的意动用法【泥涂】 "既而动星象，归江湖，得圣人之清，泥涂轩冕。" 一句中"泥涂"本义为"泥土"，是名词，这里用作意动用法，意为"以轩冕为泥涂"。翻译为：后来先生因与光武帝同床而卧触动了天上的星象，后来归隐江湖，保持圣人般清高的品德，把富贵看得如同泥土一样。

岳阳楼记
——走到哪里都想着百姓

《古文观止》有故事

范仲淹不仅能写文章，还能带兵打仗。

1038年，原本臣服宋朝的西北党项首领李元昊称帝，建国号大夏（史称西夏），率兵攻打宋朝边境。1040年，范仲淹被派到前线御敌。几年后，李元昊请求议和，边境暂时安定下来。

庆历三年（1043年），范仲淹回京，被任命为参知政事（参与宰相事务的官），开始了一系列的改革，历史上称为"庆历新政"。新政触动了很多人的

利益,反对派开始攻击范仲淹。于是,范仲淹主动请求到边境巡守,后来又调到了邓州(今河南省南阳市)去。

就是在邓州,他接到了滕子京的来信。滕子京是范仲淹的朋友,庆历四年(1044年)被贬到巴陵郡(今湖南省岳阳市)。一年后,他主持重修了岳阳楼,请范仲淹为此事写篇文章。

相传,岳阳楼是三国时期东吴大将鲁肃的"阅军楼",西晋南北朝时期改名叫"巴陵城楼"。到了唐朝,李白路过岳阳的时候登楼赏景,写了一首《与夏十二登岳阳楼》。从此,这座楼就叫成了"岳阳楼"。

滕子京还随信送来了一幅《洞庭晚秋图》。范仲淹看着这幅图,洋洋洒洒写了一篇《岳阳楼记》。这篇文章描摹了登临岳阳楼时看到的洞庭美景,更打动人的是文章借景抒情,抒发了他"不以物喜,不以己悲"的胸襟,还有"先天下之忧而忧,后天下之乐而乐"的远大抱负。

他是这么说的,也是这么做的。在朝廷做宰相,他大刀阔斧地改革;在邓州,他兴修水利,发展农业,同时又创建花洲书院,为当地培养了很多人才,深受百姓的爱戴。

1048年,朝廷要把他调走,数万名邓州百姓赶来挽留。范仲淹很感动,上书皇帝请求留任邓州,得到批准。在邓州这几年,范仲淹不仅留下了一篇传世佳作,更是用实际行动践行了自己的政治理想。

逐字逐句学古文

原文	译文
qìng lì sì nián chūn téng zǐ jīng zhé shǒu bā 庆历四年春,滕子京谪守巴 líng jùn yuè míng nián zhèng tōng rén hé bǎi 陵郡。越明年,政通人和,百 fèi jù xīng nǎi chóng xiū yuè yáng lóu zēng qí 废俱兴,乃重修岳阳楼,增其	庆历四年的春天,滕子京被贬职到岳州做知州。到了第二年,政事顺利,百姓和乐,各种荒废的事业都兴办起来了。于是重新修建岳阳楼,扩大它原有

旧制,刻唐贤、今人诗赋于其上,属予作文以记之。

予观夫巴陵胜状,在洞庭一湖。衔远山,吞长江,浩浩汤汤,横无际涯,朝晖夕阴,气象万千,此则岳阳楼之大观也,前人之述备矣。然则北通巫峡,南极潇湘,迁客骚人,多会于此,览物之情,得无异乎?

若夫霪雨霏霏,连月不开,阴风怒号,浊浪排空,日星隐曜,山岳潜形,商旅不行,樯倾楫摧,薄暮冥冥,虎啸猿啼。登斯楼也,则有去国怀乡,忧谗畏讥,满目萧然,感极而悲者矣。

至若春和景明,波澜不惊,上下天光,一碧万顷,沙鸥翔集,锦鳞游泳,岸芷汀兰,郁郁青青。而或长烟一空,皓月千里,浮光耀金,静影沉璧,渔

的规模,把唐代和当代名人的诗赋刻在上面。他嘱托我写一篇文章来记述这件事情。

我观看那巴陵郡的胜景,全在洞庭湖上。它衔着遥远的山峦,吞没了长江,水流浩荡,宽阔无边,一天里阴晴多变,气象千变万化。这就是岳阳楼的壮丽景象。前人的记述已经很详尽了。虽然如此,这里向北面通到巫峡,向南面直到潇水和湘水,被降职到外地的官吏和来往的诗人,大多在这里聚会,他们观赏自然景物而触发的感情大概会有所不同吧?

像那连绵不断的雨,接连几个月不放晴,寒风呼啸,浑浊的浪冲向天空;太阳和星星隐藏起光辉,山岳隐没了形体;商人和旅客不能通行,船桅倒下,船桨折断;傍晚天色昏暗,老虎在长啸,猿在悲啼,这时登上这座楼观景,就会想念朝廷、怀念家乡,担心人家说坏话、惧怕人家批评指责,满眼都是萧条的景象,感慨到了极点而心生悲伤。

至于到了春风和煦、阳光明媚的时候,湖面平静,没有惊涛骇浪,天色、湖光相连,一片碧绿,广阔无际;沙洲上的鸥鸟,时而飞翔,时而停歇;美丽的鱼儿或浮或沉,岸上与小洲上的花草,香气馥郁,青葱繁茂。有时大片烟雾完全消散,皎洁的月光照耀千里,浮动的波光像耀眼的金子,静静的月影像沉入

歌互答,此乐何极!登斯楼也,则有心旷神怡,宠辱偕忘,把酒临风,其喜洋洋者矣。

嗟夫!予尝求古仁人之心,或异二者之为,何哉?不以物喜,不以己悲,居庙堂之高,则忧其民,处江湖之远,则忧其君。是进亦忧,退亦忧。然则何时而乐耶?其必曰:"先天下之忧而忧,后天下之乐而乐"欤!噫!微斯人,吾谁与归!

水中的玉璧,渔人唱着歌互相应答,这种乐趣真是无穷无尽啊!这时登上这座楼,就会感到心胸开阔、心情愉快,荣耀和屈辱一并都忘了,在清风吹拂中端起酒来喝,那真是高兴极了。

唉!我曾经探求古时品德高尚的人的思想感情,或许不同于以上两种人的心情,这是为什么呢?是由于不因为外物的好坏和自己的得失而或喜或悲。在朝中做官,就应当心系百姓;处在僻远的江湖,也不能忘记关注国家的安危。在朝廷做官也担忧,在僻远的江湖也担忧。既然这样,那么他们什么时候才会感到快乐呢?他们一定会回答说:"在天下人担忧之前先担忧,在天下人享乐之后才享乐。"唉!如果没有这样的人,那我同谁志同道合呢?

文化常识第158讲

洞庭湖　古代称为云梦泽,周长有八九百里。到了战国后期,由于泥沙的沉积,云梦泽分为南北两部分,长江以北成为沼泽地带,长江以南是一片浩瀚的大湖。据史料记载:湖中有一座有名的洞庭山,就是现在的君山,因此就把这一片汪洋叫作洞庭湖。岳阳楼就建在岳阳古城西门城墙之上,临着洞庭湖,在楼上可以一览洞庭湖和君山的独特风光。

常用字第158讲 忧

❶<动>忧虑。《岳阳楼记》:"居庙堂之高,则忧其民。"

❷ <名> 让人忧虑的事情。《论语》:"人无远虑,必有近忧。"

语法常识第158讲

判断句:则……也 文言文中,有些判断句用"则……也"的固定句式,表示判断。"衔远山,吞长江,浩浩汤汤……此则岳阳楼之大观也,前人之述备矣"就是这样的判断句。"此"是代词,指代前面说的岳阳楼上看到的风景。"则"可以解释为"是"。翻译为:它衔着遥远的山峦,吞没了长江,水流浩荡……这就是岳阳楼的壮丽景象。

谏院题名记
——谏官要畏身后名

《古文观止》有故事

　　司马光是北宋时期著名的政治家、史学家、文学家。他二十岁时考中进士，后进入官场，曾做过五年谏官。这五年里，他向皇帝上奏疏一百七十多份。

　　宋仁宗没有儿子，所以司马光上任后，就上书要求立宗室子为皇子。之后，赵曙被立为皇子。1063年宋仁宗去世，赵曙继位，就是宋英宗，宋仁宗的皇后就成了太后。新皇帝和老太后之间产生了矛盾，司马光看在眼里急在心上。于是，他发挥自己写文章的特长，接连上书。

　　四月十三日给皇太后送了一份《上皇太后疏》，四月二十七日给皇帝送一份《上皇帝疏》，论述治理国家应该君民同心、内外合作的道理。

六月二十二日，他又呈上《两宫疏》，说明太后和皇帝是互相依存的。

十一月二十六日，他写了两封奏章，苦口婆心地摆事实讲道理，终于使太后和皇帝的矛盾得以缓和。

也正是这一年，他在谏院竖起石碑，将所有谏官的名字刻在上面，并写下《谏院题名记》，勉励谏官们要忠于职守，尽职尽责。

1065年，司马光辞去谏官职务，开始编写史书。宋英宗很支持他，为此设立了书局，允许他自己招收助手，一起工作。1084年，司马光已经六十六岁了，《资治通鉴》终于编成。

司马光是一名合格的谏官，更是当之无愧的史学家。

逐字逐句学古文

原文

古者谏无官，自公、卿、大夫至于工、商，无不得谏者。汉兴以来，始置官。夫以天下之政，四海之众，得失利病，萃于一官使言之，其为任亦重矣。居是官者，当志其大，舍其细，先其急，后其缓；专利国家而不为身谋。彼汲汲于名者，犹汲汲于利也，其间相去何远哉！

天禧初，真宗诏置谏官六

译文

在古代没有专门来规劝君王的官职，从公卿大夫到工匠商贩，都可以规劝君王。等到汉朝建立以来，才有了谏官的称号。将天下所有的政事，百姓关心的问题，各种得失与利弊，都集中到谏官一个人那里，让他将一切说出来，那么谏官的责任也太重啦！要当好一个谏官，应当注意重要的方面，舍弃细微的地方；把那些紧急的事情优先处理，把那些不急于办理的事放在后面处理；只为国家做贡献而不要将自己放在国家前面。那些为自己的名誉打算的人，就像迫切追求私利的人一样。他们和谏官之间相差得太远啦！

天禧初年，真宗下诏设立六名谏

员，责其职事。庆历中，钱君始书其名于版。光恐久而漫灭，嘉祐八年，刻著于石。后之人将历指其名而议之曰："某也忠，某也诈，某也直，某也曲。"呜呼！可不惧哉？

官，规定了他们的职责范围。庆历年间，钱君开始将谏官的名字书写在木板上。我怕日子长了名字会磨掉，于是在嘉祐八年时，将谏官的名字刻在石头上。这样以后的人就可以逐个对着名字议论道："这个人是忠臣，这个人是奸臣，这个人正直，这个人偏邪。"唉，谏官们能不感到害怕吗？

文化常识第159讲

钱惟演 是五代十国时吴越国国君钱俶的第七个儿子。他从小就聪明好学，跟着父亲钱俶降宋后，就在宋朝做官。钱惟演善写文章，应试翰林学士院的时候，用笏板起草诏令，一挥而就，深得宋真宗赞赏。他还喜欢招揽文人，推举年轻人。晚年，他在洛阳做留守，欧阳修、梅尧臣等一批年轻的读书人聚集在他那里，诗文唱和，得到他很多支持。

常用字第159讲 —— 弊

❶ <动>败坏。《训俭示康》："风俗颓弊如是。"
❷ <名>弊病；害处。《答司马谏议书》："举先王之政，以兴利除弊。"
❸ <形>困乏；疲惫。《过秦论》："率疲弊之卒，将数百之众。"

语法常识第159讲

词类活用：形容词的意动用法【先、后】 "先其急，后其缓，专利国家而不为身谋"一句中"先"和"后"本义为"优先""后"，是形容词，在这里用作意动用法，意为"以其急为先""以其缓为后"。翻译为：把那些紧急的事情优先处理，把那些不急于办理的事情放在后面处理。

义田记
——讲的就是一个"义"字

钱公辅

《古文观止》有故事

皇祐元年（1049年），范仲淹调任杭州当知州。他是江苏苏州人，杭州离家乡很近。这时候，他已经六十岁了，儿孙们感觉到老人有退隐田园的打算，就商量着买点田产，收点租税，让他可以衣食无忧安享晚年。可是，范仲淹知道了，却不同意。

原来，他有着更深远的谋划。他拿出钱来，在家乡附近买了一千多亩良田，成立了范氏义庄，选择家族中年长辈高又贤德的人来管理，收取地租，用来救济本家族的贫困成员。他还为义庄定制了章程：嫁女、娶妻、生病、

丧葬都有资助；每天的饭，一人供给一升米；每年的衣服，每人一匹细绢……

钱公辅是范仲淹的朋友，他为此写了一篇《义田记》，把范仲淹和古代先贤相提并论，赞扬他的乐善好施。

范仲淹以身作则，他的孩子们也继承了他的风骨。二儿子范纯仁官至宰相、三儿子范纯礼做过礼部尚书。他们继续管理义庄，后来的范氏子孙也都把义庄作为一份事业，传承了下去。

北宋末年，金兵入侵，义庄遭到了一些破坏。到南宋时，范之柔整顿了义庄，恢复了原有规模。明末，范允临捐助田地100亩。清前期，大同知府范瑶又捐助田地1000亩。虽然朝代更换，战乱不断，但一直到清朝宣统年间，八百多年过去了，范氏义庄仍然挺立着，惠及越来越多的范氏子孙。

近代，在义庄的基础上还开办了学校。1989年，范仲淹诞辰一千周年之际，学校改名为"苏州市景范中学"，表达了对范仲淹的景仰之情。

逐字逐句学古文

原文

范文正公，苏人也，平生好施与，择其亲而贫，疏而贤者，咸施之。方贵显时，置负郭常稔之田千亩，号曰"义田"，以养济群族之人。日有食，岁有衣，嫁娶凶葬皆有赡。择族之长而贤者主其计，而时共出纳焉。日食，人一升；岁

译文

范文正公，苏州人，平时乐于用钱财帮助别人，选择那关系亲近而贫穷、关系疏远而贤能的人，都予以帮助。当他高贵显达时，购置了一千亩近郊年年丰收的良田，称作"义田"，用来养育救济本家族的人。使他们天天有饭吃，年年有衣穿，嫁女、娶妻、生病、丧葬都予以资助。选择家族中年长辈高而且贤德的人主管账目，按一定的时间公布收入和支出。每天一人供给一升米；每年每人分给

衣，人一缣。嫁女者五十千，再嫁者三十千，娶妇者三十千，再娶者十五千，葬者如再嫁之数，葬幼者十千。族之聚者九十口，岁入给稻八百斛。以其所入，给其所聚，沛然有余而无穷。屏而家居俟代者与焉；仕而居官者罢莫给。此其大较也。

初，公之未贵显也，尝有志于是矣，而力未逮者二十年。既而为西帅，及参大政，于是始有禄赐之入，而终其志。公既殁，后世子孙修其业，承其志，如公之存也。公虽位充禄厚，而贫终其身。殁之日，身无以为敛，子无以为丧。唯以施贫活族之义，遗其子而已。

昔晏平仲敝车羸马，桓子曰："是隐君之赐也。"晏子曰："自臣之贵，父之族，无不乘车者；母之族，无不足于衣食者；妻之族，无冻馁者；齐国之士，待臣而举火者三百

一匹细绢。嫁闺女的发给五十贯，闺女改嫁的发给三十贯；娶媳妇的发给三十贯，再娶的发给十五贯；丧葬发给的和闺女再嫁的费用相同，孩子的丧事发十贯。族人聚居在一起的有九十人，义田每年收入供分配用的稻子八百斛，用这些粮食供应在这里聚居的族人，充裕有余而无枯竭之时。在家等待职务的人予以供给，出仕为官的人则停止供给。这就是它的大致情况。

当初，范公还未显贵时，就曾有过这种愿望，可二十年来一直力不从心。后来做了西部边境的统帅，又入朝参与主持朝政，从此才开始有了俸禄和赏赐的收入，而终于实现了自己的愿望。他去世之后，后代的子孙继续经营他的事业，继承他的志向，和他在世的时候一样。他虽地位高、俸禄多，却一直过着清贫的生活。逝世的时候，甚至没有钱财装殓，子女们也没有钱财为他举办像样的丧事。他只是把救济贫寒、养活亲族的道义，留传给子女罢了。

古时候晏平仲乘破车、驾瘦马。陈桓子说："这是隐瞒君主的赏赐啊。"晏子回答说："自从我显贵以后，父系的亲族，没有不坐车的人；母系的亲族，没有衣食不足的人；妻子的亲族，没有挨饿受冻的；齐国的士人中，等

余人。如此，而为隐君之赐乎？彰君之赐乎？"于是齐侯以晏子之觞而觞桓子。予尝爱晏子好仁，齐侯知贤，而桓子服义也；又爱晏子之仁有等级，而言有次第也。先父族，次母族，次妻族，而后及其疏远之贤。孟子曰："亲亲而仁民，仁民而爱物。"晏子为近之。今观文正之义田，贤于平仲，其规模远举，又疑过之。

呜呼！世之都三公位，享万钟禄，其邸第之雄，车舆之饰，声色之多，妻孥之富，止乎一己而已，而族之人不得其门者，岂少也哉？况于施贤乎！其下为卿，为大夫，为士，廪稍之充，奉养之厚，止乎一己而已，而族之人，操壶瓢为沟中瘠者，又岂少哉？况于他人乎！是皆公之罪人也。

公之忠义满朝廷，事业满边

待我接济才能吃上饭的有三百多人。像这样，是隐瞒君主的赏赐呢，还是彰明君主的赏赐呢？"于是齐君使用晏子的酒杯，罚桓子饮酒。我仰慕晏子好行仁德，齐君了解贤者，而桓子能认错服从道义。又仰慕晏子的仁德有亲疏层次之分，而且言辞井然有序：先说父系亲族，后说母系亲族，再说妻子的亲族，最后才提到关系疏远的贤者。孟子说："爱自己的亲人，然后施仁德于民众；对民众仁德，才能爱惜世间万物。"晏子的作为接近于孟子的话啊。现在从范文正公购置义田这件事来看，是比晏平仲还要贤明啊。义田施行的规模之大，影响之深远，恐怕要超过晏子的。

啊！当今世上那些身居三公职位，享受万钟俸禄的人，他们宅第的雄伟，车驾的华丽，歌妓的众多，妻儿的富有，仅是为满足自己一个人的私欲而已。本族的亲人不能登门的，难道还少吗？何况说帮助疏远的贤者呢？地位在他们以下的是卿，是大夫，是士人，他们领到充足的粮食，优厚的俸禄，也仅是为满足自己一个人的私欲而已。本族的亲人，拿着破碗讨饭，倒在沟里饿死的，难道少吗？何况对待其他人呢？他们在范文正公面前都是罪人啊！

范文正公的忠义名声充满朝廷，

yú gōng míng mǎn tiān xià hòu shì bì yǒu shǐ guān
隅，功名满天下，后世必有史官
shū zhī zhě yú kě wú lù yě dú gāo qí yì yīn
书之者，予可无录也。独高其义，因
yǐ wèi qí shì yún
以遗其世云。

功业遍布边境，功名传遍天下，后世一定会有史官记载的，我可以不用赘述了。只是我敬仰推崇他的道义，因而写了这篇文章留给后人。

文化常识第 160 讲

西帅 1038年，党项族首领李元昊称帝，建国号大夏。第二年，他就率军进犯宋朝边境，打败宋军。朝廷任命范仲淹为陕西经略安抚副使，整军备战，抵御西夏。1042年，李元昊分兵两路，再次大举攻宋。宋军大败，范仲淹率军援助，西夏军撤退。宋仁宗非常欣赏范仲淹的军事才能，加封他为枢密直学士，任经略安抚招讨使。这就是陕西路的大帅，本文中所说的"西帅"。

常用字第 160 讲

❶ <动>吃；品尝。《吕氏春秋·察今》："尝一脟肉，而知一镬之味，一鼎之调。"
❷ <动>尝试。《齐桓晋文之事》："我虽不敏，请尝试之。"
❸ <动>经历；遇到。《庖丁解牛》："技经肯綮之未尝，而况大軱(gǔ)乎！"
❹ <副>曾；曾经。《劝学》："吾尝终日而思矣，不如须臾之所学也。"

语法常识第 160 讲

词类活用：名词作状语【时】 "择族之长而贤者主其计，而时共出纳焉"一句中"时"本义为"时间"，是名词，在这里活用作状语，意为"按一定的时间"，修饰"出纳"。翻译为：选择家族中年长辈高而且贤德的人主管账目，按一定的时间公布收入和支出。

袁州州学记
——继承孔夫子的事业

李觏

《古文观止》有故事

祖无择,宋朝诗人,从小就聪明好学。他为人很讲义气,对师友诚实守信。年轻的时候,跟着孙明复学习过,后来又跟穆修学做文章,受益良多。两个人去世后,祖无择想方设法收集他们留下来的文章,汇编成书,让他们的文字能够流传下去。

他做官的时候,宋仁宗想要封孔子的后人为"文宣公",祖无择听说后劝阻:"前代已经把孔子的后代封为宗圣、奉圣、崇圣、褒圣了。唐朝开元年

间,尊奉孔子为文宣王。现在要是把祖宗的谥号加封给他的后代,不合礼制。我觉得不如封他们做衍圣公。"

宋仁宗一听有道理,就采纳了他的建议。

后来,祖无择离开京城到袁州(今江西省宜春市)做知州。到了袁州,他召见了一些读书人,了解到这里的教育很落后,学馆破败不堪,很着急。仁宗皇帝在十年前,就下过诏书,命令各地州县设置学馆,发展教育。可是,有的官员并没有落实皇帝的命令。于是,祖无择找到通判(知州的副手)陈侁(shēn),着手建立新学馆。官民齐心协力,一年的时间,学馆就建成了。

开学典礼上,在袁州讲学的李觏(gòu)发言勉励学生们,要好好读书报效国家。李觏还写了一篇《袁州州学记》记录这件事,结合秦汉两个朝代的经验和教学做对比,突出教育的作用,同时也赞扬了祖无择的功绩。

学馆里的学生越来越多。知书达理的人多了,打架、偷东西的人就少了,袁州的风气自然也越来越好了。

逐字逐句学古文

原文

皇帝二十有三年，制诏州县立学。惟时守令，有哲有愚。有屈力殚虑，祗顺德意；有假官借师，苟具文书。或连数城，亡诵弦声。倡而不和，教尼不行。

三十有二年，范阳祖君无择知袁州。始至，进诸生，知学宫阙状，大惧人材放失，儒效阔疏，亡以称上意旨。通判颍川陈君佖，闻而是之，议以克合。相旧夫子庙狭隘不足改为，乃营治之东。厥土燥刚，厥位面阳，厥材孔良。殿堂门庑，黝垩丹漆，举以法。故生师有舍，庖廪有次。百尔器备，并手偕作。工善吏勤，晨夜展力，越明年成。

舍菜且有日，盱江李觏谂于

译文

仁宗皇帝二十三年，下诏命令各州县设立学馆。那时的州县长官，有的贤明，有的愚昧。奉行诏令时，有的尽心竭力，恭敬地仰承皇帝旨意；有的徒有官师之名，胡乱写一道奉诏文书了事。以致有些地方，一连几座城邑，听不到琅琅的读书声。上面倡导而地方不响应，使得教学受阻，不能推行。

仁宗皇帝三十二年，范阳人祖无择任袁州知州。他初上任，就召见一批儒生，了解到学馆残缺破败的情况，很担心人才流失，儒学的教化作用逐渐削弱，不符合皇上的旨意。颍川人陈佖通判听了很以为然，意见与祖无择完全一致。他们一同察看了旧有的夫子庙，觉得太狭窄，不适合改建为学馆，于是决定在它的东面建造新学馆。那里土地干燥坚硬，地势朝南，所用的建筑材料非常优良。殿堂和门廊，或刷成青黑色，或者粉刷上石灰土，或者涂上朱红色的漆，完全合乎法度。所以学生、老师都有安身之所，厨房、粮仓都有安排之处。各种器物准备齐全，大家齐心协力建造。工匠技艺高超，官吏勤快不懈怠，大家没日没夜努力，过了一年，就将学馆建成了。

在即将开学礼敬先师孔子之时，盱

众曰:"惟四代之学,考诸经可见已。秦以山西鏖六国,欲帝万世,刘氏一呼而关门不守,武夫健将卖降恐后,何耶?《诗》《书》之道废,人惟见利而不闻义焉耳。孝武乘丰富,世祖出戎行,皆孳孳学术。俗化之厚,延于灵、献。草茅危言者,折首而不悔;功烈震主者,闻命而释兵。群雄相视,不敢去臣位,尚数十年。教道之结人心如此。今代遭圣神,尔袁得圣君,俾尔由庠序践古人之迹。天下治,则谭礼乐以陶吾民;一有不幸,尤当仗大节,为臣死忠,为子死孝。使人有所赖,且有所法。是惟朝家教学之意。若其弄笔墨以徼利达而已,岂徒二三子之羞,抑亦为国者之忧。"

江人李觏对众人勉励说:"那虞、夏、商、周四代的学问,我们只需考察一下经书就可以知道。秦始皇凭借崤山以西之地,与六国大战,想万世称帝,却被刘邦率军振臂一呼,连关门也守不住,武官战将争相投降唯恐落后,这是为什么呢?那是因为秦国废弃了诗书教化之道,使众人见利忘义的缘故。汉武帝即位于民富国强之际,光武帝出身于行伍之间,都能极力推行儒学,所以民风淳厚极了,一直影响到汉灵帝、汉献帝的时代。当时,那些在野之人而敢直言的,即使有杀身之祸也不反悔自己的忠直;那些功劳大得连皇帝也感到威慑的大臣,一听到天子的命令就放下了武器。各路诸侯虎视眈眈,却都不敢称帝,这种局面尚且维持了数十年。儒家的教化之道竟能这样维系人心。如今恰逢圣明天子,你们袁州人又遇到了贤明的官长,使你们能通过学馆的教化,追随古代圣贤的遗迹。当天下太平的时候,则可以传授礼乐来陶冶我们百姓的性情;一旦有了变故,还可以坚持节操,做臣子的为国尽忠,当人子的为父尽孝。学了儒道,可以使人有所信奉,有所效法。这就是国家倡导教学之意。如果到这里来只学得一套舞文弄墨的本领以求得名利,这哪里是你们的羞耻,也是治国之人的忧虑啊。"

文化常识第161讲

夫子庙 就是孔庙,也叫文庙,是历代王朝纪念伟大思想家、教育家孔子的祠庙建筑。古代中国,每一处地方都有孔庙,是历代读书人的朝圣之地。其中南京夫子庙、曲阜孔庙、北京孔庙和吉林文庙并称为中国四大文庙。孔庙是儒家崇礼思想最具体的体现,是中华传统文化中非常重要的一部分。

常用字第161讲

判

❶ <动>分;分开。《封建论》:"遂判为十二,合为七国。"
❷ <动>区别;分辨。《庄子·天下》:"判天地之美,析万物之理。"
❸ <动>判决;判案。《葫芦僧判断葫芦案》:"雨村便徇情枉法,胡乱判断了此案。"
❹ <形>分明;清清楚楚。《六国论》:"故不战而强弱胜负已判矣。"

语法常识第161讲

词类活用:名词作动词【垩、丹漆】 "殿堂门庑,黝垩丹漆,举以法"一句中"垩""丹漆"本义为"白色石灰土""朱红色的漆",是名词,在这里活用作动词,意为"粉刷石灰土""涂朱红色的漆"。翻译为:殿堂和门廊,或刷成青黑色,或者粉刷上石灰土,或者涂上朱红色的漆,完全合乎法度。

朋党论

——君子朋党有错吗?

欧阳修

《古文观止》有故事

宋仁宗时期,党项族首领李元昊称帝,进攻宋朝,边境上战事不断。庆历三年(1043年),李元昊请求议和后,宋仁宗召回范仲淹,同时任命欧阳修、余靖等四人为谏官。他召见范仲淹和富弼时,要求他们拿出一套改革弊政的方案来。

两个人很快就提出了一些改革主张,欧阳修等人也纷纷上疏,提出建议。宋仁宗仔细阅读,觉得大部分都有道理,庆历新政就开始了。

新政的实施,直接关系到很多人的利益。单是整顿吏治这一项,就撤掉

了很多庸庸碌碌的官员。这就导致反对新政的人越来越多。

其中就有被罢了官的夏竦(sǒng)和吕夷简。他们开始诽谤范仲淹、富弼、韩琦、欧阳修等人是"党人",也就是小团伙。要知道,皇帝是最讨厌大臣们拉帮结派的。反对派们便从这里下手,企图整垮改革派,推翻新政。

吕夷简指使宦官蓝元震上疏,诬告范仲淹、欧阳修、尹洙、余靖这四个人拉帮结派,结为朋党。

宰相和谏官结成小团伙,谁能管得了?宋仁宗听了很着急,他马上召见范仲淹,询问君子也会拉帮结派吗。范仲淹坦然承认,君子结党对国家有利无害。欧阳修也站出来,写了一篇《朋党论》,用君子"以同道为朋"和小人"以同利为朋"做对比,驳斥了反对派的攻击。

即使如此,还是没有彻底消除皇帝的疑虑。1045年,范仲淹,韩琦、富弼等人相继离开京城,欧阳修也被贬到滁州(今安徽省滁州市)。庆历新政失败了。

逐字逐句学古文

原文

臣闻朋党之说,自古有之,惟幸人君辨其君子、小人而已。大凡君子与君子,以同道为朋;小人与小人,以同利为朋,此自然之理也。

然臣谓小人无朋,惟君子则有之。其故何哉?小人所好者利禄也,所贪者货财也。当其同利之时,暂相党引

译文

臣听说关于朋党的说法,是自古就有的,只是希望君主能分清他们是君子还是小人就好了。大概君子与君子因志趣一致结为朋党,而小人则因利益相同结为朋党,这是很自然的规律。

但是臣以为:小人并无朋党,只有君子才有。这是什么原因呢?小人所爱所贪的是薪俸钱财。当他们利益相同的时候,暂时互相勾结

以为朋者，伪也；及其见利而争先，或利尽而交疏，则反相贼害，虽其兄弟亲戚，不能相保。故臣谓小人无朋，其暂为朋者，伪也。君子则不然。所守者道义，所行者忠信，所惜者名节。以之修身，则同道而相益；以之事国，则同心而共济。终始如一，此君子之朋也。故为人君者，但当退小人之伪朋，用君子之真朋，则天下治矣。

尧之时，小人共工、驩兜等四人为一朋，君子八元、八恺十六人为一朋。舜佐尧，退四凶小人之朋，而进元、恺君子之朋，尧之天下大治。及舜自为天子，而皋、夔、稷、契等二十二人并列于朝，更相称美，更相推让，凡二十二人为一朋，而舜皆用之，天下亦大治。《书》曰："纣有臣亿万，惟亿万心；周有臣三千，惟一心。"纣之时，亿万人各异心，可谓

成为朋党，那是虚假的；等到他们见到利益而争先恐后，或者利益已尽而交情淡漠之时，就会反过来互相残害，即使是兄弟亲戚，也不会互相保护。所以说小人并无朋党，他们暂时结为朋党，也是虚假的。君子就不是这样：他们坚持的是道义，履行的是忠信，珍惜的是名节。用这些来提高自身修养，那么志趣一致就能相互补益。用这些来为国家做事，那么观点相同就能共同前进，始终如一。这就是君子的朋党啊。所以做君主的，只要能斥退小人的假朋党，进用君子的真朋党，那么天下就可以安定了。

唐尧的时候，小人共工、驩兜等四人结为朋党，君子八元、八恺等十六人结为朋党。舜辅佐尧，斥退"四凶"的小人朋党，而进用"元、恺"的君子朋党，唐尧的天下因此非常太平。等到虞舜自己做了天子，皋陶、夔、稷、契等二十二人同时列位于朝廷。他们互相推举，互相谦让，这二十二人结为朋党。虞舜全都进用他们，天下也因此得到很好的治理。《尚书》上说："商纣有亿万个臣子，就有亿万条心；周武王有三千个臣子，却只有一条心。"商纣王的时候，亿万人各存异心，可以说不成朋党了，可

不为朋矣,然纣以亡国。周武王之臣三千人为一大朋,而周用以兴。后汉献帝时,尽取天下名士囚禁之,目为党人。及黄巾贼起,汉室大乱,后方悔悟,尽解党人而释之,然已无救矣。唐之晚年,渐起朋党之论。及昭宗时,尽杀朝之名士,或投之黄河,曰:"此辈清流,可投浊流。"而唐遂亡矣。

夫前世之主,能使人人异心不为朋,莫如纣;能禁绝善人为朋,莫如汉献帝;能诛戮清流之朋,莫如唐昭宗之世;然皆乱亡其国。更相称美、推让而不自疑,莫如舜之二十二臣;舜亦不疑而皆用之。然而后世不诮舜为二十二人朋党所欺,而称舜为聪明之圣者,以能辨君子与小人也。周武之世,举其国之臣三千人共为一朋,自古为朋之多且大莫如周;然周用此以兴者,善人虽多而不厌也。

是纣王因此而亡国。周武王的臣下,三千人结成一个大朋党,但周朝却因此而兴盛。后汉献帝的时候,把天下名士都关押起来,把他们视作"党人"。直到黄巾军起义,汉王朝大乱,然后才悔悟,解除了囚禁,释放了他们,可是已经无可挽救了。唐朝末期,逐渐生出朋党的议论。到了昭宗时,把朝廷中的名士都杀害了,有的竟被投入黄河,说什么"这些人自命为清流,应当把他们投到浊流中去"。唐朝也就随之灭亡了。

前代的君主中,能使人人异心不结为朋党的,谁也不及商纣王;能禁绝好人结为朋党的,谁也不及汉献帝;能杀害由"清流"结成的朋党的,谁也不及唐昭宗那个时代。然而,这都使他们的国家混乱乃至灭亡了。互相推举谦让而不疑忌的,谁也不及虞舜的二十二位大臣。虞舜也毫不猜疑地进用他们。但是后世并不讥笑虞舜被二十二人的朋党所蒙骗,却赞美虞舜是聪明的圣主,原因就在于他能区别君子和小人。周武王时,全国所有的臣下三千人结成一个朋党,自古以来形成朋党的人数之多、范围之大,谁也比不上周朝。然而周朝因此而兴盛,原因就在于善良之士即使很夫兴亡治乱之迹，为人君者可以鉴矣！

多，国君也不感到满足啊。

有关治乱兴亡的事迹，做君主的可以从中借鉴啊！

文化常识第162讲

清流、浊流 据《旧五代史》记载：唐朝末年，权臣朱温在白马驿诱杀了宰相裴枢等人，诬陷他们是朋党，牵连了数百人。当时，朱温手下的谋士李振，曾经参加过好几次科举考试都没考中，对朝中大臣早就心怀不满，借此机会对朱温说："这些人自诩为清流，应该把他们扔进黄河，让他们永远成为浊流。"朱温竟然笑着答应了。

常用字第162讲

❶＜形＞方向相背；颠倒的，与"正"相对。《吕氏春秋·察今》："非务相反也，时势异也。"

❷＜动＞翻转；翻覆。《诗经·周南·关雎》："悠哉悠哉，辗转反侧。"

❸＜动＞通"返"。《愚公移山》："寒暑易节，始一反焉。"

❹＜动＞背叛；造反。《鸿门宴》："日夜望将军至，岂敢反乎？"

❺＜动＞违反；反对。《商君书·更法》："反古者未必可非。"

❻＜动＞类推。《论语·述而》："举一隅，不以三隅反，则不复也。"

❼＜动＞反省。《淮南子·氾论训》："纣居于宣室而不及反其过。"

❽＜副＞反倒；反而。《师说》："今其智乃反不能及。"

语法常识第162讲

词类活用：动词的使动用法【乱亡】"然皆乱亡其国"一句中"乱亡"本义为"混乱灭亡"，是动词，在这里用作使动用法，意为"使其国混乱灭亡"。翻译为：然而，这都使他们的国家混乱乃至灭亡了。

纵囚论
——耍了个小花招

《古文观止》有故事

欧阳修是北宋政治家、文学家、史学家。他四岁丧父,和母亲相依为命。母亲是受过教育的大家闺秀,即使家庭贫困,也不能耽误孩子的学习。没有笔墨,她就用荻秆当笔,在沙地上教欧阳修读书写字。

长大后,欧阳修考中进士,做了官。有一次,在读《新唐书》时,他看到唐太宗做过一件怪事。

唐太宗是有名的明君,依法治国,虚心纳谏,开创了"贞观之治"的盛世

局面。唐朝刚刚建立时,他接纳了魏徵的建议,用宽和仁厚来治理天下。贞观四年(630年),全国处死刑的才29人。贞观六年(632年),唐太宗在审核390名死刑犯的时候,心生同情,决定放他们回家和家人团聚,让他们一年后主动回来领受死刑。第二年,所有的死刑犯都按时回来了,没有一个逃脱的。唐太宗很感动,觉得人性还是向善的,于是就把他们全部赦免了。《新唐书》记录这些是为了突出唐太宗的仁德,连罪大恶极的死刑犯都能被感化。

但是,欧阳修却看出了问题:唐太宗分明是耍了一个小花招。当时是贞观六年,他治理天下已经六年了,德政如果可以感化人,怎么还会有那么多罪大恶极的死刑犯?先给自由,再让他们主动回来送死,君子都做不到,何况小人呢?这是违背人性的呀。

所以,这是一个上下合谋的小花招:死囚们得了性命,皇帝得了好名声。但是,这不是治国的常法,欧阳修是不提倡的。在这篇史论中,他层层分析,提出自己的治国主张,论证充分,引人深思。

原文

信义行于君子,而刑戮施于小人。刑入于死者,乃罪大恶极,此又小人之尤甚者也。宁以义死,不苟幸生,而视死如归,此又君子之尤难者也。方唐太宗之六年,录大辟囚三百余人,纵使还家,约其自归以就死。是以君子之难能,期小人之尤者以必能也。其囚及期,而卒自归无后者。是君子之所难,而小人之所易也。此岂近于人情哉?

或曰:罪大恶极,诚小人矣;及施恩德以临之,可使变而为君子。盖恩德入人之深,而移人之速,有如是者矣。曰:太宗之为此,所以求此名也。然安知夫纵之去也,不意其必来以冀免,所以纵之乎?又安知夫被纵而去也,不意其自归而

译文

信义可以在君子中施行,而种种刑罚则在小人中施行。判刑列入死刑的人,是罪大恶极的,又是小人中特别坏的人。宁愿为正义而死,不愿意苟且贪生,而视死如归,这在君子中也是很难做到的。在唐太宗即位后第六年时,把判处死刑的犯人三百余人登记在册,放他们回家,约定好到期自动回来接受死刑。这是君子都难以做到的事,而希望小人中最坏的人能做到自然更难。到了规定的时间,那些囚犯自动回来而没有延误。这是君子难以做到的,而小人却很容易地做到了。这难道近于人情吗?

有人说:罪大恶极,确实是小人了。如果对他们采取恩德感化的手段,就可以使他们变为君子。恩德感化越深入人心,人的转变速度就越快,有过这样的事。我说:唐太宗之所以这样做,就是为了得到这种名声。可是怎么会知道他在放回囚犯时,没有料到他们一定会回来希望可以赦免自己的死罪,所以才放回他们呢?又怎么会知道那些被放回的囚犯,没有料到他们自动回来就一定会被赦免自己的死罪,这才又回来呢?料想到囚犯们

必获免，所以复来乎？夫意其必来而纵之，是上贼下之情也；意其必免而复来，是下贼上之心也。吾见上下交相贼以成此名也，乌有所谓施恩德与夫知信义者哉？不然，太宗施德于天下，于兹六年矣，不能使小人不为极恶大罪，而一日之恩，能使视死如归，而存信义，此又不通之论也！

然则何为而可？曰：纵而来归，杀之无赦。而又纵之，而又来，则可知为恩德之致尔。然此必无之事也。若夫纵而来归而赦之，可偶一为之尔。若屡为之，则杀人者皆不死。是可为天下之常法乎？不可为常者，其圣人之法乎？是以尧、舜、三王之治，必本于人情，不立异以为高，不逆情以干誉。

一定会回来这才放他们回家，这是唐太宗从上面揣摩到下面囚犯的内心想法；料想到一定会被赦免死罪这才回来，这是下面的囚犯在揣摩上面的皇帝的内心想法。我从中看到的是上下互相揣摩对方的内心想法才形成了这种名声，哪里还有皇帝采取恩德感化的办法和囚犯遵守信义的事呢？不然的话，唐太宗在全国施行恩德感化的办法，到这时已经六年了，却不能让小人不犯极恶大罪，只凭一天的恩德感化，就能使囚犯视死如归，而且坚守信义。这是一种说不通的观点啊！

那么应该怎么去做才可以呢？我说：对放回家去而又回来的囚犯，杀了他而不能赦免。然后再放出一批囚犯，他们又回来了，这样才可以知道是被恩德感化所致。然而这必定是不可能的事。如果被放出的囚犯，他们自动回来就赦免了死罪，可以偶尔做一次。如果总是这样去做，那么杀人犯都不会被处死，这可以作为国家的常法吗？不能作为国家的常法，这难道能说是圣人之法吗？所以说，尧、舜、三王治理国家，必定以合乎人情为标准，不以标新立异为高明，不能违背情理来博取自己的名誉。

文化常识第163讲

视死如归 这个成语出自管仲的《管子·小匡》:"……鼓之而三军之士视死如归,臣不如王子城父。"管仲向齐桓公推荐了王子城父,说:"整肃军队,打仗英勇,能使全军将士毫不畏惧地英勇挺进,把死看成像回家一样,我不如王子城父。"于是,齐桓公就任用王子城父为将。现在,"视死如归"用来形容人勇敢不怕死。

常用字第163讲

读nán时:

<形>困难;艰难。《察今》:"以此为治,岂不难哉?"

读nàn时:

❶<名>灾难;祸患。《出师表》:"受任于败军之际,奉命于危难之间。"
❷<动>责难;质问;驳斥。《问说》:"所谓交相问难,审问而明辨之也。"
❸<动>发难;造反。《过秦论》:"一夫发难而七庙隳。"

语法常识第163讲

词类活用:名词作动词【贼】 "夫意其必来而纵之,是上贼下之情也"一句中"贼"本义为"盗贼",是名词,在这里活用作动词,意为"揣摩"。翻译为:料想到囚犯们一定会回来才放他们回家,这是唐太宗从上面揣摩下面的心思。

《释秘演诗集》序
——隐在佛门的奇男子

《古文观止》有故事

秘演是北宋时期的一位和尚,他喜欢写诗,而且写得很好。当时有名的诗人苏舜钦写过一首诗称赞他:"作诗千篇颇振绝,放意吐出吁可惊。不肯低心事镌凿,直欲淡泊趋杳冥。"

欧阳修通过石曼卿认识了秘演。石曼卿也是一位诗人,欧阳修非常推崇他的诗,而石曼卿则高度评价秘演的诗"雅健有诗人之意"。

石曼卿和秘演是好朋友,两个人常常一起喝酒。石曼卿为人开朗豪放,

胸怀大志，却得不到施展。想当年，好不容易考中了进士，却赶上有人举报科考舞弊，朝廷决定重考。偏偏他运气不好，重考落了第。换作别人肯定受不了，要号啕大哭，只有他非常淡定，还写了一首诗调侃这件事。欧阳修说他"隐于酒"，秘演"隐于浮屠"，都是世外高人。

石曼卿还很幽默，曾经有一次，他骑着马去游览报宁寺，牵马人没牵住马，马受惊，把他摔了下来。行人们都围拢过来看热闹，以为他肯定会发火，把牵马人臭骂一通。谁知道，石曼卿慢悠悠地爬起来，拍拍屁股说："幸亏我是石学士，要是瓦学士，岂不是要被摔碎啦？"围观的人哄堂大笑。

后来，石曼卿去世了，秘演也老了。没有了老友作伴，秘演便要到东南方游历。欧阳修很欣赏秘演，在他远行时，为他的诗集写了一篇序。想起已经去世的石曼卿，既有怀念，也有对他们怀才不遇的感慨。

逐字逐句学古文

原文

予少以进士游京师，因得尽交当世之贤豪。然犹以谓国家臣一四海，休兵革，养息天下以无事者四十年，而智谋雄伟非常之士，无所用其能者，往往伏而不出，山林屠贩，必有老死而世莫见者，欲从而求之不可得。

其后得吾亡友石曼卿。曼卿为

译文

我年轻时因考进士寄居京城，因而有机会遍交当时的贤者豪杰。不过我还认为：国家统一了四方，停止了战争，休养生息已四十年，那些智谋雄伟不寻常之人无处发挥才能，就往往隐居不出。山林和市井从事屠宰贩运的人中，必定有到死也不被世人发现的，我想要去那里寻找他们却找不到。

后来我认识了我那现已去世的朋友石曼卿。曼卿的为人，胸怀开阔而有大志。当时的统治者不能用人，廓然有大志，时人不能用其材，曼卿亦不屈以求合。无所放其意，则往往从布衣野老，酣嬉淋漓，颠倒而不厌。予疑所谓伏而不见者，庶几狎而得之，故尝喜从曼卿游，欲因以阴求天下奇士。

浮屠秘演者，与曼卿交最久，亦能遗外世俗，以气节自高。二人欢然无所间。曼卿隐于酒，秘演隐于浮屠，皆奇男子也。然喜为歌诗以自娱。当其极饮大醉，歌吟笑呼，以适天下之乐，何其壮也！一时贤士皆愿从其游，予亦时至其室。十年之间，秘演北渡河，东之济、郓，无所合，困而归。曼卿已死，秘演亦老病。嗟夫！二人者，予乃见其盛衰，则予亦将老矣！

夫曼卿诗辞清绝，尤称秘演之作，以为雅健有诗人之意。秘演状貌雄杰，其胸中浩然。既

他的才能，曼卿也不肯委屈自己迎合他们。他没有施展志向的地方，就往往跟布衣村民饮酒嬉戏，即使已醉倒也不满足。因此我怀疑所谓蛰伏而不被发现的人，或许要在轻松的玩乐中才能得到。所以我常常喜欢跟曼卿游玩，想通过他暗中访求天下奇士。

和尚秘演和曼卿交往最久，他能超越世俗之外，以崇尚气节来自守清高。两个人相处融洽毫无隔阂。曼卿隐居在酒里，秘演隐伏在佛门里，他们都是奇男子。然而又都喜欢作诗自我娱乐。当他们狂饮大醉之时，又唱又吟，又笑又叫，以共享天下的乐趣，这是多么豪迈啊！当时的贤士，都愿意跟他们结交，我也常常上他们家去。十年间，秘演北渡黄河，东到济州、郓州，没有遇上知己朋友，困顿而归。这时曼卿已经去世了，秘演也是年老多病。唉！这两个人，我竟看到了他们从壮年走向衰老，那么我自己也要老了吧！

曼卿的诗清妙绝伦，可他更称道秘演的作品，认为他的诗典雅劲健，具备诗人的意趣。秘演相貌雄伟出众，他的胸中又存有浩然正气。然而已经皈依佛门，也就没有可用之处了，只有他的诗歌能够流传于

习于佛，无所用，独其诗可行于世，而懒不自惜。已老，胠其橐，尚得三四百篇，皆可喜者。

曼卿死，秘演漠然无所向。闻东南多山水，其巅崖崛峍，江涛汹涌，甚可壮也，遂欲往游焉。足以知其老而志在也。于其将行，为叙其诗，因道其盛时以悲其衰。

世。可是他自己懒散而不爱惜。年老时，打开他装诗稿的口袋，还能得到三四百首，都是值得玩味的好作品。

曼卿去世后，秘演寂寞无处可去。听说东南地区有很多山水美景，那儿的高峰悬崖峭拔险峻，长江波涛汹涌，很是壮观，便想到那儿去游玩。这就足以了解他人虽老了可是志气尚在。在他临行之时，我为他的诗集写了序言，借此称道他的壮年并为他的衰老而悲哀。

文化常识第164讲

浮屠 佛教用语，也写作"浮图"，指佛陀，也就是佛；也指佛教和佛教徒，还指佛塔。古代伞或旗的顶子形状像塔顶，所以也可以称为浮屠。南朝梁范缜《神灭论》："浮屠害政，桑门蠹俗。"这里的"浮屠"指的是佛教，他的意思是佛教危害国政，僧尼腐蚀社会风俗。本文中提到的"浮屠"指的是佛教徒。

常用字第164讲　谋

❶ <名>计谋。《谋攻》："故上兵伐谋。"

❷ <动>谋划；策划。《廉颇蔺相如列传》："越王与大将军廉颇诸大臣谋。"

❸ <动>图谋；算计。《信陵君窃符救赵》："当是时，诸侯以公子贤，多客，不敢加兵谋魏十余年。"

❹ <动>商议；计议。《诗经·氓》："匪来贸丝，来即我谋。"

❺ <动>思虑；考虑。《过秦论》："深谋远虑，行军用兵之道，非及向时之士也。"

语法常识第164讲

判断句：皆……也 文言文中，有的判断句以"皆……也"的固定句式表示判断。本文"曼卿隐于酒，秘演隐于浮屠，皆奇男子也"就是这样的判断句。"皆"可以理解为"都是"之意。翻译为：曼卿隐居在酒里，秘演隐伏在佛门里，他们都是奇男子。

孩子读得懂的
古文观止

杨士兰 — 编著　　青鸟童书 — 绘

北京理工大学出版社
BEIJING INSTITUTE OF TECHNOLOGY PRESS

版权专有 侵权必究

图书在版编目（CIP）数据

孩子读得懂的古文观止：全 4 册 / 杨士兰编著；青鸟童书绘 . -- 北京：北京理工大学出版社，2025.5.
ISBN 978-7-5763-4935-1

Ⅰ . H194.1

中国国家版本馆 CIP 数据核字第 2025Y9T976 号

责任编辑：李慧智	**文案编辑**：李慧智
责任校对：王雅静	**责任印制**：施胜娟

出版发行	/ 北京理工大学出版社有限责任公司
社　　址	/ 北京市丰台区四合庄路 6 号
邮　　编	/ 100070
电　　话	/（010）68944451（大众售后服务热线）
	（010）68912824（大众售后服务热线）
网　　址	/ http://www.bitpress.com.cn
版 印 次	/ 2025 年 5 月第 1 版第 1 次印刷
印　　刷	/ 武汉林瑞升包装科技有限公司
开　　本	/ 880 mm × 1230 mm　1/16
印　　张	/ 75.5
字　　数	/ 1250 千字
定　　价	/ 269.00 元（全 4 册）

图书出现印装质量问题，请拨打售后服务热线，负责调换

《古文观止》是清代吴楚材、吴调侯叔侄二人选定的古代散文读本。此书起初是为私塾学生编的教材，康熙三十四年（1695年）正式镌版印刷。2020年4月，列入《教育部基础教育课程教材发展中心中小学生阅读指导目录》。

  它选录了自东周至明代的222篇文章。入选之文皆为语言精练、短小精悍、便于传诵的佳作。现代语言学大师王力曾说："学习古代汉语，建议大家多读《古文观止》。"巴金等文学名家更是把他们取得的文学成就，归功于小时候反复读过的《古文观止》。

  《古文观止》篇篇闪耀着真知灼见，包含着大量立身处世的人生哲理。但是要把这本书学好，谈何容易！书中随便一读都是生僻字，而字里行间，更是充满繁多的典故、丰富的文化常识、浩瀚的历史故事、错综的人物关系。对孩子们来说，实在难以下手。

  为此，我们编写了这套《孩子读得懂的古文观止》。我们采取先读故事再学古文的方法，每个故事都把文章的前因后果，包括历史背景、写作初衷、前后事件等交代清楚，让孩子先有兴趣再学知识。三百余幅精美插图让历史鲜活起来，相信孩子一定会过目难忘。

  为了让孩子了解到《古文观止》的全貌，我们把原书的222篇文章全收录进来（仅对于少数篇幅较长文字做了节选），原文全配有拼音，且译文与原文逐段对照，方便孩子学习古文。另外每篇文后还辅以文化常识、常用字和语法常识的讲解，让孩子在一个个具体情境中掌握文言文知识，做到触类旁通、事半功倍。希望读完这套书，孩子能读透古文，读懂古人，爱上优秀的中华传统文化。

目录

165 《梅圣俞诗集》序 欧阳修
—— 穷困了才能写出好诗 …… 001

166 送杨寘序 欧阳修
—— 弹琴或许能治病 …… 007

167 五代史伶官传序 欧阳修
—— 当心为自己沉迷嗜欲买单 …… 013

168 五代史宦者传 欧阳修
—— 被宦官关进小黑屋 …… 017

169 相州昼锦堂记 欧阳修
—— 打造一座"三绝碑" …… 022

170 丰乐亭记 欧阳修
—— 安享丰年之乐 …… 027

171 醉翁亭记 欧阳修
—— 山水之间有乐趣 …… 032

172 秋声赋 欧阳修
—— 逢秋难免悲寂寥 …… 039

173 祭石曼卿文 欧阳修
—— 酒鬼诗人去世了 …… 044

174 泷冈阡表 欧阳修
—— 怀念父母亲 …… 048

175 管仲论 苏洵
—— 都是管仲惹的祸 …… 054

176 辨奸论 苏洵
—— 暗暗地炮轰王安石 …… 060

| 177 | 心术 苏洵
——文人视角的领兵之道 …… 065

| 178 | 张益州画像记 苏洵
——一位值得钦佩的好官 …… 071

| 179 | 刑赏忠厚之至论 苏轼
——生命可贵，谨慎用刑 …… 077

| 180 | 范增论 苏轼
——疑心坏了大事 …… 083

| 181 | 留侯论 苏轼
——忍小辱成大事 …… 088

| 182 | 贾谊论 苏轼
——不该轻易放弃 …… 094

| 183 | 晁错论 苏轼
——关键时候要挺身而出 …… 100

| 184 | 上梅直讲书 苏轼
——偶像变成了知己 …… 106

| 185 | 喜雨亭记 苏轼
——久旱逢甘雨 …… 111

| 186 | 凌虚台记 苏轼
——兴废本无常 …… 116

| 187 | 超然台记 苏轼
——超然物外快乐多 …… 121

| 188 | 放鹤亭记 苏轼
——都是养鹤，差别却很大 …… 127

目录

189 石钟山记 苏轼
—— 破解石钟山得名之谜 …… 134

190 潮州韩文公庙碑 苏轼
—— 潮州人永远怀念他 …… 139

191 乞校正陆贽奏议进御札子 苏轼
—— 给皇帝送去了教材 …… 145

192 前赤壁赋 苏轼
—— 东坡居士的"齐物论" …… 151

193 后赤壁赋 苏轼
—— 游赤壁梦到鹤道人 …… 157

194 三槐堂铭 苏轼
—— 种下对儿孙的期望 …… 162

195 方山子传 苏轼
—— 为老朋友立传 …… 168

196 六国论 苏辙
—— 敢于讲真话的年轻人 …… 173

197 上枢密韩太尉书 苏辙
—— 韩琦和苏家兄弟 …… 178

198 黄州快哉亭记 苏辙
—— 心胸大了,快乐就多了 …… 184

199 寄欧阳舍人书 曾巩
—— 曾家兄弟的伯乐 …… 189

200 赠黎安二生序 曾巩
—— 走自己的路 …… 194

201 读孟尝君传 王安石
—— 什么是真正的"士"？…… 199

202 同学一首别子固 王安石
—— 一起努力学圣人 …… 202

203 游褒禅山记 王安石
—— 尽力而为就好 …… 206

204 泰州海陵县主簿许君墓志铭 王安石
—— 命运不同的许家两兄弟 …… 211

205 送天台陈庭学序 宋濂
—— 陋室也能养身心 …… 216

206 阅江楼记 宋濂
—— 存在于文字中的高楼 …… 221

207 司马季主论卜 刘基
—— 信神不如信自己 …… 227

208 卖柑者言 刘基
—— 一肚子烂棉絮的大官 …… 231

209 深虑论 方孝孺
—— 治国要顺应天道 …… 236

210 豫让论 方孝孺
—— 真正的国士要这样做 …… 242

211 亲政篇 王鏊
—— 宦官掌权危害大 …… 248

212 尊经阁记 王守仁
—— 领悟到心里的才是真经 …… 253

目录

213 象祠记 王守仁
——不仁如象也会被舜感化 … 258

214 瘗旅文 王守仁
——为客死他乡的陌生人致哀 … 263

215 信陵君救赵论 唐顺之
——魏王和六国摆在啥位置？… 269

216 报刘一丈书 宗臣
——不与奸臣为伍 ………… 275

217 吴山图记 归有光
——六十岁的老知县 ……… 281

218 沧浪亭记 归有光
——两位读书人隔空对话 … 286

219 青霞先生文集序 茅坤
——先生诗文永流传 ……… 290

220 蔺相如完璧归赵论 王世贞
——这是一场侥幸 ………… 296

221 徐文长传 袁宏道
——狂放不羁的大才子 …… 301

222 五人墓碑记 张溥
——路见不平挺身而出 …… 307

《梅圣俞诗集》序

——穷困了才能写出好诗

《古文观止》有故事

梅尧臣字圣俞，北宋著名诗人。他从小就才华出众，可是运气不好，多次参加进士考试，就是考不中。后来依赖叔叔梅询的功劳，被朝廷任命做过一些小官，和北宋文学家钱惟演、欧阳修都是好朋友。他在欧阳修的推荐下，做过国子监直讲（国子监的老师），世称"梅直讲"。

北宋景祐元年（1034年），梅尧臣到建德（今属安徽省东至县）做县令。一到县，梅尧臣就发现外面围了一圈竹篱笆，破破烂烂的。他顿时明白了，

竹篱笆年年需要维修,年年就得向百姓要钱。于是,他下令拔掉竹篱笆,垒了一圈土墙,在围起来的院子里种了一丛竹子。微风拂过,竹影摇曳,县衙多了一道风景,百姓少了一项负担,大家都感念梅县令的恩德。

在建德,他经常微服私访,走到田间地头跟农民、烧瓦匠、贫穷的妇人交谈,了解民间疾苦,为百姓解决实际问题。在建德为官五年,他深受百姓爱戴。建德百姓为了纪念梅尧臣,把县城改名为梅城,又在后面的山坡上修建了一座梅公亭。

梅尧臣为人清高孤傲,他在京城做官的时候,从来不巴结权贵,就连好友欧阳修的家,他也不愿意登门。那时候,欧阳修做京兆尹,反倒常常到梅尧臣家里拜访他。

梅尧臣仕途坎坷，但是诗歌写得非常好。宋仁宗时候的丞相王曙曾经称赞他说："你写的诗歌有唐宋遗风。自从杜甫去世后，二百多年没看到过这样的好诗了！"然而，王曙即使这样看重，却也没有向朝廷推荐他。

欧阳修为老友感到很惋惜，不过，他也意识到：大概诗人穷困了，才能写出技巧高明的诗歌吧？他特别喜欢梅尧臣的诗，生怕散落了。幸好梅尧臣的内侄谢景初收集整理了《梅圣俞诗集》，于是，他很高兴地为诗集写了序。

仕途不顺，反倒造就了一位杰出的诗人，也是一件值得庆幸的事。

逐字逐句学古文

原文

予闻世谓诗人少达而多穷，夫岂然哉？盖世所传诗者，多出于古穷人之辞也。凡士之蕴其所有，而不得施于世者，多喜自放于山巅水涯之外，见虫鱼草木风云鸟兽之状类，往往探其奇怪，内有忧思感愤之郁积，其兴于怨刺，以道羁臣寡妇之所叹，而写人情之难言。盖愈穷则愈工。然则非诗之能穷人，殆穷者而后工也。

予友梅圣俞，少以荫补为吏，累

译文

我听到世人常说：诗人仕途畅达的少，困厄的多。难道真是这样吗？大概是由于世上所流传的诗歌，多出于古代困厄之士的笔下吧。大凡胸藏才智而又不能充分施展于世的士人，大都喜爱到山头水边去放浪形骸，看见虫鱼草木风云鸟兽等事物，往往探究它们的奇特怪异之处，内心有着忧愁感慨愤激的郁积，这些情感化为诗兴，即寄托在怨恨讽刺之中，道出了逐臣寡妇的慨叹，从而写出人所难于言传的感受来。大概诗人遭遇越困厄就越能写得工巧。如此说来，并非写诗使人穷困潦倒，大概是穷困潦倒后才能写出好诗来。

我的朋友梅圣俞，年轻时由于

举进士，辄抑于有司，困于州县，凡十余年。年今五十，犹从辟书，为人之佐，郁其所蓄，不得奋见于事业。其家宛陵，幼习于诗，自为童子，出语已惊其长老。既长，学乎六经仁义之说，其为文章，简古纯粹，不求苟说于世。世之人徒知其诗而已。然时无贤愚，语诗者必求之圣俞；圣俞亦自以其不得志者，乐于诗而发之，故其平生所作，于诗尤多。世既知之矣，而未有荐于上者。昔王文康公尝见而叹曰："二百年无此作矣！"虽知之深，亦不果荐也。若使其幸得用于朝廷，作为"雅""颂"，以歌咏大宋之功德，荐之清庙，而追商、周、鲁颂之作者，岂不伟欤！奈何使其老不得志，而为穷者之诗，乃徒发于虫鱼物类，羁愁感叹之言。世徒喜其工，不知其穷之久而将老也！可不惜哉！

荫袭补为下级官吏，屡次考进士，总是遭到主考部门的压制，在地方上困厄了十多年。年已五十了，还要靠别人下聘书，去当人家的办事员，郁积着自己的才能智慧，不能在事业上充分地表现出来。他家乡在宛陵，幼年时就学习诗歌，从他还是个孩童时起，写出诗句来就已使得父老长辈惊异了。等到长大，学习了六经仁义的学问，他写出的文章简古纯正，不希求苟且取悦于世人，因此世人只知道他会写诗罢了。然而当时人不论贤愚，谈论诗歌必然会向圣俞请教。圣俞也喜欢把自己不得志的地方，通过诗歌来发泄，因此他平时所写的东西中诗歌就特别多。世人已经知道他了，却没有人向朝廷推荐他。从前王文康公曾看到他的诗作，慨叹地说："二百年没有这样的作品了！"虽然对他了解很深，可还是没有加以推荐。假使他有幸得到朝廷的任用，写出如《诗经》中"雅""颂"那样的作品，来歌颂大宋的功业恩德，献给宗庙，使他类似于商颂、周颂、鲁颂等作者，难道不是很壮观的盛事吗？可惜他到老也不得志，只能写困厄者的诗歌，白白地在虫鱼等事物上抒发穷苦愁闷的感叹。世人只喜爱他诗歌的工巧，却不知道他

圣俞诗既多，不自收拾。其妻之兄子谢景初，惧其多而易失也，取其自洛阳至于吴兴以来所作，次为十卷。予尝嗜圣俞诗，而患不能尽得之，遽喜谢氏之能类次也，辄序而藏之。

其后十五年，圣俞以疾卒于京师，余既哭而铭之，因索于其家，得其遗稿千余篇，并旧所藏，掇其尤者六百七十七篇，为一十五卷。呜呼！吾于圣俞诗论之详矣，故不复云。

庐陵欧阳修序。

因厄已久将要老死了，这难道不值得叹息吗？

圣俞的诗很多，自己却不收拾整理。他的内侄谢景初担心它太容易散失，选取他从洛阳到吴兴这段时间所写的作品，编为十卷。我曾经酷爱圣俞的诗作，担心不能全部得到它，十分高兴谢氏能为它分类编排，就为它写了序言并保存起来。从那以后过了十五年，圣俞因病在京师去世，我痛哭着为他写好了墓志铭之后，又向他家索求遗稿，得到他的遗稿一千多篇，连同先前所保存的，选取其中特别好的共六百七十七篇，分为十五卷。唉！我对圣俞的诗歌已经评论得很多了，所以不再重复。

庐陵欧阳修序。

文化常识第165讲

荫补 也叫奏荫、恩荫等，我国封建社会长期存在的一种选官制度。有些年轻人会依靠家族中前辈的功勋，获得做官的机会，这是一种变相的世卿世禄制度。荫补官员和科举选拔出来的官员，还有察举制推荐上来的官员，一起构成了封建官僚队伍。

常用字第165讲 —— 辟

读bì时：

❶ <名>刑法；法律。《左传·昭公六年》："制参辟，铸刑书。"
❷ <名>君主。《诗经·大雅·荡》："荡荡上帝，下民之辟。"
❸ <动>征召。《张衡传》："举孝廉不行，连辟公府不就。"
❹ <动>通"避"。《殽之战》："其北陵，文王之所辟风雨也。"

读pì时：

❶ <动>开；打开。《促织》："巫从旁望空代祝，唇吻翕($xī$)辟，不知何词。"
❷ <动>开辟；开垦；开设。《齐桓晋文之事》："欲辟土地，朝秦楚。"
❸ <动>排斥；驳斥。《答司马谏议书》："辟邪说，难任人，不为拒谏。"
❹ <形>偏僻；僻远。《汉书·萧何传》："何买田宅必居穷辟处。"
❺ <动>比喻；打比方。《孟子·尽心上》："有为者辟若掘井，掘井九仞而不及泉，犹为弃井也。"

语法常识第165讲

词类活用：名词作动词【序】 "遽喜谢氏之能类次也，辄序而藏之"一句中"序"本义为"序言"，是名词，在这里活用作动词，意为"写序言"。翻译为：十分高兴谢氏能为它分类编排，就为它写了序言并保存起来。

送杨寘序
——弹琴或许能治病

欧阳修

● 《古文观止》有故事

　　古琴是中国传统的弹拨乐器。传说中，是伏羲造了琴。只不过那时候的琴只有一根弦。《礼记》中记载，舜制作了五弦琴，歌唱《南风歌》。后来，周文王加了一根弦，周武王又加了一根弦，这就成了七弦琴。

　　古代的音乐有教化百姓的作用，而琴作为主要的乐器，带来听觉上的审美的同时，也被赋予了修心养性的功能，后来更成为"琴棋书画"四艺之首，成为高雅生活的代名词。

司马迁在《史记》中说过：音乐能够疏通血脉，使心情平和宁静。北宋文学家欧阳修更是对古琴情有独钟。他年轻的时候就喜欢弹琴，写过一篇《三琴记》，说自己不喜欢《诗经》中的《郑风》《卫风》等，唯独喜欢琴声。空闲时，他常常和朋友们一起品茶弹琴，排解苦闷心情。

弹琴不仅可以陶冶性情，还能够疗愈一些疾病。

有一次，欧阳修两手的中指都出现了拘挛(jū luán)的症状。医生诊断说可能是因为整天不停地写字，把手指头累坏了，气血凝滞不通导致的。医生建议他弹琴来活动手指，疏通气血，他弹了一段时间，果然很有效果。

弹琴不仅可以治疗身体上的病，还能治疗心病。

欧阳修在《送杨寘序》中写及自己曾经忧郁成疾——大概就是抑郁症吧？由于思虑过重，怎么也高兴不起来，退下来闲居也治不好。后来，他去朋友孙道滋那里学弹琴，越学越上瘾，越弹越快乐，竟然忘了自己还有抑郁症呢。这个心病就这样被弹琴治好了。

所以，他送别好友杨寘时，就把这个弹琴"药方"送给他。杨寘从小体弱多病，心中又常常觉得不公平，现在又要去南方做官，或许弹琴可以让他心情平静下来，调养身体吧。

欧阳修对音乐的理解，和对好友的关心，都借助这篇文章表达了出来。

逐字逐句学古文

原文

予尝有幽忧之疾，退而闲居，不能治也。既而学琴于友人孙道滋，受宫声数引，久而乐之，不知其疾之在体也。夫疾，生乎忧者也。药之毒者，能攻其疾之聚，不若声之至者，能和其心之所不平。心而平，不和者和，则疾之忘也宜哉。

夫琴之为技小矣，及其至也，大者为宫，细者为羽，操弦骤作，忽然变之，急者凄然以促，缓者舒然以和，如崩崖裂石、高山出泉，而风雨夜至也。如怨夫寡妇之叹

译文

我曾经得了内心过度忧伤的病症，退下来闲居，没有医治好。后来向朋友孙道滋学习弹琴，学习了五声和几支曲子，时间一长觉得很快乐，不觉得那疾病还在自己身上了。疾病，是因忧虑而产生的。药物的治疗，是可以攻击这些疾病的病灶，但不如音乐进入人体的效果，因为音乐可以平和人心那种愤愤不平的情绪。人心能够平静下来，不和谐的和谐了，那么忘记了疾病也是理所应当的啊。

弹琴作为一种技艺，是很小的了。等这技艺到了极点，（发出的声调）大的是最低沉的宫声，小的是最高亢的羽声，按着琴弦迅急弹奏，声调便随着情感的变化而变化；声音急促的，显得很凄惨；声音和缓的，显得很舒畅。有时好像山崩石裂，泉水从高山上涌出来，又好像夜晚发生了大风大雨；有时像旷夫、寡妇的叹息声，又

息，雌雄雍雍之相鸣也。其忧深思远，则舜与文王、孔子之遗音也；悲愁感愤，则伯奇孤子、屈原忠臣之所叹也。喜怒哀乐，动人必深。而纯古淡泊，与夫尧舜三代之言语、孔子之文章、《易》之忧患、《诗》之怨刺无以异。其能听之以耳，应之以手，取其和者，道其湮郁，写其幽思，则感人之际，亦有至者焉。

予友杨君，好学有文，累以进士举，不得志。及从荫调，为尉于剑浦，区区在东南数千里外。是其心固有不平者。且少又多疾，而南方少医药，风俗饮食异宜。以多疾之体，有不平之心，居异宜之俗，其能郁郁以久乎？然欲平其心以养其疾，于琴亦将有得焉。故予作琴说以赠其行，且邀道滋酌酒，进琴以为别。

好像和睦的雌鸟、雄鸟互相唱和。它的忧虑深沉、思绪悠远，就是虞舜、周文王和孔子的遗音；它的悲惨、愁闷、感慨、愤激，就是孤儿伯奇、忠臣屈原所发出的叹息。喜、怒、哀、乐的情绪，一定深深地打动人们的心弦；纯厚、古雅、淡泊的音色，却跟尧舜三代的语言、孔子的文章、《易经》所表现的忧患、《诗经》所包含的怨恨讽刺，没有什么区别。它能够凭耳朵听出来，能够随手弹出来。如果选取那和谐的音调，排遣忧郁，宣泄幽思，那么，它感动人的时候，也能使人悟得人生的真谛。

我的朋友杨君，喜欢研究学问，很会写文章，屡次参加进士考试，都不得意。等到依靠祖上的功勋补缺，才调到剑浦去做了县尉。小小的剑浦在东南面几千里路以外，在这种情况下，他心里确实有不平的地方。并且从小又多疾病，可是南方缺少名医良药，风俗饮食与中原两样。以他多病的身体，抱着不平的心思，却生活在风俗不相适宜的地方，哪里能够忧郁地长久支撑下去呢？然而要平静他的心思，疗养他的疾病，从弹琴中或许能够收到一点好处吧！因此我写了这篇谈琴的文章来给他送行，并且邀请孙道滋一同饮酒，赠他一张琴当作临别的纪念。

文化常识第166讲

伯奇 相传，伯奇是周宣王时候，重臣尹吉甫的长子。他的母亲去世后，后母想要除去伯奇，就在尹吉甫面前说伯奇的坏话。吉甫听信谗言，气坏了，就把伯奇驱逐出家门。伯奇在田野流浪，"编水荷而衣之，采苹花而食之"，用荷叶做衣服，采苹花来充饥。他觉得自己没有罪过却被驱逐，心里难过，就做一首《履霜操》来抒发感情。

常用字第166讲

读shù时：

❶<名>数目；数量。《赤壁之战》："众数虽多，甚未足量。"

❷<数>几；几个。《寡人之于国也》："百亩之田，勿夺其时，数口之家可以无饥矣。"

❸<名>算术。《周礼·大司徒》："三曰六艺：礼、乐、射、御、书、数。"

❹<名>方法；技艺；方术。《后汉书·王昌传》："时赵谬王子林好奇数。"

❺<名>命运；定数。《六国论》："则胜负之数，存亡之理，当与秦相较。"

❻<名>规律；法则。《荀子·天论》："天有常道矣，地有常数矣。"

读shǔ时：

❶<动>计算；计数。《信陵君窃符救赵》："请数公子行日。"

❷<动>数说；列举。《〈指南录〉后序》："予自度不得脱，则直前诟虏帅失信，数吕师孟叔侄为逆。"

读shuò时：

<副>屡次；多次。《鸿门宴》："范增数目项王。"

读cù时：

<形>密，与"疏"相对。《寡人之于国也》："数罟不入洿池，鱼鳖不可胜食也。"

语法常识第166讲

倒装句：状语后置【于(向)+某人】 有一类状语后置句，介词宾语"于……"作状语，放在谓语后面，表示对象。本文"既而学琴于友人孙道滋，受宫声数引，……"一句中"于友人孙道滋"就是介词宾语作状语，放在了后面，表示对象，"于"可以解释为"向"。正确语序应该是："既而于友人孙道滋学琴，受宫声数引，……"翻译为：后来向朋友孙道滋学习弹琴，学习了五声和几首曲子，……

这样的例子还有很多：

①"世既知之矣，而未有荐于上者。"(《梅圣俞诗集序》)翻译为：世人已经知道他了，却没有人向朝廷推荐他。

②诸葛亮谓刘备曰："事急矣，请奉命求救于孙将军。"(《资治通鉴·赤壁之战》)翻译为：(曹操将要从江陵顺江东下，)诸葛亮对刘备说："事情很危急，请让我奉命去向孙将军求救。"

五代史伶官传序

——当心为自己沉迷嗜欲买单

《古文观止》有故事

后唐庄宗李存勖(xù)是晋王李克用的儿子,后唐王朝的开国皇帝。李克用去世后,李存勖继任河东节度使,继承了晋王的爵位。刚开始,他体恤百姓,惩治贪官,疏浚堤防,发展农业。公元923年,李存勖称帝;同年十月,灭了后梁;公元925年,又灭了前蜀。

仇人被消灭了,天下已经平定,庄宗就忘乎所以了。他开始搜刮民财,大兴土木,猜忌功臣,宠信伶人。

伶人是指一些会弹会唱会演戏的演员，得到庄宗宠信之后，做了官。

有个叫周匝(zā)的伶人在作战时做了梁军的俘虏，在另外两个伶人陈俊、储德源的保护下，才捡回一条命。李存勖为了替周匝报答陈俊、储德源的救命之恩，竟然要封这两个伶人做刺史。宰相郭崇韬极力劝阻，李存勖一意孤行，封他们做了刺史。只因他已经答应了周匝，不能失信呀。

军中很多身经百战、九死一生的将士都没能升官，听说这事后气坏了。

更可气的是，他派伶人景进去刺探群臣的言行。景进趁机是非颠倒，陷害朝臣。庄宗被蒙蔽了，自己还不知道。

后来，庄宗先后冤杀了郭崇韬和李存乂(yì)，惹恼了郭从谦。郭从谦也是一个伶人，他深得庄宗信任，一路升到指挥使。郭崇韬是他的同乡叔叔，而李存乂则是他的义父。为了给叔叔和干爹报仇，郭从谦起兵反叛，攻进了宫城。庄宗奋力抵抗，最后被乱箭射死。

欧阳修在《伶官传序》中指出：祸患总是从细微之处积累发展而来。再聪明勇敢的人，也有可能被自己所溺爱的人或事物逼到绝境。他告诫人们要时刻保持清醒的头脑，低调谦虚。

逐字逐句学古文

原文

呜呼！盛(shèng)衰(shuāi)之(zhī)理(lǐ)，虽(suī)曰(yuē)天(tiān)命(mìng)，岂(qǐ)非(fēi)人(rén)事(shì)哉(zāi)！原(yuán)庄(zhuāng)宗(zōng)之(zhī)所(suǒ)以(yǐ)得(dé)天(tiān)下(xià)，与(yǔ)其(qí)所(suǒ)以(yǐ)失(shī)之(zhī)者(zhě)，可(kě)以(yǐ)知(zhī)之(zhī)矣(yǐ)。世(shì)言(yán)晋(jìn)王(wáng)之(zhī)将(jiāng)终(zhōng)也(yě)，以(yǐ)三(sān)矢(shǐ)赐(cì)庄(zhuāng)宗(zōng)而(ér)告(gào)之(zhī)曰(yuē)："梁(liáng)，吾(wú)仇(chóu)也(yě)；

译文

唉！盛衰的道理，虽说是天命决定的，难道说不是人事造成的吗？推究庄宗取得天下的原因，与他失去天下的原因，就可以明白了。

世人传说晋王临死时，把三支箭赐给庄宗，并告诉他说："梁王朱温是我的仇敌，燕王是我推立的，契丹与我

燕王，吾所立；契丹与吾约为兄弟；而皆背晋以归梁。此三者，吾遗恨也。与尔三矢，尔其无忘乃父之志！"庄宗受而藏之于庙。其后用兵，则遣从事以一少牢告庙，请其矢，盛以锦囊，负而前驱，及凯旋而纳之。

方其系燕父子以组，函梁君臣之首，入于太庙，还矢先王，而告以成功，其意气之盛，可谓壮哉！及仇雠已灭，天下已定，一夫夜呼，乱者四应，仓皇东出，未及见贼而士卒离散，君臣相顾，不知所归。至于誓天断发，泣下沾襟，何其衰也！岂得之难而失之易欤？抑本其成败之迹，而皆自于人欤？《书》曰："满招损，谦得益。"忧劳可以兴国，逸豫可以亡身，自然之理也。

故方其盛也，举天下之豪杰，莫能与之争；及其衰也，数十伶人

约为兄弟，可是后来他们都背叛我去投靠了梁。这三件事是我的遗恨。交给你三支箭，你不要忘记你父亲报仇的志向。"庄宗接受了箭，把它收藏在祖庙里。以后庄宗出兵打仗，便派手下的随从官员，用猪羊去祭告祖先，从宗庙里恭敬地取出箭来，用漂亮的锦囊装着，背着它走在前面，等到凯旋时再把箭藏入祖庙。

当他用绳子绑住燕王父子，用小木匣装着梁国君臣的头，走进祖庙，把箭交还到晋王的灵座前，告诉他生前报仇的志向已经完成，他那神情气概，是多么威风！等到仇敌已经消灭，天下已经安定，一人在夜里发难，作乱的人四面响应，他慌慌张张地向东逃跑，还没见到乱贼，部下的兵士就纷纷逃散，君臣们你看着我，我看着你，不知道哪里去好；到了割下头发来对天发誓，抱头痛哭，眼泪沾湿衣襟的可怜地步，怎么那样的衰败差劲呢！难道说是因为取得天下难，而失去天下容易才像这样的吗？或者推究他成功失败的原因，都是由于人事呢？《尚书》上说："自满会招来损害，谦虚能得到益处。"忧劳可以使国家兴盛，安乐可以使自身灭亡，这是自然的道理。

因此，当他兴盛时，普天下的豪杰，没有谁能和他相争；到他衰败时，数十个乐工就把他困住，最后身死国灭，被天下人耻笑。祸患常常是由一点

困之，而身死国灭，为天下笑。夫
祸患常积于忽微，而智勇多困于
所溺，岂独伶人也哉？
kùn zhī　　ér shēn sǐ guó miè　wéi tiān xià xiào　fú
huò huàn cháng jī yú hū wēi　　ér zhì yǒng duō kùn yú
suǒ nì　qǐ dú líng rén yě zāi

一滴极小的错误积累而酿成的，纵使是聪明有才能和英勇果敢的人，也多半沉溺于某种爱好之中，难道只是因为喜欢乐工（才失败）吗？

文化常识第 167 讲

契丹　古代中国的游牧民族。907年，契丹族首领耶律阿保机即可汗位。916年阿保机称帝，国号契丹。947年，辽太宗改国号为辽。就在阿保机即汗位的这一年，李克用和他拜为兄弟，结成军事同盟，希望共同出兵攻打朱温。后来耶律阿保机背弃盟约，派人和朱温交好。所以本文说契丹"背晋以归梁"，是李克用的仇人，要儿子李存勖为他报仇。

常用字第 167 讲　约

❶ <动>捆绑。
❷ <动>约束；检束。《廉颇蔺相如列传》："秦自缪公以来二十余君，未尝有坚明约束者也。"
❸ <动>约定。《鸿门宴》："怀王与诸将约曰……"
❹ <名>预先商定共同遵守的条件、盟约。《伶官传序》："契丹与吾约为兄弟。"
❺ <形>简约。《屈原列传》："其文约，其辞微。"
❻ <副>大约；大概。《核舟记》："舟首尾长约八分有奇。"

文化常识第 167 讲

词类活用：名词作动词【函】"方其系燕父子以组，函梁君臣之首"一句中"函"本义为"木匣"，是名词，在这里活用作动词，意为"用木匣装"。翻译为：当他用绳子绑住燕王父子，用小木匣装着梁朝君臣的头。

五代史宦者传
——被宦官关进小黑屋

欧阳修

《古文观止》有故事

唐昭宗是唐懿宗李漼的儿子，唐僖宗的弟弟，排行第七。这时候的唐朝，已经开始走下坡路。藩镇割据和宦官专权成为帝国庞大身躯上的两大"毒瘤"。中晚唐的一些皇帝是宦官拥立的，唐僖宗就是宦官田令孜拥立的。他病重时，掌握着军权的宦官杨复恭拥立李晔为皇太弟。李晔后来即位，就是唐昭宗。

唐昭宗继位后，提倡节俭，削减了宫中一些不必要的开支。他还非常重视人才的选拔，对朝臣很尊敬，很快就得到了朝臣的爱戴和支持。

唐昭宗很想铲除这两大毒瘤。公元891年，他解除了杨复恭的兵权，把他赶出了权力中心。但是，宦官的势力太大了，并没有把兵权从宦官手里拿回来。他同时派兵征讨李克用、李茂贞等割据势力，却导致藩镇之间的势力范围重新分配。不但没有解决问题，反倒让藩镇滋生了"挟天子以令诸侯"的想法。

唐昭宗重用宰相崔胤(yìn)，打压宦官势力。崔胤借助宣武军节度使朱温的势力，把持了朝政。大宦官刘季述不敢把崔胤怎么样，便捏造了罪名把唐昭宗抓了起来。他把昭宗关到少阳院，亲手锁上大门。每天只从一个小洞送点吃的进去。可怜的皇帝，被关进了小黑屋。

刘季述拥立太子即位，把权力抓到了自己手里。

后来，在朱温的干预下，发动政变的宦官被除掉，唐昭宗才得以复位。复位后，唐昭宗更加信任崔胤，想方设法要彻底铲除宦官。宦官韩全诲得知了他们的密谋，先下手为强，把昭宗劫持到凤翔投靠了李茂贞。

朱温大军包围了凤翔。李茂贞抵挡不住，杀了韩全诲等宦官，和朱温讲和。朱温杀掉了几乎所有宦官，危害唐朝的宦官专权终于解决了，但唐昭宗也落入朱温的掌控之中。最后，唐昭宗被朱温杀害，结束了他悲剧的一生。

作为一个皇帝，左右不了自己的命运，真是可悲呀！

逐字逐句学古文

原文

自古宦者乱人之国，其源深于女祸。女，色而已，宦者之害，非一端也。

盖其用事也近而习，其为心也专而忍。能以小善中人之意，小信固人之心，使人主必信而亲之。待其已信，然后惧以祸福而把持之。虽有忠臣硕士列于朝廷，而人主以为去己疏远，不若起居饮食、前后左右之亲可恃也。故前后左右者日益亲，而忠臣硕士日益疏，而人主之势日益孤。势孤，则惧祸之心日益切，而把持者日益牢。安危出其喜怒，祸患伏于帷闼，则

译文

自古以来，宦官扰乱国家，比女人造成的祸患还要严重。女人，只不过是使君主沉溺于美色罢了，而宦官的危害可不止一条。

宦官所担当的职责就是侍奉在君主身边，容易与君主形成亲密关系，他们的用心专一并且毒辣，他们能用微小的好处来迎合别人的心意，能用小忠小信获得君主的信任，使人君必然信任、亲近他们。等到获得了君主的完全信任，然后就用祸福来恐吓他、挟制他。这时候虽然有忠臣贤士在朝中，但君主认为他们和自己关系疏远，不如侍奉他起居饮食、成天在自己左右侍奉自己的亲随那样可靠。所以君主与成天在左右侍奉自己的人日益亲密，而对忠臣贤士们则日益疏远，君主便会日益变得势单力孤。势单力孤，则惧怕发生祸患的心理就更加严重，而挟持君主的人的地位就会更加牢固。君主的安危，决定于这些人的喜怒；而祸患就潜伏在他的内廷之

向之所谓可恃者,乃所以为患也。患已深而觉之,欲与疏远之臣图左右之亲近,缓之则养祸而益深,急之则挟人主以为质。虽有圣智,不能与谋。谋之而不可为,为之而不可成,至其甚,则俱伤而两败。故其大者亡国,其次亡身,而使奸豪得借以为资而起,至抉其种类,尽杀以快天下之心而后已。此前史所载宦者之祸常如此者,非一世也。

夫为人主者,非欲养祸于内,而疏忠臣硕士于外,盖其渐积而势使之然也。夫女色之惑,不幸而不悟,而祸斯及矣。使其一悟,捽而去之可也。宦者之为祸,虽欲悔悟,而势有不得而去也,唐昭宗之事是已。故曰"深于女祸者",谓此也。可不戒哉?

中。于是过去认为可以依靠的人,正是现在为患的根源。

当发觉祸患已深的时候,想要和平日里疏远的大臣们一起除掉左右的亲随,行动慢了就会使祸患日益严重;操之过急,又会使那些亲随挟持自己作为人质。这时候即使是智慧再高的人,也不能与他共商对策了。就算是能够商议对策,也很难实际着手去做。即使做了,也有可能不成功,到了最严重的时候,很可能产生两败俱伤的后果。祸患大的可以亡国,次一点的会让自己丧命,并且会使世上的奸雄们以此为借口乘机而起,直到搜捕宦官的同党,并全部杀掉,使天下人人心大快,然后才算了结。过去历史上记载的宦官之祸往往如此,而且不止一代。

作为君主,并不是故意要在宫中养祸害,在朝堂之上疏远忠臣贤士,这是日积月累逐步发展而成的,是形势发展使他自然而然地走入此途的。所以沉迷于女色,如果不幸一直执迷不悟,那么祸患就要随之降临了;但是一旦醒悟,把她们撵出去就行了。而宦者造成的祸患,虽然有所悔悟,但已经形成的形势往往使得君主没有办法把他们除掉;唐昭宗的事就是这样。所以说"比女人造成的祸患还要严重",就是指这样的情况。怎能不有所戒惧呢?

文化常识第168讲

宦官 中国古代专供皇帝及其家族役使的奴仆。因为宦官有机会出入皇帝左右，服侍他们的起居饮食，所以深得皇帝信任，导致宦官权力过大。西汉初期，吕后当政时，重用宦官张释，并给他封侯，开启了汉代宦官封侯的先河，宦官专权就从此时开始了。后来东汉、唐朝、明朝都有宦官专权，酿成大祸。为了警戒后人，欧阳修写了这篇文章。

常用字第168讲

① <动> 拿着；握着；抓着。《狼》："屠乃奔倚其下，驰担持刀。"
② <动> 拉；牵。柳宗元《段太尉逸事状》："选老躄(bì)者一人持马。"
③ <动> 把持；掌握。《狱中杂记》："有某姓兄弟，以把持公仓，法应立决。"
④ <动> 操持；治理。《察今》："悖乱不可以持国。"
⑤ <动> 扶持。《柳毅传》："毅恐蹶仆地，君亲起持之曰：'无惧。'"
⑥ <动> 保持；维持。《苏武》："使决人死生，不平心持正，反欲斗两主，观祸败。"
⑦ <动> 抱着；坚持。《赤壁之战》："诸人持议，甚失孤望。"
⑧ <动> 携带；带着。《西门豹治邺》："以故多持女远逃亡。"
⑨ <动> 控制；挟持。《童区寄传》："二豪贼劫持，反接，布囊其口。"
⑩ <动> 对立；对峙。《赤壁之战》："今寇众我寡，难与持久。"

语法常识第168讲

词类活用：形容词的使动用法【快】 "至抉其种类，尽杀以快天下之心而后已"一句中"快"本义为"快乐，畅快"，是形容词，在这里用作使动用法，意为"使天下之心快"。翻译为：直到搜捕宦官的同党，并全部杀掉，使天下人人心大快，然后才算了结。

相州昼锦堂记
——打造一座"三绝碑"

欧阳修

《古文观止》有故事

韩琦是北宋政治家，相州安阳（河南省安阳市）人。公元1027年，20岁的韩琦考中进士，进入官场。宋朝和西夏的战争爆发后，他出任陕西安抚使（负责军务治安的长官），和范仲淹一起抵御西夏，在军中很有声望。和西夏议和后，他回到中央升任枢密副使（枢密院的副长官），与范仲淹、富弼等人主持"庆历新政"。新政失败后，他请求外放，先后到扬州、定州、并州等地做地方官。公元1055年，他生病了，请求皇帝派他到家乡相州做知州。回到

家乡后,他在州衙后面建造了昼锦堂。

1056年,韩琦被召回京做了枢密使;两年后升任同中书门下平章事,成为宰相。

宋仁宗没有儿子,韩琦做宰相后,极力劝说仁宗早早立储,宋仁宗这才同意立堂兄的儿子赵曙为皇太子,确定了皇嗣问题。1063年,仁宗去世,赵曙即位,就是宋英宗。宋英宗即位后,得了一场病,曹太后临朝听政。在小人的挑拨下,太后和皇帝的关系非常紧张。多亏韩琦在两人之间劝解调停,才得以缓和。英宗病愈之后,韩琦又劝说曹太后还政给皇帝。

1066年,英宗病重,韩琦再次劝皇帝立赵顼为皇太子。第二年,英宗去世,赵顼即位,就是宋神宗。

韩琦六十八岁去世,宋神宗亲自为他撰写墓碑"两朝顾命,定策元勋",表彰他的功绩。

相州的昼锦堂旁边立着一通石碑,碑文是欧阳修写的《相州昼锦堂记》。欧阳修写好后,韩琦请来当时最有名的书法家蔡襄书写了碑文。龙图阁学士邵必用篆书写了碑额,刻成了石碑。这块昼锦堂记碑是欧阳修、蔡襄、邵必三位顶级大师共同打造而成的,所以历史上把它称为"三绝碑"。

现在,在河南安阳的韩王庙,仍然可以见到这块"三绝碑"。

逐字逐句学古文

原文

仕宦而至将相,富贵而归故乡,此人情之所荣,而今昔之所同也。

译文

做官做到将相,富贵之后返回故乡,这从人情上说是光荣的,从古到今都是这样啊。

大概士人在仕途不通的时候,困居乡里,那些平庸之辈甚至小孩,都盖士方穷时，困厄闾里，庸人孺子，皆得易而侮之。若季子不礼于其嫂，买臣见弃于其妻。一旦高车驷马，旗旄导前，而骑卒拥后，夹道之人，相与骈肩累迹，瞻望咨嗟，而所谓庸夫愚妇者，奔走骇汗，羞愧俯伏，以自悔罪于车尘马足之间。此一介之士，得志于当时，而意气之盛，昔人比之衣锦之荣者也。

惟大丞相魏国公则不然。公，相人也，世有令德，为时名卿。自公少时，已擢高科，登显士。海内之士，闻下风而望余光者，盖亦有年矣。所谓将相而富贵，皆公所宜素有，非如穷厄之人侥幸得志于一时，出于庸夫愚妇之不意，以惊骇而夸耀之也。然则高牙大纛，不足为公荣；桓圭衮裳，不足为公贵。惟德被生民，而功施社稷，勒之金石，播之声诗，以耀后世而垂

能够轻视欺侮他。就像苏秦不被他的嫂嫂以礼相待，朱买臣被他的妻子嫌弃一样。可是一旦坐上四匹马拉的高大车子，旗帜在前面导引，而骑兵在后面簇拥，街道两旁的人们，一齐并肩接踵，一边瞻望一边称美，而那些庸夫愚妇，恐惧奔跑，汗水淋漓，羞愧地跪在地上，面对车轮马蹄扬起的灰尘，十分后悔，暗自认罪。这就是普通的士人，在当世得志时意气的壮盛，以前的人们就将这样的人比作穿着锦绣衣裳一般荣耀的人。

只有大丞相魏国公却不是如此。魏国公，是相州人士。先祖世代有美德，都是当时有名的大官。魏国公年轻时就已考取高等的科第，当了大官。全国的士人们，闻风下拜而瞻望他的风采的情景，大概也有好多年了。所谓出将入相，富贵荣耀，都是魏国公平素就拥有的。而不像那些困厄的士人，靠着侥幸得志于一时一事，出乎庸夫愚妇的意料之外，为了使他们害怕而夸耀自己。如此说来，高大的旗帜，不足以显示魏国公的光荣；玉珪官服，也不足以显示魏国公的富贵。只有用恩德施于百姓，使功勋延及国家，让这些都镌刻在金石之上，赞美的诗歌传播在四面八方，使荣耀传于后世而无穷无尽，这才是魏国公的大志所在，而士人们也把这些

无穷，此公之志，而士亦以此望于公也。岂止夸一时而荣一乡哉？

公在至和中，尝以武康之节，来治于相，乃作"昼锦"之堂于后圃。既又刻诗于石，以遗相人。其言以快恩仇、矜名誉为可薄，盖不以昔人所夸者为荣，而以为戒。于此见公之视富贵为何如，而其志岂易量哉！故能出入将相，勤劳王家，而夷险一节。至于临大事，决大议，垂绅正笏，不动声色，而措天下于泰山之安，可谓社稷之臣矣。其丰功盛烈，所以铭彝鼎而被弦歌者，乃邦家之光，非闾里之荣也。

余虽不获登公之堂，幸尝窃诵公之诗，乐公之志有成，而喜为天下道也。于是乎书。

寄希望于他。哪里只是为了夸耀于一时，荣耀于一乡呢？

魏国公在至和年间，曾经以武康节度使的身份来治理过相州，便在官府的后园建造了一座"昼锦堂"。后来又在石碑上刻诗，留给相州百姓。诗中认为，那种以计较恩仇为快事，以沽名钓誉而自豪的行为是可耻的。不把前人所夸耀的东西当作光荣，却以此为鉴戒。从中可见魏国公是怎样来看待富贵的，而他的志向难道能轻易地衡量吗？因此能够出将入相，辛勤劳苦地为皇家办事，而不论平安艰险，气节始终如一。至于面临重大事件，决定重大问题，都能衣带齐整，执笏端正，不动声色，把天下国家置放得如泰山般安稳，真可称得上是国家的重臣啊。他的丰功伟绩，应当被铭刻在鼎彝之上，流传于弦歌之中，这是国家的光荣，而不是一乡一里的光荣啊。

我虽然没有获得登上昼锦堂的机会，却荣幸地曾经私下诵读了他的诗歌，为他的大志实现而高兴，并且乐于向天下宣传叙述，于是写了这篇文章。

文化常识第169讲

朱买臣 西汉人,他家里很穷,四十岁时仍然是个落魄书生,靠砍柴卖柴维持生计。但他非常喜欢读书,挑柴卖柴的时候还在诵读诗文。妻子难以忍受贫困,要求离婚。朱买臣没办法,只好给她写了休书。后来,朱买臣做了大官,传说他的妻子来请求复婚,朱买臣把一盆水泼在马前,让她再收回来。其实,朱买臣是在告诉她,覆水难收了。

常用字第169讲 —— 至

❶ <动>来到;到达。《赵威后问齐使》:"王无罪岁,斯天下之民至焉。"
❷ <形>达到顶点。《订鬼》:"二者用精至矣。"
❸ <形>周到。《送东阳马生序》:"或遇其叱咄(chì duō),色愈恭,礼愈至,不敢出一言以复。"
❹ <副>极;最。《得道多助,失道寡助》:"寡助之至,亲戚畔之。"
❺ <连>至于。《原君》:"至桀、纣之暴,犹谓汤、武不当诛之。"

语法常识第169讲

词类活用:名词作动词【礼】 "若季子不礼于其嫂,买臣见弃于其妻"一句中"礼"本义为"礼仪",是名词,在这里活用作动词,意为"以礼相待"。"不礼"就是"无礼对待"。翻译为:就像苏秦不被他的嫂子以礼相待,朱买臣被他的妻子嫌弃一样。

丰乐亭记

——安享丰年之乐

欧阳修

《古文观止》有故事

庆历五年（1045年），欧阳修参与的庆历新政失败，他被贬到滁州任知州。到滁州第二年，他在泉水发源的地方，疏通泉水，开凿石头，清理出一块地方建造了一座亭子。办理完公务后，他常常来到这里，享受滁州的春夏秋冬四季美景。这一年，滁州百姓喜获丰收，官民同乐。

欧阳修看到一片太平景象，思绪不由得回到了战乱时代。

后周显德三年（956年），那时候大宋开国皇帝宋太祖赵匡胤还是后周的

大将军。柴荣亲自率领精锐主力攻打寿州（今安徽省淮南市一带），并命令赵匡胤率军去攻打滁州，对寿州形成夹击之势。南唐将领皇甫晖与姚凤在滁州城外扎营，守卫城池。

赵匡胤率领的后周军在清流关（今滁州西南）下扎营，他考虑到自己对本地地形不熟悉，并不着急开战，而是到附近村子里勘察地形，寻访贤才。就是在这时候，赵匡胤遇到了赵普，就是后来辅佐他建立宋朝做皇帝的宰相赵普。赵普就在附近村子里做教书先生，他告诉赵匡胤关下背后有一条无人走的小路，可以从这条小路绕到城下，进行偷袭。

赵匡胤采纳了赵普的建议。他先派出一支军队在城前挑战，吸引南唐军的注意力，自己则率主力从后面小路绕到了他们背后。皇甫晖出营列阵，要和后周决一死战的时候，赵匡胤从背后杀出。皇甫晖猝不及防，匆忙间下令撤回滁州城，拆断了护城河上的桥。谁料到，赵匡胤紧追不舍，骑兵蹚水过了护城河，在滁州城下砍伤皇甫晖并活捉了他。后周军士气大振，奋勇争先，大败南唐军。没过几天，皇甫晖因为伤势过重死去了。

转眼几十年过去了，欧阳修来到滁州后，曾经登高远眺清流山，想探寻皇甫晖被活捉的遗迹，却再也找不到了。可见，天下太平已经很久了。

作为一位心怀天下的政治家，欧阳修能为太平盛世出一分力，应该是很欣慰了。

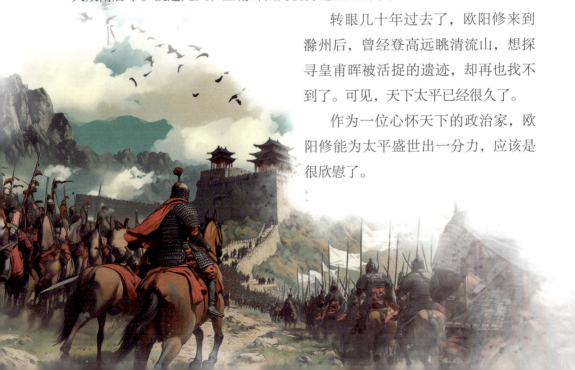

逐字逐句学古文

原文

修既治滁之明年,夏,始饮滁水而甘。问诸滁人,得于州南百步之近。其上则丰山,耸然而特立;下则幽谷,窈然而深藏;中有清泉,翁然而仰出。俯仰左右,顾而乐之。于是疏泉凿石,辟地以为亭,而与滁人往游其间。

滁于五代干戈之际,用武之地也。昔太祖皇帝,尝以周师破李景兵十五万于清流山下,生擒其将皇甫晖、姚凤于滁东门之外,遂以平滁。修尝考其山川,按其图记,升高以望清流之关,欲求晖、凤就擒之所。而故老皆无在者,盖天下之平久矣。自唐失其政,海内分裂,豪杰并起而争,所在为敌国者,何可胜数?及宋受天命,

译文

我担任滁州太守后的第二年夏天,才喝到滁州的泉水,觉得甘甜。于是向滁州人询问泉水的发源地,知道它就在距离滁州城南面一百步的近处。它的上面是丰山,高耸地矗立着;下面是深谷,幽暗地潜藏着;中间有一股清泉,水势汹涌,向上涌出。我上下左右地看,很爱这里的风景。因此,我就叫人疏通泉水,凿开石头,拓出空地,造了一座亭子,于是我和滁州人在这美景中往来游乐。

滁州在五代混战的时候,是个经常用兵的地区。过去,太祖皇帝曾经率领后周兵在清流山下击溃李景的十五万军队,在滁州东门的外面活捉了他的大将皇甫晖、姚凤,就这样平定了滁州。我曾经考察过滁州地区的山水,查核过滁州地区的图籍,登上高山来眺望清流关,想寻找皇甫晖、姚凤被捉的地方。可是,当时的人都已经不在,大概是天下太平的时间太长久了。自从唐朝败坏了它的政局,全国四分五裂,英雄豪杰们全都起来争夺天下,到处都是敌对的政权,哪能数得清呢?到了大宋朝接受天命,圣人一出现,全国就统一了。以前战

圣人出而四海一。向之凭恃险阻，划削消磨，百年之间，漠然徒见山高而水清。欲问其事，而遗老尽矣。今滁介江淮之间，舟车商贾、四方宾客之所不至，民生不见外事，而安于畎亩衣食，以乐生送死。而孰知上之功德，休养生息，涵煦于百年之深也。

修之来此，乐其地僻而事简，又爱其俗之安闲。既得斯泉于山谷之间，乃日与滁人仰而望山，俯而听泉。掇幽芳而荫乔木，风霜冰雪，刻露清秀，四时之景，无不可爱。又幸其民乐其岁物之丰成，而喜与予游也。因为本其山川，道其风俗之美，使民知所以安此丰年之乐者，幸生无事之时也。

夫宣上恩德，以与民共乐，刺史之事也。遂书以名其亭焉。

争时所凭借的险阻，都被铲除和削平了。近百年来天下安定无事，四处只看到山高水清。要想问问那时的情形，可是留下来的老年人已经不在人世了。

如今，滁州处在长江、淮河之间，是乘船坐车的商人和四面八方的旅游者不去的地方。百姓活着不知道外面的事情，安心耕田穿衣吃饭，欢乐地过日子，一直到死。有谁晓得这是皇帝的功德，让百姓休养生息，滋润化育天下已达一百年之久了呢？

我来到这里，喜欢这地方僻静，而且政事简单，又爱它的风俗安恬闲适。在山谷间找到这样的甘泉之后，于是每天同滁州的士人来游玩，抬头望山，低首听泉。春天采摘幽香的鲜花，夏天在茂密的乔木下乘凉，刮风落霜结冰飞雪之时，更鲜明地显露出它的清肃秀美，四时的风光，无一不令人喜爱。那时又庆幸遇到民众为那年谷物的丰收成熟而高兴，乐意与我同游。于是我根据这里山川的特点，叙述这里风俗的美好，让民众知道能够安享丰年的欢乐，是因为有幸生于这太平无事的时代。

宣扬皇上的恩德，和民众共享欢乐，这是刺史职责范围内的事。于是就写下这篇文章来为这座亭子命名。

文化常识第170讲

五代 唐朝天祐四年（907年），梁王朱温接受唐哀帝"禅让"，建立后梁，定都在开封府，占有了中国北方大部分地区，唐朝灭亡。后来，在中原地区相继出现后唐、后晋、后汉和后周四个朝代。这五个短命的王朝，共有53年，在历史上称为"五代"。后周显德七年（960年），赵匡胤发动陈桥兵变，黄袍加身，接受周恭帝禅让，建立北宋，五代结束。

常用字第170讲 —— 出

❶ <动>由内向外走，与"入"相对。《国殇》："出不入兮往不反。"
❷ <动>付出；支付。《礼·王制》："量入以为出。"
❸ <动>出发。《殽之战》："吾见师出，而不见其入也。"
❹ <动>脱离；离开。《梅花岭记》："其气浩然，常留天地之间，何必出世入世之面目。"
❺ <动>离京为官；外放；外迁。《张衡传》："永和初，出为河间相。"
❻ <动>发出；发布。《屈原列传》："每一令出，平伐其功。"
❼ <动>出产。《捕蛇者说》："殚其地之出，竭其庐之入。"
❽ <动>出现；发现。《醉翁亭记》："水落而石出者，山间之四时也。"
❾ <动>超出；超过。《师说》："古之圣人，其出人也远矣。"
❿ <名>花瓣。任昉《述异记》："花杂五色，六出。"
⓫ <名>古代戏曲的一个大段落叫一出。

语法常识第170讲

词类活用：名词作动词【名】"遂书以名其亭焉"一句中"名"本义为"名字"，是名词，在这里活用作动词，意为"命名"。翻译为：于是就写下这篇文章来为这座亭子命名。

醉翁亭记
——山水之间有乐趣

《古文观止》有故事

欧阳修来到滁州,虽然有被贬官的苦闷和失落,但是有山山水水陪伴,寄情其中,倒也收获了很多乐趣。

滁州西南有一座琅琊(yá)山,山中有酿泉,酿出来的酒清洌甘甜。山中的和尚智仙在泉水边修了一座亭子,欧阳修常常和宾客朋友们一起到这里喝酒。滁州百姓生活富足,也常常到琅琊山游乐。欧阳修作为滁州的父母官,因为百姓的快乐而更加快乐。

因为年龄大，所以欧阳修给自己取了个名号叫"醉翁"，这座亭子也就叫"醉翁亭"了。他还写了一篇《醉翁亭记》，醉在滁州秀美的山水中，也陶醉于"与民同乐"的情怀里。

琅琊山不仅能排遣他被贬官的苦闷，还带给了他一份意外惊喜。

欧阳修本来就对古碑石刻有着浓厚的兴趣，早年欣赏过很多石刻拓本，其中就有李阳冰篆书《庶子泉铭》。李阳冰的作品挺多，但是学写篆书的人最推崇的就是这篇《庶子泉铭》。欧阳修早就想看到真迹，现在来到了滁州，当然要亲自去寻访了。

在和尚慧觉的指引下，他找到了庶子泉。原来的溪水已经被填平，上面建造了房屋，旁边只剩下了一眼大井。万幸的是，铭石还在。更令他惊喜的是，铭石旁边还刻了李阳冰写的另外十几个字，比《庶子泉铭》还要奇绝，而且，没有任何文献记载过这十几个字。

欧阳修兴奋异常，把这些出神入化的石刻文字拓下来，写下了一首《石篆诗》纪念并歌颂这件事。然后，他把这些拓片和诗歌寄给了好友梅尧臣、苏舜钦，邀请他们也来写诗记录这件事，并把这些诗歌也刻在了山崖上。

古老的书法艺术品因此留存了下来。

逐字逐句学古文

原文

环(huán)滁(chú)皆(jiē)山(shān)也(yě)。其(qí)西(xī)南(nán)诸(zhū)峰(fēng)，林(lín)壑(hè)尤(yóu)美(měi)，望(wàng)之(zhī)蔚(wèi)然(rán)而(ér)深(shēn)秀(xiù)者(zhě)，琅(láng)琊(yá)也(yě)。山(shān)行(xíng)六(liù)七(qī)里(lǐ)，渐(jiàn)闻(wén)水(shuǐ)声(shēng)潺(chán)潺(chán)，而(ér)泻(xiè)出(chū)于(yú)两(liǎng)峰(fēng)之(zhī)间(jiān)者(zhě)，酿(niàng)泉(quán)

译文

环绕滁州城的都是山。那西南方的几座山峰，树林和山谷格外秀美。一眼望去，树木茂盛，又幽深又秀丽的，是琅琊山。沿着山路走六七里，渐渐听到潺潺的流水声，那从两座山峰之间倾泻而出的，就是酿泉。山势

也。峰回路转，有亭翼然临于泉上者，醉翁亭也。作亭者谁？山之僧智仙也。名之者谁？太守自谓也。太守与客来饮于此，饮少辄醉，而年又最高，故自号曰醉翁也。醉翁之意不在酒，在乎山水之间也。山水之乐，得之心而寓之酒也。

若夫日出而林霏开，云归而岩穴暝，晦明变化者，山间之朝暮也。野芳发而幽香，佳木秀而繁阴，风霜高洁，水落而石出者，山间之四时也。朝而往，暮而归，四时之景不同，而乐亦无穷也。

至于负者歌于途，行者休于树，前者呼，后者应，伛偻提携，往来而不绝者，滁人游也。临溪而渔，溪深而鱼肥，酿泉为酒，泉香而酒洌，山肴野蔌，杂然而前陈者，太守宴也。宴酣之乐，非丝非

回环，道路弯转，有一座亭子像飞鸟展翅似的，飞架在泉上，那就是醉翁亭。建造这亭子的是谁呢？是山上的和尚智仙。给它取名的又是谁呢？是太守用自己的别号（醉翁）为它命了名。太守和他的宾客们来这儿饮酒，只喝一点儿就醉了；而且年纪又最大，所以自号"醉翁"。醉翁的情趣不在于喝酒，而在欣赏山水的美景。欣赏山水美景的乐趣，领会在心里，寄托在酒上。

太阳升起，树林里的雾气消散，云雾聚拢，山谷就显得昏暗了；早上则自暗而明，傍晚则自明而暗，阴暗明亮，变化不一，这就是山中的朝暮。野花开了，散发出清幽的香味；好的树木枝繁叶茂，形成一片浓密的绿荫；天高气爽，霜色洁白；水落下去，水底的石头就露出来。这就是山中的四季。清晨前往，黄昏归来，四季的风光不同，乐趣也是无穷无尽的。

背着东西的人在路上欢唱，行人在树下休息，前面的招呼，后面的答应；弯着腰走的老人，搀扶着走的小孩子，来来往往不断的行人，是滁州的游客。靠近溪边钓鱼，溪水深并且鱼肉肥美；用酿泉酿造酒，泉水香并且酒也清；野味野菜，杂乱地摆放在面前的，那是太守主办的宴席。宴会尽情饮酒的乐趣，不在于管弦音乐；投壶的

竹,射者中,弈者胜,觥筹交错,起坐而喧哗者,众宾欢也。苍颜白发,颓然乎其间者,太守醉也。已而夕阳在山,人影散乱,太守归而宾客从也。树林阴翳,鸣声上下,游人去而禽鸟乐也。然而禽鸟知山林之乐,而不知人之乐;人知从太守游而乐,而不知太守之乐其乐也。醉能同其乐,醒能述以文者,太守也。太守谓谁?庐陵欧阳修也。

人投中了,下棋的赢了,酒杯和酒筹交互错杂;时起时坐大声喧闹的人,是欢乐的宾客们。一位容颜苍老、头发花白的人醉醺醺地坐在众人中间,是喝醉了的太守。

不久,太阳下山了,人影散乱,宾客们跟随太守回去了。树林里的枝叶茂密成荫,禽鸟在高处低处鸣叫,是游人离开后鸟儿在欢乐地跳跃。但是鸟儿只知道山林中的快乐,却不知道人们的快乐;而人们只知道跟随太守游玩的快乐,却不知道太守以游人的快乐为快乐啊。醉了能够和大家一起欢乐,醒来能够用文章记述这乐事的人,那就是太守啊。太守是谁呢?是庐陵欧阳修。

文化常识第171讲

水落石出 本文中"水落而石出",指水落下去,水底的石头就显露出来。无独有偶,苏轼被贬黄州时,写了两篇《赤壁赋》,在《后赤壁赋》中也写到了"山高月小,水落石出",和本文中意思相同。后来凝练成了成语"水落石出",现在用来比喻事情的真相完全显露出来。

常用字第171讲 —— 往

❶ <动>去;到……去。《论语》:"譬如平地,虽覆一篑,进,吾往也。"
❷ <副>过去;从前。《归去来辞》:"悟已往之不见,知来者之可追。"
❸ <副>以后;将来。《孔雀东南飞》:"其往欲何云。"

语法常识第171讲

判断句:"……者……也",表示对某种情态或场景的判断 固定句式"……者……也"的判断句,前面分句描述了某种情态或场景,后半句表示对前面的判断。本文"渐闻水声潺潺,而泻出于两峰之间者,酿泉也"就是这样的判断句。翻译为:渐渐地听到潺潺的流水声,那从两座山峰之间倾泻而出的,就是酿泉。

秋声赋
——逢秋难免悲寂寥

《古文观止》有故事

《秋声赋》写于1059年,这时候欧阳修已经53岁了。他从外放的地方回到了京城,但是被诬陷、被贬官的经历让他有些心灰意冷。听到秋风飒飒、秋雨淅淅沥沥的他,体会到了秋风摧折万物的肃杀之气,又联想到了自己的遭遇,字里行间流露出人生的苦闷。

欧阳修一生中遭遇过几次挫折。

1045年,庆历新政失败,欧阳修被贬到滁州。1048年,到扬州做知州。1049年,又转移到颍州(今安徽省阜阳市)。1052年,欧阳修的母亲去世,

他回家丁忧。1054年丁忧期满后，被召回京城。

这时候，欧阳修的头发已经花白了，宋仁宗见了心中挺难过，好言好语地宽慰他。这样一来，有些人就害怕了，怕欧阳修受到重用，会损害自己的利益。他们伪造了一份请求裁撤"图谋不正当利益的内侍"的奏疏，说是欧阳修写的。

宦官们气坏了，就在仁宗面前说他的坏话，要求把他再次贬出京城。幸亏大臣吴充仗义执言，为他说情，宋仁宗才任命欧阳修做了翰林学士兼史馆修撰，让他和宋祁一起编修《新唐书》。

1057年，欧阳修负责科举考试。他提倡平实的文风，录取了苏轼、苏辙、程颢、曾巩、张载、程颐、曾布、吕惠卿、章惇、王韶、吕大钧等人。这一年的光荣榜，称得上"群星璀璨"。

1060年，欧阳修升任枢密副使，第二年又被任命为参知政事。他位居高位，为人正直，常常得罪人。1065年，欧阳修再次被人诬陷，蒙受不白之冤，恨不得以死来证明清白。所幸刚即位的宋神宗经过调查后，罢免了弹劾他的官员。

经历过这次风波，欧阳修看透了世事，更加心灰意冷，坚决辞去了参知政事之职。1071年，他彻底退休。第二年，欧阳修去世，谥号"文忠"。

逐字逐句学古文

原文

欧阳子方夜读书,闻有声自西南来者,悚然而听之,曰:"异哉!"初淅沥以萧飒,忽奔腾而砰湃,如波涛夜惊,风雨骤至。其触于物也,鏦鏦铮铮,金铁皆鸣;又如赴敌之兵,衔枚疾走,不闻号令,但闻人马之行声。予谓童子:"此何声也?汝出视之。"童子曰:"星月皎洁,明河在天。四无人声,声在树间。"

予曰:"噫嘻,悲哉!此秋声也,胡为乎来哉?盖夫秋之为状也:其色惨淡,烟霏云敛;其容清明,天高日晶;其气栗冽,砭人肌骨;其意萧条,山川寂寥。故其为声也,凄凄切切,呼号奋发。丰草绿缛而争茂,佳木葱茏而

译文

欧阳先生夜里正在读书,忽然听到有声音从西南方向传来,心里不禁悚然。他一听,惊道:"奇怪啊!"这声音初听时像淅淅沥沥的雨声,其中还夹杂着萧萧飒飒的风吹树木声,然后忽然变得汹涌澎湃起来,像是江河夜间波涛突起、风雨骤然而至,碰到物体上发出铿锵之声,又好像金属撞击的声音,再仔细听,又像衔枚奔走去袭击敌人的军队,听不到任何号令声,只听见有人马行进的声音。于是我对童子说:"这是什么声音?你出去看看。"童子回答说:"月色皎皎,星光灿烂,浩瀚银河高悬中天,四下里没有人的声音,那声音是从树林间传来的。"

我叹道:"唉,可悲啊!这就是秋声呀,它为何而来呢?秋天是这样的:它的色调暗淡、烟飞云收;它的形貌清新明净、天空高远、日色明亮;它的气候寒冷、刺人肌骨;它的意境寂寞冷落,没有生气、川流寂静、山林空旷。所以它发出的声音时而凄凄切切,时而呼啸激昂。绿草浓密丰美,争相繁茂,树木青翠茂盛而使人快乐。然而,一旦秋风吹起,拂过草地,草就要变色;掠过森林,树就要落叶。它之所以能折断枝

041

可悦；草拂之而色变，木遭之而叶脱。其所以摧败零落者，乃一气之余烈。

"夫秋，刑官也，于时为阴；又兵象也，于行为金，是谓天地之义气，常以肃杀而为心。天之于物，春生秋实，故其在乐也，商声主西方之音，夷则为七月之律。商，伤也，物既老而悲伤；夷，戮也，物过盛而当杀。

"嗟乎！草木无情，有时飘零。人为动物，惟物之灵，百忧感其心，万事劳其形，有动于中，必摇其精。而况思其力之所不及，忧其智之所不能！宜其渥然丹者为槁木，黟然黑者为星星。奈何以非金石之质，欲与草木而争荣？念谁为之戕贼，亦何恨乎秋声？"

童子莫对，垂头而睡。但闻四壁虫声唧唧，如助予之叹息。

叶、凋落花草，使树木凋零，是因为一种构成天地万物的浑然之气（秋气）的余威。

"秋天是刑官执法的季节，它在季节上说属于阴；秋天又是兵器和用兵的象征，在五行上属于金。这就是常说的天地之严凝之气，它常常以肃杀为意志。自然对于万物，是要它们在春天生长，在秋天结果。所以，秋天在音乐的五声中又属商声。商声是西方之声，夷则是七月的曲律之名。商，也就是'伤'的意思，万物衰老了，都会悲伤。夷，是杀戮的意思，草木过了繁盛期就应该衰亡。

"唉！草木是无情之物，尚有衰败零落之时。人为动物，在万物中又最有灵性，无穷无尽的忧虑煎熬他的心绪，无数琐碎烦恼的事来劳累他的身体。只要内心被外物触动，就一定会动摇他的精神。更何况常常思考自己的力量所做不到的事情，忧虑自己的智慧所不能解决的问题？自然会使他红润的面色变得苍老枯槁，乌黑的头发变得鬓发花白。人为什么却要以并非金石的肌体，去跟草木争一时的荣盛呢？人应当仔细考虑究竟是谁给自己带来了这么多残害，又何必去怨恨这秋声呢？"

书童没有应答，低头沉沉睡去。只听得四壁虫鸣唧唧，像在附和我的叹息。

文化常识第172讲

商声 是古代音乐五音之一。中国古代五音，就是宫、商、角、徵(zhǐ)、羽。这五音和四时、五行相对应：角属春，属木，对应东方；徵属夏，属火，对应南方；商属秋，属金，对应西方；羽属冬，属水，对应北方；宫属中央，属土，对应中央。所以，本文中说"商声主管西方"。

常用字第172讲 —— 质

❶ <名>人质；抵押品。《触龙说赵太后》："必以长安君为质，兵乃出。"
❷ <动>做人质；做抵押品。《触龙说赵太后》："为长安君约车百乘，质于齐。"
❸ <名>质地；底子。《捕蛇者说》："永州之野产异蛇，黑质而白章。"
❹ <形>质朴；朴实。《论语·雍也》："质胜文则野，文胜质则史。"
❺ <名>资质；禀性。《送东阳马生序》："非天质之卑，则心不若余之专耳。"
❻ <名>刑具；刀斧底下的垫座。又写作"锧"。《廉颇蔺相如列传》："君不如肉袒伏斧质请罪。"
❼ <名>通"贽"，初见面时送的礼物。《屈原列传》："乃令张仪佯去秦，厚币委质事楚。"
❽ <名>箭靶。《荀子·劝学》："是故质的张而弓矢至焉。"
❾ <动>对质。《礼记·曲礼》："虽质君之前，臣不讳也。"
❿ <动>质询。《送东阳马生序》："余侍立左右，援疑质理，俯身倾耳以请。"
⓫ <副>正。《〈指南录〉后序》："质明避哨竹林中。"
⓬ <名>盟约。《左传·哀公二十年》："黄池之役，先主与吴王有质。"

语法常识第172讲

词类活用：名词作动词【实】 "天之于物，春生秋实"一句中"实"本义为名词，在这里活用作动词，意为"结果"。翻译为：自然对于万物，是让它们在春天生长，在秋天结果。

祭石曼卿文
——酒鬼诗人去世了

欧阳修

《古文观止》有故事

石曼卿就是石延年,他是北宋诗人、书法家。他性格豪放,特别钦佩能建立丰功伟业的古人。他很关注契丹和西夏,曾经建议加强对这两国边境的防御,但是当时朝廷并没有接受。后来,西夏元昊出兵进犯中原,朝廷这才想起他曾经的建议,但已经晚了。

石曼卿爱喝酒,喜欢狂饮。他有位朋友叫刘潜,也爱喝酒,两个人常常在一起比酒量。有一次,他俩来到新开业的一家酒楼狂饮,从早晨喝到了晚上,一句话也不说,只是喝酒。第二天,百姓就传开了:据说有两位酒仙下

凡，在王家酒楼喝酒，喝了一天都没醉。后来，人们才弄清楚，这两位酒仙就是石曼卿和刘潜。

还有一次，石曼卿把刘潜请到一艘船上，两个人喝了起来。一直喝到半夜，眼看酒坛子就要见底了，石曼卿顺手拿起一罐子醋，倒进酒坛子里。两个人继续喝，喝到天光大亮，酒、醋都喝完了才罢休。

石曼卿还独创了一些荒诞不经的喝酒方式。

蓬头垢面光着脚丫子，给自己套一个沉重的枷锁喝酒，这叫作"囚饮"；找来朋友一起爬到树上喝酒，叫作"巢饮"；钻到稻草里，只伸出一个脑袋来和人对饮，叫作"鳖饮"；大晚上不点灯，和朋友摸着黑喝酒，叫作"鬼饮"；喝酒时一会儿爬到树上，一会儿又跳到地上，叫作"鹤饮"。

他的住所后面有一座庵堂，石曼卿常常躺在那里饮酒。他给庵堂起名叫"扪shī庵"，还写了一首《扪虱庵长短句》。

相传皇帝爱惜他的才华，亲自劝过他戒酒。可惜，他做不到，最后因为酗酒得了病，四十七岁就去世了。欧阳修写了《祭石曼卿文》，三呼曼卿，盛赞他声名不朽，表达了对他的怀念。

逐字逐句学古文

原文	译文
维治平四年七月日，具官欧阳修，谨遣尚书都省令史李敭，至于太清，以清酌庶羞之奠，致祭于亡友曼卿之墓下，而吊之以文曰：呜呼曼卿！生而为英，死而为	在治平四年七月某日，具官欧阳修，谨派尚书都省令史李敭前往太清，以清酒和几样佳肴做祭品，在亡友曼卿的墓前设祭，并写一篇祭文来吊祭：唉，曼卿！生前既是英杰，死后必是神灵！那跟万物一样有生有

灵。其同乎万物生死，而复归于无物者，暂聚之形；不与万物共尽，而卓然其不朽者，后世之名。此自古圣贤，莫不皆然，而著在简册者，昭如日星。

呜呼曼卿！吾不见子久矣，犹能仿佛子之平生。其轩昂磊落，突兀峥嵘而埋藏于地下者，意其不化为朽壤，而为金玉之精。不然，生长松之千尺，产灵芝而九茎。奈何荒烟野蔓，荆棘纵横，风凄露下，走磷飞萤！但见牧童樵叟，歌吟上下，与夫惊禽骇兽，悲鸣踯躅而咿嘤。今固如此，更千秋而万岁兮，安知其不穴藏狐貉与鼯鼪？此自古圣贤亦皆然兮，独不见夫累累乎旷野与荒城！

呜呼曼卿！盛衰之理，吾固知其如此，而感念畴昔，悲凉凄怆，不觉临风而陨涕者，有愧乎太上之忘情。尚飨！

死，而最后归于无物的境地的，是由精气暂时聚合的身躯；那不跟万物同归于尽，而出类拔萃永垂不朽的，是流传后世的名声。自古以来的圣贤，都是如此的；那些已载入史书的姓名，就像太阳星辰一样灿烂永久。

唉！曼卿啊！我见不到你已经很久了，可是还能想象你生前时的模样。你意态不凡，光明磊落，又那样超群出众，埋葬在地下的遗体，我猜想不会化为烂泥腐土，应该会变成最珍贵的金玉。不然的话，就会长成青松，挺拔千尺，或者产出灵芝，一株九茎。为什么你的坟墓偏偏是一片荒烟蔓草，荆棘丛生，寒风凄凄，露珠飘零，磷火闪闪，萤火虫乱飞？只见牧童和砍柴的老人，唱着歌在这儿上下走动；还有慌张受惊的飞禽走兽，在这儿徘徊悲鸣。现在已经是这样的光景了，经过千秋万岁之后，怎知道那些狐貉和鼯鼪等野兽不会在这里打洞藏身呢？自古以来，圣贤都是这样，难道看不见那旷野上一个挨一个的荒坟？

唉！曼卿啊！事物由盛而衰的道理，我本来是早已知道的。但怀念起过往的日子，不由得感到悲凉凄怆，不知不觉迎风掉下眼泪，惭愧自己达不到圣人那样淡然忘情的境界。希望你能够享用祭品。

文化常识第 173 讲

太上之忘情 南朝宋的刘义庆在《世说新语·伤逝》中记载,竹林七贤的王戎丧子,山简前去悼唁,看到王戎悲伤得不得了,就劝他不要过于悲伤。王戎回答道:"圣人忘情,最下不及情,情之所钟,正在我辈。"意思是:圣人可以忘情,最下等人被世事纷扰,顾不上有情,能情有所钟的,只是我这样的人罢了。本文说的"太上之忘情"就是指的圣人忘情。

常用字第 173 讲

❶ <动>治理。《论积贮疏》:"民不足而可治者,自古及今未之尝闻。"
❷ <动>惩处。《出师表》:"不效则治臣之罪。"
❸ <动>医治。《扁鹊见蔡桓公》:"君有疾在腠理,不治将恐深。"
❹ <动>建造。《西门豹治邺》:"为治斋宫河上。"
❺ <动>整理;备办。《冯谖客孟尝君》:"于是约车治装,载券契而行。"
❻ <动>训练。《左忠毅公逸事》:"史公治兵,往来桐城。"
❼ <动>对付;抵御。《赤壁之战》:"同心一意,共治曹操。"
❽ <动>处理。《苏武传》:"单于使卫律治其事。"
❾ <动>讲求;研究。《齐桓晋文之事》:"此惟救死而恐不赡,奚暇治礼义哉。"
❿ <名>地方政府所在地。《过小孤山大孤山》:"州治德化县,即唐之浔阳县。"
⓫ <形>治理得好;太平。《屈原列传》:"明于治乱,娴于辞令。"

语法常识第 173 讲

词类活用:名词作状语【穴】 "安知其不穴藏狐貉与鼩鼪?"一句中"穴"本义为"洞穴",是名词,这里活用作状语,意为"打洞、钻洞",修饰"藏"。翻译为:怎么知道狐貉和鼩鼪等野兽不会在这里打洞藏身呢?

泷冈阡表
——怀念父母亲

《古文观止》有故事

欧阳修四岁的时候,父亲就去世了,1052年母亲也去世了,父母合葬在泷冈(今江西省永丰县沙溪镇南凤凰山上)。1070年,欧阳修写了这篇文章,刻在墓道前的石碑上。

欧阳修的父亲欧阳观49岁考中进士后,做过几任判官和推官,大多是负责审理刑狱案件的官,也算有点小权力。但是他公正廉洁,又喜欢帮助别人,微薄的工资几乎剩不下多少。他曾经在四川绵州做了三年推官。四川富足,

官员们都争相采购蜀地特产，欧阳观却什么也没买，所有的工资都用来养家糊口和招待宾客了。三年后要离开四川时，才买了一匹蜀锦，请画师在上面画了六幅"七贤图"，随身携带时时勉励自己。

大中祥符三年（1010年），欧阳观调任泰州（今属江苏省泰州市）。到任不久，他得了重病，很快就去世了。他突然去世，没给家里留下一间房屋和一块土地。欧阳修母子没有了经济来源，可怎么生活呀？

欧阳修的母亲郑氏出身于江南有名的大家族。她为人勤俭节约，宽厚慈爱。丈夫去世后，她在亲友的资助下安葬了丈夫，便带着孩子们去随州（今湖北省随县），投奔欧阳修的叔叔欧阳晔。欧阳晔在随州做推官，也和哥哥一样公正廉洁，工资不高，没有能力给孩子们提供很好的教育。

所幸，郑氏受过良好的教育，知书达理，就做了孩子们的启蒙老师。没有钱买纸笔，她就折些芦苇秆在地上教欧阳修写字。

欧阳修做了官之后，母亲仍然勤俭持家，从不奢侈浪费。所以，即使儿子被贬为县令，老母亲也不担心，仍然安然度日。

欧阳修虽然没有亲身聆听过父亲的教诲，但通过母亲的言行深深体会到父亲的美德。时光流逝，他也老了，做了这么多年的官，他时时刻刻以父亲为榜样，勉励自己要做为国为民的好官。继承父辈的美德，就是最好的怀念吧！

逐字逐句学古文

原文

呜呼！惟我皇考崇公，卜吉于泷冈之六十年，其子修始克表于其阡。非敢缓也，盖有待也。

译文

唉！我的父亲崇国公，在泷冈占卜吉地安葬六十年之后，他的儿子修才能够在墓道上立碑，这并不是敢有意迟缓，是因为有所等待。

修不幸，生四岁而孤。太夫人守节自誓，居穷自力于衣食，以长以教俾至于成人。太夫人告之曰："汝父为吏廉而好施与，喜宾客；其俸禄虽薄，常不使有余。曰：'毋以是为我累。'故其亡也，无一瓦之覆，一垄之植以庇而为生，吾何恃而能自守耶？吾于汝父，知其一二，以有待于汝也。自吾为汝家妇，不及事吾姑，然知汝父之能养也。汝孤而幼，吾不能知汝之必有立，然知汝父之必将有后也。吾之始归也，汝父免于母丧方逾年，岁时祭祀，则必涕泣曰：'祭而丰，不如养之薄也。'间御酒食，则又涕泣曰：'昔常不足，而今有余，其何及也！'吾始一二见之，以为新免于丧适然耳。既而其后常然，至其终身未尝不然。吾虽不及事姑，而以此知汝父之能养也。汝父为吏，尝夜烛治官书，屡废而叹。吾问之，则曰：'此死

我不幸，四岁时父亲就去世了。母亲立志守节，家境贫困，她靠自己的力量操持生活，还要抚养我、教育我，使我长大成人。母亲告诉我说："你父亲为官清廉，乐于助人，又爱结交朋友，他的薪俸微薄，常常所剩无几，说：'不要让钱财使我受累！'他去世后，没有留下可赖以生存的家产。我靠什么守节呢？我对你父亲有所了解，因而把希望寄托在你身上。从我成为你家媳妇的时候，没赶上侍奉婆婆，但我知道你父亲很孝敬父母。你自幼失去父亲，我不能断定你将来有成就，但我知道你父亲一定后继有人。我刚出嫁时，你父亲不再为他母亲守孝（守孝期满）刚一年。岁末祭祀祖先，他总是流泪说：'祭祀再丰富，也不如生前的微薄奉养啊。'偶然吃些好的酒菜，他也会流泪说：'从前娘在时常常不够，如今富足有余，又无法让她尝到！'刚开始我遇到这种情形，还以为是刚服完丧不久才这样。后来却经常如此，直到去世。我虽然没来得及侍奉婆婆，可从这一点能看出你父亲很孝敬父母。你的父亲做官时，曾经在夜里点着蜡烛看案卷，屡次停下来叹气。我问他，就说：'这是一个判了死罪的案子，我想为他求

狱也,我求其生不得尔。'吾曰:'生可求乎?'曰:'求其生而不得,则死者与我皆无恨也。矧求而有得耶?以其有得,则知不求而死者有恨也。夫常求其生,犹失之死,而世常求其死也。'回顾乳者抱汝而立于旁。因指而叹曰:'术者谓我岁行在戌将死,使其言然,吾不及见儿之立也,后当以我语告之。'其平居教他子弟,常用此语。吾耳熟焉,故能详也。其施于外事,吾不能知。其居于家,无所矜饰,而所为如此,是真发于中者耶!呜呼!其心厚于仁者耶!此吾知汝父之必将有后也。汝其勉之。夫养不必丰,要于孝;利虽不得博于物,要其心之厚于仁。吾不能教汝,此汝父之志也。"

修泣而志之不敢忘。

先公少孤力学,咸平三年进士及第,为道州判官,泗、绵二州推官,又为泰州判官。享年五十有九,

得一条生路却办不到。'我问:'可以为死囚找生路吗?'他说:'我尽力为他寻求生路却不成,那么,死者和我就都没有遗憾了,况且经我设法努力,有的犯人确实可以免去死罪呢?正因为有得到赦免的,才明白不认真推求而被处死的人是有遗恨的啊。我经常为死囚求生路,还不免错杀;更何况世上总有狱官想置犯人于死地呢?'他回头看见奶娘抱着你站在旁边,于是指着你叹气说:'算命的说我遇上戌年就会死,假使他的话应验了,我就看不见儿子长大成人了,将来你要把我的话告诉他。'他也常常用这些话教育其他晚辈,我听惯了所以记得很清楚。他在外面怎么样,我不知道。但他在家里,从不装腔作势,他行事厚道,是发自内心的!唉!他是很重视仁的啊!因此,我就知道你父亲一定会有好后代。你一定努力啊!奉养父母不一定要丰厚,最重要的是孝敬;利益虽然不能遍施于所有人,重在仁爱之心。我没什么可教你的,这些都是你父亲的愿望。"我流着泪记下了这些教诲,不敢忘记。

先父年幼丧父,努力读书。咸平三年(1000年)考中进士,曾任道州判官,泗、绵二州推官,又做过

葬沙溪之泷冈。太夫人姓郑氏，考讳德仪，世为江南名族。太夫人恭俭仁爱而有礼，初封福昌县太君，进封乐安、安康、彭城三郡太君。自其家少微时，治其家以俭约，其后常不使过之，曰："吾儿不能苟合于世，俭薄所以居患难也。"其后修贬夷陵，太夫人言笑自若，曰："汝家故贫贱也，吾处之有素矣。汝能安之，吾亦安矣。"自先公之亡二十年，修始得禄而养。又十有二年，列官于朝，始得赠封其亲。又十年，修为龙图阁直学士、尚书吏部郎中，留守南京，太夫人以疾终于官舍，享年七十有二。

泰州判官，享年五十九岁，葬在沙溪的泷岗。

太夫人姓郑，她的父亲名讳是德仪，世代都是江南有名望的家族。太夫人恭敬、俭约、仁爱，又有礼仪教养，起初诰封为福昌县太君，晋封为乐安、安康、彭城三郡太君。从我们家道中落以后，她就以俭约的原则持家，后来家境富裕了，也不许花费过多，她说："我的儿子不能苟且迎合世人，俭约一些，才能度过那可能要遭受的患难。"后来，我被贬夷陵，太夫人言笑如常，说："你家本来就贫贱，我已经习惯了这种日子。你能安心这种生活，我也就安心了。"

先父死后二十年，我才取得俸禄来供养母亲。又过了十二年，列位于朝廷做京官，才获得赠封双亲。又过了十年，我担任龙图阁直学士、尚书吏部郎中，留守南京。母亲因病逝世于官邸，享年七十二岁。

文化常识第174讲

南京 作者提到自己"留守南京"，这里说的"南京"，不是现在的江苏省南京市，宋朝的南京是现在的河南省商丘市。当年商丘叫作宋州。后周时，赵匡胤任殿前都点检，兼宋州归德军节度使。做了皇帝后，因为是从宋州发迹的，干脆定国号为"宋"。后来宋真宗把宋州升为应天府，建为"南京"。

常用字第174讲 —— 好

读hǎo时：

❶ <形>容貌美。《陌上桑》："秦氏有好女，自名为罗敷。"

❷ <形>好；善、佳。与"坏""恶"相对。《春夜喜雨》："好雨知时节。"

❸ <动>完毕；完成。韩偓《无题》："妆好方长叹，欢余却浅颦(pín)。"

❹ <副>合适；合宜。《闻官军收复河南河北》："青春作伴好还家。"

❺ <副>很。《智取生辰纲》："你这客官好不晓事。"

❻ <形>病痊愈。《林黛玉进贾府》："只怕他的病一生不能好的了。"

读hào时：

❶ <动>喜欢；喜好。《涉江》："余幼好此奇服兮，年既老而不衰。"

❷ <名>玉器或钱币中间的孔。《周礼·考工记·玉人》："璧美度尺，好三寸以为度。"

语法常识第174讲

词类活用：名词作状语【烛】 "汝父为吏，尝夜烛治官书，屡废而叹"一句中"烛"本义为"蜡烛"，是名词，这里活用作状语，意为"点着蜡烛"修饰后面的"治官书"。翻译为：你的父亲做官时，曾经在夜里点着蜡烛看案卷，屡次停下来叹息。

管仲论
——都是管仲惹的祸

苏洵

《古文观止》有故事

管仲是中国古代经济学家、政治家、军事家,春秋时期法家的代表人物。他辅佐齐桓公成就了霸业,可是齐桓公去世后,儿子们争夺王位导致内乱,齐国逐渐衰弱下去。

苏洵(xún)在《管仲论》中,论述了管仲的失职之处。

管仲病重的时候,齐桓公前来探病,询问他去世之后,谁可以继任相国。管仲却回答说:"没有谁比君主您更了解臣子的了。"这是什么话?都要死了,

还不直截了当地推荐人才？

齐桓公接着又问："易牙这个人怎么样？"管仲摇摇头说："为了讨好国君，他连自己的儿子都能杀死，太冷酷无情了，这样的人不能用！"桓公又问："开方这个人怎么样？"管仲还是摇头："为了迎合国君，他连父母都能抛弃不管，没有一点人情味儿，这样的人千万不能亲近。"桓公再问："竖刁怎么样？"管仲再次摇头："为了迎合国君，他宁肯伤害自己做宦官。对自己都能这么狠，何况别人呢？这样的人不能信任呀。"

苏洵认为，管仲跟随齐桓公好多年，怎么能不了解他的为人呢？一旦他死了，齐桓公没有了制约，真的会听他的话吗？即使齐桓公真的听了管仲的劝说，杀了这三个人，难道齐国就再没有像他们一样的奸邪小人了吗？管仲没有从根本上看问题，他应该举荐能够管束小人的贤臣，更长远的做法是，应该早早着手培养接班人。

果然，管仲死后，齐桓公重用了易牙、开方、竖刁，齐国就乱了套。本来，齐桓公已经立了太子昭，但是桓公的夫人长卫姬买通了易牙和竖刁，诱惑桓公改立长卫姬的儿子无诡为太子。齐桓公死后，易牙和竖刁拥立了无诡，另外几位公子不服，为争夺王位打了起来。唉，他们顾不上安葬齐桓公，导致他的尸体腐烂，长满了蛆虫。

可怜一代霸主，落得这样的下场！可见，举贤任能是保障国家长治久安的根本。作为一名政治家，必须要注重接班人的选拔和培养啊。

逐字逐句学古文

原文

管仲相威公，霸诸侯，攘夷狄，终其身齐国富强，诸侯不叛。管

译文

管仲为相辅佐齐桓公的时候，齐桓公称霸于诸侯，排斥打击了夷、狄等少数民族。管仲在世时，齐国

仲死，竖刁、易牙、开方用，威公薨于乱，五公子争立，其祸蔓延讫简公，齐无宁岁。

夫功之成，非成于成之日，盖必有所由起；祸之作，不作于作之日，亦必有所由兆。故齐之治也，吾不曰管仲，而曰鲍叔；及其乱也，吾不曰竖刁、易牙、开方，而曰管仲。何则？竖刁、易牙、开方三子，彼固乱人国者，顾其用之者，威公也。夫有舜而后知放四凶，有仲尼而后知去少正卯。彼威公何人也？顾其使威公得用三子者，管仲也。仲之疾也，公问之相。当是时也，吾意仲且举天下之贤者以对。而其言乃不过曰竖刁、易牙、开方三子非人情，不可近而已。

呜呼！仲以为威公果能不用三子矣乎？仲与威公处几年矣，亦知威公之为人矣乎？威公声不绝于

一直国富民强，诸侯没有敢叛乱的。管仲死后，竖刁、易牙、开方相继得到重用。齐桓公最后在宫廷内乱中去世，五位公子开始争夺君位，祸乱蔓延开来，直到齐简公时期，齐国没有一年是安宁的。

功业的完成，并不是完成在成功之日，必然是由一定的原因引起；祸乱的发生，不是发作时才产生，也会有一定的根源和预兆。因此，齐国的安定强盛，我不说是因为管仲，而说是因为鲍叔牙；齐国发生祸乱，我不说是因为竖刁、易牙、开方的原因，而说是因为管仲。为什么呢？竖刁、易牙、开方这三人，固然是导致国家动乱的人，再看看重用他们的人，是齐桓公。有了舜这样的圣人，才知道流放四凶；有了仲尼这样的圣人，才知道杀掉少正卯。那么齐桓公是什么人呢？回头看看，使齐桓公重用这三个人的是管仲啊！管仲病危的时候，齐桓公询问可以为相的人选。正当这个时候，我想管仲将以推荐天下最贤能的人来作答，但他的话不过是竖刁、易牙、开方这三个人不合人情、不能亲近而已。

唉！管仲以为齐桓公真的能够不用这三个人吗？管仲和齐桓公相处很多年了，也该了解他的为人吧？齐桓公是个耳朵离不了音乐，

耳，色不绝于目，而非三子者则无以遂其欲。彼其初之所以不用者，徒以有仲焉耳。一日无仲，则三子者可以弹冠而相庆矣。仲以为将死之言可以絷威公之手足耶？夫齐国不患有三子，而患无仲。有仲，则三子者，三匹夫耳。不然，天下岂少三子之徒哉？虽威公幸而听仲，诛此三人，而其余者，仲能悉数而去之耶？呜呼！仲可谓不知本者矣！因威公之问，举天下之贤者以自代，则仲虽死，而齐国未为无仲也。夫何患三子者？不言可也。

五伯莫盛于桓、文，文公之才，不过威公，其臣又皆不及仲；灵公之虐，不如孝公之宽厚。文公死，诸侯不敢叛晋，晋袭文公之余威，犹得为诸侯之盟主者百余年。何者？其君虽不肖，而尚有老成人焉。威公之薨也，一败涂地，无惑也，彼独恃

眼睛离不开美色的人，如果没有这三个人，就无法满足他的欲望。他当初不重用他们的原因，只不过是有管仲罢了。一旦管仲去世，这三人就可以弹冠相庆了。管仲以为自己的遗言就可束缚住齐桓公了吗？齐国不担心有这三人，而是担心没有管仲；有管仲在，那么这三人只不过是三个普通人罢了。若不是这样，天下难道缺少跟这三人一样的人吗？即使齐桓公侥幸而听了管仲的话，诛杀了这三个人，但其余的奸佞小人，管仲能全部除掉他们吗？唉！管仲是不懂得从根本上治理的人啊！如果他乘着齐桓公询问之时，推荐天下的贤人来代替自己，那么即使管仲死了，齐国也不算是失去了管仲。这三人又有什么可让人担心的呢？不说也罢！

春秋五霸中没有比齐桓公、晋文公再强的了。晋文公的才能没有超过齐桓公，他的大臣也都赶不上管仲；而晋文公之子晋灵公暴虐，不如齐孝公待人宽容仁厚。可晋文公死后，诸侯不敢背叛晋国；晋国承袭了晋文公的余威，在后世还称霸了一百年之久。为什么呢？它的君主虽不贤明，但是还有老成持重的大臣存在。齐桓公死后，齐国一败涂地，这没有什么值得困惑的，因为

一管仲，而仲则死矣。夫天下未尝无贤者矣，盖有有臣而无君者矣。威公在焉，而曰天下不复有管仲者，吾不信也。仲之书有记其将死，论鲍叔、宾胥无之为人，且各疏其短，是其心以为数子者皆不足以托国，而又逆知其将死，则其书诞谩不足信也。吾观史鳅以不能进蘧伯玉而退弥子瑕，故有身后之谏；萧何且死，举曹参以自代。大臣之用心，固宜如此也。夫国以一人兴，以一人亡，贤者不悲其身之死，而忧其国之衰，故必复有贤者，而后可以死。彼管仲者，何以死哉？

他仅依靠一个管仲，而管仲却死了。

天下并非没有贤能的人，实际上是有贤臣而没有明君。齐桓公在世时，就说天下再没有管仲这样的人才了，我不相信。管仲的书《管子》里，有记载他将死的时候，谈论到了鲍叔牙、宾胥无的为人，并且还列出他们各自的短处。这样在他的心中认为这几个人都不能托以国家重任，但他又预料到自己将死，可见这部书实在是荒诞，不值得相信。我看史鳅，因为不能使卫灵公任用贤臣蘧伯玉和斥退宠臣弥子瑕，为此在死后进行了尸谏；汉代萧何临死前，推荐了曹参代替自己。大臣的用心，本来就应该如此啊！国家因一个人而兴盛，因一个人而灭亡；贤能的人不为自己的死而感到悲痛，而忧虑国家的衰败。因此一定要推选出贤明的人来，然后才可以安心死去。那管仲，怎么可以没有荐贤，自己就撒手人寰了呢？

文化常识第175讲

弹冠相庆 班固在《汉书·王吉传》中记载："吉与贡禹为友，世称'王阳在位，贡公弹冠'，言其取舍同也。"王吉和贡禹是好朋友，王吉做了官，贡禹通过他的引荐也就可以做官了，所以弹冠相庆。后人把"王阳在位，贡公弹冠"凝练成成语"弹冠相庆"，常常用来形容坏人得意的样子。

常用字第 175 讲 —— 短

❶ <形>与"长"相对。《兰亭集序》:"况修短随化,终期于尽。"
❷ <形>不足;欠缺。屈原《卜居》:"夫尺有所短,寸有所长。"
❸ <动>诋毁。《屈原列传》:"令尹子兰闻之,大怒,卒使上官大夫短屈原于顷襄王。"

语法常识第 175 讲

判断句:"……者……也"【表示对造成某种结果的原因的判断】 有些判断句也是用"……者……也"的固定句式表示判断,前边分句写出某结果,后边分句解释原因,"者"往往可以翻译为"的原因"。本文"彼其初之所以不用者,徒以有仲焉耳"就是这样的判断句。翻译为:他当初不重用他们的原因,只不过是有管仲罢了。

辨奸论
——暗暗地炮轰王安石

苏洵

《古文观止》有故事

王安石,北宋时期政治家、文学家、思想家、改革家。

1042年,王安石中了进士,进入官场。在宋仁宗的时候,他就写过一篇《上仁宗皇帝言事书》,提出要进行全盘的改革,宋仁宗没有采纳他的主张。后来,宋神宗即位,王安石做了翰林学士,又给皇帝写了一篇《本朝百年无事札子》,继续提出自己要改革变法的主张,得到了宋神宗的赏识。熙宁二年(1069年),宋神宗任命王安石为参知政事,主持变法。王安石制定均输法、

青苗法、农田水利法等新制度，全面推进改革。

刚开始，宋神宗对王安石言听计从，根本听不进去那些反对者的意见。但是，随着新法在推进实施过程中，出现了好多问题，反对者的声音越来越大。

王安石爱读书，手不释卷，常常从晚上读到天光大亮，顾不上梳头洗漱，就跑去衙门当差了。他曾经在韩琦手下做官，韩琦每每看到他蓬头垢面来上班，以为他晚上吃喝玩乐去了，还曾经劝他不要荒废了读书。王安石性子执拗，任凭韩琦误解，也不辩白。到后来，韩琦才知道真相，原来这个头不梳脸不洗的家伙竟然满腹诗书，很有才华。

这篇《辨奸论》中提到"像囚犯一样不梳头，像守丧一样不洗脸"的人，就是在影射王安石，预言这样的人一旦得了志，就可能会成为奸邪之人。

熙宁七年（1074年），天下大旱，饥民流离失所，大臣们都控诉新法的危害，宋神宗也动摇了，罢免了王安石。1085年，宋神宗去世，宋哲宗即位。太皇太后垂帘听政，任命司马光为相，全面废除了新法。

因为种种原因，变法增加了百姓的负担，确实有很多弊病，但变法也起到了富国强兵的作用。回顾历史，我们要做的是客观全面地评价王安石和他的变法，从中吸取教训。

逐字逐句学古文

原文

shì yǒu bì zhì　　　lǐ yǒu gù rán　　wéi tiān xià
事有必至，理有固然。惟天下
zhī jìng zhě　　nǎi néng jiàn wēi ér zhī zhù　　yuè yùn
之静者，乃能见微而知著。月晕
ér fēng　　chǔ rùn ér yǔ　　rén rén zhī zhī　　rén shì
而风，础润而雨，人人知之。人事

译文

事情的发展必定会有一定的结局，道理有它原本就该如此的规律。天下只有表现冷静的人，才能从细微之处预见到日后将会发生的显著变化。月亮周围出现了晕圈预示着将要刮风，

之推移，理势之相因，其疏阔而难知，变化而不可测者，孰与天地阴阳之事？而贤者有不知，其故何也？好恶乱其中，而利害夺其外也。

昔者，山巨源见王衍曰："误天下苍生者，必此人也！"郭汾阳见卢杞曰："此人得志，吾子孙无遗类矣！"自今而言之，其理固有可见者。以吾观之，王衍之为人，容貌言语，固有以欺世而盗名者。然不忮不求，与物浮沉。使晋无惠帝，仅得中主，虽衍百千，何从而乱天下乎？卢杞之奸，固足以败国。然而不学无文，容貌不足以动人，言语不足以眩世，非德宗之鄙暗，亦何从而用之？由是言之，二公之料二子，亦容有未必然也！

今有人，口诵孔、老之言，身履夷、齐之行，收召好名之士、不

房屋的石柱返潮湿润预示着将要下雨，这是人人皆知的事。人事的发展变化，情理和形势之间的因果关系，也是空疏渺茫难以尽知，千变万化而无法预先料到的，怎么能和天地阴阳的变化相比？即便是贤能的人对此也有所不解。这是什么原因呢？这是由于喜爱和憎恨扰乱了他们的内心，利害关系又影响了他们的行动啊！

从前山巨源见到王衍，说："将来给天下百姓带来灾难的，一定是这个人！"郭汾阳见到卢杞，说："这个人一旦得志，我的子孙就会被他杀得一个不留！"现在分析一下他们所说的话，其中的道理是可以料想到的。依我看来，王衍之为人，从容貌和谈吐上，确实具备了欺世盗名的条件。但是他不妒忌别人，不贪图钱财，只是随大流。如果晋朝当时没有惠帝这个昏君，当政者即使只是一个中等的君主，就算是有成百上千个王衍这样的人，又怎能扰乱天下呢？卢杞那样的奸诈之人，确实足以败坏国家。但是他不学无术，容貌不足以动人，言谈不足以蒙蔽社会，如果不是遇到德宗这样的鄙陋昏庸的君主，又怎能受到重用呢？由此说来，山、郭二公对王、卢二人所作的预言，也未必完全正确啊！

现在有一个人，嘴里讲着孔子、

得志之人，相与造作言语，私立名字，以为颜渊、孟轲复出，而阴贼险狠，与人异趣。是王衍、卢杞合而为一人也。其祸岂可胜言哉？夫面垢不忘洗，衣垢不忘浣。此人之至情也。今也不然，衣臣虏之衣，食犬彘之食，囚首丧面，而谈诗书，此岂其情也哉？凡事之不近人情者，鲜不为大奸慝，竖刁、易牙、开方是也。以盖世之名，而济其未形之患。虽有愿治之主，好贤之相，犹将举而用之。则其为天下患，必然而无疑者，非特二子之比也。

孙子曰："善用兵者，无赫赫之功。"使斯人而不用也，则吾言为过，而斯人有不遇之叹。孰知祸之至于此哉？不然，天下将被其祸，而吾获知言之名，悲夫！

老子的话，亲身实践着伯夷、叔齐的行为，收罗了一批追求名声和不得志的士人，相互制造舆论，私下里互相标榜，以为自己是颜渊、孟轲再世，然而他们为人阴险狠毒，和一般人的志趣不同。这是把王衍和卢杞合成一个人了。他在社会上酿造的祸害还能说得完吗？脸面脏了不忘洗脸，衣服脏了不忘洗衣，这本是人之常情。现在他却不是这样，身穿奴仆的衣服，吃猪狗的食物，头发蓬乱得像囚犯，表情哭丧着像家里有人去世，却在那里大谈《诗》《书》，这难道说是人的真实的心情吗？凡是办事不近人情的，很少不成为大奸大恶之辈，竖刁、易牙、开方就是这样的人。此人借助当世享有盛名之力，来促成他尚未形成气候的祸患。虽然有励精图治的君主，敬重贤才的宰相，也还是会选拔并重用他的。这样，他将成为天下的祸患，是必定无疑的了，这就不只是王、卢二人所能比拟的。

孙子说："善于用兵的人，并没有显赫的功勋。"如果这个人没有被重用，那么我的话就有些过头了，而此人就会有怀才不遇的感慨。谁又了解这种人的祸患会如此严重呢？不然的话，天下将要蒙受他的祸害，而我也会获得卓有远见的名声，那就太可悲了！

文化常识第176讲

王衍 出身于大家族琅琊王氏。王衍才华横溢，容貌俊雅，是当时有名的清谈家。不过，他后来做了高官后，却不把心思用在治理国家上，处处为自己打算，安插自己的亲信。后来，在讨伐石勒的战争中，王衍被石勒俘虏。为了保住性命，王衍劝说石勒称帝，最终也没逃脱一死，还是被石勒杀掉了。

常用字第176讲 —— 志

① <名>心意；志向。《观沧海》："歌以咏志。"
② <动>立志。《论语·为政》："吾十有五而志于学。"
③ <动>记忆；记；记住。《屈原列传》："博闻强志，明于治乱，娴于辞令。"
④ <名>标记。《南齐书·韩系伯传》："邻居种桑树于界上为志。"
⑤ <动>做标志。《桃花源记》："得其船，便扶向路，处处志之。"
⑥ <名>记事的书或文章。《项脊轩志》："余为此志，后五年，吾妻来归。"
⑦ <名>通"痣"，皮肤上的斑或小疙瘩。《梁书·沈约传》："约左目重瞳子，腰有紫志。"

语法常识第176讲

词类活用：名词作状语【身】 "今有人，口诵孔、老之言，身履夷、齐之行"一句中"身"本义为"身体"，是名词，在这里活用作状语，意为"亲身"，修饰"履"。翻译为：现在有一个人，嘴里讲着孔子、老子的言论，亲身实践着伯夷、叔齐的行为。

心术
——文人视角的领兵之道

苏洵

《古文观止》有故事

　　苏洵是大文学家苏轼和苏辙的父亲。和大多数读书人不同,他小时候不喜欢读书,而是喜欢游历,去过不少地方,增长了见闻。成家之后,他还是不读书,到处游玩。

　　直到第一次参加乡试落了榜,遭受到了挫败,他才开始反省自己。他翻出之前写过的几百篇文章,一篇篇重读,天哪!简直惨不忍睹,就跟什么也没学过似的。苏洵懊恼之余,一把火烧毁了这些文稿。过去的就让它们过去

吧，现在，老苏要重新开始！

他搬出《论语》《孟子》等诸子百家的文章，还有韩愈的文集，从头开始发愤读书。他每天都把自己关在书房里，夜以继日地苦读，并且发誓在融会贯通学有所成之前，不再写任何文章。这年，苏洵27岁。

1037年，苏洵到京城参加科举考试，没有考中。第二年又去参加茂才异等的考试，也没考中。他回到家里继续闭门苦读。

接下来的时间，苏洵开始深入研究古今治理国家得失之道，偶尔也外出游历，结交朋友，增长阅历。两个儿子也到了启蒙学习的年纪，他在读书之余，也教授孩子们识字读书。

嘉祐元年（1056年），苏洵带着苏轼、苏辙进京参加考试，拜见了翰林学士欧阳修。欧阳修很欣赏他写的议论治世得失的文章，把他比作西汉的刘向、贾谊。这是多高的评价呀！一时间，京城的达官贵人和读书人都争相传诵苏洵的文章，苏洵终于在文坛上占据了一席之地。第二年，苏轼和苏辙同时进士及第，轰动了京城。

苏洵27岁始发愤读书，用事实证明：只要努力，什么时候开始都不晚！

逐字逐句学古文

原文	译文
为将之道，当先治心。泰山崩于前而色不变，麋鹿兴于左而目不瞬，然后可以制利害，可以待敌。	作为将领的原则，应当首先修养心性。必须做到泰山在眼前崩塌而面不改色，麋鹿在身边奔突而不眨眼睛，然后才能够控制利害因素，才可以对付敌人。
凡兵上义；不义，虽利勿动。	军事崇尚正义。如果不合乎正义，即使有利可图也不要行动。并非一动就

非一动之为利害，而他日将有所不可措手足也。夫惟义可以怒士，士以义怒，可与百战。

凡战之道，未战养其财，将战养其力，既战养其气，既胜养其心。谨烽燧，严斥堠，使耕者无所顾忌，所以养其财；丰犒而优游之，所以养其力；小胜益急，小挫益厉，所以养其气；用人不尽其所欲为，所以养其心。故士常蓄其怒、怀其欲而不尽。怒不尽则有余勇，欲不尽则有余贪。故虽并天下，而士不厌兵，此黄帝之所以七十战而兵不殆也。不养其心，一战而胜，不可用矣。

凡将欲智而严，凡士欲愚。智则不可测，严则不可犯，故士皆委己而听命，夫安得不愚？夫惟士愚，而后可与之皆死。

凡兵之动，知敌之主，知敌之

有危害，而是因为后来将有不能应付的事情发生。只有正义能够激愤士气，用正义激愤士气，就可以投入一切战斗。

作战的措施大致是：当战争尚未发生的时候，要积蓄财力；当战争即将发生的时候，要培养战斗力；当战争已经打起来的时候，要培养士气；当战争已经取得胜利的时候，就要修养心性。小心谨慎地设置报警的烽火，严格认真地在边境巡逻放哨，使农民无所顾忌，安心耕种，这就是积蓄财力的做法。用丰盛的酒食等物慰劳战士，让他们悠闲自在，养精蓄锐，这就是培养战斗力的做法。取得小的胜利，要使战士感到更加紧迫；受到小的挫折，要让战士得到更大的激励，这就是培养士气的做法。使用战士要注意不让他们完全实现自己的欲望，这就是修养心性的做法。所以战士们常常积蓄着怒气，心中怀有欲望却不能完全实现。怒气没有消除干净就有余勇可鼓舞，欲望没有完全实现就将继续追求，所以即使吞并了天下，战士也不厌恶打仗。这就是黄帝的军队经历了七十次战斗也不懈怠的原因。如果不修养心性，战士们打了一次胜仗后就不能继续作战了。

将领要聪明而严厉，战士要愚昧。聪明就不可预测，严厉就不可冒犯，所以战士们都把自身完全交付出来听从命令，怎么能不愚昧呢？只有战士愚昧，

将，而后可以动于险。邓艾缒兵于蜀中，非刘禅之庸，则百万之师可以坐缚，彼固有所侮而动也。故古之贤将，能以兵尝敌，而又以敌自尝，故去就可以决。

凡主将之道，知理而后可以举兵，知势而后可以加兵，知节而后可以用兵。知理则不屈，知势则不沮，知节则不穷。见小利不动，见小患不避，小利小患，不足以辱吾技也，夫然后有以支大利大患。夫惟养技而自爱者，无敌于天下。故一忍可以支百勇，一静可以制百动。

兵有长短，敌我一也。敢问："吾之所长，吾出而用之，彼将不与吾校；吾之所短，吾蔽而置之，彼将强与吾角，奈何？"曰："吾之所短，吾抗而暴之，使之疑而却；吾之所长，吾阴而养之，

才能跟将领一道舍生忘死。

大凡出动军队，要了解敌方的首领，了解敌方的将领，然后才可以采取冒险的行动。魏将邓艾率兵伐蜀汉，如果不是蜀汉后主刘禅昏庸无能，那么邓艾的百万大军就要束手就擒。邓艾本来就对刘禅轻慢，所以才敢出兵于危险之地。因此，古代的良将，能用大军去试探敌人的强弱、虚实，同时也用敌人的反应来衡量自己，这样就可以决定行动方针了。

作为主将的原则是：明白道理然后可以出兵，了解形势然后可以增兵，懂得节制然后可以用兵。明白道理就不会屈服，了解形势就不会丧气，懂得节制就不会困窘。见了小利益不轻举妄动，遇上小祸难不回避。小利益、小祸难不值得辱没自己的本领，然后才能够应付大利益、大祸难。只有善于蓄养本领又爱惜自己军队的人，才无敌于天下。所以一忍可以抵御百勇，一静可以控制百动。

军队自有长处和短处，无论敌我都如此。请问："我方的长处，我拿出来运用，敌人却不与我较量；我方的短处，我隐蔽起来，敌人却竭力与我对抗，怎么办呢？"回答是："我方的短处，我故意显露出来，使敌人心生疑虑而退却；我方的长处，我暗中隐蔽起来，使敌人轻慢而陷入圈套。这就是灵

使之狎而堕其中。此用长短之术也。"

善用兵者，使之无所顾，有所恃。无所顾，则知死之不足惜；有所恃，则知不至于必败。尺箠当猛虎，奋呼而操击；徒手遇蜥蜴，变色而却步，人之情也。知此者，可以将矣。袒裼而案剑，则乌获不敢逼；冠胄衣甲，据兵而寝，则童子弯弓杀之矣。故善用兵者以形固，夫能以形固，则力有余矣。

活运用自己的长处和短处的方法。"

善于用兵打仗的人，要使战士们没有什么顾忌但有所依靠。战士们没有什么顾忌，就知道牺牲了也不值得可惜；有所依靠，就知道不至于一定失败。手拿着一尺长的鞭子，面对着猛虎，敢于奋力呐喊而挥鞭打击；空着手遇上了蜥蜴，也会吓得面容变色连连后退，这是人之常情。懂得这个道理，就可以带兵了。假如赤身露臂但手握着剑，那大力士乌获也不敢逼近；要是头戴着盔，身穿铠甲，靠着武器而睡觉，那小童也敢弯弓把他射杀了。所以善于用兵打仗的人，利用各种条件来巩固自己，能够利用各种条件来巩固自己，那就威力无穷了。

文化常识第177讲

邓艾 魏晋时期的大臣、将领、军事家。263年，邓艾奉命出兵攻打蜀国。他率军攀登小道，凿山开路，历尽千辛万苦，走到马阁山，道路断绝，一时进退不得，被困在这里。最后，邓艾让士兵们拿绳子捆住身体，上面有人拉着，慢慢放下山去。而他自己则用毛毡裹住身体，直接滚下山坡。这样，邓艾大军出其不意地直抵蜀国大后方的城市江油，给蜀军巨大的打击。

常用字第177讲 将

读 jiāng 时：

❶ <动> 搀扶；扶持。《木兰诗》："爷娘闻女来，出郭相扶将。"
❷ <动> 带领；携带。《塞翁失马》："居数月，其马将胡骏马而归。"
❸ <动> 拿；持。《林教头风雪山神庙》："果品酒馔(zhuàn) 只顾将来。"
❹ <动> 将就；随顺。《新婚别》："生女有所归，鸡狗亦得将。"
❺ <动> 想要；打算。《曹刿论战》："齐师伐我，公将战。"
❻ <副> 将要；就要。《郑伯克段于鄢》："国不堪贰，君将若之何？"
❼ <介> 把；用。《祭妹文》："可将身后托汝。"
❽ <连> 抑或；还是。《战国策·楚策四》："先生老悖乎，将以为楚国袄(yāo)祥乎？"
❾ <连> 假若；如果。《祭妹文》："今而后吾将再病，教从何处呼汝耶？"
❿ <连> 和；与。李白《月下独酌》："暂伴月将影，行乐须及春。"
⓫ <助> 用于动词后，以助语气。《卖炭翁》："一车炭，千余斤，宫使驱将惜不得。"
⓬ <连> 且；又。表顺承。李华《吊古战场文》："人或有言，将信将疑。"

读 jiàng 时：

❶ <动> 统率；率领。《项羽本纪赞》："三年，遂将五诸侯灭秦。"
❷ <名> 将领；将帅。《廉颇蔺相如列传》："廉颇者，赵之良将也。"

读 qiāng 时：

❶ <动> 请；愿。李白《将进酒》："将进酒，杯莫停。"
❷ 通"锵"，见"将将"。

语法常识第177讲

词类活用：名词作状语【尺箠】 "尺箠当猛虎，奋呼而操击"一句中"尺箠"本义为"一尺来长的鞭子"，是名词，在这里活用作状语，意为"拿着尺箠"，修饰后面的"当"。翻译为：手拿着一尺长的鞭子，面对着猛虎，敢于奋力呐喊而挥鞭打击。

178 张益州画像记
——一位值得钦佩的好官

苏洵

《古文观止》有故事

张益州就是张方平,北宋大臣。他小时候很聪明,家里贫困,买不起书,就去借书看。他博闻强记,读书只读一遍就记住了,不用再读第二遍。1034年,他考中茂才异等科,做了昆山县(今江苏省昆山市)知县。后来又考中了贤良方正科,升任睦州(今浙江省建德市东)通判(和知州一起掌管兵民、钱谷、户口、赋役、狱讼审理的官)。

  他很有远见,多次给皇帝进言,都能切中问题的要害,提出合理的见解。

  1054年秋天,从蜀地传来谣言:南方的一位少数民族首领侬智高联络了南诏,要攻打益州,反叛朝廷。益州代理知州急忙调兵,同时也征召民夫,日夜不停地加固城池,百姓一片慌乱。朝廷中也人心惶惶,赶紧从陕西调集骑兵和步兵,相继奔赴蜀地。宋仁宗任命张方平为益州知州,让他火速赴任,平息叛乱,安抚百姓。

  张方平断定这是谣言,淡定地离开了京城。半路上,他遇到匆忙赶往益州平叛的军队,就打发他们回陕西驻地去了。到了益州,他又把修城墙的百姓遣散回家。一切恢复如常。接下来的春节,百姓像原来一样欢快地过,什么都没发生。到了正月十五元宵灯节,张方平特意下令,三晚不关城门,百姓随意出入。

  后来,他抓到造谣的人杀了,彻底稳定了益州民心。益州百姓感念张方平的恩德,把他的画像供奉在净众寺,苏洵为这事写了一篇《张益州画像记》,赞扬张方平的宽厚仁慈。

这时候的苏洵还在家苦读。张方平到益州后，苏洵带着两个儿子去拜访过张方平，深得这位知州的赏识。张方平还特意给欧阳修写了封信，举荐苏家父子三人到京城应试。兄弟二人同科考中，父子三人名扬天下。苏轼、苏辙进入官场后，张方平又给他们提供了很多帮助。

张方平宽厚爱民，又能为国家举贤荐能，是一位值得钦佩的好官。

逐字逐句学古文

原文

至和元年秋，蜀人传言有寇至边。边军夜呼，野无居人，谣言流闻，京师震惊。方命择帅，天子曰："毋养乱，毋助变。众言朋兴，朕志自定。外乱不作，变且中起，既不可以文令，又不可以武竞，惟朕一二大吏。孰为能处兹文武之间，其命往抚朕师。"乃推曰：张公方平其人。天子曰："然。"公以亲辞，不可，遂行。

冬十一月至蜀，至之日，归屯军，撤守备，使谕郡县："寇

译文

宋仁宗至和元年（1054年）的秋天，有谣言从四川一带传过来，说是敌人要侵犯边界，驻边军士夜里都惶恐不堪，老百姓基本上逃跑了。谣言四起，震动了京城。正准备选派、任命御敌的将帅（的时候），天子说："别造成大的祸乱，也不要促成事变。虽然现在谣言很猖狂，但我已经打定主意了，外患是不会造成大灾难的，事变是在内部引起来的。这事既不可一味用文教感化，也不可以付诸武力解决。只需要派一两个大臣前去就能处理好的。谁能够处理好这既需文治又需武功的事情，我就命谁去带领军队。"于是众人推荐说："张方平恰好是合适的人选。"天子赞同道："好！"张公却借口要奉养父母拒绝前去，但是皇上没有批准他的请求，于是他就出发前去了。

十一月才到达蜀地。就在他上任的当天，就下命令让赶来的驻军回去，并

来在吾,无尔劳苦。"明年正月朔旦,蜀人相庆如他日,遂以无事。又明年正月,相告留公像于净众寺,公不能禁。

眉阳苏洵言于众曰:"未乱,易治也;既乱,易治也;有乱之萌,无乱之形,是谓将乱,将乱难治,不可以有乱急,亦不可以无乱弛。惟是元年之秋,如器之欹,未坠于地。惟尔张公,安坐于其旁,颜色不变,徐起而正之。既正,油然而退,无矜容。为天子牧小民不倦,惟尔张公。尔繄以生,惟尔父母。且公尝为我言'民无常性,惟上所待。人皆曰蜀人多变,于是待之以待盗贼之意,而绳之以绳盗贼之法。重足屏息之民,而以碪斧令。于是民始忍以其父母妻子所仰赖之身,而弃之于盗贼,故

解散守备人员,他还派人对郡县长官说:"敌寇由我来对付,你们就不必劳心了。"到第二年正月初一早上,蜀地百姓还和以前一样庆贺新春,一直都没有什么敌寇前来入侵。很快到了第三年的正月里,百姓私下里商量在净众寺里摆放张公的像,张公没有阻止住百姓的这一行动。

眉阳人苏洵告诉百姓说道:"没有发生祸乱,还是很容易控制的;祸乱已经发生了,也还是容易治理;可是已经出现了祸乱的苗子,但是还没表现出祸乱,这种情况叫将要发生祸乱。祸乱马上要发生但是还没有出现的时候是最难治理的。因为我们不可以出现了祸乱的苗子就操之过急,又不能因为祸乱还没出现就放松警惕了。至和元年秋季蜀中的局势,正好像是器物现在已经倾斜,可是还没有倒地的情形。只有你们的张公,还能稳稳地坐定,面色不改,慢慢地站起来扶正器皿。扶正之后,他又慢慢地坐下,没有一点骄傲的神色。为天子管理百姓,他能做到孜孜不倦,这就是你们的张公。你们因为张公的智慧得到了生存,他就是你们的再生父母。还有,张公曾对我说:'老百姓的性情是可以改变的,只是要看官吏怎么对待他们。众人传言说,蜀地人小乱不断。上司于是就用对待盗贼的心意来对待他们,用处置盗贼的法令来处置他们。那些百姓本来就已经小心翼翼了,现在还用残酷的刑法对待,

每每大乱。夫约之以礼，驱之以法，惟蜀人为易。至于急之而生变，虽齐、鲁亦然。吾以齐、鲁待蜀人，而蜀人亦自以齐、鲁之人待其身。若夫肆意于法律之外，以威劫齐民，吾不忍为也。'呜呼！爱蜀人之深，待蜀人之厚，自公而前，吾未始见也。"皆再拜稽首曰："然。"

苏洵又曰："公之恩在尔心，尔死在尔子孙，其功业在史官，无以像为也。且公意不欲，如何？"皆曰："公则何事于斯？虽然，于我心有不释焉。今夫平居闻一善，必问其人之姓名与其邻里之所在，以至于其长短大小美恶之状，甚者或诘其平生所嗜好，以想见其为人。而史官亦书之于其传，意使天下之人，思之于心，则存之于目。

这样百姓才狠下心来抛弃父母妻儿，不顾性命，变成了盗贼，所以大乱常常发生。要是对他们施以礼仪教化的话，按照法律来差使他们，这里的人就变成最容易管理的了。要是把他们逼急了导致变乱发生，那么即使是齐鲁的百姓也会叛乱的。我用对待齐鲁百姓的方法来对待他们，那么蜀人也会认为自己是齐鲁有教化的人了。假如任意胡来不按法律来办事，一味靠武力来威胁平民，我是不会干的。'啊！爱惜蜀人如此真诚，对待蜀人是如此厚道，在张公之前，我没有见过这样的人。"大家听了，一齐恭敬地说："是。"

苏洵又说："张公的恩情，一定要记在心里；即使你们死了，也要让你们的子孙记在心里。他的丰功伟绩，已经在史官的史册上有记录了，不需要再画像了。况且张公不想这样做，你们看怎么办呢？"众人都说："张公怎么会想画像呢？虽然是这样，我们的心里是过意不去的。就是在平时听说有人做件好事，还要问那人的姓名和他的住处，还有那人的身形、年龄大小、面容等基本情况呢；还有一些人，还要问到他的生平爱好，是为了更好地推测他的人品。这些人也是史官写入他的传记里的，主要是想让天下人不仅记在心里，还要时刻出现在眼前。眼里留存着他的容貌，所以心里对他的思念之情才会更加牢固啊。

存之于目，故其思之于心也固。由此观之，像亦不为无助。"苏洵无以诘，遂为之记。

因此，画像也还是有一定意义的。"苏洵听了，无言以对，就为他们写了这篇画像记。

文化常识第178讲

齐鲁 西周时期的两个封国，是西周在东方代行统治权的两个重要阵地。齐国的都城在山东临淄，控制着山东东部的大片土地；鲁国的都城在山东曲阜，控制着山东西部的小块土地。后来，鲁国被楚国灭亡，齐国被秦国所灭，当时齐鲁形成了一个统一的文化圈，进而形成了"齐鲁"的地域概念。

常用字第178讲

❶ <名>军队；部队。《鸿门宴》："旦日飨士卒，为击破沛公军。"
❷ <名>古代军队编制单位。一万二千五百人为一军。《谋攻》："心用兵之法，……全军为上。"
❸ <动>驻军；驻扎。《鸿门宴》："沛公军霸上。"
❹ <名>驻地；军营。《鸿门宴》："项伯乃夜驰之沛公军。"
❺ <名>军士；士兵。《孙膑减灶》："乃弃其步军，与其轻锐倍日并行逐之。"
❻ <名>宋代行政区划的一级，隶属于"路"，下辖"县"。《文献通考·舆地》："州、府、军、监三百二十二。"

语法常识第178讲

词类活用：名词作动词【绳】 "于是待之以待盗贼之意，绳之以绳盗贼之法"一句中"绳"本为名词，在这里活用作动词，意为"纠正、处置"。翻译为：上司于是就用对待盗贼的心意来对待他们，用处置盗贼的法令来处置他们。

刑赏忠厚之至论
——生命可贵,谨慎用刑

苏轼

《古文观止》有故事

苏轼是北宋文学家、书法家、画家。

嘉祐元年(1056年),苏轼和弟弟苏辙一起,跟随父亲苏洵离开四川去京城参加朝廷的科举考试。

在考试中,苏轼写了这篇策论《刑赏忠厚之至论》。当年的主考官是欧阳修,还有梅尧臣。他们两人看到了苏轼的文章,大加赞赏。不过,两个人都看到了文章中的一句话:"皋陶为士,将杀人。皋陶曰杀之三,尧曰宥之三。"

皋陶判决某人死刑,判了三次,尧三次都说宽恕了他吧,以此来论述尧的宽仁忠厚。

两位考官你看看我,我看看你,不知道这句话从何而来。他们都是学识渊博、名闻天下的大儒,从来没听说过这件事儿呀。两个人商量了一下:这没出处的话算是一点小毛病,那就给他个第二名吧。

放榜之后,苏轼考中了,去拜见考官。梅尧臣好奇地问他"皋陶为士"一句的出处,苏轼回答说:"《三国志·孔融传》注里面的。"两位主考官求学精神可嘉,回去就翻出了《三国志》查考,可根本就没有呀。他们再去问苏轼,苏轼笑着说:"孔融不是说过'想当然'嘛!"

欧阳修不由得也笑了:这个年轻人豪放不羁,会读书,他的文章以后一定会独步天下,无人可比。

苏轼的那句话是想当然的，但也是有依据的。历史上确实有皋陶其人，他是上古时期主管刑狱的官员，和尧、舜、禹一起称为"上古四圣"。舜曾经称赞他"明于五刑，以弼五教"。他所推崇的"五教"是：父义、母慈、兄友、弟恭、子孝。他教育人民懂得这些道理，互相谦让，彼此和睦，创造一个长治久安的和谐社会。所以，他虽然制定了五种刑罚，但是却主张把五刑放在辅助的地位，对于有违法犯罪行为的人要先晓之以理，不听教化的再执行刑罚。

正因为皋陶有这样的理念，苏轼才能编造出皋陶和尧的故事，从而得到了欧阳修的赏识。苏轼读书不拘泥于一字一句，活学活用，值得后人学习。

逐字逐句学古文

原文

尧、舜、禹、汤、文、武、成、康之际，何其爱民之深，忧民之切，而待天下以君子长者之道也！有一善，从而赏之，又从而咏歌嗟叹之，所以乐其始而勉其终。有一不善，从而罚之，又从而哀矜惩创之，所以弃其旧而开其新。故其吁俞之声，欢休惨戚，见于虞、夏、商、周之书。成、康既没，穆王立，而周道始衰，然犹命其臣吕侯，而告

译文

唐尧、虞舜、夏禹、商汤、周文王、周武王、周成王、周康王的时候，他们是多么地深爱着百姓、深切地替百姓担忧，而且用君子长者的态度来对待天下人。有人做了一件好事，奖赏他之余，又用歌曲赞美他，为他有一个好开始而高兴，并勉励他坚持到底；有人做了一件不好的事，处罚他之余，又哀怜同情他，希望他抛弃错误而开始新生。嗟叹和赞许的声音，欢喜和忧伤的感情，在虞、夏、商、周的历史书籍里都可以见到。成王、康王死后，穆王继承王位，周朝的王道便开始衰落。然而穆王还是吩咐大臣吕侯，告诉他善用刑

之以祥刑。其言忧而不伤,威而不怒,慈爱而能断,恻然有哀怜无辜之心,故孔子犹有取焉。

传曰:"赏疑从与,所以广恩也;罚疑从去,所以慎刑也。"当尧之时,皋陶为士。将杀人,皋陶曰杀之三,尧曰宥之三。故天下畏皋陶执法之坚,而乐尧用刑之宽。四岳曰:"鲧可用。"尧曰:"不可,鲧方命圮族。"既而曰:"试之。"何尧不听皋陶之杀人,而从四岳之用鲧也?然则圣人之意,盖亦可见矣。

《书》曰:"罪疑惟轻,功疑惟重。与其杀不辜,宁失不经。"呜呼!尽之矣。可以赏,可以无赏,赏之过乎仁;可以罚,可以无罚,罚之过乎义。过乎仁,不失为君子;过乎义,则流而入于忍人。故仁可过也,义不可过也。古者赏不以爵禄,刑不以刀锯。赏之以爵禄,是赏之道

罚的方法。他说的话忧愁却不悲伤,威严却不愤怒,慈爱而能决断,有哀怜无罪者的好心肠。因此,孔子把这篇《吕刑》选进《尚书》里。

《尚书》的传文说:"奖赏时如有可疑者应该照样留在应赏之列,为的是推广恩泽;处罚时遇有可疑者则从应罚之列除去,为的是谨慎地使用刑法。"尧当政时,皋陶是掌管刑法的官。要处死一个人,皋陶三次说当杀,尧帝却一连三次说应当宽恕。所以天下人都害怕皋陶执法坚决,而赞美帝尧用刑宽大。四岳建议:"鲧可以任用。"尧说:"不可!鲧违抗命令,毁害族类。"过后,他还是说"试用一下吧"。为什么尧不听从皋陶处死犯人的主张,却听从四岳任用鲧的建议呢?那么圣人的心意,从这里可以看出来了。

《尚书》说:"罪行轻重有可疑时,宁可从轻处置;功劳大小有疑处,宁可从重奖赏。与其错杀无辜的人,宁可犯执法失误的过失。"唉!这句话完全表现出忠厚之意。可以赏也可以不赏时,赏就过于仁慈了;可以罚也可以不罚时,罚就超出义法了。过于仁慈,还不失为一个君子;超出义法,就流为残忍了。所以,仁慈可以超过,义法是不可超过的。古人奖赏不用爵位和俸禄,刑罚不用刀锯。用

行于爵禄之所加，而不行于爵禄之所不加也。刑之以刀锯，是刑之威施于刀锯之所及，而不施于刀锯之所不及也。先王知天下之善不胜赏，而爵禄不足以劝也；知天下之恶不胜刑，而刀锯不足以裁也。是故疑则举而归之于仁，以君子长者之道待天下，使天下相率而归于君子长者之道。故曰：忠厚之至也。

《诗》曰："君子如祉，乱庶遄已。君子如怒，乱庶遄沮。"夫君子之已乱，岂有异术哉？制其喜怒，而无失乎仁而已矣。《春秋》之义：立法贵严，而责人贵宽。因其褒贬之义，以制赏罚，亦忠厚之至也。

爵位、俸禄行赏，只对能得到爵位、俸禄的人起作用，不能影响不能得到爵位和俸禄的人。用刀锯做刑具，只对受这种刑的人起作用，对不受这种刑的人不起作用。古代君主知道天下的善行是赏不完的，不能都用爵位俸禄来奖赏；也知道天下的罪恶是罚不完的，不能都用刀锯来制裁。所以当赏罚有疑问时，就以仁爱之心对待。用君子长者的宽厚仁慈对待天下人，使天下人都相继回到君子长者的忠厚仁爱之道上来，所以说这就是赏罚忠厚到了极点啊！

《诗经》说："君子如果高兴纳谏，祸乱就会快速止息；君子如果怒斥谗言，祸乱也会快速止息。"君子止息祸乱，难道有异术吗？他不过是适时地控制自己的喜怒，不偏离仁慈宽大的原则罢了。《春秋》的大义原则是：立法贵严，责人贵宽。根据它的褒贬原则来制定赏罚制度，这也是忠厚到了极点啊！

文化常识第179讲

成康之治 指西周初年周成王和周康王统治期间出现的治世，是中国历史上记载最早的太平盛世。成王、康王在位期间，继承文王、武王的功业，对内明德慎罚，缓和阶级矛盾，对外以武力控制东方少数民族地区。这段时间，是周朝最强盛的时期,天下安宁,四十多年没有使用过刑罚,所以称为"成康之治"。

常用字第179讲

❶ <动>割取。《周礼·大司马》:"获者取左耳。"
❷ <动>俘获;捕获。《李愬雪夜入蔡州》:"入蔡州取吴元济(sù)。"
❸ <动>攻占;夺取。《公输》:"公输盘为我为云梯,必取宋。"
❹ <动>拿取;拿。《赤壁赋》:"苟非吾之所有,虽一毫而莫取。"
❺ <动>取得;获得。《谏太宗十思疏》:"岂取之易而守之难乎?"
❻ <动>提取;取出。《劝学》:"青取之于蓝,而青于蓝。"
❼ <动>通"娶",娶妻。《孔雀东南飞》:"今若遣此妇,终老不复取。"
❽ <名>可取之处。《答韦立师道书》:"仆自卜固无取。"
❾ <动>择取;选用。《鱼我所欲也》:"二者不可得兼,舍生而取义者也。"
❿ <助>用于动词后,无实义。《西江月·夜行黄沙》:"稻花香里说丰年,听取蛙声一片。"

语法常识第179讲

判断句:所以……也 文言文中,"所以……也"的固定句式,可以用来表示判断,"所以"可以理解为"用来……"。本文"赏疑从与,所以广恩也;罚疑从去,所以慎刑也"一句就是这样的判断句。翻译为:奖赏时如有可疑者应该照样留在应赏之列,为的是推广恩泽;处罚时遇有可疑者则从应罚之列除去,为的是谨慎地使用刑法。

范增论

——疑心坏了大事

苏轼

● 《古文观止》有故事

范增是秦朝末年著名的政治家,是项羽的谋士。

在项羽跟随叔父项梁起兵反秦之后,范增投奔了项梁,希望可以施展自己的才能和抱负。他建议项梁拥立楚怀王的孙子为王,恢复楚国政权,来招揽民心。

后来,秦将大败项梁,围困了赵国的巨鹿。楚怀王任命宋义为上将军,项羽为次将,范增为末将,出兵救赵。不久,项羽斩杀宋义,掌握军政大权,

破釜沉舟，解了巨鹿之围。然而，刘邦抢先攻入了咸阳。

在范增的辅佐下，项羽称霸天下分封诸侯。但是很快，天下就又乱了。刘邦联合其他诸侯反对项羽，楚汉战争开始。

公元前204年，刘邦被项羽围困在荥阳（今河南省荥阳市），情况很危急。这时候，项羽派使者来到刘邦营中，谋士陈平想出了一个离间计。他准备了最好的酒菜招待使者，见了使者之后，故意大吃一惊说："原来以为是亚父（范增）的使者，不料却是项王的使者！"说完，竟然命人撤下酒菜，换上粗茶淡饭。

使者回去报告给了项羽，项羽就犯了嘀咕：莫非范增和刘邦暗中勾结，想要害我？

疑心一起，就坏事了。项羽默默地开始削减范增的权力。范增是聪明人，一赌气辞职不干了。老先生年纪大了，还没等回到老家，就背上生了毒疮去世。

苏轼认为，早在项羽杀宋义的时候，君臣之间有了问题，范增就该离开了。鸿门宴上，范增主张除掉刘邦，项羽没听；范增提议拥立的楚王，后来项羽把他杀了……这些都显示出项羽早已不那么信任范增了。只有项羽先有了疑心，离间计才能得逞呀！

范增也是人中豪杰，不清楚去留的时机，却想依靠项羽成就自己的功业名声，终究落了一场空！

逐字逐句学古文

原文	译文
hàn yòng chén píng jì　jiàn shū chǔ jūn chén　xiàng 汉用陈平计，间疏楚君臣。项 yǔ yí fàn zēng yǔ hàn yǒu sī　shāo duó qí quán　zēng dà 羽疑范增与汉有私，稍夺其权。增大	汉高祖采用陈平的计策，离间疏远楚国君臣。项羽怀疑范增和汉

怒曰："天下事大定矣，君王自为之，愿赐骸骨归卒伍。"归未至彭城，疽发背死。苏子曰："增之去善矣，不去，羽必杀增。独恨其不早尔。"

然则当以何事去？增劝羽杀沛公，羽不听，终以此失天下，当于是去耶？曰："否。增之欲杀沛公，人臣之分也。羽之不杀，犹有君人之度也。增曷为以此去哉？《易》曰：'知几其神乎！'《诗》曰：'相彼雨雪，先集为霰。'增之去，当于羽杀卿子冠军时也。"陈涉之得民也，以项燕、扶苏。项氏之兴也，以立楚怀王孙心。而诸侯之叛之也，以弑义帝。且义帝之立，增为谋主矣。义帝之存亡，岂独为楚之盛衰，亦增之所与同祸福也。未有义帝亡而增独能久存者也。羽之杀卿子冠军也，是弑义帝之兆也。其弑义帝，则疑增之本也，岂必待陈平哉？物必先腐也，而后虫生之；

私下串通，逐渐剥夺他的权力。范增大怒，说："天下的局势已定结果了，君王自己处理吧！希望您开恩准我告老还乡。"可是还没到彭城，他就因背上痈疽发作而死。苏子说："范增离开得对，若不离开，项羽一定会杀他，只遗憾他没有早些离开。"

那么，范增应当因什么事情离开呢？范增劝项羽杀沛公，项羽不听，因此失掉了天下。应当在此时离去吗？回答说："不。范增建议杀沛公，是做臣子的职责；项羽不杀刘邦，说明他还有君王的度量。范增怎能因此事离去呢？《易经》说：'懂得事情的预兆，大概就是神明吧！'《诗经》说：'就像下雪之前，水气必定先聚集成霰。'范增离开，应当在项羽杀宋义的时候。"陈涉受到拥护，是因为打出了项燕和扶苏的旗帜。项氏的兴起，是因为拥立了楚怀王的孙子熊心；而诸侯反叛，是因为项羽杀了义帝。况且拥立义帝，范增实为主谋。义帝是否被杀，岂止是关系着楚国的盛衰，也关系到范增的祸福。义帝被杀，范增就没有长久独存之理。项羽杀宋义，是杀害义帝的先兆。他杀义帝时，就开始怀疑范增了，难道还要等到陈平去离间吗？物品必定先腐烂了，

人必先疑也，而后谗入之。陈平虽智，安能间无疑之主哉？

吾尝论义帝，天下之贤主也。独遣沛公入关，不遣项羽；识卿子冠军于稠人之中，而擢以为上将，不贤而能如是乎？羽既矫杀卿子冠军，义帝必不能堪，非羽弑帝，则帝杀羽，不待智者而后知也。增始劝项梁立义帝，诸侯以此服从。中道而弑之，非增之意也。夫岂独非其意，将必力争而不听也。不用其言，而杀其所立，羽之疑增，必自是始矣。

方羽杀卿子冠军，增与羽比肩而事义帝，君臣之分未定也。为增计者，力能诛羽则诛之，不能则去之，岂不毅然大丈夫也哉？增年已七十，合则留，不合即去，不以此时明去就之分，而欲依羽以成功名，陋矣！虽然，增，高帝之所畏也。增不去，项羽不亡。呜呼！增亦人杰也哉！

然后才能生出虫子；人必定先有了疑心，然后谗言才能听得进去。陈平虽说聪明，又怎能离间没有疑心的君主呢？

我曾经评论义帝是天下的贤君。他只派沛公入关而不派遣项羽，在众人之中发掘识别宋义，提拔他做上将军，这样做还不够贤明吗？项羽既然假托义帝之命杀死宋义，义帝必然不能容忍。不是项羽谋杀义帝，就是义帝杀了项羽，这用不着聪明人指点就能知道。范增当初劝项梁立义帝，诸侯因此而服从，中途谋杀义帝，必不是范增的想法。岂止不是他的主意，他必然极力反对却不被接受。不听他的话而杀死他所拥立之人，项羽怀疑范增，必定是从此时开始的。

在项羽杀宋义时，项羽和范增同为义帝之臣，还没有确定君臣名分。替范增考虑，有能力杀项羽就杀了他，不能杀他就离开他，岂不是很果断的大丈夫吗？范增年纪已经七十岁，意见相合就留下来，不合就离开，不在此时弄清去留的分寸，却想依靠项羽而成就功名，不明智啊！虽然如此，范增还是汉高祖所畏惧的人。范增不离去，项羽也不会被灭。唉，范增也是人中的豪杰呀！

文化常识第180讲

义帝 熊心是楚怀王的孙子,楚国灭亡后,流落民间。项梁起事后,听从了范增的建议,立他为楚怀王,招揽民心。项梁死后,熊心与各位将军们订下誓约:先入关中者为王。刘邦先入关中,项羽派人向熊心汇报。熊心答复:照原约办。项羽假装尊奉熊心为义帝,实际上架空了他,自己掌握了实权,大封诸侯,后来派人将他暗杀。

常用字第180讲

❶<名>官府发给的粮食;俸米。《送东阳马生序》:"县官日有廪(lǐn)稍之供。"
❷<副>逐渐;略微。《核舟记》:"其船背稍夷。"

语法常识第180讲

词类活用:名词作动词【雨】 "《诗》曰:'相彼雨雪,必集维霰'"一句中"雨"本义为名词"雨、雨水",这里活用作动词"落下"。翻译为:《诗经》上说:"就像下雪之前,水汽必定先聚集成霰。"

留侯论

——忍小辱成大事

苏轼

《古文观止》有故事

张良,秦末汉初杰出的谋臣、政治家,西汉开国功臣,与韩信、萧何并称为"汉初三杰"。他出身于韩国的贵族世家,祖父和父亲都做过韩国的相国。秦灭六国后,他时刻想着刺杀秦始皇,为国报仇。

他找到一个大力士,为他打制了一只重达120斤的大铁锤,埋伏在秦始皇出巡的必经之地——博浪沙。秦始皇的车队到了,大力士根本摸不清皇帝在哪辆车上,只击中了副车。秦始皇大怒,寻找刺客,张良早已经逃走了。

张良到处逃亡,来到下邳(pī)(今江苏省睢宁县北)。有一天,他在圯(yí)上桥头,碰见了一个穿着粗布衣服的老头儿。老头儿走过张良的旁边,鞋子忽然掉到了桥下。他毫不客气地支使张良说:"小子,下去给我把鞋子捡上来!"

张良一愣,想发火,又忍下了:怎能跟一个老人计较呢?于是,他就到桥下面捡了鞋子跑回来。哪知道,老头儿变本加厉,跷起脚来,让张良给他穿上。张良也没发火,双膝跪地,恭恭敬敬地帮老人穿好鞋。老人也不感谢,扬长而去。

老人走出一段路,又折返回来,告诉张良:"五日后清晨到桥头相会!"张良莫名其妙,但还是在五天后的早晨,来桥头赴约。老人已经等在那里了,看到他,阴沉着脸训斥道:"跟长辈约会,怎么能迟到?五天后再来吧!"

五天后,张良到得很早,但还是比老人晚了一步……

又等了五天,张良半夜里就到了桥头。等到凌晨,老人来了,被他的赤诚感动,送给他一本《太公兵法》。张良如获至宝,日夜钻研,终于融会贯通,成了大谋士。他后来辅佐刘邦打败项羽,建立了汉朝。

苏轼在《留侯论》中分析圯上老人是借此磨炼张良的心性,又对比了项羽和刘邦的成败得失,得出结论:只有能忍辱负重的人,才能成就大事。

逐字逐句学古文

原文

gǔ zhī suǒ wèi háo jié zhī shì   bì yǒu guò rén
古之所谓豪杰之士,必有过人
zhī jié   rén qíng yǒu suǒ bù néng rěn zhě   pǐ fū jiàn
之节。人情有所不能忍者,匹夫见
rǔ   bá jiàn ér qǐ   tǐng shēn ér dòu   cǐ bù zú
辱,拔剑而起,挺身而斗,此不足
wéi yǒng yě   tiān xià yǒu dà yǒng zhě   cù rán lín zhī
为勇也。天下有大勇者,卒然临之

译文

古时候被人称作豪杰的志士,一定具有胜人的节操,有一般人的常情所无法忍受的度量。有勇无谋的人被侮辱,一定会拔剑而起,挺身上前搏斗,这算不上是勇敢。天下真正具有豪杰气概的人,遇到突发的情形毫不

而不惊，无故加之而不怒。此其所挟持者甚大，而其志甚远也。

夫子房受书于圯上之老人也，其事甚怪。然亦安知其非秦之世，有隐君子者，出而试之？观其所以微见其意者，皆圣贤相与警戒之义，而世不察，以为鬼物，亦已过矣。且其意不在书。

当韩之亡，秦之方盛也，以刀锯鼎镬待天下之士。其平居无罪夷灭者，不可胜数。虽有贲、育，无所获施。夫持法太急者，其锋不可犯，而其势未可乘。子房不忍忿忿之心，以匹夫之力，而逞于一击之间。当此之时，子房之不死者，其间不能容发，盖亦已危矣。千金之子，不死于盗贼，何者？其身可爱，而盗贼之不足以死也。子房以盖世之才，不为伊尹、太公之谋，而特出于荆轲、聂政之计，以侥幸

惊慌，当无原因受到别人侮辱时，也不愤怒。这是因为他们胸怀极大的抱负，志向非常高远。

张良被桥上老人授给兵书这件事，确实很古怪。但是，又怎么知道那不是秦代的一位隐居君子，出来考验张良呢？看那老人用以微微显露出自己用意的方式，都具有圣贤相互提醒告诫的意义。一般人不明白，把那老人当作神仙，也太荒谬了。再说，桥上老人的真正用意并不在于授给张良兵书（而在于使张良能有所忍，以就大事）。

在韩国灭亡之时，秦国正很强盛，秦王嬴政用刀锯、油锅对付天下的志士，那种住在家里平白无故被抓去杀头灭族的人，数也数不清。就是有孟贲、夏育那样的勇士，也没有施展本领的机会了。凡是执法过分严厉的君王，他的刀锋是不好硬碰的，而他的形势也没有可乘之机。张良压不住他对秦王愤怒的情感，以他个人的力量，想在一次狙击中求得一时的痛快。在那时他没有被捕被杀，但距死亡的间隙连一根头发也容纳不下，也太危险了！富贵人家的子弟，是不肯死在盗贼手里的。为什么呢？因为他们的生命宝贵，死在盗贼手里太不值得。张良有超过世上一切人的才能，不去做伊尹、姜尚那样深谋远虑

于不死，此圯上老人所为深惜者也。是故倨傲鲜腆而深折之。彼其能有所忍也，然后可以就大事，故曰"孺子可教也"。

楚庄王伐郑，郑伯肉袒牵羊以迎。庄王曰："其主能下人，必能信用其民矣。"遂舍之。勾践之困于会稽，而归臣妾于吴者，三年而不倦。且夫有报人之志，而不能下人者，是匹夫之刚也。夫老人者，以为子房才有余，而忧其度量之不足，故深折其少年刚锐之气，使之忍小忿而就大谋。何则？非有生平之素，卒然相遇于草野之间，而命以仆妾之役，油然而不怪者，此固秦皇之所不能惊，而项籍之所不能怒也。

观夫高祖之所以胜，而项籍之所以败者，在能忍与不能忍之间而已矣。项籍唯不能忍，是以百战

之事，反而只学荆轲、聂政行刺的下策，侥幸所以没有死掉，这必定是桥上老人为他深深感到惋惜的地方。所以那老人故意态度傲慢无理、言语粗恶地深深羞辱他。他如果能忍受得住，方才可以凭借这点而成就大功业，所以到最后，老人说"这小子可以教育"。

楚庄王攻打郑国，郑襄公脱去上衣裸露身体，牵了羊来迎接。庄王说："他们的国君能够向别人低头，一定能得到自己老百姓的信任和效力。"就此放弃对郑国的进攻。越王勾践在会稽陷于困境，他到吴国去做奴仆，好几年都不懈怠。再说，有向人报仇的心愿，却不能做人下人的，这是普通人的刚强而已。那老人，认为张良才智有余，而担心他的度量不够，因此深深挫折他年轻人刚强锐利的脾气，使他能忍得住小怨愤去成就远大的谋略。为什么这样说呢？老人和张良并没有平生的老交情，突然在郊野之间相遇，却拿奴仆的低贱之事来让张良做，张良很自然而不觉得怪异，这本是秦始皇所不能惊惧他和项羽所不能激怒他的原因。

看那汉高祖之所以成功，项羽之所以失败，原因就在于一个能忍耐、一个不能忍耐罢了。项羽不能忍耐，因此战争中虽是百战百胜，但是随随

百胜而轻用其锋;高祖忍之,养其全锋而待其弊,此子房教之也。当淮阴破齐而欲自王,高祖发怒,见于词色。由此观之,犹有刚强不忍之气,非子房其谁全之?太史公疑子房以为魁梧奇伟,而其状貌乃如妇人女子,不称其志气。呜呼!此其所以为子房欤!

便便使用他的刀锋(不懂得珍惜和保存自己的实力)。汉高祖能忍耐,保持自己完整的锋锐的战斗力,等待对方疲敝之机。这是张良教他的。当淮阴侯韩信攻破齐国要自立为王,高祖为此发怒了,语气脸色都显露了出来。从此可看出,他还有刚强不能忍耐的气度,不是张良,谁能成全他呢?

司马迁本来猜想张良的形貌一定是魁梧奇伟的,谁料到他的长相竟然像妇人女子,与他的志气和度量不相称。啊!外柔内刚,这就是张良成为张良的原因吧!

文化常识第181讲

间不容发 本文中"其间不能容发",说距离很近,中间容不下一根头发。这个说法最早出现在西汉枚乘的《上书谏吴王》中:"系绝于天,不可复结,坠入深渊,难以复出,其出不出,间不容发。"意思是:系物的线在高处断绝,不能再重新接好;重物掉进深渊,很难再把它取出来。出来与出不来两者之间的差距微小得连根头发都放不下。后来凝练成了成语"间不容发",比喻境遇危险到了极点。

常用字第181讲

❶<动>接受;承受。《鸿门宴》:"项王则受璧,置之坐上。"
❷<动>听从。《陈涉世家》:"徒属皆曰:'敬受命。'"
❸<动>遭受。《论积贮疏》:"一夫不耕,或受之饥。"
❹<动>通"授",给予,授予,传授。《师说》:"师者,所以传道受业解惑也。"

语法常识第181讲

词类活用：名词作动词【下】"其主能下人，必能信用其民矣"一句中"下"本是方位名词，与"上"相对，在这里活用作动词，意为"低头"。翻译为：他们的国君能够向别人低头，一定能得到自己老百姓的信任和效力。

贾谊论
——不该轻易放弃

苏轼

《古文观止》有故事

贾谊是西汉政治家、文学家。他非常有才,年纪轻轻就做了博士。但是后来遭到当时大臣周勃、灌婴的排挤,被贬出京城做了长沙王太傅。一个才华横溢的年轻人,正要展翅腾飞、大展抱负的时候,却被贬到距京城几千里之外的长沙,贾谊的郁闷可想而知。

他离开京城,长途跋涉,路过湘江时,想起当年同样被放逐的屈原,心生感慨,写下《吊屈原赋》凭吊屈原,抒发自己的悲伤怨愤之情。

贾谊在长沙的第三年，有一天，一只鹏(fú)鸟（就是猫头鹰）飞进他的房间，竟然停在了他的座位旁边。古时候，猫头鹰是不吉祥的鸟。长沙这个地方低洼潮湿，贾谊被贬到这里，整天无所事事，常常自艾自怜，本来就总以为自己活不长了，现在看到猫头鹰进宅，更加觉得祸事不远了。他为此非常伤感，写了一篇《鹏鸟赋》抒发忧愤不平的情绪。

司马迁写《史记》时，把屈原和贾谊合在一起作传，对他们的怀才不遇表达了深切的同情。然而，苏轼却不这么看。他举了孟子的例子，来说明自己的观点。

孟子到了齐国，宣扬自己的治国之道，齐宣王虽然没有采纳孟子的主张，却把他当作一位德高望重的学者来尊重，以此来换取一个尊贤重士的好名声。

孟子很失望，就想离开齐国。他走到边境昼邑时，在这里停留了三天三夜。有人问："为什么拖拖拉拉不离开？"孟子解释说："我在这里停了三夜，在我看来还算短呢。如果齐宣王改变了主意，愿意用我的思想来治国，那我马上就返回去辅佐他。"可惜，他的想法落空了，最后还是离开了齐国。

苏轼认为，孟子那样做便没有了遗憾，而贾谊遇到挫折便悲伤忧郁，自暴自弃，三十三岁就死了。像他这样志向大而气量小，才能有余见识不够的人，应该算不上治国之才吧！

逐字逐句学古文

原文

非才之难，所以自用者实难。
惜乎！贾生，王者之佐，而不能自用其才也。
夫君子之所取者远，则必有所

译文

人要有才能并不难，要使自己的才能施展出来实在不容易。可惜啊，贾谊虽然能够做帝王的辅佐之臣，却未能施展自己的才能。

君子要想达成长远的目标，就一

待；所就者大，则必有所忍。古之贤人，皆负可致之才，而卒不能行其万一者，未必皆其时君之罪，或者其自取也。

愚观贾生之论，如其所言，虽三代何以远过？得君如汉文，犹且以不用死。然则是天下无尧、舜，终不可有所为耶？仲尼圣人，历试于天下，苟非大无道之国，皆欲勉强扶持，庶几一日得行其道。将之荆，先之以冉有，申之以子夏。君子之欲得其君，如此其勤也。孟子去齐，三宿而后出昼，犹曰："王其庶几召我。"君子之不忍弃其君，如此其厚也。公孙丑问曰："夫子何为不豫？"孟子曰："方今天下，舍我其谁哉？而吾何为不豫？"君子之爱其身，如此其至也。夫如此而不用，然后知天下果不足与有为，而可以无憾矣。若贾生者，非汉文之不

定要等待时机；要想成就伟大的功业，就一定要能够忍耐。古代的贤能之士，都有建功立业的才能，但有些人最终未能施展其才能的万分之一的原因，未必都是当时君王的过错，也有可能是他们自己造成的。

我看贾谊的议论，照他所说的规划目标，即使夏、商、周三代的成就又怎能超过他呢？遇到像汉文帝这样的明君，尚且因未能尽才而郁郁死去，照这样说来，如果天下没有尧、舜那样的圣君，就终身不能有所作为了吗？孔子是圣人，曾周游天下，只要不是极端无道的国家，他都想勉力扶助，希望终有一天能实践他的政治主张。将到楚国时，先派冉有去接洽，再派子夏去联络。君子要想得到国君的重用，就是这样的尽心尽力。孟子离开齐国时，在昼地住了三夜才出走，还说："齐宣王大概会召见我的。"君子不忍心别离他的国君，感情是这样的深厚。公孙丑向孟子问道："先生为什么不高兴？"孟子回答："当今世界上（治国平天下的人才），除了我还有谁呢？我为什么要不高兴？"君子爱惜自己是这样的无微不至。如果做到了这样，还是得不到施展，那么就应当明白世上果真已没有一个可以共图大业的君主了，也就可以没有遗憾了。像贾谊这样的人，不是汉文

能用生，生之不能用汉文也。

夫绛侯亲握天子玺而授之文帝，灌婴连兵数十万，以决刘、吕之雌雄，又皆高帝之旧将，此其君臣相得之分，岂特父子骨肉手足哉？贾生，洛阳之少年。欲使其一朝之间，尽弃其旧而谋其新，亦已难矣。为贾生者，上得其君，下得其大臣，如绛、灌之属，优游浸渍而深交之，使天子不疑，大臣不忌，然后举天下而唯吾之所欲为，不过十年，可以得志。安有立谈之间，而遽为人"痛哭"哉！观其过湘，为赋以吊屈原，萦纡郁闷，趯然有远举之志。其后以自伤哭泣，至于夭绝，是亦不善处穷者也。夫谋之一不见用，则安知终不复用也？不知默默以待其变，而自残至此。呜呼！贾生志大而量小，才有余而识不足也。

帝不重用他，而是贾谊不能利用汉文帝来施展自己的政治抱负啊！

周勃曾亲手持着皇帝的印玺献给汉文帝，灌婴曾联合数十万兵力，决定过刘、吕两家胜败的命运，他们又都是汉高祖的旧部，他们这种君臣遇合的深厚情分，哪里只是父子骨肉之间的感情所能比拟的呢？贾谊不过是洛阳的一个青年，要想使汉文帝在一朝一夕之间，就完全抛弃旧有的规章制度，采用他的新主张，也太困难了。作为贾谊这样的人，应该上面取得皇帝的信任，下面取得大臣的支持，对于周勃、灌婴之类的大臣，要从容地、逐渐地和他们加深交往，使得天子不疑虑，大臣不猜忌，这样之后，整个国家就会按自己的主张去治理了。不出十年，就可以实现自己的理想。怎么能在顷刻之间就突然对人"痛哭"起来呢？看他路过湘江时作赋凭吊屈原，郁结烦闷，心绪不宁，表露出退隐的思想。此后，终因经常感伤哭泣，以至于早死，这也真是个不善于身处逆境的人。谋划一次没有被采用，怎么知道就永远不再被采用呢？不知道默默地等待形势的变化，而自我摧残到如此地步。唉，贾谊真是志向远大而气量狭小，才力有余而见识不足。

古人有出类拔萃的才能，必然

古之人，有高世之才，必有遗俗之累。是故非聪明睿智不惑之主，则不能全其用。古今称苻坚得王猛于草茅之中，一朝尽斥去其旧臣，而与之谋。彼其匹夫略有天下之半，其以此哉！愚深悲生之志，故备论之。亦使人君得如贾生之臣，则知其有狷介之操，一不见用，则忧伤病沮，不能复振。而为贾生者，亦谨其所发哉！

会因不合时宜而招致困境，因此没有英明智慧、不受蒙蔽的君主，就不能充分发挥他们的作用。古人和今人都称道苻坚能从草野平民之中起用了王猛，在很短时间内全部斥去了原来的大臣而与王猛商讨军国大事。苻坚那样一个平常之辈，竟能占据了半个中国，这道理就在于此吧。我很惋惜贾谊的抱负未能施展，所以对此加以详尽的评论。同时也要使君主明白：如果得到了像贾谊这样的臣子，就应当了解这类人有孤高不群的性格，一旦不被重用，就会忧伤颓废，不能重新振作起来。像贾谊这种人，也应该有节制地发泄自己的情感呀，谨慎地对待自己的立身处世啊！

文化常识第182讲

苻坚、王猛 苻坚是前秦皇帝。王猛是个穷困的读书人，曾经在华山隐居，后来出山做了苻坚的谋士，被任命为司徒，掌管着国政。苻坚非常信任他。王猛整顿吏治，处置不遵守法令的贵族，遭到仇腾、席宝的反对。他俩到处说王猛的坏话，苻坚一怒之下，把他们赶出了朝廷。这样一来，再也没有人敢胡说八道了，王猛的政令得以顺利施行。

常用字第182讲　欲

❶ <动> 想要得到；需要。《鱼我所欲也》："鱼，我所欲也，熊掌，亦我所欲也。"

❷<动>希望。《为学》:"吾欲之南海,何如?"
❸<副>将要;将。《石钟山记》:"森然欲搏人。"
❹<名>愿望。《陈涉世家》:"乃诈称公子扶苏、项燕,从民之欲也。"
❺<名>贪欲。《六国论》:"暴秦之欲无厌。"

语法常识第(182)讲

取消句子独立性:主语+之+谓语=主语 文言文中,当主谓短语在句中作为主语、宾语或一个分句时,虚词"之"用在主语和谓语之间,起取消句子独立性的作用,表明它并不是独立的完整的句子。本文"君子之欲得其君,如此其勤也"中"之"字就是起的这种作用,"君子欲得其君"就不再是一个独立的句子,而是成为整个句子的主语。翻译为:君子想要得到国君的重用,就是这样的尽心尽力。

晁错论
——关键时候要挺身而出

《古文观止》有故事

晁错是西汉时期的政治家。他做博士的时候，写过一篇《言太子宜知术数疏》，论述太子应该通晓治国的方法，因此得到汉文帝的赞赏，被任命为太子家令（太子家的总管）。由于晁错能言善辩，分析问题头头是道，深得太子刘启的喜爱和信任，又被太子誉为"智囊"。

汉文帝在世的时候，晁错就多次提出削弱诸侯势力的建议，文帝都没有采纳，但太子刘启很赞同。公元前157年，文帝去世，太子刘启即位，就是

汉景帝。他给晁错升了官，并且对他言听计从。那时候的很多法令都是晁错参与修订的。

丞相申屠嘉嫉恨他，听说他私自凿开了太上皇庙的庙墙，认为该判他死刑。谁知晁错得到消息，连夜进宫向皇帝解释了这件事，得以免罪。申屠嘉没能算计过晁错，生了一场病死了。申屠嘉死后，汉景帝刘启提拔晁错做了御史大夫，他的地位更加显贵。

公元前155年，晁错再次上书《削藩策》，提议削藩。晁错这样做，风险很大，他的父亲极力劝阻他。晁错一意孤行，父亲只好服毒自杀了。

景帝削藩的诏令下达后，吴楚等七个诸侯国就打着诛晁错的旗号，一起出兵反叛。景帝找来晁错商量出兵，晁错却建议皇帝御驾亲征，自己留守京城。

苏轼在《晁错论》中指出晁错的错误就在这里：他既然主张削藩，就要对形势有正确的估计，危难来临之时，自己要挺身而出。可是，他却把皇帝推到了战争前沿，亲手毁掉了景帝对他的信任。这时候，袁盎的谗言才能起作用，说服景帝杀了晁错以平息诸侯的怒火。

晁错当然是替罪羊，七国之乱最终还是靠武力平息的。苏轼在同情晁错的同时，也不留情面地揭示出晁错是自取其祸，以此告诉世人：想要建立大功业，就要不怕牺牲，关键时刻挺身而出，勇于承担责任。

逐字逐句学古文

原文	译文
tiān xià zhī huàn　zuì bù kě wéi zhě　míng wéi 天下之患，最不可为者，名为 zhì píng wú shì　ér qí shí yǒu bú cè zhī yōu　zuò 治平无事，而其实有不测之忧。坐 guān qí biàn　ér bù wéi zhī suǒ　zé kǒng zhì yú 观其变，而不为之所，则恐至于	天下的祸患，最不能挽回的，莫过于表面上社会安定没有祸乱，而实际上却存在着不安定因素。消极地看着祸乱发生却不去想方设法对付，那

不可救；起而强为之，则天下狃于治平之安而不吾信。惟仁人君子豪杰之士，为能出身为天下犯大难，以求成大功。此固非勉强期月之间，而苟以求名之所能也。

天下治平，无故而发大难之端，吾发之，吾能收之，然后有辞于天下。事至而循循焉欲去之，使他人任其责，则天下之祸，必集于我。

昔者晁错尽忠为汉，谋弱山东之诸侯。山东诸侯并起，以诛错为名。而天子不以察，以错为之说。天下悲错之以忠而受祸，不知错有以取之也。

古之立大事者，不惟有超世之才，亦必有坚忍不拔之志。昔禹之治水，凿龙门，决大河而放之海。方其功之未成也，盖亦有溃冒冲突可畏之患，惟能前知其当然，事至不惧，而徐为之图，是以得至

么恐怕祸乱就会发展到无可挽回的地步。起来坚决地制止它，又担心天下人已经习惯于这种安定的表象却不相信自己。只有那些仁人君子、豪杰人物，才能够挺身而出为国家安定而冒天下之大不韪，以求得成就伟大的功业。这本来就不是能够在短时间内一蹴而就的，更不是企图追求名利的人所能做到的。

国家安定平静，无缘无故地触发巨大的祸患的导火线，我触发了它，我又能平定它，然后才能有力地说服天下人。祸乱发生却想躲躲闪闪地避开它，让别人去承担平定它的责任，那么天下人的责难，必定要集中到我的身上。

从前晁错殚精竭虑效忠汉室，谋划削弱山东各诸侯国的实力。于是山东诸侯各国共同起兵，借着杀晁错的名义。可是景帝没有洞察到他们的用心，就把晁错杀了来使他们满意。天下人都为晁错因尽忠而遭杀身之祸而痛心，却不明白其中部分原因却是晁错自己造成的。

自古以来凡是做大事业的人，不仅有出类拔萃的才能，也一定有坚韧不拔的意志。从前大禹治水，凿开龙门，疏通黄河，使洪水东流入海。当他的整个工程尚未最后完成时，可能也时有决堤、漫堤等可怕的祸患发生，只是他事先就预料到会这样，祸患发

夫以七国之强，而骤削之，其为变，岂足怪哉？错不于此时捐其身，为天下当大难之冲，而制吴楚之命，乃为自全之计，欲使天子自将而己居守。且夫发七国之难者谁乎？己欲求其名，安所逃其患？以自将之至危，与居守之至安，己为难首，择其至安，而遗天子以其至危，此忠臣义士所以愤怨而不平者也。

当此之时，虽无袁盎，亦未免于祸。何者？己欲居守，而使人主自将，以情而言，天子固已难之矣，而重违其议，是以袁盎之说，得行于其间。使吴、楚反，错以身任其危，日夜淬砺，东向而待之，使不至于累其君，则天子将恃之以为无恐，虽有百盎，可得而间哉？

嗟夫！世之君子，欲求非常

生时就不会惊慌失措而能从容地治理它，所以能够最终取得成功。

七国那样强大，却突然想削弱它，他们起来叛乱难道值得奇怪吗？晁错不在这个时候豁出自己的性命，为天下人站到抵挡大难的最前头，从而置吴、楚等国于死地，却居然为了保全自己的性命，想让景帝御驾亲征平定叛乱而自己留守京城。再说那挑起七国之乱的是谁呢？自己想赢得那个美名，又怎么能躲避这场患难呢？亲自带兵平定叛乱极其危险，留守京城极其安全，自己是引发祸乱的主谋，选择最安全的事情去做，却把最危险的事情留给皇帝去做，这就是让忠臣义士们愤怒不平的原因啊。

在这个时候，即使没有袁盎，晁错也不可能免于杀身之祸。为什么呢？自己想要留守京城，却叫皇帝御驾亲征，按情理来说，皇帝本来已经觉得这是勉为其难的事情，但又不好反对他的建议，这样正好给袁盎以进谗言的机会，使他的目的能够得逞。假若吴、楚等七国叛乱时，晁错豁出性命承担这一危险的平叛重担，夜以继日像淬火磨刀似的训练军队，向东边严阵以待，让危险的局势不至于让皇帝受到牵累，那么皇帝就会充分依靠他而不觉得七国叛乱有什么可怕。纵使有一百个袁盎，能有机可乘离间他们君臣吗？

之功，则无务为自全之计。使错自将而讨吴、楚，未必无功，惟其欲自固其身，而天子不悦。奸臣得以乘其隙，错之所以自全者，乃其所以自祸欤！

唉！世上的君子如果想要建立伟大的功业，那就不要考虑保全性命的计策。假如晁错亲自带兵去讨伐吴、楚等七国，不一定就不会成功。只因他一心想保全自身，而惹得皇帝不高兴，奸臣正好趁此钻了空子。晁错企图保全自己的性命，正是他招致杀身之祸的原因啊！

文化常识第183讲

大禹凿龙门 龙门在现在的陕西韩城和山西河津两县的中间。禹凿龙门的传说最早见于《墨子·兼爱》："古者禹治天下，西为西河渔窦，以泄渠、孙、皇之水。北为防、原、派，注后之邸、嘑池之窦，洒为底柱，凿为龙门，以利燕、代、胡、貉与西河之民。"大禹凿开龙门山，使河水畅通无阻，造福了广大人民。

常用字第183讲

❶ <副> 将要；将近。《游褒禅山记》："不出，火且尽。"

❷ <副> 暂且；姑且。《梦游天姥吟留别》："且放白鹿青崖间。"

❸ <副> 尚；尚且。《鸿门宴》："臣死且不避，卮酒安足辞？"

❹ <连> 又；一边……一边。表示并列关系。《伐檀》："河水清且涟猗。"

❺ <连> 而且；况且；并且。表示递进关系。《烛之武退秦师》："且君尝为晋君赐矣。"

❻ <连> 即使；即或。表示假设关系、让步关系。《廉颇蔺相如列传》："且庸人尚羞之，况于将相乎？"

❼ <连> 或者；还是。表示选择关系。《史记·李将军列传》："岂吾相不当侯也？且固命也？"

语法常识第 183 讲

词类活用：形容词的使动用法【弱】 "昔者晁错尽忠为汉，谋弱山东之诸侯"一句中"弱"为形容词，与"强"相对，表示"软弱"，这里是使动用法，意为"使山东之诸侯弱"。翻译为：从前晁错殚精竭虑效忠汉室，谋划削弱山东各诸侯国的实力。

上梅直讲书
——偶像变成了知己

苏轼

《古文观止》有故事

苏轼参加科举考试,写了一篇《刑赏忠厚之至论》,得到主考官欧阳修和考官梅尧臣的赏识,得了个第二名。这时候,梅尧臣正在做国子监直讲,苏轼给他写了一封《上梅直讲书》,表示感谢。

一开篇,苏轼把周公和孔子做了对比。周公当政时,虽然地位尊贵,手握大权,但是身边人都不了解他,他要写诗来表明心志。而孔子虽然贫困,却有一群弟子深深地理解他,并且愿意一生追随,这不是幸福吗?

孔子周游列国的时候，住在陈、蔡两国边境。这时，吴国入侵陈国，楚国前来救援，听说孔子在这里，就派了使者去聘请孔子。

孔子正打算要去，陈国和蔡国的大夫们有点慌乱，凑到一起商量："孔子是位贤人，他讥讽的都正中诸侯的要害。他在咱们两国的边境待的时间长了，对咱们的所作所为很了解。如果到了楚国，受到重用，咱们可就要倒霉了。""是呀，是呀，咱们不能让他到楚国去。"

他们就派人把孔子和弟子们围困在荒野里。粮食很快吃完了，很多弟子生了病，孔子却仍然弹琴唱歌，和弟子们交流思想。他说："我们现在被困在荒野，是我的主张不对吗？我为什么会落到这么凄惨的地步呢？"

颜回淡然一笑说："先生的主张极其宏大，所以天下没有人能接受。他们不容纳，才更能显示出先生是君子呀。"孔子听了这番话，很开心地笑了，说："是这样的呀！颜回，如果你家有很多财产，我愿意去为你管账。"

讲完了孔子的故事，苏轼又说到了自己。他小时候就听说过欧阳修和梅尧臣，等读到他们的文章，更是满怀仰慕之情。现在得到两人的赏识，从偶像到知己，彼此心意相通，一起谈文论道，即使贫困又有什么关系呢？

初出茅庐的苏轼，得遇知己的欣喜溢于言表。

逐字逐句学古文

原文	译文
轼每读《诗》至《鸱鸮》，读《书》至《君奭》，常窃悲周公之不遇。及观《史》，见孔子厄于陈、蔡之间，而弦歌之声不绝，颜渊、仲由之	我每次读到《诗经》的《鸱鸮》篇，读到《尚书》的《君奭》篇，经常暗自感叹周公不被世人理解。后来我读了《史记》，看到孔子在陈国和蔡国遭遇困厄，然而弹琴唱歌的声音却没有断绝的记述。颜渊、仲由等

徒，相与问答。夫子曰："'匪兕匪虎，率彼旷野'，吾道非耶，吾何为于此？"颜渊曰："夫子之道至大，故天下莫能容。虽然，不容何病？不容然后见君子。"夫子油然而笑曰："回，使尔多财，吾为尔宰。"夫天下虽不能容，而其徒自足以相乐如此。乃今知周公之富贵，有不如夫子之贫贱。夫以召公之贤，以管、蔡之亲，而不知其心，则周公谁与乐其富贵？而夫子之所与共贫贱者，皆天下之贤才，则亦足以乐乎此矣。

轼七八岁时，始知读书，闻今天下有欧阳公者，其为人如古孟轲、韩愈之徒。而又有梅公者从之游，而与之上下其议论。其后益壮，始能读其文词，想见其为人，意其飘然脱去世俗之乐，而自乐其乐也。方学为对偶声律之文，求斗升之禄，自度无以进见于诸公之间。来

弟子和孔子相互问答。孔子说："'并非犀牛，并非老虎，却奔逃于荒野之上。'难道我推行的道义不正确吗？为何我会落到这般田地？"颜渊说："老师您推行的道义太宏大，所以天下没有人可以接受。即使这样，道义不被接受又有什么可忧虑的呢？不被接受，才更能显出您是君子。"孔子轻松地笑道："颜回，假如你有很多财富，我就会做你的管家。"天下人虽然不能接受孔子的道义，但他和弟子们居然能够感到满足，彼此相处快乐。我现在才知道周公的富贵比不上孔子的贫贱。凭借召公的贤明，管叔、蔡叔的亲近，还不能理解周公的心思，那么周公与谁共享那富贵的欢乐呢？而与孔子共同过着贫贱生活的人，都是天下的贤能之士，这就足够快乐了！

我七八岁的时候，才知道读书。听说当今天下有位欧阳公，他为人像古时的孟轲、韩愈那类人。又有一位梅公，和欧阳公交游往来，而且与他相互讨论文章，或发挥或商榷。后来我长大几岁后，才能够阅读先生们的文章，想象先生们的为人，觉得他们应当能够摆脱世俗的乐趣而自得其乐。当时我正在学习讲究对偶声律的诗文，想谋得一些微薄的俸禄，自认为没有什么资格拜见诸位先生前辈。

京师逾年,未尝窥其门。今年春,天下之士,群至于礼部,执事与欧阳公实亲试之。轼不自意,获在第二。既而闻之,执事爱其文,以为有孟轲之风,而欧阳公亦以其能不为世俗之文也而取。是以在此,非左右为之先容,非亲旧为之请属,而向之十余年间闻其名而不得见者,一朝为知己。退而思之,人不可以苟富贵,亦不可以徒贫贱。有大贤焉而为其徒,则亦足恃矣。苟其侥一时之幸,从车骑数十人,使闾巷小民聚观而赞叹之,亦何以易此乐也!传曰:"不怨天,不尤人。"盖"优哉游哉,可以卒岁"。执事名满天下,而位不过五品。其容色温然而不怒,其文章宽厚敦朴而无怨言,此必有所乐乎斯道也。轼愿与闻焉。

所以来到京城一年多,不曾登门拜访过。今年春天,天下的读书人汇集于礼部,您与欧阳公亲自主持考试。不料,我居然高中第二名。不久我又听说,您喜爱我的文章,认为有孟轲的文风,而欧阳公也因为我不做流于世俗的文章而录取我。所以,我得以位于及第之列,既不是先生的手下举荐我,也不是亲朋好友为我请托,之前十几年只听过名声而不得相见的人,朝夕之间居然成了我的知己。回来后我思量这件事,认为人不能苟且于富贵之中,但也不应平白地沦于贫贱。有大贤人在此而能成为他的门生,也足够使人找到依靠了。倘若一时侥幸做了大官,让数十个乘着车马的侍从跟随着,让乡里闾巷的百姓围观称赞,也不能代替这种与大贤人相知相遇的快乐啊!《左传》上说"不抱怨老天,不埋怨他人",因为"悠然自得,可以尽享天年"。您名满天下,而官衔不过五品,神态温和而没有怒色,文章宽厚淳朴而没有怨言,这一定有乐于此道的原因,我希望能够听到您的高见。

文化常识第184讲

管蔡 管、蔡指的是管叔和蔡叔，周武王和周公的弟弟。武王灭商后，把殷地分封给纣王的儿子武庚，安排他统治殷民。同时又派他的兄弟管叔、蔡叔、霍叔在殷都附近建立邶(bèi)、鄘(yōng)、卫三个国家来监视武庚，史称"三监"。武王去世，成王即位，周公摄政，引起管叔、蔡叔和其他弟弟们的疑忌，武庚趁机联合他们发动叛乱。周公东征，杀了武庚和管叔，蔡叔被流放，把霍叔贬为平民，平定了"三监之乱"。

常用字第184讲 —— 绝

❶ <动>断；断绝。《荆轲刺秦王》："秦王惊，自引而起，绝袖。"
❷ <动>隔绝；隔断。《三峡》："至于夏水襄陵，沿溯阻绝。"
❸ <动>绝交；断绝往来。《屈原列传》："楚怀王贪而信张仪，遂绝齐。"
❹ <动>停止；止歇。《与朱元思书》："蝉则千转不穷，猿则百叫无绝。"
❺ <动>绝命；死。《孔雀东南飞》："我命绝今日，魂去尸长留。"
❻ <动>横渡。《劝学》："非能水也，而绝江河。"
❼ <名>旧诗体裁之一。王实甫《西厢记》："我且高吟一绝，看他则甚。"
❽ <形>到极点的；不能超越的。《与朱元思书》："奇山异水，天下独绝。"
❾ <副>极；非常。《核舟记》："佛印绝类弥勒。"
❿ <副>绝对；完全。《促织》："而心目耳力俱穷，绝无踪响。"

语法常识第184讲

倒装句：宾语前置【"谁"做宾语】 文言文中，有时候会把做宾语的疑问代词放到动词前面。本文中"夫以召公之贤，以管、蔡之亲，而不知其心，则周公谁与乐其富贵？"一句，"谁"这个疑问代词本应该放在动词"与"后边。正常语序是："夫以召公之贤，以管、蔡之亲，而不知其心，则周公与谁乐其富贵？"翻译为：凭借召公的贤明，管叔、蔡叔的亲近，还不能理解周公的心思，那么周公与谁共享那富贵的欢乐呢？

喜雨亭记
——久旱逢甘雨

苏轼

《古文观止》有故事

嘉祐六年（1061年），欧阳修推荐苏轼、苏辙去参加了"贤良方正能直言极谏科"的考试，苏轼的对策被评为第三等。因为一二等如同虚设，第三等实际上就是第一等，苏轼再次名动京城。接着，他被任命为大理评事（审理案件的京官）、签书凤翔府判官（协助知府处理各种事务的官）。

一到凤翔，苏轼就发现了"衙前役"问题。当时，凤翔府每年都要砍伐南山上的木头，编成木筏，再装满粮米运到京城。这既为京城提供了木材，又

为边防军提供了军粮。衙前役就是负责运送的。他们从渭水进入黄河,再经过三门峡天险,常常遇到风浪、盗贼。货物丢失或者霉烂了,就得要百姓赔偿。很多家庭赔得倾家荡产,家破人亡。

苏轼深入民间调查,找到了根本原因。于是,他修改了规定,让承担运输的家庭自己挑选水工,并按照时令,在渭水、黄河涨水之前放木筏入水,开始运输。这样一来,灾祸大大减少了。

作为地方官,苏轼更关心百姓赖以生存的农业。嘉祐七年(1062年)春天,凤翔府好长时间没有下雨,苏轼写了一篇祈雨文,希望山神早日履行自己的职责,不辜负天子的仁慈,也不辜负百姓的期盼。到了三月,终于下了一场雨。

接着整整一个月,又不下雨了。苏轼和太守亲自去太白山祈雨,这次挺灵验,接连下了三场雨,旱情终于缓解了。

正好，苏轼的亭子也建成了。为了纪念这件事儿，他把亭子命名为"喜雨亭"，并写下著名的《喜雨亭记》。

在这篇文章中，苏轼借主客问答的形式，表达了以农为本、以民为本的治国理念。有这样一位为国为民的好官，是凤翔老百姓的幸运呀。

逐字逐句学古文

原文

亭以雨名，志喜也。古者有喜，则以名物，示不忘也。周公得禾，以名其书；汉武得鼎，以名其年；叔孙胜狄，以名其子。其喜之大小不齐，其示不忘一也。

予至扶风之明年，始治官舍。为亭于堂之北，而凿池其南，引流种木，以为休息之所。是岁之春，雨麦于岐山之阳，其占为有年。既而弥月不雨，民方以为忧。越三月，乙卯乃雨，甲子又雨，民以为未足。丁卯大雨，三日乃止。官吏相与庆于庭，商贾相与歌于市，

译文

这座亭子用雨来命名，是为了纪念喜庆的事件。古时候有了喜事，就用它来命名事物，表示不忘的意思。周公得到天子赏赐的稻禾，便用"嘉禾"作为他文章的篇名；汉武帝得了宝鼎，便用"元鼎"称其年号；叔孙得臣打败敌人侨如，便用侨如作为儿子的名字。他们的喜事大小不一样，但表示不忘的意思却是一样的。

我到扶风的第二年，才开始造官邸，在堂屋的北面修建了一座亭子，在南面开凿了一口池塘，引来流水，种上树木，把它当作休息的场所。这年春天，在岐山的南面下了麦雨，占卜此事，认为预示着今年有个好年成。然而此后整整一个月没有下雨，百姓才因此忧虑起来。到了三月的乙卯日，天才下雨，甲子日又下雨，百姓认为下得还不够；丁卯日又下了大雨，一连三天才停止。官吏们在院子里一起

113

农夫相与忭于野,忧者以喜,病者以愈,而吾亭适成。

于是举酒于亭上,以属客而告之,曰:"五日不雨可乎?"曰:"五日不雨则无麦。""十日不雨可乎?"曰:"十日不雨则无禾。""无麦无禾,岁且荐饥,狱讼繁兴,而盗贼滋炽。则吾与二三子,虽欲优游以乐于此亭,其可得耶?今天不遗斯民,始旱而赐之以雨。使吾与二三子得相与优游以乐于此亭者,皆雨之赐也。其又可忘耶?"

既以名亭,又从而歌之,曰:"使天而雨珠,寒者不得以为襦;使天而雨玉,饥者不得以为粟。一雨三日,伊谁之力?民曰太守。太守不有,归之天子。天子曰不然,归之造物。造物不自以为功,归之太空。太空冥冥,不可得而名。吾以名吾亭。"

庆贺,商人们在集市上一起唱歌,农夫们在野地里一起欢笑,忧愁的人因此而高兴,生病的人因此而痊愈,而我的亭子也恰好造成了。

于是我在亭子里摆酒宴,向客人劝酒而告诉了他们这件事,问他们道:"五天不下雨可以吗?"他们回答说:"五天不下雨,就长不成麦子了。"又问:"十天不下雨可以吗?"他们回答说:"十天不下雨就养不活稻子了。""没有麦没有稻,年成自然荒废了,诉讼案件多了,而盗贼也猖獗起来。那么我与你们即使想在这亭子上游玩享乐,难道可能做得到吗?现在上天不遗弃这里的百姓,刚有旱象便降下雨来,使我与你们能够一起在这亭子里游玩赏乐的,都靠这雨的恩赐啊。这又怎么能忘记呢?"

用它来命名亭子以后,又接着来歌唱此事。歌词说的是:"假使上天下珍珠,受寒的人不能把它当作短袄;假如上天下白玉,挨饿的人不能把它当作粮食。一场雨下了三天,这是谁的力量?百姓说是太守,太守说没有这力量。归功于天子,天子也否认。归之于造物主,造物主也不把它当作自己的功劳,归之于太空。而太空冥然缥缈,不能够说出结果。于是我用它来为我的亭子命名。"

文化常识第185讲

叔孙 据《左传·文公十一年》记载,这一年冬天,狄人进攻鲁国,鲁文公派叔孙得臣迎战。叔孙得臣打败了狄人,俘获了他们的国君侨如。为了庆祝这次战功,叔孙得臣便给自己的儿子取名侨如。叔孙得臣去世,叔孙侨如继立为叔孙氏族长,执政鲁国,辅佐鲁成公。他的谥号为"宣",所以史书上称他为叔孙宣子。

常用字第185讲

❶ <形>满;遍。《滕王阁序》:"舸舰弥津。"
❷ <形>长;久。《盐铁论》:"旷日弥久而无益于理。"
❸ <副>越;更加。《六国论》:"奉之弥繁,侵之愈急。"

语法常识第185讲

倒装句:状语后置【"于……"做状语】 文言文中,介宾短语"于……"做状语后置的时候,也可以翻译为"在……",表示谓语发生的地点。本文"是岁之春,雨麦于岐山之阳,其占为有年"一句中的"于……"就是表示下麦雨的地点。翻译为:这年春天,在岐山的南面下了麦雨,占卜此事,认为预示着今年有个好年成。

凌虚台记

——兴废本无常

苏轼

《古文观止》有故事

嘉祐六年（1061年），苏轼到凤翔做判官。嘉祐八年（1063年），陈希亮调任凤翔太守，做了苏轼的顶头上司。

苏轼这时候才二十几岁，少年得志，性格本就豪放，不拘小节，在公事上有不同意见时，便据理力争，一点也不退让。而陈希亮偏偏性格刚直，不苟言笑，常常指摘别人的过失，丝毫不留情面。

因为苏轼是通过了"贤良方正能直言极谏科"的考试才被任命做官的，所

以，凤翔府的一些官吏为了表示敬重，就尊称他为"苏贤良"。谁知道陈希亮听了大怒，把一名差役打了一顿，要求差役们以后都要称呼苏轼的官职。

苏轼写的公事文章递交到太守这里，陈希亮毫不客气，随意涂抹删改，甚至一遍遍发回去，让苏轼自己改。苏轼那可是大才子呀，文章写得连文坛领袖欧阳修都赞不绝口，怎么能忍受这口窝囊气？

有一次，官员们进见太守，陈希亮迟迟不出来接见，有人竟然在客座上打起盹儿来。苏轼好笑又好气，写了一首《客位假寐》诗嘲讽陈希亮，两个人越闹越僵。

苏轼不肯低头，中元节也不去府衙赴宴，正好被陈希亮抓住了小辫子。苏轼因此受到了处罚。

后来，陈希亮造了一座凌虚台。他让苏轼写一篇文章，苏轼就写了《凌虚台记》。他没有歌功颂德，反而联系了历史上的兴衰，指出楼台都会塌的，想靠建高台在世上炫耀是错误的。

怎料，陈希亮看到这篇文章后，竟然一个字都没改，就叫人刻到石碑上了，并且对人解释说："我待他就像是自己的孙儿一样，之所以这么严厉，也是怕他少年得志，太过骄傲，吃大亏！"

苏轼后来为陈希亮作传，提到自己当年气盛，常常顶撞老先生的行为，心里也挺懊悔。

时过境迁，回望这段历史，不过就是苏轼人生中的一段小插曲吧。

逐字逐句学古文

原文	译文
guó yú nán shān zhī xià　yí ruò qǐ jū yǐn shí yǔ 国于南山之下，宜若起居饮食与 shān jiē yě　　sì fāng zhī shān　mò gāo yú zhōng nán 山接也。四方之山，莫高于终南；	在终南山脚下建造城邑，自然饮食起居都与山接触。四面的山，没有比终南山更高的。而城市当中靠近山

而都邑之丽山者,莫近于扶风。以至近求最高,其势必得。而太守之居,未尝知有山焉。虽非事之所以损益,而物理有不当然者。此凌虚之所为筑也。

方其未筑也,太守陈公杖履逍遥于其下。见山之出于林木之上者,累累如人之旅行于墙外而见其髻也。曰:"是必有异。"使工凿其前为方池,以其土筑台,高出于屋之檐而止。然后人之至于其上者,恍然不知台之高,而以为山之踊跃奋迅而出也。公曰:"是宜名凌虚。"以告其从事苏轼,而求文以为记。

轼复于公曰:"物之废兴成毁,不可得而知也。昔者荒草野田,霜露之所蒙翳,狐虺之所窜伏。方是时,岂知有凌虚台耶?废兴成毁,相寻于无穷,则台之复为荒草野田,皆不可知也。尝试与公登台而

的,没有比扶风城更近的了。在离山最近的地方探求山的最高处,应该是必然能做到的事。但太守的住处,开始还不知道附近有山。虽然这对事情的好坏没有什么影响,但是按事物的常理却不该这样的,这就是修筑凌虚台的原因。

就在它还没有修建之前,陈太守挂着拐杖穿着布鞋在山下闲游,见到山峰高出树林之上,山峰重重叠叠的样子正如有人在墙外行走而看见的那人发髻的形状一样。陈太守说:"这必然有不同之处。"派工匠在山前开凿出一个方池,用挖出的土建造一个高台。修到高出屋檐才停。这之后有到了台上的人,都恍恍惚惚不知道是因为土台高而看见了群峰,而以为那些山峦是突然活动起伏冒出来的。陈公说:"这台叫凌虚台很合适。"把这件事告诉了他的下属苏轼(我),要求我写篇文章来记叙这件事。

苏轼回复陈公说:"事物的兴盛和衰败,是无法预料的。这里从前是长满荒草的野地,被霜露覆盖的地方,狐狸和毒蛇在此出没。在那时,哪里知道今天这里会有凌虚台呢?兴盛和衰败交替无穷无尽,那么高台会不会又变成长满荒草的野地,都是不能预料的。我曾试着和您一起登台而望,看到其东面就是当年秦穆公的祈

望，其东则秦穆之祈年、橐泉也。其南则汉武之长杨、五柞，而其北则隋之仁寿、唐之九成也。计其一时之盛，宏杰诡丽，坚固而不可动者，岂特百倍于台而已哉！然而数世之后，欲求其仿佛，而破瓦颓垣，无复存者，既已化为禾黍荆棘丘墟陇亩矣，而况于此台欤！夫台犹不足恃以长久，而况于人事之得丧，忽往而忽来者欤！而或者欲以夸世而自足，则过矣。盖世有足恃者，而不在乎台之存亡也。"

既以言于公，退而为之记。

年、橐泉两座宫殿遗址，其南面就是汉武帝的长杨、五柞两座宫殿遗址，其北面就是隋朝的仁寿宫也就是唐朝的九成宫遗址。回想它们一时的兴盛，宏伟奇丽，坚固而不可动摇，何止百倍于区区一座高台而已呢？然而几百年之后，想要寻找它们的样子，却连破瓦断墙都不复存在，已经变成了种庄稼的田亩和长满荆棘的废墟了。相比之下这座高台又怎样呢？一座高台尚且不足以长久依靠，更何况人世的得失，本就来去匆匆？如果有人想要以高台夸耀于世而自我满足，那就错了。世上确实有足以依凭的东西，但是与台的存在与否是没有关系的。"

我将这些话告诉陈公后，回来写了这篇记。

文化常识第186讲

九成宫 唐朝九成宫的前身就是隋朝的仁寿宫，是隋唐时期营造的皇家避暑离宫。它规模宏伟，景色壮丽，始建于593年，595年完工。到了唐朝贞观五年（631年），修复扩建后改名为九成宫。魏徵曾经写了一篇《九成宫醴泉铭》叙述了"九成宫"的来历和其建筑的雄伟壮观，以及发现醴泉的经过，歌颂了唐太宗的武功文治和节俭精神，最后提出"居高思坠，持满戒盈"的谏言。由大书法家欧阳询书写的这篇文章成为有名的楷书字帖。

常用字第 186 讲 履

❶ <动>踩；踏。《少年中国说》："天戴其苍，地履其黄。"
❷ <动>登；登位。《过秦论》："吞二周而亡诸侯，履至尊而制六合。"
❸ <名>鞋子。《孔雀东南飞》："揽裙脱丝履，举身赴清池。"

语法常识第 186 讲

词类活用：名词作动词【国】"国于南山之下，宜若起居饮食与山接也"一句中"国"字本义为"城邑"，是名词，这里活用作动词，意为"建造城邑"。翻译为：在终南山脚下建造城邑，自然饮食起居都与山接触。

超然台记

——超然物外快乐多

《古文观止》有故事

1066年，苏洵病逝，苏轼、苏辙兄弟回乡安葬父亲并守孝三年。三年之后，兄弟二人回到京城。这时候，王安石变法已经开始了。苏轼的许多师友，包括欧阳修等，都和王安石政见不合，反对新法，被迫离开了京城。

苏轼也不赞成新法的实施。1071年，他给宋神宗上书谈论新法的弊病，惹恼了王安石。王安石便指使御史谢景温到皇帝面前说苏轼的坏话。苏轼心中不安，就请求出京任职。皇帝批准了，任命他到杭州做通判（在知府下掌管粮运、家田、水利和诉讼等事项的官）。过了三年，又调任密州（今山东省

诸城市）做知州。

他到任的时候，密州正在闹蝗灾。苏轼给皇帝上书，给宰相写信，诉说灾情，请求减免密州的秋粮赋税，减轻百姓负担。同时，他亲自下田，指挥百姓铲除蝗害，并把官仓里的米拿出来奖励捕蝗人，蝗灾才被消灭了。

一年春天，密州大旱。在密州城南十几里外有一座常山，像一头老虎卧在那里，山上有一座龙神庙。据说，常山藏龙卧虎，很灵验。于是，苏轼亲自带领官吏和百姓到常山祈雨，封常山山神为润民侯。当晚天降大雨，缓解了旱情。

政务稳定后，苏轼开始整理园林，清扫庭院，把城墙边的一座旧高台修整一新。闲暇时候，他和客人们登高望远，十分惬意。

苏辙这时候在济南府做官,听说了这件事儿,根据老子《道德经》中的句子"虽有荣观,燕处超然",给高台命名为"超然台",并且写了一篇《超然台赋》。兄弟二人心意相通,苏轼很喜欢弟弟起的这个名字。

人生路上总会有挫折的,他们所追求的就是超然于物外,即使身处逆境也能自得其乐。

逐字逐句学古文

原文

凡物皆有可观。苟有可观,皆有可乐,非必怪奇伟丽者也。𫗦糟啜醨,皆可以醉;果蔬草木,皆可以饱。推此类也,吾安往而不乐?

夫所为求福而辞祸者,以福可喜而祸可悲也。人之所欲无穷,而物之可以足吾欲者有尽,美恶之辨战于中,而去取之择交乎前。则可乐者常少,而可悲者常多。是谓求祸而辞福。夫求祸而辞福,岂人之情也哉?物有以盖之矣。彼游于物之内,而不游于物之外。物非

译文

任何事物都有可观赏的地方。如有可观赏的地方,那么都可使人有快乐,不一定是怪异、新奇、雄伟、瑰丽的景观。

吃酒糟、喝薄酒,都可以使人醉,水果蔬菜草木,都可以充饥。以此类推,我到哪儿会不快乐呢?

人们之所以要追求幸福,避开灾祸,因为幸福可使人欢喜,而灾祸却使人悲伤。人的欲望是无穷的,而能满足我们欲望的东西却是有限的。如果美好和丑恶的辨别在胸中激荡,选取和舍弃的选择在眼前交织,那么能使人快活的东西就很少了,而令人悲哀的事就很多,这叫求祸避福。追求灾祸,躲避幸福,难道是人们的心愿吗?这是外物蒙蔽人呀!他们这些人局限在事物之中,而不能自由驰骋在事物之外;事物本无大小之别,如果

有大小也，自其内而观之，未有不高且大者也。彼挟其高大以临我，则我常眩乱反复，如隙中之观斗，又乌知胜负之所在？是以美恶横生，而忧乐出焉，可不大哀乎！

予自钱塘移守胶西，释舟楫之安，而服车马之劳；去雕墙之美，而庇采椽之居；背湖山之观，而行桑麻之野。始至之日，岁比不登，盗贼满野，狱讼充斥，而斋厨索然，日食杞菊。人固疑予之不乐也。处之期年，而貌加丰，发之白者，日以反黑。予既乐其风俗之淳，而其吏民亦安予之拙也。于是治其园圃，洁其庭宇，伐安丘、高密之木，以修补破败，为苟完之计。而园之北，因城以为台者旧矣，稍葺而新之。时相与登览，放意肆志焉。南望马耳、常山，出没隐见，若近若远，庶几有隐君子

人拘于从它内部来看待它，那么没有一物不是高大的。它以高大的形象横在我面前，常使我眼花缭乱反复不定，就像在缝隙中看人争斗，又哪里能知道谁胜谁负呢？因此，心中充满美好和丑恶的区别，忧愁也就由此产生了，能不感到莫大的悲哀吗！

我从杭州调移到密州任知州，放弃了乘船的舒适快乐，而承受坐车骑马的劳累；放弃了墙壁雕绘得华美漂亮的住宅，而蔽身在粗木造的屋舍里；远离杭州湖光山色的美景，来到桑麻丛生的荒野。刚到之时，农业连年歉收，盗贼到处都有，案件也多不胜数；而厨房里空荡无物，每天都以野菜充饥，人们一定都怀疑我会不快乐。可我在这里住了一年后，面腴体丰，头发白的地方，也一天天变黑了。我既喜欢这里风俗的淳朴，这里的官吏百姓也习惯了我的愚拙无能。于是，我在这里修整花园菜圃，打扫干净庭院屋宇，砍伐安丘、高密的树木，用来修补破败的房屋，做简单修缮的打算。

在园子的北面，靠着城墙筑起的高台已经很旧了，稍加整修，让它焕然一新。我不时和大家一起登台观览，在那儿尽情游玩。从台上向南望去，马耳、常山时隐时现，有时似乎很近，有时又似乎很远，或许有隐士住在那里吧？台的东面就是卢山，秦

乎？而其东则庐山，秦人卢敖之所从遁也。西望穆陵，隐然如城郭，师尚父、齐威公之遗烈，犹有存者。北俯潍水，慨然太息，思淮阴之功，而吊其不终。台高而安，深而明，夏凉而冬温。雨雪之朝，风月之夕，予未尝不在，客未尝不从。撷园蔬，取池鱼，酿秫酒，瀹脱粟而食之，曰："乐哉！游乎！"

方是时，予弟子由适在济南，闻而赋之，且名其台曰"超然"，以见予之无所往而不乐者，盖游于物之外也。

人卢敖就是在那里隐遁的。向西望去是穆陵关，隐隐约约像一道城墙，姜太公、齐桓公的英雄业绩，尚有留存。向北俯视潍水，不禁慨叹万分，想起了淮阴侯韩信的赫赫战功，又哀叹他不得善终。这台虽然高，但却非常安稳；这台上居室幽深，却又明亮，夏凉冬暖。雨落雪飞的早晨，风清月明的夜晚，我没有不来此台的，朋友们也没有不在这里跟随着我的。我们采摘园子里的蔬菜，钓取池塘里的游鱼，酿高粱酒，煮糙米，大家一边吃一面赞叹："多么快活的游乐啊！"

这个时候，我的弟弟苏辙（字子由）恰好在济南做官，听说了这件事，写了一篇文章，并且给这个台子取名"超然"，以说明我之所以到哪儿都快乐的原因，大概就是在于我的心能超乎事物之外啊！

文化常识第187讲

卢敖 战国时燕国人。秦朝灭六国后，曾为秦始皇寻求古仙人和长生仙药。秦始皇封他做博士，赏赐了很多东西。后来，卢敖看到秦始皇专横残暴，为了避难，就逃到现在山东诸城的故山，隐居起来。秦始皇气坏了，下令搜捕，最终没有抓到他。因为卢敖，人们后来把故山改名为卢山，即苏轼《超然台记》中的"庐山"。

常用字第187讲

读jī时：

❶ <数> 多少。推测、询问数目。《阿房宫赋》："蠢不知其几千万落。"
❷ <数> 表示不确定的小数目。《江南逢李龟年》："崔九堂前几度闻。"

读jǐ时：

❶ <名> 低矮的桌子。《项脊轩志》："从余问古事，或凭几学书。"
❷ <动> 近；接近。《论积贮疏》："汉之为汉，几四十年矣。"
❸ <副> 几乎；差一点。《捕蛇者说》："今吾嗣为之十二年，几死者数矣。"
❹ <形> 细小；细微。《后汉书·陈宠传》："今不蒙忠能之赏，而计几微之故。"
❺ <名> 事情的细微迹象或动向。《易·系辞下》："君子见几而作，不俟终日。"

语法常识第187讲

词类活用：形容词的使动用法【洁】"于是治其园圃，洁其庭宇，……"一句中"洁"字本义为"洁净"，是形容词，这里为使动用法，意为"使庭宇洁净"。翻译为：于是，我在这里修整花园菜圃，打扫干净庭院屋宇……

放鹤亭记

—— 都是养鹤，差别却很大

苏轼

● 《古文观止》有故事

1077年，苏轼来到徐州做知州。他刚上任不久，徐州发了大水，眼看着就要灌进城去。城里的有钱人纷纷逃离，苏轼气坏了：有钱人可以逃走，穷人就只能留在城里等死？于是，他派人把有钱人赶回城内。在危险面前，大家必须众志成城，来守护徐州。接着，他亲自到军营，请求军队支援。自己更是坚守在抗洪第一线，召集百姓在城外筑造大堤。军民同心，终于击退了洪水，保住了徐州城。

徐州城有位隐士张天骥,号云龙山人。这场大水淹到了他家大门的一半。水退之后,他就搬到旧居的东面,东山脚下。偶尔登高远望时,他发现了一块奇异的地方,就在那上面筑了一个亭子。这个亭子叫作"放鹤亭"。云龙山人养了两只白鹤,每天早晨把它们放出去,傍晚它们都会飞回来。

　　苏轼常常来拜访云龙山人,两人一起在亭子里饮酒,看白鹤飞去飞回。快乐之余,苏轼想到了另外一个养鹤的人——卫懿公。

　　卫懿公喜欢养鹤,各级官吏为了投其所好,到处捕鹤送给他。更荒唐的是,卫懿公还给鹤封官,让它们享受各级官员的俸禄。外出巡游的时候,他把这些鹤也放进华丽的马车里,按照官阶给它们配备仪仗侍从。这样一来,国家增加了成百上千的官,每个官都要有侍从、府邸、俸禄、马车等等。而这些钱都是从老百姓身上搜刮来的。百姓苦不堪言。

　　后来,狄人入侵,卫懿公召集百姓抵抗,百姓说:"还是派你的鹤去打仗吧!他们都是有俸禄的。"这样,卫国就被狄人灭了。

　　想到这些,苏轼不由得感慨:鹤远离尘世,象征着清新脱俗的君子。隐士养鹤,是在涵养自己的节操;而国君养鹤,却是放纵自己,亡了国,害了百姓。

逐字逐句学古文

原文	译文
熙宁十年秋,彭城大水。云龙山人张君之草堂,水及其半扉。明年春,水落,迁于故居之东,东山之麓。升高而望,得异境焉,作亭于	熙宁十年(1077年)的秋天,彭城发大水,云龙山人张君的草堂,水已没到他家门的一半。第二年春天,大水落下,云龙山人搬到故居的东面。在东山的脚下,登到高处远望,看到一个奇特的境地。

其上。彭城之山，冈岭四合，隐然如大环，独缺其西一面，而山人之亭适当其缺。春夏之交，草木际天，秋冬雪月，千里一色。风雨晦明之间，俯仰百变。

山人有二鹤，甚驯而善飞，且则望西山之缺而放焉，纵其所如，或立于陂田，或翔于云表；暮则傃东山而归。故名之曰"放鹤亭"。

郡守苏轼，时从宾佐僚吏往见山人，饮酒于斯亭而乐之。挹山人而告之曰："子知隐居之乐乎？虽南面之君，未可与易也。《易》曰：'鸣鹤在阴，其子和之。'《诗》曰：'鹤鸣于九皋，声闻于天。'盖其为物，清远闲放，超然于尘埃之外，故《易》《诗》人以比贤人君子。隐德之士，狎而玩之，宜若有益而无损者，然卫懿公好鹤则亡其国。周公作《酒诰》，卫武公作《抑戒》，以为荒惑

于是，他便在那座山上建亭子。彭城的山，山冈从四面合拢，隐约像一个大环；只是在西面缺一个口，而云龙山人的亭子，恰好对着那个缺口。春夏两季交替的时候，草木茂盛，似乎与天际相接；秋冬的瑞雪和皓月，千里一色。风雨阴晴，瞬息万变。

山人养两只鹤，非常温驯而且善于飞翔。早晨就朝着西山的缺口放飞它们，任它们飞到哪里，有时立在山坡上的田地，有时飞翔在万里云海之外；到了晚上就向着东山飞回来，因此给这个亭子取名叫"放鹤亭"。

郡守苏轼，时常带着宾客随从，前往拜见山人，在这个亭子里喝酒并以此为乐。给山人作揖并告诉他说："您懂得隐居的快乐吗？即使是面南称尊的国君，也不能和他交换。《易》上说：'鹤在北边鸣叫，它的小鹤也会应和它。'《诗经》上说：'鹤在深泽中鸣叫，声音传到天空。'大概鹤清净深远悠闲旷达，超脱世俗之外，因此《易》《诗经》中把它比作圣人君子。不显露自己德行的人，亲近把玩它，应该好像有益无害。但卫懿公喜欢鹤却使他的国家灭亡。周公作《酒诰》，卫武公作《抑戒》，认为造成荒唐的灾祸

败乱，无若酒者，而刘伶、阮籍之徒，以此全其真而名后世。嗟夫！南面之君，虽清远闲放如鹤者，犹不得好，好之则亡其国，而山林遁世之士，虽荒惑败乱如酒者，犹不能为害，而况于鹤乎？由此观之，其为乐未可以同日而语也。"

山人欣然而笑曰："有是哉！"乃作放鹤、招鹤之歌曰："鹤飞去兮西山之缺，高翔而下览兮择所适。翻然敛翼，宛将集兮，忽何所见，矫然而复击。独终日于涧谷之间兮，啄苍苔而履白石。鹤归来兮，东山之阴。其下有人兮，黄冠草履，葛衣而鼓琴。躬耕而食兮，其余以汝饱。归来归来兮，西山不可以久留。"

没有能比得上酒的，而刘伶、阮籍那类人，凭借酒保全他们的真性，并闻名后世。唉，面南的君主，即使是像鹤这样清净深远幽闲旷达的飞禽也不能过分享受，过分喜好就会使他的国家灭亡。而超脱世俗隐居山林的贤士，即使像酒一样让人荒唐迷惑颓败迷乱的东西，也不能成为祸害，更何况对鹤的喜爱呢？由此看来，君主之乐和隐士之乐是不可以同日而语的。"

山人欣然笑着说："有这样的道理啊！"于是，写了放鹤、招鹤之歌："鹤飞翔到西山的缺口，凌空高飞，向下俯瞰选择它去的地方，突然收起翅膀，好像将要落下；忽然看到了什么，矫健地又凌空翻飞。独自整天在山涧峡谷中，啄食青苔而脚踩白石。鹤飞回吧，到东山的北面。那下面有人，戴着道士的黄色帽子，脚踏草鞋，穿着葛布衣服，拨动着琴弦，亲自耕种自食其力，剩下的东西就能喂饱你。回来啊，西山不可以久留。"

文化常识第 188 讲

《酒诰》《尚书》中的一篇。周武王灭掉商朝后，把商的都邑分封给了康叔，让他去管理那里商朝的遗民。考虑到那里受商纣王的影响，酗酒严重，周公就写了一篇《酒诰》来训诫他要吸取商灭亡的教训,要勤政爱民,不要饮酒误事。这篇文章可以算是中国第一篇禁酒令。

常用字第188讲 易

❶ <动>交换。《廉颇蔺相如列传》:"秦王以十五城请易寡人之璧。"
❷ <动>改变;变换。《涉江》:"阴阳易位,时不当兮。"
❸ <形>容易,与"难"相对。《滕王阁序》:"冯唐易老,李广难封。"
❹ <动>轻视。《童区寄传》:"贼易之,对饮酒,醉。"
❺ <形>平坦。《李愬雪夜入蔡州》:"由是贼中险易远近虚实尽知之。"

语法常识第188讲

词类活用:名词作状语【黄冠、草履、葛衣】"其下有人兮,黄冠,草履,葛衣而鼓琴。"一句中黄冠、草履、葛衣本义都是名词,意为"黄色的帽子""草鞋""葛布衣服",在句中活用作状语,意为"戴着黄色帽子,脚穿草鞋,穿着葛布衣服",修饰后面的"鼓琴"。翻译为:那下面有个人啊,戴着道士的黄色帽子,脚踏草鞋,穿着葛布衣服,拨动着琴弦。

石钟山记
——破解石钟山得名之谜

《古文观止》有故事

元丰七年（1084年），被贬到黄州的苏轼，被调到汝州（今河南省临汝县），还是做团练副使。这是一个没有实权，用来安置被贬官员的一个闲官。虽然如此，苏轼也挺高兴，毕竟汝州离京城汴梁（今河南省开封市）比较近。

苏轼坐船离开黄州，路过九江，顺路游览了庐山，写了一组诗歌，其中最著名的就是饱含着哲理的《题西林壁》。当时，他的大儿子苏迈已经接到任命，要去饶州（今江西省鄱阳湖东）德兴做县尉。苏轼送他到江西湖口，拥有"中国千古奇音第一山"的石钟山就坐落在这里。

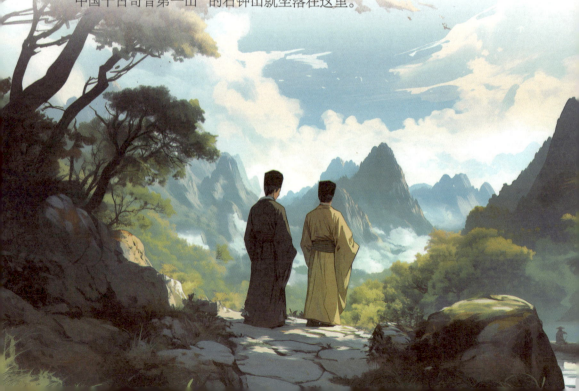

古代文人都喜欢游山玩水，寄托情怀，而这座石钟山又能发出像大钟一样洪亮的声音。这么奇特的山，当然更不能错过。于是，苏轼父子二人游览了石钟山，想去探寻其中的奥秘。

郦道元在《水经注》中说石钟山发出的声音是流水和石头碰撞发出的声音，唐代的李渤则认为是石块和石块敲击发出的声音。苏轼对这两种解释都持怀疑态度，于是和儿子坐小船来到陡峭的山崖下面，终于发现：山下边都是大大小小的石洞和缝隙，江风水浪冲进去又吐出来，吞吐之间才发出洪亮的声音。石钟山之谜终于被解开了！

苏轼心情舒畅，写了《石钟山记》记录这件事。

然而现实很残酷。从黄州到汝州路途遥远，一路颠簸，他的小儿子半路上死去了。苏轼无比悲伤，加上路费也花完了，实在没办法，他就给朝廷上书，请求先到常州居住，晚点再去汝州赴任。朝廷批准了——反正是没有权力的官，到哪里都一样。

在贬谪路上，颠沛流离之中，苏轼还不忘考察山水，纠正前代书籍中的错误推断，宽广的胸襟值得后人学习。

逐字逐句学古文

原文

《水经》云："彭蠡之口有石钟山焉。"郦元以为下临深潭，微风鼓浪，水石相搏，声如洪钟。是说也，人常疑之。今以钟磬置水中，虽大风浪不能鸣也，而况石

译文

《水经》中说："鄱阳湖的湖口有一座石钟山在那里。"郦道元认为石钟山下面靠近深潭，微风振动波浪，水和石头互相拍打，发出的声音好像大钟一般。这个说法，人们常常怀疑它。现在如果把钟磬放在水中，即使大风大浪也不能使它发出声响，何况是石

乎！至唐李渤始访其遗踪，得双石于潭上，扣而聆之，南声函胡，北音清越，桴止响腾，余韵徐歇。自以为得之矣。然是说也，余尤疑之。石之铿然有声者，所在皆是也，而此独以钟名，何哉？

元丰七年六月丁丑，余自齐安舟行适临汝，而长子迈将赴饶之德兴尉，送之至湖口，因得观所谓石钟者。寺僧使小童持斧，于乱石间择其一二扣之，硿硿然。余固笑而不信也。至其夜月明，独与迈乘小舟，至绝壁下。大石侧立千尺，如猛兽奇鬼，森然欲搏人；而山上栖鹘，闻人声亦惊起，磔磔云霄间。又有若老人咳且笑于山谷中者，或曰："此鹳鹤也。"余方心动欲还，而大声发于水上，噌吰如钟鼓不绝。舟人大恐。徐而察之，则山下皆石穴

头呢！到了唐代，李渤开始访求石钟山的旧址。（他）在深潭边找到两块山石，敲击它们，聆听它们的声音，南边那座山石的声音重浊而模糊，北边那座山石的声音清脆而响亮，鼓槌停止了敲击，声音还在传播，余音慢慢地消失。他自己认为找到了这座石钟山命名的原因。但是这个说法，我更加怀疑。敲击后能发出声响的石头，到处都是这样，可唯独这座山用钟来命名，这是为什么呢？

元丰七年六月丁丑日，我从齐安坐船到临汝去，大儿子苏迈将要去就任饶州德兴县（今江西省德兴市）的县尉，我送他到湖口，因而能够观察这座称为"石钟"的山。庙里的和尚叫小孩拿着斧头，在乱石中间选一两处敲打它，发出硿硿的响声。我本来就觉得可笑，并不相信。到了晚上，月光明亮，我独自和苏迈坐着小船来到绝壁下面。巨大的山石在旁边耸立着，高达千尺，好像凶猛的野兽和奇异的鬼怪，阴森森地要向人扑过来；山上宿巢的鹘鸟听到人声，也受惊飞起来，在云霄中磔磔地鸣叫；又有像老人在山谷中边咳边笑的声音，有人说这是鹳鹤。我正心惊想要回去，忽然巨大的声音从水上发出，噌吰地响着像钟鼓的声音连续不断。船夫非常害怕。我慢慢地观察，原来山脚下都是石头

罅，不知其浅深，微波入焉，涵澹澎湃而为此也。舟回至两山间，将入港口，有大石当中流，可坐百人，空中而多窍，与风水相吞吐，有窾坎镗鞳之声，与向之噌吰者相应，如乐作焉。因笑谓迈曰："汝识之乎？噌吰者，周景王之无射也；窾坎镗鞳者，魏庄子之歌钟也。古之人不余欺也！"

事不目见耳闻，而臆断其有无，可乎？郦元之所见闻，殆与余同，而言之不详；士大夫终不肯以小舟夜泊绝壁之下，故莫能知；而渔工水师虽知而不能言，此世所以不传也。而陋者乃以斧斤考击而求之，自以为得其实。余是以记之，盖叹郦元之简，而笑李渤之陋也。

的洞穴和裂缝，不知它们的深浅，微微的水波涌进洞穴和裂缝，激荡撞击便产生这样的声音。船绕到两山之间，将要进入港口，有块大石头挡在水流的中央，上面可坐一百来个人，中间是空的，而且有许多窟窿，把风浪吞进去又吐出来，发出窾坎镗鞳的声音，同先前噌吰的声音相互应和，好像音乐演奏。我于是笑着对苏迈说："你知道吗？那噌吰的响声，是周景王无射钟的声音；窾坎镗鞳的响声，是魏庄子歌钟的声音。古人没有欺骗我啊！"

凡事不亲眼看到亲耳听到，却根据主观猜测去判断它的有或没有，可以吗？郦道元见到和听到的，大概和我一样，但是说得不详细；士大夫终究不愿夜晚乘着小船停靠在悬崖绝壁下面，所以不能知道真相；而渔人和船工，虽然知道却又不能用文字表达、记载。这就是世上没有流传下来的缘故。而浅陋的人用斧头敲打石头的办法来寻求原因，自以为得到了事情的真相。我之所以记下以上的经过，是因为叹惜郦道元的解释过于简略，也嘲笑李渤的解释太浅陋了。

文化常识第189讲

《水经注》 北魏时期的郦道元所写的一本地理著作。《水经注》看似在为《水经》做注，实际上是以《水经》为纲，详细记载了一千多条大小河流及有关的历史遗迹、人物掌故、神话传说等，是中国古代最全面、最系统的综合性地理著作。这本书文笔优美，语言清丽，具有较高的文学价值。

常用字第189讲 因

❶ <动>因袭；遵循。《过秦论》："蒙故业，因遗策，南取汉中。"
❷ <动>接续。《子路、曾皙、冉有、公西华侍坐》："加之以师旅，因之以饥馑。"
❸ <动>依照。《庖丁解牛》："批大郤，导大窾，因其固然。"
❹ <动>顺应。《察今》："变法者因时而化。"
❺ <名>原因；机会。《孔雀东南飞》："于今无会因。"
❻ <介>介绍动作行为发生的原因，可译为"因为""由于"。《谏太宗十思疏》："恩所加，则思无因喜以谬赏。"
❼ <介>介绍动作行为的依据，可译为"依靠""凭借"。《廉颇蔺相如列传》："因宾客至蔺相如门谢罪。"
❽ <介>介绍动作行为的对象，可译为"依照""根据"。《核舟记》："罔不因势象形，各具情态。"
❾ <介>介绍动作行为发生的条件，可译为"趁机""趁着"。《鸿门宴》："请以剑舞，因击沛公于坐。"
❿ <副>就；于是。《鸿门宴》："项王即日因留沛公与饮。"
⓫ <连>因为；于是。《屈原列传》："上官大夫见而欲夺之，屈平不与，因谗之。"

语法常识第189讲

词类活用：名词用作状语【舟】 "余自齐安舟行适临汝，……"一句中"舟"字本义为"船"，是名词，在这里活用作状语，意为"坐船"，修饰后面的"行"。翻译为：我从齐安坐船到临汝去。

潮州韩文公庙碑

——潮州人永远怀念他

苏轼

● 《古文观止》有故事

宋哲宗元祐五年（1090年），王涤被派到潮州做知州。

在唐朝，韩愈就曾经因为谏迎佛骨的事儿，惹怒了皇帝，被贬到偏远的潮州。韩愈只在潮州待了七八个月，却为百姓做了好多实事。

当年，潮州有着典卖贫民做奴隶的习俗。韩愈到来后，采用"计庸"的方式，让奴婢为债主有偿服役，用工钱抵债，等到工钱累积到能和债款相抵消了，奴婢就可以重获自由了。韩愈在潮州时间不长，使无数家庭重获幸福。

潮州地处偏远，教育荒废，百姓大多数不识字、不懂礼法。韩愈到来后，任命当地人赵德主持州学。韩愈离开后，赵德继续创办学堂，培养了一批批人才。

王涤很钦佩韩愈，他到了潮州，处处仿效韩愈。他写过一篇《拙亭记》，

说起自己在潮州做过的四件实事:增加学田,来供养更多的学生;建造韩文公祠,表达对先贤的尊崇;挖通芹菜沟,疏解水患,造福百姓;筑造梅溪堤坝,保障民田,发展农业。

老百姓安居乐业,生活富足,感念王涤的恩德,也更加怀念韩愈。

原来潮州有一座韩文公祠,是宋真宗咸平二年(999年),潮州通判陈尧佐主持修建的。百姓觉得出入不方便,早就想换个地方再建新庙。王涤了解了他们的想法后,在城南挑选了一块地方,修建韩文公祠。百姓踊跃参加,只用了一年的时间,就修成了。

新庙建成后,王涤给苏轼写了一封信,请他写一篇碑文。苏轼非常推重韩愈,当仁不让,于是就有了这篇著名的《潮州韩文公庙碑》。在碑文中,苏轼极力颂扬了韩愈的道德、文章以及对后世的影响。

为官一方,只要真心诚意为百姓做事,一定会被永远铭记的。

逐字逐句学古文

原文

匹夫而为百世师，一言而为天下法。是皆有以参天地之化，关盛衰之运，其生也有自来，其逝也有所为。故申、吕自岳降，傅说为列星，古今所传，不可诬也。孟子曰："我善养吾浩然之气。"是气也，寓于寻常之中，而塞乎天地之间。卒然遇之，则王公失其贵，晋、楚失其富，良、平失其智，贲、育失其勇，仪、秦失其辩。是孰使之然哉？其必有不依形而立，不恃力而行，不待生而存，不随死而亡者矣。故在天为星辰，在地为河岳，幽则为鬼神，而明则复为人。此理之常，无足怪者。

自东汉以来，道丧文弊，异端并起，历唐贞观、开元之盛，

译文

一个普通人却成为千百代的榜样，一句话却成为天下人效法的准则。这是因为他们的品格可以与天地化育万物相提并论，也关系到国家气运的盛衰。他们的降生是有来历的，他们去世之后也产生了深远的影响。所以，申伯、吕侯由高山之神降生，傅说死后成为天上的列星，从古到今的传说，是不可否认的。孟子说："我善于修养我盛大正直的气。"这种气，寄托在平常事物中，又充满于天地之间。突然遇上它，那么，王公贵族就会失去他们的尊贵，晋国、楚国就会失去它们的富有，张良、陈平就会失去他们的智慧，孟贲、夏育就会失去他们的勇力，张仪、苏秦就会失去他们的辩才。是什么东西使它们这样的呢？那一定有一种不依附形体而成立，不依靠外力而行动，不等待出生就存在，不随着死亡就消逝的东西了。所以在天上就成为星宿，在地下就化为河川山岳；在阴间就成为鬼神，在阳世便又成为人。这个道理十分平常，不值得奇怪的。

自从东汉以来，道德丧失，文风败坏，各种异端邪说一齐出现。经历了唐代贞观、开元的兴盛时期，依靠

辅以房、杜、姚、宋而不能救。独韩文公起布衣，谈笑而麾之，天下靡然从公，复归于正，盖三百年于此矣。文起八代之衰，而道济天下之溺，忠犯人主之怒，而勇夺三军之帅，此岂非参天地，关盛衰，浩然而独存者乎？

盖尝论天人之辨，以谓人无所不至，惟天不容伪。智可以欺王公，不可以欺豚鱼；力可以得天下，不可以得匹夫匹妇之心。故公之精诚，能开衡山之云，而不能回宪宗之惑；能驯鳄鱼之暴，而不能弭皇甫镈、李逢吉之谤；能信于南海之民，庙食百世，而不能使其身一日安于朝廷之上。盖公之所能者天也，其所不能者人也。

始潮人未知学，公命进士赵德为之师。自是潮之士，皆笃于文行，延及齐民，至于今，号称易

房玄龄、杜如晦、姚崇、宋璟等名臣辅佐，还不能挽救。只有韩文公从普通人里崛起，在谈笑风生中指挥古文运动，天下人纷纷倾倒追随他，使思想和文风又回到正路上来，到现在已经有三百年左右了。他的文章使八代以来的衰败文风，得到振兴，他对儒道的宣扬，使天下人在沉溺中得到拯救，他的忠诚曾触犯了皇帝的恼怒，他的勇气能折服三军的主帅，这难道不是与天地化育万物相并列，关系到国家盛衰，浩大刚正而独立存在的正气吗？

我曾谈论过天道和人事的区别，认为人没有什么事不能做出来，只是天不容许人作伪。人的智谋可以欺骗王公，却不能欺骗小猪和鱼；人的力量可以取得天下，却不能取得普通老百姓的民心。所以韩公的专心诚意，能够驱散衡山的阴云，却不能够挽回宪宗佞佛的执迷不悟；能够驯服鳄鱼的凶暴，却不能够制止皇甫镈、李逢吉的诽谤；能够在潮州老百姓中取得信任，百代都享受庙堂祭祀，却不能使自身在朝廷上有一天的平安。原来，韩公能够遵从的，是天道；他不能屈从的，是人事。

从前，潮州人不知道学习儒学，韩公指定进士赵德做他们的老师。从此潮州的读书人，都专心于学问的研究和品行的修养，并影响到普通百姓。直到现在，潮州被称为容易治理的地

治。信乎孔子之言："君子学道则爱人，小人学道则易使也。"

潮人之事公也，饮食必祭，水旱疾疫，凡有求必祷焉。而庙在刺史公堂之后，民以出入为艰。前太守欲请诸朝作新庙，不果。元祐五年，朝散郎王君涤来守是邦。凡所以养士治民者，一以公为师。民既悦服，则出令曰："愿新公庙者，听！"民欢趋之，卜地于州城之南七里，期年而庙成。

或曰："公去国万里，而谪于潮，不能一岁而归。没而有知，其不眷恋于潮也审矣。"轼曰："不然！公之神在天下者，如水之在地中，无所往而不在也。而潮人独信之深，思之至，熏蒿凄怆，若或见之。譬如凿井得泉，而曰水专在是，岂理也哉？"元丰七年，诏封公昌黎伯，故榜曰："昌黎伯韩文公之庙。"

方。孔子的话是真实的："有地位的人学了道理，就会爱护人民；地位低的人学了道理，就容易驱使。"

潮州人敬奉韩公，吃喝的时候必定要祭祀他，水灾旱荒、疾病瘟疫，凡是有求助于神灵的事，必定到祠庙里去祈祷。可是祠庙在州官衙门大堂的后面，百姓觉得进出不方便。前任州官想申请朝廷建造新的祠庙，没有成功。元祐五年（1090年），朝散郎王涤先生来担任这个州的知州。凡是用来培养士子，治理百姓的措施，完全以韩公为榜样。老百姓心悦诚服以后，便下命令说："愿意重新修建韩公祠庙的，就来听从命令。"老百姓高高兴兴地赶来参加这项工程。在州城南面七里选了一块好地方，一年后新庙就建成了。

有人说："韩公远离京城约万里，而贬官到潮州，不到一年便回去了，他死后有知的话，是不会深切怀念潮州的，这是明摆着的。"我说："不是这样的，韩公的神灵在人间，好比水在地上，没有什么地方不存在。而且潮州人信仰得特别深厚，思念得十分恳切，每当祭祀时，香雾缭绕，不由涌起悲伤凄怆的感觉，就像见到了他。好比挖一口井得到了水，就说水只在这个地方，难道有这个道理的吗？"元丰七年（1084年），皇帝下诏书封韩公为昌黎伯，所以祠庙的匾额上题为"昌黎伯韩文公之庙"。

文化常识第190讲

浩然之气 《孟子·公孙丑上》记载：孟子说："我善于培养我的浩然之气。"孟子认为浩然之气是一种盛大刚直的正气，充盈在天地之间，是凝聚了正义和道德，从人的自身中产生出来的。南宋末年的民族英雄文天祥写过一首《正气歌》，就是从孟子的这句话引发而来的。由此凝练出成语"浩然正气"。

常用字第190讲

读 qī 时：

① <名>时限；期限；限定或约定的时间。《病梅馆记》："以五年为期，必复之全之。"

② <动>约会；约定。《大铁椎传》："今夜半，方期我决斗某所。"

③ <动>期望；要求。《五蠹》："是以圣人不期修古，不法常可。"

④ <动>预料；料想。《水浒传》："曾有东京来的人传说兄长的豪杰，不期今日得会。"

⑤ <名>时日；日期。《促织》："业根，死期至矣！"

⑥ <动>及；至。《兰亭集序》："况修短随化，终期于尽。"

⑦ <副>必定；必然。《西门豹治邺》："然百岁后期令子孙思我言。"

读 jī 时：

① <名>同"朞""稘"，周年。张衡《东京赋》："多历年所，二百余期。"

② <动>为去世的亲属服一年的丧。《墨子·公孟》："伯父、叔父、兄弟，期。"

语法常识第190讲

词类活用：形容词作动词【新】 "则出令曰：'愿新公庙者，听'"一句中"新"本为形容词，这里活用作动词，意为"新建"。翻译为：于是发出号令说："愿意重新修建韩公祠庙的，就来听从命令。"

乞校正陆贽奏议进御札子

苏轼

——给皇帝送去了教材

◎《古文观止》有故事

　　王安石去世后，吕惠卿、章惇等上台执政，继续推行新法，新法的弊端越来越多。

　　元丰八年（1085年），宋神宗去世。在高太后的支持下，宋哲宗即位，高太后临朝听政。宋神宗在世时，高太后就不赞成王安石变法。现在，她掌握了权力，便任命司马光为相，各项新法陆续被废止。

　　当时，范纯仁、苏轼、苏辙等大臣反对仓促废除新法，他们主张要进一

步考察新法利弊再做决定。司马光等人根本听不进去,下诏令五天内废除免役法,恢复原来的旧法。新党蔡确、章惇先后被罢官,被赶出京城去做了地方官。第二年,司马光病重,将废除新法的任务交给吕公著。

其实,旧党执政者并没有更好的方法代替新法,他们更多的是在报复性地打击新党。这样,旧党中也出现了蜀党、洛党和朔党三个党派。虽然他们都反对新党,但观点不同,互相攻击。

元祐三年(1088年),吕公著年纪大了,辞去相位。由吕大防和范纯仁分任左、右相。范纯仁是范仲淹的儿子,虽然反对新法,但同时也承认新法确实有可取之处。所以他做了右相之后,比较中立,对新党中的章惇等人、旧党中的苏轼等人都有所维护。可惜第二年,因为不赞成过分贬逐新党蔡确,被朔党大臣攻击,丢了官。

1091年，朔党首领刘挚做了右相，时间不长，就因为结交蔡确、章惇受到弹劾(hé)，也丢了官。新旧党争闹得朝廷乌烟瘴气，百姓也苦不堪言。

苏轼看在眼里，急在心上，就找出唐朝中期贤相陆贽的奏议，校正后抄写好呈给哲宗，希望年轻的皇帝以前代贤相为师，学习治国之道。

陆贽主张治理国家第一要务要体察民情，治理乱世要从根本上安定民心……陆贽生在中唐，以一己之力支撑危局，如果能从他的奏议中学到治国之道，宋朝就有希望了。

逐字逐句学古文

原文	译文
臣等猥(wěi)以(yǐ)空(kōng)疏(shū)，备(bèi)员(yuán)讲(jiǎng)读(dú)。圣(shèng)明(míng)天(tiān)纵(zòng)，学(xué)问(wèn)日(rì)新(xīn)。臣(chén)等(děng)才(cái)有(yǒu)限(xiàn)而(ér)道(dào)无(wú)穷(qióng)，心(xīn)欲(yù)言(yán)而(ér)口(kǒu)不(bú)逮(dài)，以(yǐ)此(cǐ)自(zì)愧(kuì)，莫(mò)知(zhī)所(suǒ)为(wéi)。窃(qiè)谓(wèi)人(rén)臣(chén)之(zhī)纳(nà)忠(zhōng)，譬(pì)如(rú)医(yī)者(zhě)之(zhī)用(yòng)药(yào)，药(yào)虽(suī)进(jìn)于(yú)医(yī)手(shǒu)，方(fāng)多(duō)传(chuán)于(yú)古(gǔ)人(rén)。若(ruò)已(yǐ)经(jīng)效(xiào)于(yú)世(shì)间(jiān)，不(bú)必(bì)皆(jiē)从(cóng)于(yú)己(jǐ)出(chū)。伏(fú)见(jiàn)唐(táng)宰(zǎi)相(xiàng)陆(lù)贽(zhì)，才(cái)本(běn)王(wáng)佐(zuǒ)，学(xué)为(wéi)帝(dì)师(shī)。论(lùn)深(shēn)切(qiè)于(yú)事(shì)情(qíng)，言(yán)不(bù)离(lí)于(yú)道(dào)德(dé)，智(zhì)如(rú)子(zǐ)房(fáng)而(ér)文	臣等依凭空虚浅薄的才学，在翰林院侍讲、侍读的职位上充个数目。皇上的聪明睿智是上天赋予的，学问一天比一天深厚。臣等才学有限，然而圣贤之道没有穷尽，心中虽然想表述清楚可口头上表达不出来，因此自己感到很是惭愧，不知道该怎么办。

臣等认为作为臣子向皇帝进献忠诚，就像医生对准病症去用药一样，药虽然经医生之手传过去，但药方多是从古人那里留下来的。如果药方在世间证明确实很灵验，那么就不必一定要由医生自己创造出来才用。

臣等听说唐德宗时的宰相陆贽，才能本来就可辅佐帝王，学问足可成为帝王的老师。他的议论深刻而切合物事人情，言语从不偏离圣贤的道德规范，才能与西汉 |

则过，辩如贾谊而术不疏，上以格君心之非，下以通天下之志。但其不幸，仕不遇时。德宗以苛刻为能，而贽谏之以忠厚；德宗以猜疑为术，而贽劝之以推诚；德宗好用兵，而贽以消兵为先；德宗好聚财，而贽以散财为急。至于用人听言之法，治边御将之方，罪己以收人心，改过以应天道，去小人以除民患，惜名器以待有功，如此之流，未易悉数。可谓进苦口之药石，针害身之膏肓。使德宗尽用其言，则贞观可得而复。

臣等每退自西阁，即私相告言，以陛下圣明，必喜贽议论。但使圣贤之相契，即如臣主之同时。昔冯唐论颇、牧之贤，则汉文为之太息。魏相条晁、董之对，则孝宣以致中

的张良（字子房）齐肩而文才却要胜过他，议论的才能像西汉的贾谊而方法却不粗疏。上可以纠正皇帝想法上的错误，下能够贯通天下人的心志。但他不幸的是做官没能赶上良好的时机。唐德宗以严厉刻薄为能事，陆贽就以忠诚敦厚去规谏；唐德宗以猜疑忌恨去对人，陆贽就以推心置腹去劝说；唐德宗喜好用兵打仗，陆贽则认为消除战事是当时首先要做到的；唐德宗喜好敛聚财物，陆贽则认为散财于民最为迫切。至于任用人才、接受意见的方法，整治边防、驾驭将帅的策略，归罪于自身以收拢人心，改正过错以顺应天道，斥去小人以消除人民的祸患，珍惜爵位、宝器以授予有功的人，像这类合理的建议，很难列举完。陆贽真可以说是进献了苦口的良药，又像是用针治疗危害身体的重病。假使唐德宗能完全按陆贽的进言去实行，那么贞观之治的盛况便会再一次出现。

臣等每次从皇帝听讲的西阁退出，都私下相互议论，认为您是圣明的天子，一定喜欢陆贽的议论。只要使像您这样的圣明天子和像陆贽那样的贤能大臣意见相合，那就像圣君和贤臣处于同一时代一样了。当初冯唐高度赞扬战国时廉颇、李牧的贤能，汉文帝则为不能使用他们而深深叹息；魏相陈述了西汉晁错、董仲舒等应对当时皇帝的言语，汉宣帝就按这些言语施政而成就了汉室中兴的业绩。如果陛下能自己寻求老师，就不如从近一点的唐朝

兴。若陛下能自得师，则莫若近取诸赞。夫六经三史，诸子百家，非无可观，皆足为治。但圣言幽远，末学支离，譬如山海之崇深，难以一二而推择。如赞之论，开卷了然。聚古今之精英，实治乱之龟鉴。臣等欲取其奏议，稍加校正，缮写进呈。愿陛下置之坐隅，如见赞面，反复熟读，如与赞言。必能发圣性之高明，成治功于岁月。臣等不胜区区之意，取进止。

选取陆赞。再说那《诗》《书》《礼》《易》《乐》《春秋》六经，《史记》《汉书》《后汉书》三部史书，以及诸子百家的著作，并不是没有可以效法的，而且依照这些史籍所阐述的道理都足以治理好国家。然而《六经》当中的圣贤言论精深奥秘，而史书、子书中存留的圣贤学说却颇不完整，犹如高山大海那样崇高深远，很难从中选择出多少可以直接推广运用的东西。而陆赞的议论，一打开书本就非常明了清楚，汇聚了古往今来的学说精华，确实是国家治乱的一面镜子。臣等想把他向皇帝的进言文章稍微加以整理校对，重新抄好进呈给陛下。希望陛下把它放在自己的座位旁边，就像亲眼见到陆赞之面一样；反复熟读它，就像和陆赞当面谈话一样。这样，一定能启发陛下天子之性的神明天资，在不长的时间内就能成就强盛国家的功业。臣等说不尽愚陋的心意，请陛下决定是否采用。

文化常识第 191 讲

病入膏肓　《左传》中记载：晋景公得了重病，请来秦国有名的医生来医治，由于疾病在肓之上，膏之下，没有办法医治了。膏，古代医生指心下面的部分；肓，是指心脏和隔膜之间。这两个部分被认为是药力达不到的地方。这个故事后来凝练成成语"病入膏肓"，形容病情十分严重，无法医治；也比喻事情到了无法挽救的地步。

常用字第191讲 悉

❶ <形>详尽;详细。《论积贮疏》:"古之治天下,到纤至悉也。"
❷ <动>详尽地表达。《柳毅传》:"飨德怀恩,词不悉心。"
❸ <动>了解;熟悉。《世说新语·德行》:"丈人不悉恭,恭作人无长物。"
❹ <动>尽;全部找出。《冯婉贞》:"悉吾村之众,精技击者不过百人。"
❺ <副>全;都。《桃花源记》:"其中往来种作,男女衣着,悉如外人。"

语法常识第191讲

词类活用:名词作动词【针】"可谓进苦口之药石,针害身之膏肓"一句中"针"本义为名词,这里活用作动词,意为"用针治疗"。翻译为:陆赞真可以说是进献了苦口的良药,又像是用针治疗危害身体的重病。

前赤壁赋
——东坡居士的"齐物论"

《古文观止》有故事

元丰二年（1079年），苏轼从徐州调任湖州做知州。到湖州后，他给皇帝呈上一份《湖州谢上表》，其中写道："陛下知其愚不适时，难以追陪新进；察其老不生事，或能牧养小民。"意思是说陛下您知道我愚笨，已经不能适应当前的形势，很难追随那些您任用的新派人物。但是，您也知道我已经老了不爱滋生事端，或许可以治理地方百姓。话说得委婉，但是却表达了对新法"生事"的不满，也表明了自己的不合作态度。

这下子，惹祸了！

御史台官员李定、何正臣、舒亶(dǎn)等人抓住这两句话，接连上书弹劾苏轼，说他反对新法攻击朝廷。宋神宗大怒，派皇甫僎(zhuàn)带着差役火速赶往湖州捉拿苏轼。苏轼被押解进京，关进御史台的监狱，严加审问。历史上称为"乌台诗案"。

新党想置苏轼于死地，同时也有很多人要救他。已经退休在家的王安石上书表示："哪有盛世杀才子的道理？"就连太皇太后也站出来为苏轼说情。宋神宗终于动摇了，赦免了苏轼，把他贬到黄州做团练副使。

苏轼来到黄州，先住在定慧院。黄州偏远荒凉，刚刚逃脱牢狱之灾的苏轼写下了《卜算子·黄州定慧院寓居作》。那种孤单冷清，只有自己能够体会。

后来，老朋友马正卿替他申请了几十亩荒地。苏轼给这块地命名为"东

坡"，在这里开荒种地，过上了农夫一样的日子。他把自己的书房命名为"东坡雪堂"，从此自号"东坡居士"。

元丰五年（1082年）七月十六日，苏轼和朋友们到赤壁游玩，写下了著名的《赤壁赋》。他沉浸于美景中，感悟到生命的渺小与短促。

在大自然的滋养下，苏轼慢慢走出了郁闷，心胸越来越开阔了。

逐字逐句学古文

原文

壬戌之秋，七月既望，苏子与客泛舟游于赤壁之下。清风徐来，水波不兴。举酒属客，诵《明月》之诗，歌《窈窕》之章。少焉，月出于东山之上，徘徊于斗牛之间。白露横江，水光接天。纵一苇之所如，凌万顷之茫然。浩浩乎如冯虚御风，而不知其所止，飘飘乎如遗世独立，羽化而登仙。

于是饮酒乐甚，扣舷而歌之。歌曰："桂棹兮兰桨，击空明兮溯流光。渺渺兮予怀，望美人兮天一方。"客有吹洞箫者，倚歌而和

译文

壬戌年秋天，七月十六日，我与友人在赤壁下泛舟游玩。清风阵阵拂来，水面波澜不起。举起酒杯向同伴劝酒，吟诵《诗经·陈风·月出》中"舒窈纠兮，劳心悄兮"这一章。不一会儿，明月从东山后升起，在斗宿与牛宿之间来回移动。月光下，白茫茫的雾气笼罩江面，天光、水色连成一片。任凭一片苇叶似的小船随意漂浮，越过浩瀚无垠的江面。浩浩森森（像长出羽翼一样）驾风凌空飞行，并不知道到哪里才会停栖，飘飘摇摇好像要离开尘世飘飞而起，羽化成仙进入仙境。

在这时喝酒喝得非常高兴，大家就敲着船舷打着节拍唱起歌来。歌中唱道："桂木船棹啊香兰船桨，击打着月光下的清波，在泛着月光的水面逆流而上。我的情思啊悠远茫茫，眺望

之。其声呜呜然,如怨如慕,如泣如诉,余音袅袅,不绝如缕。舞幽壑之潜蛟,泣孤舟之嫠妇。

苏子愀然,正襟危坐而问客曰:"何为其然也?"客曰:"'月明星稀,乌鹊南飞',此非曹孟德之诗乎?西望夏口,东望武昌,山川相缪,郁乎苍苍,此非孟德之困于周郎者乎?方其破荆州,下江陵,顺流而东也,舳舻千里,旌旗蔽空,酾酒临江,横槊赋诗,固一世之雄也,而今安在哉?况吾与子渔樵于江渚之上,侣鱼虾而友麋鹿,驾一叶之扁舟,举匏樽以相属。寄蜉蝣于天地,渺沧海之一粟。哀吾生之须臾,羡长江之无穷。挟飞仙以遨游,抱明月而长终。知不可乎骤得,托遗响于悲风。"

苏子曰:"客亦知夫水与月乎?

美人(君主)啊,却在天的另一方。"有会吹洞箫的客人,配着节奏为歌声伴和,洞箫的声音呜呜咽咽:有如哀怨有如思慕,既像啜泣也像倾诉,余音在江上回荡,像细丝一样连续不断。能使深谷中的蛟龙为之起舞,能使孤舟上的寡妇为之饮泣。

我的神色也愁惨起来,整好衣襟坐端正,向客人问道:"箫声为什么这样哀怨呢?"客人回答:"'月明星稀,乌鹊南飞',这不是曹公孟德的诗吗?这里向西可以望到夏口,向东可以望到武昌,山河接壤连绵不绝,目力所及,一片郁郁苍苍。这不正是曹孟德被周瑜所围困的地方吗?当初他攻陷荆州,夺得江陵,沿长江顺流东下,麾下的战船首尾相连延绵千里,旗子将天空全都蔽住,面对大江斟酒,横执长槊吟诗,本来是当世的一位英雄人物,然而现在又在哪里呢?何况我与你在江中的小洲上捕鱼砍柴,以鱼虾为伴侣,以麋鹿为朋友,在江上驾着这一叶小舟,举起杯盏相互敬酒,如同蜉蝣置身于广阔的天地中,像沧海中的一粒粟米那样渺小。唉,哀叹我们的一生只是短暂的片刻,不由羡慕长江的没有穷尽。想要携同仙人携手遨游各地,与明月相拥而永存世间。知道上面这些想法不能一下子实现,只得将憾恨化为箫音,托寄在悲凉的

逝者如斯，而未尝往也；盈虚者如彼，而卒莫消长也。盖将自其变者而观之，则天地曾不能以一瞬；自其不变者而观之，则物与我皆无尽也，而又何羡乎！且夫天地之间，物各有主，苟非吾之所有，虽一毫而莫取。惟江上之清风，与山间之明月，耳得之而为声，目遇之而成色，取之无禁，用之不竭。是造物者之无尽藏也，而吾与子之所共适。"

客喜而笑，洗盏更酌。肴核既尽，杯盘狼藉。相与枕藉乎舟中，不知东方之既白。

秋风中罢了。"

我问道："你可也知道这水与月？江水总是不停地流逝，但它们并没有流走；月亮总是那样有圆有缺，但它终究也没有增减。可见，从事物易变的一面看来，天地间万事万物时刻在变动，连一眨眼的工夫都不停止；而从事物不变的一面看来，万物同我们都是永恒的，又有什么可羡慕的呢？何况天地之间，万物各有主宰者，若不是自己应该拥有的，即使一分一毫也不能求取。只有江上的清风，以及山间的明月，听到便成了声音，进入眼帘便绘出形色，取得这些不会有人禁止，感受这些也不会有竭尽的忧虑。这是大自然恩赐的没有穷尽的宝藏，我和你可以共同享受。"

客人高兴地笑了，洗净酒杯重新饮酒。菜肴果品都已吃完，杯子盘子杂乱一片。大家互相枕着垫着睡在船上，不知不觉东方已经露出白色的曙光。

文化常识第192讲

逝者如斯 《论语·子罕》中记载："子在川上曰：'逝者如斯夫！不舍昼夜。'"孔子站在河边感慨道："流逝的时光就像这流水，日夜不停地奔流，一去不复返。"这句话后来凝练成成语"逝者如斯"，比喻人生世事变化之快，提醒人们要珍惜时间。

常用字第192讲 如

❶ <动>往；到……去。《涉江》："入溆浦余儃徊兮，迷不知吾所如。"
❷ <动>依照；遵从。《中山狼传》："先生如其指，内狼于囊。"
❸ <动>顺；符合。《赤壁之战》："邂逅不如意，便还就孤。"
❹ <动>像；如同。《两小儿辩日》："日初出大如车盖。"
❺ <动>及；比得上。《得道多助，失道寡助》："天时不如地利。"
❻ <动>用于短语"如……何"中，表示"对待……怎么办""把……怎么办"。《愚公移山》："如太行、王屋何？"
❼ <副>不如；应该。《子鱼论战》："若爱重伤，则如勿伤。"
❽ <连>如果；假如。《芙蓉楼送辛渐》："洛阳亲友如相问。"
❾ <连>或者。《子路、曾皙、冉有、公西华侍坐》："安见方六七十，如五六十，而非邦也者？"
❿ <连>至于。《子路、曾皙、冉有、公西华侍坐》："如其礼乐，以俟君子。"
⓫ 词缀。用于形容词后，表示"……的样子"，也可不译。韩愈《答李翊书》："仁义之人，其言蔼如也。"

语法常识第192讲

词类活用：名词的意动用法【侣】"况吾与子渔樵于江渚之上，侣鱼虾而友麋鹿，……"一句中"侣"本义为"伴侣"，是名词，这里用作意动用法，意为"以鱼虾为伴侣"。翻译为：何况我和你在江中的小洲上捕鱼砍柴，以鱼虾为伴侣，以麋鹿为朋友。

后赤壁赋
——游赤壁梦到鹤道人

苏轼

《古文观止》有故事

第一次游赤壁三个月后,苏轼再次游赤壁,又写了一篇赋,历史上称为《后赤壁赋》。上一篇侧重写水,这一篇侧重写山,写出了惊险恐怖、恍惚迷离的缥缈气氛。就在这样的气氛中,寂寞空虚的夜半时分,一只孤鹤从东面飞来,戛然长鸣一声,擦过小舟,掠过大江上空,向西方飞去。

当晚,苏轼就梦到了一位仙风道骨的道士跟自己打招呼。苏轼恍然醒悟:这就是那只鹤呀!日有所思,夜有所梦。苏轼梦到鹤道人,或许是因为他心

里已经有了隐居避世的想法吧？

　　苏轼和道家有很深的渊源，他的启蒙老师就是一位道士。八岁的时候，父亲苏洵把苏轼送到道士张易简那里学习。和他一起学习的还有几百个年轻人，其中苏轼和一个叫陈太初的学生最出众，深受老师的赏识。陈太初是眉山一个平民家的孩子，两个人学习都很勤奋，进步很大。

　　后来，苏轼通过了朝廷的考试，做了官，而陈太初只能做一个小吏。苏轼被贬到黄州不久，就有位道士陆惟忠从眉山来拜访他。陆惟忠说陈太初已经羽化登仙去了。

　　原来，陈太初做了道士。一年大年初一，他到汉州太守吴师道家里做客，索要衣服、食品和钱财。告别后走出吴家，把要来的东西分送给了贫苦百姓。然后自己坐在戟门下，安然去世。吴师道派士卒把太初抬到野外火化，士卒不情愿地骂骂咧咧："这个破道士，是个什么东西？大过年的早晨起来就来抬你这死人，真倒霉！"

　　让人瞠目结舌的是，陈太初忽然睁开眼睛微微一笑说："不会再烦劳你们了！"说着就下了地，自己步行走到一座桥下，盘腿坐好，闭上了眼睛。士卒战战兢兢地凑上前看，这次是真的死了。火化他的尸体时，火焰飞舞，烟雾腾起，全城人都说仿佛看到了陈道士在烟雾中时隐时现。

　　听了老同学的事儿，苏轼感慨万千。他心怀天下，为国为民，信奉的是儒家思想；但在遭受挫折之后，走进山山水水，去感受物我合一，道家思想中的"清静""无为"帮助他从郁闷失意中走了出来，顺其自然，随遇而安。

逐字逐句学古文

原文

是岁十月之望，步自雪堂，将归于临皋。二客从予，过黄泥之坂。霜露既降，木叶尽脱，人影在地，仰见明月，顾而乐之，行歌相答。

已而叹曰："有客无酒，有酒无肴，月白风清，如此良夜何！"客曰："今者薄暮，举网得鱼，巨口细鳞，状如松江之鲈。顾安所得酒乎？"归而谋诸妇。妇曰："我有斗酒，藏之久矣，以待子不时之需。"

于是携酒与鱼，复游于赤壁之下。江流有声，断岸千尺，山高月小，水落石出。曾日月之几何，而江山不可复识矣！予乃摄衣而上，履巉岩，披蒙茸，踞虎豹，

译文

这一年十月十五日，我从雪堂出发，准备回临皋亭。有两位客人跟随着我，一起走过黄泥坂。这时霜露已经降下，叶全都脱落。我们的身影倒映在地上，抬头望见明月高悬。四下里瞧瞧，心里十分快乐；于是一面走一面吟诗，相互酬答。

过了一会儿，我叹惜地说："有客人却没有酒，即使有酒也没有菜肴。月色皎洁，清风吹拂，这样美好的夜晚，我们怎么度过呢？"一位客人说："今天傍晚，我撒网捕到了鱼，大嘴巴，细鳞片，形状就像吴淞江的鲈鱼。不过，到哪里去弄到酒呢？"我回家和妻子商量，妻子说："我有一斗酒，储藏了很久，为了应付您突然的需要。"

就这样，我们携带着酒和鱼，再次到赤壁的下面游览。长江的流水发出声响，陡峭的江岸高峻直耸；山峦很高，月亮显得小了，水位降低，礁石露了出来。才相隔多少日子，上次游览所见的江景山色再也认不出来了！我就撩起衣襟上岸，踏着险峻的山岩，拨开纷乱的野草；蹲在虎豹形状的怪石上，又不时拉住形如虬龙的树枝，攀上猛禽做窝的悬崖，下望水神冯夷的深宫。两位客人

登虬龙,攀栖鹘之危巢,俯冯夷之幽宫。盖二客不能从焉。划然长啸,草木震动,山鸣谷应,风起水涌。予亦悄然而悲,肃然而恐,凛乎其不可留也。反而登舟,放乎中流,听其所止而休焉。时夜将半,四顾寂寥。适有孤鹤,横江东来,翅如车轮,玄裳缟衣,戛然长鸣,掠予舟而西也。须臾客去,予亦就睡。梦一道士,羽衣蹁跹,过临皋之下,揖予而言曰:"赤壁之游乐乎?"问其姓名,俯而不答。"呜呼!噫嘻!我知之矣。畴昔之夜,飞鸣而过我者,非子也耶?"道士顾笑,予亦惊寤。开户视之,不见其处。

都不能跟着我到这个极高处。我大声地长啸,草木被震动,高山与我共鸣,深谷响起了回声,大风刮起,波浪汹涌。我也觉得忧愁悲哀,感到恐惧而静默屏息,觉得这里令人畏惧,不可久留。回到船上,把船划到江心,任凭它漂流到哪里就在哪里停泊。这时快到半夜,望望四周,觉得冷清寂寞得很。正好有一只鹤,横穿江面从东边飞来,翅膀像车轮一样大小,尾部的黑羽如同黑裙子,身上的白羽如同洁白的衣衫,它声音响亮地鸣叫着,擦过我们的船向西飞去。

过了会儿,客人离开了,我也回家睡觉。梦见一位道士,穿着羽毛编织成的衣裳,轻快地走来,走过临皋亭的下面,向我拱手作揖说:"赤壁的游览快乐吗?"我问他的姓名,他低头不回答。"噢!哎呀!我知道你的底细了。昨天晚上,边飞边叫着从我船上飞过去的,不就是您吗?"道士回头笑了起来,我也忽然惊醒。开门一看,却看不到他在什么地方。

文化常识第193讲

道士 道教神职人员的名称。《太霄琅书经》中记载:"人行大道,号为道士。身心顺理,唯道是从,从道为事,故称道士。"这些把大道作为准则,跟着大道走,身心顺应天地之理，信奉大道并实行大道的人，称为道士。道士修行的目标是得道成仙，叫作"羽化登仙"。

常用字第193讲 顾

❶ <动>回头；回头看。《荆轲刺秦王》："荆轲顾笑武阳。"
❷ <动>视；看。《行路难》："拔剑四顾心茫然。"
❸ <动>看望；拜访。《出师表》："先帝不以臣卑鄙，猥自枉屈，三顾臣于草庐之中。"
❹ <动>顾念；关心。《诗经·硕鼠》："三岁贯女，莫我肯顾。"
❺ <动>回还；返回。《屈原列传》："使于齐，顾反，谏怀王曰……"
❻ <副>只是；不过。《荆轲刺秦王》："吾每念，常痛于骨髓，顾计不知所出耳。"
❼ <副>但；却；反而。《廉颇蔺相如列传》："顾吾念之，强秦之所不敢加兵于赵者。"

语法常识第193讲

反问句："……耶？" 有些句子在句末用语气词"耶"来表示反问。本文"畴昔之夜，飞鸣而过我者，非子也耶？"就是这样的反问句。翻译为：昨天晚上，边飞边叫着从我船上飞过去的，不就是您吗？

三槐堂铭
——种下对儿孙的期望

◆《古文观止》有故事

　　乌台诗案后,苏轼被贬为黄州团练副使。他这件案子还连累了一些人,王巩就是其中之一。他被贬到了宾州(今广西壮族自治区宾阳县),一个孩子死在了宾州,另一个死在家乡,而王巩自己也几乎病死。

　　苏轼为此很内疚,常常给王巩写信,劝王巩不要灰心,还建议他用"摩脚心法"对付南方的瘴气,嘱咐他每天少喝点酒,好好调节饮食,保重身体。而王巩为了安慰苏轼,在给苏轼的回信中大谈道家长生不老之术,说自己正

在宾州修行。

苏轼还为王巩家的祠堂写过一篇铭文《三槐堂铭》。这座祠堂是王巩的曾祖父王祐建造的。当年，有人告密说魏州节度使符彦卿谋反，宋太祖赵匡胤起了疑心，就派王祐到大名府做官。王祐是大名府莘(shēn)县人，皇帝要他衣锦还乡，还许诺让他做宰相，就是想要他搜罗证据，除掉符彦卿。但王祐到任后，明察暗访却找不到证据。于是他便实话实说，还以自己全家人的性命做担保。太祖听后很不以为然，把王祐调到了襄州，许诺的宰相职位也就泡汤了。

王祐到襄州赴任后，在祠堂庭院里亲手种下了三棵槐树，说："吾子孙必有为三公者。"三公是指古代地位最尊贵的三个官职。自己做不了宰相，儿孙中一定有可以坐上相位的。

王祐的预言很快应验了。他的儿子王旦被宋真宗任命为同知枢密院事。第二年，任参知政事，就是副相。1006年，正式拜相，主持朝政十八年，深受皇帝的信任。

王旦的儿子，王巩的父亲王素也是一位好官。他不畏权势，正直敢言，勤政爱民。

苏轼历数王家几代人的功绩，以此提醒世人要修养仁德之心。善恶的报应，即使当时不会显现，也会落到子孙身上的。

逐字逐句学古文

原文	译文
天可必乎？贤者不必贵，仁者不必寿。天不可必乎？仁者必有后。二者将安取衷哉？吾闻之申包胥	上天一定会展现他的意愿吗？但为什么贤德的人不一定富贵，仁爱的人不一定长寿？难道上天不一定会展现他的意愿吗？但行善仁爱之人一定有好的后代。这两种说法哪一种是对

曰:"人定者胜天,天定亦能胜人。"世之论天者,皆不待其定而求之,故以天为茫茫。善者以怠,恶者以肆。盗跖之寿,孔、颜之厄,此皆天之未定者也。松柏生于山林,其始也,困于蓬蒿,厄于牛羊,而其终也,贯四时、阅千岁而不改者,其天定也。善恶之报,至于子孙,则其定也久矣。吾以所见所闻考之,而其可必也审矣。

国之将兴,必有世德之臣,厚施而不食其报,然后其子孙能与守文太平之主共天下之福。故兵部侍郎晋国王公,显于汉、周之际,历事太祖、太宗,文武忠孝,天下望以为相,而公卒以直道不容于时。盖尝手植三槐于庭,曰:"吾子孙必有为三公者。"已而其子魏国文正公,相真宗皇帝于景德、祥符之间,朝廷清明,天下无

的呢?我听申包胥曾经说过:"人为的因素可以改变天命,天命胜于人为因素。"世上议论天道的人,都不等上天的意愿完全表现出来就去责求,因此认为天是茫茫无知的。善良的人因此而懈怠,邪恶的人因此而放肆。盗跖可以长寿,孔子、颜回却遭受困厄,这都是上天还没有表现出来他的真实意愿的缘故。松柏生长在山林之中,起初被蓬蒿围困,遭牛羊践踏,但最终还是四季常青,经千年而不凋零,这就是上天赐予它的天性。关于对人的善恶报应,有的要一直到子孙后代才能表现出来,这也是上天确定已久的。我根据所见所闻来验证,上天的意愿一定会展现的,这是明白无疑的。

国家将要兴盛时,必定有世代积德的大臣,做了很大的好事而没有得到福报,但此后他的子孙却能够与遵循先王法度的太平君主共享天下的福禄。已故的兵部侍郎晋国公王祐,显赫于后汉、后周之间,先后在太祖、太宗两朝任职,文武忠孝,天下的人都期盼他能出任宰相,然而王祐由于正直不阿,不为当世所容。他曾亲手在庭院里种植了三棵槐树,说:"我的后世子孙将来一定有位列三公的。"后来他的儿子魏国文正公(王旦),在真宗皇帝景德、祥符年间做了宰相,当

事之时，享其福禄荣名者十有八年。今夫寓物于人，明日而取之，有得有否；而晋公修德于身，责报于天，取必于数十年之后，如持左契，交手相付。吾是以知天之果可必也。

吾不及见魏公，而见其子懿敏公，以直谏事仁宗皇帝，出入侍从将帅三十余年，位不满其德。天将复兴王氏也欤！何其子孙之多贤也？世有以晋公比李栖筠者，其雄才直气，真不相上下。而栖筠之子吉甫，其孙德裕，功名富贵略与王氏等；而忠恕仁厚，不及魏公父子。由此观之，王氏之福盖未艾也。

懿敏公之子巩与吾游，好德而文，以世其家，吾以是铭之。铭曰：

"呜呼休哉！魏公之业，与槐俱萌，封植之勤，必世乃成。既相

时朝廷政治清明，天下太平，他享有十八年的福禄荣耀。现在如果把东西寄存在别人处，第二天就去取，可能得到，也可能得不到了。但晋国公自身修养德行，以求上天的福报，在几十年之后，得到了必然的回报。如同手持契约，亲手交接一样。我因此知道上天的意愿一定会展现的。

我没来得及见到魏国公（王旦），却见到了他的儿子懿敏公。他事奉仁宗皇帝时直言敢谏，出外带兵、入内侍从三十多年，这种爵位还不足以和他的德行相称。上天将再一次使王氏兴盛吗？为什么他的子孙有这么多的贤人呢？世上有的人把晋国公（王祐）与李栖筠（唐代贤相）相比，他们两人的雄才大略、正直气节，确实不相上下。而李栖筠的儿子李吉甫，孙子李德裕，享有的功名富贵和王氏也差不多，但忠恕仁厚，则不如魏公父子。由此可见，王氏的福分正旺盛不衰啊！

懿敏公的儿子王巩，跟我交游，他好修德行，又擅长文章，继承了他的家风，我因此记录了这些。铭曰：

"啊，多么美好啊！魏公的家业，跟槐树一起萌兴。辛劳的培植，一定要经过一代才能长成。他辅佐真宗，天下太平，回乡探家，槐荫笼庭。我辈小人，一天从早到晚，只知窥察时

真宗（zhēn zōng），四方砥平（sì fāng dǐ píng）。归视其家（guī shì qí jiā），槐阴（huái yīn）满庭（mǎn tíng）。吾侪小人（wú chái xiǎo rén），朝不及夕（zhāo bù jí xī），相时（xiàng shí）射利（shè lì），皇恤厥德（huáng xù jué dé）？庶几侥幸（shù jī jiǎo xìng），不种（bú zhòng）而获（ér huò）。不有君子（bù yǒu jūn zǐ），其何能国（qí hé néng guó）？王（wáng）城之东（chéng zhī dōng），晋公所庐（jìn gōng suǒ lú），郁郁三槐（yù yù sān huái），惟（wéi）德之符（dé zhī fú）。呜呼休哉（wū hū xiū zāi）！"

机求取名利，哪有空闲修养自己的德行？只希望有意外的侥幸，不种植就能收获。如果没有君子，国家又怎能成为一个国家？京城的东面，是晋国公的住所，郁郁葱葱的三棵槐树，象征着王家的仁德。啊，多么美好啊！"

文化常识第 194 讲

盗跖 传说中春秋时期率领盗匪数千人的大盗，又名柳下跖，是当时鲁国贤臣柳下惠的弟弟。《庄子·盗跖》中记载："盗跖从卒九千人，横行天下，侵暴诸侯。"柳下跖率领兵卒九千人，横行天下，侵犯诸侯。传说中称他为"盗跖"，是把他当作盗贼来看待的。不过，也有人认为他有可能是一位反抗暴政的起义军领袖呢。

常用字第 194 讲 — 直

❶ <形> 不弯曲。《劝学》："木直中绳，𫐓以为轮。"
❷ <形> 正直。《涉江》："苟余心之端直兮，虽僻远其何伤。"
❸ <形> 正确。《〈指南录〉后序》："与贵酋处二十日，争曲直。"
❹ <形> 笔直地。《与朱元思书》："争高直指，千百成峰。"
❺ <形> 纵的；竖的。《阿房宫赋》："直栏横槛，多于九土之城郭。"
❻ <动> 遇到。《汉书·刑法志》："魏之武卒，不可以直秦之锐士。"
❼ <名> 通"值"，价值。《卖炭翁》："系向牛头充炭直。"
❽ <动> 通"值"，值班。《晋书·庾珉(mín)传》："珉为侍中，直于省内。"

⑨<副>仅仅;只是。《寡人之于国也》:"直不百步耳,是亦走也。"
⑩<副>径直;一直。《信陵君窃符救赵》:"侯生摄敝衣冠,直上载公子上坐。"
⑪<副>竟然;却。《论积贮疏》:"可为富安天下,而直为此廪廪也。"
⑫<副>简直。《〈黄花岗七十二烈士事略〉序》:"则斯役之价值,直可惊天地泣鬼神。"
⑬<介>当。《垓下之战》:"直夜溃围南出,驰走。"

语法常识第194讲

词类活用:**名词作动词【世】**"好德而文,以世其家,吾是以录之"一句中"世"本义为"世代",是名词,在这里活用作动词,意为"继承"。翻译为:好修德行,又擅长文章,继承了他的家风,我因此记录了这些。

方山子传

——为老朋友立传

苏轼

《古文观止》有故事

方山子,就是陈季常,他是苏轼的朋友。

陈季常是陈希亮的儿子。陈希亮到凤翔做知州的时候,苏轼已经被贬到这里做判官两年了。他们都是四川眉县人,是老乡。但是陈希亮为人刚直,不留情面,对苏轼很苛刻,两个人的关系闹得很僵。但是,苏轼和陈季常却是好朋友。

陈季常性格豪放,年轻时向往游侠生活。苏轼在岐山曾见到他骑马游历,

一箭射去，鸟鹊应声落地。两个年轻人策马同游，一位是世家公子出身的豪侠之士，一位是激扬文字豪气冲天的读书人。两人聊起用兵的方法和古今成败兴亡的道理，越谈越投机，就成了朋友。

后来，苏轼回到京城。父亲病逝后，回乡守孝三年，又回到朝廷。接下来的几年辗转各地做官，再后来又经历"乌台诗案"，被贬黄州。而陈希亮去世，陈季常怀才不遇，在光州（今河南省潢川县）、黄州一带做了隐士。他听说苏轼要来黄州赴任，就去迎接，果然在岐亭遇到了多年不见的老朋友。

苏轼非常高兴，来到陈家住了几天。陈家家徒四壁，什么也没有，但是他的妻子、儿女和奴仆都神色安详，心满意足。

在黄州四年，苏轼去了陈季常那里三次，陈季常来过七次，两个人在一起相聚大概有一百多天。同是天涯沦落人，两个人感情愈加深厚。苏轼为陈季常写了这篇《方山子传》，对于陈季常抛弃富贵生活，到深山中隐居，安贫乐道，甚是敬佩！

元丰七年（1084年），苏轼被调任汝州。他离开黄州时，很多朋友来送别，都是送到慈湖（今湖北省黄石市）就回去了。只有陈季常依依不舍，一直送到了九江（今江西省九江市）。

分别后，两人各自江湖漂泊，但他们的情谊却永远留在了文字中。

逐字逐句学古文

原文	译文
fāng shān zǐ　guāng huáng jiān yǐn rén yě 方山子，光、黄间隐人也。 shào shí mù zhū jiā　guō xiè wéi rén　lǘ lǐ zhī xiá 少时慕朱家、郭解为人，闾里之侠 jiē zōng zhī　shāo zhuàng　zhé jié dú shū　yù yǐ 皆宗之。稍壮，折节读书，欲以 cǐ chí chěng dāng shì　rán zhōng bú yù　wǎn nǎi dùn 此驰骋当世，然终不遇。晚乃遁	方山子，是光州、黄州一带的隐士。年轻时，仰慕汉代游侠朱家、郭解的品行，乡里的游侠之士都推崇他。（等到他）年岁稍长，就改变志趣，发奋读书，想以此来驰名当代，但是一

于光、黄间，曰岐亭。庵居蔬食，不与世相闻。弃车马，毁冠服，徒步往来山中，人莫识也。见其所著帽，方耸而高，曰："此岂古方山冠之遗像乎？"因谓之方山子。

余谪居于黄，过岐亭，适见焉。曰："呜呼！此吾故人陈慥季常也，何为而在此？"方山子亦矍然，问余所以至此者，余告之故。俯而不答，仰而笑，呼余宿其家。环堵萧然，而妻子奴婢皆有自得之意。

余既耸然异之，独念方山子少时，使酒好剑，用财如粪土。前十九年，余在岐山，见方山子从两骑，挟二矢，游西山。鹊起于前，使骑逐而射之，不获。方山子怒马独出，一发得之。因与余马上论用兵及古今成败，自谓一世豪士。今几日耳，精悍之色，犹见于眉间，

直没有交上好运。到了晚年隐居在光州、黄州一带名叫岐亭的地方。住在茅草屋里，吃着粗茶淡饭，不与社会各界来往。放弃坐车骑马，毁坏书生衣帽，徒步在山里来往，没有人认识他。人们见他戴的帽子上面方方的且又很高，就说："这不就是古代乐师戴的方山冠遗留下来的样子吗？"因此就称他为"方山子"。

我因贬官居住在黄州，有一次经过岐亭时，正巧碰见了他。我说："咦，这是我的老朋友陈慥陈季常呀，怎么会在这里呢？"方山子也很惊讶，问我到这里来的原因。我把原因告诉了他，他低头不回答，继而仰天大笑，请我住到他家去。他的家里四壁萧条，然而他的妻子儿女奴仆都显出怡然自得的样子。

我对此感到十分惊异。回想起方山子年轻的时候，是一个酗酒任性，喜欢使剑，挥金如土的游侠之士。十九年前，我在岐亭下，见到方山子带着两名骑马的随从，身藏两箭，在西山游猎。只见前方一鹊飞起，他便叫随从追赶射鹊，未能射中。方山子奋力地鞭马独自冲出去，一箭射中飞鹊。他就在马上与我谈论起用兵之道及古今成败之事，自认为是一代豪杰。至今又过了多少日子了，但是一股英气勃勃的神色，依然在眉宇间显现，

而岂山中之人哉?然方山子世有勋阀,当得官。使从事于其间,今已显闻。而其家在洛阳,园宅壮丽,与公侯等。河北有田,岁得帛千匹,亦足以富乐。皆弃不取,独来穷山中,此岂无得而然哉?余闻光、黄间多异人,往往佯狂垢污,不可得而见,方山子傥见之欤?

这怎么会是一位隐居山中的人呢?

方山子出身于世代功勋之家,理应有官做,假如他能置身官场,到现在已得声名显赫了。他原本家在洛阳,园林宅舍雄伟富丽,与公侯之家相同。在河北还有田地,每年可得上千匹的丝帛收入,这些也足以使生活富裕安乐了。然而他都抛开不去享用,偏偏要来到穷僻的山里,这难道不是因为他独有会心之处才会如此的吗?

我听说光州、黄州一带有很多奇人异士,常常假装疯癫、衣衫破旧,但是无法见到他们;方山子或许能遇见他们吧?

文化常识第195讲

方山冠 古代中国服饰之一，是汉朝祭祀时乐师和舞女所戴的礼帽。《后汉书·舆服志下》记载："方山冠……以五彩縠为之。祠宗庙，大予、八佾、四时、五行乐服之。冠衣各如其行方之色而舞焉。"方山冠是用五彩丝线做成的，平时不常用，只是在祭祀宗庙时，跳大予、八佾、四时、五行等乐舞时，才戴上这种帽子。唐宋时，是隐士所戴的帽子。

常用字第195讲 —— 识

读shí时：

❶<动>知道；懂得。《谋攻》："识众寡之用者胜。"
❷<动>认识。《回乡偶书》："儿童相见不相识。"
❸<动>识别；辨认。《采草药》："八月苗未枯，采掇者易辨识耳。"
❹<名>知识；见识。张衡《东京赋》："鄙夫寡识。"

读zhì时：

❶<动>通"志"。记；记住。《论语》："默而识之。"
❷<名>通"帜"。标记；记号。《记王忠肃公翱事》："公拆袄，出珠授之，封识宛然。"

语法常识第195讲

词类活用：名词作状语【庵】 "庵居蔬食，不与世相闻"一句中"庵"本义为"小草屋"，是名词，在这里活用作状语，意为"在小草屋"，修饰"居"。翻译为：住在茅草屋里，吃着粗茶淡饭，不与社会各界往来。

六国论
——敢于讲真话的年轻人

苏辙

《古文观止》有故事

苏辙是苏轼的弟弟,兄弟二人同一年考中科举,又一起参加制科考试。年轻气盛的苏辙,写的应试策论直直地戳向宋仁宗的痛处。

当时,宋仁宗已经52岁了,苏辙猜想老皇帝或许已经对政事厌倦了,所以就大讲政事得失:"古代的圣人,没事的时候常怀忧虑,就是为了有事的时候不害怕。而皇帝您却是没事的时候不忧虑,一旦出了事就吓坏了。"接着他又指出:"后宫用度没有节制,喜欢随意赏赐。想给的时候就给,也不问国库

有没有。现在国家对内要养活读书人，对外还要给辽国和西夏岁币，哪还有那么多钱？管财政的官员不敢抗争，大臣们也不敢劝谏。我怕陛下因此遭人毁谤，失了民心。"

策问试卷送上去后，苏辙自认为肯定落榜。

确实，这篇策论引起了考官们的争论。司马光和范镇商量后决定把他放在第四等，蔡襄说："我是三司使，苏辙文中所说管财政的官员不敢抗争，让我很惭愧。"三司使掌全国钱谷出纳、均衡财政收支，是中央最高财政长官。蔡襄觉得苏辙说得对，力保苏辙。只有胡宿认为这个年轻人对皇帝不恭敬，必须得拿下他。后来，还是宋仁宗发了话："我要凭直言来选拔人才，现在又因为人家说了实话而抛弃他，天下人会怎么说我？"

就这样，苏辙才没有落榜，开始进入官场。

以史为镜，可以知兴替。苏辙对国家形势的准确判断，得益于对历史的研究。他写的《六国论》，立足于天下大势，探讨了面对强秦，六国应该采取自保之计，就是齐、楚、燕、赵四国和韩、魏通力合作，相互支援，共同抗秦。

无论过去还是现在，只有从整体总览天下大势，顺势而为，才能够长治久安。

逐字逐句学古文

原文	译文
cháng dú liù guó shì jiā, qiè guài tiān xià zhī zhū 尝读六国世家，窃怪天下之诸 hóu yǐ wǔ bèi zhī dì shí bèi zhī zhòng fā fèn 侯，以五倍之地，十倍之众，发愤 xī xiàng yǐ gōng shān xī qiān lǐ zhī qín ér bù 西向，以攻山西千里之秦，而不 miǎn yú miè wáng cháng wèi zhī shēn sī yuǎn lǜ yǐ 免于灭亡。常为之深思远虑，以	我读过《史记》中六国世家的故事，内心感到奇怪：全天下的诸侯，凭着比秦国大五倍的土地，多十倍的军队，全心全力向西攻打崤山西边面积千里的秦国，却免不了灭亡。我常为这件事做深远的思考，认为一定有

为必有可以自安之计,盖未尝不咎其当时之士虑患之疏,而见利之浅,且不知天下之势也。

夫秦之所以与诸侯争天下者,不在齐、楚、燕、赵也,而在韩、魏之郊;诸侯之所与秦争天下者,不在齐、楚、燕、赵也,而在韩、魏之野。秦之有韩、魏,譬如人之有腹心之疾也。韩、魏塞秦之冲,而弊山东之诸侯,故夫天下之所重者,莫如韩、魏也。昔者范雎用于秦而收韩,商鞅用于秦而收魏,昭王未得韩、魏之心,而出兵以攻齐之刚、寿,而范雎以为忧。然则秦之所忌者可以见矣。

秦之用兵于燕、赵,秦之危事也。越韩过魏,而攻人之国都,燕、赵拒之于前,而韩、魏乘之于后,此危道也。而秦之攻燕、赵,未尝有韩、魏之忧,则韩、魏之附秦故

能够用来自求安定的计策;我总是怪罪那时候的一些谋臣,在考虑忧患时是这般的粗略,图谋利益时又是那么的肤浅,而且不了解天下的情势啊!

秦国要和诸侯争夺天下的目标,不是放在齐、楚、燕、赵等地区,而是放在韩、魏的边境上;诸侯要和秦国争夺天下的目标,也不是放在齐、楚、燕、赵等地区,而是放在韩、魏的边境上。对秦国来说,韩、魏的存在,就好比人有心腹的疾病一样;韩、魏两国阻碍了秦国出入的要道,却掩护着崤山东边的所有国家,所以全天下特别看重的地区,再也没有比得上韩、魏两国了。从前范雎被秦国重用,就征服了韩国;商鞅被秦国重用,就征服了魏国。秦昭王在还没获得韩、魏的归心以前,却出兵去攻打齐国的刚、寿一带,范雎就认为是可忧的。既然这样,那么秦国忌惮的事情,就可以看得出来了。

秦国要对燕、赵两国动用兵力,这对秦国是危险的事情;越过韩、魏两国去攻打人家的国都,燕、赵在前面抵挡它,韩、魏就从后面偷袭他,这是危险的途径啊。可是当秦国去攻打燕、赵时,却不曾有韩、魏的顾虑,就是因为韩、魏归附了秦国的缘故啊。韩、魏是诸侯各国的屏障,却让秦国人能够在他们的国境内进出自

也。夫韩、魏诸侯之障,而使秦人得出入于其间,此岂知天下之势耶!委区区之韩、魏,以当强虎狼之秦,彼安得不折而入于秦哉?韩、魏折而入于秦,然后秦人得通其兵于东诸侯,而使天下遍受其祸。

夫韩、魏不能独当秦,而天下之诸侯,藉之以蔽其西,故莫如厚韩亲魏以摈秦。秦人不敢逾韩、魏以窥齐、楚、燕、赵之国,而齐、楚、燕、赵之国,因得以自完于其间矣。以四无事之国,佐当寇之韩、魏,使韩、魏无东顾之忧,而为天下出身以当秦兵;以二国委秦,而四国休息于内,以阴助其急,若此,可以应夫无穷,彼秦者将何为哉!不知出此,而乃贪疆场尺寸之利,背盟败约,以自相屠灭,秦兵未出,而天下诸侯已自困矣。至于秦人得伺其隙以取其国,可不悲哉!

如,这难道是了解天下的情势吗?任由小小的韩、魏两国,去抵挡像虎狼一般强横的秦国,他们怎能不屈服而归向秦国呢?韩、魏一屈服而归向秦国,从此以后秦国人就可以出动军队直达东边各国,而且让全天下到处都遭受到他的祸害。

韩、魏是不能单独抵挡秦国的,可是全天下的诸侯,却必须靠着他们去隔开西边的秦国,所以不如亲近韩、魏来抵御秦国。秦国人就不敢跨越韩、魏,来图谋齐、楚、燕、赵四国,然后齐、楚、燕、赵四国,也就因此可以在他们的领域内保全自己的国家。凭着四个没有战事的国家,协助面临敌寇威胁的韩、魏两国,让韩、魏没有防备东边各国的忧虑,替全天下挺身而出来抵挡秦国军队;用韩、魏两国对付秦国,其余四国在后方休养生息,来暗中援助韩、魏的急难,像这样就可以源源不绝地应付了,那秦国还能有什么作为呢?诸侯们不知道要采取这种策略,却只贪图边境上些微土地的利益,违背盟誓、毁弃约定,来互相残杀同阵营的人,秦国的军队还没出动,天下的诸侯各国就已经困住自己了。直到让秦国人能够乘虚而入来并吞了他们的国家,怎不令人悲哀啊!

文化常识第196讲

山西、山东 本文所说的"山东""山西"不是今天所指的"山东省""山西省"。这里"山"指的是崤山。战国、秦汉时期，山西指崤山以西，说的是秦国；而山东则指崤山以东，说的是除秦国之外的其他六国。

常用字第196讲 —— 倍

读bèi时：

❶ 原数的基础上增加的相等数。

❷ <动>通"背"，背向；背对着；违背；违反；背叛；背诵。

❸ 通"悖"，悖逆乖戾。《管子·五辅》："上下无义则乱，贵贱无分则争，长幼无等则倍，贫富无度则失。"

读péi时：

<动>陪伴；伴随。《穆天子传》："丧三即位，周室父兄子孙倍之。"

语法常识第196讲

词类活用：形容词作动词【厚】 "故莫如厚韩亲魏以摈秦"一句中"厚"本为形容词，这里活用作动词，意为"厚待，交好"。翻译为：不如亲近韩、魏，来抵御秦国。

上枢密韩太尉书
——韩琦和苏家兄弟

◆《古文观止》有故事

公元1056年,苏轼、苏辙兄弟跟随父亲苏洵去京城,得到了当时文坛领袖欧阳修的赏识。第二年,兄弟二人高中进士,父子三人名动京城。

苏辙在中进士后,给当时的枢密使韩琦写了一封《上枢密韩太尉书》。虽然是一封拜谒的书信,但苏辙却由写文章要培养"浩然正气"入手,从游历山川来养气,说到和圣贤豪杰交友更加可以养正气开阔胸襟,然后才提出自己想求见韩太尉不是为了求高官厚禄,而是想通过向太尉请教来提升自己的涵养,写出更好的文章。韩琦是当时的贤相,也算是苏辙的贵人。

1061年，苏轼、苏辙在欧阳修的推荐下参加制科考试。按照惯例，宋朝制科考试在八月中。很不幸，苏辙忽然感染了风寒，卧床不起，不能去参加考试。韩琦知道了，就向皇帝禀告："今年参加制科考试的读书人，只有苏轼、苏辙兄弟二人最有声望。我刚刚听说苏辙病了，如果他不能参加考试，就要令大家失望了。我认为应该延期考试，等待苏辙病好了再考。"皇帝竟然同意了。

　　这一推迟就是二十天，一直等到苏辙病好了，来参加考试。相国吕微仲不知道为什么，苏轼跟他说清楚原委，吕微仲赞叹道："韩琦竟然是如此贤明呀！"

　　不过，韩琦曾经两次阻止苏轼做官。宋英宗很赏识苏轼，想让他做知制诰，起草诏书，韩琦不同意。英宗又想让苏轼修起居注，记录自己的言行，也可以守在自己身边，但韩琦还是不同意。他认为苏轼有才能，但需要慢慢培养，一下子就提拔到高位，反而会害了他。这事儿后来传到苏轼耳朵里，苏轼一点儿也不生气，反而很感激："韩公这是为我好呀！"

　　韩琦退休后，在家乡建了一座"醉白堂"，想请苏轼写一篇记。还没有写，韩琦就去世了。他的儿子韩忠彦把父亲的遗愿告诉了苏轼，苏轼流着泪写下了《醉白堂记》。苏轼还为韩琦做了一篇《祭魏国韩令公文》，表达对他的敬仰和怀念。

　　作为先辈，韩琦是爱惜人才的，他的赏识换来了苏家二兄弟的崇敬。

逐字逐句学古文

原文	译文
太尉执事：辙生好为文，思之至深。以为文者气之所形，然文不可以	太尉执事：苏辙生性喜好写文章，对此想得很深。我认为文章是

学而能,气可以养而致。孟子曰:"我善养吾浩然之气。"今观其文章,宽厚宏博,充乎天地之间,称其气之小大。太史公行天下,周览四海名山大川,与燕、赵间豪俊交游,故其文疏荡,颇有奇气。此二子者,岂尝执笔学为如此之文哉?其气充乎其中而溢乎其貌,动乎其言而见乎其文,而不自知也。

辙生十有九年矣。其居家所与游者,不过其邻里乡党之人;所见不过数百里之间,无高山大野可登览以自广;百氏之书,虽无所不读,然皆古人之陈迹,不足以激发其志气。恐遂汩没,故决然舍去,求天下奇闻壮观,以知天地之广大。过秦、汉之故都,恣观终南、嵩、华之高,北顾黄河之奔流,慨然想见古之豪杰。至京师,仰观天子宫阙之壮,与仓廪、府库、城池、苑囿之富且大

气的外在体现,然而文章不是单靠学习就能写好的,气却可以通过培养而得到。孟子说:"我善于培养我的浩然之气。"现在看他的文章,宽大厚重宏伟博大,充塞于天地之间,同他气的大小相衬。司马迁走遍天下,广览四海名山大川,与燕、赵之间的英豪俊杰交友,所以他的文章疏放不羁,颇有奇伟之气。这两个人,难道曾经执笔学写这种文章吗?这是因为他们的气充满在内心而溢露到外貌,发于言语而表现为文章,自己却并没有觉察到。

苏辙出生已经十九年了。我住在家里时,所交往的,不过是邻居同乡这一类人。所看到的,不过是几百里之内的景物,没有高山旷野可以登临观览以开阔自己的心胸。诸子百家的书,虽然无所不读,但是都是古人过去的东西,不足以激发自己的志气。我担心就此而被埋没,所以断然离开家乡,去寻求天下的奇闻壮观,以便了解天地的广大。我经过秦朝、汉朝的故都,尽情观览终南山、嵩山、华山的高峻,向北眺望黄河奔腾的急流,深有感慨地想起了古代的英雄豪杰。到了京城,抬头看到天子宫殿的壮丽,以及粮仓、府库、城池、苑囿的富庶而且巨大,这才知道天下的广阔

也，而后知天下之巨丽。见翰林欧阳公，听其议论之宏辩，观其容貌之秀伟，与其门人贤士大夫游，而后知天下之文章聚乎此也。太尉以才略冠天下，天下之所恃以无忧，四夷之所惮以不敢发，入则周公、召公，出则方叔、召虎。而辙也未之见焉。

且夫人之学也，不志其大，虽多而何为？辙之来也，于山见终南、嵩、华之高，于水见黄河之大且深，于人见欧阳公，而犹以为未见太尉也。故愿得观贤人之光耀，闻一言以自壮，然后可以尽天下之大观而无憾者矣。

辙年少，未能通习吏事。向之来，非有取于斗升之禄，偶然得之，非其所乐。然幸得赐归待选，使得优游数年之间，将以益治其文，且学为政。太尉苟以为可教而辱教之，又幸矣！

见到翰林学士欧阳公，聆听了他宏大雄辩的议论，看到了他秀美奇伟的容貌，同他的学生贤士大夫交游，这才知道天下的文章都汇聚在这里。太尉以雄才大略称冠天下，全国人依靠您而无忧无虑，四方异族国家惧怕您而不敢侵犯，在朝廷之内像周公、召公一样辅君有方，领兵出征像方叔、召虎一样御敌立功。可是我至今还未见到您呢。

况且一个人的学习，如果不是有志于大的方面，即使学了很多又有什么用呢？苏辙这次来，对于山，看到了终南山、嵩山、华山的高峻；对于水，看到了黄河的深广；对于人，看到了欧阳公；可是仍以没有谒见您而为一件憾事。所以希望能够一睹贤人的风采，就是听到您的一句话也足以激发自己的雄心壮志，这样就算看遍了天下的壮观而不会再有什么遗憾了。

苏辙年纪很轻，还没能够通晓做官的事情。先前来京应试，并不是为了谋取微薄的俸禄，偶然得到了它，也不是自己所喜欢的。然而有幸得到恩赐还乡等待吏部的选用，使我能够有几年空闲的时间，用来更好地研习文章，并且学习从政之道。太尉假如认为我还可以教诲而屈尊教导我的话，那我就更感到幸运了。

文化常识第197讲

枢密使 唐朝开始设置内枢密使,为枢密院主官,由宦官任职,掌管接受表奏及向中书门下传达皇帝的命令。到唐朝末年,枢密使权力越来越大。五代时期,开始有士人担任枢密使。宋朝时期,枢密使作为枢密院长官,和宰相共同负责军国要政,实际上是宰相主管政事,枢密使主管军事。秦汉时太尉是全国军政首脑,所以本文中把掌管军事重权的韩琦称为"韩太尉"。

常用字第197讲 间

读jiān时:

❶ <名> 中间;当中。指处于一定的空间和时间里。《子路、曾晳、冉有、公西华侍坐》:"千乘之国,摄乎大国之间。"

❷ <名> 期间;年间。指时间。《兰亭集序》:"向之所欣,俯仰之间,已为陈迹。"

❸ <副> 近来,不久之前。《左传·成公十六年》:"以君之灵,间蒙甲胄(zhòu),不敢拜命。"

❹ <量> 用于房屋。《归田园居》:"方宅十余亩,草屋八九间。"

读jiàn时:

❶ <名> 间隙;空隙。《庖丁解牛》:"彼节者有间,而刀刃者无厚。"

❷ <名> 嫌隙;隔阂。《左传·昭公十三年》:"诸侯有间矣。"

❸ <名> 机会;空子。《〈指南录〉后序》:"至京口,得间奔真州。"

❹ <名> 距离;差别。《淮南子·俶真》:"则美丑有间矣。"

❺ <动> 间隔;隔离。《桃花源记》:"遂与外人间隔。"

❻ <动> 经历;持续。《狱中杂记》:"一人予二十金,骨微伤,病间月。"

❼ <动> 离间。《屈原列传》:"谗人间之,可谓穷矣。"

❽ <动> 伺候;侦察。《韩非子·外储说右上》:"内间主之情以告外。"

❾ <名> 间谍。《史记·河渠书》:"始臣为间,然渠成亦秦之利也。"

❿ <动> 参与;介入。《曹刿论战》:"肉食者谋之,又何间焉?"

⑪ <动>交杂;夹杂。《口技》:"中间力拉崩倒之声。"
⑫ <名>一会儿;片刻。《促织》:"少间,帘内掷一纸出。"
⑬ <副>间断的;间或。《邹忌讽齐王纳谏》:"数月之后,时时而间进。"
⑭ <副>私下;暗地里。《信陵君窃符救赵》:"侯生乃屏人间语。"
⑮ <名>间道;偏僻的小路。《廉颇蔺相如列传》:"故令人持璧归,间至赵矣。"

读xián时:

<形>通"闲",空闲,安静。《楚辞·招魂》:"像设君室,静间安些。"

语法常识第197讲

倒装句:宾语前置【自】"无高山大野可登览以自广"一句中宾语"自"前置到谓语"广"前面,表示强调。翻译为:没有高山旷野可以登临观览以开阔自己的心胸。

黄州快哉亭记

——心胸大了，快乐就多了

苏辙

🔖 《古文观止》有故事

苏轼和苏辙兄弟二人感情很好。

嘉祐六年（1061年），苏轼赴凤翔任职，兄弟俩第一次分离，苏轼写诗寄托离别之情。

1076年，苏轼在密州做太守时，在中秋夜写下了名篇《水调歌头》。他在词前小序中说"丙辰中秋，欢饮达旦，大醉，作此篇，兼怀子由（苏辙字子由）"，表达了对弟弟的思念。

元丰二年（1079年），苏轼因为作诗"诽谤朝廷"罪被捕入狱。几经磨难，最后被贬为黄州团练副使。苏辙为了救哥哥，在《为兄轼下狱上书》中请求拿自己的官职为哥哥赎罪，于是被贬为监筠州（今江西省高安市）盐酒税（主管盐酒税收的官），五年不得升调。

筠州和黄州有水路相通。元丰五年（1082年），苏辙坐船到黄州，和苏轼相聚。兄弟俩一起游览了黄州附近的山山水水。

苏轼在黄州有一个好朋友叫张怀民，字梦得，也是被贬到这里的。张梦得来到黄州后，在住所西南方建了一座亭子。坐在亭子里，可以看到江流奔涌，听到鱼龙长啸。向西可以看到群山起伏，草木葱茏。太阳出来后，一座座房屋清清楚楚地浮现出来；还能看到前代战争的遗迹，想见当年的金戈铁马，岂不快哉？于是，把此亭命名为"快哉亭"，苏辙为此写了一篇《黄州快哉亭记》。

其实，景物无所谓悲喜，还是要看观景人的心情和心胸。张梦得在贬谪中，能够随遇而安。这份旷达的胸襟，是苏辙极力赞赏的。

苏轼和苏辙同样也是如此。想当年，两人参加制科考试时，宋仁宗看了他俩的试卷，曾经欣喜地说："吾为子孙得两宰相矣。"胸怀宰相之才，却被贬谪到偏远之地做小官。英雄无用武之地，心情肯定郁闷。但他们都能寄情山水，开阔心胸。心胸大了，快乐也就多了！

逐字逐句学古文

原文

jiāng chū xī líng　shǐ dé píng dì　qí liú bēn
江出西陵，始得平地，其流奔
fàng sì dà　nán hé xiāng、yuán　běi hé hàn miǎn
放肆大；南合湘、沅，北合汉沔，
qí shì yì zhāng　zhì yú chì bì zhī xià　bō liú jìn
其势益张。至于赤壁之下，波流浸

译文

长江出了西陵峡，才进入平地，水势奔腾浩荡。南边与沅水、湘水合流，北边与汉水汇聚，水势显得更加壮阔。江水流到赤壁之下，波灌，与海相若。清河张君梦得谪居齐安，即其庐之西南为亭，以览观江流之胜，而余兄子瞻名之曰"快哉"。

盖亭之所见，南北百里，东西一舍。涛澜汹涌，风云开阖。昼则舟楫出没于其前，夜则鱼龙悲啸于其下。变化倏忽，动心骇目，不可久视。今乃得玩之几席之上，举目而足。西望武昌诸山，冈陵起伏，草木行列，烟消日出。渔夫樵父之舍，皆可指数。此其所以为"快哉"者也。至于长洲之滨，故城之墟，曹孟德、孙仲谋之所睥睨，周瑜、陆逊之所驰骛。其流风遗迹，亦足以称快世俗。

昔楚襄王从宋玉、景差于兰台之宫，有风飒然至者，王披襟当之，曰："快哉此风！寡人所与庶人共者耶？"宋玉曰："此独大王之

浪滚滚，如同大海一样。清河张梦得，被贬官后居住在齐安，于是他在房舍的西南方修建了一座亭子，用来观赏长江的胜景。我的哥哥子瞻给这座亭子起名叫"快哉亭"。

在亭子里能看到长江南北上百里、东西三十里。波涛汹涌，风云变化不定。在白天，船只在亭前来往出没；在夜间，鱼龙在亭下的江水中悲声长啸。景物变化很快，令人惊心骇目，不能长久地欣赏。现在能够在几案旁边欣赏这些景色，抬起眼来就足够看了。向西眺望武昌的群山，只见山脉蜿蜒起伏，草木成行成列，烟消云散，阳光普照，捕鱼、打柴的村民的房舍，都可以一一数清。这就是把亭子称为"快哉"的原因。到了长江岸边古城的废墟，是曹操、孙权傲视群雄的地方，是周瑜、陆逊驰骋战场的地方，那些流传下来的风范和事迹，也足够让世俗之人称快。

从前，楚襄王让宋玉、景差跟随着游兰台宫。一阵风吹来，飒飒作响，楚王敞开衣襟，迎着风，说："这风多么畅快啊！这是我和百姓所共有的吧？"宋玉说："这只是大王的雄风罢了，百姓怎么能和您共同享受它呢？"宋玉的话在这儿大概有讽喻的意味吧。风并没有雄雌的

雄风耳,庶人安得共之!"玉之言盖有讽焉。夫风无雄雌之异,而人有遇不遇之变。楚王之所以为乐,与庶人之所以为忧,此则人之变也,而风何与焉?士生于世,使其中不自得,将何往而非病?使其中坦然,不以物伤性,将何适而非快?

今张君不以谪为患,收会稽之余,而自放山水之间,此其中宜有以过人者。将蓬户瓮牖无所不快,而况乎濯长江之清流,挹西山之白云,穷耳目之胜以自适也哉!不然,连山绝壑,长林古木,振之以清风,照之以明月,此皆骚人思士之所以悲伤憔悴而不能胜者,乌睹其为快也哉!

区别,而人有生得逢时,生不逢时的不同。楚王感到快乐的原因,而百姓感到忧愁的原因,正是由于人们的境遇不同,跟风又有什么关系呢?读书人生活在世上,假使心中不坦然,那么,到哪里没有忧愁?假使胸怀坦荡,不因为外物而伤害天性,那么,在什么地方会不感到快乐呢?

张梦得不把被贬官而作为忧愁,利用征收钱谷的公事之余,在大自然中释放自己的身心,这说明他心中应该有超过常人的地方。即使是用蓬草编门,以破瓦罐做窗,都不会觉得不快乐,更何况在清澈的长江中洗涤,观赏着西山的白云,尽享耳目的美景来自求安适呢?如果不是这样,连绵的峰峦,深陡的沟壑,辽阔的森林,参天的古木,清风拂摇,明月高照,这些都是伤感失意的文人士大夫感到悲伤憔悴而不能忍受的景色,哪里看得出这是畅快的呢!

文化常识第198讲

几 简体"几"字是个象形字,就像一个小桌子的侧面图。在商代甲骨文中,就已经出现了"几"字。它的本义是凭几。古代人还没有凳子椅子,他们在地上铺上席子席地而坐，坐在席子上的人会靠着一个小几。后来，"几"引申为放置物体的矮小桌子。

常用字第198讲 没

读mò时：

❶ <动>沉入水中。《孔雀东南飞》："其家逼之，乃没水而死。"
❷ <动>淹没。《西门豹治邺》："水来漂没，溺其人民。"
❸ <动>掩没；掩埋。《兵车行》："生女犹得嫁比邻，生男埋没随百草。"
❹ <动>覆没；陷没。《报任安书》："陵未没时，使有来报。"
❺ <动>隐没；隐匿。《〈指南录〉后序》："日与北骑相出没于长淮间。"
❻ <动>消失。《中山狼传》："良久，羽旄之影渐没，车马之音不闻。"
❼ <动>没收。韩愈《柳子厚墓志铭》："子本相侔，则没为奴婢。"
❽ <动>通"殁"，死。《过秦论》："始皇既没，余威震于殊俗。"

语法常识第198讲

词类活用：形容词的使动用法【骇】 "变化倏忽，动心骇目，不可久视"一句中"骇"本义为"惊骇"，是形容词，在这里为使动用法，意为"使目惊骇"。翻译为：景物变化很快，使人心惊目骇，不能长久地欣赏。

寄欧阳舍人书
——曾家兄弟的伯乐

《古文观止》有故事

曾巩是北宋散文家,唐宋八大家之一。他天资聪慧,出口成诵,再加上勤学苦读,小小年纪就已经名声在外了。18岁时,曾巩跟随父亲到京城参加考试。虽然没有考中,但是他认识了王安石,两个人成为好朋友。

20岁时,他进入太学,给欧阳修写了一封信,表达对他的崇敬之情,想向他学习写文章。他的文章得到了欧阳修的赏识,他成了欧阳修的学生。

在《送杨辟秀才》中,欧阳修夸奖曾巩说:"吾奇曾生者,始得之太学。

初谓独轩然,百鸟而一鹗。"这是在表扬曾巩独立超群,与众不同。欧阳修还说过:"过吾门百千人独于得生为喜。"在欧阳修门下有成百上千的学生,最喜欢的就是曾巩了。

1046年,曾巩奉父亲之命,写信请欧阳修给已经去世的祖父曾致尧作一篇墓碑铭。欧阳修欣然答应,写了一篇《尚书户部郎中赠右谏议大夫曾公神道碑铭》。第二年,曾巩写了一封《寄欧阳舍人书》,表示对先生的感谢。

欧阳修被贬到滁州时,曾巩曾经拜访过先生。欧阳修在滁州修了"丰乐亭"和"醒心亭",他自己写了《丰乐亭记》,邀请曾巩写了《醒心亭记》。师生分别的时候,欧阳修还给当时的宰相写信推荐曾巩。

曾巩喜欢写策论,论述国家大事。可是,科举考试不注重策论,所以,他没有考中。直到嘉祐二年(1057年),欧阳修主持科举考试,坚持以策论为主,诗赋为辅的原则来命题。这样一来,曾巩和弟弟,还有两位堂弟和两位妹夫,一下子都考中了。

同科考中六位进士,曾家的战绩可谓辉煌。曾家兄弟的文学功底确实深厚,但是能同时考中,还是要感谢欧阳修呀。

逐字逐句学古文

原文

去秋人还,蒙赐书及所撰先大父墓碑铭。反复观诵,感与惭并。夫铭志之著于世,义近于史,而亦有与史异者。盖史之于善恶,无所不书,而铭者,盖古之人有功德、材行、志义之美者,惧后世之不知,则必铭而见之。或纳于庙,或存于墓,一也。苟其人之恶,则于铭乎何有?此其所以与史异也。其辞之作,所以使死者无有所憾,生者得致其严。而善人喜于见传,则勇于自立;恶人无有所纪,则以愧而惧。至于通材达识,义烈节士,嘉言善状,皆见于篇,则足为后法。警劝之道,非近乎史,其将安近?

译文

去年秋天,我派去的人回来,承蒙您赐予书信及为先祖父撰写墓碑铭。我反复读诵,真是感愧交并。

说到铭志之所以能够著称后世,是因为它的意义与史传相接近,但也有与史传不相同的地方。因为史传对人的善恶都一一加以记载,而碑铭呢,大概是古代功德卓著、才能操行出众、志气道义高尚的人,怕后世的人不知道,所以一定要写一篇铭文刻在碑上来显扬自己。有的置于家庙里,有的放置在墓穴中,其用意是一样的。如果那是个恶人,那么有什么好铭刻的呢?这就是碑铭与史传不同的地方。铭文的撰写,为的是使死者没有什么可遗憾,生者借此能表达自己的尊敬之情。行善之人喜欢自己的善行善言流传后世,就积极建立功业;恶人没有什么可记,就会感到惭愧和恐惧。至于博学多才、见识通达的人,忠义英烈、节操高尚之士,他们的美善言行,都能一一表现在碑铭里,这就足以成为后人的楷模。铭文

然畜道德而能文章者,虽或并世而有,亦或数十年或一二百年而有之。其传之难如此,其遇之难又如此。若先生之道德文章,固所谓数百年而有者也。先祖之言行卓卓,幸遇而得铭,其公与是,其传世行后无疑也。而世之学者,每观传记所书古人之事,至其所可感,则往往慨然不知涕之流落也,况其子孙也哉?况巩也哉?其追睎祖德而思所以传之之由,则知先生推一赐于巩而及其三世。其感与报,宜若何而图之?

抑又思若巩之浅薄滞拙,而先生进之,先祖之屯蹶否塞以死,而先生显之,则世之魁闳豪杰不世出之士,其谁不愿进于门?潜遁幽抑之士,其谁不有望于世?善谁不为,而恶谁不愧以惧?为人之父祖者,孰不欲教其子孙?为人之子孙

警世劝诫的作用,不与史传相近,那么又与什么相近呢?

但是道德高尚而又善作文章的人,虽然有时会同时出现,但也许有时几十年甚至一二百年才有一个。因此铭文的流传是如此之难;而遇上理想的作者更是加倍的困难。像先生的道德文章,真正算得上是几百年中才有的。我先祖的言行高尚,有幸遇上先生为其撰写公正而又正确的碑铭,它将流传当代和后世是毫无疑问的。世上的学者,每每阅读传记所载古人事迹的时候,看到感人之处,就常常激动得不知不觉地流下了眼泪,何况是死者的子孙呢?又何况是我曾巩呢?我追怀先祖的德行而想到碑铭所以能传之后世的原因,就知道先生惠赐一篇碑铭将会恩泽及于我家祖孙三代。这感激与报答之情,我应该怎样来表示呢?

我又进一步想到像我这样学识浅薄、才能庸陋的人,先生还提拔鼓励我,我先祖这样命途多舛穷愁潦倒而死的人,先生还写了碑铭来显扬他,那么世上那些俊伟豪杰、世不经见之士,他们谁不愿意拜倒在您的门下?那些潜居山林、穷居退隐之士,他们谁不希望名声流播于世?好事谁不想做,而做恶事谁不感到羞愧恐惧?当父亲、祖父的,谁不想教育好自己的子孙?做子孙的,谁不想使自己的父

zhě　shú bú yù chǒng róng qí fù zǔ　 cǐ shù měi
者，孰不欲宠 荣其父祖？此数美
zhě　 yì guī yú xiān shēng　jì bài cì zhī rǔ　qiě
者，一归于先 生。既拜赐之辱，且
gǎn jìn qí suǒ yǐ rán　 suǒ yù shì zú zhī cì　gǎn bù
敢进其所以然。所谕世族之次，敢不
chéng jiào ér jiā xiáng yān　kuì shèn　bù xuān
承 教而加详 焉？愧甚，不宣。

祖荣耀显扬？这件件美事，应当全归于先生。我荣幸地得到了您的恩赐，并且冒昧地向您陈述自己所以感激的道理。来信所论及的我的家族世系，我怎敢不听从您的教诲而加以研究审核呢？荣幸之至，书不尽怀。

文化常识第199讲

铭　指在金石等器物上刻铸的文字，多用来警诫自己、称述功德的，后来成为一种文体。本文中提到的"铭志"指的是墓志铭，是一种悼念性的文体，通常会有两部分：前一部分是志，记叙死者世系、名字、爵位及生平事迹等；后一部分是"铭"，多用韵文，表示对死者的悼念和赞颂。

常用字第199讲　族

❶ <名>宗族；家族。《过秦论》："山东豪俊，遂并起而亡秦族矣。"
❷ <名>类。《师说》："士大夫之族，曰师曰弟子云者。"
❸ <动>灭族。《阿房宫赋》："族秦者秦也，非天下也。"
❹ <形>众；一般的。《庖丁解牛》："族庖月更刀，折也。"
❺ <动>聚结；集中。《庄子·在宥》："云气不待族而雨，草木不待黄而落。"
❻ <名>筋骨交错的地方。《庖丁解牛》："每至于族，吾见其难为，怵然为戒。"

语法常识第199讲

词类活用：名词作动词【铭】"惧后世之不知，则必铭而见之"一文中"铭"本义为"墓志铭"，是名词，在这里活用作动词，意为"撰写墓志铭"。翻译为：怕后世的人不知道，所以一定要写一篇铭文刻在碑上来显扬自己。

赠黎安二生序
——走自己的路

◆《古文观止》有故事

　　曾巩和苏轼是同科考中的进士。那一年，苏轼20岁，曾巩已经38岁了。但是，年龄的差距不妨碍两个人成为好朋友。从后世的评价来看，苏轼的名气要大一些，不过他非常推崇曾巩。

　　苏轼曾经请曾巩为自己的伯父写墓志铭，他还写过一首诗《送曾子固倅(cuì)越得燕字》。诗中写道："醉翁门下士，杂遝(tà)难为贤。曾子独超轶，孤芳陋群妍。"醉翁指的是欧阳修。欧阳修门下的学生很多，在苏轼看来，曾巩是水平

最高的。他这朵花一开放，其他的花儿瞬间就失了光彩，不美丽啦。

有一年，苏轼把同乡的两位年轻人安生和黎生推荐给曾巩。两位年轻人拿着自己写的文章来京城向曾巩求教，得到了曾巩的赏识和鼓励。不久后，黎生补任江陵府（今湖北省荆州市）司法参军（负责审判案件的官）。临行前，他恳请曾巩给自己写篇赠序。于是，曾巩写了这篇著名的《赠黎安二生序》。

针对两位年轻人因为学习文章被人讥笑的苦恼，他以自己的例子，鼓励他们不要屈从世俗，勇敢地去走自己的路。

曾巩也确实是这么做的。他和王安石是好朋友，王安石开始变法时，他很客观地劝他慎重一些，不要操之过急，要先教化百姓，再一步步推行新法，才有可能收到成效。但王安石变法决心已定，听不进去劝，两个人逐渐疏远。

劝不动王安石，曾巩就要求离开京城去做地方官。即使两个人有分歧，他在地方官任上，并没有阻挠新法的实行，而是想方设法地修正偏激的地方，弥补实施过程中的缺漏。

王安石被罢官后，宋神宗问曾巩如何看待王安石，曾巩回答："他勇于有为，吝于改过。"就是说王安石敢作敢为，文章学识都很出众，但是听不进不同意见，很难改正自己的毛病。宋神宗听了，不住地点头。

这就是曾巩，坚定地走着自己的路，问心无愧就好！

逐字逐句学古文

原文	译文
zhào jùn sū shì　　yú zhī tóng nián yǒu yě　　zì 赵郡苏轼，予之同年友也。自 shǔ yǐ shū zhì jīng shī wèi yú　chēng shǔ zhī shì yuē lí 蜀以书至京师遗予，称蜀之士曰黎 shēng　　ān shēng zhě　　jì ér lí shēng xié qí wén shù 生、安生者。既而黎生携其文数	赵郡苏轼，是我同年考中的朋友。他从四川写信到京师给我，称道四川叫黎生和安生的两位年轻人。不久，黎生携带了他的几十万字的文章，安生也携带了他的几千字的文

十万言,安生携其文亦数千言,辱以顾予。读其文,诚闳壮隽伟,善反复驰骋,穷尽事理;而其材力之放纵,若不可极者也。二生固可谓魁奇特起之士,而苏君固可谓善知人者也。

顷之,黎生补江陵府司法参军,将行,请予言以为赠。予曰:"予之知生,既得之于心矣,乃将以言相求于外邪?"黎生曰:"生与安生之学于斯文,里之人皆笑以为迂阔。今求子之言,盖将解惑于里人。"予闻之,自顾而笑。

夫世之迂阔,孰有甚于予乎?知信乎古,而不知合乎世;知志乎道,而不知同乎俗;此予所以困于今而不自知也。世之迂阔,孰有甚于予乎?今生之迂,特以文不近俗,迂之小者耳,患为笑于里之人;若予之迂大矣,使生持吾言而归,且重

章,屈尊来拜访我。我读了他们的文章,的确写得宏伟壮丽,意味深长,善于照应,气势奔放,充分表达了事实和道理,而他们的才力豪放纵逸,好似没有尽头。二生固然可以算得是魁首、奇崛的读书人,苏君因此也可以说是善于识别人才的人了。

不久,黎生补缺江陵府的司法参军,即将远行的时候,请我以言相赠。我说:"我知道你,已经在内心深处留下你的印象了,还需要在形式上用语言加以表达吗?"黎生说:"我和安生都学习写这些文章,同乡都讥笑我们,认为不切合实际。现在请求您赠言,是想解除同乡邻里的看法。"我听了这些话,想到自身,不由得笑了。

世间不切合实际的人,还有比我更严重的吗?只知道相信古人,却不知道迎合世俗;只知道记住圣贤之道,却不知道与世俗同流合污。这就是我现在还遭受困厄的缘故,而且自己还不能领悟啊!世间不切合实际的人,还有比我更严重的吗?如今你们二人的不切实际,仅仅是由于文章不接近世俗,这不过是不切合实际中的小事罢了,担忧同乡讥笑。像我的不切合实际可就大了,假使你拿着我的文章归去,将要重重地得罪他人,哪里还只是被讥笑?那么像我这样的

得罪，庸讵止于笑乎？然则若予之于生，将何言哉？谓予之迂为善，则其患若此；谓为不善，则有以合乎世，必违乎古，有以同乎俗，必离乎道矣。生其无急于解里人之惑，则于是焉，必能择而取之。

遂书以赠二生，并示苏君以为何如也。

人，对于你们将要说些什么呢？如果说我的不切合实际算好，那么它的后患就是这样；如果说它不好，那么就会迎合世俗，但必定违背古人，就要随同世俗，但必定背离圣贤之道了。你们还是不要急于解除同乡的疑惑，那么这样，必定能够经过选择而取其正确的东西。

于是，我书写这些话来赠送给两位，并给苏君看看，看他认为我的话怎么样。

文化常识第200讲

序 本文是一篇赠序。赠序始于唐代，是文人临别赠言性质的文字，内容大多是一些勉励、推崇、赞许的话语。往往根据送别的对象生发议论，阐明某些观点，言辞恳切而意味深长。还有一种是介绍评述作品内容的书序，可以是作者自己陈述作品主旨、著作经过的自序，也可以对他人作品做介绍性的评述。

常用字第200讲

❶ <形>急躁；着急。《荆轲刺秦王》："时恐急，剑坚，故不可立拔。"
❷ <形>紧急；急迫。《赤壁之战》："事急而不断，祸至无日矣。"
❸ <名>急务；紧急之事。《论积贮疏》："卒然边境有急，数千百万之众，国胡以馈之？"
❹ <形>急促；迅疾。《琵琶行》："感我此言良久立，却坐促弦弦转急。"
❺ <形>急忙；赶快。《石壕吏》："急应河阳役，犹得备晨炊。"
❻ <形>紧。《三国志·魏书·吕布传》："遂生缚布。布曰：'缚太急，小缓之。'"
❼ <动>亲近；看重。《史记·游侠列传》："是人，吾所急也。"

语法常识第200讲

反问句："孰……乎？" 文言文中，也可以用"孰……乎？"固定句式来表达反问语气。本文"世之迂阔，孰有甚于予乎？"就是这样的反问句，强调"没有人比我更厉害"。翻译为：世间不切合实际的人，还有比我更严重的吗？

读孟尝君传
——什么是真正的"士"？

王安石

《古文观止》有故事

  王安石从小聪慧，博览群书，旁征博引，总能提出不同于世俗的观点。

  考中科举后，朝廷任命他做淮南节度使判官。之后，又想调他到馆阁任职。北宋有昭文馆、史馆、集贤院"三馆"和秘阁、龙图阁等阁，分别掌管图书经籍和编修国史等事务，统称"馆阁"。大概是王安石想深入了解当时社会的世态人情吧？他拒绝了到京城任职的机会，选择去了鄞(yín)县（今浙江省宁波市境内）做一名小小的知县。

在鄞县四年，他兴修水利，扩建学校，取得了不错的政绩。1051年，他被调任舒州（今安徽省潜山市）通判，由于勤政爱民，得到了百姓的爱戴。当时的宰相文彦博很欣赏他淡泊名利，懂礼守法，于是向宋仁宗举荐他。可是，王安石又拒绝了，理由是：不想助长越级提拔的不正之风。欧阳修举荐王安石做谏官，他说还要照顾年老的奶奶，同样拒绝了。

后来，皇帝要召他进京修起居注，王安石执意推辞。后来差役直接把敕书送到了他家，却找不到他。没办法，只好把敕书放在桌子上就走了。王安石哪儿去了？原来，这个执拗的家伙躲进了厕所。他听到差役走了，跑出来，发现了放在桌子上的敕书。王安石抓起敕书就往外跑，追上差役，一言不发，把敕书塞进他的怀里，转身就回去了。反反复复推辞好多次，他才勉强接受了。

直到得到宋神宗的赏识，王安石终于拜相，大展身手，开始了轰轰烈烈的变法。

王安石在一篇读后感《读孟尝君传》中指出：孟尝君也不过是"鸡鸣狗盗"之徒的首领而已，他并不懂得什么是真正的"士"。或许，王安石的仕途就是"士"的成长之路吧？踏踏实实地从地方官做起，了解社会，锻炼能力，然后立足国家大势，变法图强。这样的人，才是真正的人才！

逐字逐句学古文

原文	译文
世皆称孟尝君能得士，士以故归之，而卒赖其力以脱于虎豹之秦。嗟乎！孟尝君特鸡鸣狗盗之雄耳，岂足以言得士？不然，擅	世人都称赞孟尝君能够招贤纳士，贤士因为这个缘故归附他，而孟尝君终于依靠他们的力量，从像虎豹一样凶残的秦国逃脱出来。唉！孟尝君只不过是一群鸡鸣狗盗之徒的首领罢了，哪里能说是得到了贤士！如果不是这样，孟尝

qí zhī qiáng　dé yì shì yān　yí kě yǐ nán miàn ér
齐之强，得一士焉，宜可以南面而
zhì qín　shàng hé qǔ jī míng gǒu dào zhī lì zāi
制秦，尚何取鸡鸣狗盗之力哉？
fú jī míng gǒu dào zhī chū qí mén　cǐ shì zhī suǒ yǐ
夫鸡鸣狗盗之出其门，此士之所以
bú zhì yě
不至也。

君拥有齐国强大的国力，只要得到一个贤士，齐国就应当可以依靠国力制服秦国君临天下，还用得着鸡鸣狗盗之徒的力量吗？鸡鸣狗盗之徒在他的门下出入，这就是贤士不归附他的原因。

文化常识第201讲

鸡鸣狗盗　《史记》上记载：孟尝君被秦昭王囚禁，有个门客装狗，溜进秦宫，把早已经送给秦王的一件白狐裘偷了出来，转送给秦王的宠姬替他说情，秦昭王这才释放了孟尝君。孟尝君连夜逃到函谷关。秦法规定，鸡叫后才可以开关放人。又有一个门客学鸡叫，引得周围的鸡都叫了起来，城门打开了，孟尝君一行人才逃了出去。

常用字第201讲　　特

❶ <名>公牛，也可指其他雄性牲畜。《诗·正月》："瞻彼阪田，有菀其特。"
❷ <名>三岁的兽。《伐檀》："不狩不猎，胡瞻尔庭有县特兮？"
❸ <动>杰出的；突出的。《过小孤山大孤山》："又有一石，不附山，杰然特起。"
❹ <副>特别；特地。《陈情表》："诏书特下，拜臣郎中。"
❺ <副>仅；只；不过。《廉颇蔺相如列传》："相如度秦王特以诈佯为予赵城，实不可得。"

语法常识第201讲

判断句："此……也"　有些句子用"此……也"的固定句式，表示判断。本文"鸡鸣狗盗之出其门，此士之所以不至也"一句就是这样的判断句。翻译为：鸡鸣狗盗之徒在他门下出入，这就是贤士不归附他的原因。

同学一首别子固

——一起努力学圣人

王安石

〇《古文观止》有故事

　　王安石和曾巩是好朋友。公元1037年,曾巩第一次进京考试,王安石也跟随父亲进京。这一次,曾巩没有考中,但是结识了王安石,两个年轻人意气相投,成为好朋友。

　　曾巩非常欣赏王安石的才干。虽然当时他不过是一位落榜的读书人,但还是多次举荐王安石。曾巩曾经给翰林学士蔡襄写了一篇《上蔡学士书》,其实就是一篇推荐信。曾巩极力推荐王安石,说他才华出众,这样的人才不能

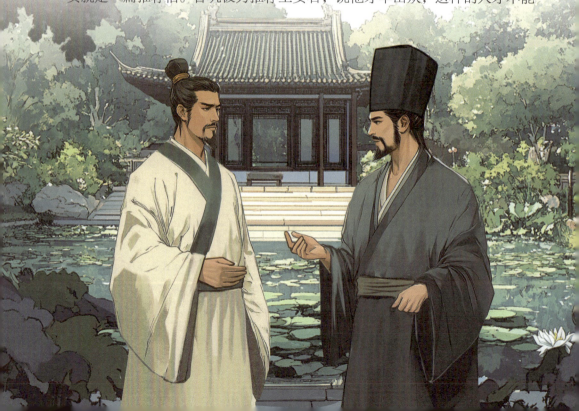

错过呀；如果能重用王安石，对天下将大有益处。同时，他还把王安石的文章抄了一卷送给蔡襄。

后来，曾巩又先后两次给欧阳修写信推荐王安石，称赞他是治世之才，既能奉行圣人之道，又能治理当世的事务。

1042年，曾巩和王安石一起参加考试，曾巩再次落第，王安石却考中了。第二年，王安石从扬州回到了家乡临川（今江西省抚州市临川区），又去南丰（今江西省抚州市南丰县）看望了曾巩。临别时，曾巩写了一首《怀友》送给王安石。王安石心生感悟，也写了一篇《同学一首别子固》回赠，勉励老朋友一起努力，共同进步，达到中庸的理想境界。

曾巩是一个非常有原则的人。他推荐王安石，是在为国家着想；他反对王安石，也是在坚守自己的价值观。

1068年，同在京城做官的两个好朋友出现了分歧，起因是：给皇帝讲课的讲官应该坐着讲课，还是站着讲课？这个问题在当时朝廷上引起了争论。王安石认为要尊师重道，提出要坐着给皇帝讲课；而曾巩则认为君臣之间要尊卑有序，应该站着讲。他还写了一篇文章《讲官议》，引经据典地驳斥了王安石的观点。两人的友情出现了裂痕。

即使如此，两个人为国为民的心还是一致的，或许，冲突也是另外一种勉励吧。

逐字逐句学古文

原文	译文
江之南有贤人焉，字子固，非今所谓贤人者，予慕而友之。淮之南有贤人焉，字正之，非今所谓贤	江南有一位贤人，字子固，他不是现在一般人所说的那种贤人，我敬慕他，并把他当作朋友。淮南有一位贤人，字正之，他也不是现

人者，予慕而友之。二贤人者，足未尝相过也，口未尝相语也，辞币未尝相接也。其师若友，岂尽同哉？予考其言行，其不相似者，何其少也！曰："学圣人而已矣。"学圣人，则其师若友，必学圣人者。圣人之言行，岂有二哉？其相似也适然。

予在淮南，为正之道子固，正之不予疑也。还江南，为子固道正之，子固亦以为然。予又知所谓贤人者，既相似，又相信不疑也。子固作《怀友》一首遗予，其大略欲相扳以至乎中庸而后已。正之盖亦常云尔。夫安驱徐行，𫐓中庸之庭，而造于其室，舍二贤人者而谁哉？予昔非敢自必其有至也，亦愿从事于左右焉尔。辅而进之，其可也。

噫！官有守，私有系，会合不可以常也，作《同学一首别子固》以相警，且相慰云。

在一般人所说的那种贤人，我敬慕他，也把他当作朋友。这两位贤人，不曾互相往来，不曾互相交谈，也没有互相赠送过礼品。他们的老师和朋友，难道都是相同的吗？我注意考察他们的言行，他们之间的不同之处竟是多么少呀！应该说，这是他们学习圣人的结果。学习圣人，那么他们的老师和朋友，也必定是学习圣人的人。圣人的言行难道会有两样吗？他们的相似就是必然的了。

我在淮南，向正之提起子固，正之不怀疑我的话。回到江南，向子固提起正之，子固也很相信我的话。于是我知道被人们认为是贤人的人，他们的言行既相似，又互相信任而不猜疑。子固写了一篇《怀友》赠给我，其大意是希望互相帮助，直至达到中庸的标准才肯罢休。正之也经常这样说。驾着车子稳步前进，辗过中庸的门庭而进入内室，除了这两位贤人还能有谁呢？我过去不敢肯定自己有可能达到中庸的境地，但也愿意跟在他们左右奔走。在他们的帮助下前进，大概能够达到目的。

唉！做官的各有自己的职守，由于个人私事的牵挂，我们之间不能经常相聚，作《同学一首别子固》，用来互相告诫，并且互相慰勉。

文化常识第202讲

中庸之道 《中庸》是中国古代论述人生修养境界的一部道德哲学专著，是儒家经典之一，其中提出"中庸"是道德行为的最高标准。中就是中正、中和，庸则指常、用。"中庸"就是要做到不偏不倚、量度以取中，不要做得太过，也不要做得不够，即要做到无过无不及。这样为人处世，才能达到和谐统一。

常用字第202讲 —— 左

❶ <名>左边，与"右"相对。《垓下之战》："左，乃陷大泽中。"

❷ <名>战车左边的卫士。《殽之战》："左右免胄而下，超乘者三百乘。"

❸ <名>东面。古代地理观念中，以东为左。《扬州慢》："淮左名都，竹西佳处。"

❹ <名>旁边。《柳毅传》："鸟起马惊，疾逸道左。"

❺ <名>（车骑的）尊位。《信陵君窃符救赵》："公子从车骑，虚左，自迎夷门侯生。"

❻ <名>较低的地位。古代尊称右，故以"左"为较低的地位。《琵琶行》："予左迁九江郡司马。"

❼ <形>不正；邪僻。《礼记·王制》："执左道以乱政。"

❽ <动>不合。韩愈《答窦秀才书》："身动而事左。"

❾ <动>不赞助。《战国策·魏策》："右韩而左魏。"

❿ <名>证据；证人。《新唐书·刘知几传》："举十二条左证其谬。"

语法常识第202讲

词类活用：名词的意动用法【友】 "江之南有贤人焉，字子固……予慕而友之"一句中"友"字本义为"朋友"，是名词，在这里用作意动用法，意为"以之为友"。翻译为：江南有一位贤人，字子固，……我敬慕他，把他当作朋友。

游褒禅山记
——尽力而为就好

《古文观止》有故事

至和元年（1054年）四月，王安石从舒州（今安徽省潜山县）通判任上辞职。回家探亲途中，他游览了褒禅山。七月，他写下了《游褒禅山记》。作者叙述他和几位同伴游褒禅山时观赏到的景物，以及探索"后洞"随大家半途而废的经过，并以此为喻，说明一个人要想为社会有所贡献，实现远大理想，"志、力、物"缺一不可。外物与体力强求不来，我们能做的只有"尽吾志"，就是尽最大的心力去做。即使不成功，也问心无愧。

王安石的一生都在"尽吾志"。

1070年,王安石被任命为同中书门下平章事,正式拜相,开始了轰轰烈烈的变法。变法触动了保守派的利益,而且新法本身也有漏洞,引得老百姓怨声载道,新法的实施阻碍重重。御史中丞吕诲控诉王安石变法十大过失,被贬为地方官。韩琦上疏规劝神宗停止青苗法,王安石也不听。司马光三次写信给王安石,列举实施新法的弊病,要求王安石废除新法。王安石回信一一反驳,表明坚持变法的决心。司马光辞职离开京城。

1071年,开封有百姓为了逃避新法,自己弄断了手腕。消息传到朝廷,王安石不以为然。他认为实行新政,官员不理解,百姓出现抵触心理都是很正常的事儿。而宋神宗则认为还是要考虑百姓的意见。君臣产生了分歧,但王安石仍不放弃。

1074年春,天下大旱,百姓流离失所,大臣们趁机诋毁新法。王安石认为,即使是尧舜时代,天灾也是避免不了的,派人去治理就行了。而宋神宗则忧心忡忡,想要废除不合适的新法。内外交困,宋神宗终于动摇了,罢免了王安石的宰相职务。

不过这时候,新法还没废。第二年,王安石再次回京,想再为新法的实施尽最后的努力。但是他发现自己独木难支,变法事业已经走到了尽头。这才辞职退隐。

他已经尽力了。

逐字逐句学古文

原文

bāo chán shān yì wèi zhī huá shān tāng fú tú huì
褒 禅 山 亦 谓 之 华 山, 唐 浮 图 慧
bāo shǐ shè yú qí zhǐ ér zú zàng zhī yǐ gù qí
褒 始 舍 于 其 址, 而 卒 葬 之; 以 故 其

译文

褒禅山也称为华山。唐代和尚慧褒开始在这里筑室居住,死后又葬在这里;因为这个缘故,后人就称

后名之曰"褒禅"。今所谓慧空禅院者,褒之庐冢也。距其院东五里,所谓华山洞者,以其乃华山之阳名之也。距洞百余步,有碑仆道,其文漫灭,独其为文犹可识,曰"花山"。今言"华"如"华实"之"华"者,盖音谬也。

其下平旷,有泉侧出,而记游者甚众,所谓"前洞"也。由山以上五六里,有穴窈然,入之甚寒,问其深,则其好游者不能穷也,谓之"后洞"。予与四人拥火以入,入之愈深,其进愈难,而其见愈奇。有怠而欲出者,曰:"不出,火且尽。"遂与之俱出。盖予所至,比好游者尚不能十一,然视其左右,来而记之者已少。盖其又深,则其至又加少矣。方是时,予之力尚足以入,火尚足以明也。既其出,则或咎其欲出者,而予亦悔其随之,而不得极

此山为褒禅山。现在人们所说的慧空禅院,就是慧褒弟子在其墓旁盖的屋舍。距离那禅院东边五里,是人们所说的华阳洞,因为它在华山南面而这样命名。距离山洞一百多步,有一座石碑倒在路旁,上面的文字已被剥蚀、损坏近乎磨灭,只有从勉强能认得出的地方还可以辨识出"花山"的字样。如今将"华"读为"华实"的"华",大概是读音上的错误。

由此向下的那个山洞平坦而空阔,有一股山泉从旁边涌出,在这里游览、题记的人很多,这就是"前洞"。经由山路向上五六里,有个洞穴,一派幽深的样子,进去便感到寒气逼人,探究它的深度,就是那些喜欢游险的人也未能走到尽头——这是人们所说的"后洞"。我与四个人打着火把走进去,进去越深,前进越困难,而所见到的景象也就更加奇妙。有个懈怠而想退出的伙伴说:"再不出去,火把就要熄灭了。"于是,只好都跟他退出来。我们走进去的深度,比起那些喜欢游险的人来,大概还不足十分之一,然而看看左右的石壁,来此而题记的人已经很少了。洞内更深的地方,大概来到的游人就更少了。当决定从洞内退出时,我的体力还足够前进,火把还能够继续照明。我们出洞以后,就有人埋怨

夫游之乐也。

于是予有叹焉。古人之观于天地、山川、草木、虫鱼、鸟兽，往往有得，以其求思之深而无不在也。夫夷以近，则游者众；险以远，则至者少。而世之奇伟、瑰怪、非常之观，常在于险远，而人之所罕至焉，故非有志者不能至也。有志矣，不随以止也，然力不足者，亦不能至也。有志与力，而又不随以怠，至于幽暗昏惑而无物以相之，亦不能至也。然力足以至焉，于人为可讥，而在己为有悔。尽吾志也而不能至者，可以无悔矣，其孰能讥之乎？此予之所得也！

予于仆碑，又有悲夫古书之不存，后世之谬其传而莫能名者，何可胜道也哉！此所以学者不可以不深思而慎取之也。

四人者：庐陵萧君圭君玉，长乐

那个主张退出的人，我也后悔跟他出来，而未能极尽游洞的乐趣。

对于这件事我有所感慨。古人观察天地、山川、草木、虫鱼、鸟兽，往往有所得益，是因为他们探究、思考得深邃而且广泛。平坦而又近的地方，前来游览的人便多；危险而又远的地方，前来游览的人便少。但是世上奇妙雄伟、珍异奇特、非同寻常的景观，常常在那险阻、僻远、少有人至的地方，所以，不是有意志的人是不能到达的。虽然有了志气，也不盲从别人而停止，但是体力不足的，也不能到达。有了志气与体力，也不盲从别人、有所懈怠，但到了那幽深昏暗而使人感到模糊迷惑的地方却没有必要的物件来支持，也不能到达。可是，力量足以达到目的而未能达到，在别人看来是可以讥笑的，在自己来说也是有所悔恨的；尽了自己的主观努力而未能达到，便可以无所悔恨，谁又会来讥笑呢？这就是我这次游山的收获。

我对于那座倒地的石碑，又感叹古代刻写的文献未能存留，后世讹传而无人弄清其真相的事情，怎么能说得完呢？这就是求学者对于学问不可不深入思考并谨慎地选择的缘故。

同游的四个人是：庐陵人萧君圭，字君玉；长乐人王回，字深父；

| wáng huí shēn fǔ　　yú dì ān guó píng fǔ　　ān shàng
王回深父，予弟安国平父、安上
chún fǔ
纯父。 | 我的弟弟王安国，字平父；王安上，字纯父。 |

文化常识第 203 讲

褒禅山 古称华山，在现在的安徽省含山县城东北7.5公里。唐朝贞观年间，高僧慧褒禅师在这里建了房屋定居，死后埋葬在这里，所以他的弟子改华山为褒禅山。东面有灵芝山，据说古代那里盛产灵芝。中间是起云峰，高耸入云。西边有座碗儿岭，相传一个罗汉在这里吃饭后，把碗扔在了岭上，因此而得名。

常用字第 203 讲　　游

❶ <动>在水上漂浮。《与朱元思书》："游鱼细石，直视无碍。"
❷ <动>游玩。《赤壁赋》："苏子与客泛舟游于赤壁之下。"
❸ <动>出游；游历。《两小儿辩日》："孔子东游。"
❹ <动>交往。《鸿门宴》："秦时与臣游，项伯杀人，臣活之。"
❺ <动>游说。《冯谖客孟尝君》："西游于梁。"

语法常识第 203 讲

词类活用：名词作动词【名】"又有悲夫古书之不存，后世之谬其传而莫能名者，何可胜道哉？"一句中"名"本义为"名称"，是名词，这里活用作动词，意为"说出，说明"。翻译为：又感叹古代刻写的文献未能存留，后世讹传而无人弄清其真相的事情，怎么能说得完呢？

204 泰州海陵县主簿许君墓志铭

——命运不同的许家两兄弟

《古文观止》有故事

王安石曾经应许元的邀请为许家编列过家族世系,后来又在许元的弟弟许平去世后,为他写了一篇墓志铭。

许元和许平兄弟相互友爱,受到天下人的称道。两个人都有智谋,有才略,深受当时大官的器重。

许元曾经做过丹阳县(今江苏省丹阳市)县令,在大旱之年,擅自掘开练湖水,为百姓灌溉农田。州官派人来责问,他坦然地说:"我是为百姓做事,

那就治我一个'便民罪'吧。"一番话说得官吏哑口无言。那一年，丹阳县大丰收，百姓都感念许元的恩德。

后来，江淮地区的漕运不畅，京城的粮米出现了短缺。于是，范仲淹举荐了许元。他说只要许元一个人，就可以解决这个问题。皇帝提拔许元担任江淮两浙荆湖发运判官，负责漕运粮米。他到任后，征发了一千多艘粮船。粮船经过的州县，只留下三个月的粮食，其余全部发往京师。等南边的粮食调运过来，再补充库存。就这样，粮食源源不断地运到了京城。

在运输途中，有些船走到半路上竟然散了架，沉入水底。许元调查后发现造船官员偷工减料，少用了钉子。钉子已经敲进木头里，而且已经沉没了，无从查证，官员们死不承认。这难不倒许元，他命人点火烧了一艘新船。等船只烧完后，捡出烧剩下的铁钉，称了重量，果然比他们虚报的少了十分之一。于是，许元以此为标准立下定额，杜绝了偷工减料的事儿。

许元的才能得以施展，而弟弟许平却只做了一个县的主簿（辅佐县令，主管簿籍文书的官）。在墓志铭中，王安石为他的怀才不遇而感慨。最后一问"许平的境遇是谁造成的呢？"，发人深思！

逐字逐句学古文

原文	译文
君讳平，字秉之，姓许氏。余尝谱其世家，所谓今泰州海陵县主簿者也。君既与兄元相友爱称天下，而自少卓荦不羁，善辩说，与其兄俱以智略为当世	先生名平，字秉之，姓许。我曾经编过他的家谱，他就是家谱上边所说的现在任泰州海陵县的主簿。先生不但与兄长许元相互友爱而被天下称赞，而且从少年时就超出一般人，他从不受约束，擅长辩论，和他的哥哥都因有才智谋略而被当代的大官所器

大人所器。宝元时，朝廷开方略之选，以招天下异能之士，而陕西大帅范文正公、郑文肃公争以君所为书以荐，于是得召试，为太庙斋郎，已而选泰州海陵县主簿。

贵人多荐君有大才，可试以事，不宜弃之州县。君亦常慨然自许，欲有所为。然终不得一用其智能以卒。噫！其可哀也已。

士固有离世异俗，独行其意，骂讥、笑侮、困辱而不悔，彼皆无众人之求而有所待于后世者也，其龃龉固宜。若夫智谋功名之士，窥时俯仰，以赴势利之会，而辄不遇者，乃亦不可胜数。辩足以移万物，而穷于用说之时；谋足以夺三军，而辱于右武之国，此又何说哉？嗟乎！彼有所待而不悔者，其知之矣。

重。仁宗宝元（1038—1040年）年间，朝廷开设方略科，来招纳天下具有特异才能的人才，当时陕西大帅范文正公（范仲淹的谥号）、郑文肃公（郑戬的谥号）争相写信推荐先生，因此，他被征召进京应试，结果被任命为太庙斋郎，不久被选派做泰州海陵县主簿。

朝中的大臣多荐举先生有雄才大略，应该任用做重要的事以考验他，不应该把他放置在州、县做一般官吏。许君也曾经意气慷慨，自信自负，想有一番作为。但终究没能有一次显示自己才智的机会就死去了。唉！真令人哀伤啊。

读书人当中本来就有那种远离尘世、与世俗不合，一味按自己的意图行事的人，即使受到讽刺谩骂、嘲笑侮辱、穷苦愁困都不后悔，他们都没有一般人那种对名利的营求之心，而期待能流芳百世，因此他们的失意、不合时宜也是应该的。至于那些富有机智谋略、追求功名利禄的读书人，企图利用时世的变化，去营求权势和物利，却往往不能得志的，也是难以数计的。然而，才辩足以改变一切事物，却在重用游说的时代困穷；智谋足以夺取三军的统帅，却在崇尚武力的国家遭受屈辱，这种情况又怎么解释呢？唉！那些对后世有所期待、遭受困厄却不后悔的人，大概知道其中的原因吧！

君年五十九，以嘉祐某年某月某甲子葬真州之扬子县甘露乡某所之原。夫人李氏。子男瓌，不仕；璋，真州司户参军；琦，太庙斋郎；琳，进士。女子五人，已嫁二人，进士周奉先、泰州泰兴县令陶舜元。

铭曰：有拔而起之，莫挤而止之。呜呼许君！而已于斯，谁或使之？

许君死时五十九岁，在仁宗嘉祐（1056—1063年）某年某月某日葬于真州扬子县甘露乡某地的原野上。夫人姓李。长子名瓌，没有做官；次子名璋，任真州司户参军；三子名琦，任太庙斋郎；四子名琳，中了进士。五个女儿，已经出嫁的两个，一个嫁给进士周奉先，一个嫁给泰州泰兴县（今江苏省泰兴市）令陶舜元。

墓碑上的铭文是：有人提拔而任用他，没有谁排挤而阻碍他。唉！许君却死于小小的海陵县主簿的官位上，是什么人使他这样的呢？

文化常识第 204 讲

郑戬（jiǎn） 北宋大臣，精明能干，善于决断，爱护平民百姓，对豪门大姓惩治起来则不留情面，为政颇有能干的名声。有一次，有人告发小吏冯士元受贿私藏禁书，郑戬彻底追查。最后，冯士元被流放，又牵连知枢密院盛度、参知政事程琳都被免官，其他被贬受罚的有十几个官员。后来，他出任陕西四路都总管，兼经略、安抚、招讨使，驻守泾州，主持平定边疆的战事。

常用字第 204 讲

❶ <动>争论；争辩。《两小儿辩日》："孔子东游，见两小儿辩斗。"
❷ <动>申辩；辩解。《中山狼传》："狼亦巧辩不已以求胜。"

③<形>有口才,能言善辩。《信陵君窃符救赵》:"及宾客辩士说王万端。"
④<形>动听。《五蠹》:"子言非不辩也。"
⑤<动>通"辨",分辨;辨别。《望洋兴叹》:"泾流之大,两涘渚崖之间不辩牛马(sì zhǔ)。"

语法常识第204讲

被动句【"为"作为标志】 有些被动句是用"为"字来表示被动关系的,本文"与其兄俱以智略为当世大人所器"就是这样。翻译为:和他的哥哥都因为有智谋才略被当代的大官所器重。

送天台陈庭学序
——陋室也能养身心

宋濂

《古文观止》有故事

宋濂(lián)是元末明初著名的政治家、文学家、史学家、思想家。他从小刻苦学习，博览群书。至正九年（1349年），元顺帝征召宋濂做翰林编修。他说有父母需要奉养，拒绝出去做官。

1360年，在李善长的推荐下，宋濂和刘基等人被朱元璋召至应天府（今江苏省南京市）。宋濂被任命为江南等处儒学提举（掌管地方学校、祭祀、教养、钱粮等事）。后来，又奉命给太子朱标讲解"五经"。

洪武二年（1369年），他奉命主修《元史》，还做过翰林学士承旨、知制诰，为皇帝撰写诏书，并为朝廷制定了各种礼仪。

他曾经为陈庭学写过一篇赠序。陈庭学去成都做官，游历了蜀地的山山水水。回来后，写的诗文气势更加豪壮。看来，山水是可以涵养人的气质的。由此，宋濂便联想到了自己：年轻的时候，没有空闲外出游历；后来可以出游了，却爆发了反元战争，天下大乱。现在天下平定了，自己却已经年老，走不动了。

不过，即使坐守陋室，宋濂也可以修养自己的身心。

宋濂为人诚实。有一次，他和客人喝酒，朱元璋暗地里派人去他家察看。第二天，朱元璋就问他昨天饮酒的事儿，他一一回答——客人是谁，吃的什么菜……没有丝毫隐瞒。朱元璋因此对他更加信任。

朱元璋曾经向宋濂询问大臣们的好坏，宋濂只挑出好的大臣表扬了一番，并且解释说："这些大臣和我交朋友，所以我了解他们的优点；其他的人，我从不和他们来往，所以不了解。"

宋濂为官清廉，从不收受财物。他曾经在门上写了大字："宁可忍饿而死，不可苟利而生。"日本使臣奉旨来请求宋濂写文章，送给他一百两黄金，他坚决不要。朱元璋问起这件事，宋濂回答："天朝的大臣怎么能接受蛮夷小国的金钱呢？有失国体的事儿，我不能做。"

时时反省自己，约束自己的行为，这就是宋濂修身养性的方法吧？

逐字逐句学古文

原文	译文
xī nán shān shuǐ　wéi chuān shǔ zuì qí　rán 西南山水，惟川蜀最奇。然 qù zhōng zhōu wàn lǐ　　lù yǒu jiàn gé zhàn dào zhī xiǎn 去中州万里，陆有剑阁栈道之险，	我国西南一带的山水，只四川境内最为奇特。但那里与中原一带相距万里之遥，陆路上有剑阁、栈道之类的险

水有瞿塘、滟滪之虞。跨马行，则竹间山高者，累旬日不见其巅际。临上而俯视，绝壑万仞，杳莫测其所穷，肝胆为之悼栗。水行，则江石悍利，波恶涡诡，舟一失势尺寸，辄糜碎土沉，下饱鱼鳖。其难至如此。故非仕有力者，不可以游；非材有文者，纵游无所得；非壮强者，多老死于其地。嗜奇之士恨焉。

天台陈君庭学，能为诗，由中书左司掾，屡从大将北征，有劳，擢四川都指挥司照磨，由水道至成都。成都，川蜀之要地，扬子云、司马相如、诸葛武侯之所居，英雄俊杰战攻驻守之迹，诗人文士游眺、饮射、赋咏、歌呼之所，庭学无不历览。既览必发为诗，以纪其景物时世之变，于是其诗益工。越三年，以例自免归，会予于京师。其气愈充，其语愈壮，其

阻；水路上有瞿塘峡、滟滪堆之类的忧虑。骑着马走，沿路层层竹林遮蔽高山，连续十来天，仰头看不到山顶；登上高处往下俯瞰，绝险的山谷有几万尺深，茫茫渺渺看不到谷底，令人惊恐万状，肝胆颤抖。乘船在水中行，江中的礁石尖利，波涛险恶，漩涡诡异，船只一旦稍微失去控驭，偏离航道仅有尺寸大小，就会被撞得粉碎而像泥土般下沉，船中人便落入江中鱼鳖之腹。通往四川的道路艰难到这种地步。因此，不是做官富有财力的人不能前往游历；不是天生富有文才的人，即使游览了也无所得；不是身强体壮的人，大多会老死在那里。喜欢寻奇探胜的人因而心存憾恨。

天台陈庭学君，会写诗。他由中书左司掾，屡次随从大将北征，颇有功劳，升任四川都指挥司照磨，从水路到了成都。成都，是四川的要地，扬雄、司马相如、诸葛亮等名人住过的地方。入川后，凡是英雄俊杰争战攻取、驻扎戍守的遗迹，诗人文士游览登临、饮酒射投、赋诗咏诗、歌唱呼啸的处所，庭学没有不去游历观览的。他既经游览，就必定写诗抒发感受，来记写那景物时世的变迁。于是他的诗歌愈加工妙。过了三年，庭学依照惯例辞官归家，在京城和我见面。他的精神更加饱满，言谈愈发宏壮，志向意趣益加高远，这大概是因为在川蜀山水中得到了很多的助

zhì yì yù gāo gài dé yú shān shuǐ zhī zhù zhě chǐ yǐ
志意愈高；盖得于山水之助者侈矣。
yú shèn zì kuì fāng yú shào shí cháng yǒu zhì
予甚自愧，方予少时，尝有志
yú chū yóu tiān xià gù yǐ xué wèi chéng ér bù xiá
于出游天下，顾以学未成而不暇。
jí nián zhuàng fāng kě chū ér sì fāng bīng qǐ
及年壮方可出，而四方兵起，
wú suǒ tóu zú dài jīn shèng zhǔ xīng ér yǔ nèi dìng
无所投足。逮今圣主兴而宇内定，
jí hǎi zhī jì hé wéi yī jiā ér yú chǐ yì jiā
极海之际，合为一家，而予齿益加
mào yǐ yù rú tíng xué zhī yóu shàng kě dé hū
耄矣。欲如庭学之游，尚可得乎？
rán wú wén gǔ zhī xián shì ruò yán huí yuán
然吾闻古之贤士，若颜回、原
xiàn jiē zuò shǒu lòu shì péng hāo mò hù ér zhì yì
宪，皆坐守陋室，蓬蒿没户，而志意
cháng chōng rán yǒu ruò náng kuò yú tiān dì zhě cǐ
常充然，有若囊括于天地者。此
qí gù hé yě dé wú yǒu chū yú shān shuǐ zhī wài zhě
其故何也？得无有出于山水之外者
hū tíng xué qí shì guī ér qiú yān gǒu yǒu suǒ dé
乎？庭学其试归而求焉，苟有所得，
zé yǐ gào yú yú jiāng bù yī kuì ér yǐ yě
则以告予，予将不一愧而已也！

益吧。

我很惭愧，当我年轻的时候，曾经有出外游历天下的志愿，但是因为学业未成，没有空闲的时间。到了壮年可以出游时，四面八方战火纷飞，没有落脚的地方。及至当今，圣明天子兴起，天下安定，远到海边，合为一家，而我已经年龄更加大了。想要再像庭学君那样去游历，还能够实现吗？

不过，我听说古代的贤士，如孔子的弟子颜回、原宪等，大都坐守乡间甘居陋室，蓬蒿杂草遮没了门户，但他们的志向意趣却经常是很充沛的，好像他们的胸中存在足以包容天地万物的精神力量。这是什么原因呢？莫非有超出山水之外的东西吗？希望庭学君归去之后，尝试探求一番。如果有什么新的体会，就请把它告诉给我，我将会得到更新的启发，不仅仅是因为庭学曾经游历川蜀这一点而惭愧。

文化常识第205讲

剑阁 又叫剑门关，在现在的四川剑阁县，是大剑山和小剑山之间的一条通道。三国时期，蜀汉丞相诸葛亮因为汉德县有"大剑至小剑隘束之路三十里，连山绝险"，于此"凿石架空为飞梁阁道，以通行旅"。又在大剑山峭壁中断、两崖相对峙的地方，于崖壁上砌石做门，这就是剑阁。又设置了阁尉，派兵戍守。于是，剑阁成为"一夫当关，万夫莫开"的军事要隘。

常用字第205讲

❶ <副> 随便；苟且。《鱼我所欲也》："故不为苟得也。"
❷ <副> 暂且；姑且。《陈情表》："欲苟顺私情，则告诉不许。"
❸ <连> 假设；如果。《陈涉世家》："苟富贵，勿相忘。"
❹ <连> 只要。《涉江》："苟余心之端直兮，虽僻远其何伤。"

语法常识第205讲

词类活用：名词作状语【土】 "舟一失势尺寸，辄糜碎土沉，下饱鱼鳖"一文中"土"本义为"泥土，土块"，是名词，这里活用作状语，意为"像土块一样"，修饰后面的"沉"。翻译为：船只一旦稍微失去控驭，偏离航道仅有尺寸大小，就会被撞得粉碎而像泥土般下沉，船中人便落入江中鱼鳖之腹。

阅江楼记
——存在于文字中的高楼

宋濂

《古文观止》有故事

朱元璋在统一天下之前,有一个对手叫陈友谅。陈友谅原来是起义军首领徐寿辉的手下。1360年,陈友谅杀死徐寿辉,自己登基称帝。

接着,他要攻打朱元璋的根据地应天。他的水军非常厉害,朱元璋焦虑万分,找来文武大臣商量对策。刘基给他出了一个诱敌深入的好主意。

朱元璋的部下康茂才和陈友谅是好朋友,他让康茂才给陈友谅写了封信,表示自己想要投降,约定在江东桥会合。当陈友谅到达江东桥时,发现中了

计,便命令军队撤到龙湾。

陈友谅这才真的进入了朱元璋的埋伏圈。朱元璋早已经在龙湾埋伏了几路军马,自己则高坐旁边的卢龙山上指挥战斗。龙湾一战,朱元璋以少胜多,大败陈友谅,为建立大明王朝扫清了障碍,为定都南京奠定了基础。

朱元璋称帝后,在1374年再次登临卢龙山。故地重游,今非昔比,感慨万千。他想在山上建造一座高耸入云的楼阁——登高望远,既能观赏景色,又能察看敌情,一举两得。他亲自撰写了《阅江楼记》,并且把卢龙山改为狮子山,又命令文臣们每人写一篇《阅江楼记》。其中大学士宋濂写的《阅江楼记》写景、叙事、议论融为一体,既歌颂了盛世,又提出了对皇帝的期望,表达了自己忠君报国的思想。朱元璋看了很喜欢。

朱元璋在《阅江楼记》中写出了建楼的缘由、功能、式样等。按照他的设想,阅江楼已经开工,打好了地基。但是因为明朝初建时,百废待兴,生产力低下,再加上连年征战,国库也空虚,这座阅江楼竟然没有建成。

很久以来，这座阅江楼只存在于文字中。直到1999年2月，阅江楼才重新动工。2001年9月18日，阅江楼建成；9月20日，正式对外开放。文字中的高楼终于出现在世人面前。

逐字逐句学古文

原文

金陵（jīn líng）为帝王之州（wéi dì wáng zhī zhōu）。自六朝迄于（zì liù cháo qì yú）南唐（nán táng），类皆偏据一方（lèi jiē piān jù yì fāng），无以应山川（wú yǐ yìng shān chuān）之王气（zhī wáng qì）。逮我皇帝（dài wǒ huáng dì），定鼎于兹（dìng dǐng yú zī），始（shǐ）足以当之（zú yǐ dāng zhī）。由是声教所暨（yóu shì shēng jiào suǒ jì），罔间（wǎng jiàn）朔南（shuò nán），存神穆清（cún shén mù qīng），与天同体（yǔ tiān tóng tǐ）。虽一（suī yī）豫一游（yù yī yóu），亦可为天下后世法（yì kě wéi tiān xià hòu shì fǎ）。

京城之西北有狮子山（jīng chéng zhī xī běi yǒu shī zǐ shān），自卢龙（zì lú lóng）蜿蜒而来（wān yán ér lái）。长江如虹贯（cháng jiāng rú hóng guàn），蟠绕其（pán rào qí）下（xià）。上以其地雄胜（shàng yǐ qí dì xióng shèng），诏建楼于巅（zhào jiàn lóu yú diān），与民同游观之乐（yǔ mín tóng yóu guān zhī lè），遂锡嘉名为"阅（suì cì jiā míng wéi yuè）江（jiāng yún）"云。

登览之顷（dēng lǎn zhī qǐng），万象森列（wàn xiàng sēn liè），千载之（qiān zǎi zhī）秘（mì），一旦轩露（yī dàn xuān lù）。岂非天造地设（qǐ fēi tiān zào dì shè），以（yǐ）俟大一统之君（sì dà yī tǒng zhī jūn），而开千万世之伟观（ér kāi qiān wàn shì zhī wěi guān）

译文

金陵是帝王居住的城邑。从六朝以至南唐，全都是偏安一方，无法与当地山川所呈现的帝王气魄相适应。直到当今皇上，建国定都于此，才足以与这种气魄相称。从此声威教化所及，不因地分南北而有所阻隔；皇帝修身养性和穆而清明，几乎与天道融为一体。即使一次巡游、一次娱乐，也想到怎样被天下后世效法。

京城的西北方有座狮子山，是从卢龙山蜿蜒伸展而来。长江有如一线长虹，盘绕着流过山脚下。皇上因为这地方形势雄伟壮观，下诏在山顶上建楼，与百姓同享游览观景之乐，于是赐给它美妙的名字叫"阅江"。

登上楼极目四望，万千景色次第罗列，千年的大地秘藏，似乎顷刻显露无遗。这难道不是天地有意造就了美景，以等待一统海内的明君而展现出千秋万世的奇观吗？每当风和日暖的时候，皇上的车驾降临，登

者欤？当风日清美，法驾幸临，升其崇椒，凭阑遥瞩，必悠然而动遐思。见江汉之朝宗，诸侯之述职，城池之高深，关阨之严固，必曰："此朕栉风沐雨、战胜攻取之所致也。"中夏之广，益思有以保之。见波涛之浩荡，风帆之上下，番舶接迹而来庭，蛮琛联肩而入贡，必曰："此朕德绥威服，覃及外内之所及也。"四陲之远，益思所以柔之。见两岸之间、四郊之上，耕人有炙肤皲足之烦，农女有捋桑行饎之勤，必曰："此朕拔诸水火、而登于衽席者也。"万方之民，益思有以安之。触类而思，不一而足。臣知斯楼之建，皇上所以发舒精神，因物兴感，无不寓其致治之思，奚止阅夫长江而已哉？

彼临春、结绮，非不华矣；齐云、落星，非不高矣，不过乐管弦之淫

上山巅，倚着栏杆远眺，必定神情悠然而启动遐想。看见长江汉江的流水滔滔东去，奔向大海；看到诸侯赴京朝见天子，禀奏政事；看到高深的城池，严密固防的关隘，皇上必定说："这是我栉风沐雨、战胜强敌、攻城取地所获得的啊。"从而联想到广阔的中华大地，更感到要想办法来保全它。看见波涛的浩荡起伏，帆船的上下颠簸，外国船只连续前来朝见，四方珍宝争相进贡奉献，必定说："这是我用恩德安抚、以威力镇服，声望延及内外所达到的啊。"从而联想到四方僻远的边陲，更想到要设法安抚它们。看见大江两岸之间、四郊田野之上，耕夫有烈日烘烤皮肤、寒气冻裂脚趾的烦劳，农女有采桑送饭的辛勤，必定说："这是我拯救于水火之中，而安置于床席之上的人啊。"从而联想到天下的黎民，更想到要让他们安居乐业。由看到这类现象而触发的感慨推及起来，真是不胜枚举。我知道这座楼的兴建，是皇上用来舒展自己的怀抱，凭借着景物而触发感慨，无不寄寓着他志在治理天下的思绪，何止是仅仅观赏长江的风景呢？

那临春阁、结绮阁，不是不华美啊；齐云楼、落星楼，不是不高大啊，但无非是因为演奏了淫词艳曲而

响，藏燕赵之艳姬。一旋踵间而感慨系之，臣不知其为何说也。

虽然，长江发源岷山，委蛇七千余里而始入海，白涌碧翻，六朝之时，往往倚之为天堑。今则南北一家，视为安流，无所事乎战争矣。然则，果谁之力欤？逢掖之士，有登斯楼而阅斯江者，当思圣德如天，荡荡难名，与神禹疏凿之功同一罔极。忠君报上之心，其有不油然而兴者耶？

臣不敏，奉旨撰记，欲上推宵旰图治之功者，勒诸贞珉。他若流连光景之辞，皆略而不陈，惧亵也。

感到快乐，或藏匿着燕赵的美女以供寻欢。但转瞬之间便与无穷的感慨联结在一起了，我真不知怎样来解释它啊。

虽然这样，长江发源于岷山，曲折蜿蜒地流经七千余里才向东入海，白波汹涌、碧浪翻腾，六朝之时，往往将它倚为天然险阻。如今已是南北一家，于是视长江为平安的河流，不再用于战争了。然而，这到底是谁的力量呢？那些穿着宽袍大袖衣服的读书人有登上此楼观看此江的，应当想到皇上的恩德有如苍天，浩浩荡荡难以形容它的广阔，简直与大禹凿山疏水拯救万民的功绩同样地无边无际。忠君报国的心情，难道还有不油然而生的吗？

我没有才能，奉皇上旨意撰写这篇记文，于是准备将皇上昼夜辛劳操持国事的功德，铭刻于碑石。至于其他流连光景的言辞，一概略而不言，唯恐有所亵渎。

文化常识第206讲

南唐 五代十国时期江南地区的一个王朝，是李昇建立的，定都在金陵，就是今天江苏省的南京市，是十国中最大的一个政权。后来，赵匡胤取代北周，建立了宋朝。他派兵十万，进攻南唐。最后，金陵城被攻破。当时执政的是第三任君主后主李煜，他投降了宋朝，南唐灭亡，仅存在了38年。

常用字第206讲 —— 弗

<副>表否定,相当于"不"。《送东阳马生序》:"手指不可屈伸,弗之怠。"

语法常识第206讲

词类活用:名词作状语【德】"此朕德绥威服,覃及内外之所及也"一句中"德"本义为"美德、德行",是名词,这里活用作状语,意为"用德行"。翻译为:这是我用恩德安抚、以威力镇服,声望延及内外才达到的啊。

司马季主论卜
——信神不如信自己

刘基

《古文观止》有故事

刘基是元末明初的政治家、文学家、军事家。他天资聪慧，12岁就考中了秀才，被父老乡亲称为"神童"。他十四岁时到府学读书，读《春秋》不仅能背诵，还能根据文意说出自己独特的见解。十七岁时，他到名士郑复初那里学习，博览群书，研习了诸子百家的著述，对天文、地理、兵法、数学尤其感兴趣。他下功夫琢磨钻研，最终融会贯通。

元统元年（1333年），二十三岁的刘基到京城大都（今北京）参加会试，一举考中进士。可是那时候兵荒马乱，战火不断，考中了也没啥用，干脆就

回了家。三年后，才被任命为江西高安县丞，协助县令处理政务。

在高安，他明察暗访，惩治了几个豪强恶霸，同时也整治了一些贪污的小吏，高安的社会风气很快就变好了。

后来，他又做了江浙儒副提举，兼任行省考试官，想为百姓做点实事，却受到朝中大臣的排挤，只好辞官归隐。他和好友来到丹徒的蛟溪书屋，教授村中的孩子们读书。

在隐居的日子里，刘基写了一部散文集《郁离子》，其中就有这篇《司马季主论卜》。文章中的东陵侯是秦朝末年看管秦始皇母亲陵寝的官儿。秦朝灭亡后，他成了平头百姓，靠种瓜卖瓜为生。命运的落差让他很无奈，所以来找司马季主问卜。刘基借东陵侯和司马季主的对话，提出"天道何亲？惟德之亲。鬼神何灵？因人而灵"。他认为，天道会亲近有德行的人，信鬼神还不如自己修行。

生在乱世的刘基亲眼看到元朝统治者的昏庸无道，失望透顶之后，选择投靠了起义军首领朱元璋。他辅佐朱元璋灭掉了元朝，打败了其他竞争对手，建立了崭新的大明王朝。

元朝因为无道而灭亡，朱元璋和刘基等人推行德政，最终铲除无道，获得成功。这不就证明了刘基的观点吗？

逐字逐句学古文

原文	译文
dōng líng hóu jì fèi guò sī mǎ jì zhǔ ér bǔ yān 东陵侯既废，过司马季主而卜焉。 jì zhǔ yuē jūn hóu hé bǔ yě dōng líng hóu yuē jiǔ wò zhě sī qǐ jiǔ zhé zhě sī qǐ jiǔ 季主曰："君侯何卜也？"东陵侯曰："久卧者思起，久蛰者思启，久	东陵侯被废弃以后，往司马季主那儿去占卜。 季主说："您要占卜什么事呢？" 东陵侯说："躺卧时间长了就想起来，闭门独居久了就想出去，胸中积闷

懑者思嚏。吾闻之，蓄极则泄，闷极则达，热极则风，壅极则通。一冬一春，靡屈不伸，一起一伏，无往不复。仆窃有疑，愿受教焉。"季主曰："若是，则君侯已喻之矣，又何卜为？"东陵侯曰："仆未究其奥也，愿先生卒教之。"

季主乃言曰："呜呼！天道何亲？惟德之亲；鬼神何灵？因人而灵。夫蓍，枯草也；龟，枯骨也，物也。人，灵于物者也，何不自听而听于物乎？且君侯何不思昔者也？有昔者，必有今日。是故碎瓦颓垣，昔日之歌楼舞馆也；荒榛断梗，昔日之琼蕤玉树也；露蛩风蝉，昔日之凤笙龙笛也；鬼燐萤火，昔日之金釭华烛也；秋荼春荠，昔日之象白驼峰也；丹枫白荻，昔日之蜀锦齐纨也。昔日之所无，今日有之不为过；昔日之所有，今日无之不为不足。是故一昼一夜，

久了就想打喷嚏。我听说：积聚过多就要宣泄，烦郁之极就要开畅，闷热太甚就会起风，堵塞过分就会流通。有一冬就有一春，没有只屈而不伸的；有一起就有一伏，没有只去不来的。我私下有所怀疑，希望得到你的指教。"季主说："既然这样，那么您已经明白了，又何必要占卜呢？"东陵侯说："我未能深入理解其中的高深微妙，希望先生能指点究竟。"

季主于是说道："唉！天道和什么人亲？只和有德的人亲。鬼神怎么会灵？靠着人相信才灵。蓍草不过是枯草，龟甲不过是枯骨，都是物。人比物灵敏聪明，为什么不听从自己，却听命于物呢？而且，您为什么不想一下过去呢？有过去，就必然有今天。所以，现在的碎瓦坏墙，就是过去的歌楼舞馆；现在的荒棘断梗，就是过去的琼花玉树；现在在风露中哀鸣的蟋蟀和蝉，就是过去的凤笙龙笛；现在的鬼火萤光，就是过去的金灯华烛；现在秋天的苦菜、春天的荠菜，就是过去的象脂、驼峰；现在红的枫叶、白的荻草，就是过去的蜀产美锦、齐制细绢。过去没有的现在有了，不算过分；过去有过的现在没有了，也不能算不足。所以从白昼到黑夜，盛开的花朵凋谢了；从秋天到春天，凋萎的植

huā kāi zhě xiè   yì qiū yì chūn   wù gù zhě xīn   jī
华开者谢；一秋一春，物故者新。激
tuān zhī xià   bì yǒu shēn tán   gāo qiū zhī xià   bì yǒu
湍之下，必有深潭；高丘之下，必有
jùn gǔ   jūn hóu yì zhī zhī yǐ   hé yǐ bǔ wéi
浚谷。君侯亦知之矣，何以卜为？"

物又发出新芽。激流旋湍下面，必定有深潭；高峻的山丘下面，必定有深谷。这些道理君侯也已经知道了，为什么还要占卜呢？

文化常识第207讲

蜀锦　汉至三国时蜀郡（今四川省成都市一带）所产特色锦的通称。蜀锦有两千多年的历史，多用染色的熟丝线织成，运用彩条起彩或彩条添花，用经纬起花，用几何图案组织和纹饰相结合的方法织成。蜀锦纹样对称、四方连续，色调鲜艳，对比性强，是一种具有汉民族特色和地方风格的多彩织锦，和南京的云锦、苏州的宋锦、广西的壮锦一起，并称为中国的四大名锦。

常用字第207讲

❶<动>认错；道歉。《廉颇蔺相如列传》："因宾客至蔺相如门谢罪。"
❷<动>推辞；拒绝。《孔雀东南飞》："阿母谢媒人：'女子先有誓，老姥岂敢言？'"
❸<动>告别；告辞。《信陵君窃符救赵》："侯生视公子色终不变，乃谢客就车。"
❹<动>告诉；劝诫。《孔雀东南飞》："多谢后世人，戒之慎勿忘。"
❺<动>感谢；道谢。《鸿门宴》："乃令张良留谢。"
❻<动>凋谢；死。《芙蕖》："及花之既谢，亦可告无罪于主人矣。"

语法常识第207讲

倒装句：宾语前置【何】　文言文中，有时候疑问代词作介词的宾语，会提前到介词前面，加重语气。本文"君侯亦知之，何以卜为？"就是这样，正确语序是："君侯亦知之，以何卜为？"翻译为："这些道理君侯也已经知道了，为什么还要占卜呢？"

卖柑者言
——一肚子烂棉絮的大官

刘基

《古文观止》有故事

刘基生活在元朝末年,当时天下大乱,农民不堪忍受,纷纷揭竿而起,元朝的统治岌岌可危。刘基虽然厌倦了官场,辞官归隐,但是仍然关心着国家大事,留意各路起义军的动态,既是为了自保,更是想为自己寻找施展平生所学的机会。

至正十二年(1352年),朝廷发来诏令,任命刘基做江浙省元帅府都事,帮助当地政府平定浙东一带的盗贼。这是一伙海盗,首领叫方国珍,他们聚

集了数千人,抢劫过往船只,阻塞海路。

面对朝廷的征讨,老奸巨猾的方国珍没有选择对抗,而是拿出重金去贿赂主管官员,请求投降。刘基坚决反对招降,他认为方国珍是罪魁祸首,不杀了不足以平息叛乱,必须铲除,永绝后患。何况,像方国珍这样的海盗,毫无信义可言,会心甘情愿地投降吗?可是,主管官员收了方国珍的钱财,准许他投降了。

百姓一看,做强盗挺好,又能当官又能拿到钱,很多人心生羡慕,干脆投奔了方国珍。

不出刘基的预料,方国珍就是墙头草,他时刻观望着形势,一有风吹草动就又反了。

因为方国珍在海上作乱，堵塞了海运，粮米运不过去。为了保证海运畅通，那些只知道升官发财的官员们，只能再提高价码，用更大的官职再次招降他。

多次投降又多次反叛，这样折腾了几次，方国珍的势力越来越大，更难控制了。

刘基一怒之下再次辞官回家。他在《卖柑者言》一文中，借卖柑者之口，控诉那些看起来趾高气扬、气度不凡的文臣武将，其实肚子里是一堆烂棉絮。他这是在暗指元朝的统治已经烂透了。

刘基对元朝彻底失望了，于是投奔了朱元璋，去创造一个新世界。

逐字逐句学古文

原文

杭有卖果者，善藏柑，涉寒暑不溃。出之烨然，玉质而金色。剖其中，干若败絮。予怪而问之曰："若所市于人者，将以实笾豆，奉祭祀，供宾客乎？将衒外以惑愚瞽也？甚矣哉为欺也！"

卖者笑曰："吾业是有年矣，吾业赖是以食吾躯。吾售之，人取之，未闻有言，而独不足子所乎？世之为欺者不寡矣，而独我

译文

杭州有个卖水果的人，擅长贮藏柑橘，经历一整年也不溃烂，拿出它们的时候还是光彩鲜明的样子，玉石一样的质地，金灿灿的颜色。切开它，干枯得像破败的棉絮。我很奇怪，问他说："你卖柑橘给人家，是打算让人家放在笾豆之中供祭祀用呢，还是拿去待嘉宾用呢？或者只不过用这种漂亮的外观去迷惑笨拙、盲目的人上当呢？这样欺骗人的行为实在是太过分了。"

卖柑橘的人笑着说："我从事这个行业已有好多年了。我依赖这个用来养活自己。我卖它，别人买它，不曾有人说过什么的，却唯独不能满足您吗？

也乎？吾子未之思也。今夫佩虎符、坐皋比者，洸洸乎干城之具也，果能授孙、吴之略耶？峨大冠、拖长绅者，昂昂乎庙堂之器也，果能建伊、皋之业耶？盗起而不知御，民困而不知救，吏奸而不知禁，法斁而不知理，坐糜廪粟而不知耻。观其坐高堂，骑大马，醉醇醴而饫肥鲜者，孰不巍巍乎可畏，赫赫乎可象也？又何往而不金玉其外、败絮其中也哉？今子是之不察，而以察吾柑！"

予默默无以应。退而思其言，类东方生滑稽之流。岂其忿世疾邪者耶？而托于柑以讽耶？

世上做欺骗的事的人不少，难道仅仅只有我一个吗？您还没有好好考虑这个问题。那些佩戴虎形兵符、坐在虎皮上的人，威武的样子，好像是捍卫国家的将才，他们果真能拥有孙武、吴起的谋略吗？那些戴着高帽子，拖着长长带子的人，气宇轩昂地坐在朝堂之上，他们果真能够建立伊尹、皋陶的业绩吗？盗贼四起却不懂得抵御，百姓困苦却不懂得救助，官吏狡诈却不懂得禁止，法度败坏却不懂得治理，奢靡地浪费粮食却不懂得羞耻。看看那些坐在高堂上，骑着大马，喝着美酒，吃着美食的人，哪一个不是威风凛凛、令人敬畏、很有威势的样子堪称楷模呢？可是又有谁不是外表如金似玉、内心破败得像破棉絮呢？现在你看不到这些现象，却只是盯着我的柑橘！"

我默默无语，无法回答他。回来思考这卖柑人的话，觉得他像是东方朔那样诙谐多讽、机智善辩的人。难道他是对世间邪恶现象激愤痛恨之人吗？因而假托柑橘用来讽刺吗？

文化常识第208讲

金玉其外，败絮其中　本文中，作者写到这位卖柑橘的，保存的柑橘有着金玉一样的光鲜外表，里面却像破棉絮一样，比喻外表华美，而实质却很糟糕。由柑橘想到人，作者借此来讽刺元朝末年那些外强中干的文臣武将。现在常用来形容某些华而不实、外表光鲜美丽却没有修养内涵的人。

常用字第208讲

读jià时：

❶ <名>同"价"，价格；价钱。《卖柑者言》："置于市，贾十倍，人争鬻之。"
❷ <名>同"价"。钱；本钱。《记王忠肃公翱事》："如有营，予佐尔贾。"

读gǔ时：

❶ <动>卖；出售。《汉书·宁成传》："仕不至二千石，贾不至千万，安可比人乎？"
❷ <动>买；买进。《左传·昭公二十九年》："平子每岁贾马。"
❸ <动>泛指做买卖；经商。《韩非子·五蠹》："长袖善舞，多财善贾。"
❹ <名>商人。《齐桓晋文之事》："商贾皆欲藏于王之市。"
❺ <动>招引；招致。《中山狼传》："今老矣，不能敛华就实，贾老圃怒。"

读jiǎ时：

<名>姓。

语法常识第208讲

词类活用：名词的意动用法【镜】"居今之世，志古之道，所以自镜也"一句中"镜"本义为"镜子"，是名词，在这里用作意动用法，意为"以之为镜"。翻译为：处在当今的时代，立志学习古人的品德，可以把这些当作自己的镜子。

深虑论
——治国要顺应天道

📖《古文观止》有故事

方孝孺是明朝大文学家、思想家。他是宋濂的学生，博览群书，才识过人，是众学生中的佼佼者。方孝孺以"明王道、治太平"为己任，也就是说，他年少时就确定了自己的使命：宣明仁义治天下之道，要打造一个太平时世。

他深得朱元璋的赏识，被派去给年轻学生们讲课。建文帝朱允炆(wén)即位后，征召他任翰林侍讲。皇帝读书时遇到不懂的地方，都要向他请教。

他写过一篇《深虑论》，列举了历代统治者的例子：只知道片面地吸取前

代灭亡的教训，想方设法杜绝祸患，而忽略了其他的问题，最后是要灭亡的。因此他提出，要想长治久安，就要用至诚大德来顺应天道。

但是，方孝孺效忠的朱元璋就犯了这样的错误。

朱元璋做了皇帝之后，大封功臣，但是他也担心这些人位高权重，会威胁到儿孙们的统治。为了避免这样的祸患，他选择相信血缘，分封了自己的儿子们做藩王，比如把四儿子朱棣封为燕王，驻守北京。

他曾经对朱允炆说过："我把抵御少数民族的任务托付给诸王了。有你这些叔叔在，边境肯定不会乱。爷爷想留给你一个安宁的社会呀！"

朱允炆很聪明，他问："少数民族不老实，让诸王防御；可是如果诸王不安分，我这些能干的叔叔们想造反，可派谁去抵御呢？"朱元璋一时间竟然说不出话来。

朱允炆即位后，感觉到了叔叔们对自己的威胁，下令削藩。这下激怒了燕王朱棣。他起兵南下，要夺朱允炆的皇位。最后，燕王大军终于攻破南京。朱棣请方孝孺起草即位诏书，方孝孺誓死不从。朱棣一怒之下，杀了他。

正如方孝孺在《深虑论》中说的，朱元璋分封藩王，也是谋划了人事，却不善于谋划天道，最终酿成了大祸——天下大乱，叔侄反目，骨肉相残……而方孝孺也为此丢了性命，真是可悲可叹！

逐字逐句学古文

原文	译文
虑天下者，常图其所难而忽其所易，备其所可畏而遗其所不疑。然而，祸常发于所忽之中，而乱常起于	筹划国家大事的人，常注重艰难危险的一面，而忽略容易的一面，防范随时会出现的可怕事件，而遗漏不足疑虑的事件。然而，灾祸常常发生在疏忽之际，变乱常常起于

不足疑之事。岂其虑之未周与？盖虑之所能及者，人事之宜然，而出于智力之所不及者，天道也。

当秦之世，而灭诸侯，一天下。而其心以为周之亡在乎诸侯之强耳，变封建而为郡县。方以为兵革不可复用，天子之位可以世守，而不知汉帝起陇亩之中，而卒亡秦之社稷。汉惩秦之孤立，于是大建庶孽而为诸侯，以为同姓之亲，可以相继而无变，而七国萌篡弑之谋。武、宣以后，稍剖析之而分其势，以为无事矣，而王莽卒移汉祚。光武之惩哀、平，魏之惩汉，晋之惩魏，各惩其所由亡而为之备。而其亡也，皆出于所备之外。

唐太宗闻武氏之杀其子孙，求人于疑似之际而除之，而武氏日侍其左右而不悟。宋太祖见五代方镇之足以制其君，尽释其兵权，使力弱而

不加疑虑的事情。难道是考虑得不周到吗？大凡智力所能考虑到的，都是人事发展理应出现的情况，而超出智力所能达到的范围，那是天道的安排呀！

秦始皇剿灭诸侯，统一天下后，认为周朝的灭亡在于诸侯的强大，于是改分封制为郡县制。满以为这样一来就会根除战争动乱，天子的尊位可以代代安享，却不知汉高祖在乡野间崛起，最终颠覆了秦朝的江山。汉王室鉴于秦朝的孤立无辅，大肆分封兄弟、子侄为诸侯，自以为凭着同胞骨肉的亲情，可以共辅江山，不生变乱，然而吴王刘濞等七国还是萌生了弑君篡位的阴谋野心。汉武帝、汉宣帝之后，逐渐分割诸侯王的土地，削弱他们的势力，这样便以为平安无事了，没想到外戚王莽最终夺取了汉家的皇位。光武帝刘秀借鉴了西汉（哀、平）的教训，曹魏借鉴了东汉的教训，西晋借鉴了曹魏的教训，各自借鉴其前代的教训而进行防备，可他们灭亡的根由，都在防备的范围之外。

唐太宗听传言说将有姓武的女人杀戮唐室子孙，便将可疑之人找出来统统杀掉。可武则天每天侍奉在他身边，却怎么也没想到她。宋太祖看到五代时各地军事长官的力

易制，而不知子孙卒困于敌国。此其人皆有出人之智、盖世之才，其于治乱存亡之几，思之详而备之审矣。虑切于此而祸兴于彼，终至乱亡者，何哉？盖智可以谋人，而不可以谋天。

良医之子，多死于病；良巫之子，多死于鬼。岂工于活人，而拙于谋子哉？乃工于谋人，而拙于谋天也。

古之圣人，知天下后世之变，非智虑之所能周，非法术之所能制，不敢肆其私谋诡计，而唯积至诚，用大德以结乎天心，使天眷其德，若慈母之保赤子而不忍释。故其子孙，虽有至愚不肖者足以亡国，而天卒不忍遽亡之。此虑之远者也。夫苟不能自结于天，而欲以区区之智笼络当世之务，而必后世之无危亡，此理之所必无者，而岂天道哉！

量能够控制君主，就全部解除掉了他们的兵权，使其力量削弱，容易对付，哪料想子孙后代竟在敌国的困扰下逐步衰亡。这些人都有着超人的智慧，盖世的才华，对国家乱亡的诱因，他们可谓考虑得细致，防范得周密了，然而，思虑的重心在这边，灾祸却在那边产生，最终免不了灭亡，为什么呢？或许智力谋划的只是人事的因素，却无法预测天道的安排。

良医的儿子难免会病死，良巫的儿子难免死于神鬼，难道是善于救助别人而不善于救自己的子女吗？这是善于谋划人事而不善于预测天道啊！

古代的圣人，知道国家将来的变化，不是人的智谋能考虑周全的，也不是政治手段能控制的，不敢滥用阴谋诡计，只是积累真诚，用大德来感动天心，使上天顾念他（对百姓）的恩德，以便像慈母保护初生婴儿那样不忍心舍弃不管。尽管他的子孙有愚笨不贤良足以使国家灭亡的，而上天却不忍心立即灭其家国，这才是思虑得深远呀！假如不能用大德赢得天心，仅凭着微不足道的智谋去控制和驾驭天下的事务，想使国家不危亡，这从道理上是讲不过去的，难道天意会如此安排吗？

文化常识第209讲

杯酒释兵权 宋太祖赵匡胤在陈桥兵变中被部下披上黄袍，篡位登基做了皇帝。为了防止历史重演，他采纳了丞相赵普的建议，在一次宴会上对石守信等大将威逼利诱，让他们乖乖交出兵权，回家养老，享受富贵。这是他为了加强中央集权、巩固统治所采取的和平手段，不伤君臣和气，就达到了目的。但这一措施又导致兵权分散，严重削弱了宋朝军队的战斗力。

常用字第209讲

读 gài 时：

❶ <名> 用草编的覆盖物。

❷ <动> 遮盖；掩盖。《孔雀东南飞》："枝枝相覆盖，叶叶相交通。"

❸ <动> 胜过；超过。《垓下之战》："力拔山兮气盖世。"

❹ <副> 表示下面说的话带有推测性，用在句首，相当于"推想""大概"。《游褒禅山记》："盖其又深，则其至又加少矣。"

❺ <副> 大概；大约。用在句中，表示推测、推断。《谏太宗十思疏》："善始者实繁，克终者盖寡。"

❻ <连> 连接上句或上一段，表示解说缘由。相当于"本来""原来"。《六国论》："盖失强援，不能独完。"

❼ <助> 用于句首，表示要发表议论。《答司马谏议书》："盖儒者所争，尤在于名实。"

读 hé 时：

❶ <副> 通"盍"，何，怎么。《庖丁解牛》："技盖至此乎？"

❷ <副> 通"盍"，何不。《齐桓晋文之事》："盖亦反其本矣？"

语法常识第209讲

取消句子独立性【"之"作为标志】 本文"宋太祖见五代方镇之足以制其君,尽释其兵权"一句中的"之"取消句子独立性,把一个原本可以独立的句子"五代方镇足以制其君"变成了句子中的宾语。翻译为:宋太祖看到五代时各地军事长官的力量能够控制君主,就全部解除掉了他们的兵权。

豫让论
——真正的国士要这样做

方孝孺

《古文观止》有故事

豫让是春秋时期晋国人。当时晋国由六大家族掌权。豫让曾经在范氏、中行氏手下工作,但是一直没有受到重用。后来他投靠了智伯,智伯非常看重他,把他当作国士,以礼相待。

可惜,好景不长,公元前453年,智伯被韩、赵、魏三家打败,他的封地也被三家瓜分了。豫让侥幸逃脱,跑到山里躲了起来。他听说赵家的宗主赵襄子竟然拿智伯的头骨做的碗喝酒,气坏了,发誓要杀死赵襄子为故主报

仇——要像国士那样报答故主。

豫让隐姓埋名，乔装打扮混进赵襄子府中修整厕所，打算寻找机会行刺赵襄子。偏巧赵襄子上厕所的时候，忽然感觉心慌，就下令把修厕所的人抓来审问，才发现是豫让。

豫让也不隐瞒："我就是想给智伯报仇！"赵襄子认为豫让作为智伯的家臣，想为主人报仇，是义士，所以把他放走了。

豫让复仇之心不死。他把漆涂在身上，导致皮肤溃烂，好像长了癞疮一样；又吞下炭火烧坏嗓子，让声音变得嘶哑；接着又剃掉了胡子和眉毛。整个人从面貌到声音都改变了，就连妻子也认不出他来了。

他弄清楚了赵襄子出行的时间和路线，提前一天，埋伏到一座桥下。赵襄子过桥的时候，马突然受惊，他又起了疑心，让侍从去搜查，很快就把豫让揪了出来。豫让很清楚自己这次必死无疑，但还是不甘心。他请求赵襄子把外衣脱下来，让他象征性地刺杀几下，算是为智伯报了仇。

赵襄子被他的忠诚所感动，真的脱下外衣，递给侍从。豫让拔出宝剑向衣服狠狠地刺了几下，仰天大叫："我可以报答智伯的知遇之恩了！"

人们都赞赏豫让的忠勇，但是方孝孺在《豫让论》中指出——豫让算不得真国士，不值得称道。他认为，豫让应该在智伯贪得无厌侵占土地、放纵私欲为所欲为的时候，就尽职尽责地劝谏他。这样能帮助主人避免祸事、为国为民的人，才是真正的国士。

逐字逐句学古文

原文

shì jūn zǐ lì shēn shì zhǔ， jì míng zhī jǐ，
士君子立身事主，既名知己，
zé dāng jié jìn zhì móu， zhōng gào shàn dào， xiāo huàn
则当竭尽智谋，忠告善道，销患

译文

士人君子要建立功名，侍奉主人，既然视主人为知己，那就应当竭尽智谋，诚恳地以善道相告，在祸患

于未形，保治于未然，俾身全而主安。生为名臣，死为上鬼，垂光百世，照耀简策，斯为美也。苟遇知己，不能扶危为未乱之先，而乃捐躯殒命于既败之后，钓名沽誉，眩世炫俗，由君子观之，皆所不取也。

盖尝因而论之。豫让臣事智伯，及赵襄子杀智伯，让为之报仇。声名烈烈，虽愚夫愚妇莫不知其为忠臣义士也。呜呼！让之死固忠矣，惜乎处死之道有未忠者存焉。何也？观其漆身吞炭，谓其友曰："凡吾所为者极难，将以愧天下后世之为人臣而怀二心者也。"谓非忠可乎？及观斩衣三跃，襄子责以不死于中行氏，而独死于智伯。让应曰："中行氏以众人待我，我故以众人报之；智伯以国士待我，我故以国士报之。"即此而论，让有余憾矣。

还未显露时就消除它，在动乱发生之前保住社会的治安，使自己不受损害，主人没有危险。活着是著名的忠臣，死后做高尚的鬼魂，流芳百世，照耀史册，这才是完美的士人。如果遇到知己，不能拯救危难于动乱之前，而在事情失败之后才去献身自尽，沽名钓誉，迷惑世人，夸耀于社会，这在君子看来，都是不足取的。

我曾经据此原则评论过豫让。豫让做智伯的家臣，等到赵襄子杀了智伯后，豫让为他报仇。从此豫让名声显赫，即使是平民百姓，也没有一个不知道他是忠臣义士的。唉！豫让的死当然可以称为忠了，可惜，他在处理死亡的方式上还有不忠的表现。为什么呢？看他漆身吞炭，对他朋友说："我做的事情都特别难，我是想用这种做法使天下后世做臣子而怀有二心的人感到羞愧。"这能说他不忠吗？等看到他连续三次跳起来，用剑来刺赵襄子的衣服，赵襄子责备他不为中行氏而死，却单单为智伯而死的时候，豫让回答说："中行氏像对待一般人那样对待我，所以我就要像一般人那样去报答他；智伯把我当国士对待，所以我就要像国士一样报答他。"就此而论，豫让就有令人感到遗憾的地方。

段规侍奉韩康子，任章侍奉魏献

段规之事韩康,任章之事魏献,未闻以国士待之也,而规也、章也,力劝其主从智伯之请,与之地以骄其志,而速其亡也。郄疵之事智伯,亦未尝以国士待之也,而疵能察韩、魏之情以谏智伯,虽不用其言以至灭亡,而疵之智谋忠告,已无愧于心也。

让既自谓智伯待以国士矣,国士,济国之士也。当伯请地无厌之日,纵欲荒暴之时,为让者正宜陈力就列,谆谆然而告之曰:"诸侯大夫各安分地,无相侵夺,古之制也。今无故而取地于人,人不与,而吾之忿心必生;与之,则吾之骄心必起。忿必争,争必败;骄必傲,傲必亡。"谆切恳至,谏不从,再谏之,再谏不从,三谏之。三谏不从,移其伏剑之死,死于是日。伯虽顽冥不灵,感其至诚,庶几复悟。和

子,并没有听说待他们如同国士,可是段规、任章却尽力劝说他们的主人顺从智伯的无理要求,割给智伯土地,使他志气骄盛,从而使他更快地灭亡。郄疵侍奉智伯,智伯也没有待他如同国士,可是郄疵却能洞察韩、魏的企图来劝谏智伯。虽然智伯不采纳他的意见以至于灭亡,但是郄疵的智谋忠告,已经是无愧于心了。

豫让自己认为智伯待他如同国士,所谓国士,是为国家济困扶危的人。当智伯对土地贪得无厌之日,放纵情欲、荒淫暴虐之时,作为豫让,正应竭力来尽自己的职责,耐心地劝谏自己的主人说:"诸侯大夫应各自安心守着自己分内的土地,不要互相侵夺,这是自古以来的规矩。如今,无缘无故地向人家索取土地,人家不给,就会产生忿恨之心;人家给了,就会产生骄横之心。忿恨必然会引起争斗,争斗必然会失败;骄横必然傲视一切,傲视一切必然导致灭亡。"应该非常耐心诚恳地劝谏主人,一次不听,再来第二次,第二次不听,再来第三次,第三次劝谏还不听从,再把那伏剑赴死的行动安排在这个时候。这样一来,智伯虽然顽固愚昧,但受至诚之心的感动,也许会重新醒悟,从而与韩、魏讲和,解除赵国的围困,保全智氏的宗族,使智氏能香

韩、魏，释赵围，保全智宗，守其祭祀。若然，则让虽死犹生也，岂不胜于斩衣而死乎？让于此时，曾无一语开悟主心，视伯之危亡，犹越人视秦人之肥瘠也，袖手旁观，坐待成败，国士之报，曾若是乎？智伯既死，而乃不胜血气之悻悻，甘自附于刺客之流。何足道哉！何足道哉？

虽然，以国士而论，豫让固不足以当矣，彼朝为仇敌，暮为君臣，腆然而自得者，又让之罪人也。噫！

火不断，延续不绝。假如这样，豫让即使死了也像活着一样，难道不胜过斩衣然后自杀吗？豫让在那时，甚至连一句开导主人，使他醒悟的话都没说。看着智伯的危亡，就像越人远远地看秦人的肥瘦一样，袖手旁观，坐待成败，国士对主人的报答竟然能像这个样子吗？直到智伯已死，豫让才压抑不住愤怒的血气，甘心情愿地加入刺客的行列，这有什么值得称道的！有什么值得称道的呢？

虽然这样，用国士的标准来评价豫让，豫让的确是不配的了，可是那些早晨还是仇敌，晚上就变成了君臣，厚着脸皮自以为得意的人又算得上是豫让的罪人了。唉！

文化常识第 210 讲

简策　中国早期的书籍形式之一。在造纸技术发明以前，中国古代书籍主要是用墨写在竹木简上。人们把竹木劈成狭长的细条，再刮削成竹片或木片，然后在上面写字。单独的竹木片叫"简"，若干简编连起来就叫"策"，也可以写成"册"字。《尚书·多士》中记载："惟殷先人，有典有册。殷革夏命。"说明商代的祖先已有了简策，记载了商朝革了夏朝的命，就是推翻了夏王朝的统治。

常用字第210讲 竭

❶ <动> 完尽；完了。《曹刿论战》："彼竭我盈，故克之。"
❷ <动> 竭尽；用尽。《滕王阁序》："敢竭鄙怀，恭疏短引。"
❸ <副> 全；都。《管子·大匡》："诸侯之兵竭至，以待桓公。"
❹ <动> 枯竭；干涸。《苦斋记》："吾闻井以甘竭，李以苦存。"

语法常识第210讲

词类活用：形容词的使动用法【骄】 "力劝其主从智伯之请，与之地以骄其志，而速其亡也"一句中"骄"字本义为"骄傲，骄纵"，是形容词，这里为使动用法，意为"使其志骄傲"。翻译为：极力劝说他们的主人顺从智伯的无理要求，割给智伯土地，使他志气骄盛，从而使他更快地灭亡。

亲政篇
——宦官掌权危害大

《古文观止》有故事

王鏊(ào)是明朝官员。1506年,王鏊被起用为吏部左侍郎,参与编修《明孝宗实录》。当时明武宗在位,宠信以太监刘瑾为首的八位宦官,人们都叫他们"八虎"。武宗喜欢玩乐,不过问政事。除了上朝的时候,朝臣能够远远地看到高高在上的皇帝,其他时候很少能见到他。国家大事都交给刘瑾等人去处理。

针对这种情况,王鏊写了这篇《亲政篇》上奏武宗,指出君臣上下隔绝的危害,希望皇帝能够恢复内朝亲政的方法,和朝臣面对面,讨论国家大事,听取大臣们的意见。

然而，武宗根本听不进去。

朝臣忍无可忍，由吏部尚书韩文带头，呈上奏章，要求铲除八虎。武宗还想袒护宦官们，表示自己已经悔改，请求大臣们放过八虎。但韩文不依不饶，坚持要处死八虎。这时候，得到消息的八虎来拜见武宗，苦苦哀求他饶命，并且挑拨他和朝臣的关系，怂恿皇帝和朝臣对抗。

宦官们一直守在皇帝身边，而朝臣们见皇帝一面很难。本来以为势在必得的朝臣们第二天聚集在宫门口，想继续催逼皇帝。谁知道太监出来宣布皇帝已经赦免了刘瑾等人。刘健、李东阳、谢迁三位阁臣愤而辞职。皇帝批准了刘、谢二人的辞职，留下了李东阳。刘瑾成为司礼监秉笔太监，权力更大了。

这时候，内阁只剩下李东阳一个人。刘瑾想让焦芳入阁，但廷议时大家推荐了王鏊。刘瑾没办法，只得让王鏊和焦芳一同入阁。担任内阁大臣期间，王鏊极力劝谏刘瑾，保护朝臣。但刘瑾权力越来越大，王鏊深感无奈，连续三次上疏请求辞职，终于被批准了。从那以后，他再也没有出来做官。

皇帝不见大臣，上下沟通不畅，任由宦官专权，国家怎能不危险？

逐字逐句学古文

原文

《易》之泰曰："上下交而其志同。"其否曰："上下不交而天下无邦。"盖上之情达于下，下之情达于上，上下一体，所以为"泰"。下之情壅阏而不得上闻，上下间隔，虽有国而无国矣，所以为"否"也。交则泰，不交则

译文

《易经》中的泰卦说："上下交好通气，他们的志向就相同。"那否卦说："上下相隔，国家就要灭亡。"因为上面的意图能够通到下面，下面的意见能够传到上面，上下成为一个整体，所以叫"泰"。如果下面的意见被阻塞，不能传到上面；上下之间有隔膜，虽然名义上有国家，实

否，自古皆然，而不交之弊，未有如近世之甚者。君臣相见，止于视朝数刻；上下之间，章奏批答相关接，刑名法度相维持而已。

愚以为欲上下之交，莫若复古内朝之法。盖周之时有三朝：库门之外为正朝，询谋大臣在焉；路门之外为治朝，日视朝在焉；路门之内曰内朝，亦曰燕朝。《玉藻》云："君日出而视朝，退适路寝听政。"盖视朝而见群臣，所以正上下之分；听政而适路寝，所以通远近之情。汉制：大司马、左右前后将军、侍中、散骑诸吏为中朝，丞相以下至六百石为外朝。唐皇城之北南三门曰承天，元正、冬至受万国之朝贡，则御焉，盖古之外朝也。其北曰太极门，其西曰太极殿，朔、望则坐而视朝，盖古之正朝也。又北曰两仪殿，常日听朝而视事，盖古之内朝也。

际上也没有国家，所以叫"否"。上下通气就泰，上下阻隔就否，自古以来都是这样。但上下不通气的弊病，没有像近代这样厉害的了。君臣互相见面，只在皇上临朝的短时间内。上下之间，只不过靠奏章、批答互相关联，用名分、法度彼此维持罢了。

我认为要做到上下通气，不如恢复古代内朝的制度。周代的时候有三种朝见的方式：库门的外面是正朝，顾问大臣守候在这里；路门的外面是治朝，皇上每天在这里接受百官朝见；路门的里面是内朝，也叫燕朝。《礼记·玉藻》上说："君主在太阳出来的时候去上朝，退下来到路寝处理政事。"上朝接见群臣，是用来端正上下的名分；处理政事却到路寝，是用来疏通远近的情况。汉朝的制度：大司马，左、右、前、后将军，侍中，散骑，诸吏是中朝；丞相以下到六百石的官员，是外朝。唐代皇城北面靠南的第三门，叫承天门，元旦和冬至节，接受各国的朝贺进贡，皇上才来到这里，原来就是古代的外朝呢。它的北面叫太极门，它的西面叫太极殿，每月的初一和十五，皇上就坐在这里受群臣朝见，原来就是古代的正朝呢。再北面叫两仪殿，平日在这里上朝和处理政务，

宋时常朝则文德殿，五日一起居则垂拱殿，正旦、冬至、圣节称贺则大庆殿，赐宴则紫宸殿或集英殿，试进士则崇政殿。侍从以下，五日一员上殿，谓之轮对，则必入陈时政利害。内殿引见，亦或赐坐，或免穿靴，盖亦有三朝之遗意焉。盖天有三垣，天子象之。正朝，象太极也；外朝，象天市也；内朝，象紫微也。自古然矣。

国朝圣节、正旦、冬至大朝会则奉天殿，即古之正朝也。常日则奉天门，即古之外朝也。而内朝独缺。然非缺也，华盖、谨身、武英等殿，岂非内朝之遗制乎？洪武中如宋濂、刘基，永乐以来如杨士奇、杨荣等，日侍左右，大臣蹇义、夏元吉等，常奏对便殿。于斯时也，岂有壅隔之患哉？今内朝未复，临御常朝之后，人臣无复进见，三殿高閟，鲜或窥焉。故上下之情，壅而不通；天

原来就是古代的内朝呢。宋朝时候，平时朝见在文德殿；臣僚每五天向上请安的地方在垂拱殿；元旦、冬至、皇上的生日，祝颂、受贺在大庆殿；赐宴在紫宸殿或者集英殿；面试进士在崇政殿。自侍从官以下，每五天由一名官员上殿，叫轮班奏对，他必须进来陈说当时政治得失。在内殿引见，也有时赐座，有时免穿靴子。这大概还保留有三朝的意思呢。因为上天有三垣，天子就仿效它：正朝，仿效太极；外朝，仿效天市；内朝，仿效紫微。自古以来就是这样的。

本朝皇帝生日、元旦、冬至的大朝会，在奉天殿，便是古代的正朝呢；平日就在奉天门，便是古代的外朝呢；可是单缺内朝。然而内朝并不是缺少，华盖、谨身、武英等殿，难道不是遗留下来的内朝制度吗？洪武年间，像宋濂、刘基，永乐以来，像杨士奇、杨荣等，每天侍奉在皇帝身旁；大臣蹇义、夏元吉等，经常在便殿奏对。在这个时候，哪里有阻隔的忧患呢？现在内朝制度没有恢复，皇上驾临常朝以后，臣子不能再进来朝见；三殿的门高高地关闭着，很少有人能够看见里面的情况。所以上下的意见阻塞不通；天下的弊病，因此积累

xià zhī bì　　yóu shì ér jī　　xiào zōng wǎn nián　　shēn gǎn
下之弊，由是而积。孝宗晚年，深感
yǒu kǎi yú sī　　lǚ zhào dà chén yú biàn diàn　　jiǎng lùn tiān
有慨于斯，屡召大臣于便殿，讲论天
xià shì　　fāng jiāng yǒu wéi　　ér mín zhī wú lù　　bù jí
下事。方将有为，而民之无禄，不及
dǔ zhì zhì zhī měi　　tiān xià zhì jīn yǐ wéi hèn yǐ
睹至治之美，天下至今以为恨矣。

起来。孝宗晚年，在这方面深有感慨。他屡次在便殿召见大臣，谈论天下的事情。正要有所作为便去世了，百姓没有福气，不能看到太平盛世的美好光景。直到现在，天下的人都认为是一件恨事。

文化常识第 211 讲

三垣　古代中国的天文学家为了认识星辰和观测天象，把天上的恒星几个一组，每组合定一个名称，这样的恒星组合称为星官。然后又将星官划分为三垣二十八宿，共三十一个天区，每个天区以一垣或一宿为主体。三垣包括上垣的太微垣、中垣的紫微垣，还有下垣的天市垣。

常用字第 211 讲

❶ <名>法令；法律；制度。《察今》："故治国无法则乱。"
❷ <名>标准；法则；规律。《察变》："此物能寒，法当较今尤茂。"
❸ <名>方法；做法。《谋攻》："凡用兵之法，全国为上。"
❹ <动>效法；仿效。《五蠹》："是以圣人不期修古，不法常可。"
❺ <名>佛教的道理。高适《赠杜二拾遗》："听法还应难，寻经剩欲翻。"

语法常识第 211 讲

反问句："岂非……乎（哉）？"　本文"然非缺也，华盖、谨身、武英等殿，岂非内朝之遗制乎？"一句中"岂非……乎（哉）？"是反问句式。"岂"是"难道"的意思，"非"表否定，可以翻译为"不是"，表达不容置疑的肯定。翻译为：然而内朝并不是缺少，华盖、谨身、武英等宫殿，难道不是遗留下来的内朝制度吗？

尊经阁记

——领悟到心里的才是真经

《古文观止》有故事

明朝时期，南大吉到绍兴做知府，派山阴县令吴瀛主持重修了稽山书院，又在书院后面建了一座尊经阁，请阳明先生写了一篇《尊经阁记》，来记录这件事。

阳明先生就是王守仁，明朝杰出的思想家、文学家、军事家、教育家。他从小就喜欢读书，心思不同于常人。在那个年代，读书人第一等要紧事就是考科举。但王阳明却认为天下最要紧的事是读书做圣贤。

15岁时，他就给皇帝上书，谈论平定农民起义的策略，接着走出书斋离开家，到居庸关、山海关等地游历了一个多月，眼界大开。后来，他拜访了著名理学家娄谅，请教圣贤之道，娄谅给他讲了"格物致知"的道理。接着，

他又通读了朱熹的著作,思考"一草一木皆具至理"的学说。他想,如果能把万事万物之中蕴含的道理都格出来,是不是就能成为圣贤了呢?

为了体验"格物致知",他跑到花园里,搬把凳子坐在一丛竹子跟前,开始格竹子,想看看到底能悟到什么道理。结果呢?一直坐了七天七夜。道理没悟到,自己却大病了一场。

王守仁对"格物"学说产生了怀疑,开始向内探求自己的内心。就如他在《尊经阁记》里面说的:"六经者无他,吾心之常道也。"他认为,六经不是什么别的东西,是自己心灵里的永恒规范。六经只是心里的账簿,六经的实质全都保存在自己的心里了。

他指出:世上做学问的人,很多都在考证文字上下功夫,却不知道从自己内心入手,去探求六经的实质。南大吉扩建稽山书院,筑尊经阁,就是想要把人们引向圣贤的正道。如果能正确理解六经,心里隐藏的邪恶念头就会少很多,百姓就会积极努力,好好生活。

后来,王守仁常常在稽山书院讲学,把自己的心学理念传播出去。

逐字逐句学古文

原文

经，常道也，其在于天谓之命，其赋于人谓之性，其主于身谓之心。心也，性也，命也，一也。通人物，达四海，塞天地，亘古今，无有乎弗具，无有乎弗同，无有乎或变者也，是常道也。其应乎感也，则为恻隐，为羞恶，为辞让，为是非；其见于事也，则为父子之亲，为君臣之义，为夫妇之别，为长幼之序，为朋友之信。是恻隐也，羞恶也，辞让也，是非也，是亲也，义也，序也，别也，信也，一也；皆所谓心也，性也，命也。通人物，达四海，塞天地，亘古今，无有乎弗具，无有乎弗同，无有乎或变者也，夫是之谓六经。六经者，非他，吾心之常道也。以言其阴阳消息之行，则谓之《易》；以言其纪纲政事

译文

经是永恒不变的真理，它在天称为"命"，禀赋于人称为"性"，作为人身的主宰称为"心"。心、性、命，是一个东西。它沟通人与物，遍及四海，充塞天地，贯通古今，无所不备，无所不同，没有可能改变，所以它是永恒不变之道。它表现在人的情感里，便是恻隐之心，羞恶之心，谦让之心，是非之心；它表现在人际关系上，便是父子之亲，君臣之义，夫妇之别，兄弟之序，朋友之信。因此恻隐心、羞恶心、谦让心、是非心，也就是亲、义、序、别、信，是同样一件东西；都是心、性、命。

沟通人与万物，普及四海，充塞天地，贯穿古今，无所不备，无所不同，没有可能改变的，这就叫作六经。六经，并非别的东西，乃是我等心中存在的永恒不变之道。这永恒不变之道，用以阐述阴阳盛衰的运行，便称它为《易》；用以表明纪纲政事的施行，便称它为《书》；用以传达歌咏性情的感发，便称它为《诗》；用以

之施，则谓之《书》；以言其歌咏性情之发，则谓之《诗》；以言其条理节文之著，则谓之《礼》；以言其欣喜和平之生，则谓之《乐》；以言其诚伪邪正之辨，则谓之《春秋》。是阴阳消息之行也，以至于诚伪邪正之辨也，一也；皆所谓心也，性也，命也。

呜呼！六经之学，其不明于世，非一朝一夕之故矣。尚功利，崇邪说，是谓乱经。习训诂，传记诵，没溺于浅闻小见，以涂天下之耳目，是谓侮经。侈淫辞，竞诡辩，饰奸心盗行，逐世垄断，而犹自以为通经，是谓贼经。若是者，是并其所谓记籍者，而割裂弃毁之矣，宁复知所以为尊经也乎？

越城旧有稽山书院，在卧龙西冈，荒废久矣。郡守渭南南君大吉，既敷政于民，则慨然悼末学之支离，将进之以圣贤之道，于是使山阴令吴君瀛拓书院而一新之；又为尊经之阁于其

显示体统仪节的表征，便称它为《礼》；用以宣泄欣喜和平的跃动，便称它为《乐》；用以辨别真假邪正的标准，便称它为《春秋》。因此阴阳盛衰的运行，以至于真假邪正的评价，同样是一个东西；都是心、性、命。

唉！六经之学，它的不显扬于人世，不是一朝一夕的事了。重视功利，崇奉谬论，这叫淆乱经义；学一点文字训诂，讲究死记硬背，沉陷于浅薄的知识和琐屑的见解，以掩蔽天下的耳目，这叫侮慢经文；肆意发表放荡的论调，逞诡辩以取胜，文饰其邪恶的心术和卑劣的行为，驰骋世间以自高身价，而还自命为通晓六经，这叫残害经书。像这样一些人，简直是连所谓账本都割裂弃废掉了，哪里还知道什么叫尊重六经呢？

越城过去有稽山书院，在卧龙西岗，荒废已久了。知府渭南人南大吉君，在治理民政之暇，慨然痛惜晚近学风的颓败，将使之重归于圣贤之道，于是命山阴县令吴瀛君扩大书院使之一新，又建造一座尊经阁于书院之后，说道："经学归于正途则百姓就会振发，百姓振发那便不会犯罪作

后，曰："经正则庶民兴，庶民兴斯无邪慝矣。"阁成，请予一言，以谂多士。予既不获辞，则为记之若是。呜呼！世之学者，得吾说而求诸其心焉，则亦庶乎知所以为尊经也已。

恶了。"尊经阁落成，邀我写一篇文章，以晓喻广大的士子。我既然推辞不掉，便为他写了这篇记。唉！世上的读书人，明白了我的主张而求理于内心，应当也差不多知道怎么样才是真正地尊重六经了。

文化常识第212讲

阳明心学 王阳明小时候，一次和私塾先生请教什么是天底下最要紧的事，先生想了想说："科举乃第一等要紧事。"但王阳明却不这么认为，他觉得第一要紧事是要做圣贤。他最早是遵循朱熹"格物致知"的道理去格竹子，什么都没弄明白，自己反倒病了。后来，他被贬到贵州龙场，在那里悟道，理解到了"心即是理""知行合一""致良知"等道理，并以此为核心思想发展出了阳明心学。

常用字第212讲 —— 阳

❶ <名>太阳；阳光。沈约《齐故安陆昭王碑文》："乃暴以秋阳，威以夏日。"
❷ <名>山的南面，水的北面。《登泰山记》："泰山之阳，汶水西流。"
❸ <形>温暖。《长歌行》："阳春布德泽，万物生光辉。"
❹ <动>装作；假装。《记王忠肃公翱事》："皆阳应曰：'诺'。"
❺ <名>古代哲学概念，与"阴"相对。

语法常识第212讲

反问句："宁……？" 本文"宁复知所以为尊经也乎？"一句运用"宁……乎（耶、哉）"的固定句式，表示反问语气。翻译为：哪里还知道什么叫尊重六经呢？

象祠记

——不仁如象也会被舜感化

《古文观止》有故事

明朝正德三年（1508年），贵州宣慰使（少数民族地区最高的官职，由当地人世袭）安贵荣应当地苗民的请求，重新修建了象祠。建好后，他请王守仁写一篇记。王守仁很奇怪，象不仁不善，为什么要为他修祠庙呢？安贵荣也不清楚，他只知道世世代代的苗民都信奉象，诚心祭祀不敢怠慢。

象是舜同父异母的弟弟。舜的母亲去世后，父亲又娶了一位妻子，生下

了象。父亲偏爱继母和弟弟，对舜很苛刻。可是舜仍然很孝顺父亲和继母，对弟弟也很好。他的名声传扬出去，尧帝把两个女儿嫁给他，并为他修建了仓房，还送给他牛羊、衣服和琴。

舜的父亲和弟弟想要霸占舜的财物，就想杀死他。父亲让舜去修补仓房的屋顶，等到舜上了房顶，却点火焚烧仓房。舜急中生智，拿了两只斗笠做"翅膀"，从房顶上跳下来，才侥幸保住了性命。

可是，父亲和弟弟还不罢手，又让舜去挖井。舜很听话，就下去挖，越挖越深。象感觉挖得差不多了，就开始在上面填土，要把舜活活埋在里面。幸亏舜事先有察觉，向旁边挖出了一条通道，在井被堵死之前，爬了出来。

父亲和象以为舜死了，就住进舜的房子，霸占了他的财物。

有一天，象正在弹舜的琴，舜忽然走了进来。象吓坏了，赶紧愁眉苦脸解释："哥哥呀，我正想你想得都抑郁了。"舜什么都没有说，还像以前一样孝顺父母，爱护兄弟。后来，舜把有鼻（bì）（今湖南省道县境内）封给了象。象死后，当地人建了祠庙祭祀他。

唐朝时，曾经有人拆毁了有鼻的象祠，可是苗人还在祭祀他。王守仁推想原因：舜是圣人，品德高尚，以德报怨；象再凶残，应该也被仁爱的哥哥感化了吧。所以，他相信人的本性是善良的，犯了错误的恶人也是可以被感化，改恶从善的。

逐字逐句学古文

原文	译文
灵（líng）、博（bó）之山（zhī shān），有象祠焉（yǒu xiàng cí yān）。其下诸（qí xià zhū）苗夷之居者（miáo yí zhī jū zhě），咸神而祠之（xián shén ér cí zhī）。宣慰安君（xuān wèi ān jūn），因诸苗夷之请（yīn zhū miáo yí zhī qǐng），新其祠屋（xīn qí cí wū），而	灵鹫山和博南山有象的祠庙。那山下住着的许多苗民，都把象当作神来祭祀。宣慰使安君，顺应苗民的请求，把祠庙的房屋重新修整，

请记于予。予曰:"毁之乎,其新之也?"曰:"新之。""新之也何居乎?"曰:"斯祠之肇也,盖莫知其原。然吾诸蛮夷之居是者,自吾父、吾祖溯曾高而上,皆尊奉而禋祀焉,举而不敢废也。"予曰:"胡然乎?有鼻之祀,唐之人盖尝毁之。象之道,以为子则不孝,以为弟则傲。斥于唐,而犹存于今;坏于有鼻,而犹盛于兹土也,胡然乎?"

我知之矣:君子之爱若人也,推及于其屋之乌,而况于圣人之弟乎哉?然则祀者为舜,非为象也。意象之死,其在干羽既格之后乎?不然,古之骜桀者岂少哉?而象之祠独延于世,吾于是盖有以见舜德之至,入人之深,而流泽之远且久也。

象之不仁,盖其始焉耳,又乌知其终之不见化于舜也?《书》不云乎:"克谐以孝,烝烝乂,不格

同时请我做一篇记。我说:"是拆毁它呢,还是重新修整它呢?"宣慰使说:"是重新修整它。"我说:"重新修整它,是什么道理呢?"宣慰使说:"这座祠庙的创建,大概没有人知道它的起源了。然而我们居住在这里的苗民,从我的父亲、祖父,一直追溯到曾祖父、高祖父以前,都是尊敬信奉象,并诚心祭祀他,不敢荒废呢。"我说:"为什么这样呢?有鼻那地方的象祠,唐朝人曾经把它毁掉了。象的为人,作为儿子就是不孝,作为弟弟就是傲慢。对象的祭祀,在唐朝就受斥责,可是还存留到现在;他的祠庙在有鼻被拆毁,可是在这里却还兴旺。为什么这样呢?"

我懂得了!君子爱这个人,便推广到爱他屋上的乌鸦,更何况是对于圣人的弟弟呢!既然这样,那么兴建祠庙是为了舜,不是为了象啊!我猜想象的死去,大概是在舜用干舞羽舞感化了苗族之后吧?如果不是这样,那么古代凶暴乖戾的人难道还少吗?可是象的祠庙却独独能传到今世。我从这里能够看到舜的品德的高尚,进入人心的深度,和德泽流传的辽远长久。

象的凶暴,在开始是这样的,又怎见得他后来不被舜感化呢?《尚书》上不是这样说过吗:"舜能够用

奸。"瞽瞍亦允若，则已化而为慈父。象犹不弟，不可以为谐。进治于善，则不至于恶；不底于奸，则必入于善。信乎，象盖已化于舜矣！《孟子》曰："天子使吏治其国，象不得以有为也。"斯盖舜爱象之深而虑之详，所以扶持辅导之者之周也。不然，周公之圣，而管、蔡不免焉。斯可以见象之见化于舜，故能任贤使能而安于其位，泽加于其民，既死而人怀之也。诸侯之卿，命于天子，盖《周官》之制，其殆仿于舜之封象欤？

吾于是益有以信人性之善，天下无不可化之人也。然则唐人之毁之也，据象之始也；今之诸苗之奉之也，承象之终也。斯义也，吾将以表于世，使知人之不善，虽若象焉，犹可以改；而君子之修德，及其至也，虽若象之不仁，而犹可以化之也。

孝使全家和睦、安定，淳厚善良，不至于作奸犯科。"瞽瞍也能听从，那么他已经被舜感化成为慈祥的父亲了；如果象还不尊敬兄长，就不能够说是全家和睦了。他上进向善，就不至于仍是恶；不走上邪路，就说明一定会向善。象已经被舜感化了，确实是这样啊！孟子说："天子派官吏治理他的国家，象不能为所欲为呢！"这大概是舜爱象爱得深，并且考虑得仔细，所以用来扶持辅导他的办法就很周到。不是这样的话，那么即使有像周公那样的圣明，管叔、蔡叔也不能避免被诛杀放逐。从这里能够看到象被舜感化了，所以他能够任用贤人，安稳地保有他的位子，把恩泽施给百姓，因此死了以后，人们就怀念他。诸侯的卿，由天子任命，是周代的制度；这也许是仿效舜封象的办法吧！

我因此有理由相信：人的本性是善良的，天下没有不能够感化的人。既然这样，那么唐朝人拆毁象的祠庙，是根据象开始的行为；现在苗民祭祀他，是信奉象后来的表现。这个道理，我将向天下人讲明，使人们知道：人的不善良，即使跟象一样，还能够改正；君子修养自己的品德，到了极点，即使别人跟象一样品行不端，也还是能够感化他的。

文化常识第213讲

祠堂 也叫宗祠、祖庙等，是供奉与祭祀祖先或先贤的场所。宗祠是供设祖先牌位、举行祭祖活动的场所，同时也是从事家族事务活动的地方。从秦汉到北宋，普通百姓没有资格建祠堂。南宋时，理学家朱熹提倡普通百姓建家族祠堂。后来，明朝嘉靖皇帝发布"推恩令"，放宽了官民祭祖的规定，民间祠堂才多了起来。

常用字第213讲 —— 奉

❶ <动>恭敬地捧着、拿着。《荆轲刺秦王》："荆轲奉樊於期头函，而秦武阳奉地图匣，以次进。"
❷ <动>接受；承担。《出师表》："受任于败军之际，奉命于危难之间。"
❸ <动>遵奉；遵照。《赤壁之战》："近者奉辞伐罪，旌麾(jīng)南指。"
❹ <动>进献。《鸿门宴》："再拜奉大将军足下。"
❺ <动>赐予；给予。《六国论》："奉之弥繁，侵之愈急。"
❻ <动>侍奉；侍候。《鱼我所欲也》："今为妻妾之奉为之。"
❼ <动>拥戴；尊崇。《国语·晋语》："百姓欣而奉之，国可以固。"
❽ <动>供奉；供给。《原君》："离天下之子女，以奉我一人之淫乐。"
❾ <动>保全；保持。《管子·四称》："君若有过，各奉其身。"
❿ <动>扶助；帮助。《淮南子·说林》："人不见龙之飞举而能高者，风雨奉之。"
⓫ <动>讨好；奉承。《儒林外史》："晚生只是个直言，并不肯阿谀趋奉。"
⓬ 敬辞。《荆轲刺秦王》："而得奉守先王之宗庙。"
⓭ <名>通"俸"。《东方朔》："奉禄薄，未得省见。"

语法常识第213讲

词类活用：名词的意动用法【神】 "其下诸苗夷之居者，咸神而祠之"一句中的"神"本义为"天神，神仙"，是名词，在这里用作意动用法，意为"以之为神"。翻译为：那山下住着的许多苗民，都把象当作神来祭祀。

瘗(yì)旅文

——为客死他乡的陌生人致哀

王守仁

《古文观止》有故事

王守仁落榜两次后,第三次终于考中了,进入了官场。可是,他很快就遭遇到了挫折。

当时,大太监刘瑾当权,逮捕了御史戴铣(xiǎn)等二十多人。王守仁上疏皇帝为他们求情,并且在奏章中直接称呼刘瑾为"权奸"。刘瑾气坏了,判处王守仁廷杖四十,就是被当众打四十大板,然后把他贬到偏远的贵州龙场(今贵阳市西北七十里的修文县)做一个小小的驿丞。他的父亲王华也被牵连,被

赶出北京,调到南京做吏部尚书。

刘瑾不想轻易放过王守仁,派人在半路上追杀他。幸亏王守仁机智,伪装跳水自尽逃脱了性命。他偷偷地到了南京,见到了父亲。王华听了他的讲述,很认真地对他说:"既然朝廷委任了你,这也是一份责任,还是去上任吧。"

于是,王守仁千里迢迢,历尽千辛万苦来到了贵州龙场。当时,龙场还是蛮荒之地,山高林密,少数民族杂居。那里的人没有接受过教育,粗暴野蛮。王守仁初来乍到,水土不服,语言不通,心中还满是对权奸的愤怒。

一天,他发现这里来了三个异乡人,一个是京城来的吏目(知州手下的属官,主管文书等官署事务),一个是他的儿子,另一个是仆人。第二天,有人捎来消息说吏目死了;傍晚的时候儿子也死了;又过了一天,三个人全死了。

王守仁心里难过,就带上两个童子,拿着铁锹去为他们收尸。埋葬他们之后,他摆上一只鸡、三碗饭祭奠。感慨之余,写了这篇文章。

他哀悼三位同样沦落蛮荒的异乡人,字里行间有对宦官的不满,也透露出自己不会屈服于恶劣环境的顽强精神。

就在这样艰苦的环境中,他也没有放弃对自己心性的磨炼,没有忘记体悟人生。有一天,他灵光一闪,忽然意识到"圣人之道,吾性自足,向之求理于事物者误也"。圣人之道，就在我的心里，是我心里本来就有的。原来格物致知，向外探求是错误的。

"龙场悟道"成为王守仁人生的一个转折点。

"艰难困苦，玉汝于成。"正是龙场艰苦的生活，造就了哲学家王阳明。

逐字逐句学古文

原文

维正德四年秋月三日，有吏目云自京来者，不知其名氏，携一子一仆，将之任，过龙场，投宿土苗家。予从篱落间望见之，阴雨昏黑，欲就问讯北来事，不果。明早，遣人觇之，已行矣。

薄午，有人自蜈蚣坡来，云："一老人死坡下，傍两人哭之哀。"予曰："此必吏目死矣。伤哉！"薄暮，复有人来，云："坡下死者二人，傍一人坐哭。"询其状，则其子又死矣。明日，复有人来，云："见坡下积尸三焉。"则其仆又死矣，呜呼伤哉！

译文

正德四年秋季某月的初三，有一个自称是从京城里来的吏目，不知道他的姓名，他带着一个儿子、一个仆人前去赴任。经过龙场的时候，投宿在当地的苗人家里。我从篱笆的缝隙中看到了他，这时阴雨绵绵，天色昏暗，我想去询问北方近来的情况，没有去成。第二天早晨，派人去看他，他们已经走了。

将近中午的时候，有人从蜈蚣坡来，说："有个老人死在坡下，旁边有两个人哭得很是悲痛。"我说："这一定是那个吏目死了，令人悲伤呀！"傍晚的时候，又有人来说："坡下有两个死人，有一个人坐着在旁边哭泣。"我询问当时的状况，则推知他的儿子也死了。第二天，又有人来说："看见蜈蚣坡下堆积着三具尸体。"那是他的仆人也死了，唉，真是令人悲伤啊！

念其暴骨无主，将二童子持畚、锸往瘗之，二童子有难色然。予曰："噫！吾与尔犹彼也！"二童悯然涕下，请往。就其傍山麓为三坎，埋之。又以只鸡、饭三盂，嗟吁涕洟而告之，曰：

呜呼伤哉！繄何人？繄何人？吾龙场驿丞余姚王守仁也。自吾去父母乡国而来此，三年矣，历瘴毒而苟能自全，以吾未尝一日之戚戚也。今悲伤若此，是吾为尔者重，而自为者轻也。吾不宜复为尔悲矣。

吾为尔歌，尔听之。

歌曰：连峰际天兮，飞鸟不通。游子怀乡兮，莫知西东。莫知西东兮，维天则同。异域殊方兮，环海之中。达观随寓兮，莫必予宫。魂兮魂兮，无悲以恫。

又歌以慰之曰：与尔皆乡土之离兮，蛮之人言语不相知兮。性命不

我想到他们暴尸荒野，无人收殓，就带上两个童子，拿着畚箕和铁锹前去埋葬他们。两个童子面露难色。我说："唉！我和你们就如他们一样啊！"两个童子悲伤地落下眼泪，愿意同去。我们在尸体旁的山脚下挖了三个坑，埋葬了他们。又用一只鸡、三碗饭祭奠，叹息流泪，祭告他们说：

唉，令人悲伤呀！你是什么人？你是什么人啊？我是龙场驿丞、余姚人王守仁啊。自从我离开了父母家乡，来到这里已经三年了，经受了瘴疠毒气的侵扰却能苟且保全，是因为我不曾有一天的忧伤啊。今天如此悲伤，大半因为你，很少是因为我自己呀。我不应当再替你悲伤了。我为你作一首歌，你听吧！

歌词是：连绵的山峰与天相接啊，连飞鸟也不能通过。羁泊他乡的游子怀念故土啊，辨不清西和东。辨不清东和西呀，只有天空在哪里都是一样的。他乡异地啊，也是环抱在四海之中。达观的人四海为家啊，不一定非要有固定的住处。魂啊，魂啊，不要伤心悲痛！

又作了一支歌来安慰他说：我和你都是远离故乡的人啊，蛮族的言语一点儿也听不懂。寿命的长短真的不可预料啊，我如果死在这里，你就带

可期，吾苟死于兹兮，率尔子仆，来从予兮。吾与尔遨以嬉兮，骖紫彪而乘文螭兮，登望故乡而嘘唏兮。吾苟获生归兮，尔子尔仆，尚尔随兮，无以无侣为悲兮！道傍之冢累累兮，多中土之流离兮，相与呼啸而徘徊兮。餐风饮露，无尔饥兮。朝友麋鹿，暮猿与栖兮。尔安尔居兮，无为厉于兹墟兮！

着儿子和仆人来和我在一起。我和你遨游嬉戏啊，驾驭着紫色的猛虎，骑着斑斓的蛟龙。登高眺望遥远的故乡啊，发出长长的叹息！我若能活着回去啊，你还有儿子和仆人跟随，不会因为孤独无伴而伤悲。路旁那累累的坟头啊，多是流离至此的中原人士安睡其中，大家可以一起唱唱歌散散步。餐清风而饮甘露啊，你就不会饥饿。早晨与麋鹿结成伙伴，晚上与猿猴一同栖息。你可以安心地在这里呀，不要化为厉鬼危害这里的村落！

文化常识第214讲

驿丞 掌管驿站中仪仗、车马、迎送之事的小吏，每个州县都有，或多或少。驿站是古代供传递军事情报的官员途中食宿、换马的场所。《春秋》《左传》中有记载，当时通信方式有三种：车递叫作"传"；步递叫作"邮"；马递称作"驿"。因为车递费用太高，后来就舍弃了。明朝设置驿丞，是个不入流的小官。

常用字第214讲

❶ <动>接近；靠近；趋向。《劝学》："木受绳则直，金就砺则利。"
❷ <动>上；上登。《信陵君窃符救赵》："乃谢客就车。"
❸ <动>就任；就职。《陈情表》："臣具以表闻，辞职不就。"
❹ <动>参加；参与。《芋老人传》："知从郡城就童子试归。"
❺ <动>承受；接受。《殽之战》："使归就戮于秦。"

❻ <动>择取；效法。《原君》："去其不如舜者，就其如舜者。"
❼ <动>成就；成功。《荆轲刺秦王》："轲自知事不就，倚柱而笑。"
❽ <动>看；观赏。《过故人庄》："等到重阳日，还来就菊花。"
❾ <介>向；从；跟。《狱中杂记》："余尝就老胥而求焉。"
❿ <介>就着；根据。《芋老人传》："然就其不忘一芋，固已贤夫并老人而芋视之者。"
⓫ <连>即便；即使。《三国志·蜀书·法正传》："就复东行，必不倾危矣。"
⓬ <副>即；便。《红楼梦》："至院外，就有跟贾政的小厮上来抱住。"

语法常识第 214 讲

词类活用：名词作动词【骖 cān】 "吾与尔遨以嬉兮，骖紫彪而乘文螭兮"一句中的"骖"字本义为"在两边拉车的马"，是名词，这里活用作动词，意为"驾驭"。翻译为：我和你遨游嬉戏啊，驾驭着紫色的猛虎，骑着斑斓的蛟龙。

信陵君救赵论
——魏王和六国摆在啥位置？

《古文观止》有故事

唐顺之是明朝军事家、散文家、抗倭英雄。他学识渊博，对天文、地理、数学、历法、兵法及乐律都有深入的研究。

嘉靖八年（1529年），22岁的唐顺之在乡试中脱颖而出，直接参加了三年一次的会试，高中第一名。内阁大臣杨一清非常赏识他，想点他殿试第一名，被他拒绝了。主考官礼部尚书兼文渊阁大学士张璁（cōng）想拉拢他，凭借手中的权力安排他做翰林学士，唐顺之也拒绝了，按照规矩只做了兵部主事。唐顺之

刚正不阿，廉洁自守，还没开始当官，就得罪了两位大臣。

后来，做翰林院编修时，他以生病为借口，要辞职。张璁一怒之下批准了，并且说永远不再任用他。闲居的日子里，唐顺之钻研六经等书籍，学习算学、天文律历、山川地志、兵法战阵，甚至还学过枪法。将近二十年的闲居生活，丰富了学识，为他后来出山平定倭寇打下了基础。

从这篇《信陵君救赵论》中，可以看出他在读书过程中，有着自己独特的思考。他批评信陵君窃符救赵的行为，是为了解救姐夫平原君，而不是为了国家。并由此深入，进一步批判了魏王的大权旁落。看似读史，实际上是在批评明朝内阁专权，互相争斗的现象。

当时，隔海相望的日本也不安宁，内战频繁。一些散兵游勇纠结武士、商人，骚扰中国沿海，被称为倭寇。更有甚者，沿海的巨商也和倭寇勾结，成群结党，劫掠商船，走私货品。朝廷派赵文华前来调查。

赵文华和唐顺之是同科进士。谈论中，赵文华发现唐顺之对倭寇敌情非常了解，对于抗倭策略，已经成竹在胸，于是极力举荐唐顺之出山。唐顺之虽然不想再做官，但是想到为民除害、为国分忧是自己义不容辞的责任，便走出书斋，亲临战场，身先士卒，平定了倭寇。

后来，唐顺之病死在海上。能够为国为民做点实事，他死而无悔。

逐字逐句学古文

原文

论者以窃符为信陵君之罪,余以为此未足以罪信陵也。夫强秦之暴亟矣,今悉兵以临赵,赵必亡。赵,魏之障也。赵亡,则魏且为之后。赵、魏,又楚、燕、齐诸国之障也;赵、魏亡,则楚、燕、齐诸国为之后。天下之势,未有岌岌于此者也。故救赵者,亦以救魏;救一国者,亦以救六国也。窃魏之符以纾魏之患,借一国之师以分六国之灾,夫奚不可者?

然则信陵果无罪乎?曰:又不然也。余所诛者,信陵君之心也。信陵一公子耳,魏固有王也。赵不请救于王,而谆谆焉请救于信陵,是赵知有信陵,不知有王也。平原君以婚姻激信陵,而信陵亦自以婚姻之

译文

评论者拿盗窃兵符一事作为信陵君的罪过,我认为凭这一点还不足以拿来怪罪于信陵君。那强劲的秦国暴虐到极点了,如今把其所有的兵力来压于赵国,赵国肯定会灭亡。赵国是魏国的屏障,赵国亡了,那么魏国将要步其后尘;赵国与魏国,又是楚、燕、齐各国的屏障,赵、魏亡了,那么楚、燕、齐各国就得步其后尘了。天下的形势,再没有岌岌可危到像当时一样的了。因此,救赵国,也就是用以救魏国;救这一个国家,也就是救六个国家啊。盗窃魏国的兵符来解脱魏国的祸患,借用一国的军队来分担六国的灾难,这有什么不可以的呢?

那么信陵君真的没有罪过吗?回答是:这话又不对了。我所责备的,是信陵君的心啊!信陵君不过是一个王室公子罢了,魏国自有其君王的嘛。赵国不请求于魏王,而不断地恳切求救于信陵君,这说明赵国只知道有信陵君,不知道还有个魏王呢。平原君用亲戚情分来激将信陵君,而信陵君也自己为了亲戚的缘故,急于救赵,这说明信陵君只知道有自己

故，欲急救赵，是信陵知有婚姻，不知有王也。其窃符也，非为魏也，非为六国也，为赵焉耳。非为赵也，为一平原君耳。使祸不在赵，而在他国，则虽撤魏之障，撤六国之障，信陵亦必不救。使赵无平原，而平原亦非信陵之姻戚，虽赵亡，信陵亦必不救。则是赵王与社稷之轻重，不能当一平原公子，而魏之兵甲所恃以固其社稷者，只以供信陵君一姻戚之用。幸而战胜，可也，不幸战不胜，为虏于秦，是倾魏国数百年社稷以殉姻戚，吾不知信陵何以谢魏王也。夫窃符之计，盖出于侯生，而如姬成之也。侯生教公子以窃符，如姬为公子窃符于王之卧内，是二人亦知有信陵，不知有王也。

信陵知有婚姻之赵，不知有王；内则幸姬，外则邻国，贱则夷门野

的亲戚，不知道还有个君王。他的盗窃兵符，不是为了魏国，不是为了六国，而是为了赵国才如此；其实也不是为了赵国，只是为了一个平原君罢了。假使祸患不在赵国，而在其他国家，即使撤销了魏国的屏障，撤销了六国的屏障，信陵君也必然不会去救他的。假使赵国没有平原君，或者平原君不是信陵君的亲戚，纵然赵国亡了，信陵君也必然不会救他的。这就是说赵王及其国家的轻重，不能比得上一个平原公子；而且魏国的军备原是用来巩固自己的国家的，如今却拿来供信陵君的一个亲戚使用了。幸而战胜了，还算是可以的；如果不幸而战不胜，做了秦国的俘虏，就是倾覆了魏国几百年来的国家命运来殉葬于自己的亲戚。如果这样，我不知道信陵君用什么来回答魏王呢。盗窃兵符的计谋，那是出自侯生，而由如姬来完成的。侯生教魏公子来盗窃兵符，如姬在魏王卧室里替魏公子盗窃兵符，是这两个人也只知道有信陵君，而不知道有魏王啊。

信陵君只知道有作为亲戚的赵国，不知道有魏王；里边则有魏王宠幸的侍妾，外边则有邻国，低贱者则有像夷门监侯生等乡野之人，又是都只知道有个魏公子，却不知道还有位君王。这就是说魏国仅仅有一个孤立

人，又皆知有公子，不知有王。则是魏仅有一孤王耳。呜呼！自世之衰，人皆习于背公死党之行而忘守节奉公之道，有重相而无威君，有私仇而无义愤，如秦人知有穰侯，不知有秦王，虞卿知有布衣之交，不知有赵王，盖君若赘瘤久矣。由此言之，信陵之罪，固不专系乎符之窃不窃也。其为魏也，为六国也，纵窃符犹可。其为赵也，为一亲戚也，纵求符于王，而公然得之，亦罪也。

的君王罢了。啊！自从世运衰败以来，人们都习惯于违背公益而甘心死于私党的行为，却忘掉了守节义而奉公的道理。于是就形成只有权重的宰相而没有具有权威的君王，只有私仇而没有正义的公愤的局面。例如秦国人只知道有穰侯魏冉，而不知道有秦王；虞卿只知道贫贱时的老朋友，而不知道有赵王。这乃是君王大权旁落已经很久很久了。由此说来，信陵君的罪过，原不在于兵符的盗窃与否。若是为了魏国，为了六国，纵然是盗窃兵符，还是可以的；若是为了赵国，为了一个亲戚，纵然请求魏王，并且公然得到了兵符，也是有罪过的。

文化常识第215讲

虞卿 战国时期，虞卿到赵国游说赵孝成王，被任命为上卿，所以称为虞卿。他主张以赵为主，联合齐魏抵抗秦国。后来，魏国相国魏齐陷害范雎，范雎九死一生逃到秦国，得到重用后要报复他。魏齐跑到赵国避难，秦王用平原君的性命要挟赵王交出魏齐。魏齐无奈只好逃到虞卿那里。虞卿就不做宰相了，和他一起逃到了魏国。最后魏齐被逼自杀；虞卿留在魏国，著书立说，没再做官。

常用字第215讲

❶＜动＞偷窃；盗窃。《信陵君窃符救赵》："而如姬最幸，出入王卧内，力能窃之。"

❷<副>偷偷地，暗地里。《促织》："成有子九岁，窥父不在，窃发盆。"
❸<副>私下里，私自。表示个人意见或行为的谦辞。《廉颇蔺相如列传》："臣尝有罪，窃计亡赵走燕。"

语法常识第215讲

词类活用：名词作动词【罪】"余以为此未足以罪信陵也"一句中"罪"字，本义为"罪过"，是名词，这里用作动词，意为"归罪，怪罪"。翻译为：我认为凭这一点还不足以拿来怪罪于信陵君。

报刘一丈书

——不与奸臣为伍

《古文观止》有故事

宗臣,明朝大臣,嘉靖二十九年(1550年)考中进士,任刑部广西司主事(掌管公文和杂务的小官)。第二年,调任吏部考功(掌管官员绩效考核的部门)主事。当时,大奸臣严嵩专权,讨好皇帝排除异己,政治腐败。宗臣十分不满。但区区一个主事,又能怎样?于是,他干脆装病辞官回家,在百花洲上盖了房屋,住在里面安心读书。

公元1554年,他被重新起用,回到京城,还升了官。可是,这时候的严

嵩和他的儿子严世蕃权力更大了，称得上是一手遮天。

1553年时，杨继盛呈上《请诛贼臣疏》弹劾严嵩，历数他的"五奸十大罪"。严嵩抓住他奏章中的一处漏洞，向皇帝进谗言陷害杨继盛。皇帝大怒，把他关进了诏狱。在狱中，杨继盛遭受了酷刑的折磨，幸亏得到了朋友们的帮忙搭救，才侥幸捡了一条命，在监狱中存活下来。

但是，严嵩父子是不允许他活下去的。他们指使手下人在对闽浙总督张经等人的论罪奏疏末尾，附上了杨继盛的名字。嘉靖皇帝批阅奏章时，根本就没有注意，草草批示了同意处死。杨继盛就这样被杀了。

宗臣悲愤交加，不顾生死，当场解下自己的外衣盖在杨继盛的尸体上，为他收殓发丧。

这篇《报刘一丈书》中，宗臣刻画出了求官者攀附权贵、阿谀奉承的丑恶嘴脸，直接指向严嵩父子把持朝政、结党营私的恶行，表达了自己不慕权贵、刚直不阿的节操。

严嵩气坏了，把他赶出京城，去做福建参议（分管粮储、屯田、清军、驿传、水利等事的官）。在福建，他因为平定倭寇有功，升任福建提学副使，最后死在了任上。百姓都痛哭失声，为他送行。

宗臣一腔正气，文武全才，百姓的爱戴就是对他最好的褒奖。

原文

数千里外,得长者时赐一书,以慰长想,即亦甚幸矣;何至更辱馈遗,则不才益将何以报焉?书中情意甚殷,即长者之不忘老父,知老父之念长者深也。至以"上下相孚,才德称位"语不才,则不才有深感焉。夫才德不称,固自知之矣。至于不孚之病,则尤不才为甚。

且今之所谓孚者,何哉?日夕策马,候权者之门。门者故不入,则甘言媚词,作妇人状,袖金以私之。即门者持刺入,而主人又不即出见;立厩中仆马之间,恶气袭衣袖,即饥寒毒热不可忍,不去也。抵暮,则前所受赠金者出,报客曰:"相公倦,谢客矣!客请明日

译文

在数千里以外,时常得到您老人家的来信,安慰我的长久想念,这已经十分幸运了。竟然还承蒙您赠送礼物,那么这让我用什么来报答呢?您在信中表达的情意十分恳切,说明您没有忘记我的老父亲,从而也可以知道老父亲是很深切地想念您老人家的。

至于信中以"上下要互相信任,才能和品德要与职位相符合"的话教导我,正是我所亲切感受到的。我的才能和品德与职位不相符,本来我就知道的。至于不能做到上下相互信任的弊病,在我的身上表现得更厉害。

再说,当今社会上所说的上下信任是怎么一回事呢?当他从早到晚骑马去权贵人家的门口恭候的时候,守门的人故意为难不肯让他进去,他就甜言媚语,装出妇人的媚态,把袖里藏着的金钱偷偷地塞给守门人。守门人拿着名帖进去之后,而主人又不立即出来接见,他就站在马棚里,与仆人和马匹相处,臭气熏着衣服,即使是饥饿寒冷或闷热得无法忍受,也不肯离去。一直到傍晚,那个先前曾经接受金钱的守门人出来对他说:"相公

来!"即明日,又不敢不来。夜披衣坐,闻鸡鸣,即起盥栉,走马推门,门者怒曰:"为谁?"则曰:"昨日之客来。"则又怒曰:"何客之勤也?岂有相公此时出见客乎?"客心耻之,强忍而与言曰:"亡奈何矣,姑容我入!"门者又得所赠金,则起而入之。又立向所立厩中。幸主者出,南面召见,则惊走匍匐阶下。主者曰:"进!"则再拜,故迟不起,起则上所上寿金。主者故不受,则固请。主者故固不受,则又固请,然后命吏纳之。则又再拜,又故迟不起,起则五六揖始出。出揖门者曰:"官人幸顾我,他日来,幸无阻我也!"门者答揖。大喜奔出,马上遇所交识,即扬鞭语曰:"适自相公家来,相公厚我,厚我!"且虚言状。即所交识,亦心畏相公厚之矣。相公又稍稍语人曰:"某

疲劳了,谢绝会客,客人请明天再来吧。"到了第二天,他又不敢不来。晚上他披衣坐等,一听到鸡叫就起来洗脸梳头,骑着马跑到相府门口,守门人发怒地说:"是谁?"他便回答说:"昨天的客人又来了。"守门人又怒气冲冲地说:"你这个客人倒来得这样勤!难道相公能在这个时候出来会客吗?"客人心里感到耻辱,只有勉强忍耐着对守门人说:"没有办法啦!姑且让我进去吧!"守门人再次得到他送的一笔钱,才起身放他进去。他又站在原来站过的马棚里。幸好主人出来了,在客厅上朝南坐着,召他进去见面,他就慌慌张张地跑上去,拜伏在台阶下。主人说:"进来!"他便拜了又拜,故意迟迟不起来,起来后就献上进见的金银。主人故意不接受,他就一再请求主人收下;主人故意坚决不接受,他就再三请求。然后主人叫手下人把东西收起来,他便拜了又拜,故意迟迟不起,起来后又作了五六个揖才出来。出来他就对守门人作揖说:"多亏老爷关照我!下次再来,希望不要阻拦我。"守门人向他回礼,他就十分高兴地跑出来。他骑在马上碰到相识的朋友,就扬起马鞭得意扬扬地对人说:"我刚从相府出来,相公待我很好,很好!"并且虚假地叙述受到接待的情况。因此与他相识

也贤！某也贤！"闻者亦心计交赞之。

此世所谓上下相孚也，长者谓仆能之乎？前所谓权门者，自岁时伏腊一刺之外，即经年不往也。间道经其门，则亦掩耳闭目，跃马疾走过之，若有所追逐者，斯则仆之褊衷，以此长不见悦于长吏，仆则愈益不顾也。每大言曰："人生有命，吾惟有命，吾惟守分而已。"长者闻之，得无厌其为迂乎？

的朋友，也从心里敬畏他能得到相公的优待。相公又偶尔对别人说："某人好，某人好。"听到这些话的人也都在心里盘算着怎样附和并且一齐称赞他。

这就是所说的上下信任，您老人家说我能这样做吗？对于前面所说的权贵人家，我除了过年过节例如伏日、腊日投一个名帖外，就整年不去。有时经过他的门前，我也是捂着耳朵，闭着眼睛，鞭策着马匹飞快地跑过去，就像后面有人追逐似的。这就是我狭隘的心怀，因此经常不受长官欢迎，而我则更加不顾这一切了。我常常发表高谈阔论："人生遭际都是由命运决定的，我只是守自己的本分罢了！"您老人家听了我的这番话，或许不会嫌我过于迂腐吧！

文化常识第216讲

岁时伏腊 指一年中逢年过节的日子。岁是指过年，时指每季的节气或节日，伏指的就是夏天里的伏日。古人以为，伏天时，阴气迫于阳气而藏伏，所以得名伏天。每个夏天都有三伏，是一年中最炎热的一段日子。伏日在古代也专指三伏中祭祀的一天。一般是指入初伏的那一天。腊就是冬天的腊日，一般是指农历十二月初八。

常用字第216讲 —— 困

❶ <形>困窘;窘迫。《过秦论》:"而天下诸侯已困矣。"
❷ <动>使窘迫;使困窘。《冯婉贞》:"敌人远我,欲以火器困我也。"
❸ <动>困扰;围困。《赤壁赋》:"此非孟德之困于周郎者乎?"
❹ <形>贫困;贫穷。《信陵君窃符救赵》:"终不以监门困故而受公子财。"
❺ <形>贫乏;短缺。《烛之武退秦师》:"行李之往来,共其乏困。"
❻ <形>困倦;疲乏。《卖炭翁》:"牛困人饥日已高,市南门外泥中歇。"

语法常识第216讲

词类活用:名词作动词【袖】 "则甘言媚词作妇人状,袖金以私之"一句中"袖"本义为"衣袖",是名词,在这里活用作动词,意为"装在衣袖里"。翻译为:他就甜言媚语,装出妇人的媚态,把袖里藏着的金钱偷偷地塞给守门人。

吴山图记
——六十岁的老知县

归有光

《古文观止》有故事

归有光是明朝中期的散文家。嘉靖十九年（1540年），归有光参加南京乡试，中了举人。第二年参加礼部的会试，没有考中。回家后，他一边读书准备考试，一边收徒讲学，谈文论道，很快名声大震，人们都尊称他为"震川先生"。

他接下来参加了七次会试，都名落孙山。但他一直坚持，终于在嘉靖四十四年（1565年）第九次参加会试时，中了三甲进士。这时候，他已经

六十岁了,虽然头发已经花白,但还想为国出力。他被派到僻远的长兴(今浙江省湖州市境内)做知县。

和他同科一起考中的魏用晦在吴县(今江苏省苏州市)做县令。魏用晦勤政爱民,考核列入优等,不到三年期满,就被升了官。当地老百姓依依不舍,找人把吴县的山水名胜画成了一幅《吴山图》,送给魏用晦。

有一次他和归有光在一起,欣赏这幅图,怀念起吴县的百姓,于是请归有光写了《吴山图记》,记录这件事。

在文中,归有光从吴县百姓爱戴知县和知县对百姓念念不忘两个方面,颂扬了魏用晦对百姓的恩德。

归有光也是一个深受百姓爱戴的知县。长兴很长时间没有知县,大小政务都由小吏把持。归有光到任后,先开办学堂,接着整治恶吏,平反冤狱。他释放了三十多个无辜的死刑犯,给一百零七位被诬陷入狱的无辜百姓平反昭雪。

归有光做知县期间，一切从百姓利益出发，甚至不惜违抗上级的命令。短短两年，长兴得到了治理，百姓过上了好日子。但是，他的所作所为触怒了上官，被调任顺德府（今河北省邢台市）通判，管理马政。归有光对明升暗降的调动很不满，但他还是忠于职守，在这个职位上修了一部完备的《马政志》。

后来，归有光被调入京城，负责修撰《世宗实录》。他本想继续深入研究学术，却身患重病，很快去世了。

这位六十岁的老知县，应该会永远活在长兴县百姓心中吧。

逐字逐句学古文

原文

吴、长洲二县，在郡治所，分境而治。而郡西诸山，皆在吴县。其最高者，穹窿、阳山、邓尉、西脊、铜井。而灵岩，吴之故宫在焉，尚有西子之遗迹。若虎丘、剑池及天平、尚方、支硎，皆胜地也。而太湖汪洋三万六千顷，七十二峰沉浸其间，则海内之奇观矣。

余同年友魏君用晦为吴县，未及三年，以高第召入为给事中。君

译文

吴县、长洲两县，都在吴郡的郡治所在地，两县划分境界各自管理。府城西南的众多山冈，都在吴县境内。其中最高的山峰，有穹窿、阳山、邓尉、西脊、铜井等山。灵岩山上，春秋时吴国宫殿的故址就在那儿，还有西施的遗迹。像虎丘、剑池以及天平、尚方、支硎等处，都是名胜所在地。太湖浩浩淼淼，面积三万六千顷，七十二峰在湖中挺立，真可以算海内奇观了。

我的同年好友魏用晦任吴县县令未满三年，因考绩列入优等被调入京城担任给事中。魏君任吴县县令期间有恩于民，离任时，百姓设

之为县，有惠爱，百姓扳留之，不能得，而君亦不忍于其民。由是好事者绘《吴山图》以为赠。

夫令之于民，诚重矣。令诚贤也，其地之山川草木，亦被其泽而有荣也；令诚不贤也，其地之山川草木，亦被其殃而有辱也。君于吴之山川，盖增重矣。异时吾民将择胜于岩峦之间，尸祝于浮屠、老子之宫也，固宜。而君则亦既去矣，何复惓惓于此山哉？

昔苏子瞻称韩魏公去黄州四十余年而思之不忘，至以为《思黄州》诗，子瞻为黄人刻之于石。然后知贤者于其所至，不独使其人之不忍忘而已，亦不能自忘于其人也。

君今去县已三年矣。一日，与余同在内庭，出示此图，展玩太息，因命余记之。噫！君之于吾吴有情如此，如之何而使吾民能忘之也！

法挽留却未能成功，魏君也舍不得离开他的百姓，于是有热心人便画了一幅《吴山图》来送给他。

县令对于老百姓来说，确实是非常重要的。如果县令确实是贤良的，那么当地的山川草木也为蒙受其恩泽而感到荣耀；如果县令不贤良，那么当地的山川草木也会遭殃，感受到耻辱。魏君对于吴县的山河，可以说是增添了光彩了。今后有那么一天，吴县的老百姓将会在青山秀岩间挑选一块名胜宝地，在佛寺或道观里祭祀他，这完全是应该的。那么魏君既然已经离开了吴县，为什么还对吴山那样眷恋呢？

从前，苏东坡称赞韩琦离开了黄州四十多年，还念念不忘黄州，以至于写下了《思黄州》的诗歌。苏东坡为黄州百姓把这诗镌刻在石碑上。由此后人才明白这样一个道理：贤能之士到某一处地方，不单单会使那儿的百姓不忍心忘记他，而且连自己也不能忘记那儿的百姓。

现在魏君离开吴县已经三年了，一天，他与我同在内庭，取出这幅《吴山图》给我看，一边欣赏，一边叹息，就命我写篇文章记载这件事情。唉！魏君对于我们吴县有如此深厚的感情，我们吴县百姓又怎能忘记他呢！

文化常识第217讲

虎丘 在苏州城西北郊，距城区中心5千米，是苏州西山的余脉，因为周边地形脱离了西山主体，成为独立的小山。春秋时期，吴王阖闾在这里建造了离宫。前496年，阖闾在吴越之战中负伤后死去，他的儿子夫差把他的遗体葬在这里。传说埋葬三天后，阖闾的精气化为一只白虎蹲在上面，所以叫作虎丘。

常用字第217讲 —— 亦

❶ <副>表示两者同样，可译为"也""也是"。《〈论语〉十则》："四十、五十而无闻焉，斯亦不足畏也已。"

❷ <副>在疑问句中表测度语气，不译。《赵威后问齐使》："岁亦无恙耶？"

❸ <副>确实。《狼》："狼亦黠矣，而顷刻两毙。"

❹ <副>用在复合句下一分句之首，表示转折，可译为"也""也还"。《芙蕖》："及花既谢，亦可告无罪于主人矣。"

❺ <副>与"不"连用，表示反诘语气，可译为"不也……吗？"《〈论语〉十则》："死而后已，不亦远乎？"

语法常识第217讲

反问句："如之何……？""如之何……"句式大多时候是表示疑问，比如"齐人将筑薛，吾甚恐，如之何则可？"就是疑问句，可以翻译为：齐国要修筑薛城，我很害怕，怎么办才好呢？但是，本文"噫！君之于吾吴有情如此，如之何而使吾民能忘之也？"一句是用"如之何……？"的固定句式来表示反问语气。翻译为：唉！魏君对我们吴县有如此深厚的感情，我们吴县百姓又怎能忘记他呢？

沧浪亭记

——两位读书人隔空对话

《古文观止》有故事

苏舜钦，字子美，北宋时期的诗人。他是杜衍的女婿，支持范仲淹和杜衍等人推行的庆历新政。在范仲淹的举荐下，他做了集贤殿校理（集贤院下属文职散官），监进奏院（向地方传达中央政令的部门）。

庆历四年（1044年），在进奏院祠神这一天，苏舜钦按照老规矩，用卖旧公文纸得来的钱和同僚们一起吃了顿饭。当时反对革新的御史中丞王拱辰，抓住这件鸡毛蒜皮的小事儿大做文章，弹劾苏舜钦偷拿公家的财物卖钱，大吃大喝。结果，苏舜钦被罢官，一起吃饭的十几个人也都被赶出京城。

苏舜钦对此愤愤不平,离开京城来到苏州。刚开始,他租了几间又破又小的土房子住。后来,找到一处风景美丽的荒地。一打听,是五代时吴越王钱俶妻弟孙承祐的废园。从高低起伏的地势上,大约还能看出当年的遗迹。他很喜欢这里,就花钱买了下来,在院子里建造了一座亭子,取屈原《楚辞》中的句子"沧浪之水清兮,可以濯吾缨;沧浪之水浊兮,可以濯吾足"中的意思,命名为沧浪亭,并且写了一篇《沧浪亭记》,来寄托自己超然物外的心境。

南宋时,沧浪亭被韩世忠所占,改名为韩园。

元朝时,有僧人在沧浪亭遗址上建造了妙隐庵。后来,善庆和尚又在妙隐庵东侧建了大云庵。

明朝嘉靖二十五年(1546年),僧人文瑛又重新建了沧浪亭,请归有光写了一篇《沧浪亭记》。

和苏舜钦的《沧浪亭记》不同,归有光记述了沧浪亭的变迁,以及僧人重建沧浪亭的原因——敬重苏子美的为人。他从亭子的变迁和兴衰中,得出一个结论:使人永垂不朽的不是亭台楼阁,而是人的品德文章。

两位读书人隔空对话,两篇文章和他们的美德一起永载史册。

逐字逐句学古文

原文

浮图文瑛居大云庵,环水,即苏子美沧浪亭之地也。亟求余作《沧浪亭记》,曰:"昔子美之记,记亭之胜也,请子记吾所以为亭者。"

译文

文瑛和尚居住在大云庵,那里四面环水,从前是苏子美建造沧浪亭的地方。文瑛曾多次请我写篇《沧浪亭记》,说:"过去苏子美的《沧浪亭记》,是写亭子的胜景,您就记述我修复这个亭子的缘由吧。"

余曰：昔吴越有国时，广陵王镇吴中，治南园于子城之西南，其外戚孙承祐，亦治园于其偏。迨淮海纳土，此园不废。苏子美始建沧浪亭，最后禅者居之。此沧浪亭为大云庵也。有庵以来二百年，文瑛寻古遗事，复子美之构于荒残灭没之余，此大云庵为沧浪亭也。

夫古今之变，朝市改易。尝登姑苏之台，望五湖之渺茫，群山之苍翠，太伯、虞仲之所建，阖闾、夫差之所争，子胥、种、蠡之所经营，今皆无有矣。庵与亭何为者哉？虽然，钱镠因乱攘窃，保有吴越，国富兵强，垂及四世。诸子姻戚，乘时奢僭，宫馆苑囿，极一时之盛。而子美之亭，乃为释子所钦重如此。可以见士之欲垂名于千载，不与其渐然而俱尽者，则有在矣。

文瑛读书喜诗，与吾徒游，呼之为沧浪僧云。

我说：从前吴越建国时，广陵王镇守吴中，曾在内城的西南修建了一个园子。他的外戚孙承祐，也在它的旁边修了园子。到吴越被宋国灭亡时，这个园子还没有荒废。最初苏子美在园中造了沧浪亭，后来人们又在沧浪亭的遗址上修建了大云庵，住进了和尚。这是从沧浪亭到大云庵的演变过程。大云庵至今已有二百年的历史了，文瑛寻访亭子的遗迹，又在废墟上按原来的样子修复了沧浪亭。这是从大云庵到沧浪亭的演变过程。

历史在变迁，朝廷和集市的面貌也随之改变。我曾经登上姑苏台，远眺浩渺的五湖，苍翠的群山，那太伯、虞仲建立的国家，阖闾、夫差争夺的对象，子胥、文种、范蠡筹划的事业，如今都已消失殆尽了，大云庵和沧浪亭的兴废，又算得了什么呢？虽然如此，钱镠趁天下动乱，窃据权位，占有吴越，国富兵强，传了四代。他的子孙亲戚，也借着权势大肆挥霍，广建宫馆园囿，盛极一时。而子美的沧浪亭，却被和尚如此钦重。可见士人要想垂名千载，不像冰块那样迅速消失，是有其原因的。

文瑛好读书，爱作诗，常与我们这些人交游，我们称他为沧浪僧。

文化常识第218讲

吴越 是五代十国时期的十国之一。第一代吴越王钱镠本来是唐朝的臣子，任镇海节度使。唐朝灭亡，朱温建立了梁朝。他又向后梁称臣，被封为吴越王。后来独立出来，定都杭州。历经五位吴越王，到太平兴国三年（978年），钱弘俶归顺了宋朝，吴越灭亡，传国72年。

常用字第218讲

❶ <连> 即使；纵然。《子鱼论战》："虽及胡耇，获则取之，何有于二毛。"
❷ <连> 虽然。《送东阳马生序》："故余虽愚，卒获有所闻。"

语法常识第218讲

判断句："即……也" 判断句中，也可以用"即"做判断词，和"也"构成固定句式，表示判断。本文"浮图文瑛居大云庵，环水，即苏子美沧浪亭之地也"一句就是判断句。翻译为：文瑛和尚居住在大云庵，那里四面环水，从前是苏子美建造沧浪亭的地方。

青霞先生文集序
——先生诗文永流传

茅坤

《古文观止》有故事

沈炼,号青霞山人,是明朝中期的大臣。

嘉靖十七年(1538年),沈炼考中进士,做了溧阳(今江苏省溧阳市)知县。他勤政爱民,法纪严明,铲除了几个倚仗权势横行乡里的恶霸。很快,溧阳县的风气就变好了。但是,他也因为刚直不阿得罪了很多人。

嘉靖二十二年(1543年),沈炼被调到茌(chí)平(今山东省聊城市)担任县令。到了茌平,他还是勤勤恳恳治理地方。有一年闹饥荒,他就把官仓的粮食拿

出来借给百姓度过荒年。他还大力发展教育，常常到民间私塾中讲经论道，传授知识。不久，父亲去世，他回家守丧。

公元1547年，守孝期满的沈炼被派往清丰县（今河南省濮阳市清丰县），还是做知县。做了这么多年知县，他也不嫌官小，从不怨天尤人，反而常常反躬自省，更加勤勉了。

后来，名声传到了京城，锦衣卫（负责侍卫、缉捕、刑狱等事的禁卫军，后来成为特务机构）指挥使陆炳把他调到锦衣卫做经历（掌管公文出纳的官）。

沈炼到了京城，更清楚地看到严嵩父子专权擅政，结党营私的恶行，心中的不满越来越强烈。

嘉靖三十年正月十二日（1551年2月16日），沈炼上疏弹劾严嵩，同时还弹劾夏邦谟，说他的官位是贿赂严嵩得来的。明世宗大怒，把他赶到保安（今河北省涿鹿县）去种田。

沈炼在保安靠教书为生。他疾恶如仇，把对严嵩父子的憎恨和对社会的不满都写到了诗文中。严嵩父子一直想除掉他。后来，官府要处死一批白莲教教众，他们把沈炼的名字混在其中，一起杀害了。

严嵩父子倒台后，沈炼的学生俞君搜集整理刻印了他的诗文，沈炼的儿子请茅坤写了这篇序。从沈炼的诗文中，后人可以读出忧国忧民之心，以及他的大义凛然，高风亮节。

这就是他的学生辑录文集，茅坤为之作序的目的吧！

逐字逐句学古文

原文	译文
qīng xiá shěn jūn　　yóu jǐn yī jīng lì shàng shū dǐ 青霞沈君，由锦衣经历上书诋 zǎi zhí　zǎi zhí shēn jí zhī　　fāng lì gòu qí zuì　lài 宰执，宰执深疾之。方力构其罪，赖	沈君青霞，以锦衣卫经历的身份，上书抨击宰相，宰相因此非常痛恨他。正当宰相竭力罗织他罪名

天子仁圣，特薄其谴，徙之塞上。当是时，君之直谏之名满天下。已而，君累然携妻子，出家塞上。会北敌数内犯，而帅府以下，束手闭垒，以恣敌之出没，不及飞一镞以相抗。甚且及敌之退，则割中土之战没者与野行者之馘以为功。而父之哭其子，妻之哭其夫，兄之哭其弟者，往往而是，无所控吁。君既上愤疆场之日弛，而又下痛诸将士之日菅刈我人民以蒙国家也，数呜咽欷歔，而以其所忧郁发之于诗歌文章，以泄其怀，即集中所载诸什是也。

君故以直谏为重于时，而其所著为诗歌文章，又多所讥刺，稍稍传播，上下震恐，始出死力相煽构，而君之祸作矣。君既没，而一时阃寄所相与逸君者，寻且坐罪罢去。又未几，故宰执之仇君者亦报罢。而君之门人给谏俞君，于是衷辑

的时候，幸亏皇帝仁慈圣明，特别减轻他的罪责，把他流放到边塞去。在那段时期，沈君敢于直谏的美名已传遍天下。不久，沈君就疲惫地带着妻子儿女，离家来到塞上。正巧遇到北方敌人屡次来寇边，而帅府以下的各级将领，都束手无策，紧闭城垒，任凭敌寇出入侵扰，连射一支箭抵抗都没有做到。甚至等到敌人退却，就割下自己队伍中阵亡者和在郊野行走的百姓的左耳，来邀功请赏。于是父亲哭儿子，妻子哭丈夫，哥哥哭弟弟的惨状，到处都是，百姓连控诉呼吁的地方都没有。沈君对上既愤慨边疆防务的日益废弛，对下又痛恨众将士任意残杀人民，蒙骗朝廷，多次哭泣感叹，便把他满腹的悲愤都表现在诗歌文章之中，以抒发情怀，就成为文集中的这些篇章。

沈君原来就以敢于直谏，受到时人的敬重，而他所写的诗歌文章，又对时政多所讽刺，逐渐传播出去，朝廷上下都感到震惊恐慌，于是他们开始竭力进行造谣陷害，这样沈君的大祸就发生了。沈君被害死以后，当年身居军事要职、一起陷害沈君的人，不久便因罪撤职。又过了不久，原来仇视沈君的宰相也被罢官了。沈君的门人、给事中兼谏议大

其生平所著若干卷,刻而传之。而其子以敬,来请予序之首简。

茅子受读而题之曰:若君者,非古之志士之遗乎哉?孔子删《诗》,自《小弁》之怨亲,《巷伯》之刺谗以下,其忠臣、寡妇、幽人、怼士之什,并列之为"风",疏之为"雅",不可胜数。岂皆古之中声也哉?然孔子不遽遗之者,特悯其人,矜其志。犹曰"发乎情,止乎礼义","言之者无罪,闻之者足以为戒"焉耳。予尝按次春秋以来,屈原之《骚》疑于怨,伍胥之谏疑于胁,贾谊之《疏》疑于激,叔夜之诗疑于愤,刘蕡之对疑于亢。然推孔子删《诗》之旨而哀次之,当亦未必无录之者。君既没,而海内之荐绅大夫,至今言及君,无不酸鼻而流涕。呜呼!集中所载《鸣剑》《筹边》诸什,试令后之人读之,其足以寒贼臣之胆,而跃塞

夫俞君,于是收集编辑了他一生的著述若干卷,刊刻流传。沈君的儿子以敬,来请我写篇序言放在文集前面。

我恭读了文集后写道:像沈君这样的人,不就是古代有高尚节操的那一类志士的后继者吗?孔子删定《诗经》,从《小弁》篇的怨恨亲人,《巷伯》篇的讥刺谗人以下,其中忠臣、寡妇、隐士和愤世嫉俗之人的作品,一起被列入"国风"、分入"小雅"的,数不胜数。它们难道都是古代的中和之音吗?然而孔子所以并不轻易删掉它们,只是因为怜悯这些人的遭遇,推重他们的志向。还说"这些诗歌都是发自内心的感情,又以合乎礼义为归宿","说的人没有罪,听的人完全应该引为鉴戒"。我曾经依次考察从春秋以来的作品,屈原的《离骚》,似乎有发泄怨恨之嫌;伍子胥的进谏,似乎有进行威胁之嫌;贾谊的《陈政事疏》,似乎有过于偏激之嫌;嵇康的诗歌,似乎有过分激愤之嫌;刘蕡的对策,似乎有亢奋偏执之嫌。然而运用孔子删定《诗经》的宗旨,来收集编次它们,恐怕也未必不被录取。沈君虽已去世,但海内的士大夫至今一提到他,没有一个不鼻酸流泪的。啊!文集中所收载的《鸣剑》《筹边》等篇,如果让后代人读了,它们足

垣战士之马，而作之忾也，固矣！他日国家采风者之使出而览观焉，其能遗之也乎？予谨识之。至于文词之工不工，及当古作者之旨与否，非所以论君之大者也，予故不著。

以使奸臣胆寒，使边防战士跃马杀敌，而激发起同仇敌忾的义愤，那是肯定的！日后假如朝廷的采风使者出使各地而看到这些诗篇，难道会把它们遗漏掉吗？我恭敬地记在这里。

至于说到文采辞藻的精美不精美，以及与古代作家为文的宗旨是否符合，那不是评论沈君大节的东西，所以我就不写了。

文化常识第219讲

叔夜 就是嵇康，三国时期曹魏思想家、音乐家、文学家，竹林七贤之一。本文说的他的诗就是《幽愤诗》。嵇康被司马昭抓捕入狱后，写下了这首诗，含蓄地控诉了司马氏对正直人士的迫害，抒发自己本想逃避现实斗争但是最终却没能做到的孤愤心情。行刑的那天，嵇康演奏了《广陵散》。他死后，这一名曲成为绝响。

常用字第219讲

❶ <动>坐。古人席地而坐，两膝着地，臀部靠在脚后跟上。《廉颇蔺相如列传》："秦王坐章台见相如。"

❷ <动>坐（在座位上）。《口技》："口技人坐屏障，一桌一椅一扇一抚尺而已。"

❸ <名>座位。这个意义后来写作"座"。《鸿门宴》："项王则受璧，置之坐上。"

❹ <动>犯罪。因……犯罪；犯……罪。《晏子使楚》："王曰：'何坐？'曰：'坐盗。'"

❺ <动>牵连治罪。《苏武传》："副罪，当相坐。"

❻ <动>诉讼时在法官面前对质。《左传·昭公二十三年》："晋人使邾大夫坐。"

❼ <动>驻守。《左传·桓公二十三年》："楚人坐其北门。"

❽ <动>坐待；坐等。《冯婉贞》："与其坐而待亡，孰若起而拯之。"

⑨ <介>因为;由于。《山行》:"停车坐爱枫林晚。"
⑩ <副>空;徒然。《望洞庭湖赠张丞相》:"坐观垂钓者,徒有羡鱼情。"
⑪ <副>恰好。《易从师山亭》:"西村渡口人烟晚,坐见渔舟两两归。"
⑫ <副>即将。《早梅》:"寒英坐销落,何用慰远客。"

语法常识第 219 讲

词类活用:名词作动词【次】 "然推孔子删《诗》之旨而裒次之,当亦未必无录之者"一句中的"次"本义为"次序",是名词,在这里活用作动词"按次序编排、整理"。翻译为:然而运用孔子删定《诗经》的宗旨,来收集编次它们,恐怕也未必不被录取。

蔺相如完璧归赵论
——这是一场儿戏

《古文观止》有故事

战国时期，秦国的昭襄王提出要拿十五座城来换赵国的和氏璧。秦国强盛，赵国不敢不答应，就派蔺相如带着和氏璧去见秦王。

秦王见到和氏璧很喜欢，递给左右侍从，让他们传看。蔺相如看秦王不提给城池的事儿，便想办法拿回了和氏璧，假装要摔碎它。秦王吓坏了，答应斋戒五天后，双方交换。

蔺相如回到宾馆，派随从化装成百姓，偷偷地把和氏璧送回了赵国。五

天后,他空着手去见昭襄王,明确表示:"和氏璧已经被送回赵国了,您真有诚意交换,请先把十五座城给我,赵国绝不敢不给您和氏璧!"

秦王虽然生气,却也不想为一块玉璧和赵国翻脸,便放蔺相如回去了。

历史上都称赞蔺相如完璧归赵的智慧和勇气,但王世贞却有不同的看法。他在《蔺相如完璧归赵论》一文中,从大局着眼,从秦赵两国的强弱关系入手,指出了蔺相如行为的不合理之处:如果秦王真的动用武力,和氏璧保不住,蔺相如也活不成。所以,他认为完璧归赵是天意,实属侥幸。

王世贞是明朝文学家、史学家。他嗜书如命,在郧阳做官时,盖了一座清美堂,同时购买了历朝历代三千多卷经典古籍,在书的封面和尾页上加盖了"郧阳抚治"的大印,摆放在清美堂中,供各级官员、士绅、儒生借阅。

历朝历代对史实的记载有国史、野史,也有家乘(家谱、家事记录等),很混乱,真伪难辨。王世贞编辑的《史乘考误》是明代第一部以考证为主的史学专著。他结合国史、野史和家乘考证,辨伪存真,尽可能还原历史真相,具有很高的史学价值。

读书要多思考,多问几个为什么,才会有更多的收获。

逐字逐句学古文

原文

lìn xiāng rú zhī wán bì　　rén jiē chēng zhī
蔺 相 如 之 完 璧 , 人 皆 称 之。
yú wèi gǎn yǐ wéi xìn yě
予 未 敢 以 为 信 也。
fú qín yǐ shí wǔ chéng zhī kōng míng　　zhà zhào
夫 秦 以 十 五 城 之 空 名, 诈 赵
ér xié qí bì　　shì shí yán qǔ bì zhě　　qíng yě
而 胁 其 璧。 是 时 言 取 璧 者, 情 也,
fēi yù yǐ kuī zhào yě　　zhào dé qí qíng zé fú yǔ
非 欲 以 窥 赵 也。 赵 得 其 情 则 弗 予,

译文

蔺相如完璧归赵,人人都称道他。但是,我却不敢苟同。

秦国用十五座城的空名,来欺骗赵国,并且勒索它的和氏璧。这时说它要骗取璧是实情,但不是想要借此窥视赵国。赵国如果知道了这个实情就不给它,不知道这个实情就给它。

不得其情则予;得其情而畏之则予,得其情而弗畏之则弗予。此两言决耳,奈之何既畏而复挑其怒也!

且夫秦欲璧,赵弗予璧,两无所曲直也。入璧而秦弗予城,曲在秦;秦出城而璧归,曲在赵。欲使曲在秦,则莫如弃璧;畏弃璧,则莫如弗予。夫秦王既按图以予城,又设九宾,斋而受璧,其势不得不予城。璧入而城弗予,相如则前请曰:"臣固知大王之弗予城也。夫璧非赵璧乎?而十五城秦宝也。今使大王以璧故,而亡其十五城,十五城之子弟,皆厚怨大王以弃我如草芥也。大王弗予城,而绐赵璧,以一璧故,而失信于天下,臣请就死于国,以明大王之失信!"秦王未必不返璧也。今奈何使舍人怀而逃之,而归直于秦?

是时秦意未欲与赵绝耳。令秦

知道了这个实情而害怕秦国就给它,知道这个实情而不害怕秦国就不给它。这只要两句话就解决了,怎么能够既害怕秦国又去激怒秦国呢?

况且,秦国想得到这块璧,赵国不给它,双方本来都没有什么曲直是非。赵国交出璧而秦国不给城池,秦国就理亏了。秦国给了城池,而赵国却拿回了璧,就是赵国理亏了。要想使秦国理亏,不如就放弃璧。害怕丢掉璧,就不如不给它。秦王既然按照地图给了城池,又设九宾的隆重礼仪,斋戒之后才来接受璧,那种形势是不得不给城池的。如果秦王接受了璧而不给城池,蔺相如就可以上前质问他:"我本来就知道大王是不会给城池的,这块璧不是赵国的吗?而十五座城池也是秦国的宝物。现在假使大王因为一块璧的缘故而抛弃了十五座城池,十五座城中的百姓都会深恨大王,说把他们像草芥一样抛弃了。大王不给城池,而骗夺了赵国的璧,因为一块璧的缘故,在天下人面前失去信用,我请求死在这里,来表明大王的失信。"这样,秦王未必不归还璧。当时,蔺相如为什么要派手下人怀揣着璧逃走而把秦国处在理直的一方呢?

那时秦国并不想与赵国断绝关系。假如秦王发怒,在街市上杀掉蔺相如,派武安君率领十万大军进逼邯郸,质王怒而僇相如于市，武安君十万众压邯郸，而责璧与信，一胜而相如族，再胜而璧终入秦矣。吾故曰：蔺相如之获全于璧也，天也。若其劲渑池，柔廉颇，则愈出而愈妙于用。所以能完赵者，天固曲全之哉！

问璧的下落和赵国的失信，一次获胜就可以使相如灭族，再次获胜而璧最终还是要落到秦国手里。

因此我认为，蔺相如能保全这块璧，那是上天的保佑。至于他在渑池以强硬的态度对付秦国，在国内以谦和的姿态对待廉颇，那是策略越来越高明了。所以说赵国之所以能得以保全，的确是上天在偏袒它啊！

文化常识第220讲

九宾之礼、斋戒 九宾之礼，是我国古代外交上最为隆重的礼节，有九个迎宾赞礼的官员司仪施礼，并延引贵客上殿。

斋戒，古人在祭祀前沐浴更衣、整洁身心，不饮酒，不吃荤，以此来表示虔诚。

常用字第220讲 —— 信

读xìn时：

❶ <形>言语真实；诚实。《曹刿论战》："牺牲玉帛，弗敢加也，必以信。"

❷ <形>实在的；真实的。《祭十二郎文》："呜呼！其信然邪？"

❸ <副>确实；的确。《促织》："闻之，一人飞升，仙及鸡犬，信夫！"

❹ <动>相信；信任。《促织》："成述其异，宰不信。"

❺ <名>信用。《〈指南录〉后序》："则直前诟虏帅失信。"

❻ <动>讲信用。《谏太宗十思疏》："信者效其忠。"

❼ <名>信物;凭证。《中山狼传》:"是皆不足以执信也。"
❽ <名>使者;送信的人。《孔雀东南飞》:"自可断来信,徐徐更谓之。"
❾ <名>消息;音讯。《柳毅传》:"长天茫茫,信耗莫通。"
❿ <名>快信;信件。《红楼梦》:"弟于内家信中写明,不劳吾兄多虑。"
⓫ <动>任随;随意。《琵琶行》:"低眉信手续续弹。"

读shēn时:

<动>通"伸",伸展,伸张。《中山狼传》:"狼欣然从之,信足先生。"

语法常识第220讲

词类活用:名词作动词【族】"一胜而相如族,再胜而璧终入秦矣"一句中"族"本义为"宗族,家族",是名词,这里活用作动词,意为"灭族"。翻译为:秦国打一次胜仗,相如就会被灭族;再打一次胜仗,和氏璧便最终归入秦国了。

徐文长传
——狂放不羁的大才子

袁宏道

● 《古文观止》有故事

袁宏道是明朝文学家,他的散文清新明畅,独具特色,自成一家。

有一天晚上,他在朋友陶周望家楼上,看到了一本《阙编》。那本书纸张不好,装订得很粗糙,墨迹也模糊不清。

袁宏道凑到油灯前仔细阅读,只看了几首,便惊喜地问陶周望:"这本诗集是谁写的?今人还是古人?"陶周望说:"这是我的同乡徐文长先生的诗集。"于是,两个人头碰头凑在灯下,诵读起来,读一阵叫绝一番,再读再叫绝,连睡着的用人都被惊醒了。

　　袁宏道为他肆无忌惮、无拘无束的诗风拍案叫绝。于是，根据打听来的徐文长的生平，写成了这篇《徐文长传》。

　　徐文长，就是徐渭，他多才多艺，是明代大文学家、书画家、戏曲家、军事家。他的生母是父亲的小妾。他出生一百天时，父亲就去世了。十岁的时候，生母被正妻苗夫人赶出家门，这对徐渭打击很大。

　　徐渭很聪明，有神童之称，但是没有爱的寄人篱下的童年，导致他孤芳自赏，性格怪僻，郁郁寡欢。他虽然有才学，但参加了很多次考试，就是考不中。

　　嘉靖三十三年（1554年），倭寇进犯浙江、福建沿海。在抗倭战争中，徐渭出谋划策，引起了浙江巡抚胡宗宪的注意。四年后，徐渭应胡宗宪之邀，做了他的幕僚。

　　1565年，胡宗宪被捕死在狱中。徐渭为他抱不平，同时也担心自己受牵连，癫狂病反复发作，多次尝试自杀，都没有死成。

　　晚年，徐渭更加厌恶富贵和礼法，靠卖字画度日。不过一旦手头有了余钱，稍微宽裕一点了，就不肯再写再画。他的学生、晚辈、朋友手里有些他的作品，都是或哄骗，或强抢来的。实在没钱了，他就卖书，最后几千卷藏书全部卖光。他贫病交加，有时候连饭都吃不上。即使这样，他仍然不肯求人。

七十岁生日时，他作了首诗，其中有一句："桃花大水滨，茅屋老畸人。"1593年，七十三岁的徐渭去世。死前，他写了《畸谱》，作为自己狂放不羁、特立独行一生的结束语。

逐字逐句学古文

原文

徐渭，字文长，为山阴诸生，声名藉甚。薛公蕙校越时，奇其才，有国士之目。然数奇，屡试辄蹶。中丞胡公宗宪闻之，客诸幕。文长每见，则葛衣乌巾，纵谈天下事，胡公大喜。是时公督数边兵，威镇东南，介胄之士，膝语蛇行，不敢举头，而文长以部下一诸生傲之，议者方之刘真长、杜少陵云。会得白鹿，属文长作表，表上，永陵喜。公以是益奇之，一切疏计，皆出其手。文长自负才略，好奇计，谈兵多中，视一世事无可当意者，然竟不偶。

译文

徐渭，字文长，是山阴生员，名声很大。薛公蕙做浙江试官时，很是赏识他的才华，认为他是国家的栋梁之材。然而他命途多舛，屡屡落第。中丞胡公宗宪听说后，聘他做幕僚。文长每次参见胡公，总是葛布长衫，头戴乌巾，侃侃而谈天下大事，胡公听后十分赞赏。当时胡公统率着几支军队，威镇东南，那些披甲戴头盔的将官，跪着跟他讲话，像蛇一样匍匐前进，连头都不敢抬。而文长一介书生对胡公的态度却很高傲，好事者把他比作刘真长、杜少陵一样的人物。恰逢胡公猎得一头白鹿，以为祥瑞，嘱托文长写贺表，表文呈上后，世宗皇帝很满意。胡公因此更加器重文长，所有疏奏计簿都交他办理。文长自信才能过人，谋略出众，谈论军情往往切中肯綮，觉得世间的事物没有能入他法眼的，然而却总是没有一展抱负的机会。

文长既已不得志于有司，遂乃放浪曲糵，恣情山水，走齐、鲁、燕、赵之地，穷览朔漠。其所见山奔海立、沙起云行、雨鸣树偃、幽谷大都、人物鱼鸟，一切可惊可愕之状，一一皆达之于诗。其胸中又有勃然不可磨灭之气，英雄失路、托足无门之悲，故其为诗，如嗔如笑，如水鸣峡，如种出土，如寡妇之夜哭，羁人之寒起。虽其体格时有卑者，然匠心独出，有王者气，非彼巾帼而事人者所敢望也。文有卓识，气沉而法严，不以摸拟损才，不以议论伤格，韩、曾之流亚也。文长既雅不与时调合，当时所谓骚坛主盟者，文长皆叱而怒之，故其名不出于越，悲夫！喜作书，笔意奔放如其诗，苍劲中姿媚跃出，欧阳公所谓"妖韶女老，自有余态"者也。间以其余，旁溢为花鸟，皆超逸有致。卒以疑杀其继室，下狱论死。张太

文长在官场不得意，于是就肆意狂欢，纵情山水，走遍了齐、鲁、燕、赵等地，又饱览了塞外大漠。他所见的山峦起伏、海浪壁立、胡沙满天、舒卷的云霞和雷声震天的景象，风雨交加、树木倒伏、幽谷闹市、奇人异士、珍稀鱼鸟，一切令人惊讶的情状，他都一一化入了诗中。他胸中郁结着强烈的抗争精神和英雄无用武之地的悲凉，所以他的诗，嬉笑怒骂，如水奔流出峡谷，如春芽破土，像寡妇深夜的哭声，像逆旅行客迎寒启程。虽然他诗作的格调，有时不很高明，但是匠心独运，有王者之气，不是那种像以色事人的女子一般媚俗的诗作所能赶得上的。徐文长在文章写作上有真知灼见，他的文章气势沉着法度精严，他不会因为模拟而压抑自己的才能，也不会因无节制地议论以致损伤自己文章的风格，真是韩愈、曾巩一流的文章家。徐文长志趣高雅，不与时俗苟合，对于当时的所谓文坛领袖，他也都加以抨击，所以他的文字只局限在浙江一带，令人为之悲哀！文长喜好书法，用笔奔放就像他的诗作一样，在苍劲豪迈中又使妩媚的姿态跃然纸上，正是欧阳公所谓的"美人迟暮"，另具韵味。他还善作花鸟画，也都超逸有情致。

后来，文长因疑忌杀了他的继

史元汴力解,乃得出。晚年愤益深,佯狂益甚,显者至门,或拒不纳。时携钱至酒肆,呼下隶与饮。或自持斧击破其头,血流被面,头骨皆折,揉之有声。或以利锥锥其两耳,深入寸余,竟不得死。周望言:"晚岁诗文益奇,无刻本,集藏于家。"余同年有官越者,托以抄录,今未至。余所见者,《徐文长集》《阙编》二种而已。然文长竟以不得志于时,抱愤而卒。

石公曰:"先生数奇不已,遂为狂疾;狂疾不已,遂为囹圄。古今文人牢骚困苦,未有若先生者也。虽然,胡公间世豪杰,永陵英主,幕中礼数异等,是胡公知有先生矣;表上,人主悦,是人主知有先生矣,独身未贵耳。先生诗文崛起,一扫近代芜秽之习,百世而下,自有定论,胡为不遇哉?"

梅客生尝寄予书曰:"文长吾

室妻子,被判死罪。太史张元汴极力营救,才得出狱。徐文长晚年更加愤世嫉俗、装疯卖傻,达官贵人登门拜访,常常拒而不见。他时常带着钱到酒店,叫下人和他一起喝酒。有时拿斧头砍自己的头,血流满面,头骨破碎,用手揉搓碎骨咔咔有声。还曾用尖利的锥子锥入自己双耳,一寸多深,竟然没死。周望说文长的诗文到晚年愈加奇崛,没有刻本,诗稿都藏在家中。我有在浙江做官的同年,曾委托他们抄录文长的诗文,至今没有得到。我所见到的,只有《徐文长集》《阙编》二种而已。而今徐文长竟因不合于时,抱恨而终。

石公说:"先生的命途多舛,致使他激愤疯狂,狂病不断发作,又导致他被抓入狱。古今文人的牢骚和苦难,没有超过先生的了。尽管如此,仍有胡公这样百年难遇的豪杰、世宗这样英明的君主赏识他。在胡公幕府中受到特殊礼遇,这是胡公对先生的赏识;上奏表文博得皇帝的欢心,表明皇帝也赏识他,唯一遗憾的就是身份未能显贵。先生诗文的崛起,一扫近代文坛荒秽之气,百世之后,自会有定论,怎么说他生不逢时呢?"

梅客生曾经写信给我说:"徐文长是我的老朋友,他的怪病比本人更要怪,而他的人又比他的诗更

老友，病奇于人，人奇于诗。"余谓文长无之而不奇者也。无之而不奇，斯无之而不奇也。悲夫！

要奇怪。"我则认为徐文长没有一处不奇怪的。正因为没有一处不奇怪，这也就注定他到了哪里都不能得志。可悲啊！

文化常识第 221 讲

胡宗宪　明朝抗倭名将，和于谦并称为"功勋最著者二臣"。他主持东南抗倭战争期间，推荐戚继光任参将，并允许他招募新军。戚继光训练出了一支"戚家军"，"戚家军"成为浙江抗倭的主力军，为抗倭做出了贡献。但是胡宗宪被举荐和奸臣严嵩一党有关。后来，严嵩父子倒台，他受牵连，最后自杀而死。

常用字第 221 讲

❶ <形>（味道）苦；甘、甜的反面。《苦斋记》："味苦而微辛。"
❷ <动>劳苦；辛劳。《齐桓晋文之事》："乐岁终身苦，凶年不免于死亡。"
❸ <形>艰苦；困苦。《兵车行》："况复秦兵耐苦战，被驱不异犬与鸡。"
❹ <形>痛苦；悲苦。《石壕吏》："吏呼一何怒，妇啼一何苦。"
❺ <动>苦于；被……所苦。《陈涉世家》："天下苦秦久矣。"
❻ <动>愁苦；忧愁。《愚公移山》："而山不加增，何苦而不平？"
❼ <副>竭力；尽力。《谭嗣同》："日本志士数辈苦劝君东游，君不听。"

语法常识第 221 讲

词类活用：名词作状语【蛇】"介胄之士，膝语蛇行，不敢举头"一句中"蛇"本义为"蛇"，是名词，这里活用作状语，意为"像蛇一样"，修饰"行"。翻译为：那些披甲戴头盔的将官，跪着跟他讲话，像蛇一样匍匐前进，连头都不敢抬。

五人墓碑记

——路见不平挺身而出

《古文观止》有故事

明朝末年，有一个专权的大宦官魏忠贤。他深受皇帝宠信，把持朝政，排除异己，以至于人们都只知道有魏忠贤，不知道有皇帝。他出行时摆出的仪仗队，跟皇帝的差不多。他走到哪里，士大夫都得跪在道旁高呼"九千岁"。

很多正直的官员，不满魏忠贤的所作所为，周顺昌就是其中一位，他对魏忠贤恨之入骨。

　　魏大中被魏忠贤派人逮捕后,周顺昌竟然摆酒席招待他,还把自己的女儿许配给他的孙子。押解魏大中的官吏多次催促他上路,周顺昌厉声斥责他们:"你不知道世上还有不怕死的男子汉吗?回去告诉魏忠贤,我是原吏部郎中周顺昌。"

　　不仅骂差役,他还把魏忠贤骂了个狗血喷头。魏忠贤气坏了,指使手下人诬陷周顺昌和罪犯结亲,窝藏赃物,要捉拿周顺昌。

　　周顺昌是苏州人,为人仗义,为家乡百姓做过很多好事,深得百姓的爱戴。听到逮捕周先生的人来了,百姓义愤填膺(yīng),纷纷涌上街头为周先生喊冤。宣读诏书的时候,几万人不约而同聚集在一起,包围了来捉人的差役。那些差役作威作福惯了,挥舞铁链驱赶众人,要去抓人。百姓群情激奋,一拥而上,当场打死一人。其他差役也身受重伤,狼狈逃窜。

　　事发后,周顺昌不想连累百姓,主动自首,被押往京师,关进监狱。魏忠贤下令搜查闹事的首犯:"是谁召集民众?是谁焚香号哭?是谁胆敢勾结囚犯,杀死朝廷命官?必定严惩不贷!"

　　颜佩韦、杨念如、马杰、沈扬、周文元五位普通百姓挺身而出,承担了所有罪责。五位义士被处死了,他们被苏州人合葬于一处,称"五人墓"。周顺昌在狱中受尽酷刑绝不屈服,最后被秘密杀害。

崇祯皇帝继位后，铲除了魏忠贤一党，为周顺昌平反昭雪。明代文学家张溥为五人墓写了一篇《五人墓碑记》，颂扬了五位义士舍生取义的大无畏精神。

正义永远不会缺席，这五位义士因张溥一篇碑文，名垂青史，正气永存！

逐字逐句学古文

原文

五人者，盖当蓼洲周公之被逮，激于义而死焉者也。至于今，郡之贤士大夫请于当道，即除魏阉废祠之址以葬之；且立石于其墓之门，以旌其所为。呜呼，亦盛矣哉！

夫五人之死，去今之墓而葬焉，其为时止十有一月耳。夫十有一月之中，凡富贵之子，慷慨得志之徒，其疾病而死，死而湮没不足道者，亦已众矣；况草野之无闻者欤？独五人之皦皦，何也？

予犹记周公之被逮，在丁卯三月之望。吾社之行为士先者，为之

译文

墓中的五个人，就是当周蓼洲先生被捕的时候，激于义愤而死于这件事的。到了现在，本郡有声望的士大夫们向官府请求后，就清理已被废除的魏忠贤生祠旧址来安葬他们；并且在他们的墓门之前竖立碑石，来表彰他们的事迹。啊，也真是盛大隆重的事情呀！

这五人的死，距离现在建墓安葬，时间不过十一个月罢了。在这十一个月当中，那些富贵人家的子弟，意气豪放、志得意满的人，他们因患病而死，死后埋没不值得称道的人，也太多了；何况乡间没有声名的人呢？唯独这五个人死后声名光荣显耀，为什么呢？

我还记得周公被捕，是在天启七年（1627年）农历三月十五日。我们社里那些道德品行可以作为读书人的

声义，敛资财以送其行，哭声震动天地。缇骑按剑而前，问："谁为哀者？"众不能堪，抶而仆之。是时以大中丞抚吴者，为魏之私人，周公之逮所由使也；吴之民方痛心焉，于是乘其厉声以呵，则噪而相逐。中丞匿于溷藩以免。既而以吴民之乱请于朝，按诛五人，曰颜佩韦、杨念如、马杰、沈扬、周文元，即今之傫然在墓者也。

然五人之当刑也，意气扬扬，呼中丞之名而詈之，谈笑以死。断头置城上，颜色不少变。有贤士大夫发五十金，买五人之脰而函之，卒与尸合。故今之墓中全乎为五人也。

嗟夫！大阉之乱，缙绅而能不易其志者，四海之大，有几人欤？而五人生于编伍之间，素不闻诗书之训，激昂大义，蹈死不顾，亦曷故哉？且矫诏纷出，钩党之捕遍于天

表率的人，替他伸张正义，募集钱财送他起程，哭声震天动地。锦衣卫们按着剑柄上前，问："谁在悲痛（闹事）？"大家不能再忍受了，把他们打倒在地。当时以大中丞职衔担任应天府巡抚的是魏忠贤的党羽，周公被捕就是由他主使的；苏州的老百姓正痛恨他，这时趁着他厉声呵骂的时候，就一齐喊叫着追赶他。这位大中丞藏在厕所里才得以逃脱。不久，他以苏州人民发动暴乱的罪名向朝廷请示，追究这件事，杀了五个人，他们是颜佩韦、杨念如、马杰、沈扬、周文元，就是现在一起埋葬在墓中的这五个人。

然而，当五个人临刑的时候，神情慷慨自若，高呼着中丞的名字骂他，从容谈笑着死去。砍下的头放在城头上，脸色一点也没改变。有位有名望的人拿出五十两银子，买下五个人的头并用木匣装起来，最终与尸体合到了一起。所以现在墓中是完完整整的五个人。

唉！当魏忠贤作乱的时候，做官的人能够不改变自己志节的，偌大的国家，能有几个人呢？但这五个人生于民间，从来没受过诗书的教诲，却能被大义所激励，踏上死地也不回头，又是什么缘故呢？况且当时假托的皇帝的诏书纷纷传出，那些受株连

下，卒以吾郡之发愤一击，不敢复有株治；大阉亦逡巡畏义，非常之谋难于猝发，待圣人之出而投缳道路，不可谓非五人之力也。

由是观之，则今之高爵显位，一旦抵罪，或脱身以逃，不能容于远近，而又有剪发杜门，佯狂不知所之者，其辱人贱行，视五人之死，轻重固何如哉？是以蓼洲周公，忠义暴于朝廷，赠谥美显，荣于身后；而五人亦得以加其土封，列其姓名于大堤之上，凡四方之士无有不过而拜且泣者，斯固百世之遇也！不然，令五人者保其首领，以老于户牖之下，则尽其天年，人皆得以隶使之，安能屈豪杰之流，扼腕墓道，发其志士之悲哉？故予与同社诸君子，哀斯墓之徒有其石也，而为之记，亦以明死生之大，匹夫之有重于社稷也。

而被捕的党人遍于天下，终于因为我们苏州人民的发愤抗击，使阉党不敢再株连治罪；魏忠贤也迟疑不决，畏惧正义，篡夺帝位的阴谋难于立刻发动，直到当今的皇上即位，（魏忠贤畏罪）吊死在被放逐的路上，不能不说是这五个人的功劳呀。

由此看来，如今这些高官显贵们，一旦犯罪受罚，有的脱身逃走，不能被远近各地所容纳；也有剪发为僧，闭门不出，或假装疯狂不知逃到何处的，他们那可耻的人格，卑贱的行为，比起这五个人的死来，轻重的差别到底怎么样呢？因此周蓼洲先生的忠义显露在朝廷，赠给他的谥号美好而光荣，死后荣耀无比；而这五个人也得到修建一座大坟墓的恩宠，在大堤之上立碑刻名，所有四方的有志之士经过这里没有不跪拜流泪的，这实在是百代难得的际遇啊。否则，让这五个人保全性命在家中一直生活到老，尽享天年，人人都能够像奴仆一样使唤他们，又怎么能让豪杰们屈身下拜，在墓道上扼腕惋惜，抒发仁人志士的悲叹呢？所以我和我们同社的诸位先生，惋惜这墓前空有一块石碑，就为它作了这篇碑记，也用以说明死生意义的重大，即使普通老百姓对于国家也有重要作用的啊。

几位有声望的士大夫是：太仆卿

贤士大夫者，冏卿因之吴公，太史文起文公、孟长姚公也。

吴因之先生，太史文文起先生，姚孟长先生。

文化常识第222讲

张溥 明朝文学家。他地位低贱，小时候饱受屈辱，所以立志勤奋学习。读书必手抄，抄后读过就烧了，这样反复七遍。冬天手冻裂了，用热水泡泡，暖和了继续再抄再烧。后来他把自己的读书室命名为"七录斋"，自己的著作也题名为《七录斋集》。他组织四方读书人创立复社，和阉党做斗争。后来，复社成为抗清的政治集团。

常用字第222讲

❶ <名>白色的生绢。《孔雀东南飞》："十三能织素，十四学裁衣。"
❷ <形>白色。《三峡》："春冬之时，则素湍绿潭，回清倒影。"
❸ <形>朴素；不加修饰的。《陋室铭》："可以调素琴，阅金经。"
❹ <名>蔬果类食品。《荀子·王制》："养山林薮泽草木鱼鳖百素。"
❺ <副>白白地；空。《伐檀》："彼君子兮，不素餐兮。"
❻ <副>平素；一向。《廉颇蔺相如列传》："且相如素贱人，吾羞，不忍为之下。"

语法常识第222讲

词类活用：名词作动词【墓】"夫五人之死，去今之墓而葬焉，其为时止十有一月耳"一句中"墓"字本义为"坟墓"，是名词，这里活用作动词，意为"修墓"。翻译为：这五人的死，距现在建墓安葬，时间不过十一个月罢了。